道路交通应急抢险抢通技术指南

武警交通指挥部应急救援工程技术研究所　编著

人民交通出版社股份有限公司
China Communications Press Co.,Ltd.

内 容 提 要

本书主要介绍了遭受破坏和不同损毁条件下道路、桥梁、隧道的快速评估、抢修、抢建、抢通和保通等多种技术措施，交通应急救援领域中的新技术、新装备、新材料，典型灾害和事故中交通应急抢修的工程实例，既吸收了交通行业的先进技术成果，又推广了军内外的先进技术装备。

本书既可作为道路应急抢险保通技术人员的常备工具书，也可作为开展交通抢险培训的实用教材。

图书在版编目(CIP)数据

道路交通应急抢险抢通技术指南 / 武警交通指挥部应急救援工程技术研究所编著. — 北京 : 人民交通出版社股份有限公司，2017. 1

ISBN 978-7-114-13498-2

Ⅰ. ①道… Ⅱ. ①武… Ⅲ. ①道路运输—突发事件—应急对策一指南 Ⅳ. ①U491. 31-62

中国版本图书馆 CIP 数据核字(2016)第 284572 号

书　　名：道路交通应急抢险抢通技术指南
著 作 者：武警交通指挥部应急救援工程技术研究所
责任编辑：吴有铭　李　农　李　沛　闫吉维
出版发行：人民交通出版社股份有限公司
地　　址：(100011)北京市朝阳区安定门外外馆斜街 3 号
网　　址：http://www.ccpress.com.cn
销售电话：(010)59757973
总 经 销：人民交通出版社股份有限公司发行部
经　　销：各地新华书店
印　　刷：北京市密东印刷有限公司
开　　本：787×1092　1/16
印　　张：39
字　　数：995 千
版　　次：2017 年 1 月　第 1 版
印　　次：2017 年 1 月　第 1 次印刷
书　　号：ISBN 978-7-114-13498-2
定　　价：128.00 元
(有印刷、装订质量问题的图书，由本公司负责调换)

本书编审委员会

总　策　划　傅　凌　许世宏

主任委员　张金美　高　强

副主任委员　董建平

委　　员　张宏建　丁　涛　曾智刚　于华章
林　雨

编写人员　盛三湘　李海鹏　刘志宏　冯　勇
张　龙　李俊鹏　汪效良

统　　稿　盛三湘　张　龙

前　　言

自然灾害发生时，会对道路、桥梁、隧道等交通基础设施造成损毁，形成交通"动脉"的堵塞。及时抢通损毁道路，可以最大限度地抢救生命、减少人员伤亡和财产损失，对于开展各项救援工作、救灾物资的运输保障具有重大意义。本书在总结历年工程建设、道路管养和应急抢险救援经验的基础上，参阅国内铁路桥梁抢修，军用道路桥梁和舟桥装备、装配式公路钢桥，以及近年来国内典型灾害情况下道路交通应急抢险等方面的大量技术资料编撰而成。本书既可作为遂行重大应急救援任务的技术指南，也可作为道路应急抢修抢建技术培训的实用教材。

本书主要介绍了遭受破坏和不同损毁条件下道路、桥梁、隧道的快速评估、抢修、抢建、抢通和保通等多种技术措施，交通应急救援领域中的新技术、新装备、新材料，典型灾害和事故中交通应急抢修的工程实例，既吸收了交通行业的先进技术成果，又推广了军内外的先进技术装备。希望本书的出版，能够为交通应急领域的技术人员和管理决策者提供有益的借鉴，从而提高交通应急行业的能力与水平，促进交通应急体系的建设与完善，推动交通应急技术的进步与发展。

本书编写过程中参考了有关专家和同行业单位科技人员的著作，在此表示诚挚的谢意。

由于编者水平有限，本书内容在深度和广度上也许不能完全满足读者的需求，且难免存在诸多不足之处，敬请读者批评指正。

作　者

二〇一六年十月

目　　录

第一章　绪　　论

一、道路交通应急的意义

近年来，世界范围内的地震、海啸、台风、火山爆发、洪水、暴雨、热浪、干旱等各种自然灾害频发。据科学家分析，太阳正处于一个活动周期的上升阶段，地球也正处于地震活动频繁期。近年来全球遭受各种自然灾害影响的次数和影响的人数明显增多，并呈上升趋势。

中国是世界上自然灾害最严重的国家之一，自然灾害种类多、分布范围广、发生频率高，并呈现出多灾并发、群发和集中爆发的特征，一些历史罕见的重特大自然灾害近年来也频繁发生，灾害损失持续加重，严重影响了经济发展和民生改善。有关资料统计表明，近几十年来，我国平均每年因遭受各种自然灾害受灾人口达数亿人次，紧急转移安置人员超过千万人次，倒塌民房数以万计，死亡和失踪人员数以千计，因灾直接经济损失数以亿计。

2008年以来，我国先后经受了南方特大雨雪冰冻、“5・12”汶川地震、“4・14”玉树地震、“4・20”芦山地震、甘肃舟曲特大山洪泥石流等一系列重大自然灾害和天津“8・12”特大火灾爆炸、深圳光明新区山体滑坡等特大事故的考验。在这些灾害的成功处置中，道路交通应急抢通和应急运输保障，对于及时、有效开展各项应急救援工作，为灾区人民供应生活急需的各种物资，最大限度地抢救生命、减少人员伤亡和财产损失，保障救援人员战斗力，防止灾害扩大化，确保灾区社会稳定，加快恢复重建进程，发挥了重要作用。但我们也应该清醒地认识到，我国道路交通应急处置能力与发达国家相比还有很大差距，应急长效机制、意识、装备、技术还有待进一步发展提高。

二、道路交通突发事件的应急管理

道路交通突发事件，指突然发生，造成或者可能造成交通运输设施损毁，交通运输中断、阻塞，需要采取应急处置措施，疏散或者救援人员，提供应急运输保障的自然灾害、事故灾难、公共卫生事件和社会安全事件。

道路交通应急，指国家为满足战争和应对突发事件的道路交通保障需求，有计划、有组织地提高道路交通系统的应变能力，由常态转入非常态所进行的一系列活动。

交通战备，指在交通方面所做的适应战争需要的准备，包括拟制战时交通保障计划，进行战场交通网和交通防护工程建设等。目前，国家对交通战备工作的总体目标是“战时应战，急时应急，平时服务”。

1. 归口管理

交通运输部是全国道路交通突发事件应急管理工作的主管部门，负责编制并发布国家交通运输应急保障体系建设规划，统筹规划、建设国家级交通运输突发事件应急队伍、应急装备和应急物资保障基地，储备应急运力，将相关内容纳入国家应急保障体系规划。

2. 应急处置原则

道路交通突发事件应对活动遵循属地管理原则，在各级地方人民政府的统一领导下，建立分级负责、分类管理、协调联动的交通运输应急管理体制。

3.道路交通应急抢修抢建存在的主要问题

首先，道路交通应急抢修抢建专业技术人才匮乏，抢修抢建技术储备几乎是空白。系统介绍道路交通抢修抢建技术的专业书籍非常少；另外，道路交通抢修抢建装备器材严重不足。据了解，各省(自治区、直辖市)交通管理部门除了装备部分321型装配式公路钢桥之外，其他如机械化桥、山地伴随桥、重型桁架桥、舟桥、装配式公路桥墩等快速专业化架桥、渡河器材几乎完全没有配备。一旦发生大灾大难，除了能够应对路基典型病害的处置之外，桥梁抢修抢建就得完全依赖于解放军工程兵部队。应急抢修抢建新材料、新装备，比如抢修用快凝、早强水泥，高强、轻型合金大跨度桥梁，水中快速桥墩，适用于特殊峡谷地带的大跨度斜拉桥、悬索桥，用于灾区灾情侦查的无人机、长航时滞空热气球等等相关技术研究还比较滞后。

三、道路交通应急的地位和作用

众所周知，在公路、铁路、水路、航空和管道5种运输方式中，公路交通在客运量、货运量、旅客周转量、货物周转量方面占据整个交通运输体系的首位。

同时，公路是联系铁路、水路、航空、管道等其他运输方式的重要手段，其他运输方式的正常运转很大程度上要依赖公路运输来实现。公路交通覆盖范围广、通达程度深、机动灵活、可实现"门对门"直达运输，具有其他交通运输方式无可比拟的应急优势。因此，公路交通在综合交通运输体系以及交通应急保障中具有十分重要的地位和作用。

《国家公路网规划(2013年—2030年)》提出构建"两张网"：一是普通国道网，包括12条首都放射线、47条北南纵线、60条东西横线和81条联络线，覆盖全国所有县，总规模约26.5万km；另一是国家高速公路网，由7条首都放射线、11条北南纵线、18条东西横线，以及地区环线、并行线、联络线等组成，总计约11.8万km。除此之外，还提出了远期展望线计划1.8万km，主要发展西部地区。总规模约40万km。也就是说，到2030年，我国将基本实现首都辐射省会、省际多路连通、地市高速通达、县县国道覆盖的目标。但是与公路建设飞速发展、通达深度和服务水平进一步提升、有力支撑国民经济快速健康发展相比，道路交通应急能力的建设还相当滞后。比如：2008年的南方雨雪冰冻灾害和2012年北京地区的强降雨造成京石高速公路被淹，"5·12"汶川地震、"4·14"玉树地震和"4·20"芦山地震暴露出交通应急专业力量建设与部署等方面仍存在问题，加强道路交通应急能力建设具有极端重要性和迫切性。

四、道路交通突发事件的特点及应急抢修抢建应遵循的原则

1.道路交通突发事件的特点

除战争之外，能够对道路交通设施造成重大破坏的突发事件主要包括自然灾害(表1-1)、安全事故和恐怖袭击。安全事故主要是指道路交通设施在建设或运营过程中发生的各种生产安全事故，比如营运车辆在隧道内起火、爆炸造成隧道结构破坏、桥梁垮塌等等；恐怖袭击主要是指恐怖分子对关键性桥梁、隧道实施的爆炸破坏。这些道路交通突发事件主要有以下特点：

道路交通常见灾害类型 表1-1

序号	灾害类别	可能造成的损害
1	泥石流	①道路：坍塌、掩埋，防护和排水结构物损坏
		②桥涵：淤塞、移位，墩台基础垮塌、损毁
		③隧道：洞口和墙身冲毁、阻塞

续上表

序号	灾害类别	可能造成的损害
2	地震	①道路： 路基沉陷、开裂、滑移、扭曲、隆起、挤压破坏等； 支挡、防护排水工程的坍塌、外倾、侧移、墙面鼓胀、基础脱空以及抗滑桩（或桩板墙）位移变形、锚杆（索）框架扭曲失效、主动防护网失效、挂网喷浆出现浅表层挤压破坏或剪切破坏等； 地震引起水位变化引发水毁
		②桥涵： 全桥损毁或部分垮塌； 主梁纵、横向移位及落梁，梁体破损开裂； 支座移位、脱空、损坏； 墩台挡块断裂或破损； 墩柱倾斜、破损、开裂、压溃、剪断，盖梁、系梁开裂； 拱桥拱圈变形、开裂，拱脚开裂、移位，拱上建筑损坏； 桥台墙体开裂、倾斜、移位、坍塌； 基础倾斜、沉陷、变形； 桥面铺装开裂，伸缩缝错位、破坏，护栏、人行道、灯具、管线破损
		③隧道： a. 土建结构 洞口：边仰坡地表开裂、失稳、垮塌，支挡防护工程出现裂缝、倾斜、下沉，截排水沟开裂、沉陷； 洞门：洞门墙体开裂、下沉、倾斜、垮塌； 洞身：衬砌开裂、剥落、错台、垮塌、侵限、脱空、渗水； 路面：开裂、下沉或隆起、断裂、渗水； 检修道、电缆沟、预埋沟（槽、管）：开裂、错台。 b. 机电设施 供配电、照明、通风、消防、救援和监控等设施倒塌、脱落、损坏等。 c. 其他工程设施 洞口房建、污水处理设施、防雷接地装置损坏
3	滑坡	①道路：掩埋，支挡、防排水结构损毁
		②桥涵：掩埋、移位、错台、垮塌
		③隧道：洞口冲毁、阻塞
4	洪水	①道路：淤塞、掩埋、溃堤、损毁
		②桥涵：移位、垮塌
		③隧道：洞口洞门水毁、洞身墙体坍塌、突水突泥
5	冰雪	①道路：掩埋、移位，支挡、防排水结构损毁，融雪后的翻浆沉陷
		②桥涵：倾覆、垮塌、移位
		③隧道：坍塌、水毁
6	堰塞湖	①道路：水毁、掩埋、浸泡
		②桥涵：水位上升变化引起水毁
		③隧道：水毁、坍塌
7	溶洞、采空区、地下水	①道路：沉陷、坍塌
		②隧道：仰拱沉陷及坍塌、水毁

(1)突发性:是指对战争和突发公共事件造成的道路交通设施的损毁很难在事先进行准确预测,即发生时间的不确定性。

(2)随机性:是指对战争和突发公共事件造成的道路交通设施损毁的规模、程度、地点、类型的不确定性。

(3)时效性:是指对战争和突发公共事件造成的道路交通设施损毁的抢修抢建,具有很强的时效性,要求在极短的时间内必须予以恢复通行。

2.道路交通抢修抢建应遵循的原则

道路交通突发事件具有很强的时效性,决定了道路交通抢修抢建必须遵循以下基本原则:

(1)快速:战争和突发公共事件对道路交通应急运输能力的需求和生命救援的要求,决定了道路应急抢通和交通设施抢修抢建应本着快速的原则。

(2)临时:采用工程机械、制式桥梁和渡河器材,以及其他临时性工程措施,疏通、修复壅塞道路,加固、修复和抢建损毁的桥隧和防护工程设施,以保障道路通行为根本目的,与正常状态下的道路交通设施施工生产有根本的区别。

(3)安全:在快速抢通的前提下,还要保障通行的安全要求。如采取临时支挡、临时桥梁等工程构筑物,荷载等级、通行速度等与原有道路技术指标相比可以降低,但必须满足基本的安全需求。

(4)先通后畅:在保证安全通行的前提下,首先采取各种工程技术措施和装备器材抢通道路,即“先通”;然后在此基础上,边通行边采取加固、补强等技术措施对受损的桥梁、隧道等结构工程进行修复,采取拓宽、平整、压实、防护等技术措施提高道路的通行能力、安全性等各项技术指标,即“后畅”。

(5)因地制宜:应根据道路交通突发事件现场地形地貌、工程地质、灾害类型、毁损程度、毁损规模制订应急抢修抢建技术方案,充分利用既有道路、残存结构和就便器材,慎重选择桥梁、隧道坍塌后的改移桥位重建和绕行等技术方案,任何抢修抢建技术方案的制订和实施必须以减小工程量和缩短时间为根本前提。

第二章　路 基 抢 通

在战争和突发事件等因素影响下，道路经常发生交通中断的情况。为保证抢险救援各项工作展开所需的交通应急运输，必须对损毁道路实施快速抢通。本章主要介绍公路路基因战争、自然灾害等各种因素导致的坍塌、沉陷、掩埋等破坏情况下的抢通技术与方法。

道路抢通前，应对抢通环境进行评估，如风险过大应采取必要的安全防护措施，保证抢险人员和装备的安全。

道路抢通时，应充分利用履带式挖掘机或推土机适应各种复杂地形的优势，多点平行作业，加快抢通速度，再辅以装载机、平地机对粗通路段进一步整修。

在路基抢通过程中，以及粗通后危险性较大的地段(如挡墙基础部分脱空路段、边坡松散堆积体较高路段等)，应派专人负责安全警戒，并设置安全警示标志，加强交通管制。

第一节　路基沉陷处置

公路路基沉陷是指路基在土体自重、外部荷载和水的作用下产生沉降变形，变形量超过允许值或部分路基滑脱公路的现象。它包括路基沉陷、采空区公路塌陷、路基塌方等，其共同特征是变形破坏主要是垂直位移，形成了路面高程上的不连续，如图 2-1 所示。

图 2-1　路基沉陷开裂路段

路基沉陷的主要原因有：路堤填料选择不当，填筑方法不合理，压实度不足，在荷载和水、温度综合作用下而堤身沉陷；原地面为较弱土层，填筑前未经换土或压实不足而产生地基下沉；地震直接破坏整体稳定性；雨水冲刷、浸蚀等。

根据其对路基及边坡稳定性影响的严重程度，可对路基沉陷采取以下几种处理方案：

一、机械回填

适用于路基已发生沉陷，但沉陷部分整体趋于稳定，短期内仍保持一定通行能力的路段，如图 2-2 所示。

采用路基土石方机械对沉陷路段进行回填、整平、压实。有条件的装运透水性好的砂石料或级配碎石料进行回填，标准是以路面不出现陡坎为宜。取料不易或时间紧迫时，用挖掘机先将沉陷交接处的陡坎挖除，或在陡坎附近形成斜面过渡。

图 2-2　路基沉陷形成错台路段

要求在处理路段安装限速警示标识牌，并采取交通管制措施；未来得及处理而通行的路段，可以用石块顺裂缝间隙进行防护和标识。在雨季时，必须对裂缝进填塞处理，并利用路拱坡度排引地表水。

二、路基拓宽

路基拓宽适用于半填半挖路基纵向沉陷开裂、沉陷部分稳定性不足的路段。一般采用路基土石方机械挖除部分上边坡，对路基进行拓宽（图 2-3），同时安装限速警示标识牌，采取交通管制措施。

路基回填注意事项：当回填后路基承载力不能满足要求时，可使用两层木板（或钢板）夹树干（或粗壮树枝）形成简易路面进行减压处理，针对在车辆行驶过程中出现的路基较大沉降情况，可采用加铺树干等处理措施。

图 2-3　拓宽路基

三、注浆加固

注浆加固适用于裂缝已贯通形成圈椅状，错台高度大、边坡稳定性不足的路段（图 2-4）。通常采用路基土石方机械挖除路基错台，并进行整平、压实。临时通车后，再对严重开裂范围进行注浆加固处理。路基注浆处理参数具体要求见表 2-1。

注浆加固处理参数表　　表 2-1

布孔形式	孔距(m)	孔深(m)	浆液类型	浆液配合比(质量比)	注浆压力(MPa)
梅花状	1×1	路基高度×1.5	双液浆	水∶水泥∶水玻璃=1∶1∶0.05	≤0.4

安装限速警示标识牌,采取交通管制措施。

图 2-4　路基注浆加固

四、液化沉陷处理

处于活动性断裂带的路基,地震时将遭受重大破坏,路基将被拉开,形成错断和隆起;潮湿松软地基(如饱和粉细砂层、流塑状态的黏性土等),当覆盖地层厚度不足(小于 7m)时,地震时易产生液化、喷砂冒水,造成路基沉陷;陡坡路堤、半填半挖路基、软硬层交界处的路基,由于土质不均匀,地震时易产生不均匀沉降或沿交界面开裂或滑动,在地下水位较高或较丰富的地段,地震时,由于破坏了地下水循环的规律,并使土的物理力学性质发生变化,震害一般较为严重,形成路基开裂与沉陷。处理地震液化路基常用的方法主要有以下两种:

(1)换填法:就是将可液化土挖除后用非液化土进行分层填筑,同时以人工或机械方法分层压、夯、振动使之达到要求的密实度。这种方法不仅挖除了浅层可液化的地层,而且上部回填的土层还有利于防止下部砂层的液化破坏。一般当可液化地层距地表不大于 3m 时采用挖除换填处理。

(2)强夯法:通过重锤从一定高度自由落下,以重锤自由落下产生的冲击波给地基以冲击和振动。在夯锤的反复作用下,饱和土中将引起很大的超孔隙水压力,随着夯击次数的增加,超孔隙水压力也不断提高,致使土中有效应力减小。当土中某点的超孔隙水压力等于上覆的土压力或等于上覆土压力加上土的黏聚力时,土中的有效应力完全消失,土的抗剪强度将为零,土颗粒将处于悬浮状态。此时由于骨架连接完全破坏,土体强度降到最低,使饱和土体中水流阻力也大大降低、渗透系数大大增加。而处于很大的水力梯度作用下的孔隙水,就能沿着土中已经由夯击而产生的裂隙面或者击穿土体中的薄弱面迅速排出,超孔隙水压力快速消散,加速饱和土体的固结,使土体的抗剪强度和变形模量明显增加,从而提高地基的强度、降低土层的压缩性、改善其抵抗振动液化的能力。

第二节　路基坍塌处置

路基坍塌是指路基在垂直方向产生严重下沉,与原路基顶面形成巨大高差,如图 2-5 所示。

对于路基坍塌，根据坍塌程度及规模、现场条件可采取以下处置措施。通车后应监测路基稳定性，随时采取放缓边坡或坡面稳定加固措施。

图 2-5　路基坍塌

一、填筑法

(一)全部填土

全部填土适用于坍塌体工程量不大、取土方便，现场人力、机械充足的情况。按原状修复，填土分层摊铺整平压实，紧急情况下可缩小路基宽度、变陡边坡。技术要求如下：

1. 宽度

双车道路基宽度不小于 7m，路面宽度 6m；单车道路基宽度不小于 4.5m，路面宽度 3.6m。

2. 边坡坡度

边坡坡度一般采用 1∶1.5，受水浸淹部分的边坡采用 1∶1.75～1∶2。路堑边坡根据土壤的性质而定，一般采用 1∶0.5～1∶1.5。

3. 纵坡

纵坡一般不大于 10%。填土高度较大时，可采取土工格室加固。如车流量大，可进行土路改善或铺设简易路面。

(二)换填泡沫轻质土

泡沫土是采用物理方法将发泡剂水溶液制备成泡沫，与必需组分水泥基胶凝材、水及可选组分集料、掺和料、外加剂等按照一定的比例混合搅拌，并经物理化学作用而形成的一种轻质材料。泡沫轻质土具有明显的多孔、轻质、承重特征，其密度及强度也可调节，且硬化后可自主和垂直填筑，节省用地。对于类似材料，国内的叫法普遍为泡沫混凝土。就硬化成型的过程而言，泡沫轻质土与泡沫混凝土并无本质区别。

泡沫轻质土较为适用于山区陡峭路段垮塌路基修复、地下管线回填、结构减载回填、软基路段回填等，可取代常规的复合地基处理方式，如图 2-6、图 2-7 所示。

现浇泡沫轻质土施工工艺流程主要包括“泡沫的生成、水泥浆或水泥砂浆的制备、泡沫轻质土的生成即泡沫与水泥(砂)浆的混合、现场浇筑施工”等四大步骤，如图 2-8 所示。

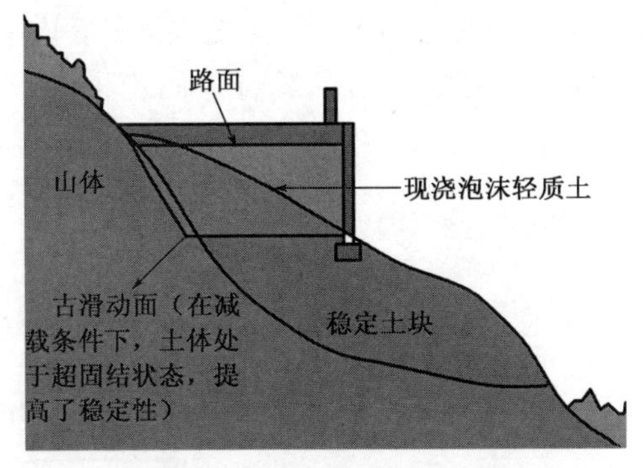

图 2-6　现浇泡沫轻质土示意图

图 2-7　坍塌路基现浇泡沫轻质土施工图

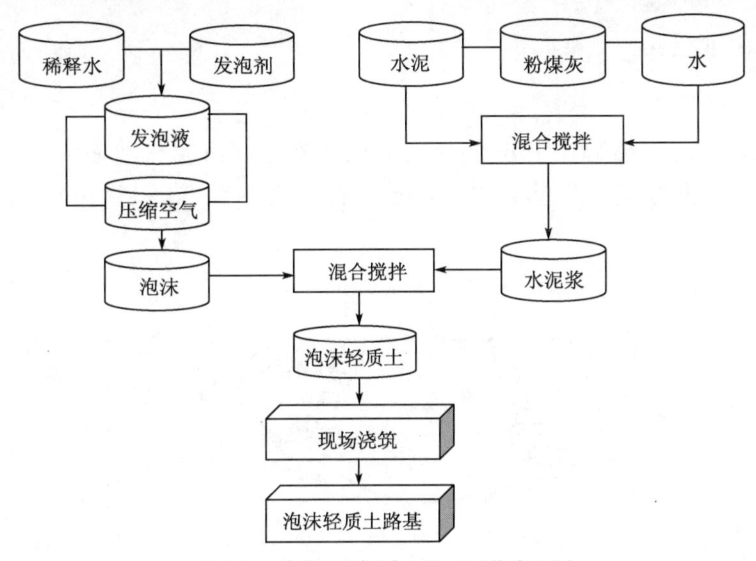

图 2-8　现浇泡沫轻质土施工工艺流程图

(三)拦边填土

拦边填土适用于坍塌体工程量大或取土困难的情况。使用各种就便材料或备置材料拦边构筑路基边坡，同时在其内填土，缩减路基宽度、加大边坡坡率，以减少回填土石方数量，争取抢通时间。各种拦边方式的应急边坡坡度见表 2-2，路基宽度参照全部填土方案。拦边填土可分为以下几类：

路堤边坡应急坡度参考值表　　　　表 2-2

拦 边 方 式	填 土 类 别		
	一般细粒土（粉土类、黏土类）	粗粒土（砾石类、砂类）	最大高度(m)
草袋及片石拦边	1∶0.2～1∶0.75	1∶0.3～1∶1.0	5
	1∶0.75～1∶1.0	1∶1.0～1∶1.25	10
石笼拦边	1∶0.3～1∶0.5	1∶0.4～1∶1.0	5

1. 袋装土(石)拦边

袋装土(石)拦边采用草袋、塑料编织袋或麻袋装土(砂、碎石)达其容量 60%左右，分层交错码砌，并逐渐收坡，底宽顶窄。路基面以下 3m 用单层，超过 3m 部分用双层。拦边厚度应随填土增高而加厚，如图 2-9 所示。

坍塌面积较小时，可直接用草袋装土(砂)填筑，分层交错堆积，使其成 1：1.5 左右的侧坡，并用直径 5cm、长 1m 以上的木桩将草袋贯穿固定，坡脚处紧贴草袋打入固定桩，入土深度 1m 以上。顶端填土 15～20cm 并夯实，如图 2-10 所示。

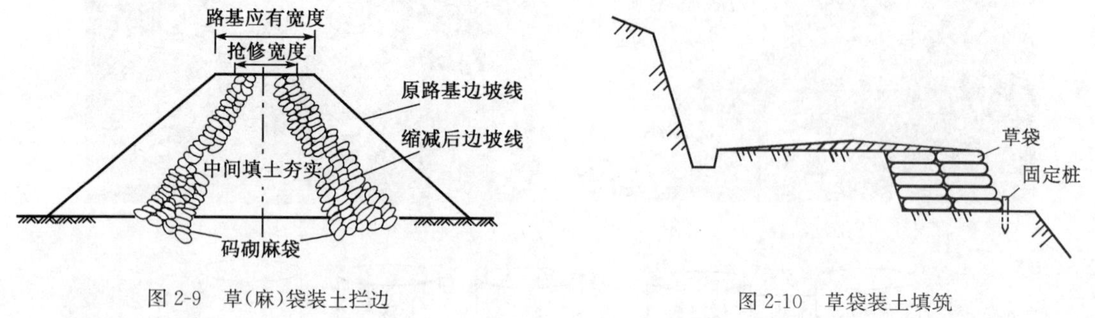

图 2-9　草(麻)袋装土拦边　　　　图 2-10　草袋装土填筑

2. *片石拦边*

片石拦边采用厚度不小于 0.15m 的片石分层干砌。片石应与地面大致平行，压缝码砌，有丁有顺，边砌边填土夯实。路基面以下 2m 片石拦边厚 0.5m，超过 2m 部分厚 1.0m，如图 2-11所示。

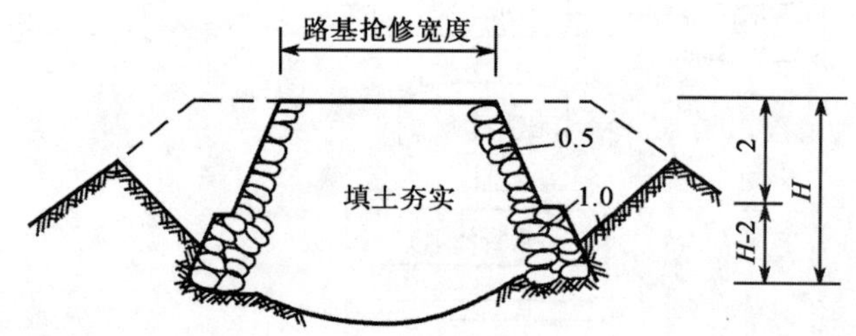

图 2-11　片石拦边(尺寸单位：m)

3. *石笼拦边*

石笼采用镀锌铁线编织或用圆木拼制，也可用钢筋、角钢焊制成高、宽各 1.0m，长 1.5～2m 的方笼，或利用就便材料采用铁丝笼、竹笼、荆条笼、木笼等。笼内装石，分层叠放，如图 2-12所示。路基面以下 3m 的石笼厚 1.0m，超过 3m 部分的石笼厚1.5m。抢修时，先确定笼子位置，然后平整基础，摆好笼子向内填石料，同时在路堤中间填土夯实。为了节省时间，应尽量采用备置的笼子。目前定型生产的石笼有多种规格且可折叠，运输方便。

图 2-12　石笼拦边

4. 简易桩板墙拦边

先在路基坡脚打入木桩，桩距为1～2m，桩头向内倾斜；然后在路基内打控制桩，用铁丝将木桩与控制桩连紧，并在木桩内侧密集设置小圆木或木板，同时填土夯实，如图2-13、图2-14所示。

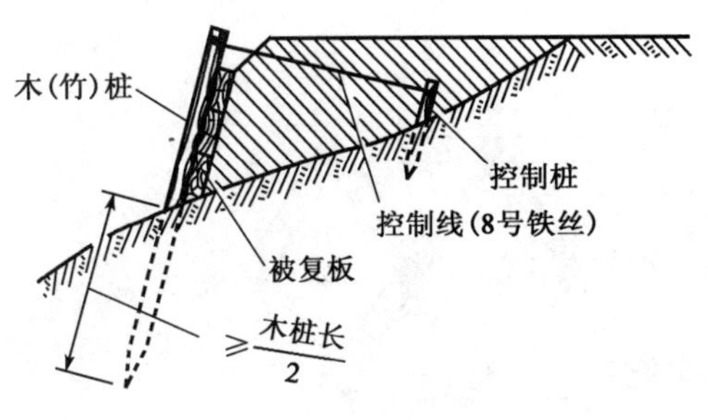

图2-13　桩板墙拦边示意图

图2-14　桩板墙护坡脚

5. 土工编织袋永久挡墙

当要求临时通车时间较长，且地形陡峭，填土及拓宽路基难度较大时，可采用“土工编织袋永久挡墙”。它既能使挡墙快速发挥使用功能，降低挡墙施工安全风险，又能作为永久挡墙在应急救险后长期使用，减少浪费。

土工编织袋永久挡墙主要做法是：用土工编织袋装土排列堆码形成挡墙，并在墙内置入花管（图2-15），然后通过花管注浆，最后挡墙外侧及墙顶制作钢筋混凝土面层，得到永久性的挡墙。

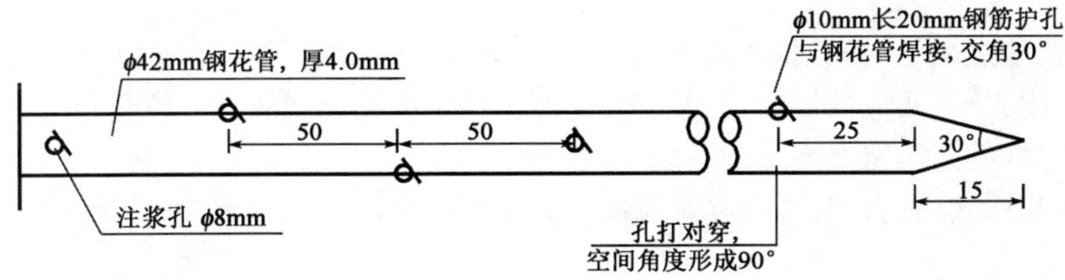

图2-15　钢花管示意图(尺寸单位：cm)

6. 微型桩快速加固技术

路基边坡或建筑物受地震及边坡发育影响，其地基要能够支撑压缩荷载及竖直和平面方向受力。相对于大型混凝土基础需要较大场地和大量的开挖，小且深的钻井或桩基成为更经济的选择，其主要由混凝土、水泥砂浆和嵌入钢筋构成。微型桩就属于这一类基础。如图2-16、图2-17所示。

其主要施工工艺包括钻孔、安装钢筋、灌浆。其中，钻孔设备及方法可参照边坡防护工程中的锚索框格梁相关要求，桩位根据现场边坡坍塌实际情况具体调整布置。

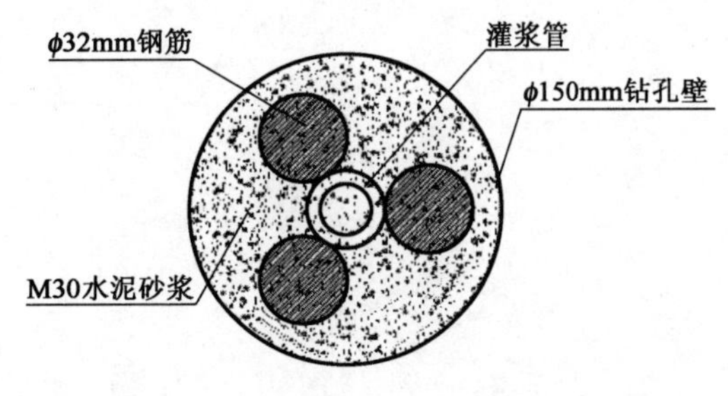

图2-16　钢筋微型桩截面图

上述方法中，前四种拦边方法较简单，修复方便，能减少填土数量，缩短抢修时间，抢修时可根据当地材料情况选用或混合选用。拦边适用于取土困难，抢修时间紧迫，备有片石、草袋、编织袋、土工编织布、角钢、木笼等材料或半成品的情况，但拦边高度一般控制在 5m 以内。各种拦边施工时应注意基底整平夯实。土工编织袋永久挡墙及微型桩快速加固技术则为近几年发展起来的新技术，兼顾了临时性应急与永久使用需要，对材料和设备均有相应要求。

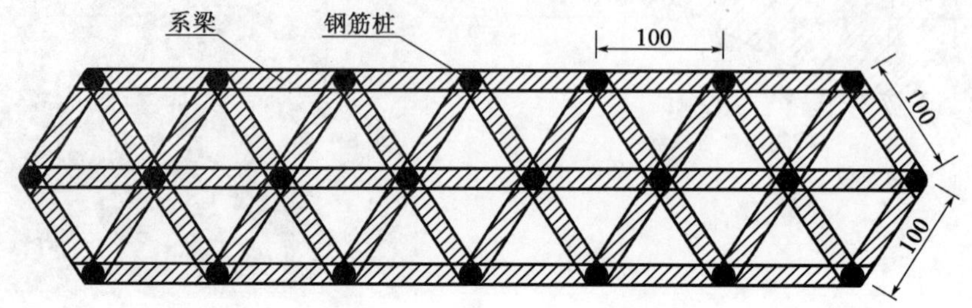

图 2-17　钢筋微型桩平面布置示意图(尺寸单位：cm)

二、凹形竖曲线通过法

坍塌部分段落较长、取土修复困难时，可采用凹形竖曲线通过法：采用推土机将完好路基段土石方逐渐推运至坍塌部分，形成凹形竖曲线，将新的路基顶面整平压实。当因车辆爬坡能力差、车辆载重量大、地面湿滑等原因，车辆不易通过缓坡时，可采取撒铺碎石、加铺捆扎圆木等措施，以提高地面承载力和抗滑能力，改善通行条件。凹形竖曲线通过法，上下坡最大坡度、不同纵坡的最大和最小坡长可参照本章第三节中“改线”的相关规定执行。

三、改移线位法

改移线位法适用于时间紧，滑坡崩坍地段和傍山地段内侧堑坡及其防护加固工程严重破坏，滑移侵入限界，有相应的拨道位置等情况，即向路基内侧(或靠山侧)改移路线，达到单车通行宽度。可采取的拓宽路基方法如下(图 2-18)：

(1)填平靠山侧边沟作为部分路基宽度。为不影响边沟正常排水功能，填筑前可在边沟底铺设排水管道。

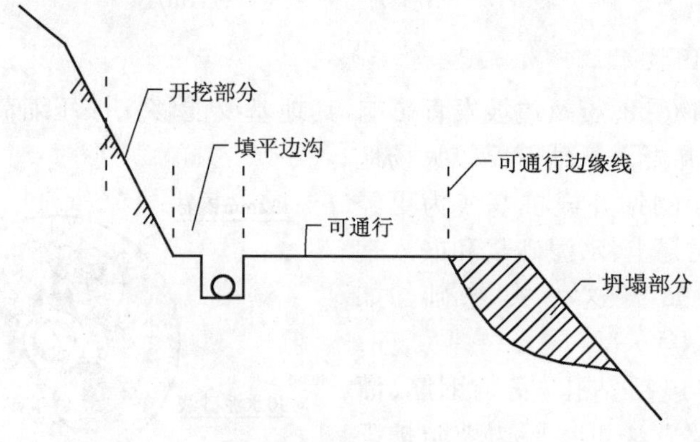

图 2-18　改移线位示意图

(2)清理靠山侧坍塌土石。如仍不能满足单车通行宽度，则对内侧边坡进行开挖。清理或开挖的应急边坡坡度见表 2-3。土质边坡使用机械开挖，石质边坡采用爆破法快速开挖。时间较为充足时可采用无声破碎剂 SCA(又称为膨胀剂、静态爆破剂、破石剂)，这种方法具有安全、环保的优点，且破碎效果稳定，一般可使被破碎物在 0.5～24h 以内发生破碎(反应时间可控)。开挖的土石方使用机械配合人工清理至下边坡。

路堑边坡应急坡度参考值表 表 2-3

<table>
<tr><th>边坡类型</th><th>黏土、砂黏土、黏砂土，中粗砂、砾砂，黄土</th><th>碎石或角砾土、卵石或圆砾土</th><th>岩　石</th><th>最大高度(m)</th></tr>
<tr><td rowspan="2">新堑开挖</td><td>1∶0.1～1∶1.0</td><td>1∶0.3～1∶1.25</td><td>1∶0.1～1∶1.0</td><td>5</td></tr>
<tr><td colspan="2">1∶0.3～1∶1.25</td><td>1∶0.1～1∶1.0</td><td>10</td></tr>
<tr><td rowspan="2">原堑清方</td><td>1∶0.5～1∶1.25</td><td>1∶0.5～1∶1.5</td><td>1∶0.1～1∶1.0</td><td>5</td></tr>
<tr><td colspan="2">1∶0.75～1∶1.5</td><td>1∶0.1～1∶1.0</td><td>10</td></tr>
</table>

改移线位后，路面上应设置警示标志，防止车辆越界行驶。

第三节　道路掩埋阻塞抢通

道路掩埋阻塞是指由于地震、泥石流、滑坡、崩塌、雪崩等灾害引起的，大量松散土石、雪或者泥，堆积、汇聚于道路上，造成交通中断的状况，如图 2-19 所示。

图 2-19　道路掩埋阻塞

道路掩埋后可采取以下几种抢通措施：

一、全部清除

当阻塞物工程量不大且清挖后不会导致滑坍物进一步下滑时，可采用土石方工程机械全部清除。清挖常用机械为挖掘机、装载机、推土机、铲运机、挖掘装载机。清挖的阻塞物应就近弃堆。当掩埋阻塞路基下方有民居、河道或农田等不适宜就近弃土时，可采用挖掘机、装载机配合自卸车进行远运弃土。如果滑坍体清挖后会引起上边坡进一步垮塌，应对上边坡采取防护措施，然后进行清挖整平，达到通车目的。

当半填半挖路基上边坡为稳固的石质边坡，且下边坡允许爆破飞石时，可采取抛掷爆破将阻塞物抛掷到路基下边坡一侧，配合机械清理，达到通车目的。

二、从阻塞物上通过

当阻塞物方量巨大且滑坍体清挖后会引起上边坡进一步垮塌时，应对上边坡进行加固处理，然后采取机械清挖整平、路基处置等措施，使机械、车辆从阻塞物上通过。具体方法如下：

(一)部分挖填

按照阻塞物的材质,分为以下几种情况:

1. 土方或不含大石块的石方掩埋阻塞

当阻塞物坡度小于 60°,长度几百米至几公里时,采用“先打通重机路,后多点分段作业”的方法,用挖掘机挖出一条重机可通过的便道,1 台挖掘机和 1 台装载机或 2 台装载机为一组,多个工作面同时作业。这样可尽可能地发挥出每台设备的效能,缩短处理时间。

当阻塞物坡度大于或等于 60°时,可采用同样的方法,但机械均应采用挖掘机。由于坡度较陡,堆积的厚度也较大,故采用挖掘机爬到离原路面 5m 位置开挖,挖掘机工作臂尽量伸长,从远端向近端挖,每台挖掘机间隔距离不小于 10m。当挖掘机清出重机路后,装载机可进行协助作业,向前推进。

重机路便道纵向坡度可达 30°～40°,而后可进一步削顶形成供其他轮式车辆通行的一般便道,纵向坡度可达 15°～20°,具体方法如图 2-20 所示。待大规模抢险救灾物资设施通过或者生命抢救的黄金时间过后,再考虑采用普通挖运设备清理阻塞物,恢复道路原有设计断面。

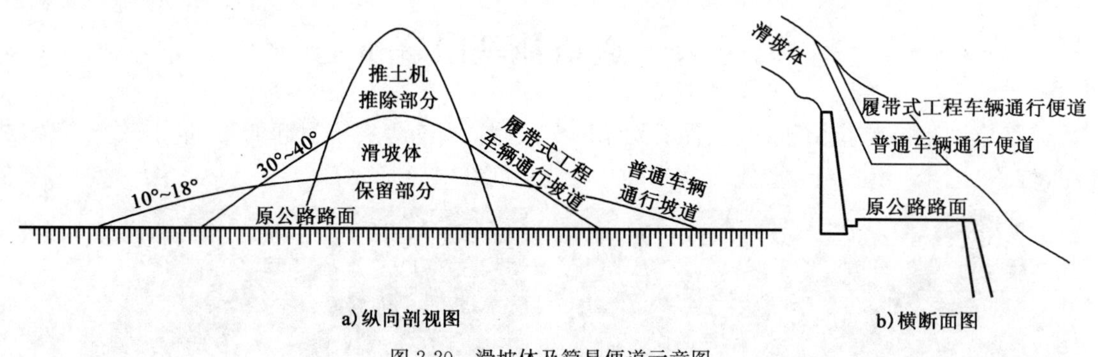

图 2-20　滑坡体及简易便道示意图

2. 巨石阻塞

阻塞物方量巨大且含大块岩石较多时宜采用机械清理,同时沿崩塌体边缘进行回填,形成半挖半填便道。对须移走的大石块,采用两台以上挖掘机协力作业进行移除,不能移除的巨石应进行破碎处理,具体处理方法见本章第五节。

阻塞物为大块孤石且不具备避绕条件时应对其进行破碎处理,具体方法见本章第五节。不具备破碎条件时,应对崩落巨石进行掩埋,在巨石前后填筑斜坡道路供抢险设备临时通行,如图 2-21 所示。

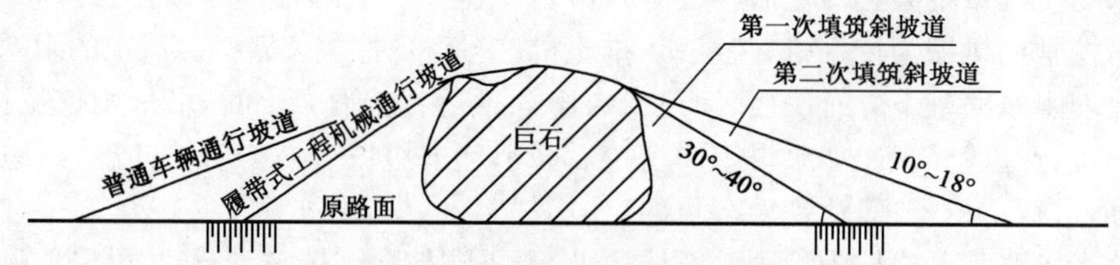

图 2-21　巨石前后填筑斜坡道示意图

3. 其他阻塞

对于风沙、冰雪引起的道路阻塞,处置方法详见本章第六节相关内容。

(二)爆破清除

公路抢通过程中,往往会遇到巨石跌落阻碍公路通行,如图 2-22 所示。此类情况可采用天然巨石爆破法、大块岩石爆破法、非炸药安全破碎器破碎、静态破碎、机械破碎、单兵火炮打击等方法进行处理，详见本章第五节相关内容。

a)路基上的石头

b)桥梁上的石头

图 2-22　石头阻塞道路

(三)机械整平

当阻塞物方量巨大且较平缓时，采用机械整平。整平机械可采用推土机、装载机、挖掘机、平地机。整平后采用现场机械对其进行碾压。

(四)路基表面处置

当路基进行挖填及整平后，如无法满足车辆通行要求，还应进行路基表面处置，以满足车辆通行要求。其处置措施如下：

(1)土方路基可采用泥结碎石、石灰稳定土、水泥稳定土等。

(2)石方路基可采用泥结碎石路面、混凝土表面处置、灌浆处理等。

(3)大型泥石流除采取以上措施外，还可采用抛石处理、换填石渣、泥石流体表面快速固化等措施。大型泥石流抢通时应保证泥石流体区域内排水通畅，可挖设排水沟，埋设圆管、波纹管并回填以利排水。

(4)如整平后路基石块较大且嵌缝料较少，则应采用碎石或土壤进行填隙，并进行整平、碾压。

(5)就近取材，采用秸秆、树枝、煤渣、建筑垃圾等铺设在沉陷或泥泞路段，保证车辆顺利通行。

(6)采用木板、铁皮、钢板、路基箱、机械化路面等铺筑临时路面，达到车辆通行的目的。

三、改线

当路基遭受大面积滑坡、泥石流、崩塌，或者桥梁、隧道坍塌，难以在短时间内抢通时，可改线绕行。

(一)选线原则

道路选线应视灾害分布范围、作战任务、地形、地质等综合因素而定。在路线各个控制点附近的较大区域内，结合当地情况确定出路线的方向和基本位置。

为降低工程投入，选线时还应力求做到：充分利用原有道路；尽量减少桥涵数；避免高填和深挖；便于就地取材筑路；尽量少占用耕地；避开重要建筑物。

1. 战争时期的选线

(1)选线应符合作战意图

路线应力求短捷，便于机动，考虑平战结合，以便在满足作战的前提下，做到军民两用。

(2)力避敌人破坏

路线应力求隐蔽，易于伪装，尽量选在高地的反斜面及林空、林缘等天然遮障物下，以使路线隐蔽。当不能满足隐蔽要求时，应使路线尽量布置在不透空或背景较暗的山脚下、土堤旁等便于实施人工伪装的地带。

(3)便于疏散和对原子化学武器的防护

路线应尽量避开居民地、城镇及隘路、水库堤坝等在战时易遭敌人破坏造成堵塞的地段，以便人员车辆的疏散。对易滞留毒气和造成感声放射的地段，应尽量设法绕过。

(4)合理布置路线，力求减少损失

路线与原有道路大致平行时，应根据地形情况，使之间隔 2～3km，以避免敌战术核武器袭击时，同时破坏两条路线或路线上的运动目标。

路线跨越大、中河流时，桥两端除应有便于行车、不小于 10m 的直线段外，路线还不应与桥轴线成一直线，以避免敌机沿直线路段捕捉和破坏桥梁目标。

路线的直线不宜过长，一般不大于 2km，以降低敌机沿直线段对运动目标跟踪攻击的命中率。

2. 山地选线

山地道路，按照路线所处位置的地形特征，通常分为沿河(溪)线、越岭线、山坡(腰)线、山脊线四种线形。

(1)沿河线

沿河线，是沿河谷岸布设的路线。纵坡较缓，路线隐蔽，易于伪装，沿线有丰富的砂、石和水源可供利用，但路线弯曲，桥涵多，易受洪水威胁。

①沿河线选线要综合考虑河岸选择、桥位选择和线位高度三个要点：

a. 河岸选择。路线应布设在台地长面宽、支谷小而少，地质、水文等条件良好的河岸上。路线原则上应尽量布设在同一岸，当遇到滑坡、碎落、雪堆和泥石流等不良地质地段时，应综合分析，权衡利弊，确定是否换岸布线。

b. 桥位选择。桥位是路线的控制点。选择时，通常应按“路线服从大桥，小桥服从路线”的原则进行。为与线形相配合，桥位应尽量选择在开阔地段，以便于桥头曲线选用较大的半径。在狭窄的河段，桥位一般宜高不宜低，跨径宜大不宜小。桥位轴线应尽量与河流正交。当必须斜交时，交叉角应大于 45°。必要时，可修斜桥、坡桥或弯桥。桥头引道的线形，应与桥上线形相配合。

c. 线位高度。沿河线的线位高度，应根据岸边的地形、地质及水流等情况来确定。当地形、地质条件允许时，应尽量采用低线，即路线高出设计洪水位 0.5m 以上。当采用低线遇到悬崖、滑坡阻挡工程量太大，以及容易遭受洪水威胁时，才采用高线，将路线布设在半山腰，远远高出设计洪水位。

②沿河线路线布设有宽谷布线和峡谷布线两种形式：

a. 宽谷布线。从河岸到山脚之间有较宽台地的河谷称为宽谷。宽谷布线通常有沿河布线、靠山脚布线和直穿田地布线三种方案。沿河布线，路线纵坡平缓，线形好，但易受洪水威胁，防护工程多；靠山脚布线，路线略有增长，纵坡有起伏，但路基稳定，路线隐蔽，易于伪装；直穿田地布线，线形标准高，但占用耕地多，若有稻田地，有时还需换土。

b. 峡谷布线。河谷两岸陡崖峭壁对峙且谷底狭窄的地段称为峡谷。峡谷布线一般有绕避岩壁、直穿峡谷和弯曲河道布线 3 种方案。绕避岩壁有两种方法：一是翻上陡崖顶部通过；二是另选过岭垭口。前者需要崖顶有可供布线的有利地形，后者需要附近有符合路线走向的低垭口。两种绕避方法的共同特点是路线上而复下，需要有适合布设过渡段的地形。当崖顶过高、峡谷不长时，不宜采用绕避方案。直穿峡谷有两种方法：一是侵占河床填路堤；二是硬开石壁构筑台口式或半隧道式路基。当河床较宽、水流不深、压缩部分河床不致引起洪水过大抬高时，路线可在崖脚下侵占部分河床通过。若河床较窄，则应清理河床，使路基占用河床的泄水面积从清理河床中得到补偿。当河床难以容纳并行的河与路时，可采用硬开石壁的方法通过，但须处理好硬开石壁所产生的大量废方对水位的影响。当两岸崖壁十分逼近时，不宜硬开石壁穿过，而宜建顺水桥通过。弯曲河道一般凹岸陡峭，凸岸多有一定宽度的浅滩，有时也有突出的山嘴。弯曲河道主要有两种布线方案：一是沿河岸自然地势，绕山嘴，顺河弯布线；二是裁弯取直布线。前者线形指标较低，易修建；后者线形指标较高，通常需建桥跨越，难度较大。

(2)越岭线

越岭线(图 2-23)是翻越山岭的路线。其特点是：路线克服的高差大，纵坡陡，往往需要“之”字形展线，路线迂回曲折。选择越岭线应重点控制纵坡，着重解决垭口的选择和垭口两侧路线的布设。

①垭口的选择

选择越岭垭口时，应着重考虑以下几个条件：

a. 垭口的方向应符合路线的基本走向，以缩短路线。

b. 选择高程较低的垭口，尽量采用浅挖的方式或直接通过，以减少工程量。

c. 垭口两侧的山坡较缓，便于布线。

d. 垭口处的地质要稳定，对有断层破碎带、滑坡等地质不良的垭口应放弃；否则，须采取相应的防护措施，以保证路基稳定。

②越岭展线

越岭展线的方式主要有自然展线、回头展线和螺旋展线三种。

a. 自然展线(图 2-24)是以适当的纵坡依照自然地形顺山坡，绕山嘴，沿侧谷布置路线。当山坡坡面等齐，坡度较缓时，可从山脚以平均纵坡升至垭口。此方案路线短捷顺直，纵坡均匀。当垭口较低且山坡不陡时，可采用这种方式布线。在展线时，亦可先沿溪或在山脚以平缓的纵坡布线，再调整纵坡升至垭口。

图 2-23　越岭线

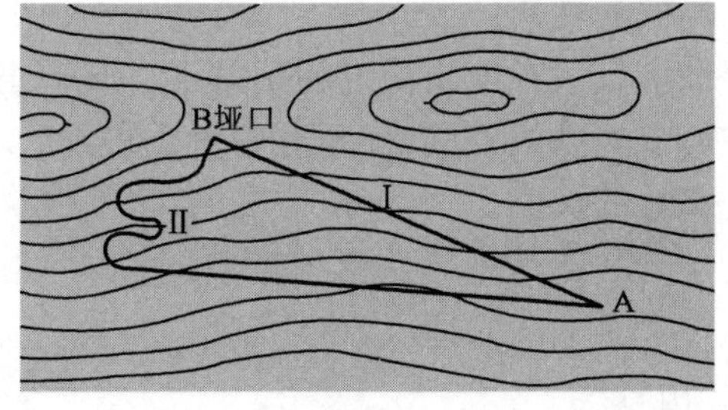

图 2-24　自然展线(Ⅰ)与回头展线(Ⅱ)

b. 回头展线(图 2-24)是采用在山脚与垭口之间设置回头曲线的方式布置路线。当垭口较高、山坡较陡，靠自然展线无法取得需要的距离以克服高差时，可进行回头展线。回头展线可以争取距离克服高程，避让不良地形、地质地段和工程难点，但路线在同一坡面上迂回曲折，上下线相距较近，一旦遭破坏则修复困难，对施工、维护及行车都不利。然而，在山地选线，回头展线往往又是不可避免的。

回头地点对于回头曲线工程量大小和使用质量影响很大，应慎重选择。一般利用直径较大、横坡较缓、相邻较低鞍部的山包或平坦的山脊，或者地质、水文条件良好的平缓山坡，以及地形开阔、横坡较缓的山沟或山坳等地形设置。

c.螺旋展线(图 2-25)。当路线受地形等条件限制,需在有限地段内急剧地提高或降低较大高度,才能充分利用前后有利地形时,才采用螺旋展线。螺旋展线一般多在山脊利用山包盘旋,以旱桥或隧道跨线;也有的在峡谷内,路线就地迂回,利用建桥跨沟布线。螺旋展线是回头曲线的变形,在某种地形条件下可用以替代回头曲线。螺旋展线虽比回头曲线线形好,并能避免路线重叠,但因需建隧道或高桥、长桥,造价较高,因而较少采用。当必须采用螺旋展线时,应根据路线的性质和任务,与回头展线的方案比较后确定。

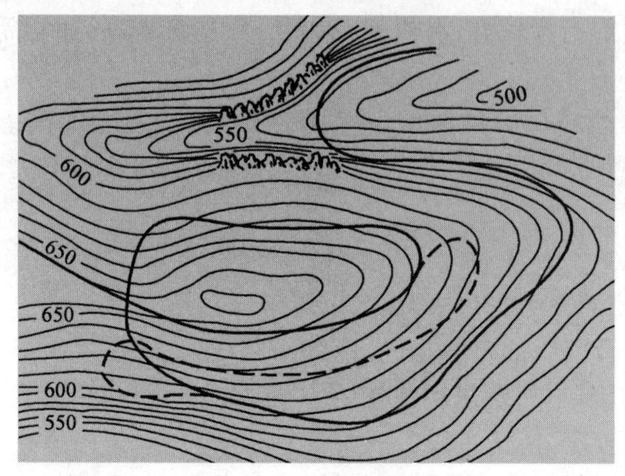

图 2-25 螺旋展线

(3)山坡线

沿山坡布设的路线称为山坡线。其特点是:线位高,受洪水威胁少,一般纵坡较大,路基边坡较陡,易产生坍塌,防护工程多。山坡线往往是越岭线的一段,或是沿河线为绕避障碍升高线位的一段。在选择山坡线时,应与选择越岭线或沿河线综合考虑,注意把握以下几点:

①山坡的地形

路线应选择在山坡平面弯曲少,纵面起伏小,横坡平缓的地形上。当遇到难以避让的沟谷、凹地、鸡爪地形等,应根据实地情况,使路线沿地形弯曲面布设或切嘴填谷直线穿过。

②山坡的地质

路线应布设在地质稳定的山坡上。凡有滑坡、岩堆、崩崖、泥石流时及岩层倾斜方向与路基边坡方向一致的山坡,都不宜布置山坡线。当难以避让时,应采取防护措施。

③山坡的坡面

为了有利于路线的隐蔽和路基的稳定,路线一般应布置在山地的反斜面上,并以阳坡为好。但在常年冰冻的地区,路线宜选在阴坡上。

(4)山脊线

沿山脊布设的路线称为山脊线。其特点是:路基边坡不陡,排水良好,工程量较小,水文和地质条件较好,桥涵构造物少,线形多起伏、曲折,路线暴露,不易隐蔽和伪装,空袭目标明显。选择山脊线,重点是选择好垭口和侧坡,并满足以下条件:

①山脊的方向不能偏离路线总方向。

②山脊平面不能过于曲折,纵断面上各垭口之间的高差不过于悬殊。

③控制垭口间的山坡地质情况较好,地形不过于陡峻零乱。

④上下山脊的引线有合理的地形可以利用。

总之,选择山脊线应根据山脊可利用的纵向长度、横向宽度、上下山脊时布设引线的地形及工程量大小等条件综合考虑确定。

(二)道路线形要求

应急道路选线时应主要考虑道路纵坡、坡长、曲线半径等因素,以确保车辆行驶安全,并为应急道路在以后的改建过程中打下技术基础。

1.纵坡

(1)纵坡坡度

①一般等级道路的路线均有最大纵坡限制,且在应急抢险行动中,部分受限路段最大纵坡可放宽为急造军路标准,即轮式通行的参照汽车路标准,履带式通行参照坦克路标准,详见表2-4。

最大纵坡 表2-4

类别	公路				急造军路	
	高速、一级、二级		三级、四级		汽车路	坦克路
地形	平原微丘	山岭重丘	平原微丘	山岭重丘	—	—
最大纵坡(%)	6	8	6	10	15	25

②越岭路线连续上坡或下坡路段,相对高差为200~500m时,平均纵坡不应大于5.5%;相对高差大于500m时,平均纵坡不应大于5%。任意连续3km路段的平均纵坡不应大于5.5%。

③回头曲线半径小,汽车转弯时所遇阻力较大,其最大纵坡宜控制在4%以下,特殊情况下也可放宽至4.5%。

(2)纵坡长度

①最小坡长

纵坡的最小坡长应符合表2-5的规定。

最小纵坡长度 表2-5

类别	公路			
	高速、一级、二级		三级、四级	
地形	平原微丘	山岭重丘	平原微丘	山岭重丘
最小坡长(m)	150	100	100	60

②最大坡长

不同纵坡的最大坡长应符合表2-6的规定。连续上坡或下坡时,两个陡坡之间设置缓和坡段,其纵坡应不大于3%,其长度应符合纵坡长度的规定。

不同纵坡最大坡长 表2-6

纵坡坡度(%)	设计速度(km/h)						
	120	100	80	60	40	30	20
3	900	1 000	1 100	1 200	—	—	—
4	700	800	900	1 000	1 100	1 100	1 200
5	—	600	700	800	900	900	1 000
6	—	—	500	600	700	700	800
7	—	—	—	—	500	500	600
8	—	—	—	—	300	300	400
9	—	—	—	—	—	200	300
10	—	—	—	—	—	—	200

2. 曲线半径

在山岭重丘区及其他路线曲折的地区，道路选线时应对道路圆曲线进行控制，圆曲线最小半径和回头曲线极限指标应符合表 2-7 和表 2-8 的规定。

圆曲线最小半径 表 2-7

类别		公路				急造军路	
		高速、一级、二级		三级、四级		汽车路	坦克路
地形		平原微丘	山岭重丘	平原微丘	山岭重丘	—	—
设超高的	极限最小半径(m)	125	30	60	15	15	—
	一般最小半径(m)	200	65	100	30	20	—
不设超高的最小半径(m)		1 500	350	600	150	150	—

回头曲线的极限指标 表 2-8

类别	公路		急造军路
	高速、一级、二级	三级、四级	汽车路
主曲线最小半径(m)	20	15	15
缓和曲线或超高缓和段最小长度(m)	25	20	20
超高横坡(%)	6	6	6
双车道车行道加宽值(m)	2.5	3	3
最大纵坡(%)	4	4.5	4.5

3. 基于数字地球的三维空间公路选线技术应用

近几年，许多数字地球软件相继推出，影响比较大的有 Google 公司的 Google Earth、Microsoft 公司的 Vir2tualEarth、NASA 的 WorldWind、ESRI 的 ArcGisex2plore 等产品。其中，Google Earth 是美国 Google 公司于 2005 年 6 月推出的通过操控卫星影像数据来实现的数字地球平台，Google Earth 的数据来源是卫星影像与航拍数据的整合。现阶段 Google Earth 是最能反映数字地球概念、功能最强、性能最好、实用化和人性化的地球信息系统。Google Earth 在三维显示与免费资源数据方面有无与伦比的优势，使其在短短几年内，已运用于诸多领域，如林业、地质灾害管理、虚拟城市、勘测设计等。

(1)Google Earth 突出特点分析

①卫星图像。Google Earth 使用了公共领域的图片，其图征并非单一数据来源，而是卫星影像与航拍的数据整合，在应急抢险救援中，可利用无人机拍摄重点区域，将其图像与 Google Earth 卫星图片整合，迅速得到现场第一手资料(图 2-26)。

图 2-26 无人机侦测

②矢量化信息。Google Earth 上不仅有大量的位图信息，而且它的电子地图是矢量的，蕴含着丰富的数据信息。虽然 Google Earth 采用以 WGS—84 坐标系为基准的经纬度坐标，但可通过当地测区参数实现转换。

③应用接口。Google Earth 提供了应用程序接口——Google Earth COM API。这组接口包括 11 个

接口，涵盖了 Google Earth 从显示到查询等诸多功能。通过此接口(API)，开发人员就可以调用部分 Google Earth 数据，进行二次开发，这为软件在工程测量中的应用提供了良好的基础。通过外部应用，可以方便地查询当前视图，控制 3D 视角，加载 KML 元素等等。

④软件丰富。Google Earth 在个人和行业应用主要立足于 Google Earth 提供的不断更新的高新卫星图像，以及不断完善并增添功能的 API 编程接口这两个优势上。随着 Google 公司的大力推广和宣传，GE 软件的开发越来越多，并拥有一大批 Google Earth 迷开发出的实用性极强的软件。我们可以利用 GE 迷开发的 Acad2kml 和 Kml2dxf 软件，借助专业路线设计软件将 Autocad 生成的图形和线位在 GE 中导入导出，并适当调整路线布设。

(2)数据交接文件

KML 是 Keyhole(Google Earth 的前身)客户端进行读写的文件格式，全称是 Keyhole Markup Language。它是一种 XML 描述语言，用来描述并保存地理信息(如点、线、图像和多边形等)并在 Google Earth 客户端识别、显示。

KML 格式文件对于 Google Earth 程序设计来说有极大的好处，程序员能通过简单的几行代码读取出地标文件的内部信息，并且还可以通过编写程序自动生成 KML 文件。因此，使用 KML 格式的地标文件非常便于 Google Earth 应用程序的开发，例如将 KML 格式数据导入 GE，完成在 GE 中高清影像的等高线覆盖(图 2-27)。

图 2-27　等高线自动生成图

(3)Google Earth 的二次开发在线路中的应用

①纸上选线与 Google Earth 选线相结合，具体情况如下：

在比例尺为 1：1 万或者 1：5 万的地图上进行选线时，可把线路走向图上的线路坐标通过坐标转换软件转换成 WGS—84 系统下的经纬度坐标，然后展点到 Google Earth 上，并进行线路的连接。通过这样一系列的操作可以将线路走向图输入到 Google Earth 上。

在 Google Earth 上进行线路选线时，首先要把所选的线路保存为 KML 格式的文件，然后到 KML 文件中寻找坐标和线路信息并进行提取，将提取的坐标和线路信息从 WGS—84 坐标转换为我们常用的坐标系下的坐标，如北京 54 坐标。

②外业测量和 GE 的配合使用。GPS 作为现在的主流控制测量方法已经被广泛采用，这种方法既能保证测量控制点的精度均匀又能大大缩短测量的作业时间。目前 GPS 测量设备多支持将测量采集点数据直接导出为 KML 格式，这样就提供了和 GE 连接的接口，可以方便直观地将外业成果放在 GE 上，对整个测区有一个整体的把握。在 GE 中可以完全分辨出居民区、植被、道路、河流等地貌，根据这些信息制订合理的外业计划，可以大大减少外业调查测

量工作量，并且对于一些外业绘制的地形图起到很好的复核作用，大大降低了劳动强度，提高了工作效率。

③路线方案的三维虚拟演示。传统的公路设计，均采用二维图纸表达三维方案，对建成的工程实际情况的理解只能通过二维信息想象三维的公路模型。GE的出现可以很好地解决这个问题。全球的三维地形数据，加上全球的卫星影像，用户可以通过三维建模软件Google SketchUp、3ds max等建模，将设计的平面模型转化成三维模型，然后导入GE，即可建立一个完整的三维虚拟场景。还可以利用GE的可视化功能、任意角度旋转查看功能、虚拟漫游功能等形象直观地分析道路线形对交通安全的影响，检验线形设计成果以及与周围环境协调性从而对公路布线设计的合理性进行分析，反复进行调整，直至达到最优的线形组合(图2-28)。

利用Google Earth选线同样要考虑道路纵坡、坡长、曲线半径等技术参数要求。其选线结果可利用软件自动提取和生成，便于多种方案进行对比选取。图2-29为利用Google Earth自动生成的路线纵断面图。

图2-28 三维地形图

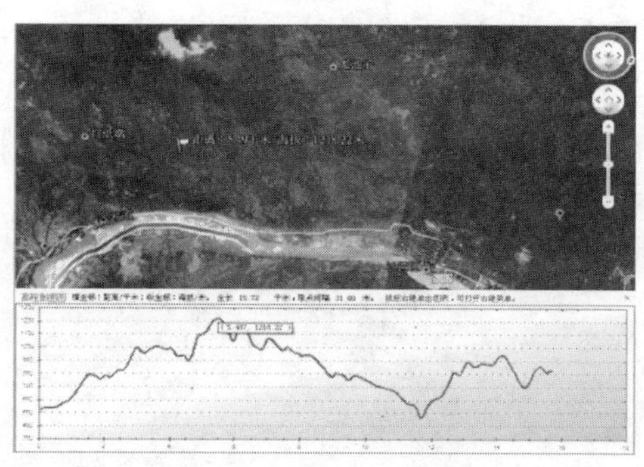
图2-29 纵断面自动提取图

第四节 涉水通行及泥石流路段抢通

一、涉水通行

有过水要求的路基治水原则是“以疏为主，疏堵结合”。当涉水路段较长时，在制式桥梁数量足够的前提下，优先采用桥梁进行跨越以达到快速通车的目的。涉水路段的抢通按水流流速、流水面高程不同，可采取的抢通措施包括疏导法、透水路堤法、桥梁法。

1. 疏导法

第一步，在坍塌缺口处设置简易导流坝(简易导流坝具体布置详见本章第七节“路基加固与防护”中相关内容)，防止水流继续冲刷路基导致坍塌情况进一步恶化；第二步，在路基坍塌缺口处埋设圆管(图2-30)，利用袋装(砂砾)土进行回填压实；第三步，在回填土顶层满铺钢板(材料不足条件下也可选择束柴路面)提高通行能力。

简易导流坝应选择袋装(砂砾)土木笼围堰(或草木围堰)导流坝或者钢筋石笼导流坝。当水流流速较缓、对河岸或临时路基的冲刷作用较弱时，可不设置简易导流坝。

在圆管安装前先利用袋装(砂砾)土对基础进行回填整平，整平可采用相对高差法进行测量。

图 2-30　圆管涵疏导

2. 透水路堤法

直接采用条石、块石等大体积材料填筑透水路堤(图 2-31，包括新透水路堤及在原路基上加铺透水路堤层)，并在透水路堤两侧安装醒目标志。

3. 桥梁法

架设桥梁(图 2-32)通过涉水路段。具体架设条件、方法及要求参考桥梁抢通相关内容。

图 2-31　透水路堤

图 2-32　桥梁法抢通被冲毁的高填方路基

4. 综合方法

当路基坍塌段落较长时，视现场条件可将上述几种方法结合应用。

如图 2-33 所示涉水路段，可采用的抢通方法有：

(1)直接采用透水路堤法进行抢通

直接在原路基上进行加铺一层透水路堤，其高程必须高于流水面高程。

(2)疏导法与透水路堤法混合应用(图 2-34)

图 2-33　流水面高于原路基的涉水路段

图 2-34　透水路基与管涵

①从过水断面与原路基断面结合部位开始填筑透水路堤 30m。

②采用疏导法埋设圆管涵。

③重复填筑透水路堤及埋设圆管涵，直至与原路基相连接。

(3)透水路堤法与桥梁法混合应用

参考疏导法与透水路堤法混合应用，使用桥梁代替圆管涵。

(4)防护措施

当被冲毁的路基边坡为高陡边坡时，在高边坡一侧应先施工防护措施，再参考以上方案进行抢通作业。防护措施可根据现场材料、机械等条件进行选择：

①采用速强混凝土浇筑挡土墙、护脚墙。

②采用浆砌片石砌筑挡土墙、护脚墙。

③打入木桩或钢管桩，间距 20cm，再码砌片石或袋装土，或直接回填土石混合料，用小型平板夯夯实(机具不足条件下可采用挖掘机斗进行压实)，形成简易桩板墙。

以上防护措施可根据现场需要施工多道防护线，每级边坡(10m)设置一道防护线。

详见本章第七节“路基加固与防护”。

二、水毁路基抢修措施

我国许多山区公路沿河布设，路基一侧为河岸；加之特殊的气象、水文条件，夏季暴雨集中，极易暴发洪水。洪水迅猛，历时短暂，暴涨暴落，流速快，流量大，对路基的冲刷力和破坏力极大。洪水破坏公路构筑物，冲毁路基，阻断交通，给当地人们的交通出行带来很大不利，严重阻碍了当地经济的快速发展。为缓解灾情，抢通道路，恢复交通，保障人们的正常出行活动，必须制定科学、有力的抢险修复方案，组织公路路基水毁抢险救灾修复工作。

抢修方案要遵循“先路基，后路面工程；先抢通，后恢复”的原则。根据不同的路基水毁类型，制定不同的抢修措施，缩短断道时间；同时，考虑确保行车安全和将来正式修复的工程条件。汛期结束后，根据不同情况，有计划地进行永久性治理或加固，提高公路路基的抗水毁能力，达到防灾减灾目的。

1.路基缺口抢修措施

(1)当路基缺口较浅，水已退干，当地有土、碎石等填充料时，可就地取土，填土恢复。

(2)当缺口处有积水时，若有石料供应，宜采用抛填片石的方法修复。修复方法是向缺口处投抛石，逐渐缩小缺口断面，抛到最后时，用大片石或石笼堵口。若缺乏石料，可用砂袋填堵。

当水流速度较快，现场石块尺寸较小，抛投后立即被水冲走时，可采用抛石笼的方法。预先编织、扎结成铅丝网、钢筋网，在现场充填石料后抛入水中。石笼体积一般可达 1.0～2.5m^3，具体大小应视现场抛投手段和能力而定。

(3)当路基缺口较长，河道改移，新河道流速达 3m/s 以上时，可采用淤死新河道，修复路基的方法。具体做法是在上游投石做成透水坝，坝顶稍高于当时的水位即可，使水流在透水坝前进入原河道，降低新河道的流速，填筑路基，迅速恢复通车，新河道以后逐渐淤死。

(4)当路基缺口较深较长，或路基被冲毁后尚有流水且流速过大不能填筑时，应修筑临时性便桥。临时性便桥的基础视冲刷和地质情况采用桩基或片石基础，应防止不被洪水再次冲毁并满足行车的要求。

2.路基沉陷抢修措施

一般的沉陷开裂无碍路段抢险通行;沉陷开裂严重路段应适当补填处理;对裂缝已贯通形成圈椅状、错台高度大、边坡整体稳定性明显存在问题的路段,在维持半幅通行的同时,应采用坡脚码砌片石或砂袋、坡体打设钢管桩等增加路基稳定性的措施做应急加固处理;若路基已大面积垮塌,需要重新回填处理或码砌砂袋抢通。

3.路肩挡土墙垮塌抢修措施

对于垮塌破坏的挡土墙,可采用码砌片石或砂袋抢通,打通宽度不小于 3m 的单车道,以保障通行,两端设"单向通行"的警示标志;对外倾、侧移、墙面鼓胀、基础脱空的挡土墙,可维持通行或半幅慢行;基础脱空严重的路段,应及时采取片块石嵌补、混凝土支撑墩等措施进行处理。

4.路基滑塌抢修措施

(1)路堤坡脚被洪水冲毁,或路堤边坡因降水后强度下降,不能维持自身平衡而发生边坡滑塌。当在半填半挖地段的填方一侧滑塌且另一侧路肩较宽时,可限速通车,然后组织力量修复。当一侧边坡滑塌且路基下有积水时,也可用抛石填筑的方法,抛石达到高于水面时,上部可继续抛石填筑,或用草袋或塑料袋填土堆筑,也可用河砂或炉渣等透水材料填筑。

(2)当土质路堤的路肩裂缝下错,但尚不会马上坍塌时,可在边坡上打入木桩,桩进入滑塌面以下稳定土体的长度以大于桩总长一半为宜。为了增强抗滑力,桩顶可用连杆纵横连接起来。

(3)利用片石或土进行边坡反压(图 2-35)。为了提高抢修速度,可将车辆开到坍塌处卸车,直接让片石滚到边坡下面。反压片石的用量一般根据路堤高度和长度而定,反压的垂直高度为坍塌体高度的一半即可,宽度根据坍塌体厚度不等而不等。

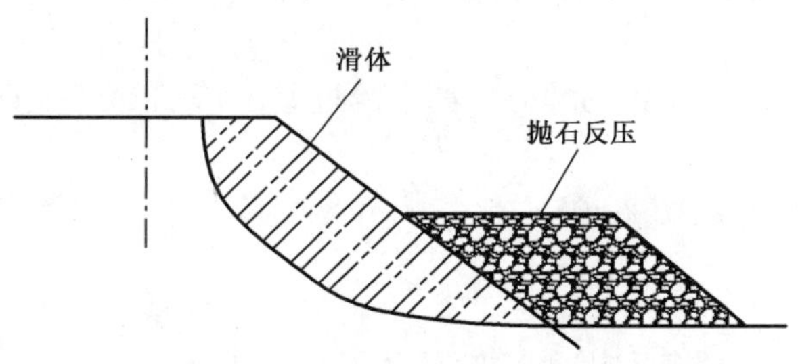

图 2-35 抛石反压示意图

(4)当路基背水坡有坍塌征兆时,即应采取上部削坡减载、下部固脚(图 2-36)等措施。方法是:在坡脚堆筑泥土或砂袋稳住险情,对路基不稳定的地方,应先固基。如滑坡已形成,抢护时应在滑坡体下部做固脚。

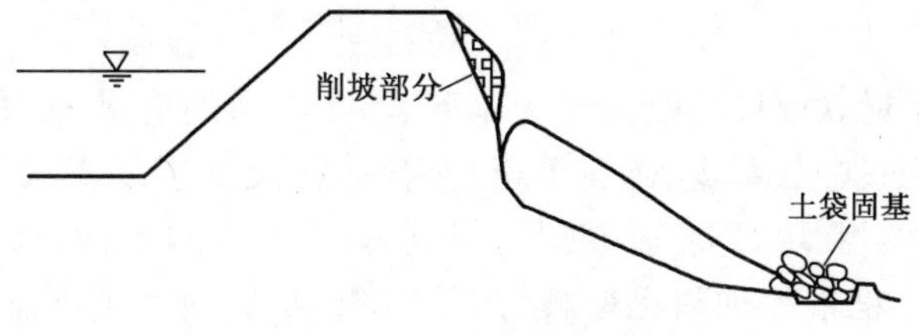

图 2-36 土袋固基示意图

(5)当路基坍塌后，若断面单薄，渗水严重，可采用滤水还坡方法抢护，恢复加固路基断面(图 2-37)。方法是：先将滑坡体顶部陡坎削成缓坡，清除坡面松土杂物，做好导渗层；在坡脚堆放块石或土袋固脚，然后，直接回填砂性土，加大或恢复成原来的路基断面。

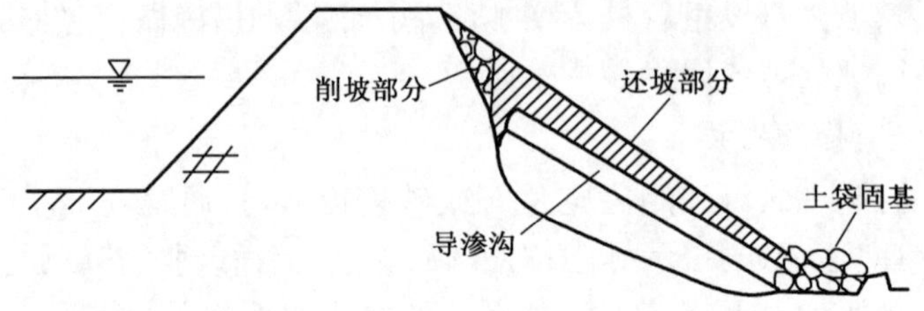

图 2-37 滤水还坡示意图

5.路基渗水抢修措施

(1)迎水面帮土(图 2-38)

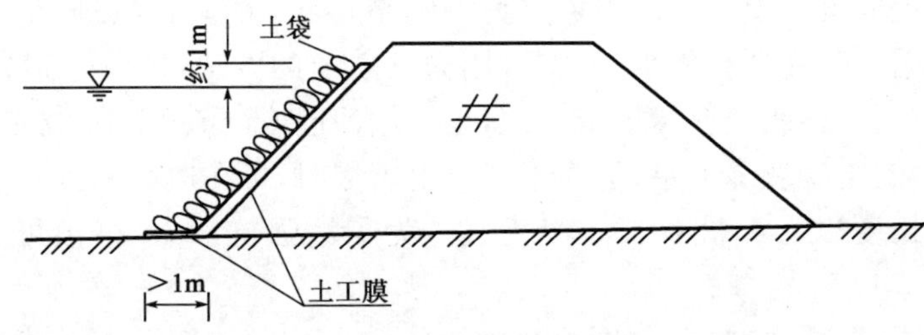

图 2-38 迎水面帮土土工膜防渗示意图

在迎水面用黏土或麻袋装土(草袋孔隙大，易渗漏，不宜使用)进行帮土和码砌，并用土工膜防渗。一般长度最少要超出渗水地段两端各 5m，高度要高出水面 1m 以上，底部覆盖路堤的坡脚。

此法适用于水不深、流速不大的地方。如水流过急，不等土或土袋落实，就会被水流冲走，造成人力、物力的损失。

(2)反滤层护坡(图 2-39、图 2-40)

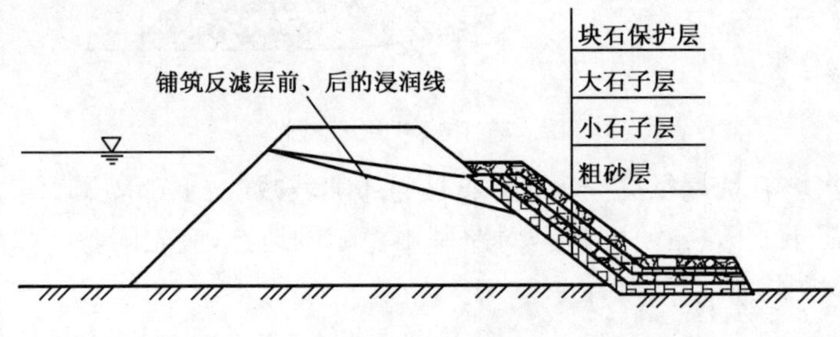

图 2-39 砂石反滤层

对背水坡土体过于稀软或堤坝断面过于单薄、渗水严重的情况，可用反滤层导渗抢护。反滤层的做法是：先将地面软泥、草皮、砖石等杂物清除，按反滤层的要求分层填铺砂石、土工织物等反滤材料。反滤材料和块石要适当延伸到坡脚外。对堤身单薄，渗水范围大，又缺少砂石料的地方，可利用麦秸、稻草等细料和柳枝、芦苇等粗料，铺料要上下细，中间粗，上部填土夯实，保持路堤自身的稳定。

(3)抢修已坍塌的路基

在路基已经坍塌的地段，先分段挖除已滑动的松软泥土，再从地面起用草袋装透水性强的砂土，往上逐层堆砌(坡率应小于1∶1.5)，一直堆砌到坍塌面以上0.25m。砂袋厚度应在1m以上，除了起导渗作用外，还起稳定路堤本身的作用。若情况较严重，可用草袋装炉渣作垫层，干砌片石作护脚；然后，以砂土草袋回填。

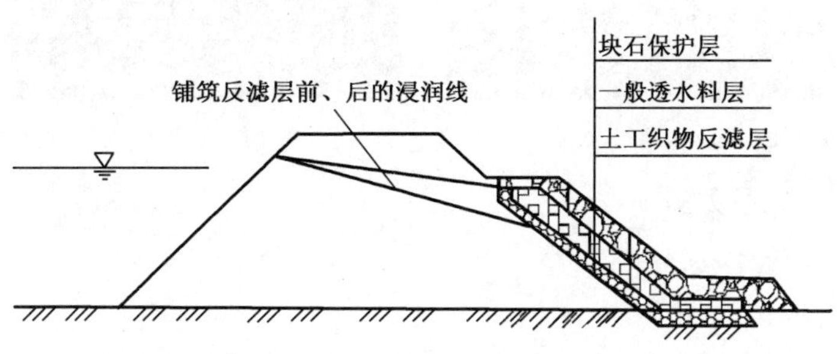

图2-40　土工织物反滤层

三、泥石流路段

(一)泥石流的形成及破坏

泥石流是指在山区或者其他沟谷深壑、地形险峻的地区，因为暴雨、暴雪或其他自然灾害引发的山体滑坡并携带有大量泥沙以及石块的特殊洪流。典型的泥石流由悬浮着粗大固体碎屑物并富含粉砂及黏土的黏稠泥浆组成。在适当的地形条件下，大量的水体浸透山坡或沟床中的固体堆积物质，使其稳定性降低，饱含水分的固体堆积物质在自身重力作用下发生运动，就形成了泥石流，如图2-41、图2-42所示。

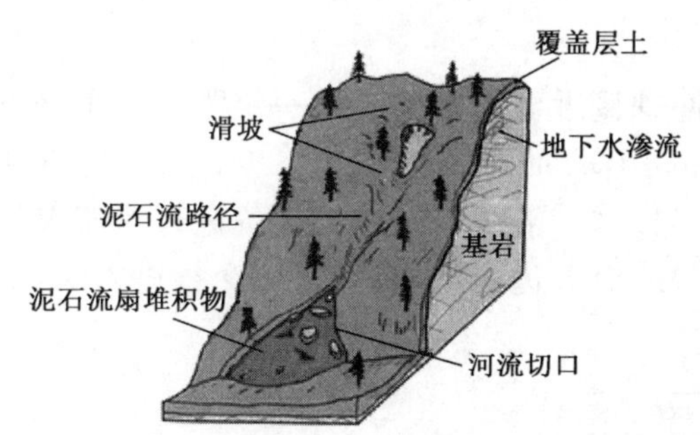

图2-41　泥石流形成示意图

图2-42　舟曲灾后航空遥感数据

泥石流大多伴随山区洪水而发生。它与一般洪水的区别是洪流中含有足够数量的泥沙石等固体碎屑物，其体积含量最少为15%，最高可达80%左右，因此比洪水更具有破坏力。泥石流是一种灾害性的地质现象。泥石流经常突然爆发，来势凶猛，可携带巨大的石块，并高速前进，具有强大的能量，因而破坏性极大。

泥石流常常会冲毁公路、铁路等交通设施甚至村镇等，造成巨大损失，如图2-43、图2-44所示。2010年8月，甘肃舟曲发生特大泥石流，其巨大的破坏力造成了人民群众生命和财产的极大损失。

图 2-43　泥石流损毁道路、桥梁

图 2-44　泥石流掩埋车辆

(二)泥石流河道疏通处置

1. 机械进场道路的修筑

(1)路基箱进占法

经过弹簧路基或淤泥带前期又无石渣回填时,宜采用路基箱铺垫通过,路基箱规格长为4.5～6m,宽1m,厚0.15m,采用长边拼接,并使用反铲重复铺设,增加整体刚度。

路基箱进占法的优点:挖掘机自行将后方路基箱移动至前方依次交替铺设进占,操作简单,施工效率高;不利之处:不适合车辆通过,单台设备前进后呈孤军奋战态势,在新生洪水突然到来的情况下后撤安全问题突出,有可能设备和路基箱全部被洪水冲走。解决措施:随后安排设备补充路基箱铺筑,形成重机撤离通道,并在具备石渣材料换填条件后立即进行路基换填,换填厚度达2m以上。

(2)混合石渣换填法

在混合石渣充足的条件下,采取直接换填通过,石渣可就近从河沟处淘洗而来,采用自卸车拉运、挖掘机换填,推土机或装载机平整。而抛填块石挤淤等方法不适合应急处理,设备通过性差。

2. 丁字堰施工

先按上述方法修筑进场便道,接着将丁字堰延伸到接近泄流渠中心线一定距离。丁字堰每隔20m左右按梳齿状布设,顶宽3.0～4.5m,顶部高出水面1.0m,长10～20m,如图2-45所示。丁字堰轴向走向稍向下游倾斜,再向上下游方向延伸,沿线布置挖掘设备进行泄流渠加深、后退扩宽开挖。丁字堰有效施工方法有铅丝笼石渣交替进占法、块石石渣交替进占法、淘洗混合石渣换填进占法。

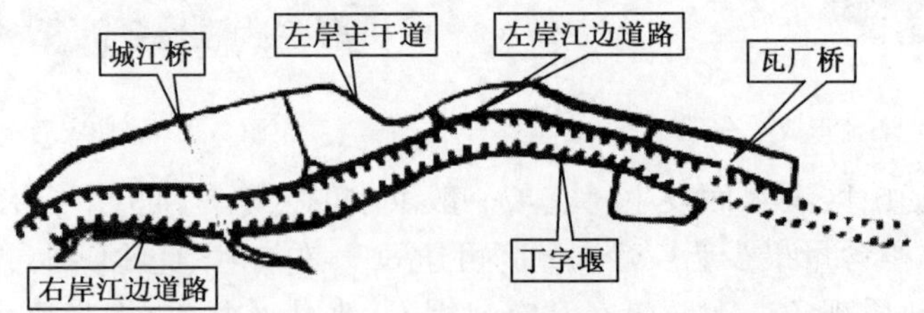

图 2-45　舟曲特大泥石流白龙江疏通道路及丁字堰布设图

(1)铅丝笼石渣交替进占法

铅丝笼制作:采用人工装砂袋,绑扎封口后码放在10号铅丝笼内,再用10号铅丝将铅丝笼口缝合。铅丝笼制作好后放在岸坡上备用。

填筑丁字堰采用 1.6m^3 挖掘机将铅丝笼兜起运输到丁字堰端头码放，然后用外运的混合石渣跟进进占一定距离，再用铅丝笼进占。如此反复循环，直到需要开挖的位置。

(2)块石石渣交替进占法

可采用从周边料场或塌方体调运的块石与从水流中淘洗的混合石渣交替进行填筑，进占到江中适当位置，然后进行疏通开挖。

(3)淘洗混合石渣换填进占法

由修筑丁字堰的挖掘机自行从水流中淘洗混合渣填筑进占。

丁字堰主要利用混合石渣挤淤，抛填块石和铅丝笼起到固脚和防冲刷的作用。开挖渣料前期进淘洗后可铺筑成行进便道路基，后期则利用自卸车外运至指定弃土场。

3. 河床泥石流疏通开挖

根据泥石流的特性和现场条件，有效的河道疏通开挖方法为长、短臂反铲交叉开挖法，短臂反铲台阶开挖法，换填开挖法，左右岸进退开挖法。

(1)长、短臂反铲交叉开挖法

由于通常采用边开挖、边淘洗的办法进行泄流渠开挖，以获取混合渣料进行路基填筑，因此采用长臂、短臂挖掘机交替开挖渣料。0.8～1.3m^3 长臂反铲负责搅动开挖，以充分利用水流冲刷夹沙的作用带走淤泥和小颗粒石渣，用 1.0～1.6m^3 反铲开挖沉积下来的大颗粒混合石渣。第一次开挖深度达到 3～4m，第二次深度达到 3m。采用每 2～3 台常规反铲与 1 台长臂反铲配合沿江河两岸并排施工，如图 2-46 所示。实施中根据左右岸同时施工的具体情况，对两岸设备进行机动调配。

图 2-46　长臂挖掘机河道开挖

(2)短臂反铲台阶开挖法

由于开挖料集中堆于两岸，渣料垫高后站在操作平台上的挖掘机开挖深度受到限制。为了尽快加深开挖深度，采取台阶外翻法开挖，后边布置一排反铲负责将堆放在岸边的混合渣料外翻到 10m 以外，为进行河床开挖的挖掘机提供高效作业平台。

(3)换填开挖法

通常由于开挖前期河床内为泥石流淤积体，承载能力极低，宜采用换填开挖法。先将操作平台后方的淤积体挖除到泄流渠急流中冲带，再将开挖的混合石渣回填，为挖掘机后退提供安全作业平台。

(4)左右岸进退开挖法

退后开挖时可先左后右，也可先右后左；先上游、后下游进退流水作业，减少由于开挖被水流带走的石渣在泄流渠内的沉积量，防止两岸扩挖后渠中央出现孤岛。

对于特大型泥石流淤塞河道，后期还需适当增加工作面开挖，有条件的通过挖掘机掏挖扰动、高压水泵、水下爆破(图 2-47)、修筑导流渠(图 2-48)等措施配合调度上游水流，集中某段时间形成可控洪峰，充分发挥水流对淤积体的冲刷作用。

图 2-47 爆破清淤

图 2-48 导流渠引流

第五节 巨石、危石破碎及松散堆积体爆破处理

道路抢通过程中，往往会遇到巨石及其松散堆积体阻塞道路，边坡危石造成安全威胁等情况。本节专门对这种情况下的爆破处理进行介绍。

一、巨石处理

巨石阻断道路、桥梁的情况如图 2-49 所示。此类情况可采用天然巨石爆破法、大块岩石爆破法、大块孤石控制松动爆破法、非炸药岩石安全破碎器法、静态破碎法、机械破碎法、单兵火炮打击法等方法进行处理。

a) 大块孤石阻塞道路

b) 巨石阻塞桥梁

图 2-49 巨石阻塞道路

(一)天然巨石爆破法

天然巨石爆破法适用于爆破未经破碎的天然巨石，其具体爆破方法及要求见表 2-9。

天然巨石爆破法 表 2-9

项目	裸露于地表的巨石	埋在土中的巨石	裸露爆破破碎巨石
示意图	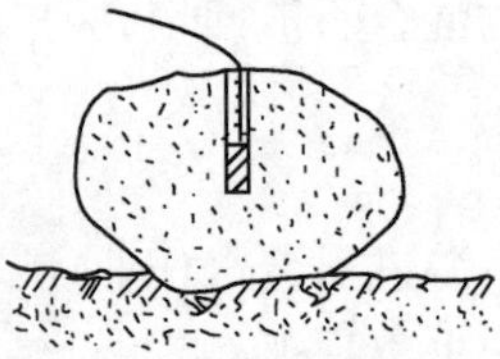	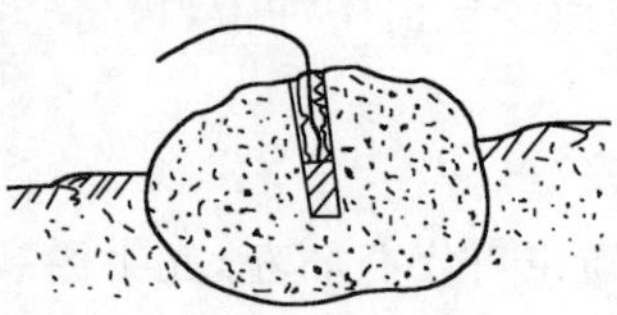	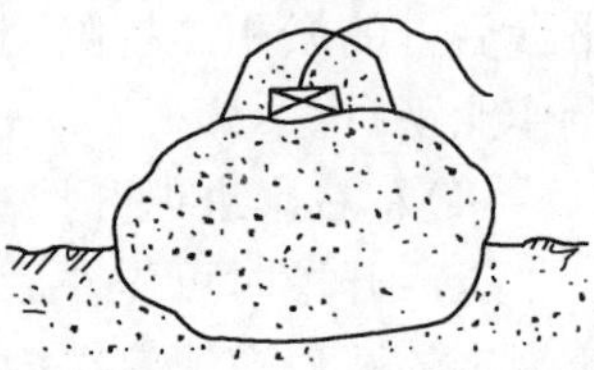

续上表

项目	裸露于地表的巨石	埋在土中的巨石	裸露爆破破碎巨石
爆破布置要求	完全裸露于地表面的巨石，一般需要 0.1kg/m³ 的装药量。在同一块巨石上有几个炮孔时，应使用即发爆破，炮口应适当填塞。在邻近有建筑物并不太远的情况下，装药量可从 0.1kg/m³ 减至 0.08kg/m³ 左右	全部或部分埋入土中的巨石，比完全裸露于地面上的巨石往往较难破碎。对完全埋入土中的巨石，装药量要增加到 0.2kg/m³，炮孔深度增加到 0.6 倍巨石厚度	裸露爆破的药包应与巨石表面接触良好，其外面还必须用湿泥或土砂等材料覆盖、封涂，覆盖层高度应大于药包高度，并妥善放置炸药，固定好导火索的雷管装置。近城镇或建筑区，裸露爆破不适用

巨石爆破炮孔装药量		巨石体积(m³)	厚度(m)	炮孔深度(m)	炮孔个数(个)	装药量(kg/孔)
	裸露巨石	0.5	0.8	0.44	1	0.05
		1	1	0.55	1	0.10
		2.0	1.0	0.55	2	0.10
		3.0	1.5	0.87	2	0.15

巨石爆破炮孔装药量		巨石体积(m³)	厚度(m)	埋入深度(m)	炮孔深度(m)	炮孔个数(个)	装药量(kg/孔)
	埋入土中巨石	1.0	1.0	0.5	0.6	1	0.15
		1.0	1.0	1.0	0.6	1	0.2

注：估算装药量时，对巨石埋入土中的程度必须予以考虑，表列参数可供参考。对埋在土中的巨石，也可把炸药放在巨石底下，把巨石下面土中挖出的药室用 1/4～1/2 炸药包加以扩大，则能使装药工作更为方便。

(二)大块岩石爆破法

大块岩石爆破是指对爆破产生的过大石块，进行再次破碎的爆破，所以又称为“二次破碎”。当巨石体积较大，一次爆破未完全破碎时，可以采用大块岩石爆破法进行破碎，其具体方法及要求见表 2-10。

大块岩石爆破法 表 2-10

项目	裸露爆破法	炮孔装药法
示意图	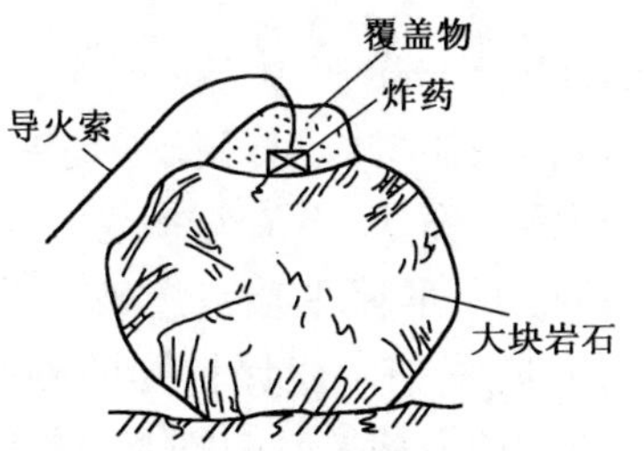 覆盖物 炸药 导火索 大块岩石	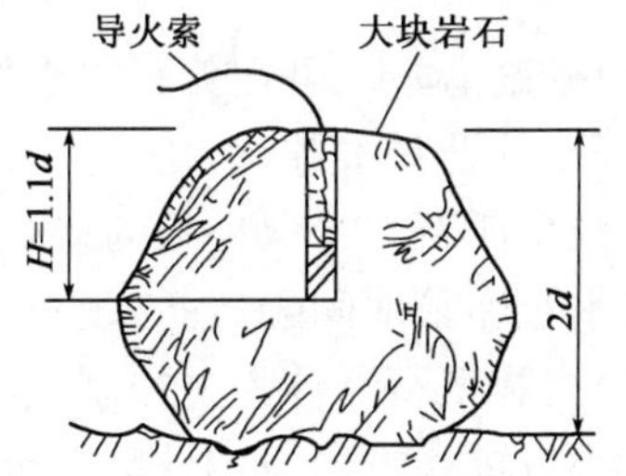 导火索 大块岩石 H=1.1d 2d
方法与特点	亦称表面爆破法，通常警戒半径至少在 400m 以上。实践表明，进行这种爆破，在 1km 远处也会由于空气冲击波的压力产生不良影响，因此接近城镇或建筑物场合不宜采用	亦称装药爆破法，应用比较广泛，但炮孔深度、位置要适应大块岩石形状。当石块很大时，可能要钻几个炮孔，以便均匀分配装药量进行起爆

续上表

<table>
<tr><th>项目</th><th>裸露爆破法</th><th colspan="5">炮孔装药法</th></tr>
<tr><td rowspan="8">裸露爆破药包及炮孔爆破装药量</td><td rowspan="8">裸露药包用药量一般为炮孔法的 4～5 倍，有时甚至更多。圆形大块岩石、较大而薄的大块岩石更难破碎，按简单经验法，耗药量可达 1.0kg/m³。药包应放在石块凹处或裂隙处，并应事先清除岩石表面的土、砂、杂物等，药包放置后覆盖厚度要大于药包高度，并不得用坚硬卵石等覆盖，以防飞石过远，发生意外。
只有干燥天气才可使用散装硝铵炸药，带导线的雷管应牢固地装在药包中间</td><td colspan="5">爆破大块岩石的炮孔装药量</td></tr>
<tr><td>大块岩石体积(m³)</td><td>0.5</td><td>1.0</td><td>2.0</td><td>3.0</td></tr>
<tr><td>厚度(m)</td><td>0.8</td><td>1.0</td><td>1.0</td><td>1.5</td></tr>
<tr><td>炮孔深度(m)</td><td>0.44</td><td>0.55</td><td>0.55</td><td>0.83</td></tr>
<tr><td>炮孔数目(个)</td><td>1</td><td>1</td><td>2</td><td>2</td></tr>
<tr><td>装药量(kg/孔)</td><td>0.03</td><td>0.06</td><td>0.06</td><td>0.09</td></tr>
<tr><td colspan="5">装药量应与爆破地点相适应，表列系不允许产生飞石的大块岩石爆破数据。耗药量按 0.06kg/m³ 计，炮孔深度为 1.1×厚度之半＝1.1d</td></tr>
</table>

(三)大块孤石控制松动爆破法

控制松动爆破是指只对大块孤石进行松动爆破，并采取一定措施尽量减少对周边被保护物破坏的控制爆破。

1.爆破方式比较

(1)静态爆破。在应急救援现场，药剂采购不便捷，且施工时间一般相对较长，对应急救援不利。

(2)机械爆破。当孤石抗压强度在 30MPa 以上时，机械破碎的破碎速度较慢，且机械设备进场也需要一定时间。而岩石劈裂机仅对 10m³ 以下较小孤石具有较好效果，对特大孤石无法处理。

(3)控制松动爆破。它要求严格控制一次起爆药量、孔角度及方向，一般采用分段装药及不耦合装药等措施控制飞石距离，并通过减振孔、柔性垫层等减振措施降低爆破振动对被保护构造物的危害。其中钻孔机械及炸药在抢险中较为常见，主要通过技术控制可达到期望效果。

2.控制松动爆破设计原则

(1)分次爆破。观察孤石与周边受保护体的接触情况，之间是否有碎土、松动体，是否直接接触，在设计一次性装药量时予以考虑，同时为减少爆破振动对受保护体的损伤，必须多次爆破。

(2)减振措施。可在孤石与受保护物接触部位以上与爆源中心之间采用手风钻水平减振孔，减振孔可设置多排，梅花形布置。根据经验，这种减振措施可降低振动率 50%左右。其次是尽量减少孤石与受保护物的接触面积，将其底部的小石块、石渣等掏除。再就是在孔底预装空矿泉水瓶和采取间隔装药，延长爆破地震波的传播时间，降低质点爆破振动速度。

(3)控制飞石。首先是控制飞石方向，将飞石方向集中向受保护物的侧面，即爆破每一排孔的最小抵抗线方向应朝外侧安全自由空间；其次是加强堵塞，收集附近的黏土装填堵塞。

(4)严格爆破参数。主要有孔径、炸药单耗、装药直径、钻孔倾角、钻孔深度、钻孔间距、单孔装药量、堵塞长度、爆破网络等控制指标。

2013 年“4·20”四川芦山强震造成宝盛桥右岸桥头边坡滑塌，滑塌后大量孤石散落在桥上，其中特大孤石有两个。两块孤石已造成拱圈不同程度损伤，并将道路完全阻断，是阻碍救援的两只“拦路虎”。损毁道路抢通行动中，针对宝盛桥桥面特大孤石排障外围环境复杂、时间要求紧迫、目标保护要求高的特点，灵活应用减振孔、孔底设柔性垫层、定向控制飞石等措施，采用“控制松动爆破”处置方案。爆破实施快速，为抢险救援赢得了宝贵时间，取得了较好的处置效果，如图 2-50 所示。

图 2-50　宝盛桥控制松动爆破

(四)非炸药岩石安全破碎器法

非炸药岩石安全破碎器是一种安全而独特的不依靠传统炸药或雷管的大块固体分离破碎工具，能够快速安全地对岩石、钢筋混凝土等进行分离破碎，有外形小巧、性价比突出、便于携带、操作简单、快速高效、使用安全、非爆炸原理、无须审批、不污染环境、可用于水下清障作业等诸多优点，能够在应急抢通中发挥独特的作用。其操作步骤如图 2-51 所示。

(五)静态破碎法

静态破碎又叫无声破碎或无震破碎，属于化学物理破碎法范畴。这种破碎法是在被破碎体(岩石或混凝土)上钻孔，将经过水处理的非爆炸性破碎剂填入孔中静置，随着水化反应的进行，膨胀与硬化同时发生，产生膨胀压力、对孔壁施压，使被破碎体开裂、破碎(图 2-52)。从充填破碎剂到被破碎体开裂所需的时间，取决于破碎剂的性能，被破碎体的性质、温度和约束状况，以及钻孔参数，需 0.5～24h。由于它所用的药剂化学反应慢、体积变化小，被破碎体破裂过程进行得平静且无声响，因此不产生震动、噪声、飞石和粉尘，又由于化学反应过程中不产生有害气体，因而是一种安全、无污染的破碎方法，应急抢通中适用于边坡不稳定地段、人口聚居地及其他不适宜采用传统爆破工艺的情况。静态破碎相比炸药爆破有几个优点:低压、慢速、无公害、施工简便、安全可靠。

1. 破碎机理

岩石的特点是抗压强度高、抗拉强度低、极限拉应变小，其抗压强度一般为 100～120MPa，而抗拉强度只有 5～10MPa。静态破碎法就是利用脆性物体抗拉强度低、极限拉应变小这一特点，利用充填于钻孔中的破碎剂在水化过程中产生的膨胀力，使它们破碎。

a)在岩石上钻孔

b)在孔中注满水

c)将引爆装置的底座放到钻孔中

d)将防护垫覆盖在底座上，将冲击波管放入底座中

e)将引爆装置和底座拧在一起

f)将引爆拉绳连接好

g)退后到安全距离以外

h)碎石原理示意图

i)石头被分离破碎

图 2-51　非炸药岩石安全破碎器破碎巨石操作步骤

破碎剂用适量水拌和后，随着化学反应的进行发生膨胀，体积可增大到原体积的 3～4 倍。破碎剂的这种体积膨胀，如果不受约束，当膨胀结束时能量便完全消失。但在钻孔中，破碎剂的膨胀受到孔壁的约束，积聚的能量产生膨胀压力，作用于孔壁，使被破碎体破裂。

图 2-52　岩石静态爆破效果图

2.破碎剂种类及性能

静态破碎剂按性能分为普通型和速效型两类。普通型破碎剂从充填到被破碎体破碎需 12～24h，而速效型破碎剂可将此时间缩短至 1h 以内。应急抢通中应优先选用速效型静态破碎剂。

3.操作步骤及操作要点

(1)操作步骤

静态破碎操作分为钻孔、拌和破碎剂、装填、等待岩石破碎等步骤，如图 2-53所示。

a)钻孔

b)破碎剂与水拌和

c)装填破碎剂

d)岩石碎裂

图 2-53　巨石静态破碎操作步骤

(2)操作要点

①破碎前应对结构物构造、作业环境、工程量、气候条件、布筋等情况进行详细调查；对于岩石破碎需要了解岩石性质、节理、走向及地下水情况。钻孔参数、钻孔分布和破碎顺序则需要根据破碎对象的实际情况(材质种类、钢筋配置情况、岩石性状、破碎和切割的块度等)确定。

②设计布眼。布眼前首先要确定至少有一个以上的临空面，钻孔方向应尽可能做到与临空面平行，临空面越多，单位破石量就越大。切割岩石(或混凝土)时同一排钻孔应尽可能保持在一个平面上。孔距与排距的大小与岩石硬度、混凝土强度及布筋有直接关系，硬度越大、混凝土强度越高、布筋越密时，孔距与排距越小，反之则大。孔距与排距简易布置见表2-11。

孔距与排距简易布置表　　表2-11

岩石硬度	$F=4$	$F=6$	$F=8$	$F=12$	素混凝土	钢筋混凝土
孔距(cm)	50～100	40	30	20	30	20
排距(cm)	80	50	40	30	40	30

③钻孔。钻孔直径与破碎效果有直接关系，钻孔过小，不利于药剂充分发挥效力；钻孔太大，孔口难以堵塞。推荐采用直径38～42mm的钻头。

钻孔内余水和余渣应用高压风吹洗干净，孔口附近应干净无土石渣。

④钻孔深度和装药深度。孤立的岩石(或混凝土块)钻孔深度为目标破碎体的80%～90%；矿山荒料开采钻孔深度可达到6m左右，大体积需要分步破碎的岩石，钻孔深度可根据施工要求选择，一般在1～2m较好。装药深度为孔深的100%。

⑤装药。向下和向下倾斜的钻孔：可在药剂中加入22%～32%(质量比)的水，具体水量由颗粒大小决定，拌成流体状态后，迅速倒入孔内并确保药剂在孔内处于密实状态。用药卷装填钻孔时，应逐条捅实。粗颗粒药剂水灰比调节到0.22～0.25时静力破碎剂的流动性较好，细粉末药剂水灰比在32%左右时流动性较好。向下灌装捣实较方便。如施工条件允许，推荐采用“由上到下，分层破碎”的施工方式，以方便人工操作。

水平和向上的钻孔：可用比钻孔直径略小的高强长纤维纸袋装入药剂，按一个操作循环所需要的药卷数量，放在盆中，倒入洁净水完全浸泡，30～50s后药卷充分湿润、完全不冒气泡时，取出药卷从孔底开始逐条装入并捅紧，密实地装填到孔口。即“集中浸泡，充分浸透，逐条装入，分别捣实”。也可将药剂拌和后用灰浆泵压入，孔口留5cm用黄泥封堵，保证水分、药剂不流出。

岩石刚开裂后，可向裂缝中加水，支持药剂持续反应，以获得更好效果。每次装填药剂，都要观察确定岩石、药剂、拌和水的温度是否符合要求。灌装过程中，已经开始发生化学反应的药剂(表现为开始冒气和温度快速上升)不允许装入孔内。从药剂加入拌和水到灌装结束，时间不能超过5min。

⑥药剂反应时间控制。抑制药剂反应时间的方法有两种：一是在拌和水中加入抑制剂；二是严控拌和水、干粉药剂和岩石的温度。夏季气温较高时，药剂存放于低温处，避免曝晒，将拌和水温控制在15℃以下；冬季温度低时，需加入促发剂或提高拌和水温，但水温最高不可超过50℃。反应时间一般控制在30～60min。

4. 注意事项

(1)填孔之前，必须将孔清理干净，不得有水和杂物。

(2)钻孔孔径应严格按照破碎剂型号进行选择，避免破碎剂喷出现象。

(3)人工拌和时应戴上胶皮手套，控制浆体的流动度在 170～190mm。拌制好的浆体，要在 10min 内使用完毕。

(4)在装填孔时，作业人员必须戴防护眼镜，灌浆后到裂纹发生前不得对孔直视，以防浆液喷出伤害眼睛。

(5)操作过程中应注意选用与环境温度相适应的静态破碎剂及合适的破碎方法，严格控制水灰比，防止静态破碎剂失效或碎裂时间过长。

(六)机械破碎法

应急抢通中，在机械可到达的地点对巨石可采用机械破碎的方法，具体破碎巨石的机械种类及使用方法如下：

1.大型镐头机

可采用专用的大型镐头机，也可采用挖掘机将铲斗更换为液压锤进行破碎作业，如图2-54和图 2-55 所示。

图 2-54 镐头机作业

图 2-55 液压锤破碎

2.液压劈裂机

液压劈裂机是根据岩石脆硬性特点，利用楔块原理设计的，在狭窄的孔中能够向外释放出极大的分裂力的一种岩石开凿机具。其具体操作过程如下：在被分裂的物体上钻一个特定直径和深度的孔，将液压劈裂机的楔块组(一个中间楔块和两个反向楔块)插入孔中，中间楔块通过液压压力的作用在两个反向楔块之间向前运动，由内向外释放出极大的能量，使被分裂的物体在几秒钟之内按预定方向裂开，如图 2-56 所示。

图 2-56 液压劈裂机及其作业

液压劈裂机利用液压油不可压缩及可流动性的物理特性，加以静态推力，实现静态可控性的工作。因此无须采取复杂的安全措施，不会像爆破和其他冲击性拆除、凿岩设备那样产生安全隐患。液压劈裂机采用人性化设计，具有体积小、重量轻、结构紧凑等特点，确保了其使用方法简单易学，仅需单人操作，在狭窄场地也可十分方便地进行拆除分裂，同时还可以在水下进行作业。

(七)单兵火炮打击法

在紧急情况下，巨石破碎可采用军队现有可对岩石进行破碎的轻型武器，如采用便携式单兵火箭筒发射炮弹破碎岩石，如图 2-57 所示。在机械难以到达巨石所处位置、人工钻孔困难的情况下，可采用此方法处理巨石。

图 2-57　单兵火炮

二、危石处理

山区道路的应急抢通中往往伴随着各种安全隐患，地震诱发山体崩塌、滑坡最为常见，其次还伴随着山体崩塌不完全留有危岩体、边坡残留有悬石、崩塌区形成不同程度的裂缝等安全隐患，如图 2-58所示。

a)边坡危岩体

b)边坡危石

图 2-58　边坡危岩体和边坡危石

这些安全隐患如不及时排除，势必对道路抢通人员和装备以及交通应急运输车辆造成严重威胁(图 2-59)。对危岩体的处理有多种技术措施，如打抗滑桩、喷锚支护、砌体支撑、钢丝网固定、爆破处理等。由于受地质条件、地形地貌特征、道路抢通时间、应急交通运输等因素的制约，在道路抢通初期一般选择具有施工灵活、受自然条件约束较少、处理彻底等优点的爆破法对危岩进行处理。

图 2-59　边坡危石砸路

(一)危岩爆破法需要考虑的问题

危岩爆破的目的是从根本上清除危险源,使边坡安全、稳定。在选择爆破法时要考虑以下几个因素:

1. 爆破成本

发生地质灾害的区域,一般交通都不方便,大型钻孔和清渣设备用不上,只能使用小型设备,因此爆破成本与一般爆破相比较高。

2. 抢通时间

生命救援的黄金时间是 72h。道路抢通一般应在该时间段内完成。道路抢通时间越长,对灾区抢险救援工作的影响就越大,人员伤亡、财产损失就越大。这些决定了危岩爆破处理的时间越短越好。

3. 作业安全

危岩爆破处理,安全是重中之重,要防止爆破产生的飞石、滚石安全问题,特别是要防止在施工过程中产生二次崩塌造成人员伤亡事故。因此,所采用的爆破施工技术方案必须经过科学论证。

4. 爆渣清理

由于多次爆破相对于一次爆破需要清理更多的爆渣,直接影响抢险进度和危险程度,所以应尽量避免使用多次爆破。

5. 爆破形成新的不稳定体

爆破可能破坏母岩的稳定性,从而形成新的危岩体,因此必须对爆破的规模及处理的区域进行有效控制。

(二)危岩爆破技术措施

对于应急抢通中的危石爆破处理,一般可采用裸露爆破、浅孔爆破、深孔爆破三种爆破技术方案。具体技术方案的拟制应根据处理区域的地形地貌、周围环境、危岩体的形成原因和现状、交通条件、所能采用的机械设备等因素而定。

1. 裸露爆破

当危岩体主要为悬石或体积不大且有多条裂缝的孤石时,不能进行钻孔爆破,因为凿岩机钻孔时产生的机械震动或施工人员的重力荷载都极有可能造成危岩体垮塌。这时可采用裸露爆破技术处理。裸露爆破技术操作简单,时间短,成本低,是目前处理边坡悬石和孤石的主要技术措施。具体有以下三种爆破方法:

(1)药包直接接触危岩体爆破

施爆人员在确保安全的前提下,可以借助安全绳、竹竿、木棍等器具把已加工好的药包直接放在危岩体的表面(药包表面要有封泥)或把药包送到裂缝内(裂缝宽度大于 15cm 时),使炸药能量直接作用于危岩体致其破碎并垮塌,如图 2-60 所示。

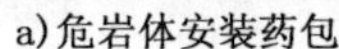

a)危岩体安装药包

b)危岩体爆破

图 2-60 边坡危岩体爆破

(2)危岩体支撑部分爆破

在很多情况下,危岩体未垮塌或垮塌不完全,其主要原因是底部有支撑岩体。这时把裸露药包敷设在支撑体表面,通过破坏支撑体从而使危岩体失稳垮塌,如图 2-61 所示。

图 2-61 边坡危石支撑部分钻孔

(3)借助爆破振动效应

当危岩体不大而通过种种努力又不能在其上面直接安设裸露药包时,可以在离危岩体最近处的硬质岩体上安放裸露药包,通过裸露药包爆破时产生的振动效应作用于危岩体使其垮塌。

2. 浅孔爆破

地质灾害造成边坡岩体拉伸、错位,在垮塌面形成多条横向或纵向裂缝从而形成危岩体,在雨水侵蚀、工程活动或余震等因素影响下,有可能造成新的危害。这种情况下,通常采用浅孔爆破技术自上而下把边坡修成台阶状或缓坡状。

钻孔时,应按照技术设计的坡顶线从稳定的母岩上施作。钻孔机械可采用手动凿岩机或小功率的风动凿岩机(图 2-62)。采用浅孔爆破处理地质灾害,一般不能一次爆破到位,需经过多个钻孔、爆破、清渣、修边循环作业,应精心组织,各工序紧密衔接。

3. 深孔爆破

当危岩体工程量巨大,垂直高度 7～15m、水平宽度 3～10m(过高或过宽会影响抛掷效果），临空面较好，没有裂缝或裂缝发展缓慢时，只需卸载就可以确保边坡稳定。如经过观察，危岩体在短期内不会崩塌且简易潜孔钻机可运送到工作面，这时可采用深孔爆破技术一次性处理危岩体。其优点是一次爆破至设计台阶面，减少作业循环次数，有利于抢险组织和安全管理，如图 2-63 所示。实际操作中要注意四个方面的问题：

图 2-62　浅孔爆破边坡危岩

a）爆破前

b）爆破后

图 2-63　边坡危石深孔爆破效果

（1）必须根据危岩体的最大处理高度、水平厚度和钻孔面的自然坡面角度合理设计台阶高度，并据此确定每排孔中每个孔的钻孔深度，设计爆破后形成的坡面为阶梯状。

（2）按抛掷爆破合理设计网孔参数和确定单耗，确保 95％以上的爆渣抛掷或垮落。因为，爆破后如大量爆渣残留在工作面，人工清渣的工作量很大，增加了清渣的困难性和危险性。

（3）对最后排孔采用预裂爆破。因为，深孔爆破的总装药量大，产生的爆破震动大，必须确保爆破后边坡的整体稳定性，不能在爆破后形成新的危岩体。

（4）在深孔爆破后，边坡面上可能存在悬石或松散岩体，在确认边坡整体稳定后要立即组织人工自上而下清理危岩体。

三、松散堆积体爆破

当道路因自然灾害、战争等突发事件被掩埋时，一般情况下掩埋体组成物质比较松散破碎，实施爆破清障具有成孔难、不易形成爆轰作用等特点，同时考虑到堆积体周围地质地貌受地震作用已遭破坏，为了减小爆破冲击波的影响，减少对周边山体及边坡的扰动，需采用微振爆破方案。

（一）松散介质的分类

由未经胶结的漂石、块石、卵石、碎石、砂和泥土等组成的堆积体，称为松散介质。其具体参数见表 2-12、表 2-13。

碎石土分类

表 2-12

土的名称	颗粒形状	颗粒级配
漂石	圆形及亚圆形为主	粒径大于 200mm 的颗粒，质量超过总质量的 50%
块石	棱角形为主	
卵石	圆形及亚圆形为主	粒径大于 20mm 的颗粒，质量超过总质量的 50%
碎石	棱角形为主	

碎石土密实度野外鉴别

表 2-13

密实度	骨架颗粒含量和排列	钻孔坍塌情况	挖掘塌落情况
松散	骨架颗粒质量小于总质量的 60%，排列混乱，大部分不接触	钻进较易，钻杆稍有跳动，孔壁易坍塌	锹镐可以挖掘，井壁易坍塌，从井壁取出大颗粒后，立即塌落
中密	骨架颗粒质量等于总质量的 60%～70%，呈交错排列，大部分接触	钻进较困难，钻杆、吊锤跳动不剧烈，孔壁有坍塌现象	锹镐可以挖掘，井壁有掉块现象，从井壁取出大颗粒处，能保持凹面形状

(二)松散介质中成孔工艺

在这种松散破碎堆积体中成孔是爆破的基础，传统的凿岩机成孔工艺和方法有局限性。根据堆积体组成的不同，应采用以下几种成孔工艺和方法：

1. 振动成孔

振动成孔工艺适用于由松散小粒径且颗粒级配良好的卵石、碎石和砂、土组成的松散堆积体。该工艺原理是利用振动机械的强迫振动，激发松散颗粒发生共振，从而使其发生局部破坏，并利用振动装置产生的垂直定向振动及其自重对护壁套管加压使套管沉下去，达到成孔的目的。在振动机械上，选用 WZJ 小型振动沉管机（图 2-64）。其孔径可为 60～110mm，在孔深 12m 以内，具有成孔速度快、方便灵活等特点。

2. 冲击成孔

对于卵砾石含量较高、粒径较大的松散或中密堆积体，采用冲击成孔的工艺和技术。该工艺利用潜孔锤在套管上部的冲击和钻机自身对套管的静压，将护壁套管下入孔内，从而达到成孔的目的（图 2-65）。根据具体的地质情况和孔径大小，选取适当型号的钻机和潜孔锤。

图 2-64　WZJ 小型振动沉管机

图 2-65　外挂式液压潜孔钻机

3. 凿岩成孔

对于堆积体中存在的粒径很大的块石，可以采用凿岩成孔工艺。YT28 型气腿凿岩机(图 2-66)，以高压空气为动力，具有进尺速度快、效率高、重量轻、成孔效果好等特点，且操作简单、使用方便。

(三)微振爆破控制技术

图 2-66　YT28 型气腿凿岩机

为减小爆破对周围环境的振动影响，避免因扰动而带来次生灾害，控制爆破振动速度，可采取以下方法：

1. 最大分段用药量

最大分段装药量按萨道夫斯基经验公式进行计算：

$$Q=R^3\left(\frac{v}{K}\right)^{3/a} \tag{2-1}$$

式中：Q——最大一段装药量(kg)；

R——爆心距(m)；

v——爆破安全振动速度值(m/s)，微振爆破一般取 $v<3$cm/s；

K，a——介质系数和振动衰减系数，与岩石性质、地质条件、爆破规模等综合因素有关。

一般情况下，K、a 的值应由现场爆破试验确定。如果没有相关的 K、a 的试验值，其取值按现行《爆破安全规程》(GB 6722)中的建议值选取。

2. 降低爆破振动措施

(1)采用分部、分台阶开挖、多次装药的爆破技术，限制一次爆破的炸药用量，从而降低爆破振动速度。

(2)采用能最大程度减振的掏槽眼布置形式，使掏槽区尽量靠近爆破区底部，以增大掏槽爆破时爆源至地表的距离，减轻掏槽爆破对周围环境的振动影响。

(3)采用非电毫秒或数码雷管起爆，严格控制单段起爆的最大药量，避免产生振动叠加现象。必要时炮孔内采用间隔装药，中间用砂土或炮泥隔开，实行毫秒延时爆破。

(4)在炮孔底设置一定高度的柔性垫层，如锯末、泡沫塑料、空气间隔等材料，利用其可压缩性及对空气冲击波的阻滞作用，以减小爆炸对孔底以下岩石的冲击破坏作用。

(四)松散堆积体爆破注意事项

(1)在交通完全中断、时间非常紧迫的情况下，无论是块石堆积体还是土质堆积体，都可以采用爆破的方法清除，以达到快速抢通的目的。

(2)在块石堆积体中进行裸露接触药包设置时，能掏坑要尽量掏坑。即使是一个很小的坑，其效果都将大大改善。

(3)在块石堆积体中进行裸露接触爆破时，应当对药包进行覆盖。覆盖后爆破效果会更好。

(4)为了保证爆破效果和爆破网路本身的安全，同一网路不能分段。但如果药量太大，则必须分多次起爆。

第六节　沙害、冰雪灾害中的道路抢通

沙害及冰雪灾害的发生具有地域性、持续性等特点，灾害发生后导致交通完全中断或承运能力大大下降，危害人民群众生命财产安全。本节介绍这两种灾害发生后的道路抢通措施。

一、沙害中的道路抢通

沙漠地区风沙对公路的危害有两种，即路基风蚀和沙埋。风蚀侵蚀路基较为缓慢，在应急抢通中不予考虑。沙埋即风沙掩埋道路，如图 2-67 所示。积沙可分为片状积沙、舌状积沙、堆状积沙三种类型。片状积沙的特点是积沙面积大、范围广，积沙成片相连；舌状沙害的掩埋地段不长，为数米至十几米；堆状积沙的成因是主风上风侧的立式阻沙栅栏已被毁坏或被流沙埋没，因此其外的新月形沙丘或新月形沙丘链，前移到立式阻栏位置后不是以风沙流形成通过，而仍是以沙丘移动方式通过，并逐渐移至道路上。

图 2-67　风沙阻塞公路

沙埋路段的应急抢通分为机械清沙、铺设机械化路面、工程防沙三种方法。

(一)机械清沙

机械清沙适用于积沙量大的堆积沙，可采用的机械及清沙方法如下：

1. 沙漠公路清沙车清沙

沙漠公路清沙车的主要性能如下：连续工作时每小时清除积沙能力超过 100t；在沙漠公路上非作业平均行驶速度每小时 50km 以上；推沙铲下部装有两组刀片，其特殊结构可使清沙车在最热的天气里进行作业，保证对路面无任何伤害；清沙车设有一套风力清沙装置，该装置能将路面残沙吹净，也可用来清扫路面(图 2-68)。

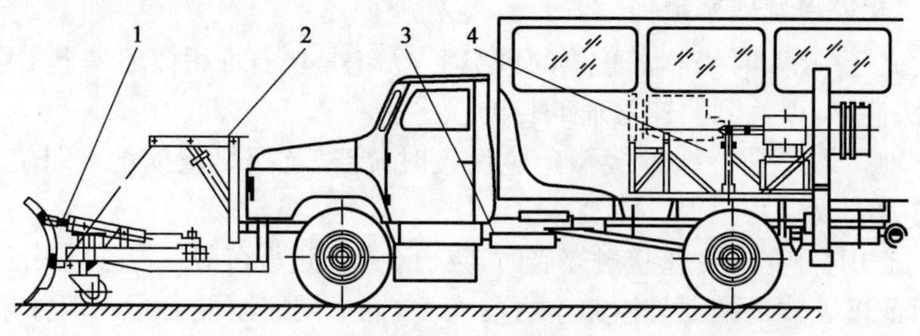

图 2-68　沙漠公路清沙车结构示意图

1-推沙装置；2-升降架；3-汽车底盘；4-风力清沙装置

2. 推土机清沙

将路面积沙推至公路下风侧 50～60m 外摊平，同时在公路两侧 30～60m 范围内修筑平整带。该方法的优点是清沙质量高，效果好，保持时间长，速度快，能及时保证公路畅通；缺点是履带式推土机会对路面造成破坏，不适宜上路行驶和作业，而且行进速度慢，不适宜远距离调动。

3. 装载机清沙

将路上积沙运至路基两侧 10～20m 外摊平。该方法的优点是灵活、方便、效率高,能及时保障公路畅通,占用辅助工作时间短;缺点是清运范围较小,不适宜下路作业,特别是沙丘前移埋压公路时清沙效果较差,易造成“二次积沙”。

4. 平地机清沙

当埋沙厚度较薄时,宜采用平地机沿线进行清理;当沙埋厚度较厚时,可采用多台平地机梯队式作业,直至清理出原路面为止。选用平地机时,优先选用沙漠型平地机。

(二)铺设机械化路面

铺设机械化路面指采用机械化路面作为应急救援车辆的临时道路。铺筑机械化路面时,做好防护带设置,保证应急路面不被流沙掩埋。当使用轻质可卷式路面时,应做好其固定措施,防止大风导致路面移动。此方法适用于埋沙层较厚、机械清理较为困难,且起伏不大的沙害路段。

(三)工程防沙

应急抢通中为保证机械清沙成果,应在机械清沙后进一步防沙。

1. 化学固化剂固沙

可以用于公路沙害防治的新材料有土壤凝结剂、土工编织袋等。土壤凝结剂的使用方法有两种:一种是用凝结剂全面封固沙面;一种是先将沙子堆成沙埂,再喷洒化学固化剂形成沙障。

化学固化剂固沙的方法是用刮耙把沙子筑成方格再喷洒固化剂,筑成沙子方格沙障,垄底宽 30cm,高 15～20cm,格为 1.0m×1.0m,垄上喷洒 30%浓度土壤凝结剂,结皮厚度 1.5～2mm,设置于迎风坡。其固沙效果不亚于任何一种方格沙障,而且原材料丰富,优点十分明显。同时,公路沙害的发生有明显的季节性和爆发性,沙尘和大风的连续出现会给公路带来很大的危害。为了避免连续积沙,最好的办法就是迅速控制沙源,但由于受人力物力等条件的限制,大量调用修筑沙障使用的原材料很困难,这时候使用固化剂喷洒沙面可以立即见效,而且固化剂用量少,不需要用大型机械,施工方便,是一个比较理想的应急方法(图 2-69 和图 2-70)。

图 2-69 喷洒固化剂

图 2-70 固化效果

2. 袋装沙障防止公路被再次沙埋

沙袋沙障在公路沙害防治中有比较理想的效果,如图 2-71 所示。例如,在新疆库布齐沙漠穿沙公路 K90 处布设了沙袋沙障。沙袋为防老化袋,规格有 100g/m^2(指袋的质量)和

150g/m^2 两类。其中，100g/m^2 有 10cm×210cm(粗×长)、15cm×210cm、20cm×210cm 三种。方法是将袋中装上沙子，分别摆成 100cm×100cm、200cm×200cm 规格的方格，将 100cm×40cm 的粗袋装满沙子立起摆放或者躺倒叠放，就做成了高立式沙障(叠放时按 60%～70%装沙，摆 3 层，高度约为 100cm)。这种沙障的特点是见效快，原材料丰富，设置技术简单。本方法在应急抢通中机械、人工充足的情况下非常适用。

图 2-71 沙袋形成格栅

3. 土工方格沙障在沙害应急抢通中的应用

土工方格沙障适用性强，可重复使用，而且安装方便、见效速度快，适合在逼近公路的沙丘上使用(图 2-72)，并与其他应急抢通手段结合使用。

图 2-72 土工方格固沙

4. 土工尼龙网(布)覆盖

土工尼龙网(布)覆盖设置于防护体系中部或公路边坡(图 2-73)，铺设方便、见效速度快，适合快速短期防止公路沙害。铺设土工尼龙网过程中应做好相应的固定措施，防止大风将其吹走。

图 2-73 土工布边坡防沙

二、冰雪灾害中的道路抢通

“低温雨雪冰冻”天气是指长时间(持续天数≥6d)维持地面低气温(日最高气温≤1℃、日平均气温≤0℃),并伴有连续降雪、冰冻的天气过程。低温雨雪冰冻天气与社会因素耦合导致灾害发生,持续的低温雨雪冰冻灾害会造成道路积雪与结冰,严重影响各级公路的通行能力(图 2-74),甚至造成路网大规模车辆滞留,因此需采取一定的破冰除雪措施,以保证道路安全畅通。

a)结冰导致断通

b)积雪导致断通

图 2-74 冰雪灾害导致的道路断通

(一)低温雨雪冰冻灾害的特点

低温雨雪冰冻是持续低温、降雪、冻雨、冰冻等多种灾害综合显现的一种天气过程。这些灾害可能两两出现,也可能一起出现,并且在不同地域所凸显的灾害因子也有差异。近年来的一些研究成果显示,我国北方雪灾的致灾因子主要为寒潮、大风、降雪,核心致灾因子是降雪。其中,大风会对核心致灾因子降雪产生强烈的再分配作用(风吹雪),造成部分地形特殊的区域降雪大量堆积,从而大大增强了核心致灾因子危险性。南方雪灾致灾因子主要为低温、降雪、冻雨、冰冻,核心致灾因子是冰冻。对某一地域的公路交通影响来说,本地域范围内的特定区域或位置,如高海拔路段、背阴路段、大型桥梁、互通、陡坡长坡、隧道口等更易遭受低温雨雪冰冻的影响而造成交通事故,是低温雨雪冰冻灾害的重点防范区。低温雨雪冰冻灾害对交通的影响具有以下特点:

1. 持续时间长

12 月至来年 2 月是我国南方低温雨雪冰冻灾害发生集中期。此段时间,气温较低,一旦出现雨雪天气,在持续低温的影响下,公路积雪难以快速消融蒸发,且反复冰冻,会给公路交通的畅通运行带来持续影响。

2. 灾害反复

低温雨雪冰冻致使公路路面积雪结冰，持续发生则使路面冰冻积雪不断加厚，抢通的公路短时间又被冰冻积雪重新覆盖，常规的公路养护处置方法已难以有效清除，给公路抢险保通工作造成极大的困难。

3. 连锁反应

高海拔路段、背阴路段、大型桥梁、互通、陡坡长坡、隧道口等易遭受低温雨雪冰冻危害的区域，一旦灾害发生会使这些咽喉节点不能正常工作，将导致公路上车辆滞留，进而影响公路除雪等应急处置顺利进行。

4. 发生时间特殊

低温雨雪冰冻灾害往往发生在春运期间。此时正是客运、商品供应、物资运输的高峰期，超大规模客流和物流使公路基础设施处于饱和状态，低温雨雪冰冻灾害的发生加大了公路交通应急工作的难度。

(二)高速公路铲冰除雪作业技术方案

1. 高速公路作业方案

不同的除冰雪技术特点各异，适应的情况也不同。基层应急队伍可依据路面温度、降雪量、结冰程度等采用不同的除雪方案。

(1)不同路面温度的作业方案

①路面温度在1～5℃。安排人工在重点路段(桥梁、隧道出入口、长大纵坡、背阴处)设置安全提示牌，并利用LED信息情报板发布路况信息；事故易发路段安排人工进行少量融雪剂撒布，剂量可控制在20g/m^2。

②路面温度在0℃以下。安排人工对重点路段(桥梁、隧道出入口、长大纵坡、背阴处)进行融雪剂撒布，撒布剂量在20g/m^2；在公路桥梁及事故易发路段设置安全提示标志牌，提示内容为“桥面结冰，减速慢行”、“保持车距，谨慎驾驶”等，对行驶车速进行限速，以保障安全行驶。

(2)不同降雪量等级的作业方案

①降雪量小于2cm。可以安排融雪剂撒布车在全线进行一次大范围、小剂量的彻底撒布工作，撒布剂量可控制在30g/m^2。依靠车轮滚动与路面摩擦产生的热量、汽车尾气排放的热量和融雪剂的联合作用，可实现雪降即融，并形成具有一定浓度的盐水，在降雪与路面间形成隔离层，同时起到防冻作用。

②降雪厚度在2～5cm。当降雪2cm时开始撒融雪剂，待降雪结束后或达5cm厚度后，出动机械设备彻底除雪。除雪应及时，避免行车碾压后难以清除积雪。在除雪机械刮除积雪后，路面积雪留有未刮除的不超过1.5cm薄层雪时，融雪剂洒布车需进行补充撒融雪剂，撒融雪剂剂量控制在20g/m^{2}即可，桥面处及路面背阳处应加倍，使用平地机或轮推彻底清除。如气温较高可采取自然融化的除雪办法。

③降雪厚度在5～20cm。当积雪达到2cm时开始撒融雪剂，待降雪结束后或达5cm厚度后，出动机械采用平地机(或轮推)进行清除路面积雪。除雪抢险工作可采用多台机械流水作业，先清除一条车道的路面积雪，然后再清除路面全部积雪。及时清除桥面的积冰雪，并同时采取安全防范措施，在陡坡、急弯路段加撒防滑材料(煤渣、炉渣)或融雪剂等材料进行处理，并采取相应的交通安全控制措施。在公路桥梁及事故易发路段设置安全提示标志牌，提示内容

为“桥面结冰，减速慢行”、“保持车距，谨慎驾驶”等，对行驶车速进行限速，以保障安全行驶。

④出现连续降雪。应24h连续进行除雪作业，以平地机（或轮推）为主，积雪严重路段可使用装载机，除雪抢险工作可采用多台机械进行梯队式流水作业，如图2-75、图2-76所示。及时清除桥面的积冰雪，并同时采取安全防范措施。在陡坡、急弯路段加撒防滑材料（煤渣、炉渣）或融雪剂等材料进行处理，并采取相应的交通安全控制措施。在公路桥梁及事故易发路段设置安全提示标志牌，提示内容为“桥面结冰，减速慢行”、“保持车距，谨慎驾驶”等，对行驶车速进行限速，以保障安全行驶。

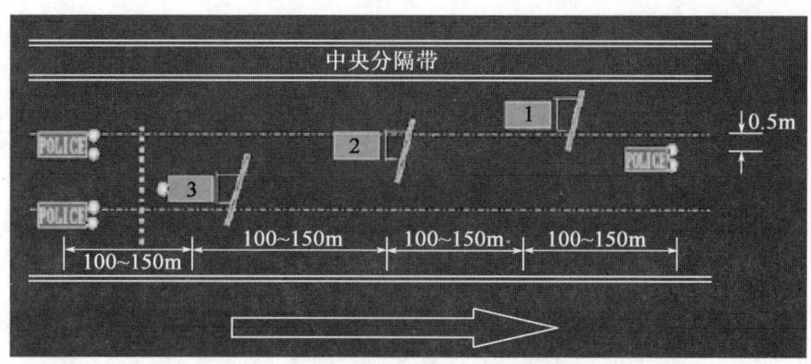

图2-75　除雪梯队式联合作业示意图

图2-76　高速公路除雪机械梯队式作业

(3)不同结冰程度作业方案

①路面局部结冰。对路面易结冰路段（桥梁、隧道出入口、长下坡路段、急弯路段、高边坡等路段），人工撒融雪剂30g/m^2，设置警示牌并利用LED信息情报板进行路况提示。

②路面大面积结冰。在路面结冰处撒融雪剂40g/m^2，待融化时，一般撒融雪剂后2h左右（和气温有关）使用平地机和轮式推土机除冰；如局部结冰且较严重，局部加融雪剂30～40g/m^2，一般采用平地机和轮式推土机除冰较理想。同时，组织人工对道路排水设施、桥梁及隧道口处凝结的冰凌进行清除，避免安全责任事故。

2. 其他公路铲冰除雪作业技术方案

与高速公路铲冰除雪作业相比，其他公路保通的关键是除雪。依据降雪量的不同，其他公路的除雪可以采取以下三种作业方案：

(1)降雪量厚度小于2.5cm。白天室外温度在0℃以上，可靠车轮滚动与地面摩擦产生的热量和汽车尾气排放的热量融化积雪；夜间由于室外温度较低，车流量小，路面容易结冰，采用人工对桥面、背阴、急弯、陡坡处撒布融雪剂防止结冰，这种情况不必进行机械作业。

(2)降雪量达到或超过 2.5cm。采用机械清除 250～350cm 宽度路面的积雪，铲迹搭接宽度在 30～60cm，铲刀角度为 75°(此角度相对省力且有效宽度较宽)。当机械除雪进行到一定程度时，可用人工配合对中央分隔带实线 25cm 以内，波形护栏边缘 50cm 以内，活动伸缩护栏、桥梁锥坡等机械除雪达不到的地方进行辅助除雪。

(3)降雪量达到或超过 5cm。采用两台除雪车清除 1.5 车道积雪，同时采用机械撒布机撒布融雪剂，融雪剂剂量控制在 30g/m^2。

(三)冰雪清除机械的使用

机械法清理冰雪是通过机械装置对道路积冰和压实雪直接作用，去除冰雪危害的一种方法。清除方式有很多种，可采用推土机、平地机、小型除雪车、装载机、推雪机、装雪机、扫雪车、压雪车、手扶式除雪车，适用于积雪路段长、人工除雪不能满足要求的情况。

1.不同情况下冰雪覆盖道路处理方法及采用的机械

(1)除浮雪设备(快速除雪设备)

通常采用在汽车底盘上安装除雪铲，主要用于清除未经压实的浮雪，作业速度一般在60～90km/h，适用于大面积除雪作业，清理效率高，但不适宜清理厚重积雪。除一般浮雪也可采用推土机、除雪车、平地机、装载机等机械。

(2)除压实雪设备

应急抢通中采用平地机、除雪犁等清除已经被压实的道路积雪。平地机除雪适用于道路平缓的地区，主要用于压实雪的破碎及清理。履带式除雪犁可应用于地形起伏较大的路段(图 2-77)。

图 2-77　重型履带式除雪车

(3)除厚雪设备

通常是在装载机上加装推雪铲和轮式推土机，主要用于清除较厚的积雪。常见的除厚雪设备还有抛雪器、雪犁等。

(4)吹雪设备

吹雪设备是利用高压气流将积雪吹向一侧的设备，常用的有吹雪机(又称抛掷式除雪机)、除雪车等设备。

(5)扫雪设备

扫雪设备利用滚刷或刮板刷将积雪清除，主要用于较薄积雪的清理。

2.除雪机械种类及使用方法

(1)推土机或装载机除雪

在雪灾发生后，推土机或装载机可进行各种路段的除雪作业。除雪作业时可多台并列作业，提高除雪效率。如将推土机的一字形刀片调整成一个倾斜角度后沿道路纵向推雪，分段落进行。推土机刀片高度一般情况下都低于 80cm。当积雪较厚时，可适当加高推土机刀片高度，充分发挥其效能。装载机加装破冰斗齿也可以进行除冰。

(2)平地机除雪

一般土方工程用的机动平地机都可以直接用其机体下方的刮土器来刮削积雪。为了扩大除雪功能，除雪平地机一般还装有前置的 V 形犁或侧置的翼板。这类除雪机械使用广泛，适宜在应急抢通中大量使用。但由于平地机均为轮胎式，所以不适宜山区险峻路段的冰雪清理作业。

(3)小型除雪车除雪

小型除雪车可供狭小地带除雪作业，当其他大型机械清理不方便时，可采用小型除雪车进行道路除雪作业。这些小型除雪车的长度一般在 3.5～4.5m 之间，宽度在 1.5m 左右。按行走装置分为轮胎式和履带式，按除雪装置分为犁板式、旋切式。除雪作业中如需采用履带式除雪车，其行走装置宜选用不易损坏路面的橡胶履带板。

(4)装雪机配合自卸车除雪

雪的运输一般使用自卸汽车，向汽车上装雪的机械称为装雪机。装雪机可分为三大类：传送带式、铲斗式、旋切式。

(5)扫雪车除雪

扫雪车在 20 世纪 60 年代末已开始使用。最初的扫雪车只是靠其特制的刷子单纯地进行扫雪作业，在条件较好时能够较彻底地清除积雪。早期的刷子是竹制的，不抗磨并且容易折损，作业 10h 折损率就达 20%，所以后来的刷子都改用钢丝制造。现代化的扫雪车一般配有高压空气帮助吹雪。这种扫雪车最适合在机场跑道和高速公路上进行“无残雪”除雪作业(图 2-78)。即使路面凹凸不平，这种扫雪车也能将雪和水完全清除。

图 2-78　大型扫雪车除雪

3. 除冰机械种类及使用方法

(1)除雪犁清除冰雪

除雪犁也称推雪板，是一种较常用的扫雪工具。这种除雪装备的设备结构简单，装换容易、机动灵活、效率高，适宜清除有一定厚度的雪。它通过牵引装置悬挂于汽车、装载机、平地机等动力机械上即可完成除雪或除冰作业，如图 2-79 所示。

图 2-79　除雪犁

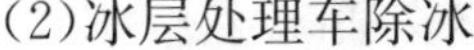

(2)冰层处理车除冰

未能及时清除的积雪经过车辆的反复碾压就形成牢固的冰层，这时很难用常规机械清除。专用冰层处理车(图 2-80)对于这种冰层具有较好的处理效果。冰层处理车还可以采用松土式冰层破碎装置(图 2-81)，安装于工程车辆后部。其移动幅度为 300mm。这种装置作业比较灵活，而且质量分配有利于冰层破碎作业。

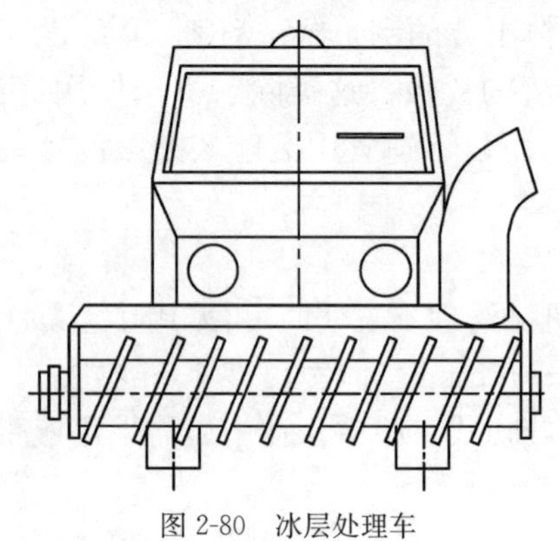

图 2-80　冰层处理车

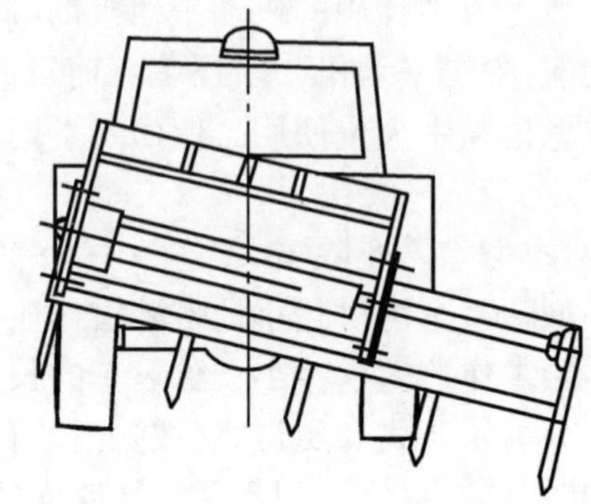

图 2-81　冰层破碎装置

(3)除冰机除冰

特别厚的冰层清除较困难，为保证除冰过程中路面不受损伤，需要使用相应的除冰机。

拖式的滚切除冰机行驶时由牵引车牵引。滚切除冰机由一个滚切轮和刮刀组成，滚切轮有液压机构升降。作业时滚切轮贴近冰面，在设备重力作用下，滚切轮对冰面产生一定的压力，随着除冰机前行滚切轮将冰面切碎，破碎的冰渣由刮刀清除。

冲击式除冰机的除冰转子由发动机驱动，通过液压机构升降，可调节其与冰面的距离。冲击除冰转子上安装有冲击除冰器，每个冲击除冰器的本体由钢丝绳组成，在钢丝绳的两端铆接有冲击头，内侧用板固定于冲击除冰转子轴上。冲击除冰转子转动时冲击头敲击冰面，路面上的冰面被敲击破碎。

(4)微波除冰车除冰

微波除冰车分为简易型微波除冰车和综合型微波除冰车，如图 2-82 所示。冰层基本不吸收微波，所以微波可以穿过冰层，加热沥青路面，路面吸收微波，温度升高，热量传递给冰层，首先融化冰与路面结合处的冰层，降低冰层与路面的结合力，然后，再用机械装置破碎冰层，便能轻松实现道路快速除冰。

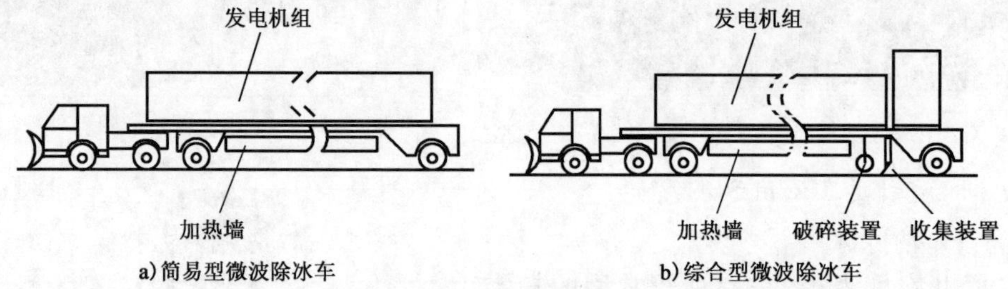

图 2-82　微波除冰车

(5)履带式机械除冰

一些重型履带式机械如推土机、坦克(图 2-83)，可通过履带对结冰路面反复碾压，促使冰层破裂、移动。另外，履带式机械还可充分发挥不打滑、牵引力大的特长，作为阻塞道路车辆的牵引车，特别适用于大型货车爬坡时的牵引，以利于恶劣天气下的道路交通疏通。

图 2-83　坦克履带除冰

(四)人工清理冰雪

人工清理冰雪工作效率低,一般在机械不足或不易清理的情况采用,可采取以下方法:

(1)当积雪厚度小、段落短并且人力充足时,可采取人工清除积雪的方法进行应急抢通,配合扫帚、木刮板等简易除雪工具清扫积雪。路上积雪清除后,路基两侧的积雪应加以整理,使其表面堆成 1∶6～1∶8 的坡度。

(2)当积雪经车辆行驶形成压实雪或路面有结冰时,人工清除时可采用镐铲、破冰锥等器械。

(3)采用人工撒布融雪剂消除路面冰雪。

(五)化学法清理道路冰雪

化学法去除道路冰雪主要是用化学药剂来降低冰雪的熔点,并配合防滑物的撒布达到车辆安全通行的目的。其不仅使用方便,而且能防冻。各类融雪剂使用方法与注意事项如下:

1.氯盐融雪剂

氯盐融雪剂的成分主要是氯盐,如氯化钠、氯化钙、氯化镁、氯化钾等,通称作“化冰盐”。其功能是融化道路上的积雪,便于道路疏通,但具有危害性。其优点是价格便宜,仅相当于有机类融雪剂的 1/10,但它对大型公共基础设施的腐蚀是很严重的。

使用方法:可采用机械抛撒和人工撒布。抛撒融雪剂的时机,根据气温来确定,一般可在一开始下雪时就撒布融雪剂,或估计路面出现冻结之前 1～2h 撒布。在除雪作业时撒布次数可与除雪作业一致。融雪剂的撒布量见表 2-14。

氯盐融雪剂的使用量参考表　　表 2-14

大气温度(℃)	预防用量(g/m^2)	融雪用量(g/m^2)
0～−5	30	50
−5～−10	50	80
−10～−15	80	120

注意事项:大规模和大量使用氯盐融雪剂会导致一些危害,如危害农田、绿化带,缩短道路寿命,对人体造成危害。基层应急队伍应依据公路的周边环境、降雪量、公路通行状态与环境等因素综合考虑氯盐融雪剂的使用。

2.环保融雪剂

环保融雪剂是由强力吸水剂、中和剂、发热剂、防腐剂、防锈剂等各种助溶剂,采用纳米共结晶等高新技术合成。其主要成分中不含氯、钠等对土壤和环境有毒有害的物质，具有融雪速度快，无腐蚀，投加剂量小，经济环保等优点，融化后的产物可促进植物生长，还可以增加土壤的肥力，补充了土壤中对生物有利的微量元素，实现了“融雪施肥”二合一；可适用于－30℃的低温环境，流动性好，易于抛撒及机械撒布。而与传统产品比较，对金属和水泥混凝土的腐蚀微小，避免了长期使用氯盐类融雪剂造成土壤板结、盐碱化等潜在危害。

使用方法：环保融雪剂原粉可兑水使用，兑水比例按照需处理的冰雪严重程度而定，用喷雾器、水枪、洒水车等喷洒工具，将融雪剂均匀地喷洒在需要覆盖的冰雪表面。也可人工抛撒和机械撒布。

注意事项：环保融雪剂具有很强的吸湿性，宜存放在干燥通风处，防止暴晒和雨淋；使用前后要密封保存，以防吸湿。

3. 撒布设备

化学法使用的撒布设备，是能够控制撒布宽度和撒布量的机械。专用的药剂撒布车采用漏斗式的撒布装置，可向路面撒布药剂或干砂等，药剂的输送用漏斗内的螺旋装置来进行。应急抢通中通常将散播器安装在汽车上作为撒布设备。散播器是一种散播盐水、固体盐和混合料的融雪装置。散播器喷洒作业时由液压驱动旋转，将散播料均匀地喷洒在路面上，达到抢通道路的目的。部分除雪车配备有融雪剂撒布装置，也可进行融雪剂撒布作业。在紧急情况下，也可采用洒水车洒布盐溶液消除路面积雪，如图 2-84 所示。

图 2-84　融雪剂抛洒车

此外，工业发达国家已开发了一种湿式防冻剂洒布除冰法，它将固体防冻剂与防冻剂水溶液混合为液体，以专用洒布车辆用压力喷洒的方式喷布于路面。这种方法由于洒布时具有一定的压力，部分溶液雾化，散布均匀，与冰或积雪的接触面积大，溶化快，因此除冰效果比较好。

(六)除冰雪新技术

1. 热力融雪化冰

热力融雪化冰技术是一种主动预防和清除道路积雪结冰的方法。其原理是利用外界提供的热能对路面进行加热，使路面温度高于 0℃，从而防治道路积雪结冰。根据热能的性质不同，热力融雪化冰技术可以分为地热、电能、红外线、太阳能等融雪化冰技术。目前，这一类技术在欧美日等发达国家取得比较深入的研究成果并开始推广使用。图 2-85 为国外道路用发热电缆及铺装。在国内，这方面研究相对较少，也未见相关使用报道。主要原因是建设期成本巨大，能源利用率低等。随着社会生产力的提高和技术的创新发展，此类技术将会成为道路除雪融冰的主要发展方向。

图 2-85 电热融雪化冰

2. 高压气流除雪法

这是一项较新的除雪技术，主要针对公路风吹雪灾害的处置。其原理是在公路上设置导流板，由于导风板的阻风作用，使风通过导风板时风道断面减小，导风板下风道风速增大，将雪从路面吹走。按照这种原理设计的导风板称之为下导风板。该技术具有良好的经济效益，具有节约能源、人力的特点，不会对车流畅通产生影响。但该技术仍处于试验阶段，很多关键数据和影响因素还未完全确定。目前仅知新疆国道 218 线艾肯达坂安装导风板进行了试验，如图 2-86 所示。

图 2-86 导流吹雪

(七)公路雪崩灾害特点及处置措施

1. 雪崩的分类

雪崩按发生季节可分为冬季雪崩和春季雪崩。

(1)冬季雪崩

冬季雪崩一般发生在当年的12月和次年的2月之间。形成冬季雪崩的主要原因是一次性的降雪和冬季期间的多次性降雪累计,致使山体坡面积雪达到一定厚度,在重力、汽车行驶的震动、声波和其他外在的因素影响下,坡面积雪沿山体下滑而形成崩塌。其特点是:与天气气温无关,其下滑主要是坡面积雪厚度超过了临界厚度,雪崩体内含杂质很少,含水量小,雪崩体的压缩比大,雪崩清理工作使用机械设备比较单一,清理工作方便、快捷。

(2)春季雪崩

根据天气气温的变化快慢,春季雪崩一般发生在次年的3～4月间。形成春季雪崩的主要原因是整个冬季降雪厚度的累积和天气气温回升;由于气温回升,地面温度比空气温度回升更快,使得雪崩体与地面的接触处形成介质水而使雪体产生滑动。春季雪崩的滑动分为主动滑动和被动滑动:沿山体的上部,由于日光照射时间长,温度回升快,因此山体上部的雪体运动为主动滑动;而山体下部分由于受地形、地貌、树木、日照和光等因素的影响,地面温度回升慢,雪崩体与地面的接触处形成介质水的时间要相对迟缓,因此,山体下部雪的运动是由上部雪的冲击来带动的胁迫运动,所以说山体下部的雪体滑动为被动滑动。其特点是:与空气温度和地面温度有关,雪崩体内含树木、石、草等杂质较多,雪崩体含水量较大,压缩比很小,雪崩清理工作使用机械设备需要进行选择,清理工作相对缓慢。

2.雪崩运动的组成及形成发展阶段

(1)雪崩运动的组成

雪崩从其运动的过程来看,主要由两部分组成:

第一部分为气流,在雪崩的前半部分,运动中以雾状的形式表现。它对地面或建筑物形成冲击。雾状的大小及长度由雪崩体大小和运动速度来确定。

第二部分为雪崩体,在雪崩的中后半部分,它是山坡坡面部分雪体的组合。雪崩体的大小由山坡坡面的坡度、积雪面积、积雪厚度等因素来确定。它对地面或建筑物形成推力,其破坏能力相当大。

(2)雪崩形成发展的阶段

雪崩的形成和发展可分为三个区段,即形成区、通过区、堆积区。

雪崩的形成区大多在高山上部、积雪多而厚的部位。比如,高悬的雪檐、坡度超过50°～60°的雪坡、悬冰川的下端等地貌部位,都是雪崩的形成区。

雪崩的通过区紧接在形成区的下面,常是一条从上而下笔直的U形沟槽。由于经常有雪崩通过,尽管被白雪覆盖,槽内仍非常平滑,基本上没有大的起伏或障碍物。槽长可达几百米,宽20～30m或稍大一些,但不会太宽,否则滑下的冰雪就不会很集中,形成不了大的雪崩。

堆积区是紧接在形成区的下面,是在山脚处因坡度突然变缓而使雪崩体停下来的地方,从地貌形态上看多呈锥体,所以也叫雪崩锥(或雪崩堆)。

3.雪崩清理技术措施

(1)雪崩清理原则

无论是救灾抢通还是正常的保障清理工作都必须遵守一个原则,即以最快的工作速度、最短的工作时间通过雪崩堆积路段,防止因机械清理过程产生的震动形成二次雪崩而造成事故。

(2)雪崩清理的准备工作

①根据雪崩清理的原则,在雪崩清理前要对雪崩堆积的周边地形、路线走向、雪崩形状及长度和需要清理的工作量进行简单的判断,找出清理工作量小、工作速度快、清理时间短的断

面位置。

②根据地形、地物、地貌特征状况准确判断公路外侧位置，确定公路外侧到清理机械的有效距离，便于确定二次雪崩发生的逃生路线。

③根据雪崩清理断面的高度，选择所需要的清理机械组合。

(3)雪崩清理的机械组合

雪崩的清理工作，要根据雪崩发生的时段来选择清理机械设备。春季雪崩的清理，由于雪崩体含杂质较多，含水量大，压缩比很小，不适宜用旋抛式除雪机械来清理，宜选用大功率的推土机械清理。冬季雪崩的清理，由于雪崩体内无杂质，含水量小，压缩比很大，选择旋抛式除雪机械来清理，速度快，效率高；当雪崩的高度超过 3m 时，必须有挖掘机来配合完成清理工作。

冬季雪崩的清理工作程序为：由旋抛式除雪机按照逐步抬高的方法清理 3m 内的雪崩体，3m 以上的雪崩体无法清除时退出工作面，由挖掘机进入清理 3m 以上的雪崩体后退出工作面，继续由旋抛式除雪机来清理挖掘机挖下的雪体，如图 2-87 所示。

图 2-87　旋抛式除雪车清理雪崩造成的路面积雪

春季来临，对山体坡面积雪也可以采用明炮振动而产生“声波振荡”的方法，使坡面积雪一次性予以清除。当炸药不易获取时，建议研究使用其他的声波振荡方法。

(八)冰雪灾害中的应急抢通注意事项

(1)应急抢通过程中如遇连续降雪天气，应保证路面积雪清理完成后持续保持路面通行状况。当道路上的积雪厚度超过 5cm 时，即应进行扫除工作。

(2)积雪厚度在 20cm 以下时，可用镐铲或刮板等简易除雪工具扫除。厚度 20cm 以上时，用扫雪机、平地机、推土机等机械予以清除。在机械缺乏时，可采用畜力拖带木质刮板代替，再辅以人工清除残雪。

(3)路上积雪清除后，宜将路基两侧积雪加以整理，使其表面堆成 1∶6～1∶8 的坡度。

(4)高速公路冰雪灾害的应急抢通应在桥梁、连续上下坡、急弯处重点防范，加强监测，增强安全措施。在冰雪灾害中，要力保车辆通行，尽可能减少封道或不封道，使路面不易结冰。在缺乏除冰设备的情况下，可用人力在桥面上根据需要间隔地选择多个破冰点，增加摩擦系数。采取这种方法，不需铲除桥面全部冰层，车辆可以不打滑地行驶，且通过汽车的反复碾压后，可使冰层逐渐解体，而达到节省大量体力和时间的目的。也可人工破冰铲出与车辆两轮同等宽度的辙道，引导车辆前行，能有效消除车辆因桥面结冰打滑而导致的交通堵塞。

(5)山区险峻路段积雪应及时清除，并在路基边缘设置简易视线诱导标志，以保证行车安全；高寒地区也可采用积雪做成雪墙护栏(图 2-88)，并设安全警示标志。路堑段积雪量过大时宜将积雪推至或运至路堑段落以外，防止后续保通过程难以持续。

(6)融雪材料的选择应优先考虑环境友好型融雪材料，以减少对道路、桥梁、植物及环境的破坏。环境友好型融雪材料应根据不同道路结构、不同气温条件选择相应型号，确保融雪材料能在应急抢通中发挥最大的作用。

(7)冰冻灾害严重且仍然持续降雪的情况下，应在道路上撒适量的防滑材料。防滑用的材料可根据所处区域就近取材，山砂、河砂、炉渣、矿渣、细小砾石或细小碎石均可作为防滑材料。防滑材料要运至已完成清除积雪工作的路段进行撒布。

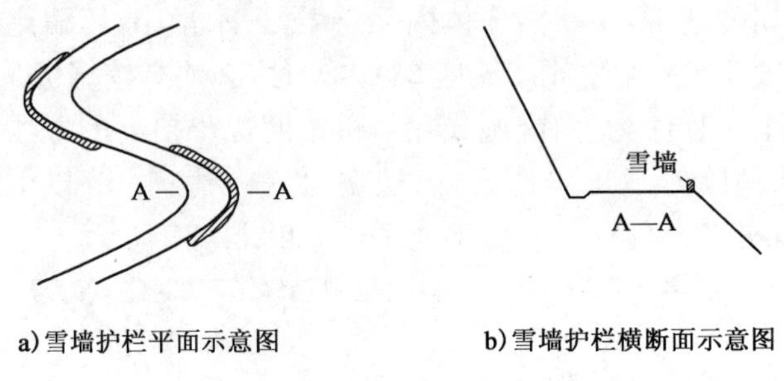

图 2-88　雪墙护栏示意图

第七节　路基加固与防护

应急抢通中路基抢修加固与防护措施分为：挡土墙加固、新建挡土墙、路基加固、边坡防护、涉水路基防护等。

一、挡土墙加固

(一)挡土墙分类

挡土墙的作用是支撑天然边坡或人工填土边坡，以保持土体稳定。公路中挡土墙主要用于支撑路堤、路堑、隧道洞口、桥梁两端及河岸壁等。

挡土墙有多种分类方法，按设置位置分为路堤墙、路堑墙、山坡墙、路肩墙四类。其具体形式如图 2-89 所示。

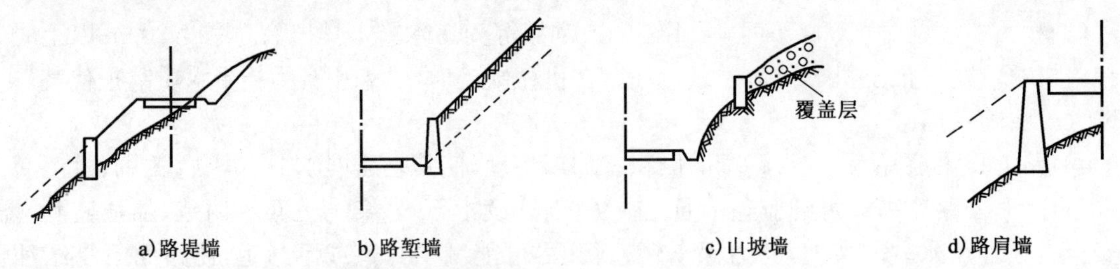

图 2-89　挡土墙类型

(二)挡土墙加固原理及抢修措施

挡土墙病险病态有多种直观表现，如墙基下沉、混凝土结构表层碳化剥落、浆砌石结构块石间胶结材料(水泥砂浆)老化脱落、分缝上口宽度变大、分缝处墙体错位、墙体倾斜、墙面或墙体局部开裂、墙体有贯穿性裂缝、墙趾断裂等(图 2-90)。挡土墙遭到严重破坏后，往往造成路堤坍塌或路堑堵塞。

对病险及有安全隐患的旧挡土墙的加固治理措施，可分地基及基础加固、墙身加固、锚(拉)杆加固、墙背填土置换、局部缺陷修补、放缓墙顶以上边坡或降低墙后填土高程等。每种加固措施均有其适用环境条件或工程条件，应根据具体情况而选用。

a)挡土墙坍塌　b)挡土墙墙面鼓胀

c)挡土墙砸毁　d)挡土墙开裂

图 2-90　挡土墙破坏类型

1.地基加固措施

局部墙段建在持力层(或下覆)为一定厚度的砂卵石层的中高挡土墙，因地下水位的快速下降，引起地下水体流动逐步带走地基持力层的细小沙土颗粒，造成砂卵石空隙崩塌，使挡土墙地基出现逐渐下沉。对这类险情，当持力层(或下覆)为厚度不是很大的砂卵石层时，可采用水泥或化学固结灌浆加固处理(图 2-91)。其作用或目的是把沿墙基纵轴方向一定宽度范围的沙土层或砂卵石层固结固化成整体，以防止细小沙土颗粒进一步流失和地基进一步下沉，从而维持地基和挡土墙的稳定性。

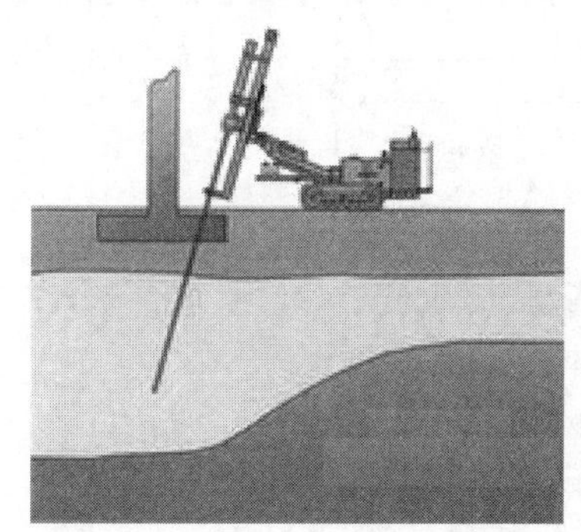
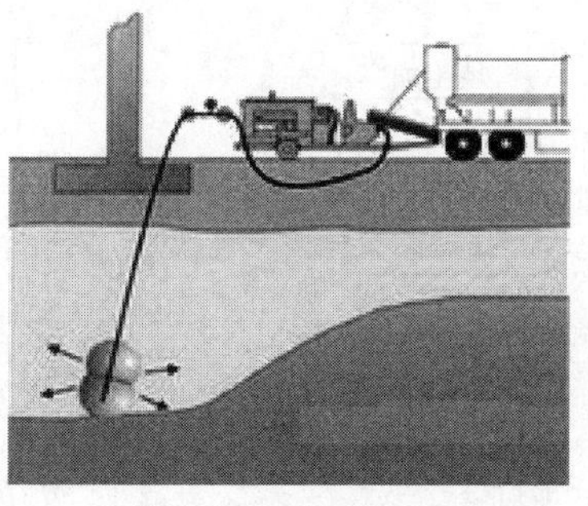
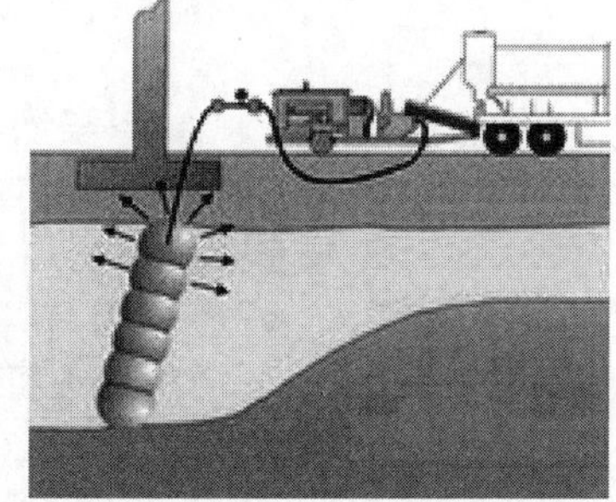

图 2-91　地基注浆示意图

这种地基加固措施适用于旧挡土墙地基砂卵石层厚度不大，地下水流速很小，有合适的灌浆施工场地的环境条件。但需注意的是，这种灌浆加固可能会截断通向提灌取水井的地下水通道或改变地下水渗流场，灌浆施工对水质可能会产生不利影响，加固施工对挡墙的不利影响，地下环境条件对灌浆加固效果的不利影响等，对此应作调查评估。

2.基础加固措施

(1)墙前设置阻滑桩墩

经过验算，当原挡土墙墙基应力条件和抗倾稳定性条件满足，而抗滑稳定安全系数不满足要求时，对于土基上的重力式挡土墙，可考虑在墙趾前设置人工挖孔抗滑桩，如图 2-92a)所示。结构材料采用钢筋混凝土，桩径、桩深及间距根据工程地质及受力条件由设计计算确定。对于岩基上的重力式挡土墙，可考虑在墙趾基础前设置混凝土阻滑墩或连续阻滑键，如图 2-92b)所示。墩(键)的几何尺寸及间距根据墙基建基面力学指标和受力情况由设计计算确定。

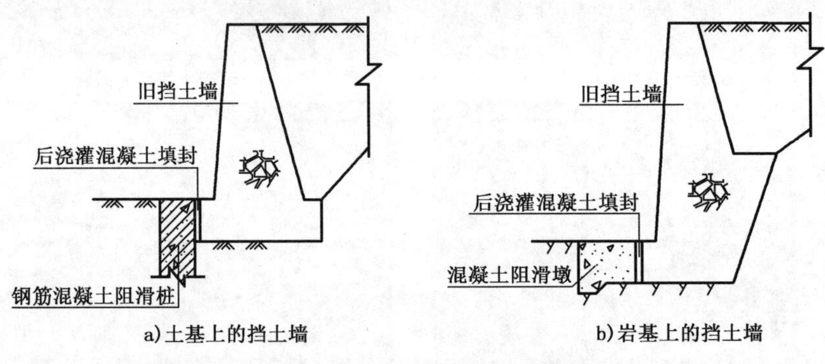

图 2-92　墙前设置阻滑桩(墩)示意图

抗滑桩或阻滑墩与原墙趾之间接缝需固接或刚性填缝，如用微膨胀水泥拌和的混凝土填充紧固。这种基础加固措施适用于墙前有空间余地或合适的施工环境条件(如滨水岸墙外侧河边能围堰排水或枯水期水位低于墙趾处高程等)和浆砌石挡土墙，对提高旧挡土墙抗滑稳定性有帮助，但无助于旧挡土墙抗倾稳定性条件或墙基应力条件的改善。

(2)扩大墙前基础

经过验算，当挡墙加高后抗滑稳定安全系数满足而墙基边缘垂直应力条件不满足要求时，可通过增大基础与地基接触面面积来改善地基应力条件。一般做法是在墙趾前扩大钢筋混凝土基础，并与旧基础嵌套衔接，如图 2-93 所示。这种基础加固措施适用于墙前有空间余地或施工场地，可改善挡土墙抗倾稳定性和墙基应力条件，也有利于提高旧挡土墙抗滑稳定性。其中，图 2-93b)适用于旧墙基础为混凝土结构的情况且要求新旧混凝土间须充分咬合成整体。

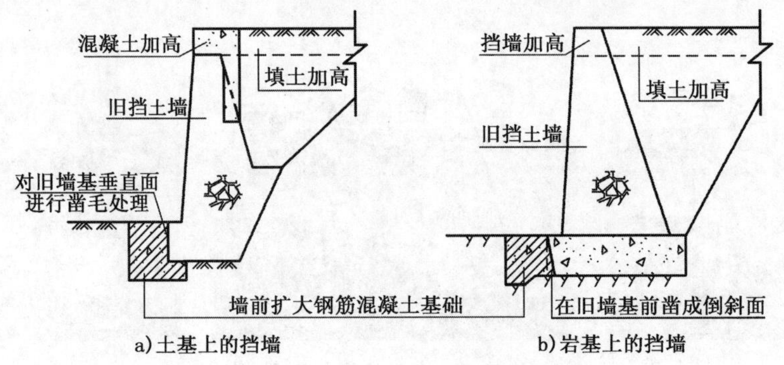

图 2-93　墙前扩大基础示意图

(3)桩(墩)式支托

挡土墙加高(相应填土加高)后,或墙后地面(路面)荷载变大,造成墙背土压力增大,使挡土墙墙趾地基垂直正应力变大,地基应力状态出现不均衡,也会使土基尤其是人工填土地基出现不均匀沉降。这种由较大的墙趾地基垂直正应力造成的不均匀沉降,若沉降量差较小而基本稳定时不需要处理;但若不均匀沉降差继续发展可能会造成挡土墙的倾斜以致倒塌,可以采用墙前基础承托措施进行及时处理。对于较软土基或人工处理地基,可采用墩式支托或桩式支托加固,如图 2-94 所示。其目的及原理是将原作用于墙基上的部分垂直力分担给桩(墩),通过桩(墩)传至桩(墩)底部承载力高的下覆持力层地层。桩(墩)尺寸及间距根据工程地质、受力条件和施工条件由设计计算确定。

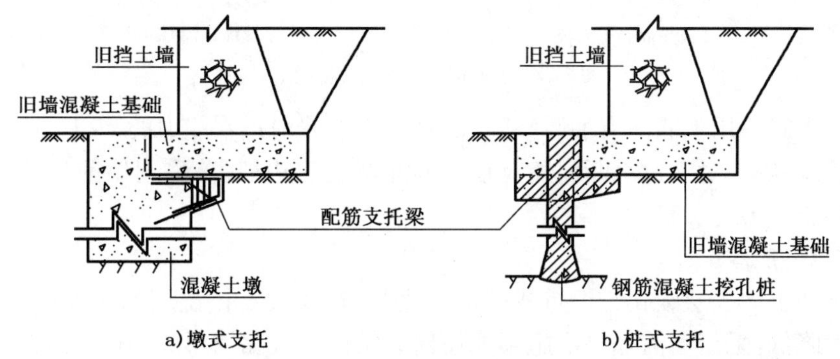

图 2-94 桩墩式支托示意图

当墙后紧邻重要设施(如房屋等)使旧挡墙无法拆除,但墙前有空间余地、施工场地和刚度强度均较大的混凝土结构旧墙基础时,可采用这种加固措施。建议下覆持力层埋深较浅时(如埋深在 2.5m 以内)选用墩式支托;下覆持力层埋深较大时(埋深大于 2.5m)选用桩式支托。若欲分担更大或承担全部墙基上的荷重,则扩大墩底尺寸、支托梁尺度或减小桩墩间距。这种加固措施不仅可改善挡土墙抗倾稳定性和墙基应力条件,也有利于提高旧挡土墙抗滑稳定性。

以上三种基础加固法需注意施工方法及顺序,如分段跳槽施工,且待先施工段的混凝土强度达到设计要求后,再进行后段开挖施工;先扩大加固基础,后加高挡墙及填土,以求工程施工安全。

3. 墙身加固措施

(1)墙顶部加高

经设计复核,发现原挡土墙的抗滑稳定安全系数有较大富余,而且墙基应力状态良好时,若墙顶加高尺度不大,则直接在原挡土墙顶部加高即可;若墙体加高尺度较大,则加高后同时加高墙背回填土。若由于土压力增大使挡土墙的稳定及应力状态发生了不利于安全运用的情况,则根据具体情况采用合适的加固措施,如前面介绍的基础加固措施和以下介绍的有关加固方法。

(2)墙前加厚

在墙前增设加厚面板,结构材料一般采用混凝土或钢筋混凝土。新旧墙体间需要采取拉结黏合措施,如在旧墙面上拉毛或凿毛,必要时设拉结筋或锚固钢筋。旧墙体若为浆砌石结构,可在旧墙体上设混凝土嵌固钉并与新墙面板一起浇筑,增强新旧墙体的咬合力。一般做法是在旧墙体间隔一定距离(一般为 1.0～1.5m)挖出一石块的宽度及深度(一般为 300～400mm)的墙洞,嵌固钉呈梅花形或品字形布置。加厚面板若设锚固钢筋,锚固筋成梅花形布局，入旧墙内(需水泥灌浆)长度不小于 500mm(视旧墙体厚度而定)，入新墙内的钢筋头弯直钩，钢筋直径及锚筋间距由设计计算确定，如图 2-95 所示。

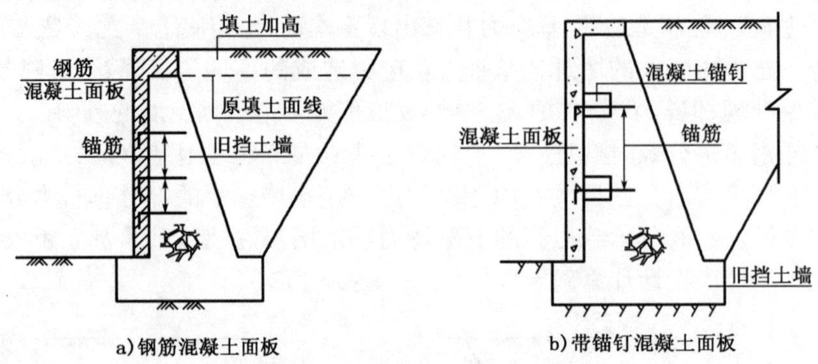

图 2-95　墙面增设混凝土面板示意图

这种加固措施适用于墙前有加厚空间，而且不影响墙前过水能力的情况，如水库溢洪道边墙、河岸护坡堤墙等。对于过水断面相对较小的灌溉渠道边墙，若采用墙前加厚措施，则需验算是否影响过流能力。

(3)外层包裹加固

原混凝土挡土墙表层碳化较严重或结构老化开裂，浆砌石挡土墙的水泥砂浆疲劳老化而黏结强度大大降低，采用墙前加厚措施不能使新旧结构有效黏结形成整体时，可以采用外层包裹法，即在墙面、墙顶、墙背三面设外包结构体对原墙体进行加固。墙面和墙背两面均从基础做起。外包结构材料宜用混凝土，工程重要时可用钢筋混凝土。

4. 变换墙型、置换回填土或更新排水设施

原重力式挡土墙由于墙前环境限制不便在墙前加厚或扩大墙前基础，而墙后有一定的施工作业场地时，可把墙背填土挖开，采用增设衡重台法即把原重力式挡土墙改造成衡重式挡土墙[图 2-96a)]，以利用填土重和减小下墙背土压力。下墙背坡取值－0.35～－0.5 或与原开挖边坡系数协同。衡重台高度根据稳定性条件通过计算拟定，一般取全墙高度的 1/3～1/2 较合适。

土工检测或试验发现原挡土墙回填土力学指标值已发生变化，如内摩擦角值比原设计降低了许多；现场检查发现排水设施已堵塞，排水失效，导致墙后地下水位升高和下部回填土力学指标下降，此时，用力学指标值较大的砂砾土或拉筋土置换墙后旧的填土，并更换排水构造，疏通墙身排水孔(若设墙后排水盲沟则需朝下游墙段末端排水)，也是原挡土墙除险加固的一种简单有效方法，如图 2-96b)所示。

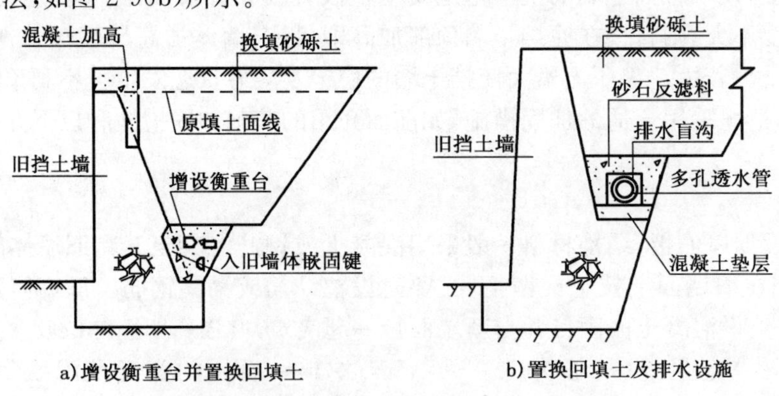

图 2-96　改墙型及置换回填土或排水设施示意图

5. 施加外力加固措施

(1)锚杆(索)锚固

原挡土墙的加固除了上述方法之外,锚杆(索)加固法也是常用的加固方法。对于中高挡土墙,采用前述的方法可能造成土建工作量及工程投资过大,此时采用锚杆(索)加固法更合适。对于受力较大和安全问题更为突出的高挡土墙工程,需要更大的锚固力,可选择预应力锚杆(或锚索)加固法。在墙前对原挡土墙墙身及墙后边坡岩土体进行机械钻孔,孔内安装上锚杆(索)后进行灌浆固结,施工原墙面锚固帽或压梁(板),处理好锚杆(索)头部构造。锚杆材料及形式、锚头及杆尾部构造,根据设计条件选取与配置。当原浆砌石挡土墙整体结构完好或为钢筋混凝土,墙后边坡岸体为稳定的自然岩(土)层时,采用锚杆(索)加固法可获得较好的加固效果,如图 2-97a)所示。锚杆(索)加固技术可参考相关专业书籍的介绍,这里不作介绍。

(2)墙顶设墙后拉杆

原挡土墙结构为钢筋混凝土,且墙后有稳定的岸体并无地面建筑物时,可考虑采用墙顶拉杆加固法。即在原墙顶部沿纵向一定间隔位置布设拉杆锚头连接点,在墙后稳定岸体地表层设锚固桩(墩)或坑埋混凝土地牛,再用拉杆连接后进行封闭处理[图 2-97b)]。拉杆锚头连接点构造视拉杆材料而定,可以是在墙后设活动铰或固定铰节点,也可以在墙前采用拉杆锚帽。拉杆材料可根据拉杆受力大小、工程施工条件和地质环境条件选择,如钢筋混凝土拉梁、型钢拉梁、钢筋拉杆、钢索拉绳和高强化纤材料拉绳等。

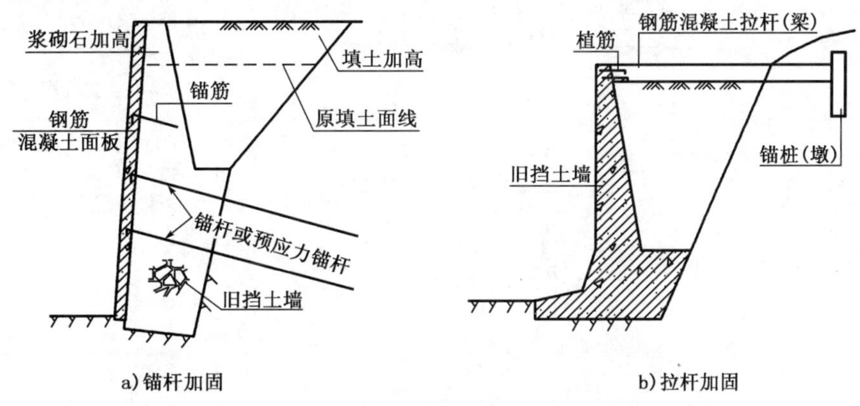

a)锚杆加固　　b)拉杆加固

图 2-97　锚杆或拉杆加固示意图

6. 简易加固措施

根据上述加固处理原理,挡土墙加固可采用钢笼、钢管、锚杆、木头、砂袋、插板等各种材料和工具进行加固处理,在应急救援中较为常见的几种简易加固具体措施见表 2-15。

挡土墙加固措施　　表 2-15

序号	措　施	图　　示	适用条件及要求
1	钢或木笼挡土墙	≥1.75m b 钢或木笼 H B	$H\leqslant 2$m 时,用单级,$b\geqslant 1.0$m; 2m$<H\leqslant 4$m 时,应分为两级,下级宽度 B 不小于 $2b$,可将木笼横放,或双排并放

续上表

序号	措施	图示	适用条件及要求
2	石笼挡土墙	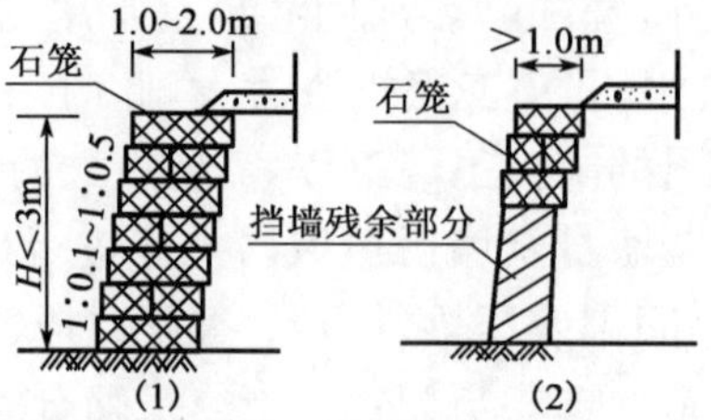 1.0~2.0m；石笼；H<3m；1:0.1~1:0.5；(1) >1.0m；石笼；挡墙残余部分；(2)	1. 既有挡土墙全部或局部破坏； 2. 石笼长度应不小于墙顶宽，最上一层长边应垂直于路线； 3. 既有挡土墙残余部分必须完整无裂缝方可用石笼接高[图(2)]
3	袋装砂石挡墙	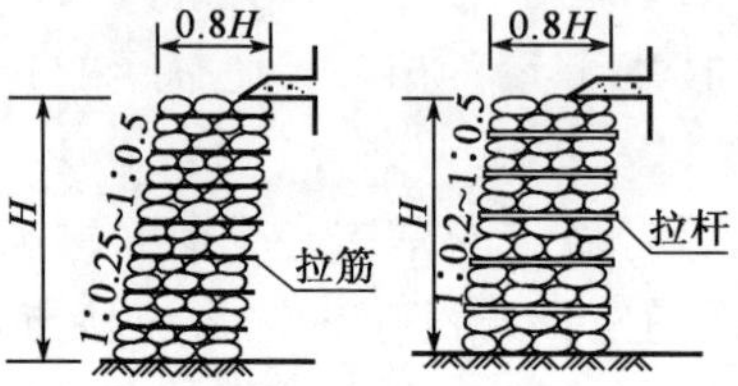 0.8H；H；1:0.25~1:0.5；拉筋 0.8H；H；1:0.2~1:0.5；拉杆	1. 适用于挡土墙较高、面坡较陡情况； 2. 拉筋可采用土工网格、土工编织布等，每1～2层袋装砂石压铺一层； 3. 拉杆布置，竖向每两层一根，横向0.6～0.7m一根，互相交错布置； 4. 拉杆可采用枕木、圆木等，头部探出10～20cm
4	扶壁	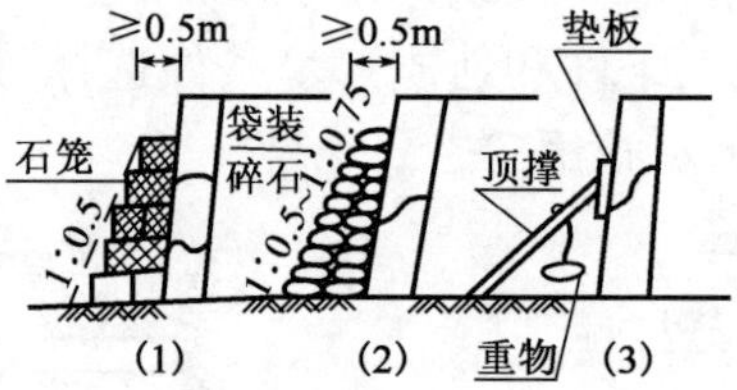 ≥0.5m；石笼；1:0.5；(1) ≥0.5m；袋装碎石；1:0.5~1:0.75；(2) 垫板；顶撑；重物；(3)	1. 适用于挡土墙裂缝、外倾，尚有一定的支承力的情况； 2. 石笼及袋装碎石(土)应丁顺间铺，袋间孔隙用碎石填平； 3. 扶壁厚不小于0.5m，间距3～5m，视裂缝情况而定； 4. 图(3)中重物可用袋装碎石(土)
5	桩锚挡土墙	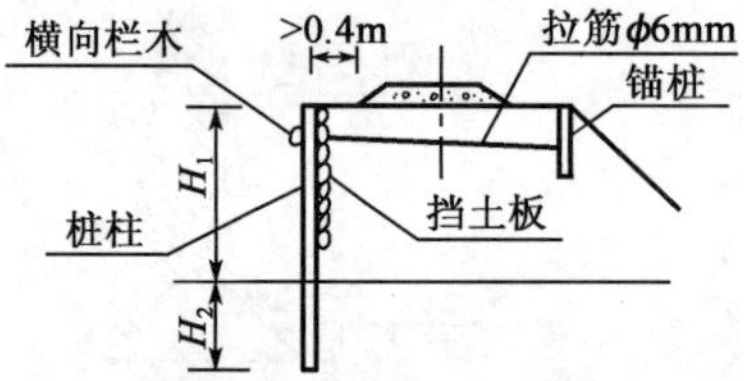 横向栏木；>0.4m；拉筋φ6mm；锚桩；H_1；桩柱；挡土板；H_2	1. 桩柱间距0.5～1.0m，视挡土板及桩柱的强度而定； 2. 挡土板可用木板、细圆木、枝条束、枕木等； 3. 锚桩可用打入桩； 4. 桩柱入土深度 H_2 视 H_1 及土质而定
6	插板挡土墙	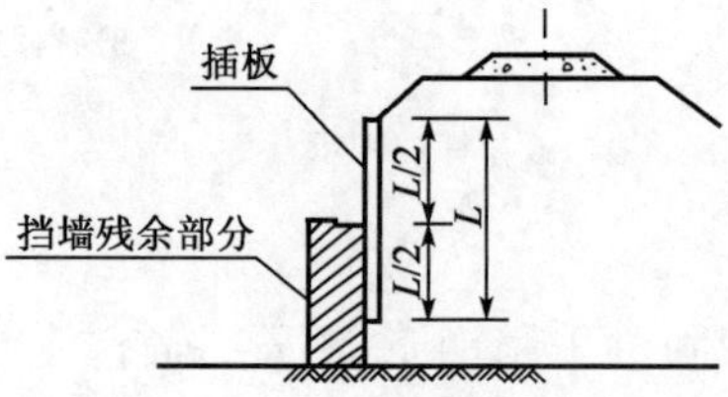 插板；挡墙残余部分；L/2；L；L/2	1. 适用于既有挡土墙下部残余部分完整、无裂缝的情况； 2. 插板密排，可用木板或枕木； 3. 当插板外露高度较大时，可用桩锚挡土墙，将桩柱打入墙背
7	钢木骨架墙	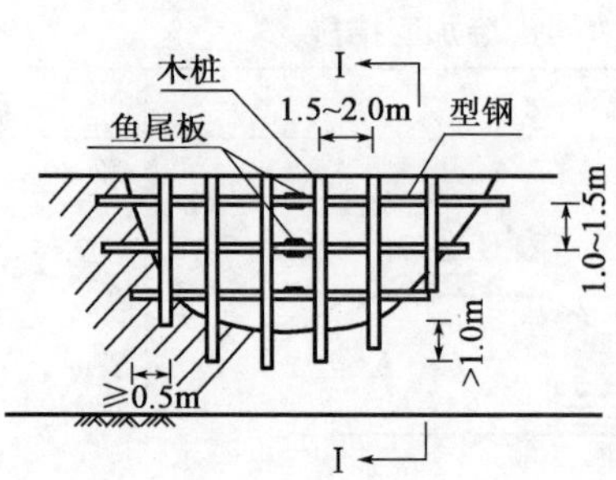 I；木桩；1.5~2.0m；型钢；鱼尾板；1.0~1.5m；>1.0m；≥0.5m；I	1. 适用于混凝土挡土墙缺口，墙的残余部分稳固、无裂缝的情况； 2. 当为浆砌片石挡土墙时，枕木、木桩插入土中均不小于1.0m

续上表

序号	措施	图示	适用条件及要求
7	钢木骨架墙	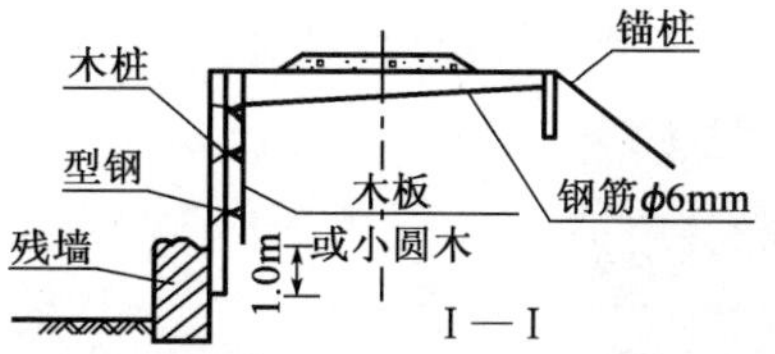 木桩 型钢 残墙 锚桩 木板或小圆木 钢筋φ6mm 1.0m I—I	1. 适用于混凝土挡土墙缺口，墙的残余部分稳固、无裂缝的情况； 2. 当为浆砌片石挡土墙时，枕木、木桩插入土中均不小于1.0m
8	钢管桩加固	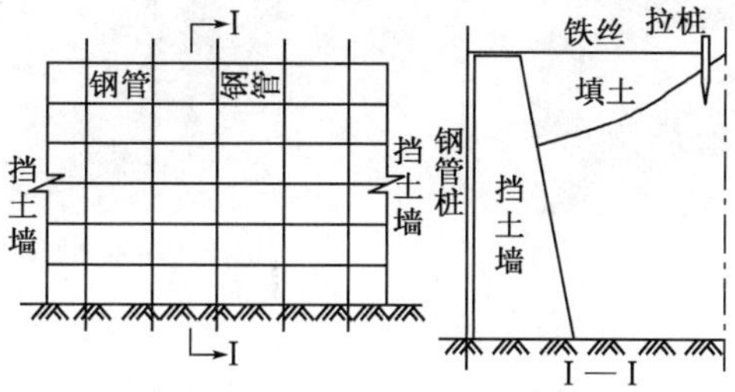 钢管 钢管 挡土墙 挡土墙 I I 铁丝 拉桩 填土 钢管桩 挡土墙 I—I	1. 适用于各种挡土墙外倾、滑移； 2. 竖向钢管桩打入土中，与水平钢管用扣件连接； 3. 原路基打入拉桩，与钢管用8号铁丝连接； 4. 地形条件允许时，在钢管桩外侧增加斜撑
9	锚杆加固	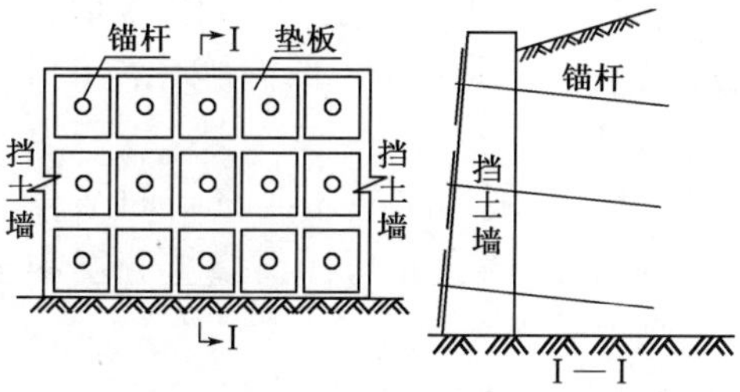 锚杆 垫板 挡土墙 挡土墙 I I 锚杆 挡土墙 I—I	1. 适用于岩质边坡挡土墙外倾、滑移，通过锚杆增加水平约束； 2. 锚杆一端锚固于稳定岩层中，另一端穿过挡墙固定于墙面； 3. 墙面锚固点下设置垫板，保证墙面整体受力，以基本铺满墙面为宜； 4. 钻机穿透挡墙打孔，插入φ25mmHRB335钢筋，灌浆

二、新建挡土墙

如路基原有挡土墙垮塌不易修复，或填筑受地形限制(如陡斜坡)不能放坡，或为节省填土时间，可以考虑新建挡土墙。

(一)简易桩板墙

简易桩板墙由打入桩、挡土板、拉桩等构成，具体结构见本章第二节“路基坍塌处置”中“简易桩板墙拦边”。它既可作为拦边填土的措施，也是一种简易挡土墙形式。

(二)重力式挡土墙

重力式挡土墙的构造与施工可参照常规施工，区别之处在于抢修时为节省时间，使用快速拼装模板和速强混凝土。

三、路基加固

在路基抢通中可采取土工格室、注浆法等加固措施。以下分别对这两种方法进行简介。

(一)土工格室加固路基

需填筑坍塌路基时，特别是高填、陡斜坡路基，为增加路基稳定性，减轻路基变形和沉降，填土时可采取土工格室加固。

土工格室(图2-98)是由高强度的HDPE或PP共聚料宽带,经过强力焊接或铆接而形成的一片网状格室结构。它伸缩自如,运输时可缩叠起来,使用时张开并又充填土石,构成具有强大侧向限制和大刚度的结构体,能够防变形、有效增强路基的承载能力和分散荷载。其分类与结构、规格系列等参见《公路工程土工合成材料》(JT/T 516—2004)。

a)土工格室大样

b)土工格室加固路基

图2-98 土工格室

土工格室加固路基的方法是在每级填土中增加若干层土工格室,土工格室层间距约1.0m,随填土高度增加,层间距可适当减小。土工格室参数参考值:焊距80cm,格室高度20cm,格室壁厚1.2mm,焊缝处抗拉强度10.6kN/m。低温脆化温度−60℃,维卡软化温度125℃。其施工要点如下:

(1)旧路基整平:将坍塌路基整平,对部分坍塌路基还要将新旧结合部挖成阶梯状以利搭接,搭接长度约2m。在填筑边界打边桩(间距约50m),标出填土分层和土工格室的位置。每层填料虚填厚度约0.5m(含土工格室高度)。

(2)铺设土工格室:将土工格室完全张开,用锚固钢筋固定四周,中间按2m×2m间距采用锚固钢筋固定;锚固钢筋可用ϕ18mmR235钢筋制作,长度大于0.5m,插入格室下土层中。相邻土工格室板块采用合页式插销整体连接。格室在填土前,严禁机械设备在其上行驶。

(3)填土:格室填料要求颗粒大小均匀,最大粒径不得大于5cm。摊铺时以边桩标记控制填土厚度和位置,先由推土机或平地机摊开填料,再进行整平。填料整平后方可碾压。格室上填土应从两边向中间进行。

(4)碾压:应遵循先轻后重、先稳后振、先低后高、先慢后快以及轮迹重叠等原则,由两边向中间纵向进退式进行,横向接头一般重叠1/3轮迹,前后相邻区段应纵向重叠1.0~1.5m。做到无漏压、无欠压、无死角。

(二)双液注浆法加固路基

1.注浆法分类与原理

注浆法按作用原理可分为静压注浆法、喷射注浆法。静压注浆是利用液压、气压或电化学原理,通过注浆管将浆液均匀地注入地层中,浆液以充填、渗透和挤密等方式占据土粒间或岩石裂缝中的空间,经人工控制一定时间后,浆液将原来松散的土粒或裂隙胶结成一个整体,形成一个结构新、强度大、防水性能高和化学稳定性良好的“结合体”。喷射注浆是把带有喷嘴的注浆管插至土层的预定位置后,以高压设备使浆液成为20MPa以上的高压射流,从喷嘴中喷射出来冲击破坏土体,并与土体混合构成新的固结体。注浆的目的是防渗、堵漏、加固和纠正偏斜。

常用的静压注浆法又可分渗透注浆、劈裂注浆和压密注浆三类，注浆原理如图2-99所示。

(1)渗透注浆

在注浆压力作用下，浆液克服阻力渗入孔隙和裂隙，压力越大，吸浆量及浆液扩散距离就越大。在注浆过程中地层结构不受扰动和破坏，所用的注浆压力相对较小，浆材颗粒尺寸必须至少小于孔隙尺寸。渗透注浆一般用于中砂以上的砂性土、卵(砾)石和有裂隙的岩石，注浆压力可由小到大，控制为0.5～1.5MPa。对于黏性土路基由于渗透性小难以奏效。

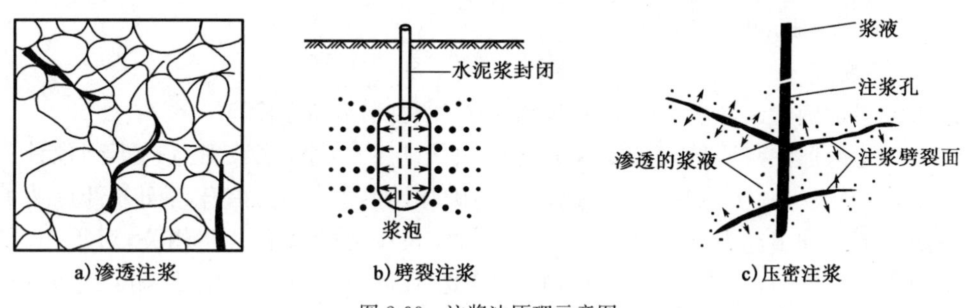

图2-99 注浆法原理示意图

(2)劈裂注浆

在注浆压力作用下，浆液克服地层初始应力和抗拉强度引起土体结构的破坏和扰动，浆液似利斧劈入土层，劈裂路线呈纵横交叉的脉状网络，浆液在劈入过程中不与土体混合，而是相互独立存在，同时产生充填、挤压、扩散等加固效应。适用于黏性土类路基，一般压力范围为1.0～4.0MPa。

(3)压密注浆

用一定压力注入浓浆，随着土体压密和浆液挤入形成浆泡，并不断膨胀挤压使一定范围土体被挤密，浆泡本身凝结后也最终形成硬质块体存在于土体中，凝固形状多为柱体或球体。

实际注浆过程中，一般不存在由单一某种方式形成的固结体，几种作用同时存在，只不过是以某一种方式为主的问题。

2. 注浆材料

注浆材料分为粒状浆材和化学浆材两大类。粒状浆材中应用最广的是普通硅酸盐水泥浆液，在某些特殊条件下也可采用矿渣水泥、火山灰水泥和抗硫酸盐水泥等品种。有时需要提高水泥颗粒细度，掺入各种附加剂以改善浆液性质，提高其可注性、稳定性。有时为了节省材料，降低成本，在水泥浆液中掺入黏土、砂和粉煤灰等廉价材料。化学浆材呈溶液状态，较粒状浆液可注性好，可注入细小裂隙或孔隙中，其缺点是造价高，而且不少化学溶液具有一定毒性，易造成环境污染。

3. 注浆法的应用

在道路桥梁工程病害处理中，注浆法有以下用途：

(1)对软土、湿陷性黄土地基、岩溶、地下采空区等不良地基加固处理。

(2)对路基沉陷、桥涵台背接合部沉陷、路基边坡侧向变形加固处理。

(3)用钢管压力注浆型抗滑挡墙治理滑坡。

(4)注浆法处理灌注桩桩身缺陷、提高桩侧摩阻力和桩底端阻力。

(5)注浆法形成防渗墙对河堤公路路基防渗加固。

(6)处理既有构造物地基(如挡墙基础)，阻止构造物沉降变形。

(7)在隧道工程中应用，如隧道塌方、涌水处理。

4. 双液注浆法加固路基具体措施

本部分叙述使用双液浆静压注浆法进行路基加固，包括路基(包括台背接合处)沉陷处理，路基边坡侧向变形、滑移处理。

注浆材料采用水泥＋水玻璃双液浆，其中水玻璃为速凝材料，可以起到快速凝结的作用(凝固速率随配比可控)。水泥采用 32.5 级普通硅酸盐水泥，浆液配比参考值为水∶水泥∶水玻璃＝1∶1∶0.05(质量比)。

(1)注浆参数

注浆参数包括确定浆液扩散半径 r、容许注浆压力、孔位布置等。

注浆压力是保证注浆质量的重要因素之一，如果压力过小，浆液射流达不到预计范围内，扩散半径小，易形成空白区；如果压力过大，则会破坏路基原结构、抬升路面或冲垮边坡，使浆液沿路基薄弱部位冲出。由于浆液的扩散能力与注浆压力的大小密切相关，对不同填料及形态的路基采用多大压力，主要取决于路基的密实度、强度、初始应力、钻孔深度、注浆位置及顺序等，而这些因素又难以准确预知，故必须通过现场试验确定。

进行注浆试验时，一般采取逐步提高压力的办法，求得注浆压力与注浆量的关系曲线。当压力升高至某一数值，而注浆量突然增大时表明地层结构发生破坏或空隙尺寸已被扩大，可把此时的压力值作为确定容许注浆压力的依据。

钻孔数量和距离依受损路基长度和损害严重程度而定，要完全覆盖土体沉陷区或被拉裂区。根据路基的强度要求，结合固结注浆的特点、路堤形态等因素考虑，遵循既要充分发挥注浆孔的效率，又能保证浆液留在路堤有效范围以内的原则。一般采用等距离梅花方格网布孔，注浆孔距 L 取值范围在 $r \leqslant L \leqslant 2r$ 之间，常用值 1～2m。孔深当用于处理路基沉陷时为填土高度的 1.5 倍，当用于处理边坡变形时为穿过土体被拉裂位置至少 2m。

(2)设备配备

主要设备有砂浆搅拌机、双液注浆机、注浆泵、注浆管、钻孔机、发电机等。

(3)施工工艺

施工工艺主要分为“布孔、成孔、注浆”三个阶段。

①布孔：按前述确定的参数进行布孔。用于处理路基沉陷和边坡变形时，具体布孔形式如图 2-100 所示。

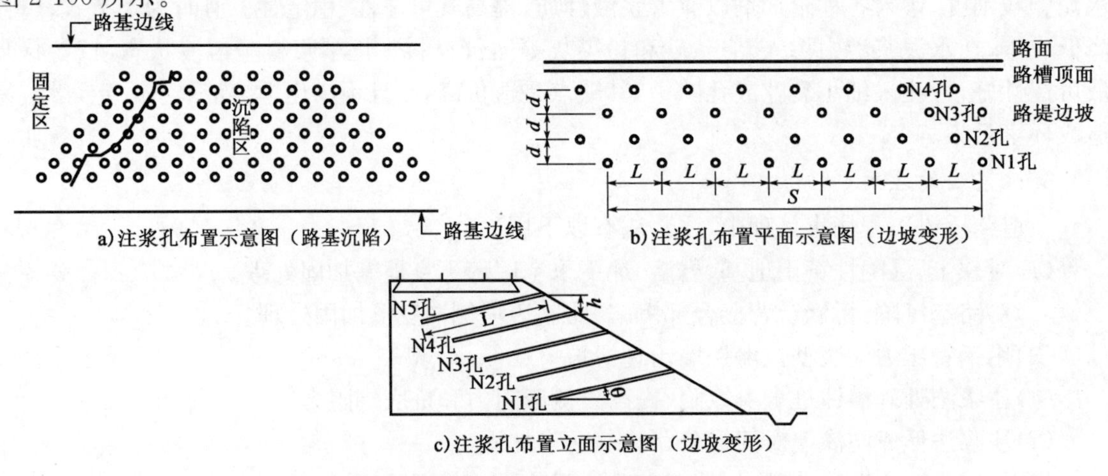

图 2-100　注浆孔布置示意图

②成孔：成孔必须是干法钻进不允许加水，防止土经水浸泡成浆，出现坍孔，抽取钻头后出现闭孔，影响注浆管埋置，同时避免饱水状态时土质影响浆液渗透。尽量选用小型潜孔钻，其优点是进尺快、易搬动、操作简单，钻进成本低。

③注浆：注浆花管根据钻机钻孔的孔径与孔深而定，操作方法应简单易行。注浆结束后注浆花管宜留在路基中，一般注浆花管很难拔出，如果强行拔出可能会破坏路基；另一方面注浆花管留在路基中可作为非预应力锚杆起到锚固或阻滑作用，对提高路基强度有很大好处。处理边坡变形时，注浆管必须留在路基中不拔出。

注浆过程要控制好注浆顺序、压力等。注浆顺序是指注浆孔的受注顺序，一般以 2～3 次注浆为宜，事先按孔位平面布置设计好注浆顺序。采用间歇多次注浆，注浆压力逐次提高。多次注浆目的是提高浆体的强度和约束性，防止在注浆过程中发生附加沉降和邻孔串浆。在规定的注浆压力下，稳定 5～15min 浆液不再下沉即可停止注浆。如发现地面隆起或其他结构物变形及附近某处冒浆等现象，应立即停止注浆。

(4)双液注浆法异常情况处理

①双液注浆时，注浆压力突然升高，应停注水玻璃，只注水泥浆，待泵压恢复正常后再进行双液注浆。

②进浆量很大，压力长时间不升高，则应调浓浆液或调整配合比，或采用双液间歇注浆，或进行小泵量、低压力注浆，使浆液在裂隙中有相对停留的时间，以便凝胶。

③发生串浆，应加大两次注浆的孔间距；适当延长两次注浆施工的时间间隔，使前一次序孔浆液基本凝固或具有一定强度后，再开始后一次序钻孔。

(5)注浆过程注意事项

①注浆施工时，孔口采用止浆塞封闭，浆液搅拌均匀，随拌随用，严防石块杂物混入浆液，确保连续灌注并在灌注前进行过筛处理，以防发生堵管。

②注浆花管连接时应避免处于同一平面上的钢管接头过多，以防剪切破坏。

③边坡上钻孔时先从坡脚逐排往上进行，最后施工靠近边坡顶部的孔。

④如失稳的边坡较高，单纯对边坡进行注浆加固不能保证路基稳定时，同时在坡脚和分级平台上进行竖向注浆，以提高坡体和坡脚的抗滑移能力。

四、崩塌及危岩边坡防护

崩塌及危岩边坡防护是为防止崩塌、危岩边坡安全威胁采取的措施，主要措施有清除、加固、拦截、遮挡。具体工程防治措施有：锚杆、SNS 柔性防护网（主动和被动）、挡墙、护坡、拦石墙和拦石槽、排水工程等。

（一）防护原理及适用条件

1. 清除危岩——治本方法

(1)人工削方清除。如果危岩松动带是强风化岩层，岩体破碎，无大体积岩块，则可采用人工削方清除。

(2)爆破碎裂清除。若危岩前方可受到威胁的易损建筑，岩体坚硬，块体大，则可采用此法清除。从危岩带上缘开始打炮孔，用炸药逐层清除。

(3)膨胀碎裂清除。若危岩带前方有易损建筑物，则可用此法清除。膨胀炸药吸湿后剧烈膨胀，使岩体碎裂，然后人工将碎裂的石块清除。此法施工简单、安全，对环境保护有利，但投资略高于前两种方法。但此类方法适用于坡体中下部危岩，对于高位危岩采用此法困难重重，加之爆破震动对坡体稳定性影响较大，尽量避免爆破，所以此工程沿线一些坡体较缓，危岩体所在部位较低的部分调查点可以采用清危（如汶川隧道1号进口等）。

2.加固危岩

对不能清除的危岩、悬空的危岩、孤石、危岩带，常用措施有支顶、支撑、嵌补、锚杆串联、托梁加固、钢绳捆扎、钢绳网主动加固。

(1)支顶。适用于对上部探头下部悬空的危岩，若有条件设基础，则可在其下设置浆砌片石或混凝土支顶墙加固。

(2)支撑。若山坡陡峻，无法用浆砌片石支顶，又不宜采用刷方清除，且危岩较坚硬、完整、节理较少，则可采用钢筋混凝土柱或钢轨支撑。

(3)嵌补。浆砌片石或混凝土嵌补，斜坡岩层被节理切割，沿节理易发生局部坍塌，在斜坡上形成深浅不同的凹陷，较深的凹陷上部突出的岩块日久可能变成危岩，或者因风化剥蚀形成凹陷可能导致上方岩体构成危岩。

(4)锚杆串联。一般锚固深度为危岩深度的1/2。

(5)托梁加固。危岩下部的基岩高陡，无条件设置支撑且不宜清除时，可在其下设置托梁，将危岩承托住。

(6)钢绳捆扎。主要用来固定大块岩石。

(7)钢绳网主动加固。柔性防护，破碎边坡，危岩较多时适用。此类属主动防护措施，危岩还未启动就采取措施，不过对施工条件要求较高。对于高位危岩，高空作业在所难免。

3.拦截危岩

拦截危岩属于一种被动防护措施，如落石平台、落石槽、拦石墙、拦石网。

(1)落石平台。一般在公路、铁路上用。当被保护的路基，距有崩落滚石的山坡坡脚有适当距离，且路基高程与坡脚下的平缓地带的高程相差不大（不超过2～2.5m）时，宜修筑落石平台。

(2)落石槽。若路基面距有崩落物的坡脚有适当的距离，且路面高程比坡脚平缓地带高出较多（大于2.5m）时，则宜利用地形修筑落石槽，并在其迎石边坡采用单层砌石防护（图2-101）。若路基与崩落物的山坡之间有缓坡（坡角≤30°）带时，则宜在缓坡上高出路基高程不超过20～30m处修筑落石槽。若崩落物冲击力较大时，则落石槽外侧应配合设置拦石墙。

(3)拦石墙。拦石墙在坡脚与所保护对象之间修筑，拦挡滚石作用（图2-102）。

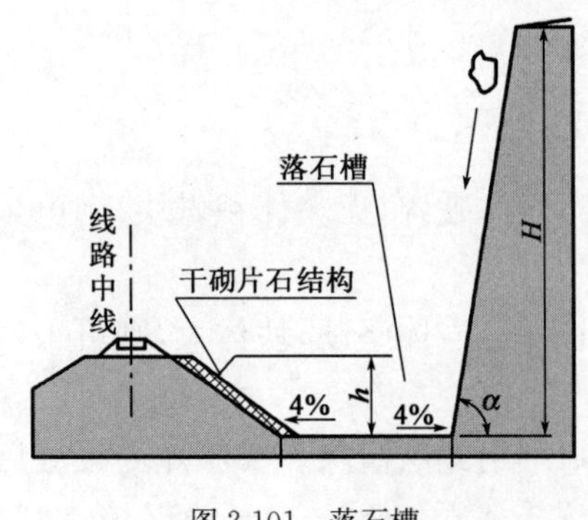

图2-101　落石槽

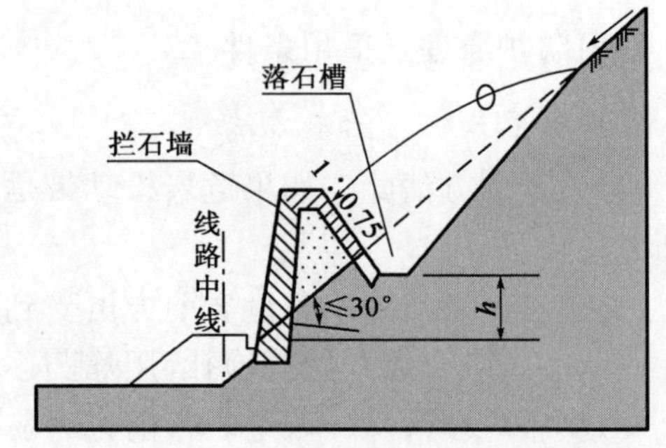

图2-102　拦石墙与落石槽

(4)拦石网。目前常用的是SNS防护网——被动防护网。增加了落石与拦截物的作用时间,从而使冲击力减小。这种被动网采用先进的柔软防护技术,设计、施工、使用、维修都很方便。此类措施施工、使用较为方便,但要求路基路面与坡脚存在足够的距离,存在足够的空间才能发挥防护作用。

4.遮挡

在中小型崩塌地段,若崩塌量大,物质来源丰富或者崩塌发生次数频繁,采用一般拦截措施有困难,则可采用下列遮挡建筑物:

(1)明洞;

(2)框架棚洞;

(3)悬臂式棚洞。

此类防护措施减少大量的落石击中桥梁路面,针对大范围危岩带效果较好,但整体成本较高。

(二)防护措施及方法

1.锚杆

锚杆属于主动防护措施,它将边坡岩体紧紧地连锁在一起,依赖锚杆和周围岩层的抗剪强度对边坡主动加压,对边坡起到较好的加固作用。通过灾后调查发现,框架锚杆防护具有良好的抗震性能,符合公路旅游线路对环境美观的要求,明显优于混凝土喷护。因此,对于灾区道路沿线的高陡边坡应优先使用岩土锚固技术,以提高边坡的自承、自稳能力。

这种工程防治措施主要应用于坡体块体较大、坡度较陡、施工比较方便的基岩边坡,而地震后浅表层岩体比较破碎,故常与主动网并用,主动网+锚杆使其连接成一整体性较好的岩体;也可用于土质边坡,一般采用框架锚杆植草,既能加固边坡,又可以美化环境。

楔缝式锚杆如图2-103所示。

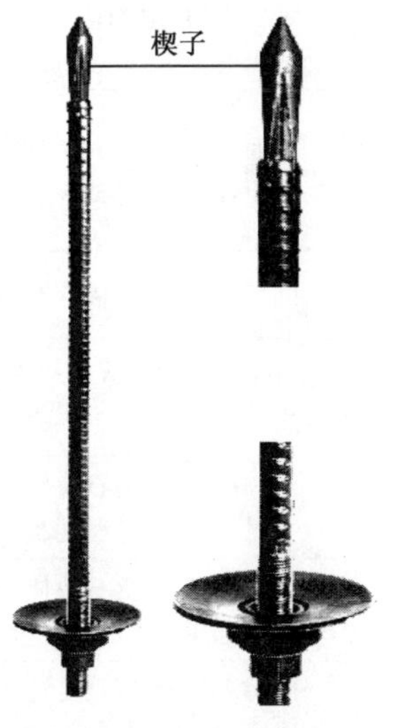

楔缝式锚杆:

楔缝式锚杆有楔缝式点锚系统,一般与锚固剂共用起到永久支护的作用。

原理:

在楔缝式锚杆的末端,锻造一个十字形的缝隙,用来插入楔子,另一端配套托盘、垫圈、螺母。钻孔后,安装楔子到楔缝中,驱动螺母和螺纹杆,确保楔子抵触到钻孔末端,然后用钻机冲击锚杆外端,楔子胀开楔缝,这样就在岩石和锚杆之间产生一个锚固力。

楔缝锚杆特性:

(1)楔缝系统提供点锚。
(2)一般与锚固剂共用起到永久支护的作用。
(3)尖端可以轻易打开锚固剂,加快安装。
(4)与球垫共同使用,可以提供友好角,用于倾斜岩层。

图2-103 楔缝式锚杆

2.SNS柔性防护网

SNS意为柔性安全防护网系统,是一种新型的边坡防护形式,以覆盖(主动防护)和拦截(被动防护)两大基本类型来防治各类斜坡坡面地质灾害和雪崩、岸坡冲刷、爆破飞石、坠物等危害。

主动防护系统主要是从根源上防止崩塌落石的产生，主要用于坡体陡峻、岩体破碎、石块较小、离公路近、便于操作施工的基岩边坡；被动防护系统是危岩失稳后，为了防止其对公路产生危害而采用的措施，它适用于石块较小、运动速度不大的落石，它的实施对坡面情况要求低可以在坡面需要的地方进行多级防护。被动网对边坡局部垮塌及落石飞石具有良好的防护效果，但是对坡面泥石流及大的边坡垮塌效果不佳。通常这两种防护措施综合使用，相互协调，综合各自结构优势，节约造价。

(1)主动防护网

主动防护网(图 2-104)是将以钢丝绳网为主的各类柔性网覆盖或包裹在需防护的斜坡或岩石上，以限制坡面岩土体的风化剥落或破坏以及危岩崩塌(加固作用)，或者将落石控制于一定范围内(围护作用)。防护网构件由工厂标准化生产，现场施工除少量的以锚杆安装为主的基础施工外，主要为积木式的装配作业，施工安装和维修仅需要少量常规简单机具即可。

图 2-104　主动防护网

其主要构成分为钢丝绳网、普通钢丝格栅(常称铁丝格栅)和 TECCO 高强度钢丝格栅三类。前两者通过钢丝绳锚杆和支撑绳固定方式，后者通过钢筋(可施加预应力)和钢丝绳锚杆(有边沿支撑绳时采用)锚垫板以及必要时加边沿支撑绳等固定方式。主动防护网按照防护功能、防护能力、特征构成和结构形式的不同分为四类八种型号，见表 2-16。

常用主动网结构配置及防护功能　　表 2-16

型号	网　型	结构配置	主要防护功能
GAR1	DO/08/300	边沿(或上沿)钢丝绳锚杆＋支撑绳＋缝合绳	维护作用，限制落石运动范围，部分抑制崩塌的发生
GAR2	DO/08/300	系统钢丝绳锚杆＋支撑绳＋缝合绳，孔口凹坑＋张拉	坡面加固，抑制崩塌和风化剥落、溜坍的发生，限制局部或少量落石运动范围
GPS1	DO/08/300＋SO/2.2/2.25×10.2	同 GAR1	同 GAR1，有小块落石时选用
GPS2	DO/08/300＋SO/2.2/2.25×10.2	同 GAR2	同 GAR2，有小块危石或土质边坡时选用
GER1	钢丝格栅	同 GAR1 但用铁丝缝合	同 GAR1，但落石块体较小且寿命要求较短时选用，以碎落防护为主
GER2	钢丝格栅	同 GAR2 但用铁丝缝合	同 GAR2，但落石块体较小且寿命要求较短时选用
GTC-65A	高强度钢丝格栅	预应力钢筋锚杆＋孔口凹坑＋缝合绳(根据需要选用边界支撑绳和钢丝绳锚杆)	同 GAR2，能满足可达 100 年的更长的防腐寿命的要求，但其加固能力仅为其 70%～80%，不适合于体积大于 $1m^3$ 大块孤危石加固
GTC-65B	高强度钢丝格栅	同 GAR1	同 GAR1，能满足可达 100 年的更长的防腐寿命的要求，但不适合于体积大于 $1m^3$ 大块落石防护

安装流程如图 2-105 所示。

①预先对坡面防护区域的浮土、浮石进行清除，从防护区域下沿中部开始向上和两侧放线测量确定锚杆孔位。

②打钢丝绳锚杆孔，坡体边沿孔深达到 3m，平均坡体中部孔深达到 2m。钢丝绳锚杆由 ϕ16mm 钢丝绳中部对折套穿马蹄形环套组成。按要求的深度钻孔并清孔，孔深应比钢丝绳锚杆长度长 50mm 以上，孔径为 45mm，插入钢丝绳锚杆并注浆。

③构架支撑绳结构，采用 ϕ12mm 的纵向钢丝绳和 ϕ16mm 的横向钢丝绳组成 5.5m×5.5m正方形模式的支撑绳结构，与锚杆相联结。

④构架格栅网和钢绳网，在支撑绳构成的每个 5.5m×5.5m 网格内铺设一张 4m×4m 的 DO/08/300（ϕ8mm、网孔间距 300mm）型钢绳网，并在两个网格内并排铺设两张 SO/50/2.2 格栅网（网孔间距 50mm）。

⑤缝合与张拉，在每张钢绳网与四周支撑绳间用 ϕ8mm 钢绳缝合联结，并进行张拉，使柔性防护系统对坡面施以一定的预紧压力。从而提高表层岩体的稳定性，以防止崩塌落石的发生。

⑥安装后的纵横向 ϕ16mm 支撑绳，张拉紧后（用拉紧力不小于 5kN 的紧线器或手动葫芦）两端各用两个绳卡与锚杆外露环套固定连接。从上向下铺挂格栅网，网与网重叠宽度不小于 10cm，两张格栅网间缝合用直径不小于 1.2mm 的铁丝扎结，格栅网与支撑绳间缝合用直径 2.2mm的铁丝扎结，扎结点间距不大于 1m。格栅网铺设的同时，从上向下铺设钢绳网并用 ϕ8mm 钢绳缝合，每张钢绳网均用一根长 31m 的缝合绳与四周支撑绳进行固定联结。

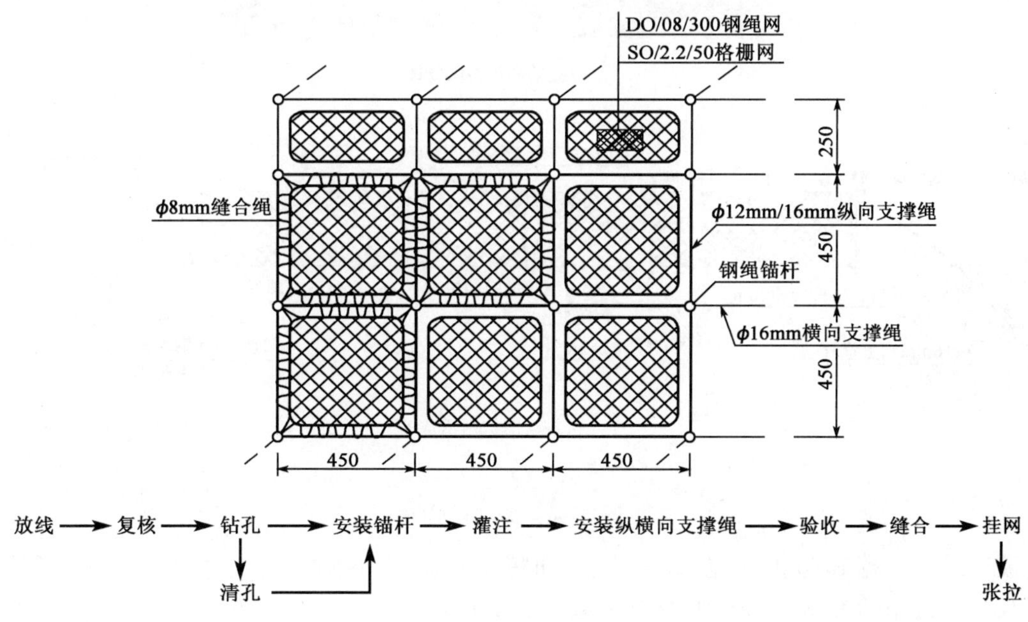

图 2-105　SNS 主动防护网安装流程

施工主要机械设备见表 2-17。

(2)被动防护网

被动防护网（图 2-106）由钢丝绳网或环形网、固定系统（锚杆、拦锚绳、基座和支撑绳）、减压环和钢柱四个主要部分构成，一般设立于道路旁边或坡脚位置。

SNS主动防护网施工主要机械设备　　表2-17

序号	名　称	型　号	数　量	用　途
1	潜孔钻	ϕ45mm	2套	钻孔
2	卷扬机	3t	2台	材料吊运
3	紧绳器	1t	2只	张紧缝合绳
4	压浆机	10MPa	1台	压浆
5	搅浆机	J300	1台	搅拌水泥浆
6	钢绳切断机	GJ40	1台	加工钢绳锚杆
7	空压机	9m^3	1台	钻孔
8	手动葫芦	5t	1台	紧固支撑绳

a)被动防护网实物图

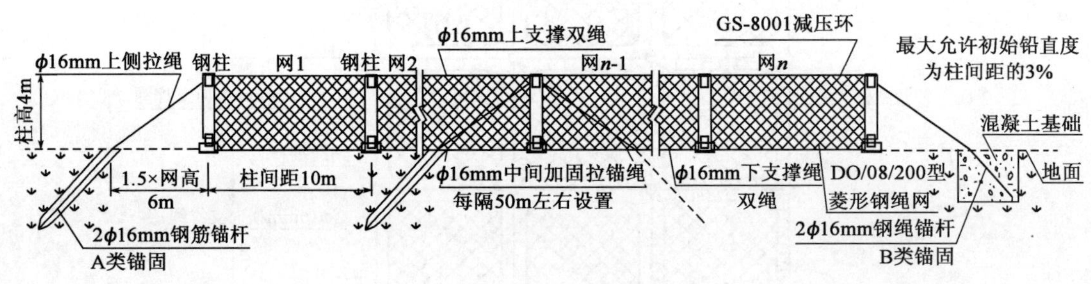

b)被动防护网示意图

图2-106　被动防护网

被动系统根据其防护能量、结构形式和特征构成的不同分为三类型号(具体参数见表2-18),最常用的为RX-050型(具体参数见表2-19)。

常用被动网结构配置及防护功能　　表2-18

型　号	网　型	结 构 配 置	主要防护功能
RX-025	DO/08/250	钢柱+支撑绳+拉锚系统+缝合绳+减压环	拦截撞击能250kJ以内的落石
RX-050	DO/08/200	同RX-025	拦截撞击能500kJ以内的落石
RX-075	DO/08/150	同RX-025	拦截撞击能750kJ以内的落石

续上表

型　号	网　型	结 构 配 置	主要防护功能
RXl-025	R5/3/300	钢柱＋支撑绳＋拉锚系统＋缝合绳	同 RX-025
RXl-050	R7/3/300	同 RXl-025	同 RX-025
RXl-075	R73/300	同 RX-025	同 RX-025
RXl-100	R9/3/300	同 RX-025	拦截撞击能 1 000kJ 以内的落石
RXl-150	R12/3/300	同 RX-025	拦截撞击能 1 500kJ 以内的落石
RXl-200	R19/3/300	同 RX-025	拦截撞击能 2 000kJ 以内的落石

注：表中型号后数字代表能量吸收能力。如“050”表示系统最大能量吸收能力为 500kJ，“150”表示系统最大能量吸收能力为 15 000kJ，以此类推。

RX-050 型防护系统构成　　表 2-19

名　称	有关技术指标		材 料 特 性
钢柱	柱高	2～7m，按系统高度选用	工字钢，防锈漆表面防腐处理
	规格	16～25mm	
钢绳网	型号	DO/08/200	6×7＋IWS 热镀锌钢绳，镀锌量不小于 $70g/m^2$，钢绳网最小破断拉力 40.6kN
	规格	5m（长）×4m（宽）	
	网孔	200mm×200mm	
	钢绳直径	8mm	
	单位质量	3.49kg/m^3	
上、下支撑绳	钢绳直径	16mm	6×19＋IWS 热镀锌钢绳，镀锌量不小于 $70g/m^2$，钢绳网最小破断拉力 150kN
	单根长度	按计算截取，一般 40～60m 截取	
	减压环	每根支撑绳上两根钢柱之间安装一个 GS-8001 减压环	
上、侧拉锚杆	规格	2×ϕ16mm（ϕ16mm）钢绳锚杆	镀锌钢绳，抗拔力 150kN
	长度	一般 1.5～3m	
上、侧拉锚绳	钢绳直径	14mm	镀锌钢绳
	长度	一般 10m 左右	
铁丝格栅	网孔	50mm×50mm	—
	直径	2.2mm	
	单位质量	1.1kg/m^2	

施工安装流程为：

测量定位→基底开挖→基座安装→钢柱及上、侧拉锚绳安装→侧拉锚杆安装→上、下支撑绳安装→验收→格栅安装→拉网。

①结合施工现场地形对钢柱和锚杆基础测量定位。

②基座锚固。

a. 基座平面与地面保持水平，钻凿锚杆孔和锚杆安装灌注。

b. 将基座套入地脚螺栓并用螺栓拧紧。

③钢柱及上拉锚绳安装

a. 将钢柱底部放于基座处，将上拉锚绳的挂环挂于钢柱顶端，另一端与对应的上拉锚杆环套连接并用绳卡暂时固定。

b. 将钢柱底部插入基座并固定，通过上拉锚杆按设计方位调整钢柱角度，拉紧上拉锚绳用绳卡固定。

c. 上拉锚绳安装完毕后，进行侧拉锚绳的安装。

d. 上支撑绳安装：将一根支撑绳的挂环暂固定在每段起始钢柱的底部，在距钢柱 50cm 处，对称布置减压环，并调节就位。然后将支撑绳的挂环挂于终端钢柱顶部的挂座上；在第二根钢柱处，用绳卡将支撑固定于挂座的外侧，此时仅用 30%的标准紧固力，在第三根钢柱处，将支撑绳放在挂座的内侧，依次相间将支撑绳挂好，直至本段最后一根钢柱，并向下绕至基座的挂座上，用绳卡暂时固定；检查调整减压环位置，全部正确就位后拉紧支撑绳并用绳卡固定；第二根上支撑绳与第一根的安装方法相同，方向相反。在距减压环 40cm 处用绳卡将两根上支撑绳相互连接(仅用 30%的紧固力)，在同一挂座处形成内侧和外侧两根交错的双支撑绳结构。

e. 下支撑绳的安装方法同上支撑绳。

f. 钢绳网安装：将钢绳网在钢柱之间按对应位置展开；将钢绳网暂时挂到上支撑绳上，并侧向调整钢绳网位置使之正确；将缝合绳的中间固定在每张网的上缘中点，从中点开始用一半缝合绳分别向左向右将网与支撑绳缠绕在一起，直到跨越钢绳网下缘中点，使左右侧的缝合绳端头重叠 1.0m 为宜，最后用绳长将缝合绳与钢绳网固定在一起，绳长放在离缝合绳末端 0.5m的地方。

g. 格栅安装：格栅铺挂在钢绳网的内侧，并叠盖在钢绳网上缘，用扎丝固定在网上；格栅底部沿斜坡向上敷设 0.2～0.5m，将底部压紧；每张格栅叠盖 10cm，每平方米在网上固定 4 处。

3. 应急挡墙

灾后公路两侧边坡堆积了大量的崩塌堆积物，在降雨等不利因素作用下，常常会发生局部失稳，而被动防护网对规模较大的崩塌物防护不理想。应急挡墙施工方便，成本低，效果好，在山区公路边坡防护中广泛使用，其中加筋格宾挡墙是近年来广泛应用的新结构(图 2-107)。

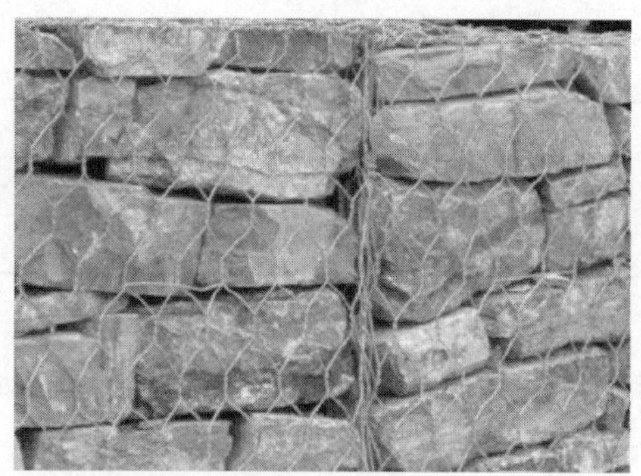

图 2-107 格宾挡墙

(1)特点

加筋格宾挡墙主要用于堆积体斜坡，具有良好的适应变形能力，施工方便快捷，透水性好，防冲刷性好，对防止小型泥石流具有非常好的作用。因加筋土结构是柔性结构，能适应地基较大的不均匀变形，且能吸收地震的能量，故具有刚性结构无法与之比拟的抗震性能。与预制块面板系统和金属面板加筋土系统相比，加筋格宾网箱面板和加筋网材是连续生产出来的，为无缝连接，避免了传统加筋土挡墙筋材和面板连接点易成为结构薄弱环节的不足。但格宾挡墙基础较宽，仅能在有条件的地带使用，若离边坡太近，其防护效果将不明显，并且可能局部被飞石砸毁，所以应根据实际情况选用挡墙形式。

(2)加筋格宾施工步骤(图 2-108)

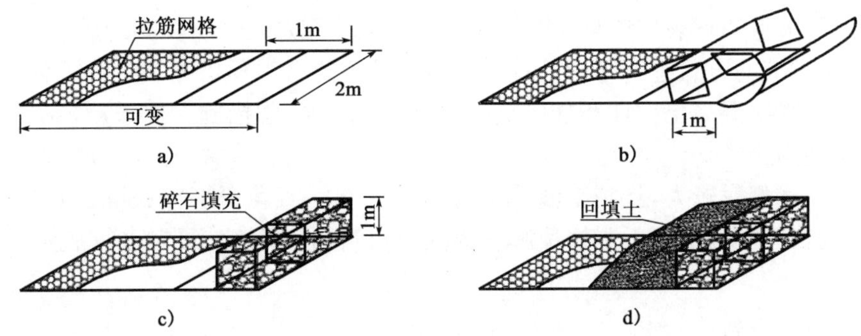

图 2-108　加筋格宾的主要施工步骤

①运输

加筋格宾单元在运输时是被折叠并成捆束状态，为方便运输捆束在工厂内即被压实并捆扎牢固，绞合钢丝另外成卷提供，加固钢环成箱包装。

②组装

折叠的加筋格宾单元应从捆束中取出并放置于坚硬、平整的地面。加筋格宾单元应被展开至其原始形状。前面板、侧面板及背板应被垂直摆放。面板间应牢固绞合，具体方法是用面板边缘突出的加粗边端钢丝缠绕在交叉面板或背板的边端钢丝上。内隔板应垂直放置并采用同样方法绞合。隔板及背板的所有面板都应与前面板及侧面板充分绞合。

③扣紧程序

每一次绞合的边缘最长不超过 1m，较长的边缘应由数段钢丝绞合。绞边钢丝应固定于加粗边端钢丝上并缠绕在自身上。每隔 150mm 分别单绞合及双绞合一次。在进行绞合时，所有面板都应被尽力拉紧，同时绞边钢丝的末端应再次围绕自身缠绕。

④清基

加筋格宾单元放置的基础必须保证平整并按照设计要求进行分级处理，同时表面规整，基础土质不能过于疏松，且按照设计要求必须清除表面植被。根据具体的设计要求，还应设计相应的反滤层或排水装置(土工布、排水等)。

⑤安装、填充与土壤压实

清基完成后，预先安装好的加筋格宾单元应放置在选定位置，相邻加筋格宾单元间应充分绞合以保证构成一个连续的整体结构。用于填充加筋格宾面墙的石块应坚硬，且在水中不易风化。石块尺寸应在 100～300mm 之间。对于高度 1m 的加筋格宾单元，应每次填充厚 30cm 石块，对于高度 0.5m 的加筋格宾单元，应每次填充厚 25cm 石块。每次填充的石块不应超过相邻加筋格宾单元已填充高度 30cm。在填充面墙格宾时，应每隔 1/3 高度(对于 1m 高的格宾)在前面板与后面板间加装绑缚钢丝，以增强牢固性。此外，应超填高出格宾表面 25～40mm，以利于石块自然沉降。格宾上表面应保持平整，并尽力降低空隙率，并应保证顶板能够与上一层格宾相连接。

⑥闭合

当石块被填充并基本平整且空隙率降到最低后，折叠格宾盖板并将各面板拉近。此过程中，应选用合适的闭合工具将盖板拉伸，并使格宾各面板充分结合。盖板边端钢丝应与侧面板边端钢丝绑扎在一起，且格宾应与侧面板、后面板及隔板紧紧绞合。相邻格宾盖板应同时绞合，且剩余边端钢丝应折入已完成的格宾内部。

4. 护坡

地震造成了大量边坡表层垮塌，原有植被破坏。为了防止边坡表面的进一步垮塌和岩体风化，可以采用护坡的方式进行综合治理。护坡防护主要有工程措施和生物工程措施两大类。工程措施主要有喷射混凝土护坡和挂网支护等方法，生物工程措施主要采用植被恢复的方法，两者可以结合使用。

护坡施工面积相对较大，且施工涉及工具和材料较多，工期较长，在应急抢险中，可改进施工工序，如使用快凝早强混凝土和快速膨胀锚固材料，选择重点坡面先进行点锚加固，然后边抢通边保通加固。

5. 拦石墙和落石槽

对于坡脚有大量崩塌体的边坡，对其的防治措施多采用内挡拦石墙。拦石墙能够有效拦截坡面垮塌，但是墙背后要留有一定的落石空间，且需要定期进行清理。只有这样，拦石墙才能有效地发挥其作用。同时往往与 SNS 被动柔性防护系统结合使用，常在拦石墙上设置被动网，阻挡上部飞石及堆积体表面岩石滚落。对于长坡可设置第二道防线，缓解动能且避免飞石直接威胁公路。

在公路斜坡条件允许的情况下，首先考虑在坡脚设置一定宽度和深度的沟槽来承接崩塌落石，保证落石不致直接落到公路，通常落石槽可与拦石墙整体进行设计和施工，以减少占地和加快进度，如图 2-109 所示。

图 2-109　拦石墙

6. 明洞或棚洞

明洞或棚洞是常用的遮挡建筑物，常见的结构形式有拱形明洞、钢架棚洞和半桥式棚洞。

(1)明洞将崩塌落石路径隔离在路面威胁范围以外，通常由混凝土或浆砌石建造，并在洞顶铺填砂土和砾石缓冲混合料，以防止落石对结构的破坏(图 2-110)。其防落石效果好，且不需要做任何维护，安全性高，但其造价较高，适用于一次垮方量大、崩落落石多、冲击荷载大的边坡。

(2)棚洞是近 10 年来开始应用的新结构新技术，与明洞相比减少了开挖，减少了对环境的破坏，能够更大限度地减少刷坡和植被破坏，是越来越受欢迎的防护措施，适用于一次垮方量小或块石块径较小、冲击荷载也相对小、内外侧路基软硬差别较大的边坡。如在福堂隧道出口处危岩即采用钢架棚洞，有效防止了崩塌对公路的危害。这种钢架棚洞结构轻盈，钢架高低错落形态独特，景观效果好，抗震能力强；双层钢丝网交错布置，缓冲能力强；棚洞两侧坡度较陡，有利于落石下滑(图 2-111)。

图 2-110　明洞

图 2-111　棚洞

7. 排水工程

震后公路两侧边坡堆积了大量的松散物质，一遇到强降雨很容易形成崩塌灾害，危害公路。所以，为了防止地表水向边坡内汇集，形成灾害，应在坡肩上设置排水工程设施。排水设施的形式应结合区域降雨强度进行设计，宜与其他防治工程结合使用。

五、涉水路基防护

公路水毁主要是沿河路基的水毁现象，而造成沿河路基水毁的重要原因就是洪水对沿河路基的冲刷作用，其最大冲刷深度直接影响着沿河路基的安全与稳定。山区沿河公路，不论是半填半挖路基，或是沿河堤修筑的路基，都会成为山区河流的河岸，并不同程度地压缩河流断面，使局部河段的流速增大、水流结构变化。同时，由于山区耕地少，人们往往在河滩上筑堤造田，人为侵占河流断面；山区地形复杂，河道由开阔段过渡到峡谷段时，河道变窄，约束水流，使河道的有效行洪断面减小，流速增大，水流挟沙能力增强。另外，山区河流还受到河道局部地形的影响，因山嘴、巨石、跌坎等局部地形的突变，改变了洪水的流动方向和速度，造成某些顺直河段中的水流弯曲或倾斜，与河岸形成一定的角度，对沿河公路路基形成顶冲、斜冲，造成水毁。

(一)治理原则

在应急抢险中，对于冲刷防护应遵循“顺应水势因势利导”的原则，而路基临水坡面防护应以“预防为主防治结合”为原则。

(1)对于山区峡谷河段的沿河路基，应以顺水流方向的护坡、挡土墙配合护坦等基脚防护工程为主；对于较为宽阔的河湾凹岸，路基防护形式可采取在石砌护坡或挡土墙、护坦等防护的基础上配合较短而低的漫水丁坝群，或护坦与潜坝配合使用；对于较为宽浅顺直的河段，则可采用较短的漫水丁坝群。

(2)对于长期浸水路基及易受水流冲刷的边坡，应铺砌护坡，防止冲刷；挡墙基础埋深较浅，且临河易受水冲击的路基，可采用竹笼(内装石)围护。河湾凹岸路基采用护坦基脚式挡土墙或护坦式基脚护坡这种浅基防护形式被证明是易行和有效。

(3)对于小桥涵水毁的治理，首先应合理选择桥涵位置以及孔径，满足排水输沙的要求，进而做好基础处理、进出口铺砌、加固及防护措施，并便于人工疏通清理。

(4)对于路面高程较低、易水上路面而产生损坏的路段，应提高路基，迎水面边坡可适当放缓堆码块石。

(5)道路路基水毁防护工程措施应适应当地地形地貌和生态环境，因地制宜、就地取材。针对不同的水流、河段特点，灵活借鉴国内外其他地区的“浆砌石护坡＋护坦基础、浆砌石护墙＋沉箱式护坦、浆砌石护墙＋桩基础”等防护形式、钢丝网混凝土护坦等结构类型，实现防治措施的优化组合。

(二)水毁防护措施

路基防护按其部位和功能，分为坡面防护和冲刷防护。根据防护形式的水流结构和机理可将冲刷防护分为直接防护和间接防护两类。在应急抢险中，比较常见的防护措施及适用条件见表2-20。

涉水、沿河路基防护措施 表2-20

防护类型	防护措施	适用条件
直接防护	水泥砂袋	适用于水流速较低的边坡或坡脚防冲帽，缺少石料的地区或作为洪水来临前应急、抢险措施
	抛石	多用于抢修工程，适用于浸水且水深较大的路基边坡或坡脚以及挡土墙、护坡的基础防护
	石笼	适用于沿河路堤坡脚受水流冲刷和风浪侵袭，且防护工程基础不易处理或沿河挡土墙、护坡基础局部冲刷深度过大时
	钢丝石笼	多用于抢修或临时工程，不得用于急流滚石河段，必要时对钢丝笼灌注小石子或水泥混凝土
	钢筋混凝土框架石笼	可用于急流滚石河段
间接防护	护坝	当沿河路基挡土墙、护坡的局部冲刷深度过大，宜采用护坝防护基础
	丁坝	适用于宽浅变迁河段用以挑流或减低流速，减轻水流对河岸或路基的冲刷
	顺坝	适用于河床断面较窄、基础地质条件较差的河岸或沿河路基防护，调整流水曲线度和改善流态
	改移河道	沿河路基受水流冲刷严重，或防护工程艰巨，以及路线在短距离内多次跨越弯曲河道时可以采用；主河槽改道频繁的变迁性河流或支流较多的河段不宜采用

1.抛砂(土)袋

在缺乏石料的地方，可利用草袋、麻袋或土工编织袋充填砂(土)料进行抛投护脚。每个砂(土)袋质量宜在50kg以上，袋子装砂(土)的充填度为70％～80％，以充填砂、砂壤土为好，装填完毕后用铅丝或尼龙绳绑扎封口。在施工过程中,需先抛一部分土袋将水面以下深槽底部填平,袋口向内,然后层层错缝叠压,顺坡上抛,坡度 1∶1,直砌到高出浪高处。如果河岸坡陡,在最下一层砂(土)袋前,可打一排木桩,以阻止土袋向外滑动。河岸坍塌太陡时可简易削坡。

目前,在应急抢险中已开始使用遇水自动膨胀砂袋,这种质量只有 400g 叠起来像一块枕巾大小的新型砂袋,遇水 3～5min 即迅速膨胀到相当于 20kg 的砂袋,救援官兵可现场操作封堵缺口、管涌,不用装填砂土和远距离扛运,节约了时间和体力,大大提高抢险救灾的工作效率,如图 2-112 所示。

图 2-112　遇水自动膨胀砂袋

2. *抛石防护*

抛石防护主要用于防护受水流冲刷和淘刷的路基边坡和坡脚,以及挡土墙、护坡的基础等,也用于洪水对边坡和建筑物基础冲刷、淘空的抢险。对于大型沉井围堰的冲刷防护,它也是一种简单易行的防护方法(图 2-113)。

图 2-113　抛石防护

(1)设计原理与方法

抛石设计包括确定抛石坡度、粒径、厚度和反滤层大小等四个方面的内容。

①抛石坡度:抛石垛的边坡坡度,视水深、流速和波浪情况而定,不应陡于所抛石料浸水后的天然休止角。

②抛石粒径:石料粒径一般不小于 0.3～0.5m,在流速大、波浪高及水很深三种情况兼有时,应采用较大粒径的石块。在《公路路基设计规范》(JTG D30—2015)中,给出了抛石粒径和水深、流速的关系,可供设计中参考选用。

③抛石厚度:抛石厚度一般为粒径的 3～4 倍,用大粒径时,至少不得小于粒径的 2 倍,水深流速急处宜增大。顶面在低水位以上,距低水位的距离大于 1.0m。

④反滤层：为了使洪水下降后路堤本身迅速干燥，减少路基土被冲淘走的数量，应在抛石背后设置级配良好的反滤层，一般用粗砂、砾石、碎石组成反滤层。

(2)施工工艺

边坡抛石防护在施工中应当注意以下几点：

①采用抛石加固路基边坡，切勿乱抛，最好进行一些人工整理。要在洪水前抛置效果较好，不要到洪水危及路基安全时才抛置。如果河床枯水时干河，可进行人工挖基，将石块抛置到最后稳定位置。若不能进行上述挖基工作，最好用铁丝石笼护脚。

②抛石防护除防洪抢险外，一般应于枯水季节施工。对于受冲刷的基底(如土基)可先用碎卵石设置基底垫层，其厚度一般不小于0.3～0.5m，并伸出抛石堆坡脚以外1.5～2.0m。

③石料的须选用坚硬、耐冻、不易风化的石块，其密度不小于2t/m³。为使抛石堆具有一定的密实度，宜用不小于设计尺寸的大小不同的石块掺杂投抛，但底部及迎水面宜用较大石块。

④当出现块石架空现象并且不易进行调整时，可采用高强度等级水泥砂浆及中小块石对孔洞进行砌筑封堵。

3. *石笼防护*

石笼防护是将一定尺寸的块石装填在按设计尺寸编制的石笼内，形成石笼排体，然后将石笼排体连片，形成排体石笼，再在水上将排体石笼沉到设计规定的高程，使河床免受水流淘刷及浸蚀。石笼用于防护沿河路堤坡脚及河岸，使其免受急流和大风浪的破坏作用，同时也是加固河床、防止冲刷的常用措施。按石笼框架材料的不同，石笼可分为铁丝石笼和竹石笼两种。

(1)铁丝石笼

①铁丝石笼可用镀锌铁丝或普通的铁丝编制(图2-114)。

图2-114　铁丝石笼

②可用直径6～8mm钢筋作骨架，2.5～4.0mm铁丝编网。石笼网孔可用六角形或方形。网孔大小通常为6cm×3cm、8cm×10cm及12cm×15cm。长度较大的石笼，应在内部设横墙或铁丝拉线。

(2)竹石笼

2000多年前李冰父子在都江堰工程中首次使用了竹石笼。为节省钢材，在盛产竹材的地区，可用竹石笼代替铁丝石笼，其防护加固作用基本相同。竹石笼的强度和柔韧性以及耐久性，不如铁丝石笼，但造价低廉，故常用于临时防护工程。如能在短期内被泥沙淤塞团结，则仍具有长期使用效果。如用于防止冲刷淘底时，一般在河床上将石笼平铺并与坡脚线垂直，同时固定坡脚处的尾端，靠河床中心一端不必固定，淘底时便于向下沉落。其铺设长度不宜小于河床冲刷深度的1.5～2.0倍。当石笼用以防止岸坡受冲刷时，则用垒码形式。当边坡等于或缓于1∶2时，可用平铺于坡面的形式。平铺石笼宜用扁形；叠砌石笼宜用长方形；用于防洪抢险的石笼用圆柱形（便于滚动）或无骨架软网袋。单个石笼的重量和大小，以不为水流流速或波浪冲移为宜。

(3)石笼施工工艺

石笼施工，主要是控制石笼制作材料的质量、制作、填充块石的质量、吊装运输及投放定位的准确。

①铺设石笼的基底应以卵砾石或碎石做垫层，并大致整平，厚度可用0.2～0.4m。

②骨架筋的连接宜采用环绕其自身紧缠3圈的扭结，以防石笼受力下垂时被拉散。

③编制石笼时，要严格保持石笼各部分的正确尺寸，以利于石笼与石笼之间紧密贴合。

4. *砌石护坡防护*

砌石护坡根据所采用的砌筑工艺不同，可以进一步分为干砌片石防护和浆砌片石防护两种类型。它们在材料使用、断面设计等方面相同或类似，但由于采用不同的砌筑工艺，使得它们在适用条件、防护效果和工程造价等方面都有较大不同。

(1)干砌片石防护

干砌片石防护适用条件及设计要求如下：

①较缓的（不陡于1∶1.25）土质路基边坡，因雨、雪水冲刷会发生流泥、拉沟与小型溜坍，或有严重剥落的软质岩层边坡，周期性浸水的河滩，洪水水流平顺，不受冲刷者，均可采用干砌片石防护。

②用于防护沿河路基受到水流冲刷等有害影响的部位，被防护的边坡坡度，应符合路基边坡的稳定要求，一般为1∶1.5～1∶2。

③干砌片石防护，一般有单层铺砌、双层铺砌（图2-115）和编格内铺石（图2-116）等几种形式，可根据流速大小选用。用于冲刷的防护，如允许流速大于单层或双层铺砌要求时，则宜采用编格内铺砌石块的护坡。干砌片石护坡厚度为：单层0.15～0.25m；双层的上层厚为0.25～0.35m，下层厚为0.15～0.25m。

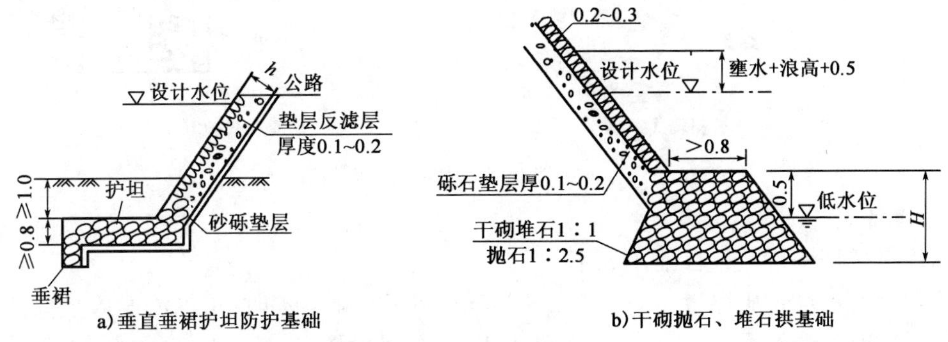

图2-115　单层铺砌片石护坡（尺寸单位：m）

④铺砌层的底面应设垫层，垫层材料一般采用碎石、砾石或砂砾混合物。垫层的作用是：a.防止水流将铺石下面边坡上的细粒土带出冲走；b.增加整个铺石防护的弹性，将冲击河岸的破浪、流水、流冰等动压力，以及漂浮物的撞击力，分布在较大面积上，从而增强对各种冲击力的抵抗作用，使其不易损坏。垫层厚度一般为0.1～0.15m。

⑤干砌片石防护工程不宜用于水流流速较大(大于 3.0m/s)、波浪作用较强、有漂浮物冲击的边坡。

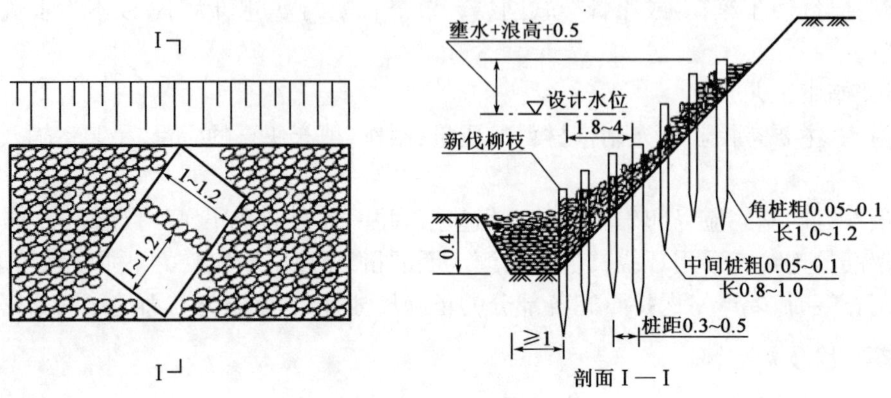

图 2-116　编格内铺石(尺寸单位:m)

⑥当采用干砌片石护坡来防护沿河路基的边坡时,需要采用浆砌片石护坦为浅基础配合使用(图 2-117),才能有效保证其整体稳定性,有效抵御洪水坡脚冲刷而不坍塌。护坦边缘既可以采用垂裙,也可以采用斜墙。护坦顶面埋置深度和护坦边缘垂裙(或斜墙)冲刷深度按护坦设计方法予以计算确定。实际应用表明,采用斜墙式护坦河床的冲刷深度小于垂裙式护坦,但其工程量要稍大一些,因此在实际工程应用中,要综合考虑冲刷深度和工程数量这两个方面的影响因素来选定具体的护坦形式。

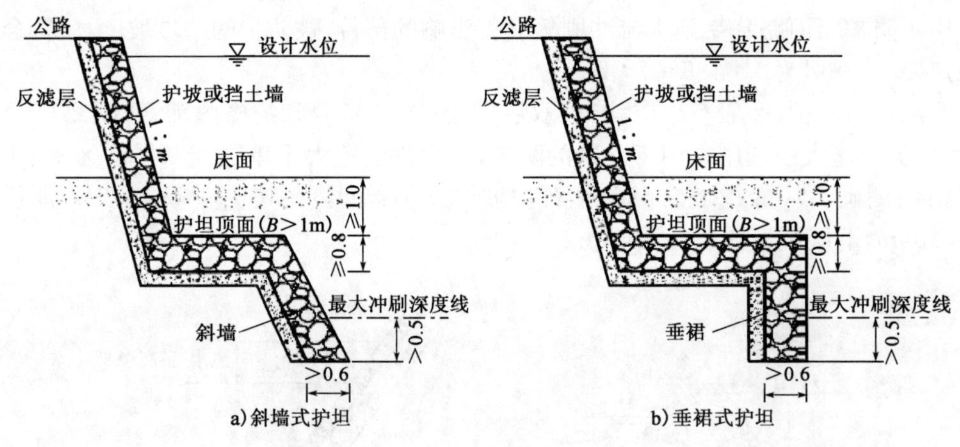

图 2-117　护坡和挡土墙的护坦基础(尺寸单位:m)

(2)浆砌片石

浆砌片石适用条件及设计要求如下:

①浆砌片石护坡铺砌厚度一般为 0.2～0.5m,用于冲刷防护时,根据流速大小或波浪大小确定,最小厚度一般不小于 0.35m。在砌石和土之间设置 0.10～0.15m 厚的碎石或砂砾垫层。

②近河路基浆砌片石护坡基础的埋置深度,应在冲刷线以下 0.50～1.00m,否则应有防止路基被冲刷的措施。

③浆砌片石护坡每长 10～15m,应留一道伸缩缝,缝宽约 2cm,缝内填塞沥青麻筋或沥青木板等材料。在基底土质有变化处,还应设置沉降缝,可考虑将伸缩缝与沉降缝合并设置。

④护坡的中、下部应设泄水孔，以排泄护坡背面的积水及减小渗透压力。泄水孔可采用10cm×10cm的矩形孔或直径为10cm的圆形孔，其间距为2～3m。泄水孔后0.5m的范围内应设置反滤层。

⑤浆砌片石护坡、浆砌片石挡土墙的护面应采用护坦对其基础进行冲刷防护。

5. 河道导治

经常受河水冲刷的公路应对河道进行导治。河道导治建筑物一般有丁坝、顺坝、锁坝、平顺护岸、导堤、鱼嘴及溪口导石拦石等。在应急抢险中应用较为普遍的主要为丁坝和顺坝。

(1)丁坝

丁坝又称“挑流坝”，是与河岸正交或斜交伸入河道中的河道整治建筑物。丁坝是坝根与河岸连接，坝头伸向河心，坝轴线与水流方向正交或斜交，在平面上与河岸构成丁字形，横向阻水的整治建筑物。

①丁坝形式

a. 抛石或石笼丁坝(图2-118)：抛石坝的石质，要选未风化的不溶于水的岩石，忌用页岩和疏松的砾岩等。一般多用花岗岩、砂岩、玄武岩和石灰岩。块石应具有合理的级配，坝身不宜采用片状石。坝体应按设计要求嵌砌牢固。

图2-118　石笼丁坝

b. 土心抛石丁坝：采用砂土或黏土料填筑坝体，块石护脚护坡，沉排护底。对于石料缺乏的平原河流，这种坝型较经济实用。同时，这类坝型的坝心土料还可以利用水力冲填方法修筑，大部分工作可以机械完成。土心丁坝因具有较好的护岸导流作用，在我国黄河中、下游及北方中、小河流广泛使用(图2-119)。按照施工方法的不同，黄河下游土心丁坝又分为旱工、水工两种。

c. 井柱坝：井柱坝是用钢筋混凝土栅栏所构成的透水建筑物。井柱坝吸收了木桩编篱坝、厢埽和透水石笼工程的优点，且维修工作量小，坚固耐用(图2-120)。井柱丁坝可起滞流落淤、护滩保堤和控导流势的作用。1966年，井柱坝已在长江口南岸海塘上运用，后推广到海河、黄河护滩护堤工程中。

d. 网坝：网坝是用铁丝或塑料、尼龙绳编成网屏，将网屏系挂在桩上所建成的活动透水建筑物(图2-121)。按照网屏固定方式的不同，网坝可以分为桩网坝和浮网坝两种。桩网坝与我国古代使用的木桩编篱坝或篱屏坝相似，先在河床上打一排木桩或混凝土桩，桩头露出水面，网屏挂在桩上。浮网坝只将桩头露出河底，或用坠体代替，把网屏下缘挂在其上，网屏上缘悬挂浮物，使网体漂浮在水中。

浮网坝的作用主要是缓流促淤，多用于团滩促淤、围垦和护岸，也能引导水流，刷深航槽，同时在海岸工程中具有消波消能作用。

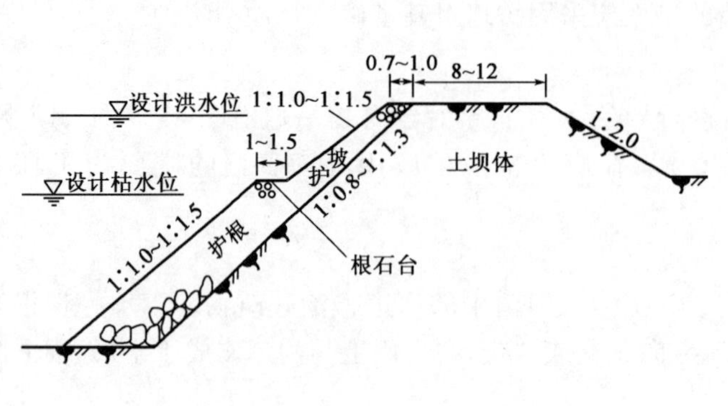

图 2-119　黄河下游土心丁坝示意图(尺寸单位：m)

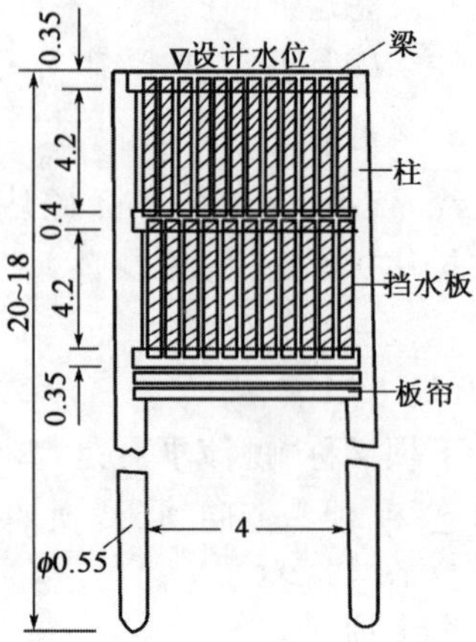

图 2-120　井柱坝结构图(尺寸单位：m)

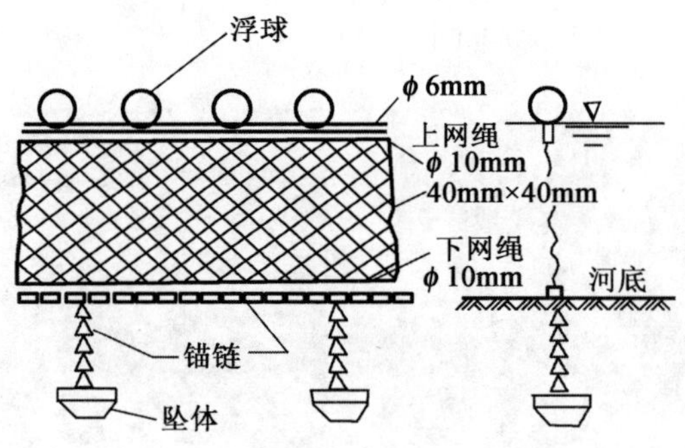

图 2-121　网坝示意图

②丁坝布置

丁坝横向拦截水流，产生较强的挑流。故丁坝可布置在离设计航槽稍远的地方。另外，水流绕过丁坝后，在惯性力的作用下，将进一步收缩，一般丁坝最大作用点在坝下游 1～2 倍坝长的地方。丁坝一般布置在浅脊上游主导河岸一侧，使丁坝压缩水流最大的冲刷区，正处于航槽的浅脊范围，但需注意丁坝坝头应在浅脊上游有足够航深的断面处。丁坝长度以能拦截整治水位时总流量的 30%左右为宜(图 2-122)。

对崩塌延续很长范围的地段，为促使泥沙淤积，多做成上挑丁坝组，以加速淤沙保护崩塌段的坡脚；在崩塌段的上游起点附近，则修筑非淹没丁坝。丁坝的高度，在靠岸一面宜高，缓缓向下游倾斜到丁坝头部，丁坝间距经验取值见表 2-21。

丁 坝 间 距　　　表 2-21

所处位置	凸　岸	凹　岸	顺 直 段
一般丁坝	$(1.5\sim3.0)L$	$(1.0\sim2.0)L$	$(1.2\sim2.5)L$
护岸丁坝		$(0.8\sim2.0)L$	

注：1. 整治线方向与洪水方向夹角较大时，间距可适当缩小。

2. 顺坝内侧格坝间距可参照凸岸丁坝间距处理。

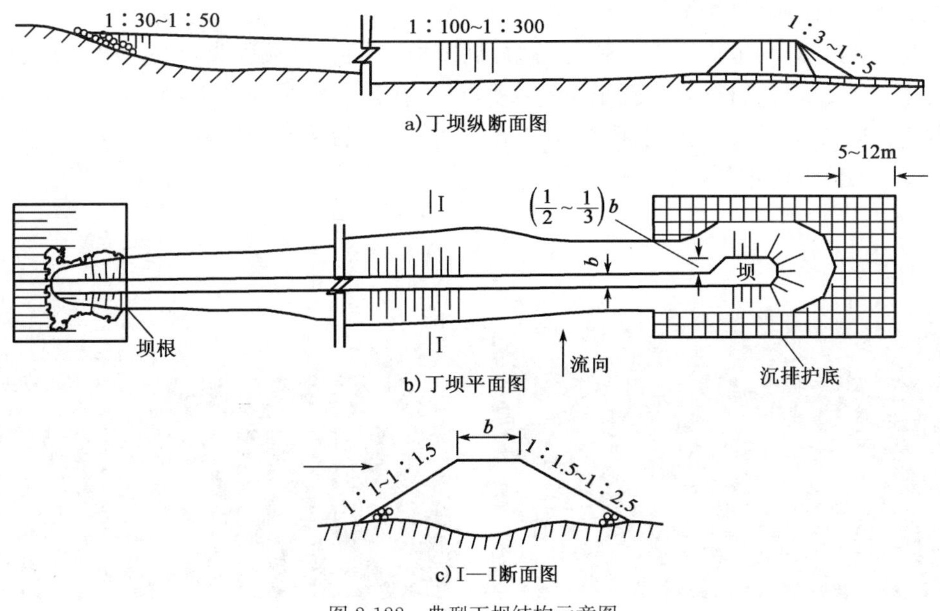

图 2-122　典型丁坝结构示意图

(2)顺坝

顺坝是一种坝轴线沿水流方向或与水流夹角很小的建筑物,起引导水流、束狭河床的作用,故又称导流坝(图 2-123)。顺坝由坝头、坝身和坝根三部分组成。坝身一般较长,与水流方向接近平行或略有微小交角,直接布置在整治线上。顺坝有淹没与非淹没两种:淹没顺坝用于整治枯水河槽,顺坝高程由整治水位而定,自坝根到坝头,沿水流方向略有倾斜;非淹没顺坝在河道整治中采用较少。

顺坝一般可用于水深小于设计水深不多和浅区不太长的滩段。顺坝一般沿整治线方向靠近设计航槽边线布置,其上游端与岸线平顺连接,下游端延伸至下深槽头部,使冲刷泥沙不能顺利进入深槽。顺坝坝头至下深槽的距离不得大于 300m,否则其冲刷作用难于达到下深槽。涉水路段抢通时,当采用桥梁或管涵跨越时,可在泥石流或水流上游适当位置设置若干简易顺坝,控制流动方向,迫使其从桥孔下通过。

简易顺坝设置如图 2-124 所示。同时,在进水侧桥台锥坡位置采取冲刷防护(草袋、石笼等);当制式桥梁数量不足必须采用多孔进行跨越时,应采取防撞措施对临时墩或基础进行保护(石笼、捆绑圆木等)。顺坝坝体与丁坝类似,这里只简要地介绍木排桩或钢筋石笼导流坝形式。

图 2-123　顺坝

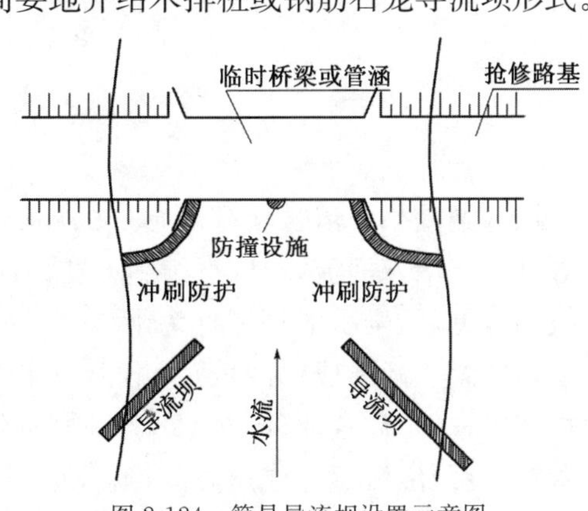

图 2-124　简易导流坝设置示意图

①钢管或木排桩导流坝

木桩桩径约 20cm，桩头用 8 号铁丝缠绕防止锤击开裂，桩端削尖，用重锤将桩逐根打入土中至不再下沉为止，打入桩后应牢固不易晃动，桩顶在最高水位面以上约 20cm。在桩内侧(迎水面)码砌草袋装土挡水，桩间距应保证在每个土袋后有两根桩，上下层草袋错缝码砌(图 2-125)。木桩可用钢管代替。

图 2-125　钢管桩护坝

②钢筋石笼导流坝

钢筋笼长 5～10m，具体可视起吊能力而定，宽 1m，高度超过最高水位约 20cm。用吊车将笼吊入预定位置，沿坝长排满钢筋笼，然后用石料填满笼子(图 2-126)。

图 2-126　石笼导流坝(桥台周边)

第八节　堰塞湖处置

堰塞湖是指河流被堵塞而形成的湖泊。滑坡、泥石流、冰川、火山喷发的熔岩流和流动沙丘等都可能堵塞河流，形成堰塞湖(图 2-127)。其中山体滑坡崩塌而形成堰塞湖在应急救援中较为常见，所堆积的坝体称为滑坡坝(国际通称，又称天然坝)。

堰塞湖一般形成时间较短，堆积坝体松散，稳定性较差，坝体堵塞湖河道，造成上游回水淹没村庄民舍、厂矿企业(图 2-128)。同时随着洪水体积、高程的增大，天然滑坡坝体很容易出现管涌、漫顶溢流等造成短时间内溃坝，对下游地区造成巨大的人身伤亡、经济损失。因此，开展堰塞湖坝体特征及其应急处理技术研究，对深入认识堰塞湖滑坡坝、科学治理利用天然水资源、提高防灾减灾技术具有重要意义。

图 2-127　唐家山堰塞湖

图 2-128　被堰塞湖淹没的村镇

一、堰塞湖的类型及危险性评估

1. 堰塞湖的类型

(1)按其诱因划分

堰塞湖是在一定的地质、地理环境下形成的，通常需要具备以下几个基本条件：堰塞湖形成区域内有江河流过，且河床宽度不是很大，尤其是山区的 V 形河谷更有利于堰塞湖的形成；在地震、降雨、融雪以及人类活动等因素的作用下，江河岸坡的山体有发生大型滑坡、崩塌、泥石流等山地灾害的可能；河道上游必须有充分的水源条件或极强降雨的汇流条件。

根据形成堰塞体的常见山地灾害类型，我们可以将堰塞湖大致分为：滑坡型堰塞湖、崩塌型堰塞湖和泥石流型堰塞湖。

①滑坡型堰塞湖是堰塞湖中最为常见的一种，主要是由于江河两岸的山体发生滑坡堵塞河道形成。而导致山体滑坡的原因可能是地震、降雨、融雪、人类工程活动等等。“5・12”汶川地震触发了大量的滑坡(崩塌)阻塞河道形成堰塞湖，灾区总计发现大小堰塞湖 200 多处，这些堰塞湖中由滑坡堵河形成的占 70％左右(图 2-129)。

图 2-129　滑坡形成堰塞湖

滑坡型堰塞湖通常具有以下特征：堰塞区域大，阻塞河段长；堰塞坝方量大，坝体高，蓄水量大，回淹面积广，溃决危害也更大；堰塞体存留时间长；滑坡堰塞体以土石混合型居多，渗漏方式破坏的少，以漫顶导致溃坝的多。

②崩塌型堰塞湖是由于地震、降雨、风化及人类工程活动等导致江河两岸的山体发生崩塌，阻断河流形成的(图 2-130)。2008 年“5・12”汶川地震所形成的堰塞湖中有近 1/3 为崩塌

型堰塞湖，其中具有代表性的就是岷江映秀段老虎嘴壅塞体和马槽滩堰塞湖。

崩塌型堰塞湖一般是以大块石、块石和碎石堆积为主；堰塞体结构较为松散，抗渗能力差，易发生坝体渗流；堰塞坝通常规模中等，留存时间长，若大块石较多，则不易开挖泄流渠；破坏方式除漫顶溃坝外，也易发生渗流破坏。

图 2-130　崩塌形成堰塞湖

③泥石流型堰塞湖通常是由于地震、降雨、冰湖溃决、融雪等原因引发泥石流堵塞江河形成(图 2-131)。与滑坡型堰塞湖比较而言，泥石流型堰塞湖通常具有以下特征：堰塞坝坝体较小，存留时间短，有时甚至不会形成明显的堰塞坝；坝体物质含水率高，流动性强；对河道的淤积作用强，溃决风险小。

图 2-131　泥石流形成堰塞湖

(2)按库容划分

根据堰塞湖库容，可按表 2-22 将堰塞湖的规模划分为大型、中型、小(1)型和小(2)型。

堰塞湖规模划分　　表 2-22

堰塞湖规模	堰塞湖库容 $V(10^8 m^3)$	堰塞湖规模	堰塞湖库容 $V(10^8 m^3)$
大型	$V \geq 1.0$	小(1)型	$0.1 > V \geq 0.01$
中型	$1.0 > V \geq 0.1$	小(2)型	$V < 0.01$

2. 堰塞湖的危险性评估

(1)堰塞体稳定性评估

在对堰塞湖进行处理前，首先要进行堰塞性质判断和稳定性评估。

堰塞湖一般有两种溃决方式：逐步溃决和瞬时全溃。逐步溃决的危险性相对较小，但是，如果一连串堰塞湖发生逐步溃决的叠加，位于下游的堰塞湖则可能发生瞬时全溃，危险性极大。可根据堰塞湖的数量、距离，堰塞体的规模、结构，堰塞湖的水位、水量等对其危险程度进行判断。对堰塞体稳定性的初步评判可用无量纲堆积体指数法（DBI 法），其公式如下：

$$DBI = \lg\left(\frac{A_a}{\frac{V_d}{H_d}}\right) \tag{2-2}$$

式中：A_a——流域面积（m^2）；

V_d——堰塞体体积（m^3）；

H_d——堰塞体坝高（m）。

$DBI<2.75$，则堰塞体稳定；$DBI>3.08$，则堰塞体不稳定；$2.75<DBI<3.08$，则堰塞体介于稳定与不稳定之间。

对于存在危险的堰塞湖，降低湖水水位、减少湖中水量是防止灾害发生的关键和当务之急，应以挖掘、爆破、拦截等方式引流，逐步降低水位，以免造成洪灾。

在排险的同时，应立即开展对危害严重、情况危急的堰塞湖现场调查评估，进行动态监测，预测堰塞湖溃决时间及泛滥范围，撤离居住在泛滥范围内的受灾群众，安置抢险救援人员的临时驻扎场所，并制订下游危险区的临灾预案。

（2）堰塞体危险性评估

根据堰塞湖规模、堰塞体材料组成和堰塞体高度，堰塞体危险性可按表 2-23 划分为极高危险、高危险、中危险和低危险。

堰塞体危险性判别 表 2-23

危 险 级 别	分 级 指 标		
	堰塞湖规模	堰塞湖材料组成	堰塞湖高度（m）
较高危险	大型	以土质为主	>70
高危险	中型	土含大块石	30～70
中危险	小（1）型	大块石含土	15～30
低危险	小（2）型	以大块石为主	<15

①同一危险级别中的 3 个分级指标满足 2 个或 2 个以上，堰塞体危险性属于该级别。

②当 3 个分级指标分属不同危险级别时，将所属最高级别的那个分级指标降低一级，其对应的危险级别可为堰塞体的危险等级。

（3）堰塞湖溃决损失判别

根据堰塞湖影响区的风险人口、重要城镇、公共或重要设施等情况，可按表 2-24 将堰塞湖溃决损失严重性划分为极严重、严重、较严重和一般。

堰塞湖溃决损失判别 表 2-24

危险级别	分 级 指 标		
	风险人口	重要城镇	公共或重要设施
极严重	$\geqslant 10^6$	地级市府或区域以上	国家重要交通、输电、油气干线及厂矿企业和基础设施
严重	$10^5\sim10^6$	县级市府或城区	省级重要交通、输电、油气干线及厂矿企业、大型水利工程或大规模化工厂、农药厂和剧毒化工厂
较严重	$10^4\sim10^5$	乡镇政府所在地	市级重要交通、输电、油气干线及厂矿企业、中型水利工程或较大规模化工厂、农药厂
一般	$<10^4$	乡村以下居住地	一般重要设施、小型水利工程一般化工厂和农药厂及以下

堰塞湖溃决损失严重性判定可采用单指标控制，当3个分级指标分属不同溃决损失级别时，以所属最高级别的那个指标来确定溃决损失严重性级别。

二、堰塞湖应急处置措施

堰塞湖应急处置措施主要有开渠泄流、引流冲刷、上游垭口排洪、机械抽排水、虹吸管抽排水、泄洪洞泄流、加固或拆除等。在抢险作业条件及抢险时间许可的前提下，采取的应急处置措施应尽可能减小堰塞湖的库容，根据堰塞湖的具体情况，因地制宜，选用一种或多种组合处置措施，并根据实际情况及时进行动态调整。

（一）应急处置措施选择原则

（1）若上游库区有天然垭口，应研究利用的可能性。

（2）对库容较小且来流量较小的堰塞湖，可采用机械抽排水、虹吸管抽排水等措施。

（3）当堰塞体体积较大不易拆除，但其构成物质以土石混合物为主，具备快速水力冲刷条件时，宜在坝上直接开挖引冲槽，利用引冲槽过水后水流的冲刷逐步扩大过流断面、增大泄流能力，将堰塞湖水降至安全水位。

（4）当堰塞体体积较大不易拆除，但其构成物质以大块石为主，不具备快速水力冲刷条件时，在堰体过流前，可考虑采取机械或爆破开挖泄流渠，尽量降低过流水位。

（5）如果堰塞体体积巨大，爆破拆除、机械拆除或是引流冲刷拆除都存在较大难度，或是堰塞体后期有较大利用价值，在堰塞体自身稳定性较好，并且上游来水有安全可靠的通道下泄的前提下，可以考虑对堰塞体进行加固处理，以保证其长期稳定性。

（6）如果堰塞体体积较小，具有在较短时间内拆除的可能性，拆除期溃决不会对下游造成危害，可考虑对堰塞体进行机械或是爆破拆除，尽量恢复河道行洪断面。

（7）当以上直接在堰体上的处置方案难以实施，但有条件选择到较短线路布置泄洪洞并有较充裕的处置时间时，可考虑采用新建泄洪洞泄水，泄洪洞进出口布置应避开堰塞体或泥石流。

（二）爆破处置

1.爆破方案设计思路

堰塞湖所处的位置一般都在山沟峡谷内，经过强烈地震，道路已被完全破坏，钻孔机械、挖运机械等设备根本无法到达堰塞体，因此只能采用非机械的方式形成泄流槽。由于堰塞湖水位在不断上涨，溃决的可能性在不断增加，时间每拖延一个小时，危险就增加一分，抢险时间非常紧迫，完全用人工的方法显然不能满足要求，只能采用爆破的方式形成泄流槽。要形成“槽”，仅把石头解小炸碎还不行，必须要尽可能多地把土石抛走，才能形成可以泄流的“槽”。因此在方案的选择上应以抛掷爆破为主，同时要尽可能地将泄流沟渠（尤其是块石堰体沟渠）底部的岩石充分破碎，以便过流后容易被水冲刷带走。

2.理论依据

（1）爆破控制泄流水力参数计算

爆破控制泄流是在最紧急情况下（下游城市将面临灭顶之灾）和人员已经被成功转移的前提下才实施的。爆破控制泄流一般是采用人工在堤坝上装埋炸药完成的，是及时解决堰塞湖危机的方案。

采用美国天气局推荐的溃坝简化计算模型（SMPDBK）可以精确估算出堰塞湖溃坝最大

流量和下游最大水深，同时能够进行下游河段的洪水演算。

溃坝水力计算需要考虑的主要因素有：坝高、最大蓄水量、溃决的时间和溃决断面的形状与尺寸。这些因素的估算，大致可以参考表 2-25 土坝溃口经验数据。

堰塞湖溃坝时的参数确定范围 表 2-25

参数		范围
溃口深度 H(m)		坝高
最终溃口宽度 B(m)	(1)土坝	3×溃口宽度
	(2)混凝土重力坝	1/4～1/2 坝长
	(3)拱坝	总坝长
溃坝历时 t(h)	(1)土坝	0.5～4
	(2)混凝土重力坝	0.1～0.5
溃决时的库水位(m)	(1)土坝	H/3 或超出坝顶 0.3～1.5
	(2)混凝土坝	超出坝顶 3～15

常规的堰塞湖溃坝计算需要复杂的微分方程解算，难以普及。一般堰塞湖溃坝计算精度要求并不太高，用溃坝简化计算方法基本可满足要求。下面介绍基于经验公式的简化计算模型。

①堰塞湖溃坝缺口宽度 b 估算

根据黄河水利委员会的经验公式：

$$b = 0.1KW^{\frac{1}{4}}B^{\frac{1}{4}}H^{\frac{1}{2}} \tag{2-3}$$

式中：W——堰塞湖溃坝时的下泄水量(m^3)；

B——主坝长度(m)；

K——堰塞湖溃坝流量经验计算系数，黏土类坝体取 0.65，壤土类坝体取 1.30；

H——堰前水头或最大坝高(m)。

②堰塞湖溃坝最大泄流量 Q_{max} 估算

采用肖克列奇公式：

$$Q_{max} = \frac{8}{27}g^{\frac{1}{2}}\left(\frac{B}{b}\right)^{\frac{1}{4}}bH_0^{\frac{3}{2}} \tag{2-4}$$

式中：H_0——水库坝前淤积面以上水深；

g——重力加速度，取 9.8m/s^2；

其他符号意义同前。

③堰塞湖溃坝演进沿程最大流量 Q_1 估算

采用公式：

$$Q_1 = \frac{W}{\frac{W}{Q_{max}} + \frac{L}{v_{max}K'}} \tag{2-5}$$

式中：L——控制断面(下游控制破坏流量下线位置)到水库坝址的距离(m)；

K'——经验系数，山区取 1.1～1.5，丘陵取 1.0，平原取 0.8～0.9；

v_{max}——特大洪水最大流速(m/s),无资料时,山区取 3.0～5.0,丘陵取 2.0～3.0,平原取 1.0～2.0。

④堰塞湖溃坝洪水传播时间

堰塞湖溃坝之后,堰塞湖溃坝洪水多长时间会到达下游各个断面对防汛十分重要。堰塞湖溃坝洪水比一般洪水的传播要快得多,其波速在坝址附近最大,距坝址越远,波速削减越快。黄河水利委员会水科所根据试验求得堰塞湖溃坝洪水起涨时间简化计算公式如下:

$$t_1 = \frac{k_1 L^{1.75}(10 - h_0)^{1.3}}{W^{0.2} H_0^{0.35}} \tag{2-6}$$

式中:h_0——下游计算断面基流平均水深(m);

t_1——下游计算断面堰塞湖溃坝洪水起涨时间(s);

k_1——经验系数,其取值区间为 0.65～0.75,一般可取平均数 0.70。

需要指出的是,下游计算断面起涨时间的堰塞湖溃坝洪水流量并不是该断面的最大堰塞湖溃坝洪水流量。最大堰塞湖溃坝洪水流量到达时间 t_2 要比起涨时间 t_1 滞后,其简化计算公式如下:

$$t_2 = \frac{k_2 L^{1.4}}{W^{0.2} H_0^{0.5} h_m^{0.25}} \tag{2-7}$$

式中:k_2——经验系数,取值区间为 0.8～1.2;

h_m——最大流量时的下游平均水深(m)。

具体实施步骤参考第八章“道路交通应急抢修抢建实例”中小岗剑堰塞湖应急处置实例。

(2)抛掷爆破原理

根据爆破理论,炸药在土岩表面至内部一定距离内任意一点爆炸后,都将使得土岩被破碎或抛掷。将药包设置在土岩表面而进行的爆破称为表面接触爆破,对药包不加覆盖就称为裸露接触爆破。裸露接触爆破的药包爆炸后能将距药包一定距离内的土岩破碎并抛走一部分。将药包设置在土岩内部而进行的爆破称为内部爆破,药包爆炸后将形成一个漏斗坑(图 2-132),其大小与装药量多少和土岩性质、结构有关。图 2-132 中,r 为漏斗半径,h 为最小抵抗线,P 为可见深度。r 与 h 的比值为爆破作用指数 n,即 $n=r/h$。当 $n=1$ 时为标准抛掷爆破,当 $n>1$ 时为加强抛掷爆破。n 值是一个很重要的参数,当 h 不变、n 值加大时 r 也随着增加,但 n 值加大到某一数值时,r 随 n 值的变化不明显,通常 n 值的取值范围为 1～3。可见深度 P 是一个随 n 值而变化的参数,当 $n=1$ 时,$P=0.5h$;当 $n=1.5$ 时,$P=h$;当 $n=2$ 时,$P=1.4h$。当相邻两个药包之间的距离 $a \leqslant r$ 时,两个漏斗坑就连接起来,形成一条沟,而且中间没有埂子(图 2-133)。

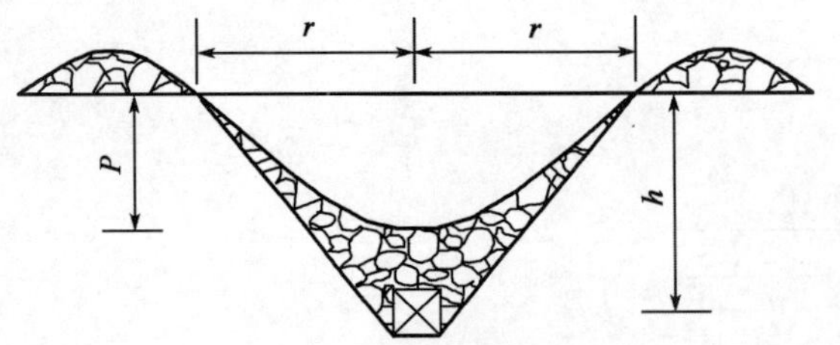

图 2-132　爆破漏斗示意

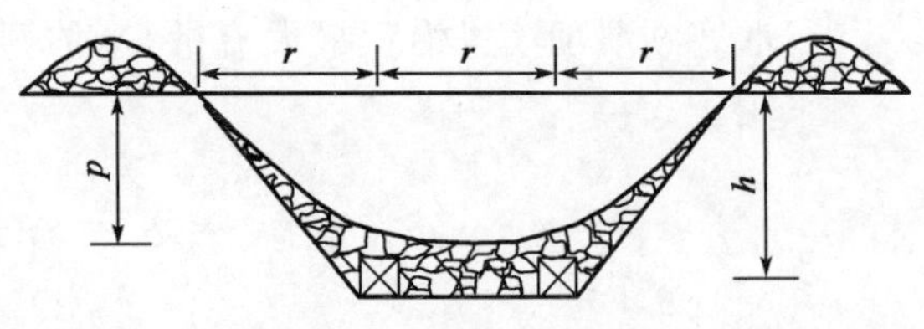

图 2-133　两列药包爆破示意

根据上述理论，我们就可以设置多排多个药包爆破出符合长宽高要求的泄流沟渠。

(3)爆破经验计算模型

①采用裸露接触爆破法开设块石堰体泄流沟渠时，可根据设计要求的沟渠宽度、深度、长度来确定药包排数或个数以及其他爆破参数。

a. 排数的确定

排数按下式计算：

$$m=\frac{D}{1.5H}-1 \tag{2-8}$$

式中：m——装药的排数；

D——泄流沟渠的设计宽度；

H——拟破碎深度。

b. 装药个数的确定

装药个数按下式计算：

$$N=\left(\frac{L}{1.5H}-1\right)^{m} \tag{2-9}$$

式中：N——总的装药个数；

L——设计的沟渠长度；

其他符号意义同前。

间距、排距均为 1.5H，设置 2 排药包时要对称布置，设置 3 排以上药包时要交错布置。

c. 单个药包装药量的确定

单个药包装药量可按下式计算：

$$Q=9k_{Q}H^{3} \tag{2-10}$$

式中：Q——单个药包装药量；

H——拟破碎深度；

k_{Q}——岩石抗力系数，根据岩石性质确定，取值范围通常为 1.5～5.0，岩石越坚硬取值越大，反之取值就越小。

d. 总药量

总药量计算公式为：

$$\sum Q=NQ \tag{2-11}$$

②采用内部爆破法开挖泄流沟渠时，可根据设计要求的口宽或底宽、深度、长度来确定药包排数或个数以及其他爆破参数。

a. 排数的确定

当满足口宽要求时，可按下式计算：

$$m=\frac{kD}{P}-1 \tag{2-12}$$

式中：m——装药的排数；

k——随 n 值变化的系数，一般为 0.4～1.0，n 值越大取值越小，为节省劳力和时间，通常取 $n=2$，$k=0.7$；

D——沟渠的设计口宽；

P——沟渠的设计深度，当 $n=2$ 时，$P=1.4h$。

当满足底宽要求时，可按下式计算：

$$m=\frac{kD'}{P}+0.4 \tag{2-13}$$

式中：D'——沟渠设计底宽；

其他符号意义同前。

b. 装药个数的确定

装药个数按下式计算：

$$N=\left(\frac{L}{r}-1\right)^{m} \tag{2-14}$$

式中：N——总的装药个数；

L——设计的沟渠长度；

其他符号意义同前。

间距、排距均为 r，设置 2 排药包时要对称布置，设置 3 排药包时要交错布置。

c. 单个药包装药量的确定

单个药包装药量可按下式计算：

$$Q=k'_{Q}h^{3} \tag{2-15}$$

式中：Q——单个药包装药量；

h——最小抵抗线；

k'_{Q}——装药系数，根据土岩性质、装药作用指数 n 及现场地形条件确定，取值范围通常为 3～17，土岩越坚硬取值越大，n 值越大取值越大，反之取值就越小，在平坦地形取值稍小，沟内加深取值要稍大。

需要说明的是，k'_{Q}是一个经验性较强的参数，要靠经验的积累才能准确选取。堰塞体抢险施工中在 7～12 范围内选取的较多。

d. 总药量

总药量计算公式为：

$$\sum Q=NQ \tag{2-16}$$

以上各式中长度单位均为 m，药量单位均为 kg。

(4)炸药选择及起爆网路

①炸药选择

根据堰体所处的环境及当地气候情况，同时也为设置药包方便，一般选用具有防水性能的乳化炸药。

②起爆网路

为了保证爆破效果和起爆网路本身的安全，堰塞体的爆破，不管是大石解小破碎爆破还是裸露接触爆破或挖孔抛掷爆破，都应同时起爆，同一网路不需分段。可采用导爆索起爆网路，即所有药包全部用导爆索引出后用导爆索连通起爆；也可采用非电起爆网路，即在所有药包内装相同段位的高段位非电毫秒雷管(如 8～11 段)，然后用非电毫秒雷管 1 段将所有药包连通后用电雷管起爆。

3. 堰塞体爆破方案设计

(1)未过流块石堰体

未过流块石堰体表面乱石林立、高低不平，而且个别石头巨大，因此首先应将表面的大石炸碎至基本平整后，再在表面设置药包逐层爆破。

①未过流块石堰体表面大石爆破

a. 药包设置

应将药包设置在石头底部或侧面与堰体表面相交的位置，这样既能将大石炸碎并尽可能地抛出去，又能将大石底部一定深度内的石头炸碎，以便第二次爆破设置药包。如果石头较大，药量较多，可将炸药分成数个药包对称布置在石头周围。

b. 药量计算

单个块石的药量按下式计算：

$$C=qV \tag{2-17}$$

式中：C——爆破单个块石所需要的药量；

V——单个块石的体积；

q——炸药系数，在堰塞体抢险施工中根据岩石性质通常按 1.5～4.5 选取。

c. 炸药装填

炸药要装填密实并与岩石表面紧密接触，药量装完后要用土或碎石覆盖填塞。

②裸露接触爆破

块石堰体在表面大块石破碎后，即可在表面设置药包逐层爆破。主要参数按式(2-8)～式(2-11)计算。由于裸露接触爆破药量较大，为防止引发新的滑坡，应从堰体的下游向上游分段分别起爆(同一网路内不分段)。

(2)已过流块石堰体

有些堰体尽管已经过流，但泄流能力远远不够，随着水位的不断涌高，加之汛期即将来临，危险性依然很大，因此过流断面必须要尽快加宽加深。块石已过流断面的加宽，可在已过流沟渠的一侧(可以到达的一侧)，按未过流块石堰体实施装药爆破。不同的是，在进行表面大块石破碎后，作业面并不平整，而是一个向着已过流沟渠倾斜的斜坡，在这个斜坡上布置两排以上的药包时，拟破碎深度应背着沟渠逐排加深，装药量也应逐排加大，使得爆破后过流沟渠底部平顺，便于过流。如果需要加深，通常有两种方法可以采用：一是水不深、流速又不大，可直接在水中按裸露接触爆破设置药包，但需采用石头压、绳子捆、杆子撑等方式将药包固定牢；二是在一侧加宽时，应加大破碎深度，使得爆破后的沟渠底部比原过流的沟渠底部深，把水流引过来，待水位下降、原过流沟渠中的石头露出后，再设法过河按相同方法实施爆破。这样交替进行，便可达到加宽加深过流断面的目的。

(3)土质未过流堰体

对于土质未过流堰体，人员进场后即可直接进行挖坑抛掷爆破。主要参数按式(2-12)～式(2-16)计算。由于土质坑容易垮塌，因此炮坑不能过深，一般不宜超过 1.5～2.0m，如果泄流沟渠设计深度较深，应分数层爆破。在挖坑过程中可能还会遇到大石头，这时可将坑向四周适当移位，但移动的距离不能超过 0.5m，实在无法移动，可在坑内放小炮，将大石局部炸碎。

(4)土质已过流堰体

土质堰体一旦过流，过流断面便可随着水流的增加不断冲刷加深，因此对于已过流土质堰体往往只需要对过流断面进行加宽。可在已过流沟渠的一侧(可以到达的一侧)，按未过流土质堰体实施挖坑装药爆破(图 2-134)。

图 2-134　堰体爆破

(三)安全排水渠泄流

经过地质勘察及历史考证，如果堰塞体相对比较坚固，在雨季来临之前水量未迅速增大、下游人员转移相对困难及重建难度较大的情况下，为减小洪水对城镇的破坏，可以使用安全排水渠泄流(图 2-135)。

图 2-135　排水渠开挖

安全排水渠泄流的原理是疏导水流，控制堰塞湖水位，适用于处置分散、水位较低、流量较小的中小型堰塞湖，宜在灾害晚期、重建工程开始的情况下采用。水位高度警戒线的测定是该方案实施的最大变量。安全排水渠法强调人力资源及主观能动性的投入，对湖水自然溢出采取了严格控制，即"洪水是顺着人的思路被动流入下游"，而不是自然溢出。具体实施步骤参考第八章"道路交通应急抢修抢建实例"中易贡山体滑坡堰塞湖处置实例。

(四)固堤防坝

在地质状况、下游人员疏散情况及下游物资价值不明的条件下，通过加固坝体等措施，使坝体的稳定性加强，为下一步采取治理措施争取时间。

对于少数稳定性相对较好的堰塞湖，可以进行综合治理利用。通过灌浆和坝体夯实等措施，同时采用坝坡防护或其他手段，使坝体的稳定性进一步增强，可以作为水利水电资源或旅游观光景点等。如云南省鲁甸县发生6.5级地震在牛栏江形成红石岩堰塞湖(图2-136),在完成了堰塞湖应急排险和后续处置任务后,进行了永久性整治工程,整治工程中的水库完工后可向灌区自流供水总量2 300多万立方米,形成装机容量为201MW的季节性电站。该堰塞湖"变害为利",为当地及云南省经济社会发展提供清洁能源及灌溉、饮用水源。

图2-136 红石岩堰塞湖

第三章　路 面 抢 修

路面断通一般与路基断通同时出现，形成断通的主要因素与路基断通基本一致。根据路面抢通过程采用的方法不同，本章主要对简易路面和机械化路面进行介绍。

第一节　简 易 路 面

在路面抢修时，由于使用要求急，筑路时间紧，故一般为土路面。为增强路面强度和稳定性，提高其通行能力，可就地取材进行土路改善。最简单的改善方法是在路基上撒布碎石、碎砖瓦、炉渣等就便材料，提高承载力。另外，在克服松软、泥泞及水稻田等不良地段时，也可按照就地取材、制作简便的原则，铺设各种简易路面，如束柴路面、圆木路面、木板车辙道路面等。在不得已需改道绕行时，可以采用泥结碎石等路面形式。

一、土路改善

为了提高土路的通行能力，当情况允许时应就地取材对土路进行改善。土路改善所使用的材料，有黏土、砂、砾石、炉渣、碎砖瓦、姜石和贝壳等。改善用料的最大粒径与配合比见表 3-1与表 3-2。土路改善的厚度，应根据土壤性质、材料种类及交通量等而定，通常为15～20cm。改善黏土路可采用层铺法或拌和法，改善砂土路只适宜采用拌和法。

改善土路用料的最大粒径　　表 3-1

材料名称	砾石	碎石、炉渣	碎石、姜石	碎砖瓦
最大粒径(cm)	4	5	6	7

改善土路用料配合比　　表 3-2

材　　料	配合比(体积比，%)
砂与黏土	砂 60～70、黏土 30～40
炉渣、贝壳与黏土	炉渣、贝壳 60～70、黏土 30～40
碎砖与黏土	碎砖 80～85、黏土 15～20
风化碎石与黏土砾石、砂与黏土	风化碎石 80～90、黏土 10～20
砾石、砂与黏土	砾石 50～55、砂 30～35、黏土 15～20

(一)层铺法

层铺法是将改善用料分数次铺撒成薄层并碾压，如图 3-1 所示。采用层铺法时，粒料的最大粒径一般应小于 5cm。步骤和方法如下：

(1)在路旁或路上备料。

(2)清除土路上的污泥杂物，并修成 2%～3%的路拱横坡。

(3)在土路上均匀洒水，使土壤湿润。

(4)在车行道或车辙部分均匀地撒铺一层厚 3～5cm 的粒料。

(5)用压路机或行车碾压。

(6)在第一层粒料压入土中后,再铺第二层粒料并洒水、压实。以此类推,铺至预定改善厚度。当用碎石作骨料改善厚度又较大时,在铺粒料后应撒厚1～2cm的黏土,然后压实。

(7)铺粗砂或石屑罩面。

图3-1　层铺砂石路面

(二)拌和法

拌和法是将改善用料按配合比均匀摊铺,用机械或人工拌和并压实,如图3-2所示。采用拌和法时,粒料含量一般应在65%以上。当改善厚度超过15cm时,应分两层铺筑。步骤和方法如下:

(1)在路旁或路上备料。

(2)整修土路表面,并修成2%～3%的路拱横坡。若采用槽式或车辙式断面,应先构筑路槽,并进行平整、夯实。

(3)先铺粗粒料(砾石、碎砖瓦等),洒水湿润,再撒黏土。若黏土从土路表面取得,则应先翻松土路表面,翻松厚度为改善路面厚度减去添加料厚度。

(4)先干拌1～2遍,再边洒水边拌和,直至拌和均匀为止。

(5)将拌和好的路段筑成3%～4%的路拱横坡,然后由两侧向中央依次压实。

(6)铺粗砂或石屑罩面。

图3-2　路拌法施工路面

二、束柴路面

(一)材料

束柴路面材料包括:树枝、细竹竿、高粱秆等就便材料及铁丝(或绳索)。将就便材料捆扎成束柴，直径约为30cm，长度根据需要而定，每隔1.0m用绞棒绞紧并用铁丝或绳索扎牢。束柴制作时应先设置作业架，将材料大小头交错放置在作业架上制作。

(二)铺设方法

(1)平整地面，如有积水先挖沟排水。

(2)铺设纵础材：挖纵础材沟，间距0.5～1.0m，沟内铺设纵础材，表面与地需平齐，前后搭接0.75m，并交错排列。在两外缘础材下每隔2～3m放一段铁丝或绳索，以便与缘材固定。

(3)铺横向束柴：横向束柴密集铺设在纵础材上，两侧缘材与纵础材固定。

(4)铺沙土：横向束柴上铺设沙土，厚度10～15cm。

为了提高铺设速度，可先将数捆束柴连在一起构成束柴路面构件，再用机械吊装铺设。可铺设双层束柴路面以提供更大承载力，两层间进行连接，如图3-3所示。

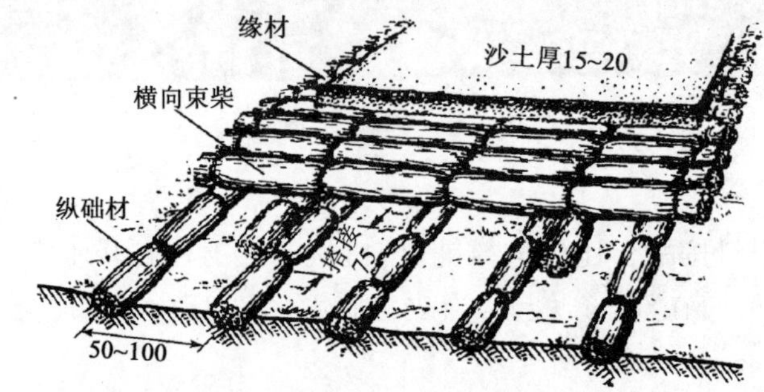

图3-3　束柴路面(尺寸单位:cm)

三、圆木路面

(一)材料

圆木路面材料包括圆木、铁丝(或铁钉)、木板。

(二)铺设方法

可参照束柴路面的铺设方法，先铺设纵础材，再在其上铺设横向圆木。

(1)铺设纵础材：间距0.5～1.5m，接头处搭接0.75m，两外缘础材各切削一半平接配置。

(2)铺设横向圆木：在础材上密铺圆木，并用铁丝或铁钉与缘材固定。

与束柴路面类似，为了提供更大承载力，可以铺设双层圆木，条件允许时可在圆木上加铺车辙板(木板)，如图3-4所示。

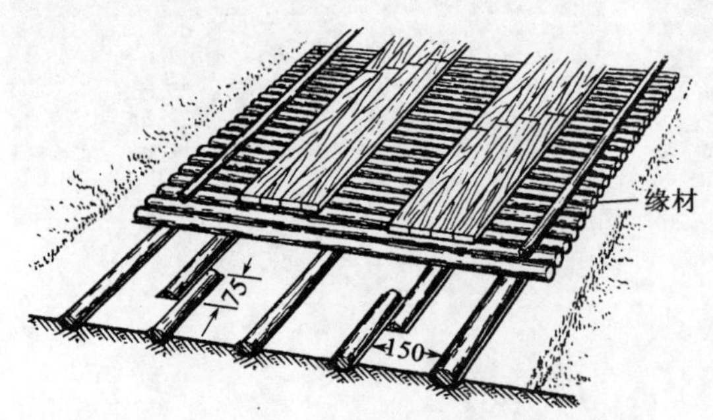

图3-4　圆木路面(尺寸单位:cm)

四、木板车辙道路面

(一)材料

木板车辙道路面由木板、木桩、圆木(或半圆木)组成。木板长 3～4m,断面尺寸 20cm×6cm,拼接成车辙道板构件。

(二)铺设方法

(1)标定路线方向,平整地面。

(2)铺设车辙板:将车辙道板构件铺在车辙处,两车辙道内缘距离 0.7m。

(3)木桩固定:在两车辙道构件两侧相隔一定距离用打入木桩固定,保证木板车辙道路面的稳定性,不易发生移位。

为提高承载能力可采取以下措施:制作成整体构件式路面,两侧车辙道连接成一个整体,如图 3-5 所示;将木板车辙道构件铺设在圆木或半圆木构筑的枕材上。

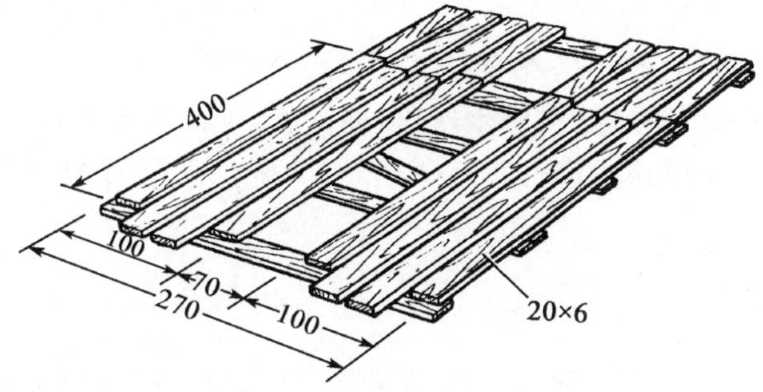

图 3-5　木板车辙道路面(整体式)(尺寸单位:cm)

五、泥结碎石路面

道路抢通时,泥结碎石路面主要作为临时便道。泥结碎石路面是以碎石为骨料,泥土作为填充料和黏结料并经碾压,依靠碎石的嵌锁和黏土的黏结作用形成的路面,如图 3-6 所示。

图 3-6　泥结碎石路面

(一)主要材料

石料:采用轧制的碎石或天然碎石,可为质地坚韧、耐磨、轧碎花岗岩或石灰石,碎石粒径为 2～4cm,碎石应呈多棱角块体,长条、扁平状颗粒含量不宜超过 20%,不能含有其他杂物。不产石料地区,也可采用姜石和碎砖等材料。碎砖粒径宜稍大,一般为路面厚度的 0.8 倍。

黏土：应具有较高的黏性，不得含有机质、淤泥质土，黏土用量一般不超过碎石的15%（以质量计）。

（二）泥结碎石路面施工

按照以下基本程序进行：推土机推土或原路基修整→泥结碎石面层施工。

1. 推土机推土或原路基修整

推土机辅以人工，保持场地平整。

2. 泥结碎石面层施工

泥结碎石面层厚度为8～20cm，施工方法用拌和法，基本程序为：摊铺碎石→铺土→拌和整形→碾压。

（1）摊铺碎石：按松铺厚度用平地机或人工摊铺碎石，并洒水，使碎石全部湿润。

（2）铺土：将规定用量的土均匀地摊铺在碎石表层上。

（3）拌和：采用机械或人工拌和，拌和一遍后边拌边洒水，翻拌3～4遍，以黏土成浆与碎石黏结在一起为度。

（4）整形：用平地机将路面整平，符合路拱要求。

（5）碾压：整形后用6～8t压路机洒水碾压，使泥浆上冒，至表层石缝中有一层泥浆即停止碾压；稍干后再用10～12t压路机进行收浆碾压1遍，随即撒嵌缝料，再碾压2～3遍，至表面无明显轮迹为止。

六、手摆片石路面

道路抢通时，手摆片石路面主要作为临时便道。手摆片石路面是把上大下小接近截锥体的石块，用手工铺砌再用碎石嵌缝，经碾压密实而成，如图3-7所示。这种路面的强度主要依靠石块间的相互挤紧及土基的支撑作用，具有坚固耐久、粗糙度较好、能提高抗滑能力的优点，主要缺点是用手工铺砌，难以实现机械化施工，块料之间容易出现松动，铺筑速度慢。手摆片石路面的厚度为16～25cm。

a）排砌片石

b）路面碾压

图3-7　手摆片石路面

（一）材料

片石材料要求使用不易风化的坚硬石料，厚度以20～25cm为宜。

（二）手摆片石路面施工

按照以下基本程序进行：整平→铺砌→嵌缝压实。

(1)地基整平：便道地基用机械整平，然后用轻型压路机略加滚压。整平可与排砌进度配合，保持在铺砌工作面前至少 8～10m。

(2)排砌片石：在路面全宽进行，片石应小头向下，垂直嵌入地基层一定深度，片石相互之间必须嵌紧、错缝、表面平整，且石料长边应与行车方向垂直。铺砌中，片石与片石之间产生的空洞、缝隙用小片石填塞，并用石工锤敲击密实。在陡坡和弯道超高路段，应由低处向高处铺砌。遇有过大石料，用石工锤改制成 20～25cm 才能使用。

(3)嵌缝压实：铺砌完成后，可用废石渣及土加固路肩，并予以夯实。路面铺撒 5～15mm 石屑嵌缝，然后用振动压路机压实，直至稳定无显著变形为止。

七、简易钢板路面

(1)钢骨架路面：通常适用于一侧山侧高大陡峭，道路开挖或爆破拓宽困难，而另一侧为石质路基，路基稳定性较好时，可在悬崖路基边缘处进行简易钢板路面架设。使用的主要材料为常见的槽钢和钢板，其中槽钢作为骨架嵌入岩石地基，然后在骨架内填充碎石和石屑，待稳定后在其上铺钢板，加强整体稳定性，如图 3-8 所示。

图 3-8 钢骨架路面

(2)路面硬化钢板：通常适用于软基和泥泞路段，因天气及现场施工条件难以短时间对路基进行处置，而又要求保证一定的承载能力和通行能力时，可直接将钢板铺筑在路基顶部，硬化形成钢板路面，如图 3-9、图 3-10 所示。

图 3-9 泥泞路面铺钢板

图 3-10　钢板上承载机车

八、钢板路基箱

（一）钢板路基箱简介

钢板路基箱主要由骨架体组成，骨架体由纵向主筋（如槽钢）骨架和横向骨架构成，骨架体的表面封有一层花纹防滑钢板，反面则封有平板钢板，整体形成一个箱体，如图 3-11 所示。它主要用来铺设在松软、泥泞地面上作为临时路面，提高承载力。优点是安装、拆除方便快捷，可重复使用，节省路面修筑材料，对车辆的磨损程度小。

图 3-11　钢板路基箱

某厂家生产的钢板路基箱主要技术参数见表 3-3。

钢板路基箱主要技术参数（1 块）　　表 3-3

项　目	技术参数	项　目	技术参数
质量（t）	3	面积（m^2）	9
尺寸（长×宽×高）（m）	6×1.5×0.224	载重量（kN）	200

（二）钢板路基箱的使用

在铺设钢板路基箱时，用吊机将钢板路基箱起吊，或采用专用夹具，夹起钢板路基箱，一块块按序排列。设备缺少时，也可用两台挖掘机配合，分别将挖掘斗和路基箱一端拴牢，共同吊装就位。

由于地基的沉降性，钢板之间易出现缝隙，且逐渐增大，对车辆和人员造成安全隐患，因此在实际操作中，可使用铁链将相邻的两块钢板进行链接，使多块钢板形成一个整体，降低单块钢板因受力不均而导致的沉降和移位。在预计沉降较为严重路段，可在路基箱下事先加铺一块钢板，以减缓沉降。

在通车过程中，应注意经常清扫钢板面上的杂物，防止摩擦力减少车辆打滑，同时延长钢板使用寿命。必要时也可在板上加焊防滑条。

九、复合加强路面

复合加强路面铺设是使用帆布钢网、柔性钢丝绳网（图 3-12）、竹架板（图 3-13）等多种材料，多层叠加铺设成复合成加强型路面，通常适用于路基特别松软，特别是泥石流浆掩埋道路时。

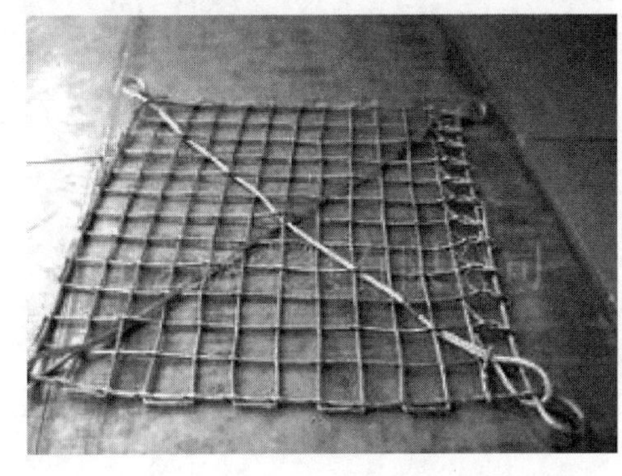

图 3-12　钢丝绳

图 3-13　竹夹板

复合加强路面总体铺设流程为：铺设组铺设帆布钢网→拼结组在上面拉铺柔性加强网→两组一起在柔性加强网上拼接铺设竹夹板。详细施工步骤如下：

1. 帆布钢网铺设

平时储备的帆布钢网，主要是长 5～10m、宽 2m，成卷捆扎的钢网，铺设时两人一组搬运和摊铺单卷帆布钢网。

（1）单幅铺设：铺设先纵向铺设规格为 2m×5m 帆布钢网，铺通后让救援人员快速通过，然后拼结组再进行搭接处的连接。

（2）双幅铺设：在铺设的通道一侧再并行加铺帆布钢网，加宽人行通道，确保大量救援人员快速通过。

（3）钢网拼结：为提高帆布钢网搭接的可靠性，横向、纵向相邻帆布钢网的搭接长度，要求保持在 20cm 以上，搭接区域内连接点之间的距离，要求控制在 50cm 以内。

2. 柔性加强网铺装

在帆布钢网铺设完成后，铺装组人员即可在上面拉铺柔性加强网，与下层的帆布钢网铺设组间隔后同步展开作业。柔性加强网通常采用 8mm 规格的钢丝绳交叉编制成的网格状（边长为 25cm 的菱形）的柔性网片，也可以采用公路建设中常用的加筋土工格栅。这里以钢丝绳网格铺装为例进行说明。

（1）将第一张柔性防护网的起端连接在铆杆和倒链上，充分铺展在帆布钢网的正中位置。

（2）将相邻各张柔性防护网的终端和起端用 4 个钢卡子相互连接。

（3）拉紧柔性防护网，并将终端固定在泥石流终点的铆杆和倒链上。

3. 竹架板拼结

（1）竹架板拼结。拼结组提前将 2 片民用竹架板（3m×0.4m）对接装钉成片状竹片，小竹片之间用 7 道细螺纹钢筋横穿连接，整片竹架板的两端和中间用 3 条扁铁条扎紧。

(2)竹架板铺设。铺装组首先在距板边缘 20cm 的底层位置，纵向设两道长 6m、宽 5cm、厚 6mm 左右的扁铁条，铁条设间距 1m 的螺栓孔，相邻铁条端头用螺栓连接；然后在底层铁条上铺设横向竹架板，将竹架板依次铺放在两侧铁条螺栓对应的位置，再在横向竹架板顶面铺设与下层相对应的铁条，最后使用通过螺栓将顶层铁条与底层铁条连接，即铁条将所有横向竹架板串联起来，发挥整体支撑作用(图 3-14)。

图 3-14　铺设复合加强路面

第二节　机械化路面

机械化路面是一种可快速铺设、撤收并反复使用的制式路面器材，主要用于在沙滩、泥泞、雪地、沼泽、岸滩等低承载能力的地段铺设临时路面，保障轮式或履带式装备顺利通过。

一、GLM120 型机械化路面

一套 GLM120 型机械化路面由 1 辆路面车、2 辆单运路面车组成。路面车装载有随车路面 1 组 32 块(长 33.5m)，可直接利用路面作业车进行铺设、撤收；单运路面车装载有单运路面 1 组 22 块路面板(长 23.1m)，由解放 CA141 运输车运输，铺设和撤收仍利用路面作业车进行，但铺设前需用吊装设备将单运路面连同路面运输架转移到路面作业车，撤收后将单运路面连同路面运输车从路面作业车吊出到解放 CA141 运输车上。随车路面和单运路面区别仅在于所包含的路面板块数不同，路面车、单运路面车及路面铺设方式如图 3-15 所示。

该装备主要性能参数见表 3-4。

GLM120 主要性能参数　　表 3-4

项　目	性 能 参 数
一套装备铺设长度	80m(1×33.5+2×23.1)
路面宽度	4.0m
路面载重量	履带式 LD-60(总重 600kN) 轮式 LT-20(最大轴压力 130kN)
单车铺设时间	不大于 10min
作业人员	3 名(含驾驶员)
适应地基条件	软土深 0.5m 以内，地基允许承载力不小于 45kPa
适应坡度	纵坡不大于 25%，横坡不大于 6%

a)路面车全貌

b)单运路面车全貌

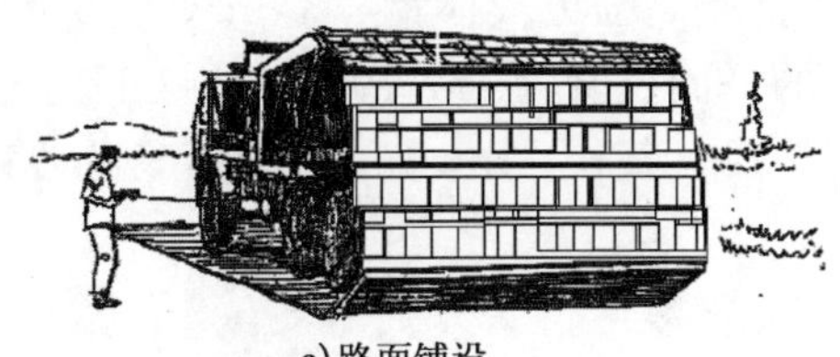

c)路面铺设

图 3-15　机械化路面车及路面铺设

二、GLM121 型机械化路面

GLM121 型机械化路面以单车为配套基础，如图 3-16 所示。每 4 辆车选配 1 台用于测试地基承载力的 CLD-255 手压式静力触探仪，每车配备 1 台用于清洗路面上泥土的 PX-40E 喷射清洗机，单车可以铺设单排路面 16.2m。

图 3-16　GLM121 型机械化路面

路面车是在东风 EQ2081E(原东风 240)越野底盘车的基础上改装而成的，它包括专门设计的作业机构及其运载的长 16.2m、宽 3.5m 的路面段。运输时路面段卷绕在卷筒上，作业开始时，卷绕路面段的卷筒和支架可在回转液压缸的带动下，绕铅垂轴转动 90°，然后通过安装在卷筒一端的卷绕液压马达的驱动和引导架的作用，使路面段一端压在汽车后轮下，最后利用路面车倒车和卷筒随动，完成路面的铺设。

该装备主要性能参数见表 3-5。

GLM121 主要性能参数　　表 3-5

项　目	性 能 参 数
单车铺设长度	16.2m
路面宽度	3.5m
路面载重量	履带式 LD-60(总重 600kN) 轮式 LT-20(最大轴压力 130kN)
单车作业速度	10min 内完成铺设
作业人员	3 名(含驾驶员)
适应地基条件	软土深 0.5m 以内，地基允许承载力不小于 70kPa
适应坡度	纵坡不大于 15%，横坡不大于 5%

三、GLM120A 型机械化路面

GLM120A 型机械化路面主要由底盘车、作业装置、路面段和附属设备等组成。器材的底盘车由铁马 CX2200 越野车改装而成，整个器材包括专门设计的作业机构及其运载的长 40m、宽 4m 的路面段。运输时路面段卷绕在卷筒上；作业开始时，卷绕路面段的卷筒和支架首先在回转液压马达的带动下通过回转支承绕铅垂轴转动 90°，然后通过安装在卷筒两端的卷绕液压马达的驱动和引导架的辅助，将路面段首端引导至底盘车后轮下，最后利用路面车倒车的动力，完成路面的铺设，铺设过程如图 3-17 所示。

路面段材料为低碳高强贝氏体钢(18Mn2CrMoBA)，由 98 块中间路面板和 2 块端路面板构成，单块路面板的平面尺度为 4m×0.4m，相互间通过 4 个销轴连接。运输时路面段卷绕在卷筒上，使用时可构成一条长 40m、宽 4m 的行车道；路面段铺设到地基上后，四角分别用系留装置固定。

该装备主要性能参数见表 3-6。

GLM120A 主要性能参数 表 3-6

项　目	性 能 参 数
单车铺设长度	40m
路面宽度	4.0m
路面载重量	履带式 LD-60(总重 600kN) 轮式 LT-20(最大轴压力 130kN)
单车作业速度	10min 内完成铺设
作业人员	3 名(含驾驶员)
适应地基条件	软土深 0.5m 以内，地基允许承载力不小于 70kPa
适应坡度	纵坡不大于 15%，横坡不大于 5%

四、HZLM100 硬质机动路面

HZLM100 硬质机动路面是一种车载的、可以快速铺设的临时路面装备，主要用于保障部队及武器装备在实施行动中通过江河暗滩、泥泞道路及松软地段，也可以用作构筑渡场的临时通道，如图 3-18 所示。该装备具有结构简单，操作方便，适应性强，铺设、撤收速度快，机械化程度高，作业人员少，应用范围广等多方面优点，可以满足应急救援过程中特殊路段应急通过工程机械和临时通过车辆的要求。

图 3-17　GLM120A 机械化路面(铺设状态)

图 3-18　硬质机动路面

该装备主要性能参数见表 3-7。

HZLM100 硬质机动路面主要性能参数 表 3-7

项　　目	性 能 参 数	项　　目	性 能 参 数
路面器材长度	100m	作业人员	3 名(含驾驶员)
路面器材宽度	4.2m	地基承载能力	不小于 0.07MPa
轮式荷载轴压力	130kN	最大爬坡度	60%
作业时间	不大于 30min	涉水深度(铺设时)	不大于 0.5m

五、软路面铺设车

该车主要由底盘车、路面器材、铺设与撤收机构、液电控制系统等组成，采用单卷筒机械化前后铺设、后撤收的作业方式。

该装备主要性能参数见 3-8。

软路面车主要性能参数 表 3-8

项　　目	性 能 参 数	项　　目	性 能 参 数
路面器材长度	100m	作业人员	4 名(含驾驶员)
路面器材宽度	4.2m	地基承载能力	不大于 0.08MPa
轮式荷载轴压力	130kN	最大爬坡度	60%
作业时间	不大于 30min	涉水深度(铺设时)	不大于 0.5m

软路面铺设车及其铺设过程如图 3-19 所示。

a)软路面铺设车

b)软路面铺设

c)软路面撤收车

图 3-19　软路面铺设车及其铺设过程

第三节　道面快速抢修技术

道桥路面快速抢修技术实际上是世界大战的产物。第一次世界大战使道桥路面快速抢修技术得以问世，第二次世界大战的爆发使人们认识到这种技术的重要性。最早有关道桥路面的快速抢修技术仅仅是工程师们的经验而已，这方面较早的记录始于 20 世纪 20 年代，而大规模路面快速抢修技术的研究只是近二十年来的事。特别是随着高新技术以及汽车飞机使用的增加，要求不仅能处理路面上许多小型或中型尺寸的坑道，巨型坑道也必须在几分钟或几小时内修复，因而欧美各国更是加紧了这种技术的研究，其应用也相对较为成熟。本节中的道桥路面快速抢修技术主要指各种受损的公路、桥面和机场跑道的快速抢修技术。

一、垫板组装路面抢修技术

垫板分类：垫板组装路面抢修材料包括 AM-2 型铝板(Aluminum AM-2 Mat)和强化玻璃纤维面板(Fiberglass)两种材料。强化玻璃纤维面板根据组装形式的不同又分为一般强化玻璃纤维面板(FRP Mat)、螺栓锚固式强化玻璃纤维面板(FRP Panel)和可折叠型强化玻璃纤维面板(folded FRP Mat)。

垫板应用：20 世纪 80 年代以前，欧美国家绝大部分抢修技术采用 MA-2 型铝板组装路面，但是这种材料不适用于重型飞机，仅适用各于种载货汽车、轻型飞机、直升机等。80 年代中期后，各种强化玻璃纤维垫板得以发明，使类似于 F16、F15 这样的重型飞机也能在短时间内由 FRP 垫板组装成的便携式机场进行紧急迫降，其使用逐渐广泛起来(图 3-20)。

图 3-20　垫板用于机场跑道抢修抢建

(一)铝板

1. AM-2 型铝板

AM-2 型铝板由压制成型的铝板构成，每个 AM-2 型铝板厚 25～38mm，长 3.6m，宽 0.61m，重 640N。由一块中空、外突的主板组成，每端焊有伸出的接头，便于单块铝板装配成道路。AM-2 型铝板土要用于跑道、滑行道和远程机场停机坪路面。AM-2 型铝板能够空运，并在现场能快速组装成所需的尺寸。但是铝板难于生产、造价昂贵，在使用时还可能产生冲击划痕，该划痕会引起飞机关键受力部位应力过大。

AM-2 型铝板现行的修复步骤是基于北大西洋公约组织(NAT)的标准，要求在 4h 内修复一条 15.24m 宽、1 524m 长的简易跑道，保证飞机能够起飞降落。具体修复过程是，去掉被破坏的混凝土碎块，将残余物回填道坑距表面 30cm，用事先准备好的材料填充至坑道顶部，最后在其上面放置并固定 AM-2 型铝板型金属垫板。

2. 国内铝道面板

我国在20世纪80年代初，以美军AM-2型铝合金道面板为样板，研制了我国的铝道面板。我国的铝道面板用6101铝合金，由两块长方形的挤压成型的隔框式空心结构板焊接成的主体和焊接在其端部的压制接头组成。其上下表面平整，并分别涂有防滑漆和防腐漆。铝道面板的两个侧边（长边）挤压成能够相互铰接的结构形式。板的两端（短边）则挤压成能够连接并能插入矩形截面锁条使之锁紧的结构形式。国产铝道面板有两种规格，板厚均为38mm。一种称为整板，长3 000mm，宽650mm，重约560N；另一种称为半板，长1 500mm，宽650mm，重约280N。最近，空军又根据美军的折叠式玻璃钢道面板的工艺和技术，研制成功了国产折叠式玻璃钢道面板。

铝道面板易于拼装、拆卸、储存、运输，可供多次重复使用。除用于修复炸毁的机场道面外，在战时可在土基上铺设临时的野战机场跑道。铝道面板能快速（2～3h）提供较大面积（能覆盖一个重型航弹的弹坑），并具有一定强度、平整度和粗糙度的道面，无疑是目前抢修机场道面中最为理想的方法。但根据国外试验和使用情况，下列问题应引起重视：①要求回填的弹坑必须达到一定的强度和稳定性，否则地基或基层的沉陷将使铝板道面的平整度恶化，造成铝板道面的损坏。故在使用中应加强观察、维修。②铝道面板的接头是其薄弱部位，对供较重的飞机使用时，接头部位可能损坏，对飞行造成危险。③面积较大的铝板道面，飞机在其上运行时，可能产生起拱现象或共振现象。

（二）强化玻璃纤维面板（FRP）

强化玻璃纤维面板（FRP）是由两到三层聚酯树脂4020型玻璃纤维组成，在塑料树脂中含有中空的人造二氧化硅球状体来减轻板材重量。这种板材提供了较高的弹性模量和较好的力学性能，可同其他板材相互连接成路面，形成具有防护性和可移动性的覆盖层。它具有运输重量轻、体积小、造价适中的特点，在重新安置和实用方面都比较经济，成本仅是AM-2型铝板的一半，但也存在面板尺寸不易改变等缺陷。

采用强化玻璃纤维面板进行路面快速抢修的时间要求与AM-2型铝板相同。其一般的修复步骤包括：先用周围的石屑填充坑道距路面40～50cm；再用上等级配的碎石填充至高于路面5～10cm，并进行振捣压实，直至与路面水平为止；而后将强化玻璃纤维面板覆盖在上面，进行修整，最后用螺栓将其固定在路面上。

下面针对三种不同组装形式的FRP分别进行说明。

1. 一般强化玻璃纤维面板（FRP Mat）

其大小约5.6m^2，也可制作其他尺寸的面板。由于面板的尺寸问题而不能进行运输，所以必须当场制作。如果面板不够大或太大，可以把两块黏结在一起或用锯子把一块面板锯成所需的尺寸。这种修补方法的前提是坑道中没有积水，且填充的石屑应具有一定的硬度。当坑道内有积水时，先用能阻止水分上渗的石屑填至表面10～15cm，起稳定作用，然后用碎石填到高于路面5cm，再压实至与路面水平。在全部施工完成后，要求在路面最远边缘处构筑一个水泥聚合物斜坡，以便尾钩施工。这种面板被证明是一种快速、简单、经济、使用期限较长的修补技术。它不受施工环境温度变化的影响，对雨水或化学、生物、放射性气体的影响也不显著，对维修设备的要求也不是很高。

螺栓锚固式的强化玻璃纤维面板（FRP Panel）由三层聚酯树脂4020型玻璃纤维组成，每块面板典型尺寸是5.7m长，1.8m宽，0.15m厚，重约1 335N，标准垫板尺寸一般装载在

2.4m×2.4m×6m 的标准运输箱进行运输。面板可以进行空运，并能用螺栓锚固在一起组成任何尺寸。螺栓锚固式强化玻璃纤维面板同一般强化玻璃纤维面板的设计、性质与缺点几乎相同，最大的区别在于锚固式面板可以空运，并在现场用螺栓锚固在一起。由于路面是一块块垫板用螺栓锚固起来，比一般强化玻璃纤维面板技术更昂贵、复杂，需要更多的劳动力。

2.可折叠型强化玻璃纤维面板(folde FRP Mat)

其由两层聚酯树脂 4020 型玻璃纤维组成。它由许多嵌板组成，这些嵌板边缘由玻璃纤维铰链黏结在一起，并用易伸缩的聚氨基甲酸乙酯浸渍后使用。面板可以通过伸缩铰链进行折叠，易于空运；也可黏结在一起变成大块体或切割成小块体。需要说明的是，可伸缩的铰链容易损坏。可折叠型强化玻璃纤维面板技术同一般强化玻璃纤维面板在设计和施工环境上基本相同，只是它可以空运。由于可以空运，增加了面板价格，增加了复杂性，减少了结构强度，减少了本身的使用期限(由于铰链的存在)。

二、岩石碎料与石灰石碎料路面抢修技术

1.仅用岩石碎料(Crushed Rock)或石灰石碎料(Crushed Limestone)作为表层的快速修复路面方法

这种方法直接用质量高、良好级配的碎料对受损道面进行填充和压实，以保证修复后的道路运行状态良好。由于在这种修补方法中没有其他外来物体的参与，只用碎石修复，所以选择适当级配的碎石很关键，并应压实到规范要求(美国材料与试验协会修订的葡氏试验中要求为最大试验室密度的 100%)。它是一种快速、简单、经济的快速修复路面技术，在和平时期这些材料也有很好的用途，它对人力和设备强度要求都不高，并易于维修。

一般岩石碎料和石灰石碎料修复路面的步骤包括：①用周围的石渣填补坑道距路面 50～60cm 处；②用良好级配的岩石碎料或石灰石碎料填充坑道至路面并进行多次压实，直至达到要求为止。

注意事项：在干燥天气条件下，它是一种很好的快速抢修技术，但是出现持续的大雨时，细石粉末会冲走，影响到材料密实性。此外，这种修复技术还应注意两个问题，第一，修复路面的粗糙度和路面的回填模量将会影响汽车飞机的加载速度、振动幅值与持续时间；第二，在汽车飞机行驶通过碎石表面时，有时会出现石块的松动，发生异质物体损伤(FRD)问题，需要做一些表面处理，如采用快速凝固沥青或水泥材料覆盖碎石表面。

2.使用 MHB 碎石化技术对裂缝较多的旧混凝土道面进行修补

碎石化技术是目前解决反射裂缝问题的最有效办法。将打碎的混凝土面板直接作为基层或底基层，再加铺新的面层，是旧水泥道面翻修改造的理想方法。MHB 碎石化技术是利用多锤头破碎机(MHB)将将大面积破坏已失去了整体承载能力的旧水泥混凝土路面板块破碎成较小的粒径(底部不超过 37.5cm，中间不超过 22.5cm，表面不超过 7.5cm)，碾压后作为新路面的基层或底基层，再加铺新的面层。

此种碎石化技术最大的优点是不必把破损的水泥面板打碎搬走，节约了路基材料及运输成本，加快了工程进度，大大降低了工程的总费用。较为适用于因地震或战争造成机场破损的道面的快速修复，在国内的普通混凝土路面的大修工程中也经常使用此技术。

(1)碎石化施工主要工艺流程如下：交通管制→换板→结构物调查→试破碎→试坑检查→确定破碎工艺→破碎施工→Z 型压路机压实→找平→钢轮压路机压实→基层施工。

(2)破碎要求:根据试验段的实际破碎效果,及时调整设备参数设置。若破碎后的块径超过最大尺寸,应该用其他合适方法进行再破碎或清除,然后用密级配的破碎粒料替换并压实(图3-21)。对于原来挖补过的超厚部分,破碎尺寸达到正常厚度板的中间层(22.5cm)且裂缝间距小于45cm时即为合适。破碎时最好是从混凝土路面的高处向低处破碎,以免影响排水。破碎一个车道时,实际破碎宽度应超过一个车道宽度。一般来讲,与相邻车道至少搭接15cm。

图3-21 破碎路面

(3)压实要求:压实时先采用Z型钢轮压路机振动压实2遍,再利用振动钢轮压路机振动压实2遍,然后开挖试坑,观察路面下部破碎效果(图3-22)。如果达到规定的破碎率和破碎尺寸,则以此参数进行正常施工。此外,由于原路面的实际状况不均一,所以在正常施工时,还需结合实际破碎效果随时对各参数进行微调。

图3-22 碾压成型

(4)其他注意事项如下:

①路面养护:除了指定的用于开放横穿交通区域外,破碎后混凝土路面的任何路段均不得开放交通。如果因开放交通而导致破碎材料松散、不稳定,则必须重新压实。为使表面较松散的粒料有一定的结合力,建议在破碎压实后在表面撒布慢裂乳化沥青(图3-23),用量按2.5~3.5kg/m^{2}撒布(乳化剂与沥青质量比为1:2)。

图3-23 喷洒乳化沥青

②防雨措施：碎石化处理后的基层要严禁各种形式的进水，以免破坏下层的稳定。因此，在雨季施工期间，应采取有效的防雨措施，配备足量的防雨篷布，并留意天气变化情况。

三、快凝早强材料快速加固技术

目前，水泥混凝土面层广泛应用于公路及机场中。随着汽车、飞机轮载的反复作用和自然环境的不断影响，以及设计、施工、养护等诸多因素，水泥混凝土道面在使用期间，不可避免地会产生各种损坏，如边角断裂、坑槽、表面龟裂，在自然灾害（如地震）及战争中，混凝土道面破损现象尤为突出，而快凝早强材料抢修技术特别适用于各种受损的桥涵道面及挡墙构造物修复和加固。

1. 快凝早强材料技术要求

根据应急抢通中公路、机场道面局部损坏特点、修复时限、施工操作和道面的使用性能要求，通常快速修复材料应满足以下技术要求：

(1)时间：一般公路要求不超过 6h，其中机场道面要求在夜间停航 4～5h 内完成整个修复工作，修补混凝土达到放飞强度。

(2)强度：修补混凝土必须快硬早强，在规定时限，修补材料强度须达到设计强度的 70%，其中对于飞行区等级指标Ⅱ为 C、D、E 的道面修补，抗折强度 0.50×70%＝3.5MPa。

(3)新旧结合：新旧混凝土之间的黏结强度与原混凝土的整体弯拉强度和剪切强度相适应，不小于修补材料自身强度的 50%。

(4)收缩：收缩率小于 0.03%，允许修补混凝土有微膨胀性，补偿收缩，提高整体性，有效降低和消除收缩开裂。

(5)耐磨：耐磨性要不低于普通混凝土，以提高抵抗轮载的磨耗作用。

(6)和易性：凝结时间适中，拌合物工作性能好，易于施工操作。

2. 常见修补材料

目前，国内外采用的道面抢修快凝早强材料主要有以下几种：

(1)聚合物材料。常用的有机物有不饱和聚酯树脂、环氧树脂、呋喃树脂、酚醛树脂等，其中以聚氨酯为材料形成的硬质聚氨酯泡沫塑具有快速固化、与其他材料间的结合良好、原料来源广泛、储藏和使用方便等特点。

2000 年，解放军理工大学工程兵工程学院与其他研究单位一起，开展了硬质聚氨酯泡沫塑料用于战时快速抢修道路的研究，做了 84 式装甲抢救牵引车和 65-1 式装甲抢救牵引车对它的往复碾压等试验，测量了硬质聚氨酯泡沫塑料路面的压力、磨损程度等，筛选出了可以基本满足要求的材料，结果与美国桑地亚国家实验室评价结果相似，证明将它作为路基材料是可行的。

(2)S101 超强快硬型混凝土修补剂，由甲乙两种组分组成，甲组分为粉料、乙组分为液料，施工时需先将甲组分与砂、石拌和，再加入乙组分。解放军空军已将其应用到混凝土跑道的快速修复上，跑道修复后 2h 即可投入使用。

另外，解放军空军后勤部机场营房部开发的新型“方便面式”袋装冷铺沥青混合料，其用于道面抢修，强度高，压实后即可使用，施工方便快速，且储藏方便，保存期长达 1 年；空军采用的改性沥青混凝土道面抢修材料，由改性沥青和矿料热拌而成，克服了普通沥青混凝土高温稳定性及低温抗裂性较差、使用年限短的缺点，修补后即可使用。

(3)HJ 系列混凝土快速修补剂。海军后勤学院营特建教研室针对海军航空兵机场道面局部破损应急维修的需要，研制开发了 HJ 系列混凝土快速修补剂。产品主要成分有硫铝酸钙、硫铝酸钾、硫铝酸钠、硅酸钙和萘磺酸盐缩甲醛等，产品为粉状，以其作为混凝土的早强型外加剂使用，在普通混凝土中以内掺法等量取代普通硅酸盐水泥，HJ-Ⅰ型可达到施工后 4h 时限要求。混凝土快速修补混合料具有凝结时间适中、快硬早强、抗冲击、层间结合力强、补偿收缩、后期性能稳定和施工方便、成本低廉等特点。江苏省建筑科学研究院研制开发 JK 系列混凝土快速修补剂由部分氟铝酸盐、硅酸盐、硫铝酸盐和高效表面活性剂配制而成，不仅快硬高早强，而且收缩小、与老混凝土黏结好，是目前国内较为理想的混凝土新型快速修补材料，JK-4 型修补后 4～6h 抗折强度可达到 3.0～3.5MPa。

(4)路面坑洞修复剂(AC-K5)。AC-K5 是由无机材料和高分子材料复合而成的混凝土修补材料。这种复合类材料具有高强度、强度形成快、耐酸碱腐蚀、抗冻性强等一系列性能，是针对公路、桥梁快速维修设计的一种新型水泥基材料。它不仅适用于一般道面坑洞修复，还适用于伸缩缝混凝土、桥梁铺装层桥涵盖板及铺装的损坏维修和加固，如图 3-24 所示。

图 3-24　桥梁伸缩缝修复

其优点在于：施工时间短，一般情况下，施工 4～6h 后即可开放交通，非常适合于尽快通车的要求；施工方便，不受修补面积大小及数量的限制，直接将材料与砂、石拌和就可进行混凝土浇筑，无须再使用水泥，无须大型拌和设备，可人工搅拌或小型搅拌机现场搅拌；拌和后混凝土材料颜色与普通混凝土颜色接近，较为美观。

(5)其他特殊胶结材料

北京华材有限公司生产的超级快硬修补混凝土，已将超级快硬修补材料与中砂拌和形成了“方便面”。这种外观与普通混凝土极为相似的修补材料，完全有别于传统的水泥类修补材料，跳出了硅(铝)酸盐为主基的框框，是一种由无机非金属材料合成的胶凝产品，从而完全消除了普通混凝土修补材料的种种缺陷。可在施工后 1h 放飞，凝结时间只有 15min 左右，施工难度大。

北京首都国际机场与交通部重庆公路科学研究所研究的 RM 复合胶结材料，以无机矿物为主，以促凝剂、填充剂、高效活性剂等为主要组成成分，其具有水泥的基本性能，可通过改变配方，适应温度变化，使初凝时间在 30～120min 之间任意调节，终凝时间不超过 3.5h，后期强度稳定，具有耐久、耐磨和收缩小的优点。

3.快凝早强混凝土修补施工

现阶段，快凝混凝土用于破损混凝土修复加固在我国较为常见，其主要施工内容如下：

(1)破损旧道面混凝土的凿除：首先划定修补范围，按照“圆洞方补”的原则，维修面应划定成方形或矩形，且周边应同道面标线平行或垂直。然后使用切缝机沿所划定的修补范围切割修补边线，切割深度至破损底面。再使用风镐或电锤、钢钎等工具，凿除破损部分，将破损部位凿成犬牙形，风镐或电锤不易施工的地方，可用小手锤和钢钎进行人工修整。对修整出的旧混凝土底面和四壁，用高压水或空气将松动碎块和细料清理干净。

(2)接缝的处理：对于破损面积较大、厚度超过板厚 1/2 的破损修补，应酌情考虑在四周安置传力杆或铺设钢筋网，以减少收缩裂缝。先在面板四壁的垂直表面上钻出 15～20cm 深、与面板表面和面板边平行的圆孔，孔径应与传力杆的直径大小相适应，清孔后用树脂浆或水泥砂浆填充，然后插入新的传力杆，并使之与面板表面平行；对于原有接缝，浇注混凝土前先沿原接缝黏结固定缝槽模板，待浇注的修补混凝土干燥后取出，再清洁缝槽并重新填缝。

(3)修补混凝土浇注及表面处理：涂刷适量水泥净浆到处理后的旧混凝土界面，然后摊铺拌和好的修补混凝土并用平板振动器或插入式振捣棒振实。快硬混凝土凝结快，可以边振实，边做面。做面时应注意使新铺混凝土高度与原道面板保持平齐，待表面砂浆不粘手时即可用软刷子轻轻地刷毛，加上与周围表面相当的纹理。

四、机场道面快速抢修技术

在机场道面抢修中填补炸弹坑和修复道面是重点是核心。弹坑填补后顶层或作基础的上层反应模量值和做道面后的综合承载强度值应达到或接近原道面的标准。同时，机场道面被炸后弹坑附近的道面板会产生一些裂缝和板边角破损现象，为了不增加炸弹坑和道面修复的工程量，可以进行局部修补。这种修补要与修复道面同时完成，可采用冷施工袋装沥青混凝土或其他快硬材料，使之修补后即可使用(图 3-25)。

图 3-25　川藏公路采用冷施工袋装沥青修补路面

(一)技术要求

(1)满足跑道使用基本要求的长度和宽度。长度一般应不小于 1 500m，考虑歼击机双机起飞和着陆，宽度可为 30m；如只考虑歼击机单机起飞和着陆滑跑，则最低限度跑道长 1 500m，宽度 20m。战时必要的滑行道和停机坪的抢修应根据战时机场使用的机种、数量和要求确定。在特别紧急的情况下，只抢修机场跑道供歼击机作临时起降使用。

(2)道面的承载强度适当。飞机的 ACN 一般有相适应的道面 PCN，战时抢修过的道面应达到原道面的承载强度，战时考虑紧急情况可考虑超载使用，但一般 $ACN/PCN \leqslant 1.2$。

(3)道面的平整度应达到中级。即用 3m 直尺法测得的间隙平均值 3.6～4.0mm，大于 5mm 的占 16%～20%，极大值不超过 20mm。邻板差平均值 2.6～3.0mm，大于 5mm 的占 11%～15%。用摆式仪测得的道面粗糙度不小于 0.6。

(二)弹坑填补方法

无论是普通航空炸弹,还是反跑道炸弹,甚至是精确制导炸弹,对道面的破坏无非道面成坑和道面松动破碎两种形式。道面成坑的破坏机理是炸弹的装药量达到某一当量时,弹药的爆炸效应将弹头周围的道面材料抛洒出去,形成一个漏斗状弹坑,如图3-26所示。

图3-26　美军轰炸伊拉克形成的弹坑

在一般道路回填技术应用方面,通常采用碎石做作料填充,在表面铺设钢板作面层。但通过实践使用,此项技术由于钢板的弯曲较大,对承担荷载较大且需较高修补质量的道面弹坑抢修不适用。而在机场道面抢修中,一般不单做道面基础而直接在填补的基层上做面层,因此弹坑填补的质量和完成的时间对整个抢修至关重要。目前,国内外有关资料介绍的弹坑填补方法有以下五种:

(1)碎石法。即将弹坑周围的飞散土回填,直径大于300mm的碎混凝土块不用,不足部分用备用砂石料回填。在顶层铺筑600mm厚的级配良好的高质量碎石,然后用振动压路机反复碾压。

(2)砂袋法和湿砂法。即用编制袋装满砂子码放在弹坑中,或用砂回填,边回填,边洒水,砂呈饱和状态。优点是不用夯实,操作方便,节省时间。

(3)薄膜法。即在弹坑内铺设2～3层用凯拉夫尔、涤纶或尼龙制成的纤维薄膜,用以支撑和分散飞机机轮的荷载。弹坑底部用废料回填,随后铺上一层薄膜,紧接着每铺一层300～500mm厚的级配材料就再铺一层薄膜,在级配材料与薄膜之间应使用快凝无机黏结料黏合。弹坑表面封层用同样的快凝无机黏结料与骨料拌和在一起的混合料铺筑。

(4)膨胀材料法。即把膨胀性聚苯乙烯球状体与快凝水泥经气动搅拌,使之形成有孔隙(含泡沫)的黏结料,用以修复弹坑。具体修复步骤是弹坑底部用废料回填,接着用泡沫含量较大的黏结料回填,弹坑上部则使用泡沫含量较小的黏结料。弹坑表面封层用快凝水泥和级配材料铺筑。优点是工程造价低,施工简便,材料储存期较长,适于修复大小弹坑;缺点是搅拌速度要求非常高(500t/h)和冬季施工困难。

(5)泡沫法。即利用有机材料聚氨基甲酸酯,在现场制成泡沫材料,填充弹坑。这种泡沫材料的膨胀比很容易控制。弹坑底部用废料回填,直填至距弹坑表面900～1 200mm处为止。然后在回填料上喷洒聚氨基甲酸酯和发泡剂,使泡沫材料膨胀,占据结合料中所有空隙,而且这种泡沫材料能与许多不同种类的结合材料黏结在一起。在距弹坑表面900～1 200mm的地方,常使用密度较低的泡沫材料,而在450～600mm深的表层内则使用密度较大、强度较高的泡沫材料。泡沫材料的密度,可通过调整原材料和发泡剂的比例来控制。弹坑的表面封层,可用快凝水泥或其他有机结合料铺筑。优点是工程施工方便，物资易于储备，填料轻便，材料存放占用的地方小，可在施工现场发泡；缺点是散热量大，易燃性较高，当大量、高速喷射时，泡沫密度难以控制，发泡以后表面形状不规则和易受恶劣天气的影响。

(三)机场道面面板快速抢修

机场道面面层是直接与飞机轮胎接触并暴露在自然界的表层结构。道面面层由于工作和所处环境的特点，要求具有较高的强度和较好的稳定性、耐久性，以便能承受飞机荷载的重复作用、发动机和尾喷口的热气流作用、大气环境干湿、反复冻融、冷热循环的共同作用。面板的修复需满足上述要求。

1. 国内机场道面面板抢修

目前，使用水泥混凝土道面板快速抢修是机场道面抢修中最常用的方法之一。这里着重介绍使用折叠式玻璃钢道面板、钢筋混凝土预制板、快凝水泥砂浆、碾压混凝土等材料，快速抢修损毁道面。其主要施工步骤如下：

(1)铺设拼装式道面板

拼装式道面板是预先制备好的各种道面板材，通常成批成套。常用的有水泥混凝土道面板、钢道面板、铝合金道面板，以及用硬质聚氨基甲酸酯泡沫或铝箔制蜂窝状材料填芯的纤维增强聚酯夹层板等。

①铺设准备。在坑槽回填时，就可将钢筋混凝土预制板(结构尺寸为 199cm×199cm×15cm)、水泥、砂石料以及相应配套的机械设备提前运至现场。

②放线标记。根据修整好的坑槽大小、形状，规划预制板铺设的起始位置和方向，并在拟铺设预制板的边缘位置每隔 2m 打下钢钎。在钢钎距原道面板表面 14cm 处做好标记，按照钢钎标记设置找平线。一般需设置 4 根找平线。

③摊铺找平。从铺设第一块预制板开始，沿着铺设方向向坑槽的其他区域延伸。找平层材料用粒径 5～20mm 的级配碎石，高程控制在距道面面层 14cm，使预制板表面高于周围道面 1cm。碎石运进坑槽后，用耙子、铁锹、刮板进行人工整平，如图 3-27 所示。

图 3-27 道面板砂垫层放线和找平整平

④组织铺设。当第一块预制板的找平层作业完成后，即可开始铺设预制板。预制板铺设作业需 1 台吊车，6 名铺设作业人员，如图 3-28 所示。铺设过程中，要严格控制预制板的板间距和错台在允许误差范围内。

⑤填塞板缝。砂浆灌缝工作在铺设部分预制板后即可开始。砂与水泥的比例为2∶1,水灰比一般为0.5～0.6,以砂浆能流动为准。边灌注边用捣棒捣实,直至将缝隙填满并刮平。

图3-28 道面板现场拼接

(2)铺筑快硬水泥砂浆

快硬水泥砂浆适用于小的坑槽修补,主要依靠砂浆的流动性,将砂浆灌入大孔隙的碎石中,砂浆凝固后与碎石黏结在一起,形成承载面,满足战时飞机应急起降使用。此方法,用材普遍、成本较低、工艺简单、便与组织。其作业程序如下:

①铺筑准备。铺筑快硬水泥砂浆通常需要发电机、混凝土搅拌机、平板振动夯等设备,以及快硬水泥、砂、水等材料,在适当位置安装调试后,做好拌和准备。

②隔离整平。在回填后的坑槽上铺设2cm左右的砂隔离层,然后将20～40cm的碎石倒入坑中,经过整平夯实后,使之与原道面保持基本平齐,

③搅拌砂浆。使用搅拌机拌和水泥砂浆。水泥通常采用快硬硅酸盐水泥、快凝快硬硅酸盐水泥、硫铝酸盐水泥,水泥与砂的比例为1∶1.5,水灰比为0.45～0.65,拌和时间不少于40s。

④灌浆整平。用装载机或运输车将拌好的砂浆倒入坑槽,边灌注砂浆边用振动夯振动。当砂浆不再下渗时,将道面整平并清理干净。

另外,还可采用铺筑快硬水泥混凝土,对损毁道面进行快速抢修。此方法取用的材料主要是快凝快硬硅酸盐水泥,其作业程序与铺筑快硬水泥砂浆基本相同。但由于快凝快硬硅酸盐水泥凝结时间短,除按照一般混凝土的施工工序和操作要求进行外,还需注意以下几点:

①清除破损道面后,应将基层碾压密实,使其平整度和高程满足规范要求,确保抢修的道面达到应有的厚度。

②在一块道面上只做局部修补时,应注意将局部破损切割成方形。在浇注新混凝土前,把基础和旧道面的断口处用水湿润,并在断口处涂刷水泥净浆,以利新旧混凝土的黏结。

③快凝快硬混凝土作业时间通常为20～30min,拌和、运输、摊铺、振捣和整平等工序必须紧密配合。必要时,可掺加缓凝剂,延缓凝结时间,满足作业需求。

④使用搅拌机拌和混合料时,应先加碎石,再加入掺有缓凝剂的水,拌和30s左右后,再加入砂和快凝快硬硅酸盐水泥,拌匀后出料。停止搅拌后应立即用水冲洗搅拌机。

⑤由于快凝快硬混凝土凝结时间非常短,因此摊铺好一段(约1m),就边振捣边做面,依次

连续进行。

(3)碾压贫混凝土

贫混凝土是一种小水灰比的混合料，属于硬性混凝土，经摊铺碾压后，可快速提高混凝土强度，使修复道面具备承载能力。此方法，取材方便、操作简便、抢修速度快，在快速抢修道面时具有明显的时间优势。其作业程序如下：

①碾压准备

a.材料准备

(a)水泥。通常采用快硬硅酸盐水泥、快硬硫铝酸盐水泥等特种水泥。

(b)外加剂。根据所用的技术性能和预期应达到的混凝土强度指标，通常选用早强减水剂、超早强剂。

(c)集料。粗集料通常选用最大粒径20mm碎石为宜；细集料通常选用中、粗砂。集料级配符合表3-9～表3-11的要求。

中粗砂级配要求 表3-9

筛孔尺寸(mm)		10	5	2.5	1.25	0.63	0.315	0.16
累计通过百分率(%)	1区	100	90～100	65～95	35～65	15～29	5～20	0～10
	2区	100	90～100	75～100	50～90	30～59	8～30	0～10

5～20mm碎石级配要求 表3-10

筛孔尺寸(mm)	20	10	5	2.5
累计通过百分率(%)	90～100	30～60	0～10	0～5

道面碾压混凝土粗、细集料合成配合比建议标准 表3-11

筛孔尺寸(mm)	20	10	5	2.5	1.25	0.63	0.315	0.16
累计通过百分率(%)	92～100	50～70	35～50	25～39	17～30	10～22	4～15	0～8

(d)配合比。道面抢修时，碾压混凝土的配合比可按照水泥：砂：碎石：水＝1：2：(3～4)：(0.30～0.35)的比例控制。

b.机械设备准备

主要使用混凝土搅拌机、推土机、装载机、压路机等设备。

②材料拌和。使用搅拌机现场拌和混合料，先加入砂石料，然后再加入水泥，经过干拌后，向料斗中加水。拌和时间通常控制在40～60s，确保混合料拌和均匀。有条件时可采用混凝土拌和机或混凝土搅拌运输车现场拌和。

③铺筑碾压。将拌和好的混合料倒入坑槽后，预留适当的松铺厚度，经推土机整平后，用振动压路机进行碾压，先静压2遍，后振动碾压，碾压结束时，洒水收光静压2遍。

2.国外预制单元块路面抢修技术

国外预制钢筋混凝土厚板(Concrete Slab)快速抢修技术是美国在欧洲的空军基地首先使用的，由于其优越性，在欧美各国的已大面积使用。钢筋混凝土厚板是由普通水泥混凝土预制成的，每块长2m，宽2m，厚15cm，每块边缘四周都有伸出的箍扎钢筋，厚板与厚板之间通过箍扎钢筋进行连接，逐渐拼接为一个整体，作为路面使用。

它的快速修复过程一般包括：①锯掉或取出坑道周围所有的石屑、水泥，保证坑道的形状为正方形或矩形；②用石屑填充坑道至距路面25cm处，铺筑1cm大小的均匀碎石10～15cm

厚作为水平层;③将预制钢筋混凝土厚板放置在找平层上,并用轧辊压实。为了减少预制钢筋混凝土厚板的初始位移,应对坑道中的路基和地基进行压实。

虽然路面是由预制钢筋混凝土刚性厚板拼装成的,组装后的路面却具有柔性路面的特性,在大多数施工环境使用中都很理想。因此,它是一种结构强度高、易于维修、经济的修补技术,在和平时期也有很好的用途。它的优越性还表现在良好的耐久性、较高的表面稳定性、较好的内摩擦性、可靠的行驶性、快速有效的排水性与可快速修复性等;此外,还有较好的防热胀、防振动、防化学结冰、防航空燃料和油料等优点。然而,这种技术的缺陷也是显而易见的,它是一种很复杂且耗时的修补技术,必须使用专门的厚板运输设备,如载重机、小型升降机和铲车等,不但设备使用强度高,劳动力强度也很高,十分依赖于各子任务完成的正确性。

基于上述缺陷,美国又提出了一种预制钢筋混凝土单元块(Precast Cement Concrete Pavement Unit)的修复材料。为了减小对专门运输设备的依赖与劳动强度,将预制钢筋混凝土厚板切割成较小的单元,使用时再将单元进行拼接,组装成一个整体路面,其拼装步骤与预制钢筋混凝土厚板步骤相同,优点也一样。但是,通过数值计算发现,这种材料不如预制钢筋混凝土厚板的承载力高,对飞机、汽车型号也有限制。预制钢筋混凝土单元块快速抢修技术有待进一步的开发与研究。

第四章　破损桥梁抢修

桥梁是道路交通网络中的关键性节点，战争和突发事件对桥梁结构的破坏，将直接影响战争胜负、应急救援和灾后恢复重建。对灾区桥梁总体受损情况及通行能力进行快速预测，对受损桥梁进行快速检测、评估及应急抢通、抢修、保通是交通应急保障和交通战备工作的重要内容和关键环节。

从抢修抢建的角度，将桥梁遭受的破坏分为两类：第一类为虽遭受破坏但尚未发生“落梁”，此类称作“破损桥梁”；第二类为已发生“落梁”破坏的桥梁，此类称作“垮塌桥梁”。本章只研究“破损桥梁”的状态评估与应急修复，暂不考虑永久性修复。

地震作为一种典型的、突发性自然灾害，具有发生时间短、破坏性强、波及范围广、灾害程度重、救灾难度大等特点，同时也可能引发极为严重的次生地质灾害，极具代表性和典型性。本章将以地震灾害陈述为主，其他灾害对桥梁造成损伤的，也可参考本章内容。

桥梁应急抢通抢修技术重点突出“短期安全性”和“快速通过性”，与正常状态下的设计原则、标准、方法，抢修设备及加固材料都有所不同，应遵循以下原则：

(1)就地取材、因地制宜。

(2)施工工艺快捷，减少湿作业。

(3)施工机具简单，便于运输、移动。

(4)采用组装、装配式的轻便的、安装迅速的临时桥梁、便道系统。

(5)机具和临时桥梁系统应具有一定的地震安全性，具备抵御余震的能力。

第一节　桥梁震害特征

分别按不同桥型震害特征与山区桥梁震害特征叙述如下：

一、“5·12”汶川地震中不同桥型震害概述

汶川地震发生在我国西部山区，震级高、破坏性强、波及范围广，加之地质条件复杂、山体破碎，地震引发了大规模的滑坡、崩塌、泥石流等次生地质灾害，造成桥梁被巨石砸毁、被塌方掩埋、泥石流堵塞等间接损坏，公路基础设施损坏严重，救灾难度大。调查、分析、总结汶川地震公路桥梁损毁特点，对指导以后的防灾减灾、抢险救援、抗震设防、灾后恢复重建等工作具有重要的指导意义。根据四川省交通运输厅公路勘察设计研究院等单位的调查研究，汶川地震中简支梁桥、连续梁桥、拱桥以及连续刚构桥具有以下震害表现及特点。

(一)简支梁桥震害概述

汶川地震灾区的简支梁桥多设置桥面连续；下部结构多为双柱排架墩。绝大部分简支梁桥支座均为板式橡胶支座。在Ⅶ～Ⅺ度区域内共有简支梁桥958座，发生完全破坏(D级震害)的有4座，发生严重破坏(C级震害)的有23座。

1. 简支梁桥主要震害表现

简支梁桥主要震害现象有：

(1)主梁移位，甚至发生落梁或全桥垮塌，对于斜交简支梁桥，主梁在移位时伴随明显的平面转动。

(2)墩、梁相对移位导致支座滑移或严重剪切变形，挡块和伸缩缝破坏等。

(3)桥墩出现开裂、倾斜、压溃、剪断、倾覆等破坏。

(4)桥台侧墙、锥坡局部开裂，台后填土下沉等。

2. 简支梁桥震害特点

简支梁桥的震害以主梁移位、支座破坏、挡块破坏为主，桥墩破坏率较低。斜交桥移位比直线桥严重。

主梁移位：在地震中，所有简支梁桥均未发现主梁结构性破坏，主梁震害主要形式为主梁移位。出现移位的桥跨占简支梁桥桥跨总数的19.5%。统计表明，中小桥主梁移位率远低于(特)大桥，发生落梁的桥跨均为位于Ⅹ、Ⅺ度区的(特)大桥。

支座、挡块破坏：简支梁桥中，发生破坏的支座占总数的16.6%，发生破坏的挡块占总数的16.8%。

简支梁桥支座、挡块的破坏率与主梁发生移位的比例19.5%接近，且与主梁移位情况类似，桥梁支座、挡块破坏为主梁移位的伴生震害。

桥墩破坏：简支梁桥共有桥墩2 316个，其中56个桥墩出现震害(PB、PC、PD级破坏)，占总数的2.3%，远低于主梁、支座、挡块的震害比例，未出现日本阪神地震、美国北岭地震中桥墩大量破坏的情况，这是汶川地震中简支梁桥震害的一个鲜明特点。

值得指出的是，在汶川地震中，庙子坪岷江大桥引桥(简支梁部分)出现了桥墩水下震害，淹没于水中的7～11号墩均出现了裂缝，最大裂缝宽度0.8mm。震后的修复比岸上墩要困难得多。庙子坪岷江大桥水中桥墩的震害为深水桥墩的抗震设计提出了一个尖锐的问题。

斜交桥震害：统计表明，斜交桥的破坏率明显较直线桥要高。无论是全桥失效、严重破坏，还是中等破坏，斜交桥的比例均较正交桥要高。

(二)连续梁桥震害概述

汶川震区内的连续梁桥跨径大多在20～30m，均为中小跨径桥梁，上部结构多为预应力混凝土箱梁。部分桥梁处在平面曲率半径小于300m的曲线上；下部结构有排架墩、独柱式墩或混合式桥墩。连续梁桥共90座、185联，2座出现C级破坏，D级破坏仅百花大桥1座。

1. 连续梁桥主要震害表现

连续梁桥上部结构与简支体系桥的震害基本相同，如梁体移位、支座破坏等，不同之处在于连续梁桥大多设置固定墩，而固定墩的破坏较非固定墩的破坏有较大区别；同时，对于采用墩梁固结的连续梁桥，在地震作用下，还可能导致主梁开裂。

2. 连续梁桥震害特点

连续梁桥的震害也以主梁移位、支座破坏为主，桥墩破坏率也较低，但固定墩的破坏比非固定墩严重。小半径弯连续梁桥的震害比直线连续梁桥严重。

主梁移位：连续梁桥中，出现移位的联跨占连续梁联跨总数的21.1%。

支座破坏：调查区域内连续梁桥的支座形式主要有板式橡胶支座和盆式橡胶支座两种，其中板式橡胶支座231组、盆式橡胶支座281组，合计512组。两类支座中，合计破坏支座比例为14.5%，这一比例与简支梁桥的支座破坏比例较为接近。

桥墩破坏：Ⅶ、Ⅷ度区域内共有桥墩611个，均未出现破坏。Ⅸ～Ⅺ度区域内共有桥墩143个，固定墩29个，非固定墩114个，其中部分桥墩出现不同程度的破坏。出现破坏（PB、PC、PD级破坏）的桥墩比例为35.6%，桥墩严重破坏（PC级破坏）及桥墩失效（PD级破坏）的比例为12.5%，这两个比例均较简支梁桥要高。

通过调查发现，设置墩梁固结的固定墩破坏相对严重，特别是小半径曲线连续梁桥设置墩梁固结的固结墩破坏尤为严重，如Ⅸ度区的绵竹回澜立交桥匝道桥3个固结墩压溃（PD级破坏）等。

小半径弯连续梁桥破坏：对于弯连续梁桥（即曲率半径小于300m），由于其主梁质心偏离桥轴线，同时弯桥两岸桥台对于梁体的限制远低于直线桥，导致其破坏特点和程度与直线桥有较大区别。从震害调查的结果看，弯连续梁桥的破坏情况较直线连续梁桥更为严重，震区出现严重破坏或完全失效的连续梁桥（如百花大桥、新房子大桥、小黄沟中桥、回澜立交桥等）均为弯连续梁桥。同时，震害调查结果表明，对于弯连续梁桥，在主梁发生移位时，存在沿桥轴线法向方向较为明显的位移分量。

（三）拱桥震害概述

汶川地震灾区共有拱桥297座，其中，圬工拱桥276座，钢筋混凝土拱桥21座（含钢管拱1座）。在297座拱桥中有36座拱桥出现严重破坏（C级震害），6座拱桥完全破坏（D级震害）。两类材料拱桥的破坏程度大不相同，总体而言，钢筋混凝土拱桥的抗震性能要优于圬工拱桥。

1.拱桥主要震害表现

拱桥的震害形式主要有主拱震害和拱上建筑震害两种。主拱震害的主要形式有全桥垮塌、拱圈开裂，对于填土高度较大的实腹拱和桥台较高的空腹拱，还可能出现纵向开裂，对于中承式肋拱桥还出现了横向连接系震害。实腹式拱桥拱上建筑的震害形式主要是侧墙开裂和垮塌，以侧墙开裂居多。空腹式拱上建筑的震害形式主要有腹拱、横墙开裂，尤其是与桥台相接的腹拱拱顶或拱脚更易开裂。梁式拱上建筑的主要震害是立柱开裂。

2.拱桥震害特点

钢筋混凝土拱桥表现优于圬工拱桥，主拱横向联结系是其易损构件。圬工拱桥的破坏表现出一定的极端性，拱上建筑（腹拱、横墙等）是其易损构件。

统计表明，随着地震烈度的增加，圬工拱桥中出现严重破坏与完全失效的比例急剧上升。

圬工拱桥的震害表现与梁桥有明显的区别，其震害表现出一定的极端性，要么基本完好，要么震害严重，甚至全桥垮塌。一个典型实例是位于“映秀极震区”已废弃的老国道213线上的洱沟拱桥基本完好，而在该桥附近的多座梁式桥则破坏严重，位于相同烈度下的多座大跨圬工拱桥，如南坝旧桥、辕门坝大桥等，则在地震中全桥垮塌。

拱桥的拱上建筑与横向联系：拱式腹拱是上承式拱桥的易损部位。白水河大桥、曲河大桥等腹拱和拱上横墙均出现了开裂、变形等震害，尤其是与桥台相接的腹拱，因变形较大，极易受损，白水河大桥、曲河大桥与桥台相接的腹拱近乎垮塌。

此外，调查表明，横撑是中承式拱桥的易损构件。调查区域内仅2座中承式拱桥，其横撑均出现了较为严重的开裂现象。

(四)连续刚构桥震害概述

区域内共有2座连续刚构桥,只有位于Ⅹ度区的都江堰至映秀高速公路的庙子坪岷江大桥主桥发生破坏。

其主要震害表现为:

(1)主梁边跨与中跨部分节段顶、底板及腹板均出现裂缝。边跨开裂较中跨严重,腹板裂缝较顶、底板裂缝多而密。

(2)主梁发生明显的纵横向移位。主梁移位以边跨横向移位为主,呈现明显的摆尾现象。边跨端部相对主墩的横向最大移位为41cm。过渡墩支座受损极为严重,基本功能丧失。

(3)5号主墩墩身部分出现了水平贯穿裂缝。3号交界墩墩底出现多条裂缝。过渡墩比主墩倾斜严重,纵向比横向倾斜明显。

同时,庙子坪岷江大桥4号主墩墩高达102.5m,5号主墩高99.5m;主引桥交界墩墩高分别为67.5m(3号墩)与85.4m(5号墩)。其中5号主墩水下部分出现了水平贯穿裂缝,3号交界墩墩底出现多条裂缝。此外,简支引桥段中7号墩(墩高86.7m)、8号墩(墩高88.2m)、9号墩(墩高84.6m)、10号墩(墩高82.2m)与11号墩(墩高84.7m)也均出现了水下裂缝。虽然庙子坪岷江大桥桥墩开裂并不严重,裂缝最宽处约0.8mm,但因其裂缝均位于深水中,导致其震后修复代价巨大。

二、山区桥梁震害特征

“5·12”汶川地震发生后,交通运输部科技司及西部交通建设科技项目管理中心启动了公路抗震救灾系列科研项目,针对灾区公路震害展开了系统调查。通过这次全面调查,掌握了山区地震后灾区桥梁总体震害情况、主要受灾道路中的桥梁受损概况、桥梁震害区域分布特点,总结分析了简支梁桥、连续梁桥、拱桥及连续刚构桥四种桥型的震害特点,并用统计方法分析了各类桥型主要构件的震害情况,归纳和总结了汶川地震公路桥梁震害特征。

(1)灾区公路桥梁总体表现良好,未出现历次国内外大地震中落梁较多、桥墩破坏严重的情况。

(2)完全损毁或失效的桥梁主要是由山体崩塌、滑坡、泥石流、堰塞湖等次生地质灾害所致。同时,发生次生地质灾害的桥梁主要集中在龙门山断裂带上盘。这一特征体现了山区桥梁的震害特点。

(3)灾区桥梁的破坏程度分布与发震断层走向及地震实际烈度分布有密切关系。

(4)不同规模的桥梁破坏程度不同,(特)大桥的破坏明显比中小桥严重。这主要是由于中小桥的振动易受桥台的约束,桥台对桥梁抗震有较大的贡献,而大桥、特大桥的桥台对结构的约束相对较弱,从而使得(特)大桥的破坏较中小桥严重。

(5)简支梁桥的震害以主梁移位、支座破坏、挡块破坏为主,桥墩破坏率较低,这是汶川地震中简支梁桥独特的震害特征。这与灾区简支梁桥普遍采用板式橡胶支座有关。板式橡胶支座在地震中变形或滑动后具有良好的隔震性能,支座与梁体间的滑移大大减小了桥墩承受的水平地震力,从而使得桥墩得到保护。此外,斜交简支梁桥主梁在移位时伴随明显的平面转动,使得斜交桥的破坏明显较直线桥严重。

(6)连续梁桥的震害也以主梁移位、支座破坏为主,桥墩破坏率也较低,但固定墩破坏比非固定墩严重。这主要是因为连续梁桥中固定墩的约束远大于非固定墩,导致在地震作用下大部分水平地震力由固定墩承受，从而使其产生比非固定墩更为严重的破坏。

(7)钢筋混凝土拱桥的抗震性能优于圬工拱桥，主拱横向连接系是其易损构件。在地震作用下，横向连接系出现较大的内力响应，并可能导致横向连接系的失效。

(8)圬工拱桥的破坏表现出一定的极端性，拱上建筑(腹拱、横墙等)是其易损构件。圬工拱桥要么不坏，要么破坏严重或全桥垮塌。同时，由于拱上建筑是多次超静定结构，加之圬工材料抗裂性差的特点，是拱上建筑易损的原因。

(9)大跨径连续刚构桥除桥墩易出现震害外，主梁也易出现开裂，边跨易出现横向“摆尾”及竖向“拍击”振动。地震动作用下带来“恒载损失”或“恒载放大”效应，主墩与主梁刚接使得主梁不能适应地震作用下交变内力的需要，是主梁开裂的主要原因；连续刚构桥横向刚度小，主墩与交界墩对主梁的约束情况相差较大，是导致主梁出现“摆尾”的主要因素，极大的竖向地震动是导致主梁出现“拍击”现象的重要原因，横向“摆尾”和竖向“拍击”加剧了主梁开裂。

通过上述统计分析、归纳总结，进一步加深了我们对山区地震造成公路桥梁震害的认识，对于抢险救灾中的灾情侦查、抢通方法选择、抢通装备配备以及抗震减灾工作具有重要的借鉴意义。

第二节　桥梁震害的主要破坏部位

震后桥梁调查结果表明，桥梁典型震害灾害主要表现为四个方面：上部结构的破坏；支承连接部位的破坏；下部结构的破坏；桥梁基础的破坏。

(一)上部结构的破坏

桥梁上部结构自身因直接受地震力而破坏的现象极为少见，在被发现的少数桥梁上部结构自身震害中，主要是钢结构的局部屈曲破坏。桥梁上部结构的位移震害在破坏性地震中极为常见，表现为桥梁上部结构的纵向、横向位移和扭转位移，一般来说设置伸缩装置的地方比较容易发生位移震害。如果支承连接件或下部结构失效及上部结构的位移超出了墩台等的支撑面，将发生落梁。在落梁破坏中，顺桥向的落梁占绝大多数。梁在顺桥向发生坠落时，梁端如果撞击下部结构，常常使桥墩或桥台也受到很大的破坏。上部结构的破坏如图 4-1 所示。另一方面，如果上部结构相邻构件间距过小，地震时则可能发生相互碰撞，从而引起结构破坏。

(二)支承连接部位的破坏

支座、伸缩缝等支承连接件的震害极为常见。桥梁支座、伸缩缝、锚栓和防震挡块等是桥梁结构中的薄弱环节，往往在地震中破坏的现象较为普遍。支承连接件在桥梁工程造价中所占比重很小，往往未能引起设计、施工技术人员的足够重视。支承连接件的破坏会引起力的传递方式的改变，从而对结构其他部位的抗震产生影响，进一步加重震害。由此引起桥梁上部结构与下部结构脱开，甚至导致梁体坠毁，并由于落梁的强烈冲击力，下部结构可能遭受严重破坏。在我国海城、唐山地震中就有不少支座破坏以及连接措施不当引起落梁的例子。在 1995 年日本兵库县南部地震中，据统计支座损坏的比例高达 28%。在地震中，板式橡胶支座的损坏形式主要表现为严重残余剪切变形、卷曲、脱空、滑移、四氟板破坏等；典型盆式橡胶支座的

图 4-1　上部结构的破坏

损坏形式主要表现为支座位移、锚固螺栓拔出和剪断、上下钢盆错位、钢盆连接破坏等。如图 4-2所示。

图 4-2 支承连接部位的破坏

(三)下部结构的破坏

桥梁下部结构的严重破坏是导致桥梁倒塌,并在震后难以修复使用的主要原因之一。桥梁下部结构的破坏主要表现为墩柱在水平力作用下的弯曲破坏和剪切破坏。从大量的震害实例来看,比较高柔的桥墩多为弯曲型破坏,矮粗的桥墩多为剪切型破坏,介于两者之间的则为混合型破坏。对于钢筋混凝土桥台或桥墩,破坏现象包括混凝土保护层剥落、墩台身开裂和纵向钢筋屈曲等,严重的破坏现象还包括桥墩塑性铰、桥墩压溃、墩台严重倾斜、剪断(折断)、倒塌等。钢结构的桥墩及受压构件(柱),可能会发生严重的屈曲而失稳,从而丧失承载能力。下部结构的破坏如图 4-3 所示。

图 4-3　下部结构的破坏

(四)基础的破坏

桥梁基础破坏是地震的重要灾害之一。扩大基础因砂土液化、地基下沉、岸坡滑移或开裂等地基失效而引起的破坏较为常见,主要表现为沉降、滑移和倾斜等;桩基础的破坏现象则时有发生,而且不易及早发现。桩基础的震害,除了地基失效这一原因外,还有惯性力引起的基桩剪切、弯曲破坏等。基础的破坏如图 4-4 所示。该类震害很难采取措施加强它们的抗震能力来避免,一般应在选址、桥型、结构布置上加以考虑。

图 4-4 基础的破坏

第三节 破损桥梁检测与评估

破损桥梁的检测与评估的实施过程主要分为三个阶段，分别为快速评估、应急侦测和详细评估。在详细评估阶段，对受震害影响的桥梁进行科学判断。在“5·12”汶川地震的道路交通应急保障工作中，我国震后公路桥梁快速检测与评估体系初步形成。

一、快速评估

快速评估是通过震害经验总结及理论分析等方法建立各种类型桥梁的易损性模型，并根据以往的震害经验建立各类桥梁损伤程度与通行能力的对应关系。当破坏性地震发生后，根据地震的基本参数(震中位置、震级、震源深度等)，利用地震动衰减规律推算出每座桥梁所在位置的地面运动强度(一般用峰值加速度或影响烈度表示)；以地面运动强度作为输入，结合桥梁的关键基础参数，快速估计出每座桥梁的损伤程度，进而判断它的通行能力。快速评估的主要优点是速度快、信息全面，可以在获得地震基本参数后的几分钟到数十分钟内估算出震区绝大多数公路桥梁的损伤情况和通行能力，使得应急指挥决策人员能够对灾区的整体交通状况有一个大概的了解和基本的判断，是进行指挥决策的重要依据；同时为下一步有针对性地开展应急侦测、现场调查工作提供了总体方向。

快速评估是对桥梁震害情况的一种预先估计，它提供的是全局性的信息，描述的是灾区公路桥梁震害的整体情况。破坏性地震发生之后，应急和救援工作大面积展开之前，关于灾区交通系统的破坏情况和功能损失的信息往往少且凌乱，缺乏整体性的参考价值，属于灾情的“黑箱期”。这个时期要以“快速评估”结果为主要的参考基础，进行指挥决策，组织、调派救援力量，选择适宜的交通方式和最佳救援行进路线。根据快速评估的结果，提前组织人员和设备到关键灾害点和危险路段进行应急侦测和现场调查，确认损伤程度和通行能力，进行抢通抢修或选择备用路线。在应急救援工作开展的过程中，通过应急侦测和现场调查反馈的信息，应对快速评估的结果不断进行修正完善。

“5·12”汶川地震的发生暴露了我国在震后公路桥梁快速评估、检测评估及应急保通技术方面的隐忧。有鉴于此，交通运输部组织国内相关科研单位开展了“震后公路桥隧快速检测评估及应急保通技术研究”，研究解决了该领域相关关键技术问题，提高我国公路抗震减灾的综合能力。该项目通过调查、总结、归纳、模型试验、理论分析、数值计算和实桥验证，研究建立了我国震后公路桥梁快速检测评估及应急保通技术工作体系，可以直接应用于我国震后公路桥梁的应急检测评估与应急抢通、保通工作中，为抢险救灾工作顺利开展提供支持，并为我国今后建立震后公路桥梁快速检测评估及应急保通领域的标准规范体系提供技术支撑。同时开发出“震后桥梁快速评估系统”。该系统以统计归纳和数值模拟等为手段，研究震后桥梁破坏机制与形态，分析震后桥梁破坏的影响因素，提出了影响桥梁快速检测评估的关键参数；同时对重点参数，通过理论分析、计算比对、试验验证的方法，提取出了桥墩斜率、支撑有效面积等关键参数，作为评估的重要检测对象和关键指标。该系统实现了公路桥梁基本信息的电子化管理，建立了快速检测评估分级标准，使得震后公路桥梁检测评估信息可存储、可交换，能实时传输，在应急效率和响应速度方面实现突破。

二、应急侦测

应急侦测是综合利用灾情监控仪、遥感、无人机、现场调查等技术手段来获取和识别灾情信息，其可在快速评估的基础上对重点路线上的重要桥梁展开有针对性的侦测，有效提高侦测效率，为抢险救援争取宝贵时间。具体流程和方法详见本书第八章。

三、详细评估

灾后桥梁的详细评估主要采用可行性与可靠性的分级评估体系。

震后桥梁快速检测评估的原则、标准与一般的检测评估不同。安全评估以短期内满足桥梁基本通行为前提，震后桥梁快速检测评估注重“短期安全性”。借鉴《震后交通基础设施重建技术系列指南之四》——《公路桥梁抗震性能评价及抗震加固技术指南》的基本构架，在汶川地震救援工作过程中，初步形成了“可行性”与“可靠性”两级评估体系，如图 4-5 所示。

(一)一级评估——现场“可行性”评估

“可行性”评估以宏观控制为主，以公路桥梁震害调查结果为基础，依靠目测和简易工具，针对桥墩(台)、支座、梁部、基础和场地的表观情况进行评价，根据综合评分后的结果划分等级，见表 4-1。根据表 4-1 的调查结果，得出可行性评价的结论，分为“A 可以正常通行”“B 限制条件下通行”及“C 需要立刻抢修方能通行”三个级别。

(1)A 可以正常通行：各项目评价结果都为良好。

(2)B 限制条件下通行：大多数项目评价结果为较好以上，少部分项目定性评价结果为较差。

(3)C 需要立刻抢修方能通行：有一个或一个以上项目评价结果为很差。

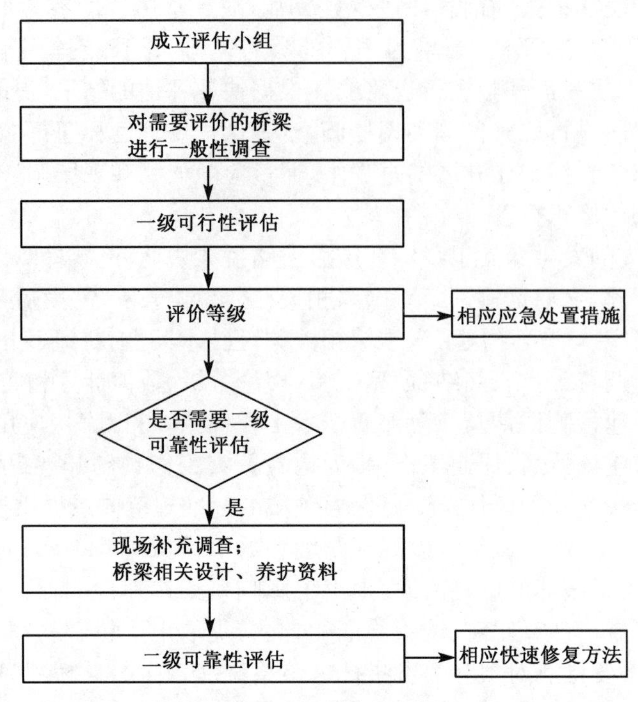

图 4-5 “可行性”与“可靠性”的两级评估基本流程

一级评估项目划分及评价结果分类 表 4-1

评价结果	设防标准情况	场地情况	地基、基础状况	桥台状况	桥墩状况	支座、伸缩缝状况	梁部状况
良好	不低于现行规范的要求	不会发生液化现象	地基及基础状况完好	桥台各部分完好	桥墩各部分完好	各部分清洁完好，活动支座正常	结构完好，次要部位有少量细裂缝
较好	略低于现行规范的要求	可能发生液化现象，但不严重	地基和基础状况基本完好，无明显冲蚀现象	桥台基本完好，3%以内表面开裂，但裂缝宽度小于限值	桥墩基本完好，3%以内表面开裂，但裂缝宽度小于限值	略有腐蚀，活动支座干涩，伸缩缝局部螺帽松动	结构基本完好，3%以内表面开裂，但裂缝宽度小于限值
较差	不符合现行规范的要求	可能发生较严重的液化现象	基础有局部冲蚀现象，桩基顶段磨损	桥台 10%的表面开裂，裂缝宽度大于限值，风化、露筋	桥墩 10%的表面开裂，裂缝宽度大于限值，风化、露筋	支座松动、老化，有腐蚀，伸缩缝普遍缺损	梁部10%的表面开裂，裂缝宽度大于限值，风化、露筋
很差	严重不符合现行规范的要求	可能发生很严重的液化现象	基础冲蚀大于设计值，桩基顶段被严重侵蚀	大面积裂缝、风化、露筋，桥台下沉、倾斜	大面积裂缝、风化、露筋，桥墩下沉、倾斜	支座开裂、错位、变形，伸缩缝严重损坏	大面积裂缝、风化、露筋，结构存在永久变形

（二）二级评估——“可靠性”评估

常规条件下的桥梁承载能力检测评定方法是在桥梁现状检查的基础上，依据桥梁材质状况检测结果、结构固有模态参数测定以及荷载调查分析情况等，确定引入检算系数、折减系数、恶化系数以及活载影响修正系数，通过结构检算分析进行桥梁承载能力的评定。上述评定方法是基于检查和检测结果的、以检算分析为主的评定方法。

震后关键桥梁的二级评价，主要评价其承载力和抗余震能力的可靠度。首先，评价时应调出桥梁管理系统中的原桥技术状况，在此基础之上，根据检测人员填写的震后快速检测表格中的情况确定桥梁构件表观质量状况下降程度，从而模拟出检算系数，再根据构件损伤程度模拟出截面折减系数（通常震后的材料性能与耐久性状况系数不会下降）；然后根据应急救援车辆的实际要求确定活载变异系数，从而对抗力和荷载进行分析，确定桥梁的实际承载能力，制定限速限载标识。

在此过程中，还应特别关注砂土液化等带来的基础承载能力降低，在地震作用下桥梁构件之间的支撑面积和条件的变化，也应在模型中进行真实的模拟，构件之间的支撑面积严重不足时，必须先行进行临时支撑或纠偏后，方能进行承载能力评价。

四、地震中的工程实践

“5・12”汶川地震、“4・14”玉树地震后，专家、技术人员在现场进行震害调查与评估，如图 4-6所示。

a）汶川地震后技术人员现场勘测

b）玉树地震后专家组对桥梁进行评估

图 4-6　现场震害调查与评估

汶川地震后，采用两级评估体系对四川省绵阳市 6 座人行天桥进行了承载能力检测。通过震后检测，对桥梁进行较为全面的外观检查和必要的测试，掌握桥梁震后实际工作状态，对桥梁结构损伤和病害的发生部位、严重程度、分布数量等进行详细的调查、检测测试和描述记录，分析其对结构造成的不利影响及其产生的原因，确定桥跨结构震后的损伤破坏程度，评价结构地震受损后的整体健康状况，根据检测结果通过必要的计算分析对桥梁承载能力作出评定，并提出相应的处置措施建议，为桥梁的震害处理和加固改造设计提供依据，为桥梁震后的维修、管理提供技术依据。

第四节　破损桥梁快速抢通

本阶段的首要目标是“通”，特点是“快”，可以限载限宽通行。其加固措施必须以最简单的方式、最快捷的方法实施，并能在最短的时间内完成。该阶段所承担的安全风险最大，必须分段逐点实施交通管制。

本阶段必须派出有经验的桥梁工程师开展现场调查，依据《公路桥梁抗震性能评价及抗震加固技术指南》，正确评估桥梁的损毁程度，及时判断桥梁能否通行、限载通行，及时提出抢通措施和加固方案。该阶段一般不动用检测仪器和设备，也没有大型装备，以目测和简单的丈量为主。

评估为“中等破坏”“严重破坏”的桥梁，应采取快速加固或临时支撑的方式以解决临时通车的需要。

针对有不同程度损伤可利用的桥梁，抢通技术措施可归纳为如下几类：

一、降低标准、半幅限行

对于个别或部分部件不能满足设计建造的技术指标，结构的安全性和使用性能受到影响，在降低通行标准后可直接满足应急通行要求或经应急修复加固后其结构安全性和使用性能很难恢复原有技术标准的桥梁，可降低通行标准后通行。

当上部梁体发生严重移位，难于保证全幅通行安全时，可采取隔离措施单车道半幅通行，还可起限载作用。极重灾区许多受损桥梁初期采用这种方式处理。

二、桥上架桥

对于梁式桥，当上部梁体发生严重纵向移位，但未落梁，而桥墩基本完好，偏移小，有足够承载能力时，一般可用公路战备钢桥或节段式模块化快速组拼应急桥跨越严重移位的桥跨，在梁底附着桥墩设临时支撑，防止通行车辆振动等导致落梁发生。对于圬工拱桥，在应急抢通阶段难以判断桥梁承载能力的情况下，也可通过桥上架桥的方式达到快速抢通的目的。

“节段式模块化快速组拼应急桥”是交通运输部公路科学研究院在“5·12”汶川地震后主持的科研项目“震后公路桥隧快速检测评估及应急保通技术研究”重要成果之一。该应急桥桥体采用双π形截面模块化设计，腹板采用波纹钢腹板，底板采用叠层复合新材料，具有重量轻、稳定性好、跨越能力强、组合拼装灵活、拼装架设快速方便等特点。桥梁节段可利用随车吊架装卸和移动拼装，可跨越30m的障碍，满足30t车辆单向通行，2h内完成拼装架设，较“321”钢桥和HD 200钢桥重量轻、架设快。

三、防落装置设置

可于灾后增设临时支承座或增设临时防落挡板等防落装置，作为紧急维修，以避免落梁情况发生。

四、应急修复与临时加固

1. 钢板表面粘贴修补法

钢板表面粘贴修补法是在已裁切完成的钢板与构件裂缝间，涂敷环氧树脂黏着剂，以达到构件修复的目的。混凝土构件表面的灰尘、油污浮浆、化学药剂或旧有的修补材料等，于钢板粘贴前必须先进行清理处理，以提高钢板与构件间的黏着能力。

2. 千斤顶及临时支撑法

千斤顶及临时支撑法可于地震灾害发生后迅速提高受损桥梁的稳定性及安全性，以降低二次灾害发生的可能性。具体方法是：在受损构件处架设临时性支撑稳定桥梁结构，对于上部结构位移或支承失去功用的情况，可采用千斤顶设施来扶正偏移的上部结构或恢复支承原有功能。

3. 铺设临时覆盖板法

当发生桥面落差、伸缩缝错开分离或桥面磨耗层受损时，可用大面积的钢板覆盖于受损的桥面上，以迅速恢复交通及提高行车的安全性。

4. 纤维增强高分子复合材料补强法

纤维增强高分子复合材料补强法是利用复合材料中的高强度纤维及树脂涂料对受损构件所进行的补强措施，常用于桥墩柱的补强方式有贴片补强法、缠绕补强法及预铸薄壳补强法。

第五节　破损桥梁抢修与加固

本阶段应利用仪器设备对桥梁进行全面检测评估，提出的加固方案尽可能兼顾后期的恢复重建。桥梁抢修加固适用技术措施见表 4-2。

一、一般要求

(1)选择加固技术措施应考虑结构的整体承载能力，最大限度地降低桥梁结构发生倒塌或严重损坏的可能性。加固分为以下四类：

①按照交通运输主管部门要求，加固桥梁的承载能力水平高于现行抗震设计规范要求的性能水平。

②以现行规范为标准，加固桥梁的承载能力水平与现行抗震设计规范的性能水平相同。

③按照交通运输主管部门要求，综合考虑加固难度和抢修时间，加固桥梁的承载能力水平低于现行抗震设计规范的性能水平，但应加强对桥梁的养护和监测。

④按照交通运输主管部门要求，综合考虑加固难度和抢修时间，不采取加固措施，但应加强日常养护，随时监测桥梁运营情况。

(2)如果单个构件的破坏可能导致结构发生倒塌，就必须加固该构件；如果构件破坏可能导致桥梁的使用功能有所损失，即不满足结构承载性能要求，就必须加固该构件；如果该构件的破坏不会导致不可接受的后果，可根据实际情况来判定是否需要对该构件进行加固。

(3)应对经加固后的桥梁结构整体性能进行重新评价，判断其承载性能是否得到改进，是否满足预期的性能要求。

(4)选择加固方案时应该考虑抢修和维护的难度，加固的效果应经过试验研究，证实其有效性。

桥梁抢修加固技术措施适用表

表 4-2

加固技术	适用单元	适用范围	适用损坏形式	材料种类	材料易取性	施工速度	场地限制性	使用年限（年）	强度需求
表面修补法	主梁、桥面板、横隔梁、盖梁、桥台、墩柱、基础、支承、防落装置	适合小断面的修复	裂缝、混凝土剥落、钢筋外露	水泥砂浆、环氧砂浆、沥青、甲基丙烯酸脂类、防锈材	极易	快，视现场环境而定	低	5～10	恢复构件单元外观及维持原构件单元强度
压力灌浆法	主梁、桥面板、横隔梁、盖梁、墩柱、桥台、基础、支承、防落装置、伸缩缝	适合裂缝的修复，抑制裂缝扩大	裂缝、破裂、混凝土剥落、钢筋外露	水泥、环氧树脂、甲基丙烯酸脂类	易	3.5～5.5 m/工作日	低	5～10	恢复构件单元外观及维持原构件单元强度
重新浇筑法	主梁、桥面板、横隔梁、帽梁、基础构造、桥台	将构件部分或全部拆除，重新浇注混凝土或针对混凝土构件局部剥落而修复	裂缝、破裂、变形、压碎	水泥砂浆、混凝土	易	快，视现场环境而定	中	10～25	维持原构件单元强度及耐久性
防落装置设置法	主梁、桥面板、横隔梁	主梁位移有落梁的可能、帽梁支承处破损产生高差	倾斜、位移、沉陷、隆起	混凝土、环氧树脂黏着剂、钢制托架、防落装置	可	2 工作日/块	中	5～10	无明确需求规定
钢板表面粘贴修补法	主梁、桥面板、横隔梁、帽梁、桥墩柱、桥台	修补裂缝、增强结构强度与刚度	裂缝、破裂、混凝土剥落、钢筋外露	环氧树脂黏着剂、钢板材料	可	快，视现场环境而定	低	5～10	维持原构件单元强度
千斤顶及临时支撑法	主梁、桥面板、横隔梁、帽梁、桥墩柱、基础构造、支承、防落装置、桥台	单元结构损伤变形，承载力降低	裂缝、破裂、变形、压碎、倾斜、位移、混凝土剥落、钢筋外露	千斤顶、型钢构件	可	5 工作日/座	中	<5	使构件单元复位，提升桥梁单元结构稳定性

续上表

加固技术	适用单元	适用范围	适用损坏形式	材料种类	材料易取性	施工速度	场地限制性	使用年限（年）	强度需求
铺设临时覆盖板法	桥面板、引道、伸缩缝	桥面板产生高差、伸缩缝开口	裂缝、破裂、变形、沉陷、隆起	钢面板	易	快，视现场环境而定	低	<5	无明确需求，旨在提升行车稳定性
桥面加铺加固法	桥面板	混凝土铺装破损	裂缝、破裂、变形	混凝土或钢筋混凝土	易	慢，视现场环境而定	低	5～10	增加梁板的抗弯能力，改善荷载横向分布
钢板补强法	主梁、横隔梁、帽梁、墩柱	以承受临时性荷载为主	裂缝、破裂、混凝土剥落、钢筋外露	环氧树脂黏着剂或板材料	可	慢，视现场环境而定	中	10～25	提高抗震能力，增强抗剪、抗弯及承重能力
纤维增强高分子复合材料法	主梁、桥面板、横隔梁、帽梁、桥墩柱、基础构造、桥台	材料具有高强度、高抗腐性、重量轻、剪裁容易、造价较高的特点，应用范围广	裂缝、破裂、变形、沉陷、隆起	纤维材料（碳纤维、玻璃纤维、芳纶纤维）、环氧树脂	不易	60m/工作日	高	25～50	提高抗震能力，增强抗剪、抗弯及承重能力
增主梁截面法	主梁、横隔梁、帽梁	当梁构件强度、刚度、稳定性及抗裂能力不足时	裂缝、破裂、变形	混凝土或钢筋混凝土、环氧树脂黏着剂	易	慢，视现场环境而定	中	10～25	提高抗震能力，增强抗剪及抗弯能力
钢筋混凝土包覆法	墩柱	主要用于增加桥柱的强度及主筋截断部位补强	裂缝、破裂、混凝土剥落、钢筋外露	钢筋、混凝土	易	慢，视现场环境而定	中	10～25	提高抗震能力，增强抗剪、抗弯及承重能力
扩大基础法	基础	稳固基础及提高基础垂直及侧向承载力	裂缝、破裂、变形、压碎、混凝土剥落、钢筋外露	钢筋、混凝土	易	慢，视现场环境而定	中	25～50	增强垂直及侧向承载力

续上表

加固技术	适用单元	适用范围	适用损坏形式	材料种类	材料易取性	施工速度	场地限制性	使用年限（年）	强度需求
增桩补强法	基础	稳固基础及提高地基承载力	裂缝、破裂、变形、压碎、折断、倾斜、位移	钢壳桩材、预铸桩材、型钢材、混凝土	可	慢，视现场环境而定	高	25～50	增强垂直及侧向承载力
增设连续壁法	基础	增强基础刚性，施工空间受限、施工时间长	裂缝、破裂、压碎、变形、折断、倾斜、位移、沉陷、隆起、混凝土剥落、钢筋外露	稳定药液、钢筋、混凝土	可	慢，视现场环境而定	高	25～50	提升基础刚性
加劲挡土墙法	桥台	抑制桥台倾斜、位移或沉陷	裂缝、破裂、变形、沉陷、隆起、倾斜、倾倒、混凝土剥落、钢筋外露	碎石材、加劲材、混凝土	可	慢，视现场环境而定	高	25～50	增加墙身抗弯、抗剪能力，稳定背填土，防止侧向位移
地锚补强法	桥台	抑制桥台倾斜、位移或沉陷	裂缝、破裂、变形、混凝土剥落、钢筋外露	预应力钢材、水泥砂浆	可	慢，视现场环境而定	高	25～50	增加墙身抗弯、抗剪能力，稳定背填土，防止侧向位移
置换伸缩缝法	伸缩缝	伸缩缝有错位或变形时应予以更换	破裂、变形、沉陷、隆起	伸缩缝装置	可	快，视现场环境而定	中	10～25	恢复伸缩缝原有功能
置换/修补支承法	支承	支承有裂纹或变形时应予以更换	裂缝、破裂、变形、压碎、位移、脱落	无收缩水泥砂浆、支承装置	可	快，视现场环境而定	中	10～25	恢复支承原有功能
地基改良法	基础	以灌浆固结、降低地下水位或置入加劲材提高土层承载力	沉陷、隆起、位移、倾斜	灌浆/止水药液、水泥砂浆、砂料、生石灰	可	慢，视现场环境而定	中	25～50	稳定软弱土层、提高承载力

二、基础修复加固技术措施

(一)扩大基础加固法

1. 特点及适用条件

扩大基础加固法,是指扩大桥梁基础底面积的加固方法。此法适用于基础承载力或埋深不足,而墩台又是圬工砌体或混凝土刚性实体的情况。当构造物基础具有较大的不均匀沉降,或者已经造成墩台偏斜时,可采取在刚性实体式基础周围施作圬工砌体或混凝土以扩大基础的承载面积(图 4-7),或在基础周边打入一定数量的桩以提高地基承载力,桩的数量根据地基变形计算来加以确定。

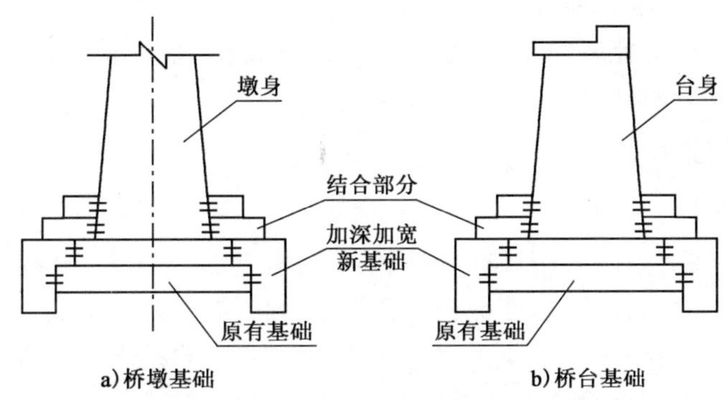

图 4-7 墩台扩大基础加固法

2. 附加影响

需要对基础所在位置进行开挖,开挖需要采取得力措施,确保墩台基础的稳定。

3. 力学特点

新老基础联结在一起,构成一个整体共同受力。

4. 设计计算

扩大基础底面积可由地基强度验算确定。根据《公路桥涵地基与基础设计规范》(JTG D63—2007)的规定,经过多年压实未受破坏的旧地基,其地基承载力按原有承载力的 1.5 倍进行计算。在扩大基础面积后,应能使墩台基底的单位压力减小到地基所能承受的允许应力范围之内。当地基强度满足要求而缺陷仅仅表现为不均匀沉降变形过大时,采用扩大基础底面积的加固措施,主要由地基变形计算来加以选定。

5. 工艺流程

墩台扩大基础加固的施工顺序如下:

(1)在加宽的范围内打板桩围堰,并对围堰进行加固。

(2)在围堰内基础外侧,开挖至必要的深度(注意墩台的安全)。

(3)把围堰内积水抽干。

(4)按照设计要求,在原墩台及其基础侧面凿孔并植入锚固钢筋。

(5)立模,浇筑混凝土并养护至设计强度。

6. 构造措施

扩大基础加固法应注意新老基础结合牢固,以防止发生裂缝,并且能使加固后的扩大基础能与原结构共同受力。其具体措施如下：

(1)将旧墩基础混凝土侧面凿毛，然后再浇注新加部分的混凝土。

(2)若原墩台身为浆砌片石砌体，则可将原墩身对应于新加部分的一面拆除表层的一部分石块，然后再砌新砌体，使新旧砌体犬牙交错，互相咬码。

(3)有条件的情况下，可制作一个强劲的钢筋混凝土箍，把新旧两部分统一箍紧。在其新旧结合附近局部加设加强钢筋，以保证该处不会产生缝裂。

(4)对于拱桥，可在桥台两侧加设钢筋混凝土实体耳墙，并将耳墙与原桥台用钢销联结起来，从而达到增大桥台基础面积、提高桥台承载力的目的。加固后耳墙与原桥台联结在一起，因此，既增加了竖向承压面积，又由于耳墙的自重而增加了抗水平推力的摩阻力。

7. 综合特点

扩大基础加固法，施工比较简单。缺点是它必须使新老基础联结成一体共同承受上部荷载，故其加固费用较高，而且加固效果也不易控制。

(二)增补桩基加固法

1. 特点及适用条件

增补桩基加固法，是指在桩式基础的周围补加钻孔桩或打入钢筋混凝土预制桩并扩大原承台，并将承台与桩顶联结在一起，使墩台的压力部分传递至新桩基，以此提高基础承载力，增加基础稳定性，如图4-8所示。这种加固方法的优点是不需要抽水筑坝等水下施工作业，且加固效果显著；其缺点是需搭设打桩架和开凿桥面，对桥头原有架空线路及陆上、水上交通均有一定影响。

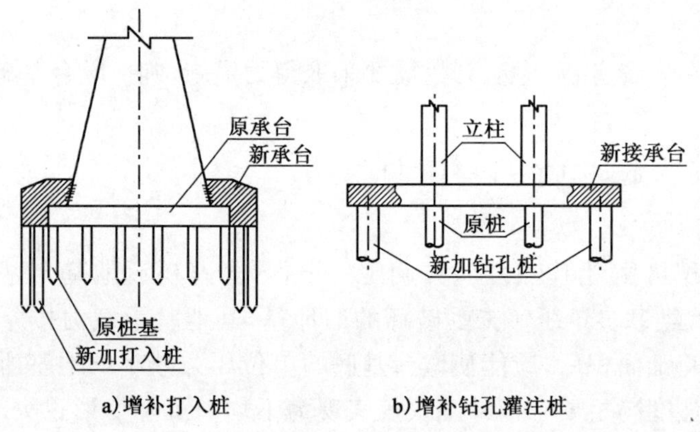

图4-8 增补桩基加固墩台基础

增补桩基加固法适用于以下情形：

(1)采用桩基础的改造拓宽项目，通过增加桩的数量，扩大承台面积，提高桥梁基础承载力。

(2)桥梁墩台基底下有软弱层，墩台发生沉陷，而桩的深度不足。

(3)由于风蚀、水蚀或冲刷等原因使桩基外露或发生倾斜时。

对于单排架桩式桥墩可采用打桩(或钻孔灌注桩)加固法，如原有桩距较大(为4～5倍桩径时)，可在桩间插桩；如原有桩距较小且通航净跨允许缩小时，可在原排架两侧增加桩数，成为三排式的墩柱。

当桥台承载力不足时，一般可在台前增加一排桩并浇筑盖梁，以分担上部结构传来的压力。打桩(或钻孔桩)时可利用原有桥面做脚手架,在桥面上开洞插桩。增浇的盖梁可单独受力,也可联结在一起,使旧盖梁、旧桩及新桩一起受力。

在对一些结构良好的老桥采用增补桩基实施下部结构的加固时,往往受桥下净空影响,不能满足常规机械的进入,可利用老桥的上部结构自重,以手动大吨位千斤顶,将预制桩无振动无噪声地嵌入土中。压入桩的承台与施工反梁合二为一,既有为静压施工传递上部恒载的反梁,又为加固的桥墩提供一个新老桩基共同受力的承台。

2. 附加影响

(1)增加的桩基会引起河床过水断面面积的减少,从而引起水流速度加大,这样将会加剧原有桩基的冲刷。

(2)通航净跨由于增加桩基而缩小。

(3)在桩间加桩时,较小的桩基中距,对桩基的承载力有一定影响。

(4)基础的整体性由于新旧桩基及承台的联结将有所降低。

3. 力学特点

桥梁荷载通过桩基础传递给地基,垂直荷载一般由桩底土层抵抗力和桩侧与土产生的摩阻力来支承。由于地基土的分层和其物理力学性质不同,桩的尺寸和设置在土中方法不同,都会影响桩的受力状态。从桩的受力上分析,增补桩基加固法常采用摩擦桩和嵌岩桩两种桩基形式。

摩擦桩在设计范围内总是桩周摩阻力首先充分发挥作用,而这时桩尖阻力仅占很小的一部分。桩侧极限摩阻力的大小不仅与桩侧土层和成桩工艺有关,而且与桩的入土深度有关。

当桩的入土深度超过一定深度后,侧阻不再随深度增加而增大,呈现临界深度,临界极限摩阻力大约在 25m 深度处发生。

嵌岩桩是指桩底直接支承在基岩上的桩,桩的沉降甚微,桩侧摩阻力可忽略不计,全部垂直荷载由桩底岩层抵抗力承受。

4. 构造措施

(1)桩的构造、布置和中距

①钻孔桩设计直径(即钻头直径)不宜小于 80cm。

②混凝土强度等级,钻孔桩不低于 C15,水下混凝土不低于 C20,打入桩不低于 C25。

③钢筋混凝土沉桩的桩身应按运输、沉入和使用各阶段内力要求通长配筋。桩的两端或接桩区箍筋或螺旋筋的间距需加密。

④加桩与原桩可采用对称布置。

⑤采用摩擦桩时,钻孔桩中距不得小于成孔直径的 2.5 倍,打入桩在桩尖处的中距不得小于桩径(或边长)的 3.4 倍,且在承台底面处的中距均不得小于桩径(或边长)的 1.5 倍。

⑥采用嵌岩桩时,桩基中距不宜小于桩径(或边长)的 2.0~2.5 倍。

⑦边桩外侧与承台边缘的距离,对于直径(或边长)小于或等于 1m 的桩,不得小于 0.5 倍桩径(或边长)并不小于 25cm;对于直径(或边长)大于 1m 的桩,不得小于 0.3 倍桩径并不小于 50cm。

(2)混凝土承台的新旧连接

加桩时,可扩大原有承台尺寸或在原有承台上再加一层新承台,把上部传来的荷载通过新承台传递到新桩。为使上部荷载由墩身很好地传递给新建承台,可在新建承台与既有承台接触范围内，将原承台凿成锯齿状剪力键，设置钎钉；也可采用植筋法连接新老承台，即通过植入的钢筋承接和传导弯矩及剪力，并使新旧混凝土形成有机整体，以达到扩大原承台尺寸的目的。

为加强新旧混凝土的结合，应把原承台有蜂窝或空洞缺陷部分尽可能凿除，并对新承台下的加桩顶部分进行凿毛处理，使之露出新鲜混凝土，让混凝土表面保持湿润、清洁。在完成以上工作后，立即在钢筋及其周围的混凝土上涂抹一层水泥浆液或其他胶黏剂，把浆液仔细地刷进混凝土内并均匀地刷到钢筋上；同时，在浆液涂抹尚未凝固时，立即浇注新的混凝土。

5. 综合特点

采用增补桩基加固法提高基础承载力及增加基础稳定性是比较可靠的方法，但在施工过程中，往往涉及水中施工，使得桩基础、新旧承台连接施工难度加大，施工期需部分中断交通。

(三)高压旋喷注浆加固法

1. 特点及适用条件

高压旋喷注浆加固法，是指利用钻机把带有喷嘴的注浆管钻入土层的预定位置，旋转并以一定的速度提升，同时将浆液或水以高压流的形式从喷嘴里射出，冲击破坏土体，高压流切割并搅碎土层，使其呈颗粒状分散，一部分被浆液和水带出钻孔，另一部分则与浆液搅拌混合，随着浆液的凝固，形成具有一定强度和抗渗能力的固结体，从而对地基进行加固的一种加固方法。高压旋喷注浆法加固墩台基础的情况如图 4-9 所示。

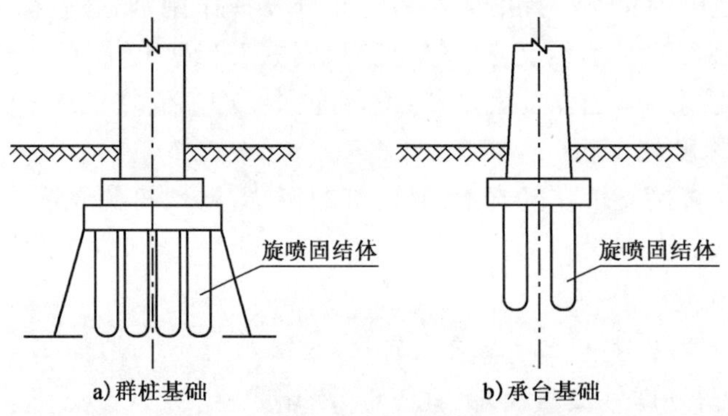

图 4-9　高压旋喷注浆加固墩台基础

高压旋喷注浆加固法的特点如下：

(1)使用范围较广，既可用于工程新建之前，又可用于工程修建之中，特别是用于工程落成之后。

(2)施工简便。

(3)浆液集中，流失较少。旋喷时，除一小部分浆液由于采用的喷射参数不适，沿着管壁冒出地面外，大部分浆液均聚集在喷射流的破坏范围内，很少出现在土中流窜到很远地方的现象。冒出地面的浆液经沉淀、去砂和析出清水过滤后，可重复使用。

(4)固结体形状可控制。为满足工程需要，在旋喷过程中，可调整旋喷速度和提升速度，增减喷射压力或更换喷嘴孔径改变流量，使固结体成为设计所需要的形状。

(5)确保固结体强度。采用不同的浆液种类和配方，即可获得所需的固结体强度。

(6)有较好的耐久性。在一般软弱地基中加固，和其他工艺相比，因其加固结构和适用范围不同，加固效果虽不能一概而论，但从使用的浆液性质来看，能预期得到稳定的加固效果并有较好的耐久性能。

(7)使用材料来源广，价格低廉。喷射的浆液以水泥为主，化学材料为辅。除在要求速凝超早强时使用化学材料外，一般的地基工程中均使用料源较广、价格低廉的32.5级或42.5级普通硅酸盐水泥。此外，还可在水泥中加入一定数量的粉煤灰，既利用了废料，又降低了注浆材料的成本。

(8)设备简单、管理方便。旋喷的全套设备均为国产定型产品，结构紧凑、体积小、机动性强、占地少，能在狭窄和低矮的现场施工，施工管理简便。在旋喷过程中，通过对喷射的压力、吸浆量和冒浆情况的量测，即可间接地了解旋喷的效果和存在的问题，以便及时调整旋喷参数或改变工艺，保证固结质量。

(9)生产安全。高压设备上有安全阀或自动停机装置，当压力超过规定时，阀门便自动开启泄浆降压或自动停机，不会因堵孔升压造成爆炸事故。

(10)旋喷注浆使用的机具振动小，噪声低，不会对周围建筑物带来不良影响。此外，注浆材料以水泥为主，更不存在污染水域、毒化饮用水的问题。

高压旋喷注浆法适用于处理淤泥、淤泥质黏土、黏性土、粉土、黄土、砂土、人工填土和碎石土等地基，但对于土中砾石直径过大、砾石含量过多及有大量纤维质腐殖土的情况，则应根据现场试验结果确定其适用程度。该方法主要用于增加地基强度、挡土围堰及地下工程建设、增大土的摩擦力及固结力、减小振动防止砂土液化、降低土的含水率、防止洪水冲刷和防渗帷幕七类工程。

2.附加影响

旋喷注浆过程中对土体的扰动，对既有基础的沉降有一定的影响。

3.力学特点

(1)固结体和原土层共同受力。

(2)固结体的形变模量较土层大很多倍。

(3)固结体和土体的受力在时间上不同步，一般是土体已达到或接近其极限强度以后，固结体才进入工作状态。

4.综合特点

高压旋喷注浆加固法，用途广泛，加固地基的质量可靠，效果好，成本低，加固效果明显，且施工便捷，目前已逐渐成为我国常用的对桥梁墩台基础处理方法之一。

(四)顶推法调整拱桥拱脚水平位移加固法

1.特点及适用条件

桥台发生水平位移使拱顶区段的正弯矩增大，因此在该区段产生径向裂缝，当这种裂缝宽度为0.2mm以下时是容许的，如果径向裂缝过宽、过密，甚至伴随有环向裂缝，使主拱圈截面强度严重削弱以致破坏。这时可采取顶推工艺调整拱体内力，消除桥台位移引起的病害。通过顶推后，主拱的原有裂缝基本消失或有所缩小，拱顶下沉都能得到不同程度的恢复，拱的抗弯刚度也有所提高。

此法适用于可能发生桥台位移或已发生桥台位移(水平位移小于$L/1\,160 \sim L/158$且趋于稳定)的钢筋混凝土刚架拱桥、桁架拱桥和双曲拱桥，这种工艺也可作为调整拱桥应力的一种措施。

2. 附加影响

采用顶推法进行加固，须拆除腹拱和截断拱脚处受力钢筋，其应力释放有一定的风险。

3. 力学特点

拱桥在竖向荷载作用下，拱的两端支承处除有竖向反力外，还有水平推力。该水平推力可减小拱内弯矩，使拱结构主要承受压力，而弯矩、剪力较小。水平力的工作状态决定了拱桥的工作状态，是保持拱桥结构性能、稳定性和寿命的重要因素。

4. 施工工序

整个顶推工艺主要操作程序为：

(1)准备工作

熟悉顶推拱桥设计、施工、竣工等文件以及养护期间的有关资料和现场情况。根据拱桥实际状况，做好顶推时各截面的内力和应力分析，制订具体顶推方案，编制顶推施工组织、材料、机具、设备、仪表的预算表。

准备顶推机具和观测用的仪器。对油路系统各部件(千斤顶、高压油泵、高压胶管、压力表、分油器)预先进行标定，检查有无漏油现象，检验标定观测仪器。在顶推端边肋、主拱圈各控制截面设置观测点和观测监控设备。

凿空拱脚四周的混凝土，使其周边脱离桥台；加固、顶撑拱脚部位腹孔；处理桥面伸缩缝，以利于顶推时桥面能够自由移动；切断拱脚锚固钢筋。

划出作业工区，铺好草袋围堰，搭设脚手架并做好断道、断航和交通分流工作，确保施工现场安全。

(2)安装工作

①钻孔和制作横隔梁。

用横隔梁顶推法，需根据横隔梁设计，按样板在拱肋、拱波处钻孔，成孔位置要求均匀。成孔后穿入高强螺栓，按设计要求浇筑横隔梁。

用钢夹具法时，用电钻在拱脚附近钢夹具安装部位按样板钻孔，成孔后用高强螺栓穿入检试。为加强端部主拱圈的整体性，使用本法时也需在拱脚部分制作钢筋混凝土横系梁。

②顶推用的高强螺栓使用前先对高强螺栓做拧紧螺母的试验，确定需要的扭矩。安装前在螺母及螺杆丝扣处涂抹黄油以及螺母和垫圈的接触面涂抹黄油，以减少摩阻力。

③安装钢夹具。

安装前，钢夹具底板与拱波接触面要凿毛，并防止油腻侵入内表面，使夹具有足够摩擦力来传递顶推力。

安装时，与夹具接触的混凝土表面必须平整，凹凸不平处，需做砂浆抹平层。为确保接触面密贴，中间要选用三合板等作衬垫，垫板厚度不宜超过 1cm。

④安装千斤顶。

按千斤顶设计的数量和间距布置千斤顶，千斤顶尽量靠近主拱圈轴心线布置，并使其合力尽量作用在主拱圈的轴心线上。

(3)顶推施工

根据需要可以采取单边顶推或双边顶推。顶推前需将顶推端对岸的伸缩缝处理好。

每次正式顶推前，均需进行试顶和演习，试顶推距离约为 5mm。观察指挥系统是否正常；各拱肋进程是否同步；油路系统有无漏油，压力表有无异常现象；夹具有无滑动，千斤顶底座垫板是否密贴。如发现问题要在千斤顶油压回零以后进行检修,切忌带压检修。

试顶推正常后减压回零。拱脚恢复到原来位置,准备正式顶推。

(4)监测工作

各级顶推时,应测量顶推端拱脚截面两侧的位移量(水平、竖向);桥台变位(水平位移、沉降、转动),桥纵轴线变化;拱肋主要截面下缘高程或对应截面的桥面路缘石高程;控制截面应变值。同时监视桥面与路缘石变形,桥端伸缩缝宽度等变化情况,注意顶推时伸缩缝不能被顶死或堵死。

监测工作要指定专人负责,指派有丰富经验的人员担任监测员,监测的仪器必须可靠,操作人员要认真负责,各项测量记录要随时整理,在确认正常时,由指挥人员发令,才能进行下一级顶推。

顶推时,如发现路缘石出现新的裂缝,顶推水平位移不均匀或超过规定值,主拱圈或桥台变形有异常现象,油路有异常现象,应暂停顶推,查明原因,研究处理。

(5)空缝填塞

预先对填塞空缝用的高强快凝砂浆或小石子混凝土进行试验,确定其配合比。顶推后,将空缝认真冲洗,然后立即填塞快凝砂浆或小石子混凝土,仔细捣实、养护,并指定熟练工人守夜值班,维持千斤顶油压不变,直至砂浆强度完全符合要求为止。

(6)拆除顶推机具

当高强快凝砂浆或小石子混凝土强度达到规定强度后,拆除顶推机具。

(7)修补工作

顶推工作完成后修补腹拱及桥面结构。

5. 构造措施

(1)做好两桥台上方带三铰腹拱孔的支护,凿除顶推伸缩缝隙顶推作业时,要确保拱上建筑安全。顶推伸缩设在非顶推端拱脚附近桥面上,缝宽要适当,一般为顶推水平距离的一半加 3cm。

(2)安装钢夹具时要确保与主拱圈上下缘面接触密贴。为此,主拱圈的表面要局部凿平,抹砂浆垫层,安装钢夹具要加垫三合夹板或其他垫板来调整。高强螺栓的预拉力要符合设计要求,钢夹具的加工样板与工地安装用的钻孔样板要严格一致,事先标定高强螺栓达到要求预拉力时的所需扭矩,安装时逐个进行扭矩测定。

(3)千斤顶的安装要保证顶底面钢板平整、密贴,千斤顶安装尽量靠近主拱圈内外表面,千斤顶合力作用点尽量与拱桥设计要求的合力位置相符。

(4)顶推过程中应保证桥面伸缩缝留有空隙,并做好相关措施防止掉进杂物导致被顶死而影响顶推。

6. 工序质量控制与加固工程质量检验评定方法

(1)工序质量控制

严格按照施工工序及构造措施要求来保证施工质量,加固施工的质量控制按现行《公路桥涵施工技术规范》(JTG/T F50)要求进行,重点控制拱脚处截断钢筋和顶推施工。

(2)加固工程质量检验评定方法

①基本要求:所用材料的种类、型号、规格、数量和质量应符合有关规范及设计要求;按设计要求的程序进行施工。

②实测项目:实测项目参照现行《公路工程质量检验评定标准　第一册　土建工程》(JTG

F80/1)等相关规定进行检验评定。

7. 综合特点

该加固方法可以消除桥台位移引起的病害，拱的抗弯刚度也有所提高。施工过程中基本上不阻碍桥下通航，桥面交通中断时间较短。因此顶推法是一种较为简便经济的，能在较短时间内奏效的加固办法。

三、墩台修复加固技术措施

墩台修复加固主要采用外包钢加固法、复合钢套管法及增大混凝土截面法等方式进行加固，现简介如下。

(一)外包钢加固法

1. 特点及适用条件

外包钢加固法施工简便、效果直观明显、对环境影响小、成本低，不显著增大原构件截面尺寸和自重，但可大幅度提高其承载能力。

外包钢加固法用于提高以受压为主构件(桥墩、拱肋、桁架杆等)的承载力、刚度及延性，适用的环境温度在−20～60℃范围内，适用于相对湿度不大于70%且无化学腐蚀的地区。

2. 附加影响

(1)须对结合面进行处理，并钻埋螺栓孔，对原结构有一定损伤。

(2)钢材需作防腐处理，增加了日后养护的费用。

3. 材料要求

(1)钢材

外包钢采用的型钢、钢板、扁钢和钢管，以3号钢、16号锰钢为宜；钢材、连接螺栓及焊缝的强度设计值，应按现行钢结构设计规范规定采用。

(2)混凝土

被加固构件混凝土强度等级不宜低于C20，表面应凿除疏松杂质，露出新鲜密实混凝土。

(3)连接材料

①湿式外包钢法中，当采用化学浆液灌浆连接时，其浆液组成在工程应用前应进行试配，选择可灌性好、收缩性小、黏结强度高、固化时间可调整、耐久性好，且材料是无毒或低毒的浆液。

②外包钢材与原混凝土宜采用膨胀螺栓或植入钢筋连接，以保证两者协同工作，其质量应符合有关技术标准的规定。

4. 力学特点

干式外包钢加固法受力简单直观，外包钢可以按刚度比分担原结构的荷载，加固效果明显。

湿式外包钢加固法除角钢可以分担原结构的荷载外，外套扁钢箍可以对核心混凝土产生约束作用，提高其受压强度，加固效果要比干式外包钢加固法好。

5. 工艺流程

(1)构件表面处理

刷除构件表面油垢污物，然后对黏合面打磨，直到完全露出新鲜密实混凝土，并用压缩空气去除粉尘。

构件表面打磨平整后，涂刷环氧树脂浆，或填抹乳胶水泥、水泥砂浆等找平材料。

对于龄期在3个月以内，或湿度较大的混凝土构件，外包钢加固前须进行人工干燥处理。

(2)钢材黏合面处理

对钢材表面进行除锈打磨，直至出现金属光泽。打磨粗糙度越大越好，打磨纹路尽量与钢板受力方向垂直。最后用脱脂棉蘸丙酮擦拭干净。

(3)角钢、缀板制作

根据设计及构件的实际尺寸现场进行下料，以使钢材与原构件更好地贴合。

(4)固定

在处理好的柱角处涂抹乳胶水泥、水泥砂浆，厚度5mm；并立即将角钢粘贴上，然后用夹具在两个方向上将柱四角的角钢夹紧，夹具间距600mm左右，再将扁钢箍与角钢焊接。整个焊接过程应在胶浆初凝前完成。

(5)填塞胶泥

对于湿式外包钢加固法，应在型钢与原结构之间填塞胶泥，使二者结合密实。

(6)防腐处理

按设计要求，对钢材进行防腐处理。

6. 构造措施

(1)外包角钢时，角钢厚度不应小于3mm，也不宜大于8mm。角钢边长，对于梁不宜小于50mm，对于柱不宜小于75mm，对于桁架不宜小于50mm。扁钢箍截面不应小于25mm×3mm，其间距不宜大于$20r$(r为单根角钢截面的最小回转半径)，且不应大于50mm。

(2)外包型钢两端应有可靠的连接和锚固。

(3)锚固螺栓的直径不宜小于10mm，间距不宜大于$20(d+2\delta)$(d为锚固螺栓直径，δ为型钢厚度)。

(4)当采用环氧树脂化学灌浆外包钢加固时，扁钢箍应紧贴混凝土表面，并与角钢平焊连接。当采用乳胶水泥浆粘贴外包钢时，扁钢箍可以焊于角钢外面。

(5)型钢及其邻接的混凝土表面，应进行密封防水、防腐处理。如采用水泥砂浆抹面，其厚度不应小于25mm。

7. 工序质量控制

工序质量控制以目视和锤击检查为主，重点检查结合面处理、预埋、固定等工序。要求对外包钢的粘贴性能进行试验，以确保外包钢能够与原结构共同受力。

8. 综合特点

(1)外包钢加固法可以直观地提高构件的承载力。

(2)施工方便简单。

(3)从技术经济角度讲，外包钢加固法用于受压构件最为合理，受弯构件次之。

(二)复合钢套管法

1. 特点及适用条件

当桥墩在地震作用下发生严重开裂、压溃或剪切破坏，而基础基本无损伤时；或根据现行《公路桥梁抗震设计细则》(JTG/T B02-01)的设防标准，对桥梁进行抗震评估，桥墩的承载能力和延性不能满足规范要求，需要对墩柱进行抗震加固时，可采用复合钢套加固法对墩柱进行加固。复合钢管混凝土结构具有承载力高、延性好、抗震性能优越、施工方便及综合经济效益显著等优势，因此很适合用作桥梁的墩柱及其加固，已在日本等地震多发国家得到广泛应用。

复合钢管混凝土结构优越性主要体现在以下方面：

(1)能够充分发挥钢管混凝土结构抗压强度大的优势。

(2)施工便捷,速度快,钢管本身既是承重结构又是外模,具有快速安装施工的优势。

(3)经济效益显著。理论分析和工程实践都表明,钢管混凝土与钢结构相比,在保持自重相近和承载力相同的条件下,可节省钢材约50%;与普通钢筋混凝土相比,在保持用钢量相近和承载力相同的条件下,构件的截面面积可减少约50%。

(4)延性好,耗能性能好,具有良好的抗震性能。

加固方法:圆形墩柱可采用圆形钢管外包,再内灌混凝土予以加固(图4-10);矩形墩柱可采用椭圆形钢套外包,再内灌混凝土予以加固(图4-11);对于地震作用下已发生破坏的大尺寸、深水域的方形墩柱,可采用下沉钢套箱外包,再内灌混凝土予以加固。

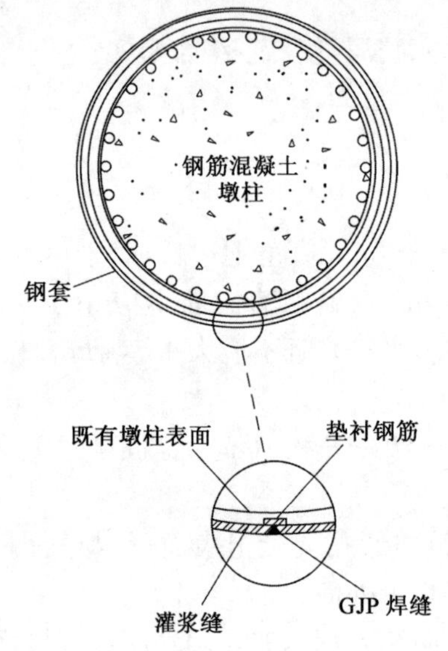

图4-10　圆形墩柱的钢套加固方法

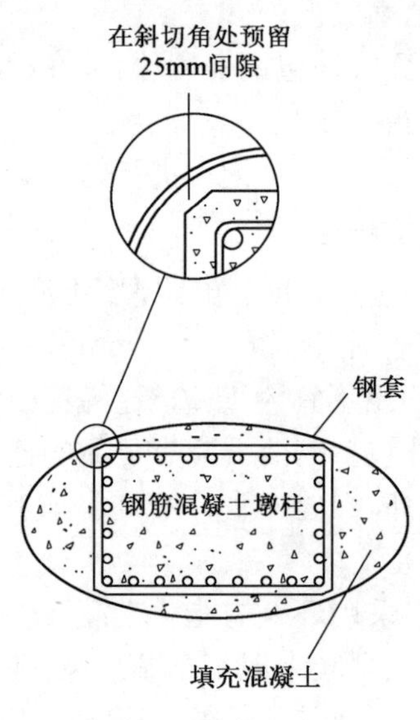

图4-11　矩形墩柱的钢套加固方法

当桥墩只是进行抗震加固时,一般采用圆形或椭圆形钢套对墩柱进行加固,且钢套的内径比墩柱直径略大;当墩柱在地震作用下已发生严重开裂、压溃或剪切破坏时,钢套直径根据墩柱破坏程度适度增大,以满足桥墩承载能力和延性的要求(图4-12、图4-13)。

圆形墩柱采用钢管外包加固时,宜采用两块半圆形的钢管现场沿竖向接缝焊接而成,钢管与墩柱之间的空隙中灌注微膨胀水泥砂浆或微膨胀混凝土。矩形墩柱采用椭圆形钢套外包时,钢套与墩柱之间的空隙灌注微膨胀混凝土。

图4-12　圆形墩柱剪切破坏实例

图4-13　圆形墩柱复合钢套加固实例

2. 附加影响

由于钢套与墩柱之间浇注混凝土时所产生的静水压力作用可能导致钢套变形，特别是对于包裹矩形墩柱的椭圆形钢套来说必须加以考虑这种影响。由于钢套与既有混凝土墩柱四角之间的间隙很小，很有可能妨碍混凝土的流动，可能必须得在椭圆钢套加固的矩形墩柱外的所有四个突出部位设置灌浆孔，并要求混凝土应当近似等量对称灌注。

3. 力学特点

圆形或椭圆形钢套可以提供有效的被动约束，但是这种约束薄壳效应只有在混凝土墩柱发生的径向膨胀引起钢套环向应力时才能产生。这种径向膨胀发生的原因是混凝土中较高的轴向压应力引起的膨胀、钢筋搭接附近竖向裂缝在纵向钢筋周围引起的扩张，以及随着墩柱剪切斜裂缝的发展引起的类似径向膨胀。采用圆形或椭圆形钢套加固墩柱在受弯和受剪方面都具有良好的性能，不但能够有效提高桥墩的弯曲强度及弯曲延性，还能防止在塑性铰区搭接的主筋可能发生的搭接破坏。在抗剪加固时，钢套应与桥墩同长。试验表明，即使是剪跨比很小的桥墩，在采用钢套加固后也表现出了很好的耗能能力，并且由脆性剪切破坏转变成延性破坏。但是，如果椭圆的轴较长，可能必须得用系杆加强，或者是在中央位置钻穿墩柱用拴筋来支撑，这样将有助于取得所需要的约束作用。

钢套管提高弯曲强度，可通过在钢套管内壁涂上浸砂环氧黏结剂的方式实现。在套管内壁，使用由焊接的环箍、钢筋或焊缝组成的剪力环来达到这一目的，可用高强黏结剂将钢板黏结在既有墩(柱)的表面。通过锚栓将承台与墩柱底部钢套连接起来还可以起到提高钢套管端部的强度。试验结果表明：假如可以保证锚固螺栓自身的承载能力，增加弯曲强度和延性的加固技术是有效的，同时也表明锚固平面的挠曲屈服是耗能的有效方法。

4. 设计计算

钢管外包加固设计时，为了保证外包钢管对旧混凝土的有效约束，钢管壁厚应满足如下要求：

$$t \geqslant \frac{f_l D}{400} \qquad (\text{mm})$$

式中：D——外包钢管内直径；

f_l——对应于外包钢管屈服时混凝土的横向约束应力(MPa)。

5. 工艺流程

(1)搭设贝雷支架或钢管支架对盖梁或梁板进行临时支撑。对于未发生严重破坏的桥墩可以省略此步骤。

(2)搭设安全工作平台。

(3)墩柱表面处理。

(4)钢套制作安装。

(5)钢套焊接。

(6)高流动性自密实混凝土填充破坏面及钢管与原钢筋混凝土墩柱之间的空隙。

(7)钢管防锈处理。

四、梁板修复加固技术措施

(一)粘贴纤维加固法

1. 特点及适用条件

碳纤维(CFRP)片材具有轻质高强、操作简单、易于粘贴、不锈蚀的优点，可用于抗弯、抗剪、抗压(偏心受压)及抗震等多种形式的加固。

该方法适用于混凝土梁桥、板桥的抗弯和抗剪加固。对于配筋率较低或钢筋锈蚀严重的旧桥,加固效果尤为显著;也适用于混凝土墩柱的抗剪、抗压补强,抗震延性补强以及地震破坏后的修复等。其适用性见表4-3。

CFRP片材对于各种加固类型的适用性 表4-3

加固类型		CFRP 板	CFRP 织物
梁桥加固	抗弯	最佳适用	适用
	抗剪	适用	最佳适用
板梁加固	抗弯	最佳适用	适用
	抗剪		
墩柱加固	抗剪	适用	最佳适用
	抗偏压	适用	最佳适用
	抗震		适用
薄壁墙加固	抗弯	最佳适用	适用
	抗剪		最佳适用
	抗震	适用	适用

需要注意的是,在采用该技术加固时必须严格遵守材料商提供的对碳纤维片材和黏结剂等的环境要求(如温度、湿度等)。

2. 材料要求

纤维片和黏结剂必须由供应商配套提供,并同时给出材料的各项性能指标,其指标应满足设计和《公路桥梁加固设计规范》(JTG/T J22—2008)等相关要求。

3. 力学特点

碳纤维片材受拉时呈线弹性关系直至破坏,其脆性性能与钢筋的延性有明显的区别:一方面,碳纤维片材不具备钢筋所拥有的延性,加固后结构的延性将受到限制;另一方面,由于碳纤维片材的延性缺乏,构件中的应力重分布将受到约束。因此,在粘贴碳纤维片材的结构设计中不能简单地将碳纤维片材作为钢筋的替代物,必须考虑碳纤维片材的脆性特点。

4. 设计原则

(1)混凝土桥梁结构自重大,加固时不能完全卸载,必须考虑二次受力。

(2)混凝土桥梁结构尺度大,由试验室条件下得到的经验公式不一定都能适用于桥梁结构的加固,因此必须对这些公式进行修正,如修正安全系数等。

(3)加固设计计算时,所有的设计状况和荷载组合都必须考虑到,计算过程包括承载能力极限状态和正常使用极限状态的验算。一般情况下,正常使用极限状态将控制加固设计。

(4)承载力极限状态的验算中要考虑到可能发生的各种破坏形态。通常将破坏模式分为两大类,即粘贴碳纤维片材后能整体工作的构件与不能整体工作的构件(如发生片材脱落等早期破坏的情况)。

(5)正常使用极限状态的验算包括:应力的限制,以避免钢筋的屈服、混凝土的破坏或过度徐变和CFRP的断裂;变形的限制;开裂的限制(包括黏结界面),以保证结构的耐久性与黏结的完整性。

(6)意外的设计情况(即特殊的设计)应考虑由于撞击、故意破坏或火灾等引起的碳纤维片材的脱落。

5. 工艺流程

粘贴 CFRP 片材加固的一般施工工艺流程如图 4-14 所示。

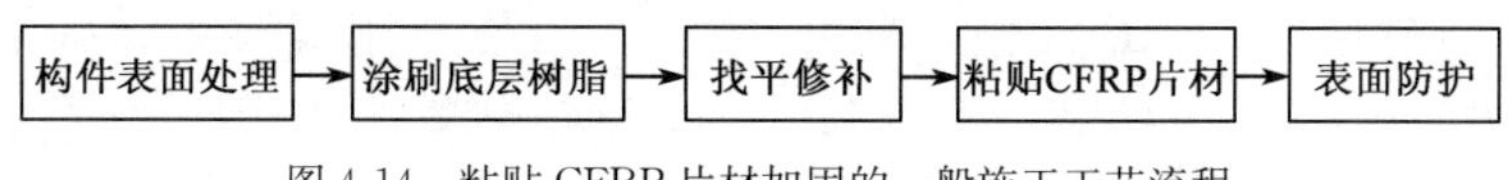

图 4-14 粘贴 CFRP 片材加固的一般施工工艺流程

(1)构件表面处理

①清除构件表面的剥落、疏松、蜂窝、腐蚀等劣化混凝土,对较大面积的劣质层,在剔除后应用聚合物水泥砂浆进行修复。

②检查外露钢筋是否锈蚀,如有锈蚀应进行除锈处理。

③对于裂缝部位,应先进行灌缝或封闭处理。

④用混凝土角磨机、砂轮(砂纸)等工具,除去混凝土表面的浮浆、油污等杂质,直至完全露出新鲜面。构件基面的混凝土要打磨平整,尤其是表面的凸出部位要磨平。转角粘贴处要进行倒角处理并打磨成圆弧状,圆弧半径不小于 20mm。

⑤用吹风机将混凝土表面清理干净并保持干燥。

(2)涂刷底层树脂

①按产品供应商提供的工艺要求配制底层树脂。

②用滚筒刷或毛刷将胶液均匀涂抹于混凝土构件表面,厚度不超过 0.4mm,并不得漏刷或出现气泡、胶液流淌等现象。待胶液固化后(固化时间视现场气温而定,以手指触感干燥为宜,一般不少于 2h),再进行下一道工序。

(3)找平修补

①按产品供应商提供的工艺要求配制找平材料(通常用环氧腻子)。

②混凝土表面凹陷部位应用刮刀嵌刮,找平材料修补填平,模板接头等易出现高差的部位应用找平材料填补,尽量减少高差。

③转角的处理,应用找平材料将其修补为光滑的圆弧,半径不小于 10mm。

④须等找平材料固化后(固化时间视现场气温而定,以手指触感干燥为宜,一般不少于 2h),方可进行下一道工序。

(4)粘贴 CFRP 片材

粘贴 CFRP 布的工艺与粘贴 CFRP 板有所不同,粘贴 CFRP 布或织物时,按以下步骤进行:

①按设计要求的尺寸裁剪 CFRP 布。

②按产品供应商提供的工艺要求配制浸渍树脂,然后用滚筒刷将浸渍树脂均匀涂抹于所粘贴部位,在搭接、拐角部位适当多涂抹一些。

③将 CFRP 布贴到涂抹有浸渍树脂的构件表面上,然后用专用滚筒在 CFRP 布表面沿同一方向反复滚压,直至树脂渗出 CFRP 布外表面,挤除气泡,使浸渍树脂充分浸透 CFRP 布。

④多层粘贴应重复以上步骤,且应在上一层 CFRP 布表面手指触感干燥后,立即进行下一层 CFRP 布的粘贴。

⑤在最外一层 CFRP 布的外表面均匀涂抹浸渍树脂。

粘贴 CFRP 板时应按以下步骤进行:

①按设计要求的尺寸裁剪 CFRP 板。

②按产品供应商提供的工艺要求配制浸渍树脂。

③将 CFRP 板表面的粉尘、油污等擦拭干净。如需粘贴两层时，对底层的 CFRP 板两面均应擦拭干净。

④擦拭干净 CFRP 板后，立即涂刷黏结树脂，树脂应呈起伏状，平均厚度应不小于 2mm。

⑤将涂有黏结树脂的 CFRP 板轻压粘贴到构件上，用专用滚筒顺纤维方向均匀平稳压实，使树脂从两边溢出，确保黏结密实无空洞。当平行粘贴多条 CFRP 板时，两相邻板条间隙应不小于 5mm。

⑥粘贴两层 CFRP 板时，应连续粘贴。如不能立即粘贴，再次粘贴前应对 CFRP 板重新擦拭干净。

(5)表面防护

涂刷表面防护涂料，防止紫外线造成 CFRP 片材老化。

6. 工序质量控制与加固工程质量检验方法

(1)工序质量控制

工序质量控制以目视检查和锤击为主，重点检查缺陷修补、构件表面处理、涂刷底层树脂和粘贴 CFRP 片材等工序。

①CFRP 片材在运输、储藏中不得受挤压，以免 CFRP 片材受损；不得直接日晒和雨淋。黏结材料应阴凉密闭储存。

②各工序的质量控制，在每一道工序完成后督促操作小组自检，确认合格并提请技术员检查认可后才能进行下道工序，否则必须返工至合格为止。

(2)加固工程质量检验方法

①基本要求

所有进场材料，包括 CFRP 片材和黏结材料，应符合质量标准，并具有出厂合格证，其各种性能指标及技术参数均应符合设计和相关规范的要求，适合现场温度、湿度条件。

应严格按有关规范进行各工序隐蔽工程检验与验收，如质量不能满足相关条款要求时，应立即采取补救措施或返工。

CFRP 片材实际粘贴面积、搭接长度等符合设计要求。

必要时可对 CFRP 片材和配套树脂黏结材料进行现场取样检验。

CFRP 片材与混凝土之间的黏结质量可用小锤轻轻敲击或手压 CFRP 片材表面的方法来检查，总有效黏结面积不应低于 95%。当 CFRP 片材的空鼓面积小于 10 000mm^2 时，可采用针管注胶方式进行补救；当空鼓面积大于 10 000mm^2 时，宜将空鼓处的 CFRP 片材切除，重新搭接贴上等量的 CFRP 片材，搭接长度应不小于 100mm。

②实测项目

实测项目参照现行《公路工程质量检验评定标准　第一册　土建工程》(JTG F80/1)相关规定进行检验评定，特殊实测项目见表 4-4。

特殊实测项目　　表 4-4

项次	检验项目	合格标准	检验方法	频率(%)
1	构件表面处理	满足设计要求	目测	100
2	粘贴位置	偏差小于 10mm	用尺量	100
3	粘贴质量	有效黏结面积≥95%	指压和敲击	20
4	现场取样检验	混凝土破坏	取样机	2～3

7. 综合特点

(1)粘贴 CFRP 片材加固混凝土桥梁,对于配筋率较低或钢筋锈蚀严重的梁、板进行抗弯和抗剪加固,可以取得很好的效果;对于配筋率较高的梁、板,仅采用粘贴 CFRP 加固往往达不到要求的加固效果,此时可以考虑采用混合加固方法。

(2)对于混凝土墩柱,粘贴 CFRP 片材进行抗压或抗震加固效果显著,对震后墩柱的修复也有较好的效果。

(二)粘贴钢板加固法

1. 特点及适用条件

主梁承载力不足,或纵向主筋出现严重的锈蚀,或梁板桥的主梁出现严重横裂缝,可用黏结剂及锚栓将钢板粘贴锚固在混凝土结构的受拉缘或薄弱部位,使其与结构形成整体,以钢板代替增设的补强钢筋,提高桥梁的承载能力。

粘贴钢板加固适用于受弯、受剪和受拉构件,适用的环境温度在－20～60℃范围内,适用于相对湿度不大于 70%且无化学腐蚀地区。

2. 附加影响

(1)须对结合面进行处理,并钻埋螺栓孔,对原结构产生损伤。

(2)钢板需作防腐处理,增加了日后养护的费用。

3. 力学特点

在适筋范围内,随着荷载的增加,原梁中钢筋屈服,钢板随着也达到屈服,随即混凝土被压碎而破坏。

对粘贴钢板加固受弯构件,破坏前外贴钢板与混凝土之间具有较好的粘贴性能,可以保证钢板与被加固构件间的共同工作,并保证钢板达到屈服强度。但是,进入破坏阶段后,多数构件钢板与混凝土之间发生局部剥离,沿板与混凝土交界面出现较长的顺筋裂缝,混凝土被撕裂,因此导致构件破坏。

对粘贴钢板加固受剪构件,构件的破坏类似于普通钢筋混凝土受剪构件,首先出现斜裂缝,然后裂缝不断发展,钢板应力明显增大,最后构件破坏。但是,在构件受力过程的后期,明显可以观察到锚固端的局部损伤,甚至剥离。

抗弯受拉区和抗剪区粘贴钢板的加固设计计算方法见现行《公路桥梁加固设计规范》(JTG/T J22)等相关要求。

4. 工艺流程

(1)加固构件结合面处理

对很旧很脏的混凝土构件的黏合面,应先用硬毛刷蘸高效洗涤剂,刷除表面油垢污物后用冷水冲洗,再对黏合面进行打磨,除去 2～3mm 厚表层,直至完全露出新鲜面,并用压缩空气除去粉尘。处理后,若表面严重凹凸不平,可用环氧树脂砂浆修补。

如果混凝土表面不是很脏很旧,则可直接对黏合面进行打磨,去掉 1～2mm 厚表层,用压缩空气除去粉尘,用脱脂棉蘸丙酮擦拭表面。

对于新混凝土黏合面,先用角磨机将黏合面磨平,再用钢丝刷将表面松散浮渣刷去,用脱脂棉蘸丙酮擦拭表面。

对于龄期在 3 个月以内,或湿度较大的混凝土构件,粘贴前须进行人工干燥处理。

(2)钢板黏合面处理

如钢板锈蚀严重,须先用适度盐酸浸泡 20min,使锈层脱落,再用石灰水冲洗,中和酸离子,最后用平砂轮打磨出纹道,再用丙酮擦拭干净。

如钢板锈蚀严重,须先用适度盐酸浸泡 20min,使锈层脱落,再用石灰水冲洗,中和酸离子,最后用平砂轮打磨出纹道,再用脱脂棉沾丙酮擦拭干净。

(3)卸荷

为了减轻粘贴钢板的应力、应变滞后现象,粘贴钢板及胶液固化期间应封闭交通。

(4)配胶

黏结剂中最常用的是环氧类黏结剂。环氧类黏结剂分为甲、乙两组,使用前应进行现场质量检验,合格后方能使用。

(5)粘贴

黏结剂配制好后,用抹刀同时涂抹在已处理好的混凝土表面和钢板上,厚度 1~3mm,中间厚边缘薄。然后将钢板贴于预定位置,若是立面粘贴,为防止流淌,可加一层脱蜡玻璃丝布。粘好钢板后,用手锤沿粘贴面轻轻敲击钢板,如无空洞声,表示已粘贴密实,否则应剥下钢板补胶,重新粘贴。

(6)固定与加压

钢板粘贴好后立即用特制 U 形夹具夹紧或用木杆顶撑,压力保持为 0.05~0.1MPa,以使胶液刚从钢板边缝挤出为度。若用膨胀螺栓固定,膨胀螺栓一般是钢板的永久附加锚固,其埋设孔洞应与钢板一道于涂胶前钻成。

(7)固化

环氧类黏结剂在常温下固化,保持在 20℃以上,24h 即可拆除夹具或支撑,若低于 15℃,应采用人工加温,一般用红外线灯加热。固化期间不得对钢板有任何扰动。

(8)防腐处理

按照设计要求,对钢板进行防腐处理。

5. 构造措施

(1)混凝土强度等级不应低于 C20。

(2)钢板厚度以 2~6mm 为宜,一般取 4mm。

(3)粘贴钢板的锚固长度,对于受拉区不得小于 $200t$(t 为钢板厚度),亦不得小于 60mm;对于受压区,不得小于 $160t$,亦不得小于 480mm;对于大跨径结构或可能经受反复荷载的结构,锚固区宜增设 U 形箍板或螺栓等附加锚固措施。

(4)钢板及其邻接的混凝土表面,应进行密封防水防腐处理。如采用 M15 水泥砂浆抹面,其厚度对于梁不应小于 20mm,对于板不应小于 15mm。

6. 工序质量控制与加固工程质量检验评定方法

(1)工序质量控制

工序质量控制以目视和锤击检查为主,重点检查结合面处理、植埋螺栓、粘贴、固化等工序。要求对粘贴后的钢板进行粘贴性能试验,以确保粘贴后的钢板能够与原结构共同受力。

(2)加固工程质量检验评定方法

①基本要求

a. 粘贴钢板加固所用材料类别、规格及质量应符合有关规范及设计要求。

b. 按规定的程序施工,加压及固化时间应符合设计要求。

c. 锚固螺栓数量、规格及钢板的搭接长度不得小于设计值。

d. 按设计要求进行防腐处理。

②实测项目

参照现行《公路工程质量检验评定标准　第一册　土建工程》(JTG F80/1)相关规定进行检验评定,特殊实测项目见表4-5。

特殊实测项目 表4-5

项　次	检 验 项 目	合 格 标 准	检验方法	频率(%)
1	加固构件结合面处理	满足设计要求	目测	100
2	钢板粘贴结合面处理	满足设计要求	样板、目测	100
3	钻孔深度、孔径、螺栓植入深度	满足设计要求	尺量	20
4	粘贴	锚固区黏结面积≥90%;非锚固区黏结面积≥85%	超声探测或敲击	20

③外观鉴定

所有钢板、螺栓表面应无铁锈,钢板周围应有胶液挤出。

7. 综合特点

(1)粘贴钢板重量轻,故操作便利,易于控制工程质量。

(2)钢板由于拉压强度均很高,加之粘贴后的钢板主要承受活载,对于受弯、受剪和受拉构件,其补强效果优于加大混凝土截面。

(3)结合面处理和钻埋螺栓孔对原结构有一定损伤,因此施工过程中应严格按照设计要求进行施工,将损伤程度降到最低。

(三)体外预应力加固法

1. 特点及适用条件

(1)特点

①施工工艺简单、干扰交通少、所需设备简单、人力投入少、工期短、经济效益明显。

②能较大幅度提高或恢复桥梁的承载能力。

③对原结构损伤小,可以做到不影响桥下净空、不增加路面高程。

④预应力加固需要可靠的防腐设计。

(2)适用条件

①适用于正截面受弯承载能力不足或正截面受拉区钢筋锈蚀的情况。

②适用于梁抗弯刚度不足导致的梁挠度超过规范规定或由于刚度太小导致梁的受拉区裂缝宽度超过规范规定的情况。

③适用于梁斜截面受剪承载能力不足的情况。

2. 附加影响

预应力加固法,实际上是改变了梁体原有受力体系,结构加固以后,新的受力体系在荷载作用下的力学特性与原来的结构是有差异的。预应力加固完成后,由于预应力的作用,原来的受力结构会出现不同程度的卸载现象,导致原结构发生内力重分布。

由于预应力筋转向块和锚固点存在着巨大的集中力,这一区域的受力比较复杂。

由于预应力加固梁桥时预应力筋布置在梁截面外部,易受环境(如温度、酸性气体等)的影响。

3. 材料要求

(1)混凝土

被加固构件的混凝土强度等级不宜低于C30。当混凝土强度过低时,应当考虑结构是否需要采用其他加固措施进行综合加固。

(2)预应力钢材

①预应力钢材应满足《无粘结预应力混凝土结构技术规程》(JGJ 92—2016)的规定要求,即:强度高、松弛率低、具有较好的塑性、耐腐蚀性和焊接性能等。

②根据加固所要达到的目的不同,预应力钢材应当满足可重复张拉、锚固可靠(或有利于锚固)的要求。

③预应力筋防腐材料应是不含对力筋和套管腐蚀的有害杂质(如氯化物、硫化物)的水泥浆体、油脂、石蜡、沥青产品或掺有适量外加剂(如防锈剂)的具有塑性基的聚氨酯水泥浆混合物。防腐材料应填满管道并覆盖预应力筋全长,含气泡较少,具有一定的柔性,不易产生裂缝,在正常温度范围内防腐材料不流淌。

4. 力学特点

预应力加固法实际上是使被加固结构成为一个带柔性拉杆的超静定结构,与其他预应力结构或其他加固方法不同的是:加固前桥梁所受荷载由恒载和活载组成,预应力筋的张拉控制值是在上部结构的恒载作用下读取的,即带载加固。因此在计算预应力筋荷载作用下的应力增量时,应仅考虑活载的作用。根据上述受力特点,可将预应力加固梁桥结构分为施加预应力。

5. 工艺流程

(1)原梁体钢筋位置探测

体外索加固需对上锚固点、滑块垫板及跨中预应力钢筋固定支座的位置进行准确的放样定位。由于梁的顶板和腹板中均有钢筋存在,特别是受力钢筋,一般要适当调整以避开这些钢筋。位置调整后应对体系重新进行检算。

(2)加固材料及现场准备

加工好体外预应力筋、准备好锚固器材和施加预应力的机械设备,需要在锚固端设置横梁来锚固体外预应力筋,制备用来粘贴锚固和支承钢垫板的高强黏结剂,设置锚固点,锚栓孔打眼。

(3)滑块及垫板施工

根据放样的转向块位置,将转向块部位的混凝土凿除2cm左右,涂环氧胶液后用环氧砂浆找平,把支承板粘贴在转向点。转向块需设置锚栓锚固,以确保安全。

(4)预应力筋的安装及张拉

检查完施工机具和预应力锚具、夹具后,按照加固设计安装预应力筋。张拉工艺流程为:初张力(10%)→逐步加荷至超张拉(105%)→稳压2min后降荷至设计预拉力(100%)→锚固→卸荷。

(5)防腐处理

加固体系中的主要金属构件如水平筋、斜筋、钢丝束、滑块(支承座)、垫板、锚固座等均应进行防腐处理。高强钢丝、钢绞线应采用热挤PE套管防腐。防腐工作应尽可能在施工准备阶段完成，不具备条件时也要在预应力张拉后尽早完成。

6. 构造措施

（1）平筋

亦称水平拉杆，多由高强螺纹粗钢筋、钢丝束或钢绞线组成，其作用是在梁受拉部位施加纵向预应力，从而使梁截面承载能力提高。

（2）斜筋

斜筋亦称斜杆，多由高强粗钢筋或槽钢做成。斜杆一端通过转向块与水平筋连接，另一端锚固于梁端上部或梁端腹板处。斜杆的作用是提供梁端部位的负弯矩和预剪力。

（3）锚固点或锚固横梁

根据锚固位置和锚固方法的不同，锚固点的构造是不同的，加固设计时，应当根据被加固梁的实际情况做个别设计。

（4）转向块

转向块又称竖向支撑。当斜筋与水平钢筋非同一根钢筋时，通过转向块使两者连接为一体。当斜筋与水平筋为同一根钢筋时，体外力筋通过转向块转向。

7. 综合特点

预应力加固法是一种主动加固法，能较大幅度地提高构件的承载能力，且施工简单、方便，在加固方法选择过程中，宜优先考虑。

（四）增大截面和配筋加固法

1. 特点及适用条件

在构件表面加大混凝土尺寸，增加受力钢筋，使其与原结构形成整体，从而增大构件有效高度和受力钢筋面积，增加构件的刚度，提高桥梁整体承载能力，这种加固方法广泛应用于梁（板）桥及拱桥拱肋的加固。

2. 附加影响

加大构件截面时，会使上部结构恒载增加，对原结构及基础承载力有一定影响。

3. 材料要求

（1）优先选用早强砂浆和早强混凝土，或膨胀混凝土。

（2）配制混凝土用的石子宜用坚硬耐久的卵石或碎石，其最大粒径不宜大于 20mm。

（3）当采用钢筋补强时，纵向受力钢筋的直径不宜小于 12mm；封闭式箍筋直径不宜小于 8mm。U 形箍筋直径宜与原有箍筋直径相同。

（4）当采用型钢和钢板补强时，应将其和原结构的钢筋进行连接，或采用锚栓与原结构联系，切实保证力的有效传递且能够参与原结构共同受力。

4. 力学特点

（1）增大主梁混凝土截面和增加配筋后，使主梁成为二次受力的叠合构件，原主梁的混凝土和钢筋除了已有的应力外，还需要承受后期恒载和活载产生的应力。因此需按二次受力的叠合梁进行承载能力极限状态和正常使用极限状态的验算。

（2）如果桥面铺装部分得到加固，可适当考虑部分铺装层参与受力。

5. 工艺流程

（1）为了加强新、旧混凝土的结合，应对原构件混凝土存在的缺陷清理至密实部位，并将构件表面凿毛，要求打成麻坑或沟槽，沟槽深度不宜小于 6mm，间距不宜大于箍筋的间距或 200mm。

(2)当采用三面或四面外包方法加固旧桥构件时，应将构件的棱角敲掉，同时应除去浮渣、尘土。

(3)原有混凝土表面应冲洗干净，浇注混凝土前，原混凝土表面应以水泥浆等界面剂进行处理，以加强新、旧混凝土的结合。

(4)对原有和新设受力钢筋应进行除锈处理；有条件时，在受力钢筋施焊前采取卸荷或支顶措施，并逐根分区分段分层进行焊接，以减少原受力钢筋的热变形，使原结构的承载力不致遭受较大影响。

(5)外包混凝土加固法施工不如整体现浇混凝土构件方便，必须采取措施，保证模板搭设、钢筋安置以及新混凝土的浇筑和振捣的质量，以达到混凝土密实要求。同时，应加强新浇混凝土的养护，养护期最好达 14d 以上。

(6)增焊主筋法：当结构因主筋应力超过容许范围而又受到桥下净空限制不宜加大截面高度时，可采用只增焊主筋的方法进行加固。其要点如下：

①增焊主筋。首先凿开梁的混凝土保护层，露出主筋，将原箍筋切断拉直，再把新增钢筋焊在原主筋上，增焊钢筋的断头宜设在弯矩较小的截面。为减少焊接时的温度应力，采用断续双面焊缝，从跨中向两端依次施焊。

②增设箍筋。如果原桥梁的箍筋不足，梁腹出现剪切裂缝，则加固过程中，在增焊主筋的同时，应在梁的侧面增加箍筋。具体做法是在梁腹上埋上锚钉，把补充的箍筋固定起来，并把箍筋上端埋入桥面板中。

③卸除部分恒载。加固时，为了减小原结构的截面应力，使新增加的钢筋充分发挥作用，有条件时应采取多点起顶措施，将梁顶起，或凿除部分桥面铺装，然后再进行加固(起顶位置和吨位由计算来确定)。

④恢复保护层。钢筋焊接好并接长箍筋后，应重新做好保护层。材料最好是用环氧树脂小石子混凝土(砂浆)或膨胀水泥混凝土(砂浆)。修复保护层，通常有三种可供选择使用的方法：涂抹法、压力灌注法及喷护法。采用喷护法时，应采取分层喷护水泥砂浆，每次喷涂厚度以 1～3cm 为宜，待砂浆达到一定的强度后进行表面整修。

6. 构造措施

(1)采用增大混凝土截面法加固桥梁时，新浇混凝土的最小厚度不应小于 40mm，用喷射混凝土施工时不应小于 50mm。

(2)加固的受力钢筋与原结构的受力钢筋间的净距不应大于 20mm，并采用短筋焊接连接；箍筋应采用封闭式或 U 形箍筋。

(3)当加固的受力钢筋与构件的受力钢筋采用短筋焊接时，短筋的直径不应小于 20mm，长度不小于 $5d$(d 为新增纵筋和原有纵筋直径的小值)，各短筋的中距不大于 50mm。

(4)当用单侧或双侧加固时，应设置 U 形箍筋。U 形箍筋应焊在原有箍筋上，单面焊缝长度为 $10d$，双面焊缝为 $5d$(d 为 U 形箍筋直径)。U 形箍筋还可焊在增设的锚钉上，或直接伸入锚孔内锚固，锚钉直径 d 不应小于 10mm，锚钉距构件边沿不小于 $3d$，且不小于 40mm。锚钉锚固深度不小于 $10d$，并采用环氧砂浆或高强度等级水泥砂浆将锚钉锚固于原构件内，钻孔直径应大于锚钉直径 4mm。

7. 综合特点

采用该加固方法，主梁的受力明确，计算简单方便，加固后主梁的强度、刚度、稳定性得到明显提高，裂缝可以得到修补。加固效果显著，且施工方法便利，能在桥下施工，基本上不影响交通，加固工作量小，不影响原有桥梁的整体效果。但现场作业、养护期较长，加固初期需适当中断交通，桥下净空有所减小。

(五)钢丝绳网片＋聚合物砂浆外加层加固法

1. 技术原理

高强钢丝绳网片＋聚合物砂浆是韩国 RC 公司开发的新型加固材料。高强钢丝绳网片为高强不锈钢绞线编织成的钢绞线网，具有强度高、不生锈，运输及施工方便，聚合物砂浆与混凝土材料黏结性能良好，耐久、耐高温等优点。用高强不锈钢绞线代替钢筋，将钢绞线网通过固定销装置固定于待加固结构底面或侧面，分层压抹聚合砂浆，通过渗透性聚合物砂浆的优秀黏结性能，与原结构协同工作，实现对结构受拉区或侧面的加固，发挥加固效果(图 4-15)。采用高强钢丝绳网片和渗透性聚合物砂浆外加层加固技术，对混凝土结构进行抗弯及抗剪加固均可取得很好的加固效果，不仅抗弯承载力和抗剪承载力可以得到显著提高，抗弯刚度也能够得到显著提高。高强钢丝绳网片具有强度高、造价低、耐火性能好等优点，该技术是对传统材料在加固领域的开发应用。

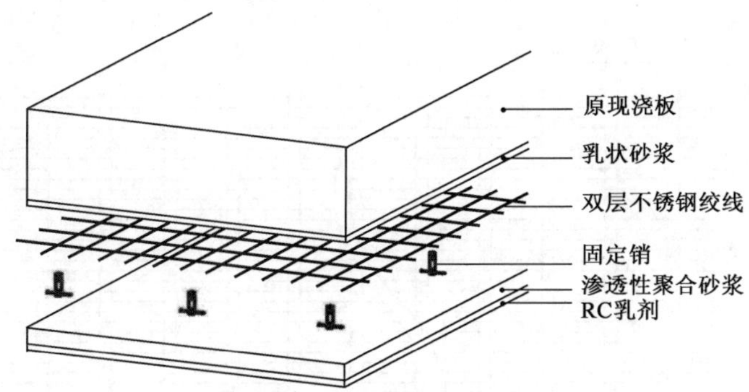

图 4-15　高强钢丝绳网片＋聚合物砂浆外加层加固技术原理

2. 特点及适用条件

(1)高强钢丝绳网片＋聚合物砂浆外加层具有耐火、耐高温、耐腐蚀、耐老化等优点。由于渗透性聚合物砂浆为无机材料，不存在如碳纤维加固、粘贴钢板加固需要使用结构胶这样的有机加固材料而导致的老化、耐高温性能差等问题；高强钢丝绳网片也不存在钢筋锈蚀和粘贴钢板加固中钢材腐蚀的问题。

(2)高强不锈钢绞线强度高，其标准强度约为普通钢材的 5 倍，加固后结构自重增加很小。

(3)易于大规模机械化施工，在结构加固的过程中不影响使用，对被加固的母体表面没有平整要求，节点处理方便，可以加固有缺陷或强度低的混凝土结构，非常适合钢筋混凝土桥梁的加固。

(4)解决了加固后的耐久性、防火、耐高温性能等问题，加固性能可靠。

(5)根据现场环境可选择一般抹装或喷浆方式作业。

3. 附加影响

(1)加固增加厚度小，基本不影响原结构的净空。

(2)高强钢丝绳网片+聚合物砂浆外加层加固技术可用于抗弯、抗剪构件的加固，对原混凝土强度无限制，对环境条件无特别要求。

4.材料要求

(1)高强钢丝绳网片

所用高强不锈钢绞线的规格、性能指标见《混凝土结构加固设计规范》(GB 50367—2013)附录P，钢绞线的截面及固定销示意如图4-16、图4-17所示，截面组成为7×7的结构形式。高强钢丝绳网片规格如图4-18所示，纵向钢绞线间距30mm，横向钢绞线间距150mm，主要起固定纵向钢绞线网的作用。

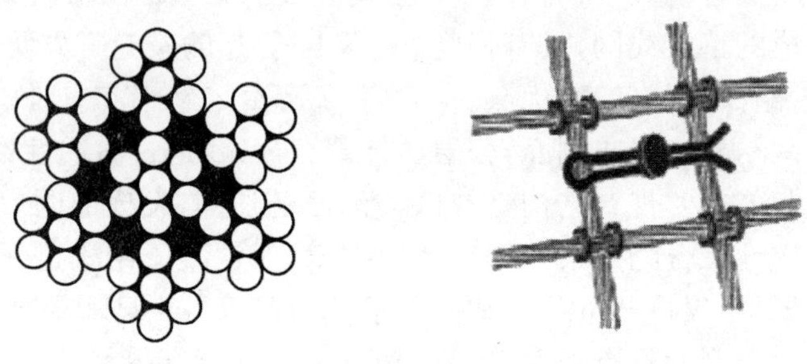

图4-16 高强不锈钢绞线截面　　　　图4-17 固定销示意图

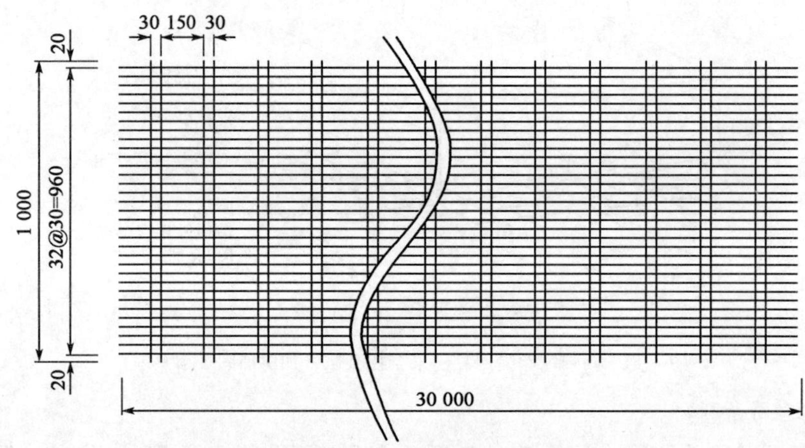

图4-18 高强钢丝绳网片规格(尺寸单位:mm)

(2)渗透性聚合物砂浆

渗透性聚合物砂浆具有的特性如下:强度高，使钢绞线与基底共同工作;与基底的黏合强度高;无收缩性，不发生龟裂;二氧化碳的透过性小，对混凝土中性化的抵抗性能好;对氯化物的渗透抵抗性好，可防止内部钢筋的腐蚀;与原混凝土具有相似的机械性能;优异的抗冻融性能和耐久性;优异的抗化学腐蚀性能。

渗透性聚合物砂浆的性能指标见《混凝土结构加固设计规范》(GB 50367—2013)附录P。

(3)乳状灰浆界面剂

用途:乳状灰浆界面剂可以增强原混凝土和渗透性聚合物砂浆的黏合力。作为无机材料，是与混凝土结构物性相同的优秀修补材料。

特性:黏合力高，可用作原混凝土和渗透性聚合物砂浆的界面剂;强度高，施工简便;物性与混凝土相似；可修补细微裂缝；对盐化物的抵抗性强。

5. 力学特点

(1)高强不锈钢绞线的抗拉强度高，且伸长率大，不生锈，钢绞线和砂浆间的黏结强度好。

(2)渗透性聚合物砂浆的黏结强度及抗压强度好，与混凝土的黏结力强，并且具有抵抗化学腐蚀的特性。

(3)添加无机防锈混合剂的砂浆，具有良好的抵抗盐害及环境污染能力。

(4)计算理论与原结构计算原则一致，加固效果理想。

(5)与原混凝土完全相接合，理论计算与实际效果一致。

(6)抗弯加固不仅可以显著地提高承载力，而且可以显著地提高刚度，这是碳纤维加固所不可比的。

6. 施工工序

高强钢丝绳网片＋聚合物砂浆外加层加固技术施工工艺流程见图 4-19，关键工艺如图 4-20 所示。

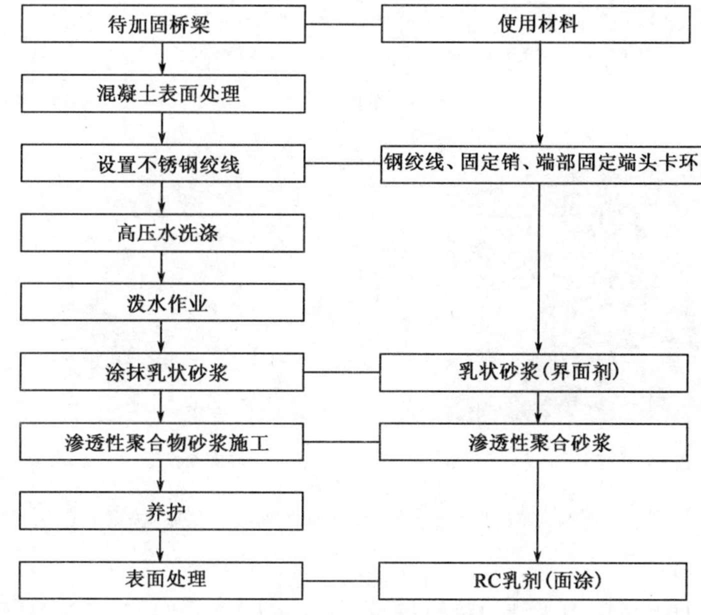

图 4-19　高强钢丝绳网片＋聚合物砂浆外加层加固技术施工工艺流程

(1)结构物表面处理

对裂化的混凝土表面使用打磨器、碎石机等机具清除干净，清除异物质及附着物。

(2)设置高强不锈钢绞线

①先根据需要对高强不锈钢绞线进行裁剪，采用切断机进行裁剪。

②用固定销将高强不锈钢绞线固定在结构上。

③装置固定销的方法是根据工地条件，利用 $\phi 6.0$mm 或 $\phi 6.5$mm 的钻孔机，在固定销固定处钻孔，再将固定销固定在高强不锈钢绞线辅筋之间的结合部。固定销设置间隔应在 150mm 以内，插入固定销的钻孔深度大约 40mm 即可。

④如果往高强不锈钢绞线的主筋方向施工中，因材料尺寸不符合需要，材料连接附着时，附着材料的层接缝长度应为 50～100cm。

a)表面处理

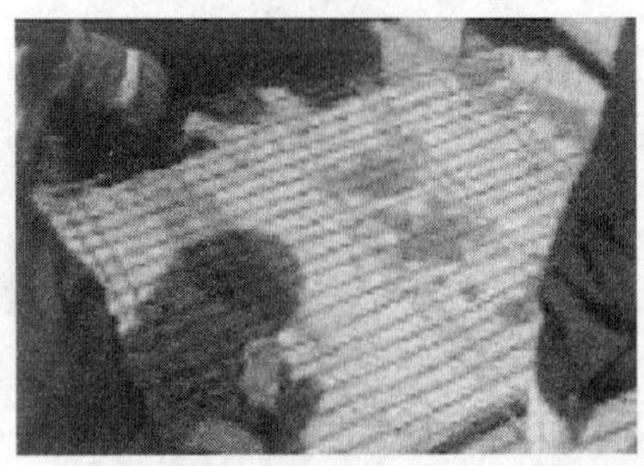

b)钢绞线网下料

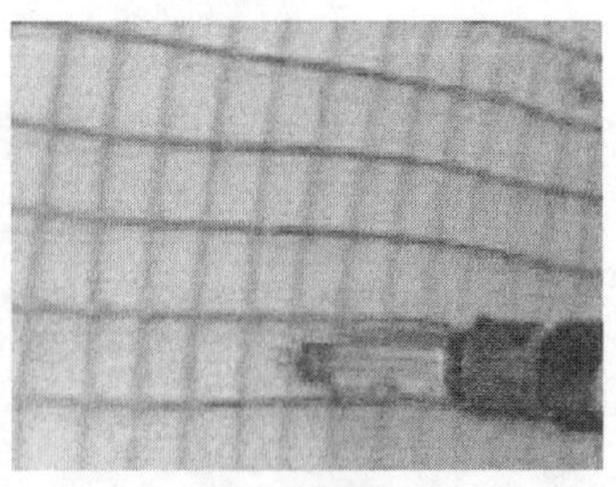

c)固定销设置

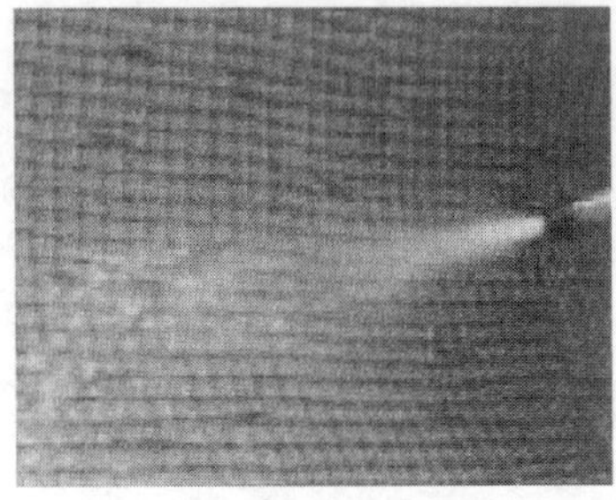

d)高压水清洗

e)涂刷乳液灰浆

f)渗透性聚合物砂浆

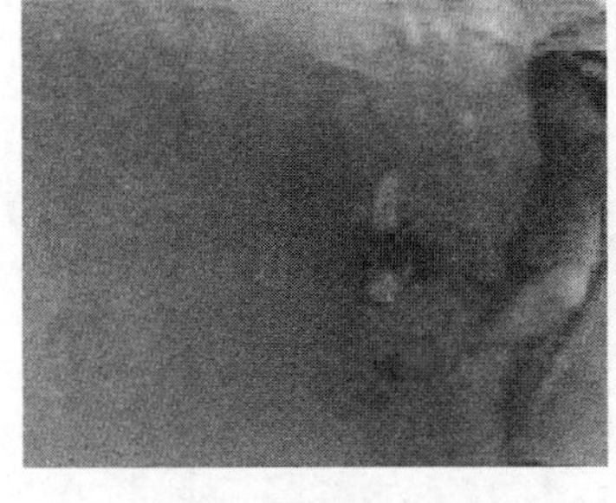

g)压抹

h)面涂

图 4-20　高强钢丝绳网片＋聚合物砂浆外加层加固技术关键工艺

(3)施工部位的冲洗

用高压水枪对加固结构施工部位进行冲洗，清洗混凝土表面的粉尘以保持洁净，否则会影响灰浆与混凝土表面间的附着力(黏结力)。

(4)喷涂乳液灰浆(界面剂)

①乳液灰浆喷涂前，在施工面上充分洒水 3～4 次，使内部水分饱和，并在表面无水的情况下进行喷涂施工。

②喷涂的施工工作面分为一系列流水工作段，每段的间隔时间：以喷涂乳液灰浆指触不粘手为下一道工序的开始时间。

(5)施工渗透性聚合物砂浆

①聚合物砂浆的压抹，先按设计厚度进行边板压条的定位及找平工作面。

②聚合物砂浆需要分层压抹，每次压抹的厚度应适合施工操作，一次涂抹厚度不可超过 10mm，聚合物砂浆不得自然垂落，每次压抹的间隔时间：在上次压抹灰浆指触不粘手时进行下一次压抹。

③当压抹厚度达到尺寸要求时，应及时做好压抹收光。

(6)喷水湿润养护

在聚合物砂浆压抹收光后的0.5～4h内就应对其施工面进行喷水养护，实行湿润养护时间最少7d，在此期间应防止加固部位受到硬物冲击。

(7)面涂

对表面进行涂装，保持桥梁的整体美观。

7.构造措施

(1)施工材料的使用一定要严格按照说明书的配合比，乳液先按用量的75%～80%分批拌和，根据需要逐步增量，拌和量每次不宜太多。控制在有效的操作时间内，调和开始时，尽量做出稀的状态。

(2)禁止在日平均气温30℃以上及日平均气温5℃以下的地方施工，如需施工，应满足混凝土工程设计中对混凝土温度的相关规定。

(3)渗透性聚合砂浆材料的保管，应注意防冻和避免雨淋及夏天阳光的直接照射。材料拌和过程中，稠度大时不得加水稀释。

(4)固定销的锚固点应在不锈钢丝网竖线之间的结合部。

(5)根据聚合砂浆的使用量和施工层的厚薄，须使施工成品在0.5～4h内维持湿润状态，已施工的灰浆须防止冻结、雨淋、水浸等。

(6)界面剂的喷涂每次应在2mm以下，须保证喷涂均匀，防止龟裂发生。

(7)基面处理工序中须保证将表面涂层和风化层清除，露出新鲜混凝土。

(8)钢丝绳网片的固定与张紧工序中，须严格按照工序质量要求和施工注意事项进行作业，不得出现漏销、悬垂现象。

(9)对腹拱的维修整治必须在拆除原桥面、拱上填料和浇筑轻质混凝土填料两道工序间进行。在拆除原桥面和拱上填料工序结束后进行腹拱的施工、养护，只有当养护时间达到相关工艺要求时，才能进行桥面的下一道工序即浇筑轻质混凝土填料施工。

(六)预应力钢丝绳+聚合物砂浆加固技术

1.技术原理

预应力钢丝绳+聚合物砂浆加固技术通过对小直径的高强钢丝绳施加预应力，并将预应力钢丝绳与结构内部已有纵筋(或预埋的化学螺栓)在两端锚固于一体，从而实现受弯构件底部受拉纤维的加强。整个加固系统包括预应力钢丝绳、挤压锚头、端部锚具和反力支点。加固系统设置在待加固混凝土构件的底部，预应力钢丝绳通过两端安装的挤压锚头嵌置于两端的端部锚具内，反力支点设置于待加固混凝土构件底面与预应力钢丝绳之间。端部锚具采用纵筋焊接法或化学螺栓法实现固定，聚合物砂浆设置在预应力钢丝绳的底部，并覆盖整个加固系统。

2.特点及适用条件

(1)耐腐蚀、防火性能好。

(2)能够避免发生黏结破坏等脆性破坏或无法估计承载力的破坏，而是发生受压区混凝土压坏和钢筋屈服、加固材料拉伸断裂的延性破坏，对其承载力可以估计得非常准确。

(3)多道防线保证其抗疲劳性能、抗腐蚀性能等。

(4)施工成本低，施工操作方便，适用面广泛。

(5)适用于板梁及下缘较宽的梁体，如简支小箱梁、宽幅T梁等。

(6)对低强度混凝土也能进行加固。

该技术适用于桥梁由于施工缺陷、材料老化、荷载增加、梁板损坏等原因导致的原有结构承载力不足的加固，尤其适用于已有损伤、无法卸载的结构加固，比现有其他加固方法更有优势。

3.附加影响

(1)采用化学螺栓法固定端部锚具时需埋置锚栓，对原结构将产生一定损伤。

(2)加固增加厚度小，基本不影响原结构的净空。

(3)对原结构混凝土强度无特别限制，对环境条件无特别要求，可应用于高温等特殊环境。

4.材料要求

预应力钢丝绳抗拉强度标准值和设计值见表4-6。

预应力钢丝绳抗拉强度标准值和设计值(MPa) 表4-6

种类	符号	不锈钢预应力钢丝绳			镀锌预应力钢丝绳		
		钢丝绳公称直径(mm)	钢丝绳抗拉强度标准值 f_{pk}	钢丝绳抗拉强度设计值 f_{rr}	钢丝绳公称直径(mm)	钢丝绳抗拉强度标准值 f_{pk}	钢丝绳抗拉强度设计值 f_{rw}
1×19	ϕ^{s}	3.0	1 600	1 050	3.0	1 470、1 770	1 030、1 240
		4.0			4.0	1 470、1 770	1 030、1 240
		4.5～5.0			5.0	1 470、1 770	1 030、1 240

普通环境中，端部锚固材料宜选用强度高、固化时间短、黏结性能好的高性能砂浆，其性能指标应符合表4-7中的Ⅰ级砂浆要求。

锚固砂浆性能指标(MPa) 表4-7

砂浆等级	劈裂抗拉强度	正拉黏结强度	抗弯拉强度	抗压强度	钢套筒黏结抗剪强度标准值
Ⅰ	≥9.0	≥2.5，且为混凝土内聚破坏	≥14.0	≥50.0	≥12.0
Ⅱ	≥6.0		≥12.0	≥30.0	≥9.0

5.力学特点

(1)预应力钢丝绳、聚合物砂浆加固技术对构件刚度和承载力的提高要比常规加固方法好得多，尤其对开裂结构的承载力有着较大幅度的提高，可达到260%以上。

(2)加固后的钢筋混凝土构件发生钢筋屈服、预应力钢丝绳拉伸断裂的延性破坏，具有其他加固方法所没有的延性，其承载力估算容易。

(3)由于预应力作用的效果，减小了开裂截面的裂缝高度，可有效增加截面刚度，减小加固构件的挠度。

6.构造措施

(1)采用纵筋焊接法时，端部槽口的开凿宽度取10cm左右，深度以暴露出待加固混凝土受弯构件内部的已配纵筋，并能牢固焊接端部锚具为宜，一般为底部混凝土保护层厚度。

(2)预应力钢丝绳的布置间距应大于等于所用锚头直径，建议不小于8mm，层数可设置1～2层。

(3)端部锚具的具体结构需根据钢丝绳所承担的拉力荷载进行设定，厚度20～30mm，不宜过大，宽度30～50mm，开槽深度不小于锚头挤压后的半径。

(4)预应力钢丝绳的端部锚头由挤压模具、挤压机械对其进行强力挤压，使挤压锚头与钢丝绳形成一体。挤压力大小通过试验确定，以锚头完全挤压密实、无飞边等现象为度。如对于直径 3mm 的预应力钢丝绳，其锚头的挤压力为 100～140kN。

(5)采用化学螺栓法固定端部锚具时，化学螺栓的最小间距不小于 50mm，设置数量遵循等强原则按我国现行《钢结构设计规范》(GB 50017)相关规定计算。

(6)采用焊接纵筋法固定端部锚具时，灌注锚固砂浆宜采用一级环氧砂浆，强度至少比待加固桥梁混凝土强度等级提高一级。

(7)施工控制量应按采用的施加预应力方法计算。若采用千斤顶张拉，可按张拉力 $\sigma_{con}A_{p,e}$ 控制；若按伸长率控制，伸长率中应计入裂缝闭合的影响。

(8)预应力钢丝绳张拉顺序不应使构件产生扭转、侧弯，宜采用对称张拉的原则。

7. 施工工序

预应力钢丝绳＋聚合物砂浆加固技术，根据其端部锚具固定的方式不同，可采用纵筋焊接法或化学螺栓法。以下主要以纵筋焊接法说明该技术的施工工艺。

(1)受弯构件端部开槽

沿宽度方向凿出约 100mm 宽的槽口，暴露出构件内部纵筋。

(2)锚具制作及固定

把开有槽道的锚具与纵筋焊接成整体或者采用化学螺栓等其他方法固定锚具。

(3)槽口灌注锚固砂浆

槽口灌注高性能砂浆共同锚固锚具。

(4)反力点的设置

为保证钢丝绳张拉后与混凝土梁完全密实接触，在梁底合适位置设置反力点。

(5)钢丝绳下料与挤压锚头制作

根据设计的张拉控制应力确定钢丝绳下料长度。下料后用专门设计的机具挤压铝合金套筒使其与钢丝绳成为一体。挤压锚头及其挤压原理与锚固效果如图 4-21 所示。

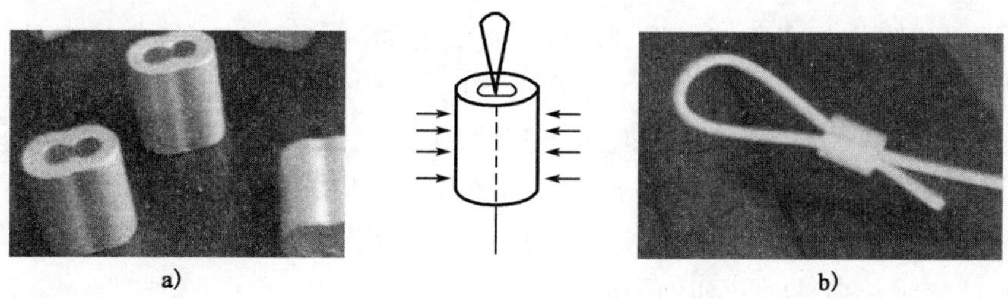

图 4-21　挤压锚头及其挤压原理与锚固效果图

(6)钢丝绳张拉与锚固

一侧的钢丝绳直接卡在锚具侧面，另一侧由专门设计的张拉器进行张拉，钢丝绳伸长并使挤压锚头超过锚具时进行锚固。

(7)聚合物砂浆防护

在钢丝绳外侧涂刷砂浆，不仅可以防护钢丝绳，而且砂浆能共同参与锚固钢丝绳受力，减轻锚具压力，减少预应力钢丝绳的松弛等。

采用化学螺栓固定端部锚具时，通过在待加固混凝土受弯构件的底部两端埋置化学螺栓，分别锚固一块钢板，继而将端部锚具焊接于锚固钢板底部，实现预应力高强钢丝绳中拉力的传递,其他工艺同焊接纵筋法。

五、桥面修复加固技术措施

桥面修复加固,广泛采用桥面补强层加固法进行。现简介如下。

1. 特点及适用条件

桥面补强加固法是通过在桥面板(主梁顶面)上加铺一层钢筋混凝土层,使其与原有结构形成整体,从而达到增大桥面板或主梁有效高度和受压截面,增加桥面整体刚度,提高桥梁承载能力的一种常用且有效的加固方法。

主梁或桥面板承载力不足,刚度不够,或铰接梁、板的铰缝不能有效传力时,可采用桥面补强加固法进行加固。受桥面补强层厚度的限制,这种加固方法主要适用于中小跨径的桥梁。

2. 附加影响

采用桥面补强进行加固,桥面板或主梁恒载将有所增加,应通过计算,判断桥面增厚后是否可以提高桥梁的有效承载能力。若恒载的增加影响较大,则应考虑采用其他加固方法或与其他方法综合运用。同时,加铺补强层后,桥面高程也将受到影响,连接路面或桥面纵坡应予调整。为减少补强层增加的恒载,往往必须先将原有的桥面铺装层凿除,并要求对伸缩缝进行改造。

3. 材料要求

(1)钢筋

补强层中通常布设两类钢筋。

一类为加固补强层与原结构的联结而设置的结合钢筋,一端植埋于原结构中,另一端伸入补强层中,因锚固长度短,应采用螺纹钢筋以增加握裹力,保证新旧混凝土的有效结合。

另一类是在补强层中布设的构造钢筋。补强层位于构件计算截面受压区,一般不设受力钢筋,因而钢筋直径不应过大。为加强与混凝土的联结,也宜选用螺纹钢筋。

(2)混凝土

补强层混凝土除应具有黏结力强、收缩小、抗裂性能高的特点外,还应具有足够的韧性、抗冲击能力和抗渗性。可以从施工工艺上采取适当的措施,改善混凝土的使用性能。

使用外加剂,如防水剂,可提高混凝土密实性、抗渗性;掺入膨胀剂可使混凝土产生适度膨胀,提高密实性,或配制补偿收缩混凝土,减少干缩裂缝,提高抗裂防渗能力等。使用外加剂应注意合理选择品种,进行必要的试验,施工时必须按产品说明书要求采用正确的掺入法,严格控制掺量,并适当延长搅拌时间和加强养护。

纤维混凝土具有抗裂性、韧性好,延伸率、抗冲击力和抗渗能力高等特点,适合用于桥面补强加固。纤维一般采用合成纤维和钢纤维,合成纤维具有耐酸碱、强度高、变形能力强、低导热、抗老化、无吸水性和腐蚀性等优点,施工时不易结团,分散均匀,操作方便。钢纤维宜采用波形钢纤维,长径比为60~80,掺量不应小于0.5%,也不宜超过3%。

采用钢纤维时应注意纤维腐蚀、生锈引起的桥面污染,以及纤维暴露时对车辆轮胎的损害作用。

(3)植筋胶

植筋胶应具备黏结力强、耐久性好、快硬性和低毒、无害等特性,一般可采用环氧树脂类黏结材料。

(4)界面剂

由于旧混凝土表面的吸水特性，引起新旧混凝土界面不易黏结，采用界面剂可以增强它们之间的黏结力。界面剂应对混凝土黏结力强，抗化学腐蚀，强度高，可用于潮湿表面，并有适当的操作时间。

(5)力学特点

采用桥面补强加固法时，加固结构属二次受力结构，加固前原结构已经受力，补强层在加固后并不立即受力，而只有在新增荷载下，即第二次加载情况下才开始受力。另外，加固结构存在补强层与原结构整体工作、共同受力的问题，混凝土结合面上的强度较整体浇筑的强度要低，必须采取构造措施克服这一弱点。

当混凝土结合面的强度可以保证补强层与原有梁(板)的整体受力工作性能时，所形成的加固构件就是组合梁(板)，也就具有组合构件的分阶段受力的特点，相应具有"受拉钢筋应力超前""后浇混凝土受压应变滞后"和"荷载预应力"等力学特征。

补强层与原有梁(板)的结合面处于复合应力状态。对配置结合钢筋，表面加工成凹凸糙状时，结合面开裂主要是结合面上作用的剪力增大到一定程度而使混凝土中的主拉应力达到其抗拉强度时，沿结合面出现局部水平裂缝。在斜裂缝发展至结合面引起局部水平裂缝后，随着结合面相对滑移的增大，结合面的裂缝宽度也相应增大，因而使穿过结合面的结合钢筋产生拉应力，而其所产生的反作用力对结合面形成了约束作用，使结合面的裂缝开展受到了抑制，剪力得以通过结合面上混凝土的集料咬合摩阻力和结合钢筋的销栓作用来传递。此时，梁(板)的承载力由其他强度控制，并不发生沿结合面破坏的情况。

4. 施工工序

在开展桥面补强层加固施工之前，应做好各项准备工作，必要时应对桥梁质量进行核查，重点查明桥梁主要病害的发展、变化情况和其他隐患，检查结构现状与设计计算所采用的参数、假定等是否相符，若差异显著，则应重新进行计算、分析。其施工工艺流程如图 4-22 所示。

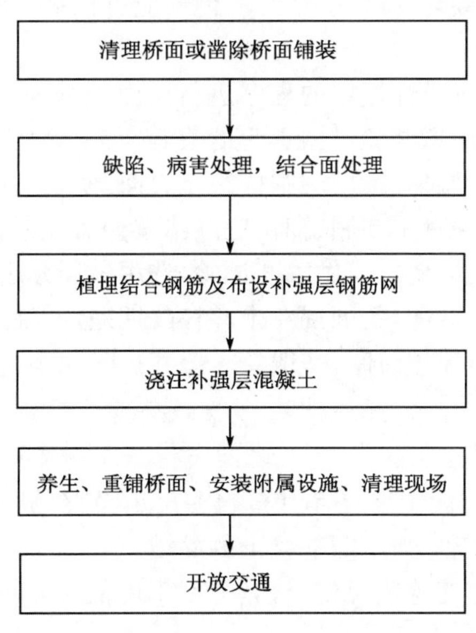

图 4-22　施工工艺流程

(1)清理桥面或凿除桥面铺装混凝土

为减小凿除桥面铺装混凝土时对主梁的损伤，应采用人工凿除等对主梁损伤影响较小的方法。

(2)桥面板(主梁)结合面处理

结合面处理对保证新旧混凝土整体受力、共同工作具有重要作用。结合面应凿除原结构表面浮浆，使集料外露，形成4～6mm自然凹凸粗糙面或用机械刻槽形成粗糙面，并彻底清扫干净。处理时不得损坏原结构混凝土，不应有局部光滑结合面。对存在缺陷的部位，应进行修补(如空洞)，在凿除疏松部分混凝土后，用强度高一级的细石子混凝土填筑密实；出现钢筋锈蚀引起混凝土胀裂时，先剔除松动开裂的混凝土，再进行钢筋表面除锈和防护等。

(3)植埋结合钢筋

植埋结合钢筋应严格按照设计和所采用的结构胶黏剂的要求进行。施工步骤和技术方法如下：

①桥面板上钻孔。孔深与结合钢筋埋设深度相同，孔径比接合钢筋大2～3mm，孔位应避让原结构的预应力筋束和普通钢筋，以免钻孔对其造成损伤，并应使孔位间距在设计要求范围之内。

②清理钻孔。先用硬鬃毛刷清理，再以高压干燥空气吹去孔底灰尘，注胶前应注意防止砂石、土粒和水等进入孔内。

③灌胶。先将植筋胶由孔底灌注至孔深的3/4处，待插入接合钢筋后，应使胶液灌满整个孔洞。

④插入接合钢筋。接合钢筋插入前应清除插入部分的表面污物，并须插到孔底，孔口多余的胶液应清除。

⑤在胶液凝固之前，避免扰动接合钢筋，在孔位附近不得有积水。

(4)浇筑补强层混凝土

①在浇筑补强层混凝土前，应对接合面进行彻底清理，检查接合钢筋及其他构造钢筋数量及布置是否正确。原结构的接合面应充分湿润，但不应有积水。若使用界面剂，应控制好混凝土的浇筑时间。

②补强层混凝土浇筑应按设计规定的程序进行。由于补强层中钢筋较密，振捣必须充分到位。补强层厚度较薄时应注意避免过振引起的集料沉底、浆液上翻的现象。对钢纤维混凝土，宜采用平板式振捣器进行振捣，最后用圆棒滚压表面，使表层钢纤维沉入内部。

③掺入外加剂或纤维的混凝土在制备时，应严格按照有关产品说明书及设计要求进行操作，掌握掺入量和掺入方法。必要时应做工艺试验，选用最佳方法。

④由于补强层面积大、厚度薄，新旧混凝土存在龄期差，混凝土浇筑完后应特别注意养护。一是尽早进行养护，二是延长养护时间，一般要求湿养护时间不少于14d，并随季节、气温进行调节。

5.构造措施

(1)桥面板(主梁)表面应做成凹凸不小于4～6mm的粗糙面，无表面浮浆，集料外露清晰，亦可在表面涂刷界面剂，以加强新旧混凝土的黏结。

(2)补强层宜选用较高强度等级混凝土，其强度不应低于C30及主梁混凝土强度等级，厚度不宜小于10cm。

(3)结合面应设置结合钢筋，结合钢筋宜用螺纹钢筋，直钢筋末端弯成直钩，纵向设置间距不应大于50cm，直径不应小于8mm，也不应大于20mm。结合钢筋植埋于桥面板(主梁)的深度应符合胶黏材料的要求，伸入补强层的直线长度不宜小于 $5d$（d 为结合钢筋直径），并大于 6cm。

(4)补强层与原结构混凝土龄期一般相差较大，为减少和避免补强层出现收缩裂缝，补强层中须设构造钢筋，其间距应不大于 20cm，直径宜为 6～16mm。

6. 质量控制与检验评定方法

(1)工序质量控制

质量控制以目视检查为主，重点检查缺陷修补、结合面处理、结合钢筋植埋、补强层混凝土浇筑等工序。要求缺陷修补后结构尺寸基本恢复，外观接近原样；结合面应干净、粗糙，粗糙度符合构造要求；结合钢筋植埋孔径、孔位、孔深合适，钢筋与结合面垂直，外露端高度与埋入段长度符合设计要求；在结合面充分湿润，或界面剂涂刷好后，方可浇注补强层混凝土，严格控制混凝土的质量，振捣合理，并及时养护。

(2)加固工程质量检验评定方法

①补强层加固所用材料的种类、型号、规格、数量和质量应符合设计要求。

②按规定的程序施工，胶黏材料的配置、使用时间应严格按产品说明进行控制。

③结合面处理不得破坏原结构的混凝土强度，钻孔应避让混凝土中的预应力筋束和普通钢筋。

④补强层不得出现露筋和空洞现象。

⑤按设计要求对缺陷进行修补。

7. 综合特点

(1)桥面补强加固法操作便利，易于控制工程质量。

(2)补强层仅增加受压区混凝土面积，承载能力提高幅度受原结构受拉区钢筋的面积和强度影响而受限制。宜与其他加固方法如粘钢板、贴碳纤维等结合使用，补强效果更加明显。

(3)此加固方法对新旧混凝土结合面和收缩差动变形提出了特殊构造要求，以保证实现加固结构符合叠合结构的受力特征。

六、外观修复技术措施

桥梁的外观缺陷主要是混凝土的表面缺陷，不影响结构安全的混凝土裂缝、露筋、钢筋锈蚀等病害，此类病害为轻微病害，可通过修复处理或部分修复处理，下面针对不同的表面缺陷介绍几种常用的修复方法。

1. 混凝土裂缝修复

修复前应详细检查裂缝的走向、分布、缝宽、深度及数量，并进行分类、标记和记录。

(1)修复方法

根据裂缝宽度，采取以下修复方法：

①表面封闭法：缝宽小于规范要求时，采用涂刷环氧树脂进行表面封闭。施工工艺是先清理混凝土表面(打磨)再涂刷环氧树脂。

②压力灌注法：缝宽大于规范要求且属于非结构受力裂缝时，则采用压力灌注法处理。其施工工艺如图 4-23 所示。

(2)灌缝工艺流程

沿裂缝的走向凿开宽度 3～4cm、深度 2.5～3cm 的缝槽→冲洗缝槽、使其干净无松动颗粒→烘干缝槽→按配合比拌制环氧树脂砂浆→缝槽中填实树脂砂浆(表面1cm不填)并每隔10～15cm焊接1个带丝扣的压浆嘴→砂浆达到强度后停2～3h、将压浆嘴通过压浆管连到压浆机上→分段压浆,第一个嘴压浆,第二个嘴冒浆→压浆管接到第二个压浆嘴,以此类推→每隔一个嘴进行二次顶压,确保浆液注满→将表面1cm缝槽用与母体同强度等级的水泥砂浆填平并压实→养生缝槽→凿口检查,若凿口完好则封堵。

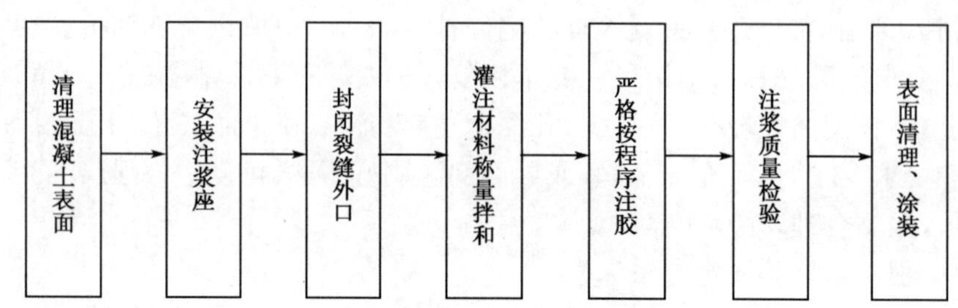

图4-23 压力灌注法施工工艺

(3)灌缝施工的注意事项

①灌缝的填充材料常用环氧树脂(胶结剂)、乙二胺(固化剂)、丙酮(稀释剂),按施工规范规定的常用配合比,通过试验确定施工配合比。填充材料也可以考虑采用经过工程实践的其他新型胶体材料。填充胶浆要求流动性好、渗透性强、固结时间短。

②压浆时浆液要先充满裂缝,并在浆液未固化前完成压浆和二次顶压补浆。通过对凿口随机检查,一条裂缝两处检查均发现未充满,应则重新凿开进行二次修补,有条件的可采用超声波无破损检测其压浆质量。

③表面的水泥砂浆封层可采用1∶2～1∶3的水泥砂浆,适当掺0.1%～0.2%的膨胀剂。通过二次填补压平,防止渗水和树脂砂浆老化。

2.混凝土表面缺陷修补

(1)混凝土表面缺陷(空洞、蜂窝、破损露筋等)修补工艺流程:凿除松动的混凝土,露出新鲜的混凝土→四周用砂轮切割机锯缝后凿成深2cm的台阶,修补面呈规则的几何形状→冲洗干净→钢筋除锈→烘干→用环氧树脂混凝土分层填补空洞、挤压密实,表面留1cm→环氧树脂混凝土固化后表面用环氧树脂砂浆封面→砂浆养生。

环氧树脂混凝土配合比通过试验确定,强度要求不小于50MPa,并具有较好的施工和易性。环氧树脂砂浆的配合比如下:胶浆∶灰为0.4～0.45,砂浆强度不小于50MPa,砂为干燥的标准砂,通过试验确定配合比,并保证施工所需和易性。若空洞较大能够支立模板,也可采用微膨胀混凝土用浇注法进行修补,但必须振捣密实,不允许采用普通水泥砂浆分层填补修复混凝土缺陷。

(2)表面风化、麻面、保护层厚度不够、露集料等病害修补工艺:表面凿毛,剔除风化和水锈混凝土→钢筋暴露面除锈并冲洗→烘干→粉刷第一层环氧树脂砂浆连接层、压实、找平→粉刷第二层环氧树脂砂浆,并在初凝前压实平整→砂浆养生。

(3)混凝土表面的涂装。结构物表面粗糙,但未碳化、整体强度较好时,可采取局部修补、整体涂装的方法进行修复,对混凝土形成防护。涂料要求具有防水性、耐久性、低温和高温稳定性、耐酸碱性、耐盐腐蚀性、抗老化性、强度高等使用性能。可参考采用国内外成熟、价优的特种防水涂料或桥梁专用防水涂料。混凝土表面进行涂装处理时,结构物表面应整体涂装,以保持结构物颜色、质地美观一致。

七、整桥改变结构体系修复加固技术措施

(一)综述

改变结构体系加固旧桥通常是指增设附加构件和进行技术改造,使桥梁的受力体系和受力状况发生改变,从而起到减小承重构件的应力、改善桥梁性能、达到提高承载能力的目的。

1.常使用的方法

(1)简支转连续法。

(2)将多跨简支梁改造为桥面连续简支梁体系。

(3)增加辅助墩法。

(4)八字支撑法。

(5)将梁式桥转换为梁拱组合体系。

(6)改桥为涵洞加固。

(7)钢索斜拉加固。

其中,方法(3)～(7)加固方案形式各异,有不同的要求,但加固实质相同,即均是为所加固的桥梁加入新的支撑点,缩短梁的计算跨径。

2.一般规定与注意事项

(1)加固时往往需要在桥下操作,设置永久设施,影响桥下净空,所以必须考虑对通航及排洪能力的影响。

(2)加固时改变了受力体系,使原本只承受正弯矩的简支梁在部分位置出现负弯矩,所以要注意加强梁上缘配筋。

(3)应注意由各种方法带来的一些其他不利的附加影响。

(二)多跨简支梁改造为桥面连续简支梁体系

1.特点及适用条件

将桥面连续可以提高行车的舒适性和减少桥面不平整时车辆荷载对桥梁的冲击影响,也可使荷载横向分布趋于合理。

适用于桥面铺装破损较严重且伸缩缝处不平整的简支梁桥。

2.附加影响

(1)连续未处理好,或伸缩缝处所预留的伸缩量不足,或养护不及时伸缩缝被杂物嵌牢,均易使连续桥面连接点处在温度升高时发生拱起,引起桥面破坏。

(2)桥面连续必将拆除部分伸缩缝,而剩余伸缩缝将因伸缩量不足而需要更换,伸缩量需要重新计算。更换伸缩缝时位于伸缩缝两侧后浇筑的混凝土铺装必须有一个养生时间,使其达到设计强度。

(3)因为伸缩缝与支座的影响,建议连续跨数不超过 6 跨,最好为 3～5 跨一联,具体要依据伸缩缝与支座进行计算。

3.力学特点

(1)受力体系未发生本质改变,但使得过于集中的荷载分布趋于合理,梁体在横向共同受力,减小每片梁荷载横向分布。

(2)减少了不必要的车辆冲击力。

(3)由于桥面铺装参与结构受力,结构截面高度提高,提高了抗弯刚度与抗弯能力。

4. 设计计算

改造加固后,仅仅是桥面连续的简支梁体系,恒载及活载内力计算还是按简支梁的要求来计算。

5. 工艺流程

(1)凿除桥面铺装,梁顶凿毛。

(2)每片主梁梗肋上方开两道槽,用来布置连接筋。

(3)每片主梁上布置 2 根直径为 20～25mm 的钢筋,做好钢筋在梁端支点处的垫层。

(4)重新浇筑桥面铺装。

6. 构造措施

(1)梁端两支点长度范围内的钢筋包扎上柔性垫层,垫层特性要求具有良好的防腐蚀性,并可使钢筋与混凝土隔开,钢筋不承受轮重压力。

(2)桥面现浇层中布置的钢筋网在接缝处不断开。

(3)为使桥面平整、美观,在混凝土桥面上铺一层 3cm 左右的沥青混凝土面层作磨耗层,可使假缝处产生的裂缝不致明显地反映到面层上,还可提高桥面的使用质量。

7. 评述

内力计算与截面设计计算简单,加固后加强了横向联系,对结构承载能力略有提高,并使行车更舒适。从某方面说起到了桥面铺装养护作用,对桥下净空、墩台及原桥景观无影响。但要凿去桥面铺装及桥端混凝土,且在施工期需全过程中断交通。

(三)加辅助墩法

1. 特点及适用条件

增设支点后,改变了结构体系,减小梁的跨径及荷载作用下跨中的弯矩,从而能较大幅度地提高承载能力,并能减小和限制梁板的挠曲变形。

适用于梁(板)挠度过大、承载能力明显不足的钢筋混凝土梁桥或要求通行重载而要加固的桥,同时此加固方案可减轻下部结构及基础的受力,但要求不受桥下净空及排洪影响,如图 4-24所示。若桥下净空较大,或有常年流水,则此方法不经济也不可行。

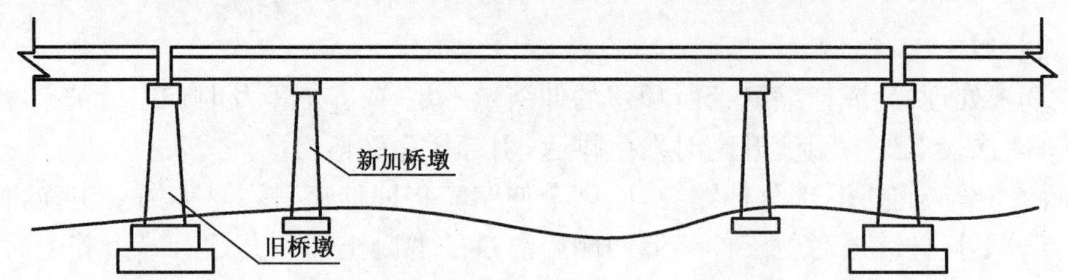

图 4-24　增加辅助墩改变桥梁结构体系示意图

2. 附加影响

(1)新墩柱占用了桥下净空,影响了排洪或通行。

(2)新加设墩处预加顶升力值不易求得,应根据实际情况适当加力,仅以改善原梁非弹性变形及使新墩与梁紧密结合即可,预加力宁小勿大。

(3)新加设墩支点处组合弯矩难以保证为正弯矩，为确保安全，支点处上缘应适当采用其他方法补强加固。

(4)新墩柱上需要设新支座，要求为活动支座。

(5)若桥下净空过高，加设墩修筑费用加大。

3. 力学特点

(1)原结构自重产生的内力，仍由原梁结构自行承受。

(2)新加设墩上的预加顶升力只是改善原梁非弹性变形，并使新墩与梁紧密结合，可不考虑其对主梁恒载的卸载作用，即新墩不承受恒载作用。

(3)活载是由新墩与梁组成的连续梁体系承受。由于活载内力是连续梁体系承受，使跨中弯矩减小，支点处出现活载负弯矩，要求新加设墩支点处的活载负弯矩与恒载正弯矩组合为正弯矩。

4. 设计计算

计算时将立柱新增支点按刚性支点考虑，即支柱十分刚强，以致被加固结构构件的新支点在外荷载作用下没有竖向变位或很小可以忽略，所受荷载直接传给立柱。内力组合步骤如下：

(1)恒载在改变体系前为简支体系下的内力。

(2)活载内力按三跨连续梁计算，算出活载对立柱的最大竖向力 N。

(3)对(1)、(2)工况进行内力组合。计算简图及内力叠加如图 4-25 所示。

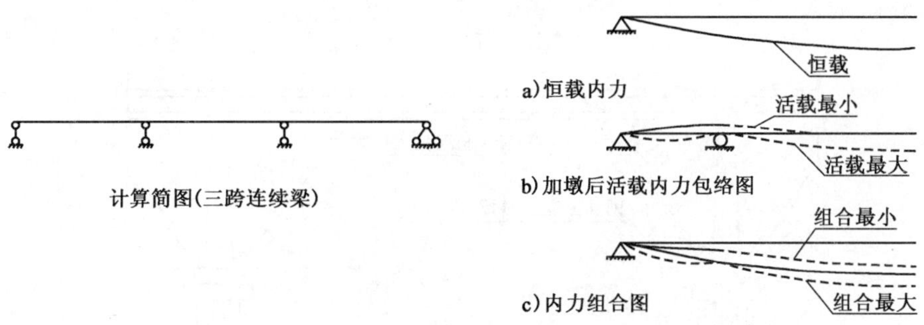

图 4-25 计算简图与内力叠加图(半跨)

(4)检验比较看新支点截面是否出现过大负弯矩值，如是则适当调整支点位置，同时检验跨中弯矩是否减小到满足截面强度要求。若上述两项均难以满足，则此方法不适宜加固此类桥梁。

(5)计算新支点处抗弯、抗剪强度，若不满足要求，可采取粘贴钢板等其他加固方法。

(6)对支柱的设计计算，由计算所得竖向力 N 按公路工程桥梁设计规范中钢筋混凝土构件的轴心受压构件来计算，支柱下的地基加固计算按一般基础设计来计算。

5. 工艺流程

(1)根据地质条件与原桥墩台基础情况修筑新墩基础。

(2)采用如粘贴钢板等方式对支点梁上缘进行补强加固。

(3)修筑新墩及墩帽至梁底面。

(4)在墩帽上用千斤顶顶升主梁，仅用于消除主梁部分非弹性变形引起的过大挠度，并为放置支座提供空间。

(5)设置支座，除去千斤顶。

6. 构造措施

(1)新加设墩基础要求不能破坏原桥墩台基础。

(2)新桥墩形式一般要与原桥墩形式相同,或用构造更简单、更符合景观的桥墩形式。

7. 综合特点

内力计算与截面设计计算简单,加固后体系改变,减少了原结构在荷载作用下产生的内力,加固效果显著。如果设计合理,则无须对原梁上缘进行补强加固,且施工期部分中断交通,否则将加大施工难度及延长中断交通时间。要增设桥墩,新建桥墩基础,工程量大,影响桥下净空及排洪,使桥梁景观受到影响。

(四)八字支撑法

1. 特点及适用条件

在简支梁桥孔增设八字支撑,为原桥上部结构提供两个弹性支撑,从而使原来的一跨简支梁变为三跨连续梁。结构体系的这一改变使结构受力状况得到改善,减小梁的跨径及荷载作用下跨中的弯矩,从而可以提高承载能力。

八字支撑法适用于梁(板)挠度过大、承载能力明显不足的钢筋混凝土梁桥或要求通行重载而要加固的桥。因增加的斜支撑可直接支撑在原墩台基础上或抗推能力强的墩身或台身上,是对增加辅助墩法的一种补充,弥补了对于桥下净空大,或有常年流水不易增加辅助墩的缺点,但此方法不能起到对墩台基础的卸载作用,反而对墩台基础要求有足够承载力及抗推刚度,如图 4-26 所示。

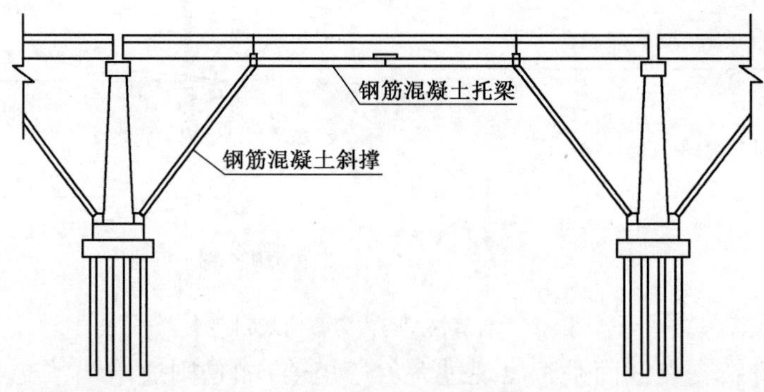

图 4-26　八字支撑法加固示意图

2. 附加影响

(1)八字撑架占用了桥下净空,对排洪或通行有一定影响。

(2)撑架支点处组合弯矩难以保证为正弯矩,为确保安全,支点处上缘应适当采用其他方法补强加固。

(3)要求设置四氯板式橡胶支座,用以提供无水平阻力的弹性支撑。

(4)钢筋混凝土撑架因收缩徐变,会与梁体接触不紧密,应提前预制受压,使其收缩徐变完全。

(5)撑架支撑于墩台基础上,对同一桥墩撑架位置最好对称布置,用来相互抵消对墩的水平推力,对于桥台则应适当加固。

(6)斜撑构造比墩柱轻细,但每片主梁下均有斜撑,数量较多。

3. 力学特点

(1)同增加辅助墩加固力学特点相似,即原结构自重产生的力,由原梁结构自行承受,撑架不承受恒载作用。

(2)活载由撑架与梁组成的连续梁体系共同承受,活载内力由于是连续梁体系承受,使跨中弯矩减小,支点处出现活载负弯矩。要求新墩支点处的活载负弯矩与恒载正弯矩组合为正弯矩。

4. 工艺流程

(1)改造原桥墩台基础或承台顶面作为支撑基础。

(2)采用如粘贴钢板等方式对每片梁支点上缘进行补强加固,同时主梁支点下缘安装活动支座。

(3)各片梁下安置预制好的斜支撑,支撑上支点与支座紧密接触。

(4)安置主梁下缘水平撑及各斜撑间的横系梁。

5. 构造措施

(1)基础主要利用原桥良好的基础,需砌筑或开凿出放置支撑下支点的沟槽即可,放置斜支撑后浇筑混凝土封死。

(2)斜支撑截面积一般用正方形截面,水平撑、横系梁,要求与支撑截面尺寸相同或相近。

(3)斜支撑、水平撑及横系梁配筋要满足构造及设计要求。

(4)斜支撑长度不宜超过 8m。

(5)支座是固定在主梁下缘的,即颠倒安置;选用高度低的活动支座,如四氯乙烯活动支座。

6. 综合特点

内力计算简单,加固后体系减小了桥梁跨径,大大减小了原结构所承受的内力,加固效果显著。如果设计合理,则无须对原梁上缘进行补强加固,且施工期部分中断交通,否则将加大施工难度及延长中断交通时间。影响桥下净空及排洪,使桥梁景观受到一定影响。

(五)斜拉加固法

1. 特点及适用条件

此方法是依靠原桥墩在桥墩两侧修筑矮塔,支柱(支柱用钢筋混凝土钢管或预制混凝土柱)顶面布置刚性或柔性拉索,拉吊起桥底已布置的钢梁或加强后的梁横隔板,为原桥上部结构提供一个或几个弹性支撑,使原简支梁变为连续梁。结构体系的这一改变使结构受力状况得到改善,从而提高结构承载能力。

适用于梁挠度过大、承载能力不足的情况,特别适用于简支跨多、墩低的梁桥,在墩侧重新修筑基础建造矮塔,或利用桥墩伸出的墩帽在墩帽上修筑矮塔,如图 4-27 所示。由于横向联系的原因,此方法适用于窄桥,梁数不超过 5 片。

2. 附加影响

(1)为给矮塔提供空间,需要凿除部分边梁梁端翼板及其上部的附属构造,拉索穿过翼板的地方要凿孔。

(2)加固所用索、塔均在桥面系上部,加固迹象明显。

(3)梁底部支点要成对出现,而塔是对称布索,靠近桥台边跨的一支点必须由辅助墩来组成。

(4)对于柱式墩要对墩帽适当加固。

3. 力学特点

与增加辅助墩加固力学特点相似,即:

(1)原结构自重产生的力,由原梁结构自行承受。

(2)支点处预加拉力只是改善原梁非弹性变形,并使撑架与梁紧密结合,可不考虑其对主梁恒载的卸载作用,即拉索不承受原梁恒载作用。

(3)活载由斜拉索与梁组成的组合体系共同承受,活载内力由组合体系承受使跨中弯矩减小,支点处出现活载负弯矩。要求支点处的活载负弯矩与恒载正弯矩组合为正弯矩。

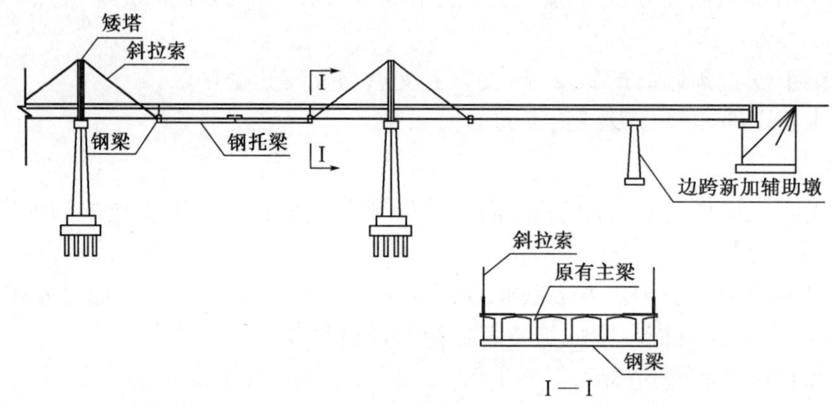

图 4-27　斜拉加固法示意图

4. 施工工序

(1)凿除墩顶处梁端翼缘板或墩顶处人行道板,为矮塔留出空间。

(2)原桥墩帽作为矮塔基础,设置栓钉或嵌入钢筋,修筑矮塔。

(3)采用如粘贴钢板的其他方式对支点梁上缘进行补强加固。

(4)对于柱式墩要对墩帽适当加固。

(5)布置斜拉索并施加预应力锚固于已设置的钢横梁或加强后的梁横隔板。

5. 构造措施

(1)根据景观要求,矮塔高度应低于路灯高度或略高于栏杆,可设为 2m 左右。

(2)斜拉索可用钢丝绳、钢绞线或粗钢筋,需作防锈防腐处理。

(3)拉索贯穿过塔顶,在塔顶不固定,塔顶部用 U 形承托或滑轮,使拉索在塔顶无水平拉力。

(4)施加预应力主要消除梁体部分塑性变形,并使钢梁与梁底结合密实。

(5)为消除钢梁跨中产生的挠曲,钢梁做成鱼腹式或跨中与中部主梁相接处加厚支座。

(6)支座采用板式橡胶支座。

(7)托梁与钢梁或加强的横隔板应锚固或焊接。

(8)拉索两端可做成一端锚固,另一端可调。

6. 综合特点

加固效果明显,工程量不大,但施工复杂,施工期需中断交通,对桥下净空无影响,因桥面上新加立柱，改变了原桥景观。

八、支座更换

在地震中，支座是易损构件，支座的损坏可能使上部结构失去活动能力，从而产生附加内力，对桥梁的承载能力和工作状态产生不利影响。板式橡胶支座的损坏形式主要表现为严重残余剪切变形、卷曲、脱空、滑移、四氟板破坏等；典型盆式橡胶支座的损坏形式主要表现为支座位移、锚固螺栓拔出和剪断、上下钢盆错位、钢盆连接破坏等。更换支座是解决支座损坏的常用方法。目前常采用多点同步顶升方式更换支座。

1. 基本原理和设计计算方法

(1)多点同步顶升基本原理

同步顶升系统由电动机、高压液压泵、油箱及操作控制系统、千斤顶和油管、分流器等组成。一个泵站的流量通过分流器输出，分别提供给 4～32 个执行油缸，位移控制系统根据 4～32 个不同测点的回馈信号，控制 4～32 个油缸的加载顶升速度，实现对整个混凝土连续梁体的同步顶升。图 4-28 为多点同步顶升系统。图 4-29 为多点同步千斤顶连接示意图。

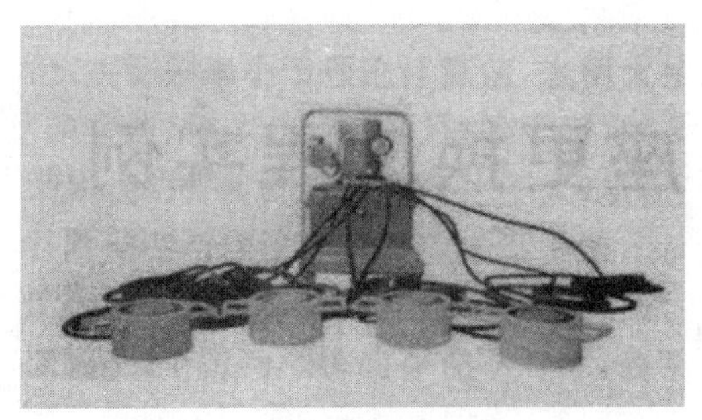

图 4-28　多点同步顶升系统

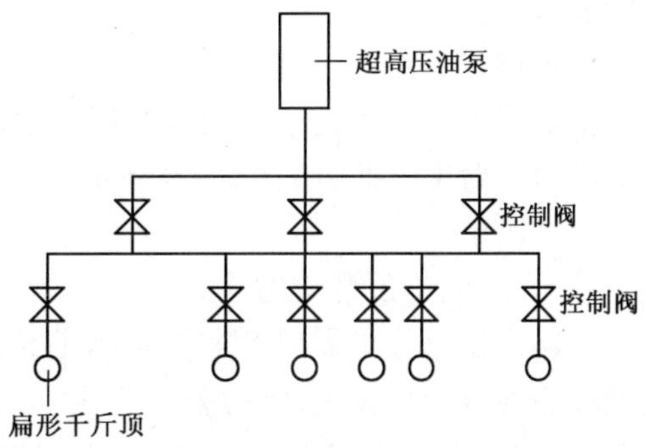

图 4-29　多点同步千斤顶连接示意图

根据现场实际情况，顶升支承系统可采取直接顶升式、牛腿式、支撑式和抱箍式等多种方式。

①直接顶升式

在梁底与盖梁(桥台台帽)顶的空间内安装千斤顶直接顶升梁板的顶升方式。此方式操作简单，材料、设备投入少，效率高，抢通时间短，但对梁底与盖梁(桥台台帽)顶的空间要求大，必须要有足够的空间安装千斤顶。如图 4-30 所示。

②牛腿式

当梁板底面与盖梁(桥台台帽)顶面之间间距有限，千斤顶无法放在盖梁(桥台台帽)顶面上，可采用在盖梁、台帽或台身立面植入化学锚栓，安装钢牛腿或三角钢板作为千斤顶的顶升平台，如图 4-31 所示。此方式适应性强，效率高，安全性强，但材料、设备投入大，前期准备时间长。对于震后桥墩或桥台有损坏的要慎用。

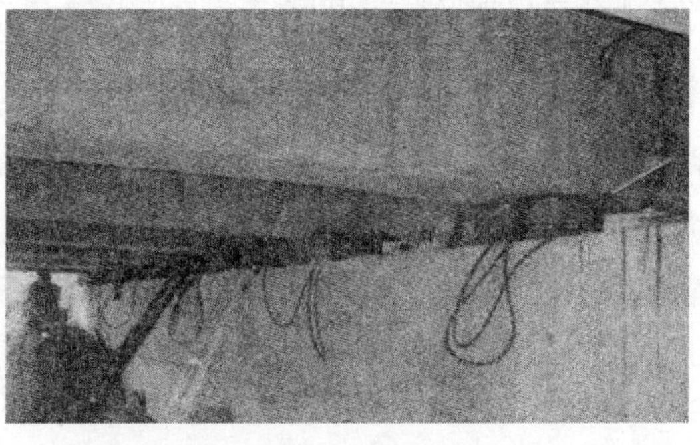

图 4-30　多点同步千斤顶直接放在盖梁顶面上

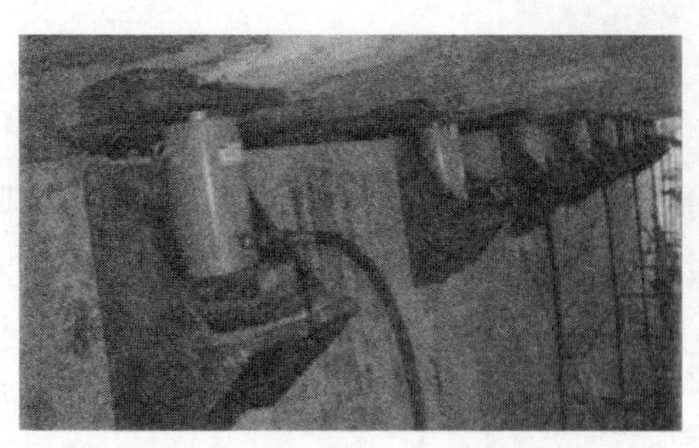

图 4-31 多点同步千斤顶放在盖梁侧面上

③支撑式

支撑式一般是利用承台或桥下地面做反力基础，搭设钢支撑或钢管支架，安装千斤顶，根据实际情况，又分为直接顶升和安装分配梁顶升两种方式。构建钢支撑或钢管支架、千斤顶、分配梁顶升系统实施顶升。此方式顶升同步性好、效率高、安全性强，但对地基要求较高，材料、设备投入大，且钢支撑（或钢管支架）搭设受桥下净高的局限，适应性差，前期准备时间长。

④抱箍式

抱箍式顶升是将反力钢架挂在桥墩顶部，并在抱箍筒体上植入化学锚栓，千斤顶安装在抱箍的反力平台上。此方式前期准备时间长，材料、设备投入较大，是在桥墩上常采用的顶升方法。

(2)多点同步顶升结构验算

支座更换过程中需要考虑的问题主要包括：千斤顶整体顶升时，上部结构内力发生变化；支架失稳导致千斤顶失效（等效于产生不均匀沉降）；顶升位置梁体局部压应力较大等。同步顶升前，需结合具体情况，对可能出现的情况进行验算，主要验算梁体在被顶升过程中的结构整体性能和局部性能。

2. 工艺流程与质量控制要点

支座更换施工过程和质量控制要点根据具体更换方案不同也有所区别。此处以连续箱梁为例，介绍支撑式多支点同步顶升的施工过程和质量控制要点。

(1)工艺流程

顶升施工流程（图 4-32）：施工准备→搭设支架→放置千斤顶→安装位移、压力等监控设备→顶升→更换支座→卸载→恢复限位钢板→撤出顶升、监控、支架等→结束顶梁作业。

(2)施工工艺

若采取桥下地面作为反力基础，搭设顶升支架前必须进行地基处理，并在地上铺设枕木，在枕木上搭设定型支架，支架顶部铺设方木，千斤顶放置在方木上，在千斤顶下垫 2cm 厚的钢板，千斤顶支顶梁体的位置应在箱梁腹板范围内或横隔板范围内。该方法施工重点是支架的搭设，顶升支架要确保有足够的强度、刚度和稳定性。搭设顶升支架如图 4-33 所示。

另外，据安全施工的需要，在桥梁支座进行更换前，应对施工部分的桥梁梁体再进行一次全面检测，主要检测内容为梁体是否有明显开裂、混凝土剥落、露筋等不宜施工的情况出现。如出现病害，应先对病害进行处理后方可进行更换支座施工。

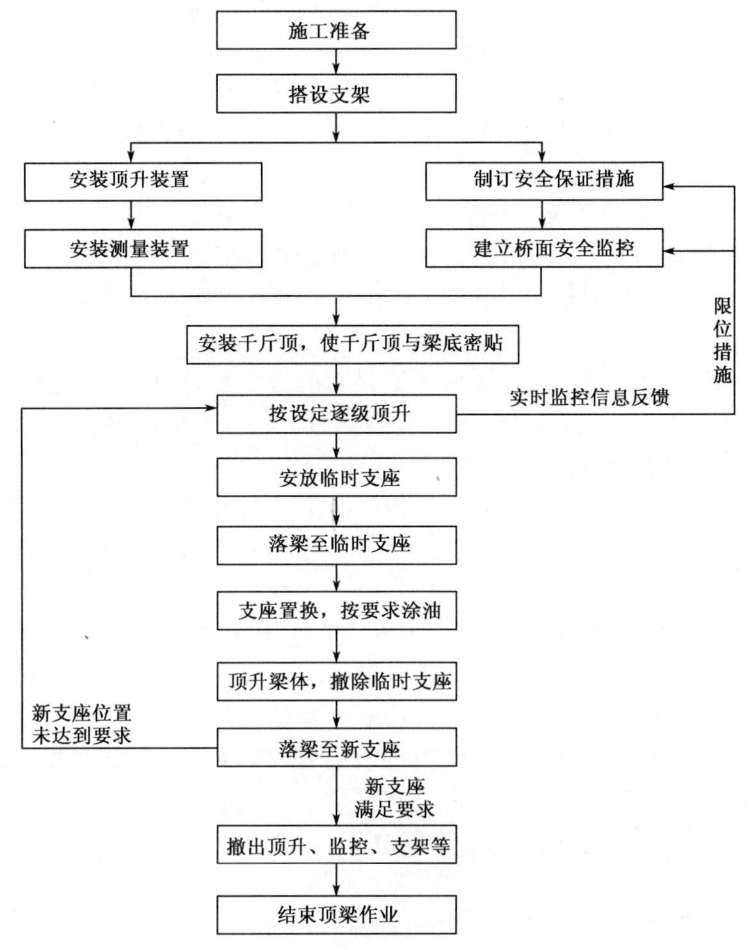

图 4-32　顶升施工流程

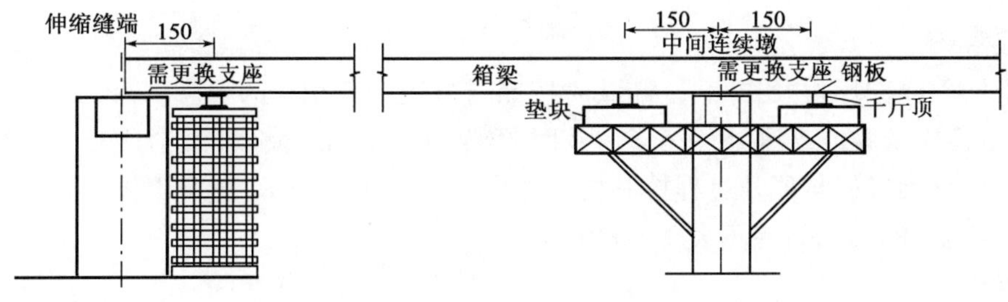

图 4-33　搭设支架示意图(尺寸单位:cm)

①搭设施工平台。

更换支座是一项高空作业,作业人员要在高空进行拉提重物、观测和更换支座等工作,因此搭建高空操作平台是一项必不可少的工作。施工平台要有足够的强度、刚度和稳定性,能承载竖向和水平推力作用,变形小,稳定度高;平台与梁底保持 1.6～2.0m 的空间,充分保证人员的易操作性;梁体下面的施工平台及搭设的支架应联成整体。

②更换支座前需解除原梁底互相顶死的限位块,对施工部分进行梁体和垫石检测,如梁体

或垫石有损坏，应根据其损坏情况确定梁体的维修加固方案或垫石的修补方案。支座更换需在梁体和垫石维修加固完成后方可进行。

③安装千斤顶，采用超薄千斤顶，千斤顶放置在钢板或方木上，对全联上的所有支承点同步顶升。为保证顶升过程中的梁体安全，在每个支座位置还应设置安装百分表，用于人工监控、读数。

④整体顶升，在专业人员的统一指挥下所有千斤顶缓慢分级顶升，具体按照以下步骤进行：

a. 加预顶力至恒载的25%左右，检查各千斤顶支垫是否稳固，否则应回油重新支垫，再次加力至恒载的25%，读取并记录百分表读数，作为顶升高度的初始读数，并视为梁体顶升的"零"位移。

b. 加预顶力至恒载的50%左右，读取并记录百分表读数，分析顶升位移是否均衡、一致，并检查油路系统是否正常，是否有漏油、供油不畅等现象，如有应立即停止加载，及时整改，同时观察桥梁横向是否有移位现象。

c. 继续加顶升力，当顶升力超过恒载后，改以高度控制为准。顶升高度约至5mm时，读取百分表读数，检查支座脱空情况，并记录油压表读数供参考，顶升过程中要设置临时支点，临时支点上每顶升一次放置一块5mm厚的钢板。

d. 再次顶高5mm，读取百分表读数，根据支座脱空情况判断能否取出全部支座，量取并记录垫石顶面距梁底的高度能否满足安装新支座，确定是否需要继续顶升，顶升多少。

e. 根据需要下一级再次顶高2mm，直至满足梁体升高高度达到要求。

顶升过程中，用百分表监视每片梁(板)的顶升高度，横向相邻梁(板)间高差应不大于1mm；每跨梁(板)的两端高差不大于5mm。顶升完成之后分析各阶段记录数据，确定下一工点是否需要对每一级顶升力、顶升高度进行修正。

⑤支座更换。

将原支座按照不同位置编号，以便查对和更换。因原支座上盖板与箱梁梁底预埋钢板焊接，当顶升到位后，应将其切割，以便更换。同时，将原支座垫高1cm，割断支座连接螺栓，取出旧支座，将垫石清理干净以后放入新支座，将新支座上盖板和底板分别与箱梁底预埋钢板和墩顶预埋钢板进行焊接。

⑥卸载落梁。

解除千斤顶保护环，开始卸载。卸载时按照与分级加载相反的顺序，分级卸载。钢板锈蚀处理、支座更换以及脱空支座处理完毕后及时落梁(板)，落梁(板)时需稍顶升千斤顶，逐级卸除临时支撑。落梁过程与顶升过程控制要求相同，要求同步、缓慢分级卸载，横向高差不大于1mm，每跨梁(板)的两端高差不大于5mm。

⑦设置横向限位块。

在顶升前解除限位块的位置，重新设置限位钢板。

(3)控制措施

由于桥梁顶升时必将会引起桥梁结构内力的变化，因此在起梁时必须采取严格的控制措施，系统自动实施位移监控，为更好地保障顶升过程中梁体的安全，还应在每一个顶升点安装百分表进行人工监控，对每一点同时进行双重控制，将误差控制在最小范围。

监控是保证梁体安全受力所必需的，主要是记录起梁前及顶升过程中千斤顶的顶升情况，并在顶升过程中观察梁跨、梁底面和桥两侧、腹板处裂缝情况，如果有异常，则必须马上中止顶梁，找出原因，确定解决办法，方可重新进行顶梁。

其他控制措施包括：

①根据桥梁实际情况进行顶升力测算。

②在顶升前认真检查顶升系统各部件是否正常，超高压千斤顶应保证油路良好，各并联千斤顶超高压均匀，工作状态正常。

③起梁时应对梁顶起时的位移和千斤顶的起顶力进行双控，保证起梁能达到设计位置。

④为保证达到要求和施工质量，按要求配置人员和设备。

⑤起梁时，用千斤顶保护环做临时辅助支撑，安装完支座后在落梁前将其拆除。

⑥设置位移观测系统，即安装百分表，以便更方便、更快捷、更直观地控制起梁的高度和速度，严格控制每次顶升量和总顶升量。

⑦在加载时，分级进行，以便各千斤顶之间的力均衡增加，确保同步顶升，同时加强对梁体的观测（注意：持荷时间应尽可能缩短）。

⑧对根部进行应力和裂缝监控，起梁时，如果出现裂缝，即超过了规范和设计允许值，则必须停止起梁，查找原因，找到解决办法后，再进行起梁和安设支座。

桥梁顶升施工过程中需注意的安全生产事项包括：

①为防止机械故障，施工前应该至少多准备 1 台油泵和 3 台千斤顶。

②施工过程中对桥梁实施交通管制，防止施工荷载增大。

③桥下施工的人员除检查和控制千斤顶的人员外，应与支点处保持适当的距离。

④在桥底下进行检查、测量时，应时刻注意桥底处裂纹及其发展情况，在发生大规模的裂纹扩展之前发现隐患，并及时排除险情。

⑤施工过程中，工作人员在高空的情况下应该系上安全带。

第五章　桥梁的抢建

当战争、地质灾害等原因造成桥梁破坏，无其他桥渡可迂回通车，且应急抢建便桥、架设浮桥或开设轮渡的条件及时间均不允许时，应贯彻先通后善的原则，先以较低标准、临时结构抢通桥梁。

本章分别从桥梁抢建前的灾害隐患排除、桥梁抢建的主要技术指标、垮塌桥梁抢建的主要材料、桥梁基础、桥梁墩台和桥梁上部结构几方面介绍垮塌桥梁抢建的各种技术措施，并对木桥抢建、利用原有路基抢建新型战备桁架钢桥进行了阐述。

第一节　桥梁抢建前的灾害隐患排除

桥梁抢建前应根据灾害情况、救援形势等方面进行综合的评估，评估合格并清除隐患后方可进行抢建。

对于战争造成的损害，在桥梁抢建前应重点排查、清除拟建桥址附近的未爆炸物，再进行地质灾害方面的排查。

对于地质灾害造成的桥梁损毁，在桥梁抢建时应绕避规模较大、难以整治且严重危及施工与行车安全的不良地质地段。无法避让时，应结合地质灾害的规模、影响程度、整治时间等综合考虑，确定科学的整治方案。

对桥梁危害较大的不良地质包括：河道堵塞、河面流冰、滑坡、岩堆、崩塌、泥石流和地面沉陷等。

一、河道堵塞

对于跨越较大流量河流的桥梁及受季节性河流影响的桥梁，在抢建前应清理堵塞的河道。当泥石流、崩塌体及滑坡体等灾害造成河道堵塞，压缩河道过水面积，造成河床冲刷严重时，必须及时清理堵塞物，确保流水、泄洪畅通。如果河道堵塞严重造成堰塞湖时，应采取措施疏通泄水通道，避免在堰塞湖下方抢建桥梁。

二、河面流冰

在流冰期河水中抢建桥梁时，大面积冰排在水流的推动下产生很大的动能，对河道中的桥梁墩台形成巨大的撞击力、推压力，不仅直接损伤桥墩，还引起桥梁结构变形、产生对桥梁结构不利的振动等，严重威胁桥梁安全。冰凌易导致河道水流壅堵，对桥梁的安全运营构成了严重的威胁。通常采取如下措施：

(1)河道内的干预措施：对河道内的冰凌进行人为干预，采取必要的工程、非工程措施或综合措施。工程设置主要包括在河道设置拦冰设施，拦截流冰或形成冰盖提早封河，减少下游河段的卡冰；设置导冰设施，将流冰导向一侧，避免流冰对桥梁造成损害。非工程措施主要是针对大面积的移动冰块(冰排)、坚固的冰盖、堆积的冰塞或冰坝等进行破冰、打冰，疏导泄流。

(2)桥梁本身的防护措施:对于河道内的人为干预,不可能完全避免流冰(图 5-1)的影响。为了确保桥梁的自身安全,还要在桥墩迎水面设置破冰棱结构。破冰棱结构多为倾斜式尖端形,在尖角部分采用大尺寸角钢进行防护加固,对基础上部也进行相应的防护措施。

伊犁河大桥墩台下部为钢筋混凝土高桩承台,设有钢板破冰体,以防春季融冰时巨大冰块对桥梁的冲击,如图 5-2 所示。

图 5-1 流冰的河面

图 5-2 伊犁河大桥破冰体

三、滑坡

抢建桥梁选址时应避开较大规模及不稳定的滑坡体。对于不可避免的小型滑坡体,尽量在滑坡体的下部通过,并采取减载、坡脚反压、防水、排水及锚固等方法综合治理。

(1)在滑坡体中部及上部卸载减压。滑坡地段桥台附近的路基应采用石灰土等轻质材料换填。

(2)在滑坡体的坡脚堆载反压或者设置支挡设施。

(3)在坡顶设置截水沟将流向滑坡体的水引流到别处,滑坡的坡面可喷射 15cm 厚的混凝土防止雨水渗入。沿河地段的滑坡体应采取改河、顺流、挑水、编织袋护坡等措施,防止河流对滑坡体下缘的冲刷,避免滑坡体的支承条件恶化。

(4)在滑坡体中打入 H 型钢或 ϕ108×6mm 以上钢管桩进行锚固,H 型钢或钢管应穿过滑坡体锚固在稳定地层上,锚固长度不小于 1.5m。钢管单节长 4~6m,接头采用 15~30cm 丝扣连接,钢管接头间距应错开 1m 以上,避免设置在同一截面上。钢管壁加工注浆花孔(图 5-3),孔径为 ϕ10mm,间距为 20cm,梅花状布置,前端 20cm 设置成蒜瓣状锥形尖端,以方面打入滑坡体中,尾部 150cm 范围内不钻孔。钢管内压注 1∶1 水灰比的水泥浆,水泥浆中加入速凝剂,加固滑坡体。由于较小管径钢管的抗滑能力极低,应避免采用较小钢管钻孔压浆锚固的方法来治理滑坡体。

图 5-3 注浆钢花管示意图

四、岩堆

岩堆一般为松散岩石体，孔隙率大、黏聚性差。岩堆对桥梁抢建的影响与滑坡体类似，其处理方法与滑坡体基本相同。此外，还可采用柔性网防护（图 5-4），以防止岩堆发生较大的位移。

五、泥石流

拟抢建的桥梁上方有泥石流时，应进行防治，避免泥石流对桥梁造成影响。泥石流防治是一项由多种措施组成的系统工程。抢建工程中的防治由三方面措施组成：

（1）通过清理、卸载及坡面临时覆盖等工程措施消除或削弱泥石流发生条件，防止和削弱泥石流活动。

（2）采用拦挡坝、谷坊、排导沟等工程措施，调整和疏导泥石流流通途径和淤积场地，控制泥石流运动，减少灾害破坏损失。

（3）修建护坡、挡墙、顺坝、丁坝等工程，对桥梁墩台进行保护。

“5・12”汶川地震区文家沟泥石流应急治理如图 5-5 所示。

图 5-4　柔性网防护

图 5-5　文家沟泥石流应急治理

六、崩塌体

桥梁上方的崩塌山体（图 5-6）要放缓坡体、清理松散土石。对于较大的突出的石块，可采用小型爆破的方法清除，个别松动的小型石块，采用人工钢钎进行清理。当上边坡岩石有明显的临空面，下面支撑条件比较好时，可采取支撑、支护、锚固、嵌补等措施进行固定。如果条件许可时，在靠近桥梁一侧设置落石平台、落石槽、拦石墙、柔性拦石网等设施。在工程实践中，针对破碎的崩塌体坡面，综合采用锚杆锚固挂钢丝网喷浆再挂 SNS 网处理坡面系统，整治效果比较好，如图 5-7 所示。

七、地面沉陷

桥梁应尽量避免在较大的溶洞及采空区上方建设。当桥梁墩台基础受地面沉陷影响时，应对沉陷的地基进行处理，一般可采用回填土、回填混凝土或者钻孔注浆处理地基下面的较大空洞。对于采矿造成的孤穴，当覆盖层较厚时，也可采用直接向地下空洞处回灌水的方法进行处理。回填混凝土和钻孔注浆（图 5-8）处理沉陷的地下空洞是目前施工技术比较成熟、效果显著的处理方法。

图 5-6 崩塌

图 5-7 综合采用锚杆锚固挂钢丝网喷浆再挂 SNS 网处理坡面系统

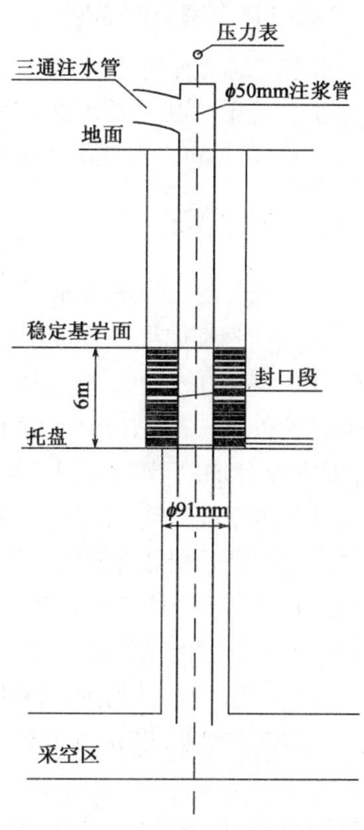

图 5-8 采空区注浆示意图

第二节 桥梁抢建的技术指标及防护措施

桥梁抢建过程中受到时间、气象、地形等各种不利条件的影响，应急抢建抢通时，不可能完全符合桥涵施工技术规范的要求。我们在桥梁的抢建过程中，还是要把握一定的原则，保证抢建桥梁的主要技术指标满足要求。

一、抢建桥梁选址的原则

（一）抢建桥梁尽量河道相对顺直的地段，与河流正交

避免在河汊、浅弯道上建桥。弯曲河流在弯道环流作用下常伴有泡漩、回流等，流速分布不均匀，水流条件较为复杂。河道中洪、枯水位变化时，水流流向与桥轴线法线方向的夹角大，主流流向和位置横向摆动也大，水流条件较为复杂。

（二）船舶航行对桥梁选址的要求

桥梁建设满足自身对桥位选择以及水文、地形、地质等的要求以外，还应考虑对通航的影响。河岸相对固定地段修建大桥时，可依托在长的河道束窄段上，一般情况下，桥轴线上、下游应分别有 2km 和 1km 以上长的直线段，以利于航线上通视。通航地段桥梁净高和净宽应符合要求。

（三）桥墩布置应遵循的原则

（1）桥墩布置时应避免引起桥区水流条件产生较大的改变，并尽量减少水中桥墩的数量。

（2）桥墩应避开河道主流和主航槽，尤其是枯水航槽。

（3）桥墩形状尽量呈流线型或圆形，并正对水流流向，以减小对水流的阻力。

二、主要技术指标

（1）桥台高度及的纵坡的要求。桥梁墩台的高度是现实应急救援中非常重要的一个问题。在不利的地形条件下，如果设置较小的纵坡，对车辆行驶有利，但是要消耗较多的资源，花费较长的时间。设置较大的纵坡，可以节省资源，缩短建造时间，但是纵坡过大，车辆不易快速通过，易发生交通事故。一般在保证桥下泄洪的同时，尽量保证桥梁及与路基衔接的纵坡控制在8％以下，桥头部分曲线半径不小于 20m；特殊困难地段桥梁及与路基衔接的纵坡不超过15％，桥头部分最小曲线半径不应小于 15m。

（2）在季节性河流上面抢建桥梁时，还应考虑降雨造成的河面流量增大的影响。抢建桥梁墩台的高度可按以下原则简化推算：

①在大中河流上抢建桥梁时，由于大、中河流基本都有水文观测资料，可以参照水文观测资料推算设计流量，再结合当地实际情况确定墩台高度。

②对于小流量河流，相关水文资料可能比较少，可以根据流域内的地区经验公式来推算设计流量。

③在抢建桥梁情况紧急时，在工程抢险的实践中可以按河流上部汇水面积来确定桥孔面积，每平方公里汇流面积按 0.8m^2 桥孔面积的经验来估算墩台高度，如果计算的墩台高度超过河岸高度，则墩台高度尽量和两侧河岸高程接近。

（3）汽车桥桥面的宽度一般不能少于 4m，桥面铺 8mm 厚花纹钢板，两边设置不低于1.2m 的护栏。

（4）桥头前方右侧设置超限牌。限制机动车在桥梁行驶的车速和载质量，不可在桥上变速、制动和停车，禁止桥上掉头、超车。在易塌方、滚石地段，设置警告标识。

三、桥梁抢建时的主要防护措施

为防治桥梁水毁，可分情况增建各种水流调治构造物和墩台基础防护构造物。

（一）增建水流调治构造物防治桥梁水毁

1.稳定、次稳定河段上桥梁水毁防治

可根据调整桥下滩流、河床冲淤分布的实际需要以及水流流向等分情况加以选择。

（1）正交桥位，两侧有滩地对称分布时，两侧桥头布置对称的曲线形导流堤。

（2）两侧有滩地但不对称分布时，两侧导流堤一般布置成口朝上游的喇叭形。大滩侧为曲线形导流堤，小滩为两端带曲线的直线形导流堤。

（3）桥位在河流弯道上，凹岸布置直线形导流堤，凸岸布置曲线形导流堤。

（4）桥位与河槽正交，一侧引道向上游与滩地斜交，另一侧引道与滩地正交时，斜交侧桥头布置梨形堤，引道上游侧设置短丁坝群。

（5）桥位与河槽正交，一侧引道伸向下游与滩地斜交形成“水袋”，另一侧引道与滩地正交时，斜交侧桥头设置曲线形导流堤，引道上游进行边坡加固，并在适当位置设置小型排水构造物，以排除“水袋”积水，正交侧桥头设置直线形导流堤。若斜交侧滩地不宽，可设封闭导流堤消除“水袋”。

(6)斜交桥位，两侧有滩地对称分布时，根据河槽流向，锐角侧设梨形堤，另一侧设两端带曲线的直线形导流堤。

2. 不稳定河段上桥梁水毁防治

不稳定河段上桥梁的水毁防治，可根据河岸条件、河床地貌以及桥孔位置等分情况采取下列措施：

(1)桥梁位于出山口附近的喇叭形河段上，封闭地形良好，宜对称布置封闭式导流堤。

(2)引道阻断支岔，上游可能形成“水袋”。为控制洪水摆动，防止支岔水流冲毁桥头引道，视单侧或双侧有岔及地形情况，可对称或不对称设置封闭式导流堤。

(3)一河多桥时，为防止水流直冲两桥间引道路基，可结合水流和地形条件，在各桥间设置分水堤。

(4)桥梁位于冲积漫流河段的扩散淤积区，一河多桥而流水沟槽又不明显时，宜设置漫水隔坝，并加强桥间路堤防护。

(二)增设冲刷防护构造物防治桥梁墩台水毁

桥梁墩台明挖(浅埋)基础，应根据跨径大小、桥位河段稳定类型，分别增建基础防护构造物。当河床较稳定、冲刷范围小时，宜采用立面防护措施；当河床稳定、冲刷范围较大时，用平面防护措施。

第三节 垮塌桥梁抢建的基本材料

一、木材的性能

木材具有较高的抗拉强度，抗压和抗弯时有很好的塑性。木材重度小，强度容量比很高，因而木结构具有自重轻的优点。木构件加工简单，施工不受季节影响。干燥的木材对侵蚀性介质具有较高的化学稳定性。

(一)木材的分类与选用

架设桥梁所用树木的种类主要有针叶树和阔叶树，常用的针叶树有红松、落叶松、白松、云杉、杉木、柳杉等。红松一般质量可靠，并且易于加工。落叶松强度较高，抗腐性能强，但加工较难，烘干时易于纵向裂缝。杉木纹理顺直，虽然强度较低，却比较可靠。阔叶树木质较硬，多用作木结构中的木键、木梢、垫块以及其他细小的连接件。

木材按加工的程度通常分为原木和锯材两种。木材参数详见表 5-1。

当原木径级在 20cm 以上时，一般多锯成板材或方材，通称锯材。

(二)木材的力学性能

木材的力学性能主要指木材在各种受力状态下，承受荷载的能力，包括受拉、受压、受剪和受弯性能。

木材参数表 表 5-1

截面特性		截面形式						
		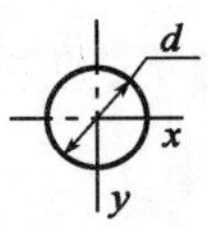 圆形	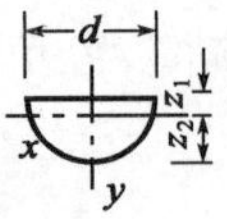 半圆（水平放置）	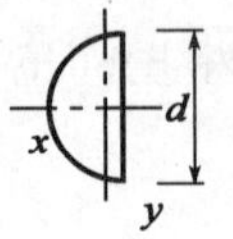 半圆（竖直放置）	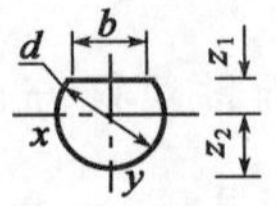 两侧削平		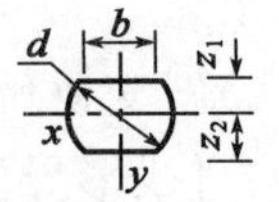 上下削平	
					$b=d/3$	$b=d/2$	$b=d/3$	$b=d/2$
截面高度 h		d	0.5d	d	0.971d	0.933d	0.943d	0.866d
截面面积 A		0.785d^2	0.393d^2	0.393d^2	0.779d^2	0.763d^2	0.773d^2	0.740d^2
到边缘的距离	y_1	0.5d	0.21d	0.5d	0.475d	0.447d	0.471d	0.433d
	y_2	0.5d	0.29d	0.5d	0.496d	0.486d	0.471d	0.433d
惯性矩	I_x	0.049 1d^4	0.006 9d^4	0.024 5d^4	0.047 6d^4	0.044 1d^4	0.046 1d^4	0.039 5d^4
	I_y	0.049 1d^4	0.024 5d^4	0.006 9d^4	0.049 1d^4	0.048 8d^4	0.049d^4	0.048 5d^4
抵抗矩	W_1	0.098 2d^3	0.023 8d^3	0.049 1d^3	0.096d^3	0.090 8d^3	0.097 8d^3	0.091 2d^3
	W_2	0.098 2d^3	0.049 1d^3	0.023 8d^3	0.098 1d^3	0.099 6d^3	0.093d^3	0.097d^3
回转半径	i_{min}	0.25d	0.132 2d	0.132 2d	0.247 1d	0.240 6d	0.244 3d	0.231d
中性轴以上（下）面积矩	S	0.083 3d^3	0.022 5d^3	0.041 7d^3	0.081 6d^3	0.077 9d^3	0.08d^3	0.082 7d^3

1. 受拉性能

木材受拉性能包括顺纹受拉、横纹受拉和斜纹受拉性能。木材顺纹抗拉强度很高，要特别注意的是木材在抗拉破坏前没有明显的塑性变形，故属于脆性破坏。木材的横纹抗拉强度只有其顺纹抗拉的 1/40～1/10，所以承重结构中不允许木材横纹受拉。木材的疵病对顺纹抗拉强度危害很大，其中尤其是斜纹和木节的影响最大。木纹斜度（倾斜宽度或弦长除以长度）愈大，强度下降也愈多。试验表明，当斜度为 10%时，强度下降 35%左右，因此对受拉构件应严格限制木纹的斜度。木节对抗拉强度的影响也很大。

2. 受压性能

木材的顺纹抗压强度为顺纹抗拉时的 40%～50%，平均约为 40MPa，弹性模量大致与抗拉时相等。木材顺纹受压破坏前有显著的塑性变形，这可使应力集中逐渐趋于缓和，因此木节和局部削弱时对木构件的抗压强度影响较小。所以，木构件的受压工作要比受拉工作可靠得多。

3. 受弯性能

木材的受弯试验表明：当荷载很小时，截面上应力呈直线分布；随着荷载的逐渐增加，受压区开始产生塑性变形，压区应力呈曲线分布，但此时中性轴已有下降；荷载继续增加，受压区的塑性变形继续发展，中性轴继续下降，拉应力不断增大，试件接近破坏时，压区应力图形趋于饱满，拉区应力分布也呈微弯状，最大拉应力达到抗拉极限强度。

压应力是指构件内部某一截面上的应力，即构件内部的受力状态。而承受应力是指构件接触表面的受力状态。必须保证构件表面不破损，外力才能正常地传入构件内部。所以，承压强度极限是按使用时对局部变形的限制条件研究的。根据承压力与木纹的关系，可分为顺纹、横纹和斜纹承压三种情况。

4. 受剪性能

根据剪力、受剪面与木纹之间的关系不同，木材的受剪一般可分为顺纹、横纹和截纹三种。顺纹受剪时，剪力与剪切面均平行于木纤维，这是常见的一种情况。木材顺纹抗剪强度比较高，平均为6～7MPa。横纹受剪时，剪力和木纤维垂直，剪切面与木纤维平行。木材横纹抗剪强度较低，平均约为3MPa。截纹受剪时，剪力和剪切面均垂直于木纤维。

剪应力沿受剪面长度方向的分布规律与受剪方式有关，还与受剪面长度有关。单侧受剪时，剪应力的分布是不均匀的，双侧受剪时均匀性稍好。受剪面长度增加时，剪应力分布不均匀程度亦增加。由于木材受剪工作时变形极小，其破坏属于脆性破坏，因此在结构设计时应限制受剪面的长度。木桥容许横向挠度详见表5-2，木桥构件的容许长细比见表5-3。

木桥容许横向挠度 表5-2

桥梁种类	容许横向挠度	桥梁种类	容许横向挠度
梁式桥	$L/120$	桁架桥	$L/250$

木桥构件的容许长细比 表5-3

杆件类型	容许长细比
主桁的受压弦杆及腹杆、桥脚桩(支)柱	100
主桁的受拉弦杆、联结系受压或拉—压构件	150
各种联结系受拉构件	200

二、绳索及绳索的连接

在桥梁作业中，经常要用绳索把离散的构件固定，或者用绳索进行系留、张拉、起吊和传递构件的工作。绳索按动力性分为静力用绳和动力用绳，静力用绳的弹性超低，但是比较耐磨，动力用绳的弹性好。在桥梁作业中，按绳索组成材料分为钢丝绳、普通纤维绳及链索三大类。其主要连接的方法如下：

(一)链索

由专业厂家生产，比普通的纤维绳、钢丝绳耐磨。用作千斤链、吊货链、吊桥悬吊链等。

(二)普通纤维绳

绳索的材料主要是由麻、鬃、尼龙、塑料等编织而成。绳索的优点是柔软、摩擦系数较大、质量轻、方便操作；缺点是力学性能相对较差。

1. 接绳结

绳索与绳索的连接称为接绳，接绳所用的结称为接绳结。

(1)牵解结(图5-9)：用于一端有蛇口的粗细相同的两绳的连接。

(2)织工结(图5-10)：用于粗细差别较大的两绳的连接。

图5-9 牵解结

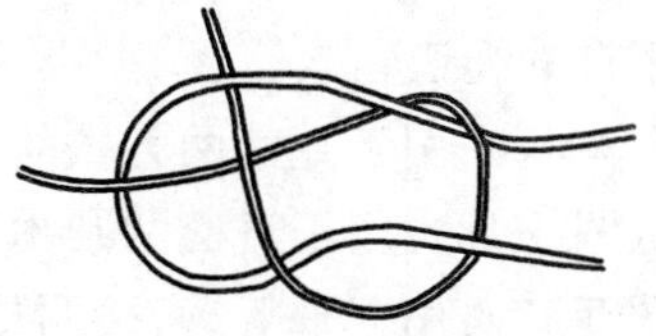

图5-10 织工结

(3)对钩结(图 5-11):用于粗细相同的两绳的连接。俗称死结。

(4)对钩回头结(图 5-12):打法同对钩结基本相同,区别在于右端绕左绳身缠时成蛇口从绳圈中出来,以便于解开绳结。

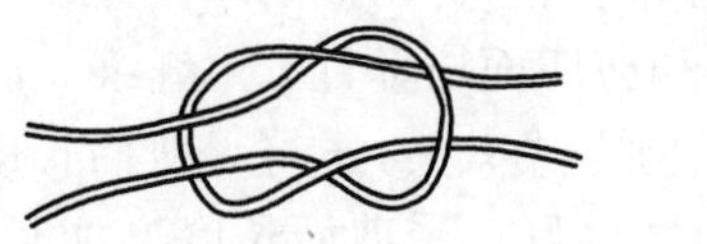

图 5-11 对钩结

图 5-12 对钩回头结

2. 拴绳结

将绳索的一端固定在物体上叫作拴绳,拴绳所用的结叫作拴绳结。

(1)系留结(图 5-13):用于系留岸边桩,以便解开。

(2)双环结(图 5-14):双环结用途较多,绳端打成双环结可以作为系留结使用,但主要用来捆绑数个物体,所以它既是拴绳结,又是捆绑结。

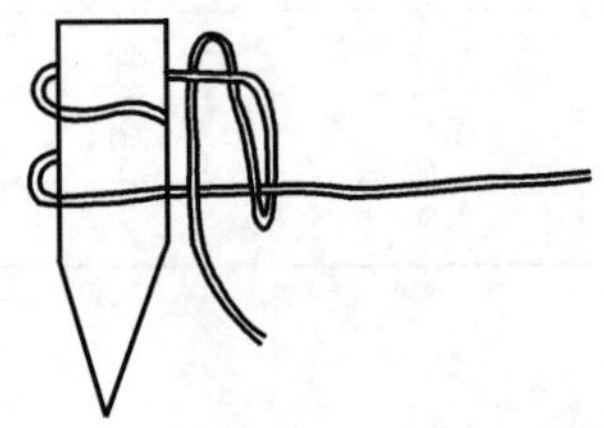

图 5-13 系留结

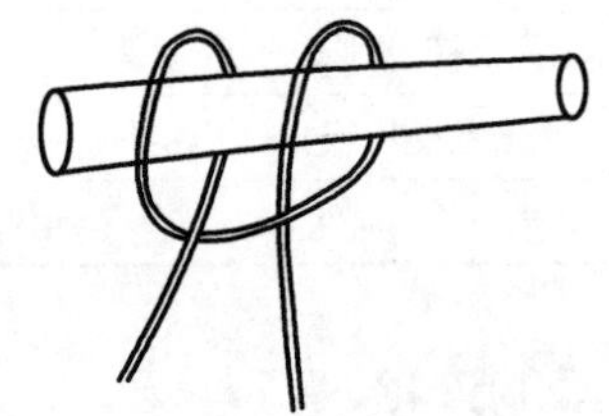

图 5-14 双环结

(3)拔桩结(图 5-15):用于拔桩。

(4)起头结(图 5-16):捆绑物体时将绳的一端拴紧在其中一个物体上所用的结。

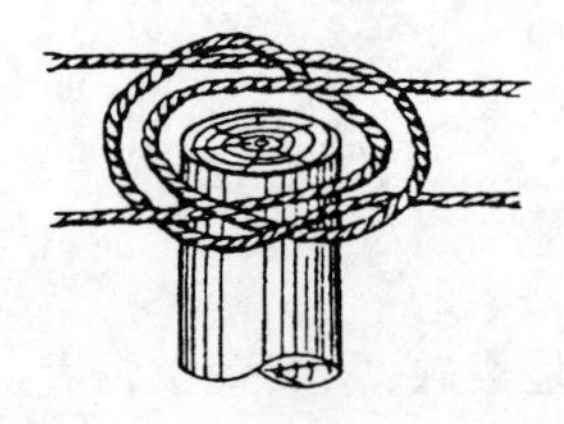

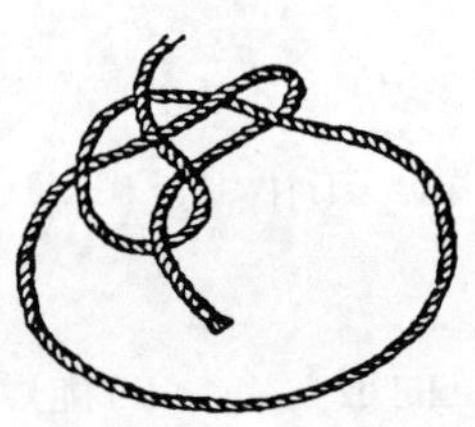

图 5-15 拔桩结

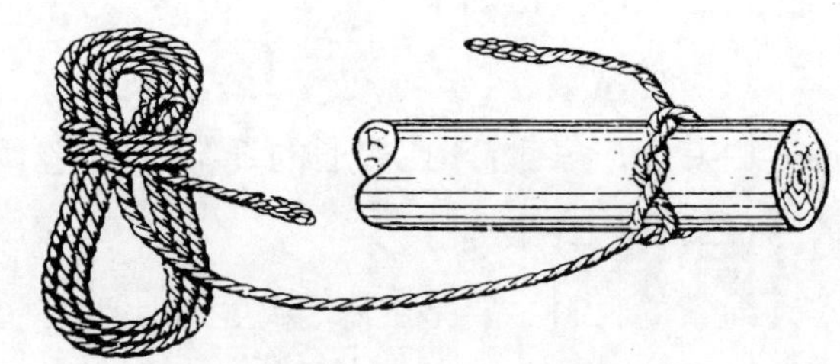

图 5-16 起头结

3. 捆绑结

捆绑是用绳索将两个物体连接在一起,捆绑结的共同特点是采用相同的起头结起头,并以起头结绳端与绳索另一绳端以对钩结或对钩回头结做终结。为了使绑扎牢固,通常要缠绕2～3道腰绳将密排的绳道勒紧。

(1)箱结(图 5-17):用于直交两方木的捆绑。

(2)十字结(图 5-18):用于直交两圆木的捆绑。

(3)平结(图 5-19):用于平等、密接两根木材的捆绑。

(4)梁结(图 5-20):用于平等而不相密接两根木材的捆绑。

(5)斜结(图 5-21):用于斜交两根木材的捆绑。

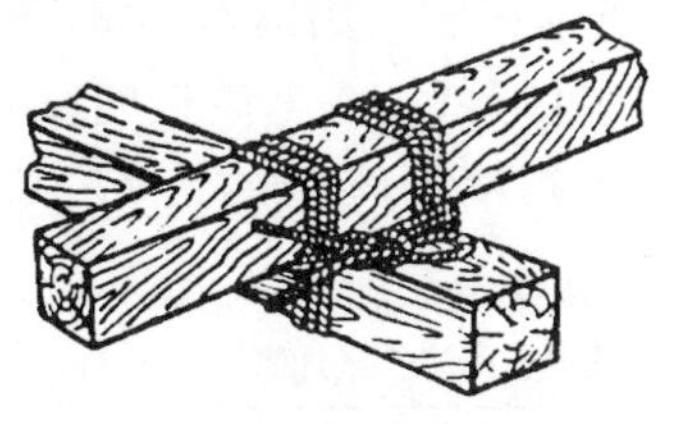

图 5-17　箱结

图 5-18　十字结

a)终结前

b)完成后

图 5-19　平结

图 5-20　梁结

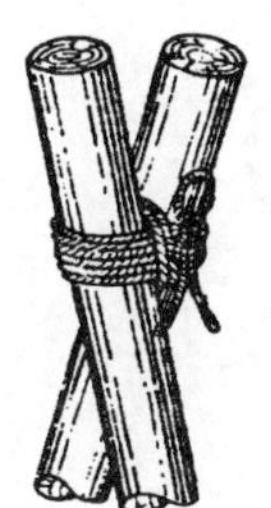

图 5-21　斜结

(三)钢丝绳

钢丝绳用若干整根钢丝绕浸涂润滑油的绳芯绞制而成。按用途不同,绳芯分为麻芯、石棉芯或软钢丝拧成的金属芯。它的摩擦力较小,力学性能好。按拧绕的层次,可分为单绕绳、双绕绳和三绕绳。单绕绳挠性差,反复弯曲时易磨损折断,主要用作不运动的拉紧索。双绕绳挠性较好,制造简便,应用最广。三绕绳挠性好,但制造较复杂,容易磨损,很少应用。钢丝绳的绕制方向有顺绕和交绕两种。顺绕钢丝绳的挠性较好,但有扭转松散的趋向,可作为有刚性导轨对重物导行时的提升绳或牵引绳,不宜用作自由端悬吊重物的提升绳。交绕的钢丝绳不易扭转松散,在起重作业中广泛使用。

起重机钢丝绳的连接方法有:卡接法、编接法、楔块或楔套连接、用锥形套浇铸法连接、铝合金套压缩法连接等。不管采用何种方法连接的钢丝绳,都应当经过相应的强度等试验后才能正式投入起重作业中。

铝合金套压缩法连接、锥形套浇铸法连接及用楔块、楔套连接均应符合相应的规范要求。由于这三种连接方式大都需要专用工具,且在桥梁抢建作业时应用较少,这里不再进行详细论述,仅就桥梁抢建中最常用卡接法、编接法进行介绍。

1. 卡接法

钢丝绳绳卡一般分为三种形式:骑马式、U 形及人形卡接法。用绳卡连接时,应满足表 5-4 的要求,同时应保证连接强度不得小于钢丝绳破断拉力的 85%。绳卡夹板应在受力的一侧,U 形螺栓须设置在钢丝绳尾端,不得正反交叉,卡子应拧紧到使钢丝绳直径高度压扁 1/3 左右,绳卡固定后,在钢丝绳受力后应再次紧固,如图 5-22 所示。

钢丝绳卡接时的安全要求 表 5-4

钢丝绳公称直径(mm)	≤19	19~32	32~38	38~44	44~60
钢丝绳夹最少数量(组)	3	4	5	6	7

注:钢丝绳夹夹座应在受力绳头一边;每两个钢丝绳夹的间距不应小于钢丝绳直径的 6 倍。

钢丝绳对结用于钢丝绳与钢丝绳端部的联结,也可用于钢丝绳端部的固定。对结的结法如下:

第一步,把绳头圈成一个绳环,如图 5-23a)所示。

第二步,把绳头从绳环中由下向上穿出,如图 5-23b)所示。

第三步,把从绳环中穿出的绳头从绳的上面绕到下面,并再次从绳环中由下向上穿出,形成如图 5-23c)所示的绳结。

第四步,把绳头与绳并拢,并用钢丝绳卡把绳头固定,如图 5-23d)所示。除用钢丝绳卡固定绳头外,也可用细铁丝把绳头扎紧,但用此方法固定绳头没有钢丝绳卡固定绳头牢固。

图 5-22 钢丝绳卡接示意图

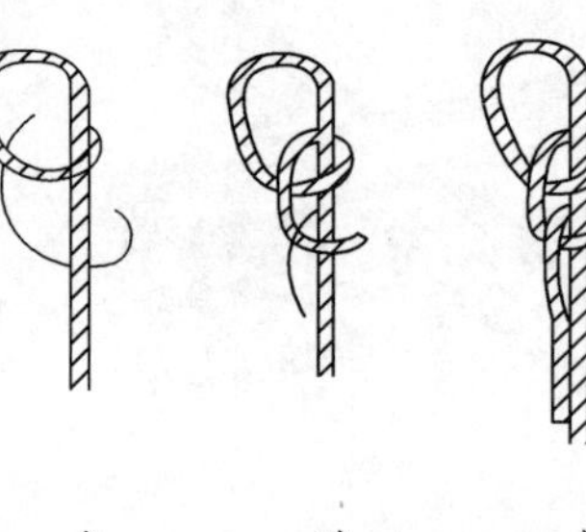

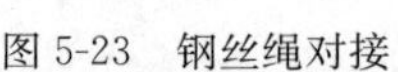

图 5-23 钢丝绳对接

2. 编结连接法

用编结连接时,编结长度不应小于钢丝绳直径的 15 倍,并且不小于 300mm,连接强度不应小于钢丝绳最小破断拉力的 75%。钢丝绳编结部分贴合的末端应用细铁丝捆扎起来,捆扎的长度不小于 300mm。

(1)钢丝绳的插编

实践中,根据钢丝绳在起重作业中的不同用途,做成各种形状。如将钢丝绳的一头或两头编成一个或两个绳环,作吊索使用;或将钢丝绳的一个绳头与吊钩连接在一起,此时就需采用插接的方法;如果把两根钢丝绳的绳头对接在一起,或把一根钢丝绳的两个头对接在一起,成为一个绳环,这样也要采用插编的方法。本文仅对右捻六股钢丝绳采用折回式手工插编装有套环索扣的方法进行介绍。

折回式插编,每一股应至少穿插五次,并且五次中至少三次用整股穿插。插编部分的绳芯不应外露,各股要紧密,不能有松动的现象,插编后的绳股切头要平整,不应有明显的扭曲。

①五次穿插可有三次整根股穿插和二次减少的股穿插组成,所有的插接头都应与钢丝绳

的捻向相反。除第一组穿插外，其他组穿插所有绳股的尾端都应与钢丝绳的捻向相反。

②穿插应采取一股上、一股下的方式进行。如果钢丝绳有纤维主芯，绳芯应随第一组穿插的第一个尾端完全穿过去，然后将外露的绳芯剪掉。如果绳股有纤维芯，则股芯应留在原来的绳股内。

③如果有独立的金属芯，应将该芯分成三部分，即两个股、两个股、两个股加其芯。应用三根交错的尾端插编这三部分，并仅从三个完整的插接处穿过去。如果钢丝绳具有独立的金属股芯，此芯应在第一组穿插时向里折，再向上完全插进五次完整穿插的插编头中心。

(2)钢丝绳插编前的准备工作

①工具准备。插接钢丝绳使用的工具有：穿缝用的锥子（或称扁锥）、割绳芯用的小刀、割断钢丝绳或破头用的斩刀或凿子、弯钩及圆锥等。

②把钢丝绳穿过套环加以固定，使钢丝绳主的主体部分在右边，自由端在左边（图 5-24）。根据需要选定的破头长度，要在其根部用细铁丝扎紧。

③将钢丝绳的六股子绳各自分开（俗称破头），把已分开的六股破头的头部用细铁丝扎紧或用包布包紧。

(3)钢丝绳插编的初期

插编初期的方法见图 5-25 和表 5-5。

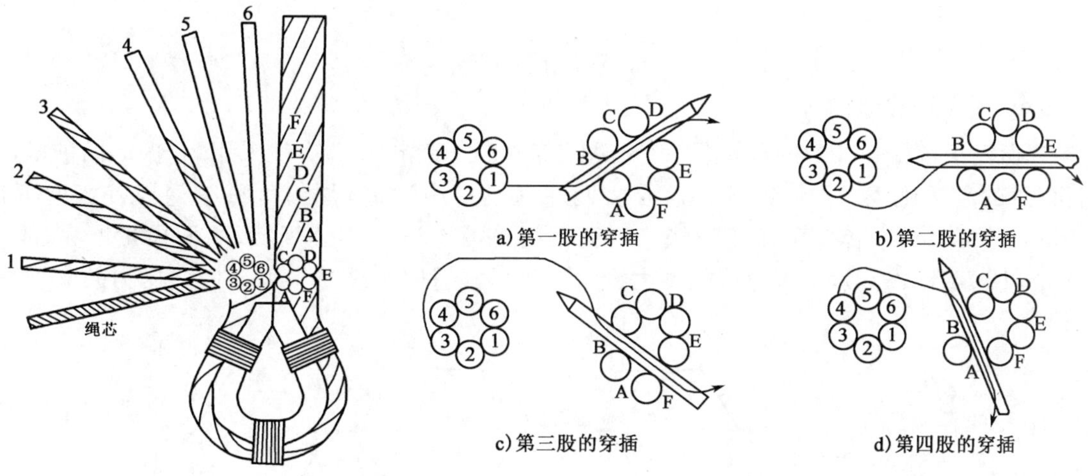

图 5-24　钢丝绳和套环的布置

图 5-25　第一组穿插后露出来的尾端

第一组、第二组和第三组穿插次序　　表 5-5

第一组穿插			第二组穿插			第三组穿插		
尾端编号	插入	穿出	尾端编号	插入	穿出	尾端编号	插入	穿出
1	B	D	1	E	F	1	A	B
2	B	E	2	F	A	2	B	C
3	B	F	3	A	B	3	C	D
4	B	A	4	B	C	4	D	E
5	C	B	5	C	D	5	E	F
6	D	C	6	D	E	6	F	A

(4)第四和第五组穿插

在第三组穿插后，可从每根绳股切除部分钢丝来减细尾端，把剩余的钢丝沿股的中心反向捻入相应的绳股中。应使减少的尾端采取一股上、一股下的方式进行第四、第五组穿插。用适当的工具对插编部位进行整形，使插编的部位平滑和圆整。

三、常用钢板桩

1. 常用钢板桩型号

(1)U形拉森钢板桩

U形拉森钢板桩具有拉森锁口，断面模量较大($W=600\sim3\ 200\text{cm}^3/\text{m}$)，能适用于承受较小土(水)压力的中小型工程(图5-26)，尤其是在临时工程的应用方面。针对各种不同的地质条件，往往选用相应功率的振动锤进行施工。目前单根U形钢板桩的宽度可达750mm，其施工速度进一步加快。

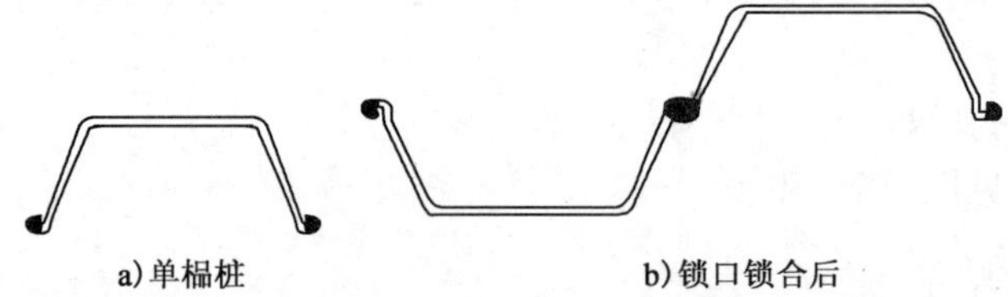

图5-26　U形钢板桩断面示意图

(2)Z形和组合钢板桩

Z形钢板桩(图5-27)断面模量大($W=1\ 200\sim5\ 015\text{cm}^3/\text{m}$)，一般采用"先振动插桩，后锤击沉桩"的方法施工。Z形钢板桩总是将两块联成一组后进行插打，每组钢板桩宽度可达1 160～1 400mm，总体施工速度较快。组合钢板桩需要进行拼装焊接，断面模量增大($W=3\ 086\sim12\ 741\text{cm}^3/\text{m}$)，结构形式刚度大、承载能力强，适用于承受很大土(水)压力的大、中型工程。

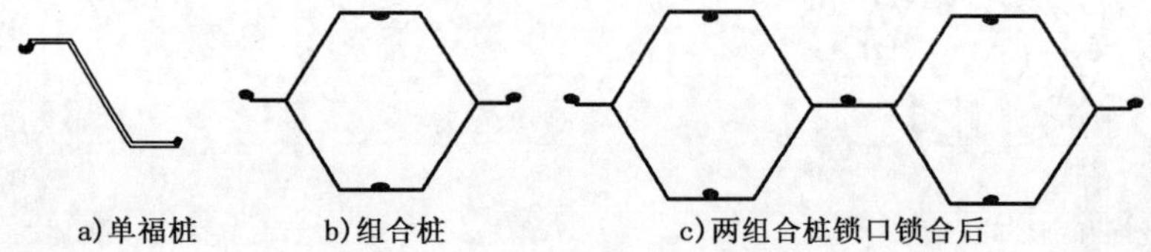

图5-27　Z形钢板桩断面示意图

(3)H形钢板桩

H形钢板桩(图5-28)断面模量很大($W=3\ 275\sim15\ 000\text{cm}^3/\text{m}$)，连接处配有专门的锁口。该结构形式刚度极大，水平力及竖直承载能力极强，对施工设备没有特殊要求，因此应用最广泛。应用本结构形式时要对沉桩的偏差严格控制。

(4)圆管形钢管板桩

圆管形钢管板桩(图5-29)刚度大，受力性能好，有止水功能，常在围堰、码头、护岸、双排桩围堰等工程中使用。

2. 钢板桩的规格与力学性能

(1)AZ系列钢板桩相关参数见表5-6。

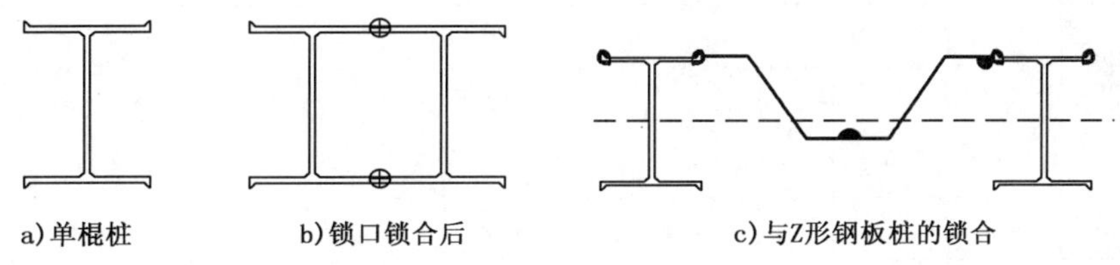

图 5-28　H 形钢板桩断面示意图

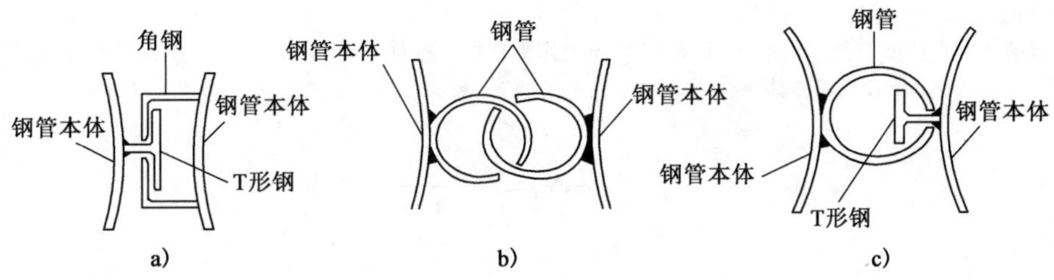

图 5-29　圆管形钢管桩锁口示意图

A2 系列钢板桩相关参数　　表 5-6

型号**	宽度 b (mm)	高度 h (mm)	厚度 t (mm)	厚度 s (mm)	截面积 A (cm^2)	用钢量 每根每米 (kg/m)	用钢量 每单位面积 (kg/m^2)	惯性矩 I (cm^4/m)	弹性截面抵抗矩 W_t (cm^3/m)	可承受极限弯矩* M_{max} (kN·m/m)
AZ12	670	302	8.5	8.5	126	66.1	99	18 140	1 200	516
AZ13	670	303	9.5	9.5	137	72.0	107	19 700	1 300	559
AZ14	670	304	10.5	10.5	149	78.3	117	21 300	1 400	602
AZ17	630	379	8.5	8.5	138	68.4	109	31 580	1 665	716
AZ18	630	380	9.5	9.5	150	74.4	118	34 200	1 800	774
AZ19	630	381	10.5	10.5	164	81.0	129	36 980	1 940	834
AZ25	630	426	12.0	11.2	185	91.5	145	52 250	2 455	1 055
AZ26	630	427	13.0	12.2	198	97.8	155	55 510	2 600	1 118
AZ28	630	428	14.0	13.2	211	104.4	166	58 940	2 755	1 184
AZ34	630	459	17.0	13.0	234	115.5	183	78 700	3 430	1 475
AZ36	630	460	18.0	14.0	247	122.2	194	82 800	3 600	1 548
AZ38	630	461	19.0	15.0	261	129.1	205	87 080	3 780	1 625
AZ46	580	481	18.0	14.0	291	132.6	229	110 450	4 595	1 976
AZ48	580	482	19.0	15.0	307	139.6	241	115 670	4 800	2 064
AZ50	580	483	20.0	16.0	322	146.7	253	121 060	5 015	2 156
AZ13 10/10	670	304	10.0	10.0	143	75.2	112	20 480	1 350	580
AZ18 10/10	630	381	10.0	10.0	157	77.8	123	35 540	1 870	804
AZ36-700	700	499	17.0	11.2	216	118.5	169	89 740	3 600	1 548

续上表

型号**	宽度 b (mm)	高度 h (mm)	厚度 t (mm)	厚度 s (mm)	截面积 A (cm^2)	用钢量 每根每米 (kg/m)	用钢量 每单位面积 (kg/m^2)	惯性矩 I (cm^4/m)	弹性截面抵抗矩 W_t (cm^3/m)	可承受极限弯矩* M_{max} (kN·m/m)
AZ38-700	700	500	18.0	12.2	230	126.2	180	94 840	3 800	1 634
AZ40-700	700	501	19.0	13.2	244	133.8	191	99 930	4 000	1 720

*表示表中的“可承受极限弯矩”值均按照 S430GP 强度等级考虑。

**表示本表中列出的所有数据仅指在用 AZ18 钢板桩作为辅桩的条件下；实际上任意一种 Z 形桩都可以作为辅桩，从而构成不同的 HZ/AZ 组合钢板桩体系。

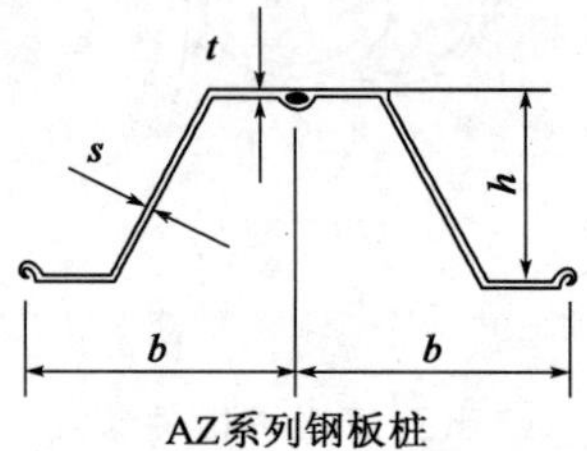

AZ系列钢板桩

(2)U 形钢板桩相关参数见表 5-7。

U 形钢板桩相关参数 表 5-7

型号	宽度 b (mm)	高度 h (mm)	厚度 t (mm)	厚度 s (mm)	截面积 A (cm^2)	用钢量 每根每米 (kg/m)	用钢量 每单位面积 (kg/m^2)	惯性矩 I (cm^4/m)	弹性截面抵抗矩 W_t (cm^3/m)	可承受极限弯矩* M_{max} (kN·m/m)
AU14	750	408	10.0	8.3	132	77.9	104	28 710	1 410	606
AU16	750	411	11.5	9.3	147	86.3	115	32 850	1 600	688
AU17	750	412	12.0	9.7	151	89.0	119	34 270	1 665	716
AU18	750	441	10.5	9.1	150	88.5	118	39 300	1 780	765
AU20	750	444	12.0	10.0	165	96.9	129	44 440	2 000	860
AU21	750	445	12.5	10.3	169	99.7	133	46 180	2 075	892
AU23	750	447	13.0	9.5	173	102.1	136	50 700	2 270	976
AU25	750	450	14.5	10.2	188	110.4	147	56 240	2 500	1 075
AU26	750	451	15.0	10.5	192	113.2	151	58 140	2 580	1 109
PU 6	600	226	7.5	6.4	97	45.6	76	6 780	600	258
PU 8	600	280	8.0	8.0	116	54.5	91	11 620	830	357
PU 12	600	360	9.8	9.0	140	66.1	110	21 600	1 200	516
PU12 10/10	600	360	10.0	10.0	148	69.9	116	22 580	1 255	540
PU18	600	430	11.2	9.0	163	76.9	128	38 650	1 800	774

续上表

型号	宽度 b (mm)	高度 h (mm)	厚度		截面积 A (cm^2)	用钢量		惯性矩 I (cm^4/m)	弹性截面抵抗矩 W_t (cm^3/m)	可承受极限弯矩* M_{max} (kN·m/m)
			t (mm)	s (mm)		每根每米 (kg/m)	每单位面积 (kg/m^2)			
PU22	600	450	12.1	9.5	183	86.1	144	49 460	2 200	946
PU25	600	452	14.2	10.0	199	93.6	156	56 490	2 500	1 075
PU32	600	452	19.5	11.0	242	114.1	190	72 320	3 200	1 376
L 3 S	500	400	14.1	10.0	201	78.9	158	40 010	2 000	860
L 4 S	500	440	15.5	10.0	219	86.2	172	55 010	2 500	1 075

*表示表中的“可承受极限弯矩”值均按照 S430GP 强度等级考虑；所有 PU 系列断面均可按照 0.5mm 或 1.0mm 的幅度增减其壁厚。

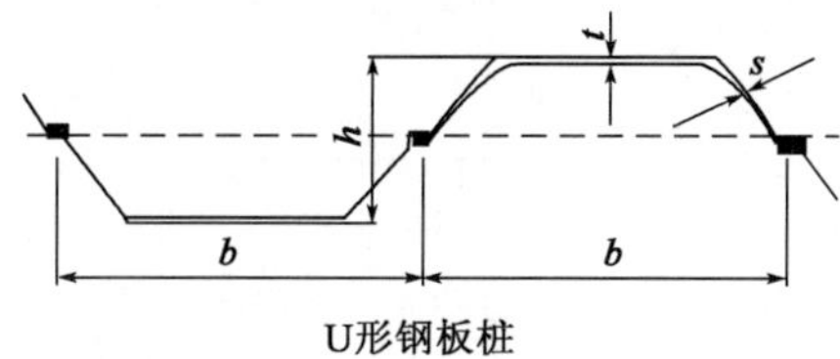

U形钢板桩

(3)HZ 系列钢板桩相关参数见表 5-8。

HZ 系列钢板桩相关参数 表 5-8

型号	高度 h (mm)	宽度 b (mm)	厚度		截面积 A (cm^2)	用钢量每根每米 (kg/m)	惯性矩 I_{y-y} (cm^4)	弹性截面抵抗矩 W_t (cm^3)	可承受极限弯矩* M_{max} (kN·m/根)	匹配的锁口型号
			翼缘 t (mm)	腹板 s (mm)						
HZ575A	575	460	14	11	200.5	157.4	125 830	4 375	1 881	RH16-RZDU16
HZ575B	579	460	16	11	218.9	171.8	141 240	4 880	2 098	RH16-RZDU16
HZ575C	583	461	18	12	243.4	191.1	158 800	5 450	2 343	RH16-RZDU16
HZ575D	587	461	20	12	261.9	205.5	174 680	5 950	2 558	RH20-RZDU18
HZ775A	775	460	17	12.5	257.9	202.4	280 070	7 230	3 108	RH16-RZDU16
HZ775B	779	460	19	12.5	276.3	216.9	307 930	7 905	3 399	RH16-HZDU16
HZ775C	783	461.5	21	14	306.8	240.8	342 680	8 755	3 764	RH20-RZDU18
HZ775D	787	461.5	23	14	325.3	255.3	371 220	9 435	4 057	RH20-RZDU18
HZ975A	975	460	17	14	297	233.1	280 070	9 780	4 205	RH16-RZDU16
HZ975B	979	460	19	14	315.4	247.6	307 930	10 635	4 573	RH16-RZDU16
HZ975C	983	462	21	16	353.9	277.8	342 680	11 845	5 093	RH20-RZDU18
HZ975D	987	462	23	16	372.4	292.3	371 220	12 710	5 465	RH20-RZDU18
RH16	62	68		12.2	20.4	16	83	26		

续上表

型号	高度 h (mm)	宽度 b (mm)	厚度		截面积 A (cm^2)	用钢量 每根每米 (kg/m)	惯性矩 I_{y-y} (cm^4)	弹性截面抵抗矩 W_t (cm^3)	可承受极限弯矩 * M_{max} (kN·m/根)	匹配的锁口型号
			翼缘 t (mm)	腹板 s (mm)						
RH20	67	79		14.2	25.5	20	123	34		
RZU16	62	80			20.6	16.1	70	18		
RZU18	67	84			22.9	17.9	95	23		
RZD16	62	80			20.6	16.2	58	19		
RZD18	67	84			22.9	18.1	80	22		

* 表示表中的"可承受极限弯矩"值均按照 S430CP 强度等级考虑。

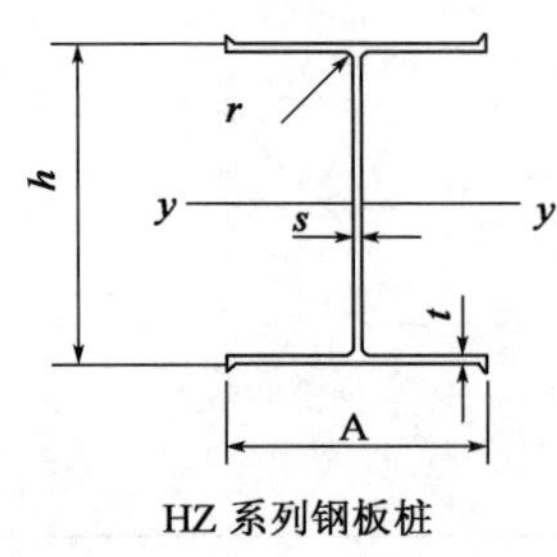

HZ 系列钢板桩

(4)HZ/AZ 系列钢板桩相关参数见表 5-9。

HZ/AZ 系列钢板桩相关参数 表 5-9

型号 **	高度 h (mm)	系统宽度 b (mm)	截面积 A (cm^2)	惯性矩 I_{y-x} (cm^4/m)	弹性截面抵抗矩 W_t (cm^3/m)	用钢量 $L_{AZ}=60\%L_{HZ}$	用钢量 $L_{AZ}=100\%L_{HZ}$	可承受极限弯矩 * M_{max} (kN·m/m)
						M_{max}(kg/m^2)		
HZ575A-12/AZ18	575	1 790	240.9	110 100	3 275	149	189	1 408
HZ575B-12/AZ18	579	1 790	251.2	119 050	3 555	157	197	1 528
HZ575C-12/AZ18	583	1 790	264.9	129 350	3 880	167	208	1 668
HZ575D-12/AZ18	587	1 790	277.8	139 820	4 155	177	218	1 786
HZ775A-12/AZ18	775	1 790	273.0	210 000	4 765	174	214	2 049
HZ775B-12/AZ18	779	1 790	283.3	225 980	5 140	182	222	2 210
HZ775C-12/AZ18	783	1 790	303.0	248 530	5 630	197	238	2 421
HZ775D-12/AZ18	787	1 790	313.3	264 810	6 005	205	246	2 582
HZ975A-12/AZ18	975	1 790	294.8	337 840	6 180	191	240	2 861
HZ975B-12/AZ18	979	1 790	305.1	363 060	6 655	199	240	2 861
HZ975C-12/AZ18	983	1 790	329.3	402 610	7 360	217	258	3 164

续上表

型号**	高度 h (mm)	系统宽度 b (mm)	截面积 A (cm^2)	惯性矩 I_{y-x} (cm^4/m)	弹性截面抵抗矩 W_t (cm^3/m)	用钢量 $L_{AZ}=60\%L_{HZ}$	用钢量 $L_{AZ}=100\%L_{HZ}$	可承受极限弯矩* M_{max} (kN·m/m)
						M_{max}(kg/m^2)		
HZ975D-12/AZ18	987	1 790	339.6	428 250	7 835	225	267	3 369

* 本表中的“可承受极限弯矩”值均按照 S430GP 强度等级考虑。

** 本表中列出的所有数据仅指在用 AZ18 钢板桩作为辅桩的条件下；实际上任意一种 Z 形桩都可作为辅桩，从而构成不同的 HZ/AZ 组合钢板桩体系。

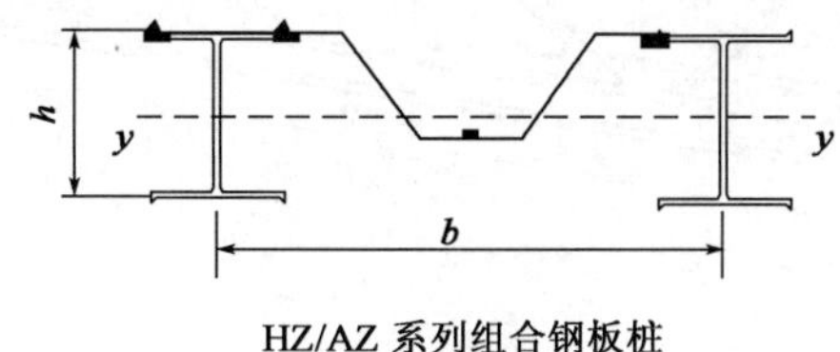

HZ/AZ 系列组合钢板桩

四、装配式钢桁架

桁架结构的各杆件受力均以单向拉、压为主，通过对上下弦杆和腹杆的合理布置，可适应结构部件的弯矩和剪力分布。由于水平方向的拉、压内力实现了自身平衡，整个结构不对支座产生水平推力。钢桁架与实腹梁相比是用稀疏的腹杆代替整体的腹板，并且杆件主要承受轴心力，从而能节省钢材和减轻结构自重。这使钢桁架特别适用于跨径或高度较大的结构，桥梁抢建中常用来组装装配式桥墩、钢梁。

目前，我国交通战备部门储备的装配式公路钢桥，主要有 321 型和 ZB200 型两种，这两种钢桥的主要承重结构均为重型桁架结构。装配式公路钢桥用途广泛，便于运输，拼装简便，在战时交通保障、和平交通建设中发挥着重要作用。较大跨径的垮塌公路桥梁紧急恢复通车主要采用这两种桥梁形式。

1. 321 型装配式公路桥钢主体桁架

我国在 20 世纪 60 年代初期采用 16MN 钢把贝雷钢桥设计成 321 型装配式公路钢桥(简称“321”钢桥)。从 1965 年定型生产以来，321 型装配式公路钢桥在军事运输、边境对外反击战、抢险救灾、国际维和行动中等应急交通保障中发挥了重要作用。

(1)桁架结构

桁架结构系由上、下弦杆，竖杆以及斜杆等拼焊而成，如图 5-30 所示。

桁架上、下弦杆系由各两根 10 号热轧槽钢组合而成，两槽钢间焊有多块带圆孔的钢板。桁架的腹杆系由 8 号工字钢组成的，端竖杆和中竖杆上的矩形孔为横梁夹具孔。

(2)销子与保险插销

销子用来连接桁架。

(3)加强弦杆

加强弦杆系由两根 10 号热轧槽钢拼焊而成(图 5-31)。加强弦杆与桁架上下弦杆的连接如图 5-32 所示。

(4)横梁

如图 5-33 所示，横梁的中部设有 4 个卡子，用来固定纵梁和 U 形钢桥面板的位置。

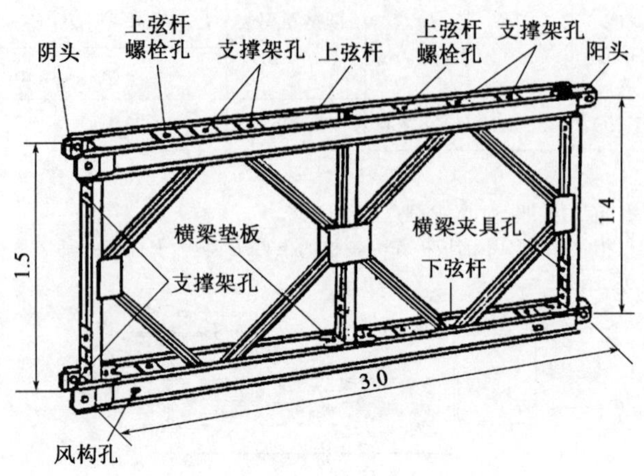

图 5-30 桁架（尺寸单位：m）

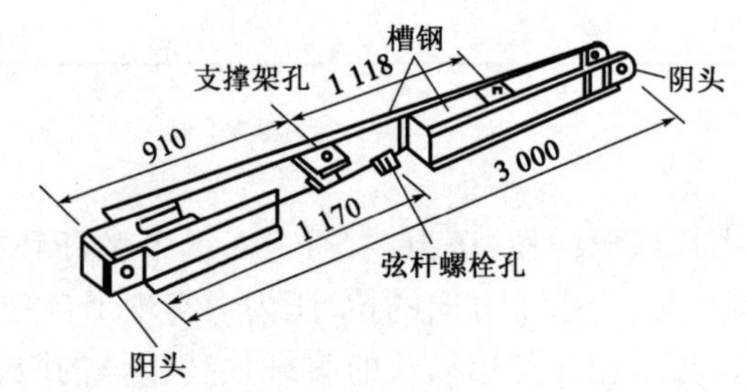

图 5-31 加强弦杆（尺寸单位：mm）

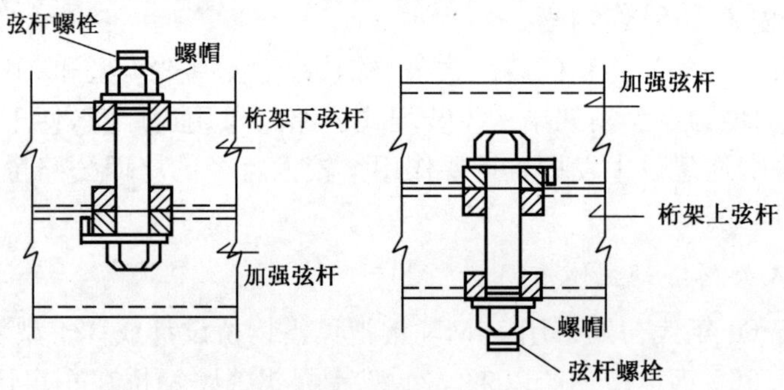

图 5-32 加强弦杆与桁架上下弦杆连接

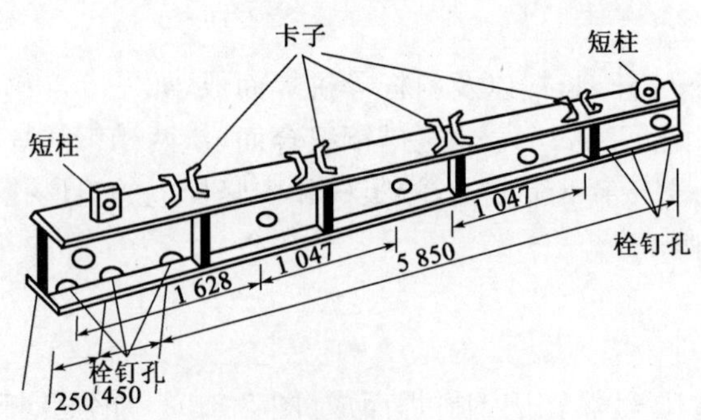

图 5-33 横梁（尺寸单位：mm）

根据计算,必须采用 40 号(140)热轧轻型工字,将 400mm 高横梁做成鱼梁,梁的中部为 400mm,两端为 270mm,同时还应将梁两端、下异缘宽度由 150mm 对称切成 122mm,并在梁中部靠下翼缘的腹板处设计为长圆形孔,使抗风拉杆顺利从长圆孔中通过。其他构造与原横梁相同。改造后的横梁见图 5-34。

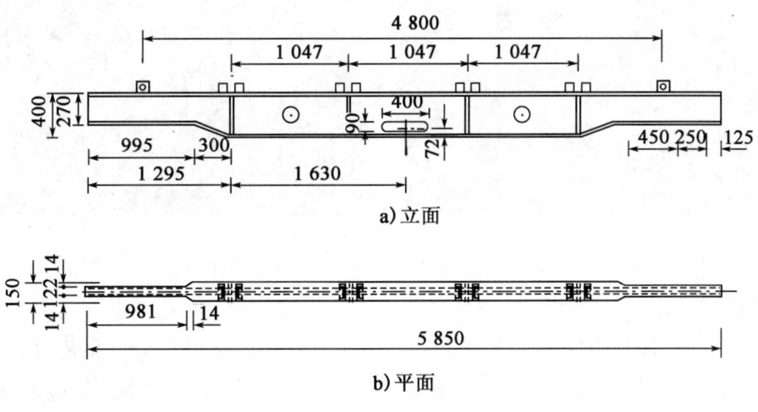

图 5-34　改造后的横梁(尺寸单位:mm)

(5)纵梁

纵梁分有扣纵梁和无扣纵梁两种。在有扣纵梁的一边焊有扣子,其用途是用来固定木桥面板的位置,安装时将木桥面板的榫头安放在扣子之间,使木桥面板位置固定。如图 5-35 所示。

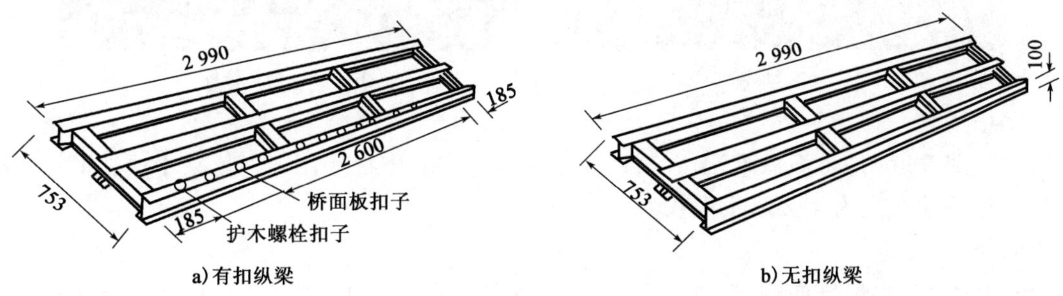

图 5-35　纵梁(尺寸单位:mm)

2. ZB200 型装配式公路钢桥桁架

ZB200 型装配式公路钢桥桁架是在 321 型装配式公路钢桥桁架的基础上通过增加桁架高度、减少拼装构件数量改进而成的,它克服了 321 型装配式公路钢桁架存在的承载力不足、疲劳寿命低的缺点。ZB200 型钢桁架结构的主要特点是构件简单、架设方便、标准化程度高、互换性强、承载力大、适应性好,可以保障履带式荷载 50t、轮式荷载轴压 13t 以下的各种车辆通行,可用于抢修抢建破坏的桥梁。

ZB-200 型装配式公路钢桥主要由桁架、横梁、桥板、连接销及各种连接系等组成。

(1)桁架

桁架(图 5-36)是构成桥梁承重梁的基本构件。连接尺寸:长 3.048m,高 2.134m。每片桁架质量 310kg。桁架销子(图 5-37)用于连接桁架,在销子的一端有一个小圆孔,安装时,插入保险卡(图 5-38),以防止销子脱落,销子顶端有一个凹槽,方向与小圆孔方向一致,安装时使凹槽与上下弦杆平行，以便保险卡顺利插入销子孔内。

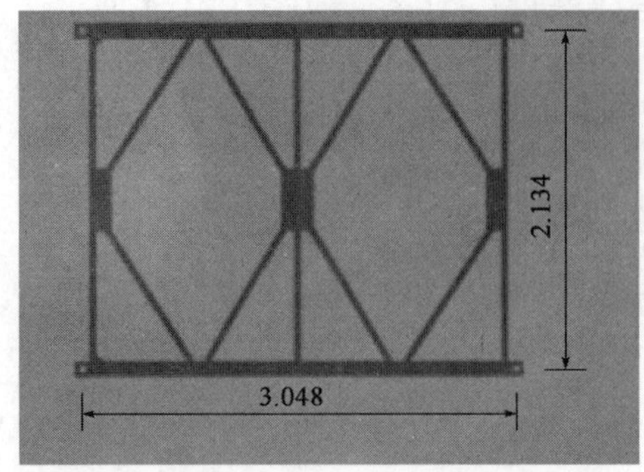

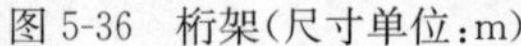

图 5-36 桁架(尺寸单位:m)

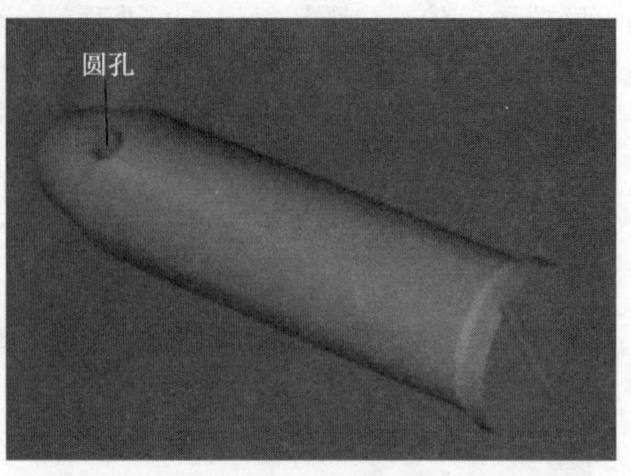

图 5-37 桁架销子

(2)加强弦杆

加强弦杆(图 5-39)用于加强桁架弦杆。长 3.048m，质量 84kg。加强弦杆的两端分别为阴头和阳头，中间有支撑架孔和弦杆螺栓孔。支撑架孔用来连接支撑架；弦杆螺栓孔用来连接桁架和加强弦杆。

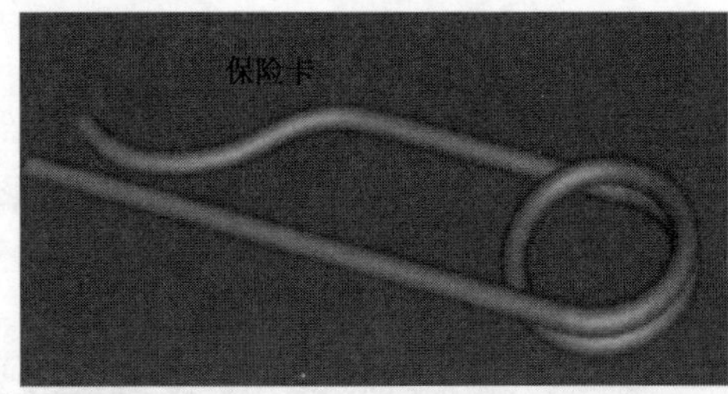

图 5-38 保险卡

图 5-39 加强弦杆

(3)横梁

横梁(图 5-40)是桥面承重梁，并对两侧主梁的稳定起支撑作用。横梁采用热轧 H 型钢制作，单车道桥面净宽为 4.2m，横梁长 6.2m，质量 417kg。

(4)桥板

桥板(图 5-41)是桥面构件，用于直接承受履带式和轮式荷载作用。桥板长 3.042m，宽 0.84m，质量 268kg。

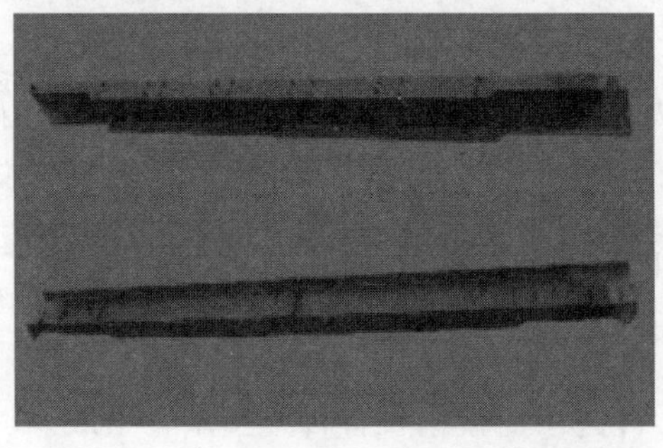

图 5-40 横梁

图 5-41 桥板

(5)缘材

缘材(图 5-42)有两个作用，一是用于标示车行道的宽度，二是通过剪力销为边桥板提供支撑，以加强边桥板，提高桥板的承载能力。每根缘材质量 42kg。

(6)水平撑架

水平撑架(图 5-43)在每节桁架或加强弦杆顶面中央,用于连接同侧的多排桁架,水平撑架质量 51kg。

图 5-42　缘材

图 5-43　水平撑架

(7)竖向撑架

竖向撑架(图 5-44)在桁架后端竖杆上,用于连接同侧的多排桁架,竖向撑架质量 53kg。

(8)端柱

端柱(图 5-45)安装在桥梁的两端,用于将桥梁上的荷载传递到桥梁支座上,端柱有阳头和阴头两种。阴头端柱(图 5-46)质量 77kg,阳头端柱质量 67kg。安装时,阴头端柱(图 5-47)装在桁架的阳头上,阳头端柱装在桁架的阴头上。

图 5-44　竖向撑架

图 5-45　端柱

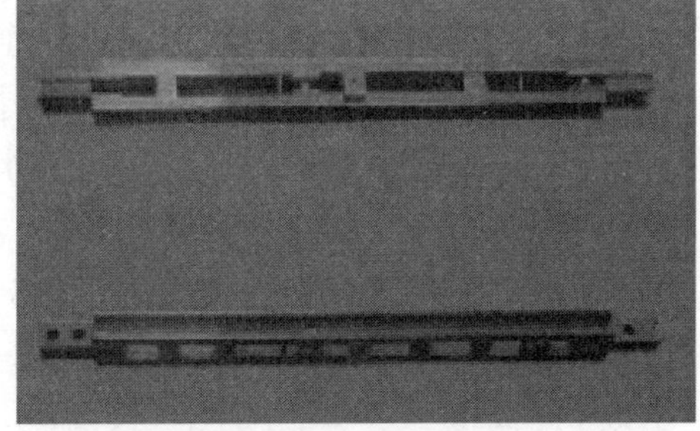

图 5-46　阳头端柱

图 5-47　阴头端柱

五、桥梁抢建用混凝土

1. 普通混凝土

当抢建桥梁时采用流水作业时,在时间允许及混凝土供应、运输条件较好时,尽量采用混凝土浇筑构件。混凝土由胶凝材料、颗粒状集料(也称为骨料)、水,以及必要时加入的外加剂和掺合料按一定比例配制,经均匀搅拌,密实成型,养护硬化而成的一种人工石材。混凝土抗压强度高，耐久性好。桥梁抢建过程中可以根据相关要求掺加外加剂来改善其工作性。

2. 免振捣自密实混凝土

通过外加剂（包括减水剂、超塑化剂、稳定剂等），胶结材料和粗细集料的选择与搭配及配合比的设计，使混凝土能够在自重下不用振捣，自行填充模板内的空间，形成密实的混凝土结构。此外，它还具有良好的力学性能与耐久性能，这是一种从混凝土拌和物开始直至硬化后的使用期都被全面考虑的高性能混凝土，其优越性主要表现在：

（1）提高混凝土的密实性和耐久性，避免漏振、过振等施工中的人为因素以及配筋密集、结构形成复杂等不利条件对施工质量的影响。

（2）克服施工现场无振捣机具和电能消耗。

（3）简化工序，缩短工期，提高效率。

粗集料应采用 5～15mm 或 5～25mm 的粒径，且含量也比普通混凝土少，绝对体积应在 0.28～0.33m^3；含砂率应在 50%左右。混凝土的用水量应控制在 150～200kg/m^3。采用聚羧酸类减水剂比较好，也可采用氨基磺酸盐，掺量为 0.8%～1.2%（占水泥质量）。混凝土中胶凝材料用量应在 260～600kg/m^3。当水泥用量较多时，可以掺用粉煤灰、矿渣粉或石灰石粉取代一部分水泥，以降低水化热量。必要时，可以采取减少水泥用量、掺用少量的增黏剂，以保持适度的黏性。一般采用生物聚合物多糖增黏剂。

3. CGM 灌浆料

CGM 即 Cementitious（水泥基材）、Grout（灌浆）、Materialbn（材料）的缩写，是无收缩自流平预拌型干粉砂浆材料。其特点是强度高、高流态、泌水率低，防离析、微膨胀且对环境适应型好，具有多种用途。一般为袋装，在施工现场加水搅拌后使用。

（1）CGM 灌浆料适用场所

设备基础安装灌浆、预制施工中的柱、钢结构柱安装基础、混凝土锚固、地脚螺栓锚固、桥体支座、岩基灌浆、洞穴、沟缝、凹处等任何需要填充但施工受限制的沟缝，及桥梁应急抢修抢建。

（2）CGM 灌浆料具有的优点

CGM 灌浆料原材料经济，施工简单（只需加水搅拌就可以）。通过拌和料添加材料的优化可以达到稠度可调、流动性好、泌水率低、强度增长快、钢筋握裹强度（GZQ）高、微膨胀的特点，还可调配成抗油渗、抗冲击、耐震动、无腐蚀性、不含铁离子和氯盐的拌和料。

（3）灌浆方法

①自重法：利用材料自身流动性好的特性，满足灌浆要求。

②高位漏斗法：靠流动性尚不能满足灌浆要求时，提高灌浆落差增加压力，以满足灌浆要求。

③压力灌浆法：当使用上述两种方法都不能满足要求时，可利用灌浆压力设备增压，以满足灌浆要求。

（4）抗压强度

灌注后 2h 抗压强度达到 20MPa，1～3d 抗压强度达到 30MPa 以上。在工程实践中，某高速公路箱梁腹板被山体落石砸中，产生较大的孔洞，相关单位采用自流型高强、膨胀灌浆料（CGM-80 型）修补，使用土工布铺盖喷水养护，并用 1000W 碘钨灯照射加温。同条件养护的灌浆料试件 1d 强度达到 45MPa，3d 强度为 51.2MPa，与梁体设计强度 50MPa 接近，弹性模量基本一致，且与梁体结合良好。

第四节　桥梁基础的抢建

桥梁基础抢修工作量大，消耗材料多，特别是水中基础，受水深流急，地质不良的影响，增加抢修的难度和时间，故基础抢修通常是桥梁抢修的关键。

基础抢修有原桥基础的加固、抢修和新基础的抢建两类，桥梁损毁后经常的、大量的抢修工作是新基础的抢建。通常采用临时性基础，常用的有卧木基础、片石基础、编织袋基础、笼石基础、桩基础等，这些基础具有结构简单、施工方便、便于就地取材的特点，适合于快速抢修。对深水基础，实践中还采用过钢管桩基础、水下混凝土基础、钢板桩管柱基础等。现将抢修方法分别介绍如下。

一、卧木基础

卧木基础是一种最简单的基础。在整平夯实的地基上，用枕木、半截枕木或两面砍平的圆木，摆平，并用扒锯钉钉牢，即可作为排架墩台的基础。卧木基础通常用于地基较好（紧密的土、砂、卵石等地基）、无水、跨径较小、高度不大的桥梁基础，如便桥的桥台或浅水部分的桥墩基础。缺点是易受水流冲刷，渡洪能力低，故一般不用于渡洪便桥。

卧木的排列形式，根据基底土壤的承载力来确定，承载力高的可以只在排架的每根立柱下铺 2～3 根卧木，承载力低的可以密铺，或者铺两层卧木（图 5-48）。

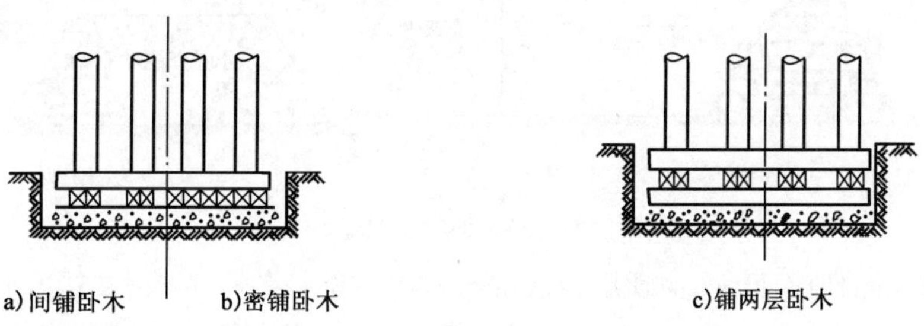

图 5-48　卧木基础

为了提高基础抗洪能力，可将地基下挖 1.5～2m 深，做好卧木基础，立好排架，在其上回填片石或卵石。

卧木基础施工简单，通常，先将地基整平，夯一层厚 10～20cm 的碎石或卵石，就可以在上面铺卧木。施工时要注意控制高程（因排架高度已经固定）；卧木要顶平底实；扒钉要钉成八字形，这样卧木不易松动。

二、片石基础

片石基础（图 5-49）是用片石或大卵石堆砌而成的基础，分为投石、干砌及浆砌三种。反轰炸抢修中，为了争取时间通常采用投石形式，等通车后的维修时期，再用干砌或浆砌把基础四周围护起来。片石基础沉陷量较小，可用于浅水中，但坡脚太远，需用的片石多、阻水的面积大，所以水中基础高度受到限制，一般小于 2m。

片石基础的顶面尺寸，应比墩台底部垫木周边各宽 1.0m；其边坡坡度：抛投时为 1∶1，干砌时为 1∶0.5。

在施工条件许可的情况下，尽量采用浆砌片石的形式。浆砌施工前应采取夯实、换填等处理好基础。由于浆砌片石桥梁墩台的自重力较大，浆砌片石的施工的桥梁基础及墩台总高度不超过 12m。

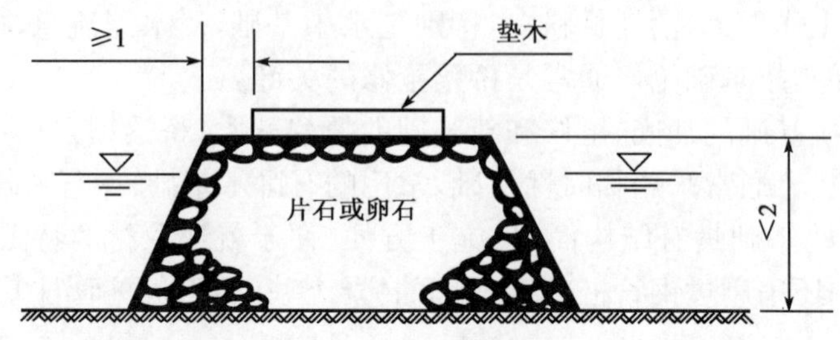

图 5-49　片石基础(尺寸单位：m)

三、编织袋基础

编织袋基础(图 5-50)是用编织袋装土码砌而成的临时性基础，分为全部使用编织袋和四周编织袋拦边两种。后者可以节省编织袋用量，但边坡较缓，增大阻水面积，同时因中间填土，沉陷量大，不宜用于有水基础。

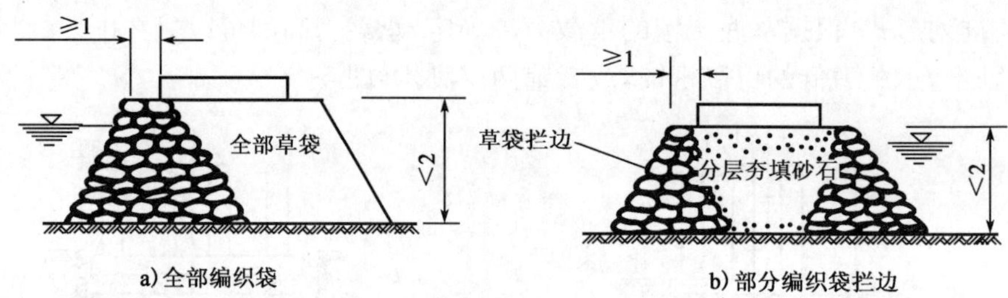

图 5-50　编织袋基础(尺寸单位：m)

编织袋基础的顶面尺寸，应比墩台底部垫木周边至少各宽 1.0m。其边坡坡度，有水时为 1∶1；无水时为 1∶0.3～1∶0.5。栏边编织袋顶宽为 1～3 只编织袋，砌成上小下大的梯形，边坡可参照上述数字，但外侧边坡要放缓一些，以免被填心土挤垮。编织袋基础的高度一般小于 2m，因为基础太高，本身不稳定，而且体积太大，会堵塞桥孔过水。

织袋装土，可以用土、砂、碎石、卵石或它们的混合物，但土和细砂遇水后容易流失，不宜用于水中。土块应打碎，不宜装冻土或大石块。每只编织袋一般只装 50%～60%，不必缝袋口，但要折好。一般 $1m^3$ 土可装 25～30 只编织袋。

施工前应先把地基整平，清掉杂物，然后按设计尺寸和形状，分层码砌。码砌时，编织袋要丁顺相间，彼此咬紧，编织袋口要向里，每层要大致码平，码好后用砂石填缝。码上层时要注意和下层错缝，使基础连成一体，增加它的稳定性。四周用编织袋拦边的作业方法与上述方法相同，但每砌好一层编织袋即应填满一层土、石并夯实，再砌第二层，这是保证质量的关键。

四、笼石基础

笼石基础是用钢丝网或钢筋做笼，内填片石或卵石的一种临时性基础。在无水、浅水地段或者石料缺乏的地区，也可在钢笼内填沙土袋来代替石料。制笼用的钢料强度较高，能承受较大的侧压力，可以做成矩形，亦可以做成圆形。圆形钢笼内部无须拉杆，可以套在残墩外面，对于加固深水基础非常有利。但圆形钢笼加工比较麻烦，并且太重，只能在墩位处拼组下沉，且阻水面积大，基底易被冲刷，洪水期常需在外抛石围护。

笼石基础通常用于粉质黏土、砂质黏土、砂卵石等基础较好的地段，一般要求基础承载力大于 35 000N/m²，可作为跨径较小、高度不大的桥梁基础，如便桥的桥台或浅水部分的桥墩基础。它具有结构简单、抗炸性、稳定性较强的优点；缺点是易受水流冲刷、渡洪能力低，故一般不用于渡洪便桥。笼石基础还可以作为墩台基础的围护，用途较广，抢修中采用较多。

在水流速度较大的地段施工笼石基础时，要求笼内装填的块石石质坚硬，遇水不易破碎或水解，块石粒径 20～50cm，密度不小于 2.65t/m³，单块质量不小于 5kg。国内有在水流速 2m/s 左右，水深 5～25m 的长江、黄河堤防工程成功施工的案例。

（一）钢丝笼基础

钢丝采用 8 号钢丝或者合金钢丝制成，钢丝表面镀锌均匀，无明显锈蚀、锈斑，网眼尺寸不超过 225cm²，网眼均匀。钢丝笼内部填充石料，就地装封，咬口紧密，表面用石平整、无松动。装封的石笼达到填石饱满，外形方正，扎口结实。钢丝笼自下而上，层层码砌就位，使上下笼头相互错开，紧密压茬。

（二）钢笼基础

钢笼基础是在战争中发展起来的一种笼石基础。钢笼是用钢筋或钢链为原料，采用焊接或者螺栓连接做成一个空的框架，中间填满片石或卵石，顶部铺上卧木，这种基础叫作钢笼基础。

钢笼因骨架材料不同分为钢筋笼和角钢笼等。

1. 钢筋笼基础

钢筋笼一般都用于较矮的中小桥，既作为基础，又作为墩台身。骨架要用粗钢筋，直径不应小于 20mm，立筋间距为 1m 左右，围箍间距为 20～40cm，围箍间用 8 号铁线编成网，网眼大小为 10cm，用以维护填石，勿使漏出（图 5-51）。

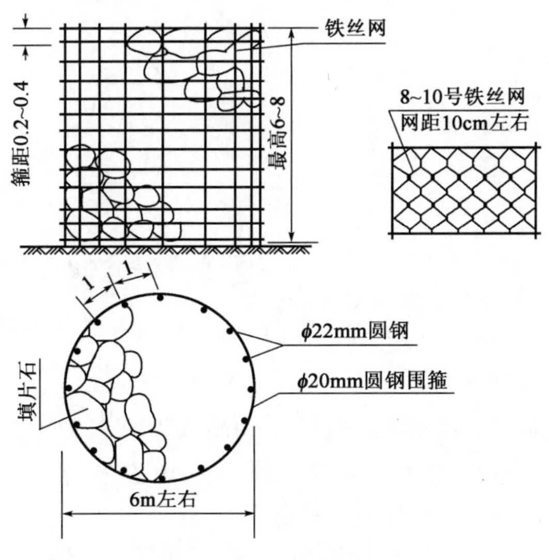

图 5-51　钢筋笼基础（尺寸单位：m）

钢筋笼大都分节预制，电焊连接，每节高 2m 左右。组装时用人力抬至墩位，下一节，焊一节，逐层接高。亦可用收台阶的方法(图 5-52)加高钢筋笼。

2. 角钢笼基础

用角钢做骨架的称为角钢笼。抢修中常用的是 75×75 小型角钢。角钢强度比钢筋大，所以它的间距亦可放大。通常立柱间距为 1m，围箍间距亦为 1m。矩形角钢笼还需加拉杆，每 1m 高设一层。为了便于编织铁丝网，围箍间尚应加一道钢筋围箍，以缩小其间距(图 5-53)。

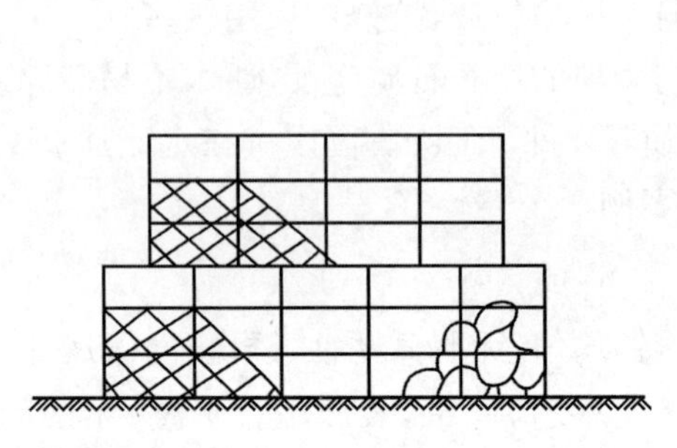

图 5-52　收台阶法

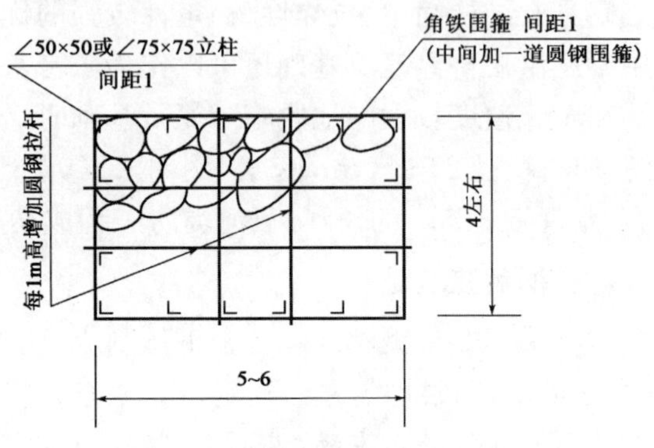

图 5-53　角钢笼基础(尺寸单位:m)

注:本图用于米轨铁路抢修。

(三)石笼基础的施工

1. 石笼的码放形状

石笼又可以按其码砌的外形，分为无分水尖、一端有分水尖和两端有分水尖三种(图 5-54)。在无水或浅滩处，用无分尖石笼；在一般流水处用一端有分水尖石笼；在急流或受潮水影响处，使用两端有分水尖的石笼。

在水的流向与桥墩斜交时，为了适应水流方向减少冲刷，应把石笼码砌成平行四边形或方形(图 5-55)。

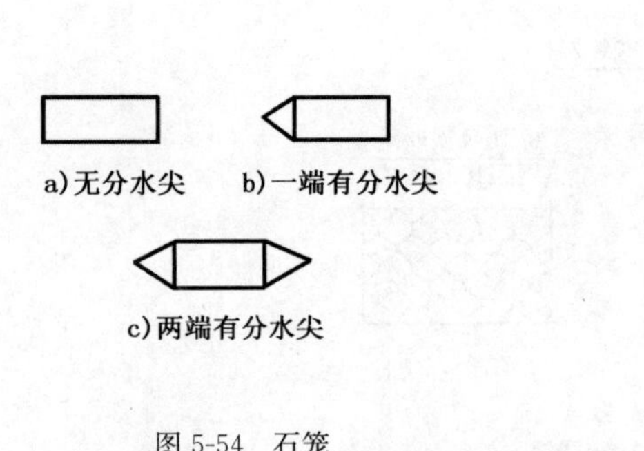

图 5-54　石笼

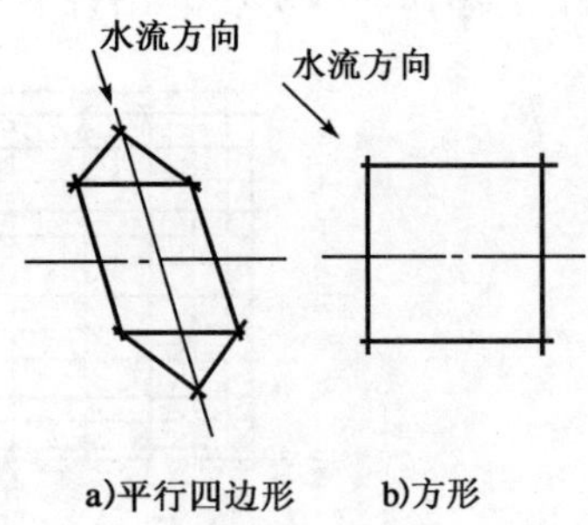

图 5-55　平行四边形和方形石笼

2. 石笼制作

石笼(图 5-56)可预先制作，用人力或机械运到现场安装。为了减轻石笼重量，便于搬运，石笼应分节预制。每节高度随石笼大小而异，一般为 1m 左右。上下节石笼的连接可以用铁线将框杆绑住，或另用长立柱把各节石笼连接起来。

为了争取时间，浅滩部分石笼分水尖可以后加。即石笼先做成长方形，待通车后补加分水尖。

3. *石笼的架设*

图 5-56　石笼示意图

无水、浅水处石笼架设较简便，通常用人力抬运，亦可用吊车吊运。冰上下石笼可利用冰面作为工作平台，就地拼组石笼，凿开冰面，加石下沉；亦可利用冰面当滑道，将石笼拖到桥位，加石下沉。

桥梁基础抢修中，在深水中安放石笼基础时，利用吊船将石笼吊至墩位处下沉。石笼可以在吊船上拼组，亦可在岸边拼组，利用吊车吊上船。吊放石笼前用全站仪测量放样，定出施工桩号，实测抛石笼前水下地形图及控制断面图。安放石笼施工过程中，按照设定的安放方位角及位置，用全站仪定出笼子的纵向、横向方向线，利用纵、横向定位索控制浮吊船的定位，亦可以将定位船抛锚利用锚来定位。

4. *石笼的填石*

石笼填石时，大小块应搭配好，以减少空隙，但周围与底部应填大石块，以防冲走或漏出。抛投时，要防止打坏拉杆。在填到顶部时应用碎石找平，以便铺卧木。

如果河底不平，可用两种方法补救。一为先把河底用大石块填平，然后再下石笼；二为预先把河床断面测好，然后把石笼做成与河床断面相符合的形状，以适应河床断面。

5. *石笼基础的加固*

当石笼基础被炸坏或遭受冲刷时，一般可按下列方法加固：

(1)石笼上半部炸坏时，可拆除被破坏部分，整平后，接高石笼。

(2)石笼的一角或一边被炸坏，部分框杆折断，应先清除妨碍作业的石块，然后更换或拼接炸断的框杆，加填片石，原样修复。

(3)石笼底部炸有缺口或被水冲空时，可先在石笼外侧抛填片石、编织袋装石或铁链石笼(流速大时)，随后撬动石笼上部填石，将石块撬下，填补空隙，并在上部加石找平。

五、钢板桩扩大基础

在某些地质条件比较差的地区建设桥梁，由于地基承载力比较小，不适宜使用扩大基础，需要采用桩基础。但是在应急抢险中，没有时间进行桩基础施工时，可以采用钢板桩(图 5-57)基础和扩大基础的组合形式。由于钢板桩对持力地层的约束效果，使采用扩大基础成为可能。钢板桩可作为混凝土基础的模板，减少开挖量，缩短工期，从而提高施工性和经济性。日本的铁路综合技术研究所对此这种技术有比较深入的研究。抢险抢通中可根据不同的地质条件，采用钢板桩加灰土扩大基础、钢板桩加混凝土扩大基础及钢板桩填石基础。

图 5-57　钢板桩

钢板长 9～12m，打桩机一般采用挖机加装振动锤改装组成，振动锤激振力为 200kN，用经纬仪控制其精度，一根接一根打入，一般桩顶高出地面约 50cm。

打桩过程中如果遇到较大的石块或其他不明障碍物，导致钢板桩打入深度不够，可以采用转角桩或弧形桩绕过障碍物。钢板桩在杂填土质地段打入过程中，易受到侧向石块等不同挤压力而发生偏斜，可以将钢板桩拔起 1～2m，再往下锤打，如此上下往复数次，可以使大的石块被振碎或者使其发生位移改变，让钢板桩位置得到纠正。当钢板桩沿轴线的倾斜度较大时，可以打入异形钢板桩来纠正，异形钢板桩一般上宽下窄，宽度和窄度大于或者小于普通标准的钢板桩，异形钢板桩也可以根据实际倾斜度焊接加工。当基础较软时，可能发生将相邻桩带入的情形，可以将相邻的桩焊接在一起，在钢板桩的连接锁口位置涂抹黄油，减少摩擦阻力。

1. 钢板桩填轻质、透水性材料基础

这是陆地及河床浅滩地质条件下的一种临时性桥梁基础。当拟建桥梁地段为窄河、易管涌堤岸，地基土层为含水率较大的软、黏性粉质土，粉砂质土时，由于基础承载力低，不适宜采用一般的扩大基础。可以采用打桩机将钢板桩打入基础周边形成围堰，在围堰内填筑轻质材料（灰土），透水性材料（如砂砾、石料）形成扩大基础，再在基础上架设桥梁。

钢板桩打桩完成后，再根据当地的实际情况，可以填筑石灰粉煤灰拌和土石、水泥拌和土、石灰拌和土石，或者填筑透水好的砂砾、建筑碎砖等，分层压实，再在上面进行墩台的施工。

2. 钢板桩填石基础

当河水较深，流速较大，河床为砂砾、砂土、黏土等地质条件较差时，如用石笼基础，将造成大量的冲刷，冲歪基础，可以采用钢板桩填石基础，钢板桩能打入地层，可以保护地基不被冲刷。此外，由于钢板桩是分块插打的，它在锁口处可以稍微转动，因此，它可以调整位置，有利于通过河床中的障碍。当河床基底为漂石、较大的砾石及较完整的基岩时，钢板不易打入，不适宜采用钢板桩填石基础。

施工方法同通常的打钢板桩，即用浮于水面的木导向环控制桩位，利用打桩船打桩。当受施工条件限制、无打桩船时，可以在流速较小的河水中筑岛或者搭设排架作为工作平台，在工作平台上利用汽锤打入钢板桩。

3. 钢板桩加混凝土基础

当抢建桥梁时条件许可，可以运输混凝土时，应优先采用现场浇混凝土浇筑扩大基础，采用已经打入的钢板桩当作模板，在模板内浇筑高强度等级、快速凝结的混凝土，也可以选用快凝结、高强度等级、免振捣的混凝土。

六、木桩基础

桩基础是把桩打入地下，用以支承上部荷载的一种基础。桩基础多用于便桥、栈桥及正桥的深水基础。常用的桩有木桩、钢桩及混凝土桩三种。钢桩、混凝土桩在工程建设中比较常见，这里不作介绍。木桩基础在特殊地区、特定情况下的应急抢险抢建中，可能还需要采用。

木桩基础是用单根或组合木桩，按设计要求打入河床，再用半圆木将木桩联成整体。木桩基础承载力高，阻水面积小，耐冲刷，故适宜作为地质松软、需要渡洪的便桥基础。但木桩长度受到限制，水深超过 5m 时，就不宜使用。

1. 制作桩木

木桩通常用 ϕ20～32cm 的松木、杉木等制成。桩木的选择，应根据设计尺寸，选用挺直的、节疤少、无腐蚀、无空心、大小头直径相差较小的木料。如无大直径圆木时，也可用 3～4 根圆木组成的组合桩(图 5-58)代替。桩木必须去掉树皮。

木桩的制作长度应比设计长度长一些，以便在打桩过程中桩顶损坏时可以锯掉。

桩尖应削成三棱或四棱锥形，其尖头应在桩轴线上。桩尖长度根据土质软硬而定：打入较松土层时，可为直径的 1～1.5 倍；打入较硬土层时，可为直径的 2 倍。尖端应为钝尖(图 5-59)，打入软土层时可用平尖；打入硬土或砾石、卵石层时，桩尖应安设铁桩靴(图 5-60)。

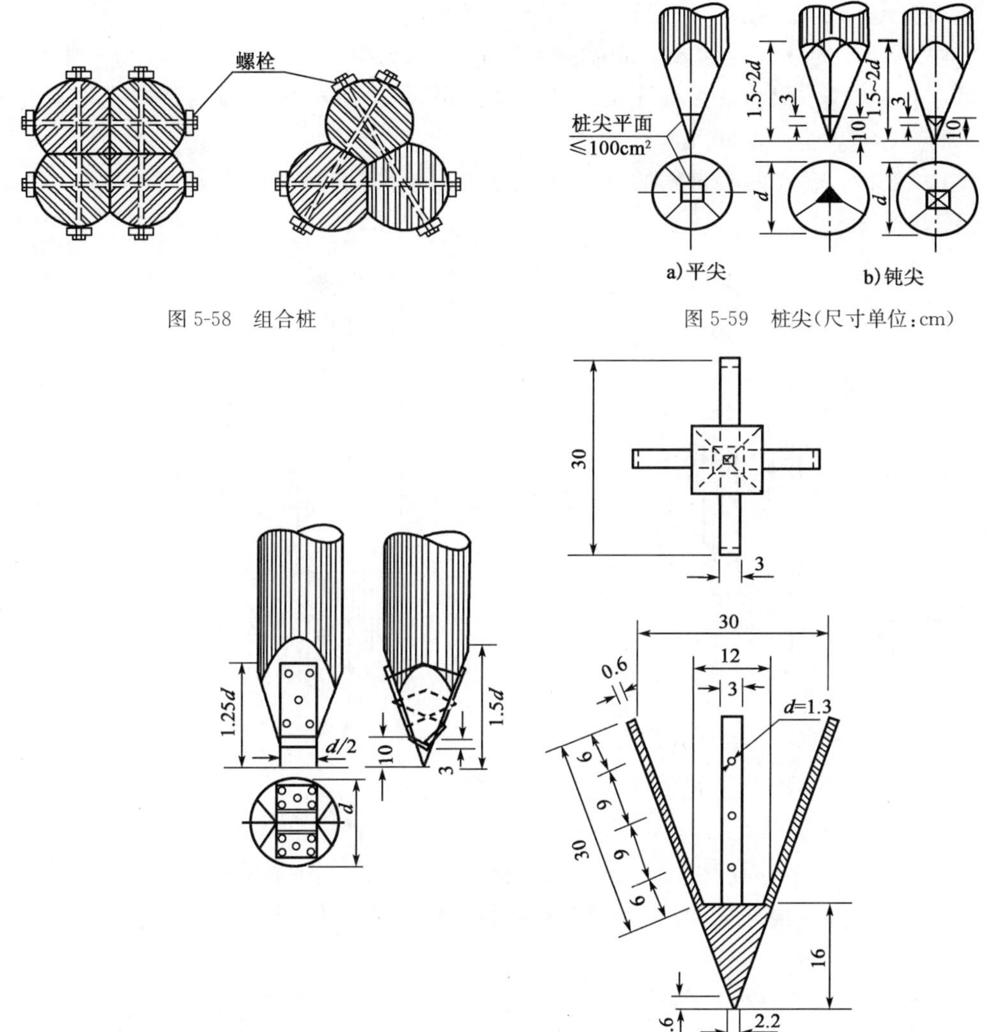

图 5-58　组合桩

图 5-59　桩尖(尺寸单位：cm)

图 5-60　铁桩靴(尺寸单位：cm)

桩顶应锯切平正，垂直于桩的轴线。木桩桩顶应加设铁制桩箍，其厚度至少为 8mm，宽度至少为 50mm，箍的内径略小于桩顶，并且上小下大，略呈截锥形。安装时，桩顶周围应先削去少许，锤击箍紧。在缺乏桩箍的情况下，可用铁线将桩顶缠绕长 40～50mm，将桩顶箍紧。

如使用带有窝形锤垫的柴油机锤打桩时，木桩顶不设桩箍，仅削成与锤垫套合的形状。如用穿心锤打桩，桩顶中央应凿一插桩钎的圆孔。

桩木制好后，应沿桩身以 dm 为单位，用油漆标明其长度，以便在打桩过程中计算桩的入土深度和沉入度。

2. 接桩

桩木不够长时,可在制作或打桩过程中,用同直径的圆木接长。接头是桩基中最薄弱的部位,其位置要求如下:接头应在局部冲刷线以下至少 1m;相邻桩的接头应上下错开,其错开的距离不应小于 0.75m;在一个墩台中,同一水平面内(两接头的高差在 0.75m 以内均视为同一水平面)的接头数不应超过全部桩数的 25%。

接桩时最好采用对接,接头须严密,上下桩木的轴线应在同一条直线上,其连接法有:

(1)夹板连接

用 4 块厚 10mm 的铁夹板和 ϕ18mm 的螺栓,将桩木夹紧(图 5-61)。夹板与桩木接触处应削平。桩木较粗时,可用六块夹板连接。缺乏铁夹板时,可用 7.5cm 厚的硬木或角钢连接。

(2)套筒连接

用一段铁制圆筒,套在两根桩木的结合处。为增强接头的牢固性,在套筒上钻孔,用铁钉或回刺钉钉牢(图 5-62)。

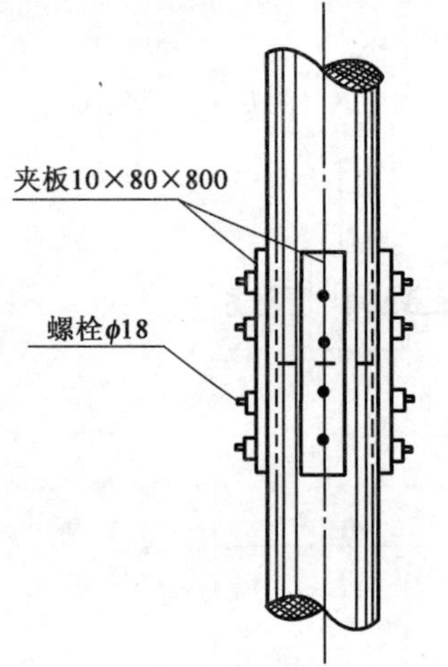

图 5-61 夹板连接(尺寸单位:mm)

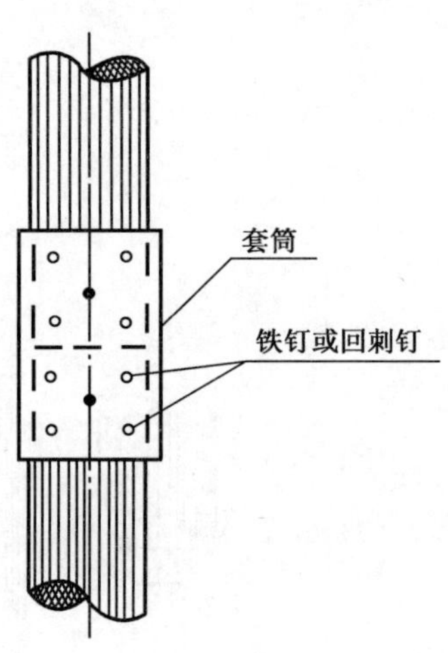

图 5-62 套筒连接

组合桩接长,也可采用上述方法,在打桩前预先接好。

3. 选桩锤

由于打桩机种类较多,因而桩锤种类不一。抢修时常用的桩锤有坠锤(即穿心锤、龙门锤)和柴油机锤。选锤时,应根据桩的长度和重量,按桩锤的冲击能量用计算方法选择。

4. 打桩架

柴油打桩机配有制式桩架。使用坠锤时,应根据桩的长度和数量,就地拼组简易打桩架。

简易打桩架通常用钢管或木料组成。常用的有三脚打桩架(图 5-63)、人字打桩架(图 5-64)和龙门式打桩架等。三脚架和人字架,适于用穿心锤打桩。三脚架使用灵活,宜于在斜坡上及地面不平处打 6.5m 以下的零星木桩,但每打一根桩须移动桩架一次。人字架稳定性好,使用较广,适于打群桩和较长的桩。龙门式桩架结构较复杂,使用上不如前两种灵便,多在打长桩和在船上打桩时采用。

5. 打桩船

深水中搭脚手架困难时,应根据情况组装简易打桩船进行打桩。

(1)船头安设打桩架的打桩船

根据桩排宽度和打桩方法,可组成窄距打桩船(图 5-65)和宽距打桩船。

窄距打桩船，每打一根桩，需移动船一次。打桩时，船身顺水流方向，受水流冲击的影响较小，容易定位，可用于急流中，但不能施打排桩间距小于打桩船宽之半的排桩。

宽距打桩船，每打完一排桩，移动船一次，适于打多排的桩基。但在打外侧桩时，因桩架压在船身一侧，容易倾斜，必须以平衡重调节。

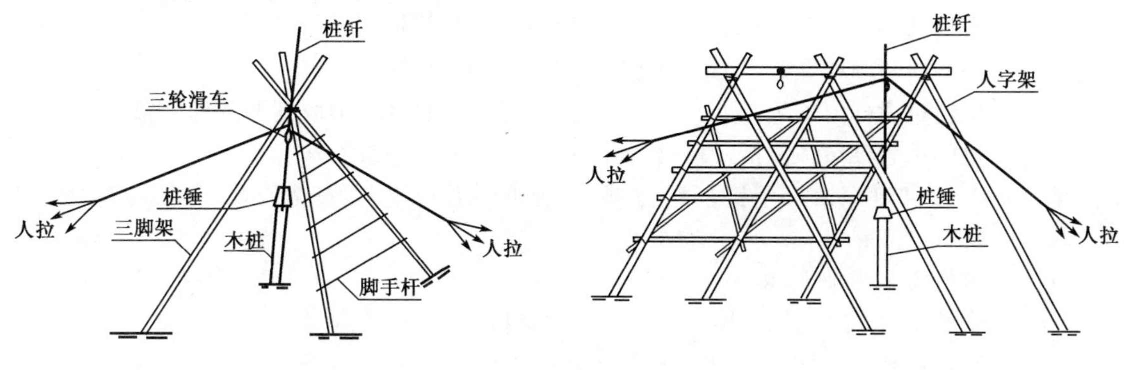

图 5-63　三脚打桩架

图 5-64　人字打桩架

（2）一侧安有打桩架的打桩船（图 5-66）

打桩时，沿水流方向逐根施打，每打完一根桩须移船一次。因打桩架侧放，故不受桩排间距的限制，但船身偏重，倾斜较大。为了克服这个缺点，组船时，两船之间应有适当的间距，并须用平衡重调节。

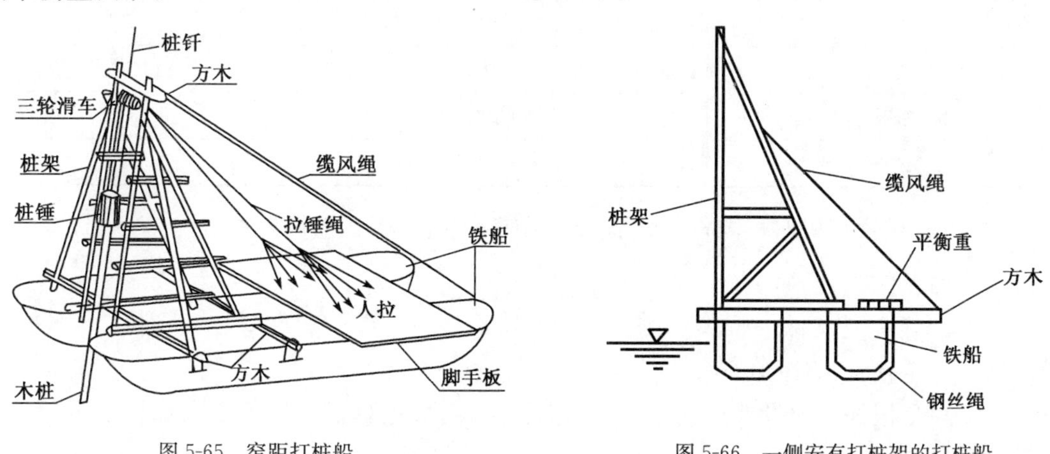

图 5-65　窄距打桩船

图 5-66　一侧安有打桩架的打桩船

6. 打桩注意事项

（1）桩要插准立直，若桩木略有弯曲，应使其弯向上下游方向，以利上夹木和压桩木。

（2）在打桩过程中，必须保持桩木正值，边锤击、过检查、边纠正，并随时检查打桩平台、钢丝绳、滑车、桩架、缆风绳等，发现有不正常情况，应及时处理，以防发生危险。

（3）用坠锤打桩时，头几锤的升坠高度不应大于 0.5m，且不可骤然增高，以后的升坠高度不得超过 2.0m，以免脱钎或打坏桩木。用穿心锤打桩时，桩钎要掌稳、掌直，使桩锤垂直锤击桩木。

（4）锤击时，应随时注意桩木入土的情况，如有不正常现象，应即停止锤击，及时采取措施。

（5）桩的入土深度达到设计要求时，应在锤击过程中，测量最后阶段桩的沉入度（坠锤为最后 10 锤的每锤平均值；机锤为最后 1min 每锤的平均值）。当实测沉入度的平均值，等于或少于最后沉入度计算值时，即可停止打桩。最后沉入度的计算值，可按下式计算：

$$e=\frac{nQFH}{mP(mP+nF)}\times\frac{Q+K^2q}{Q+q} \tag{5-1}$$

式中：e——最后沉入度的计算值(cm)；

n——根据基桩材料和打桩方法所确定的系数，其数值见表 5-10；

F——桩的横断面积(cm^2)，如系单根木桩应以中径计算；

Q——桩锤重力(kgf)，坠锤取其全重，单打汽锤或柴油打桩锤取其冲击部分重力；

q——桩的重力(kgf)，包括送桩、桩帽及桩锤非冲击部分重力；

H——落锤高度(cm)，用钢丝绳吊锤，落下时，不与钢丝绳脱开者，其值应乘以系数 0.7～0.8；

P——桩的安全承载力(kgf)；

m——安全系数，临时建筑物用 1.5，永久建筑物用 2；

K——锤击系数，生铁锤打木桩、木送桩或木桩帽时，$K=0.45$，$K^2=0.2$。

注：1kgf=9.8N。

根据基桩材料和打桩方法所决定的系数　　表 5-10

桩 的 材 料	打 桩 方 法	n(kgf/cm^2)
木桩	有桩垫时	8
木桩	无桩垫时	10
钢筋混凝土桩	有麻袋桩垫时	10
钢筋混凝土桩	无木桩垫时	15
钢桩	无桩垫时	50

用柴油打桩锤打桩时可同样使用式(5-1)，唯 H 值按下式求算：

$$H=\frac{100W}{Q}(\text{cm}) \tag{5-2}$$

式中：W——一次冲击能(kgf·m)。

式(5-1)是根据桩的设计承载力求算最后沉入度，如根据最后沉入度求算桩的承载力则可用式(5-3)。

$$P=\frac{1}{m}\left[\frac{nF}{2}+\sqrt{\left(\frac{nF}{2}\right)^2+\frac{nFQH}{e}\frac{Q+K^2q}{Q+q}}\right] \tag{5-3}$$

式中：符号意义同上。

式(5-1)、式(5-3)宜在不超过下列限度时应用：

① $\frac{mP}{F}\leqslant 70\ \text{kgf/cm}^2$。

②使用坠锤或单打汽锤时，$h\leqslant 0.04H$，h 为锤击时锤的反跳高度(cm)。

③ $e\geqslant 1\sim 2$mm。

7. 打桩过程中产生不正常现象的处理办法

(1)在锤击过程中，如桩发生歪斜时，可边锤击、边用木棍撬正或用绳索拉正。

(2)桩入土达一定深度，突然停止不进，锤击时发生异声和跳动现象，说明桩木遇到障碍物，如大块孤石等。若桩的入土深度相差较多时，可采用编织袋片石或石笼围护，或增打加桩；若接近设计要求时，可不再继续锤击，作为有效的基桩使用。

(3)打桩遇到硬土层或砂卵石层，桩入土进度极缓时，可采用高锤硬打，或改换重锤施打，但须防止桩身打裂。

(4)桩木屡打不进，稍后又突然下沉较快，并产生倾斜现象时，多由于桩木被打断所致。可根据情况，拔出断桩，换新桩移位重打，或在断桩旁边补打一根桩加强。

8. 桩木的连接、修补

当桩木打完后，应用半圆木将各桩木联成整体。若桩木不在一条线上，而略有错位时，可用倒链滑车或起道机等校正桩位，然后上夹木联结，锯平桩顶，再上压桩木。桩木的水下联结，需由潜水员在水下操作，往往不易保证质量。最好采用外套石笼或钢笼，以代替水下连接系，虽阻水增大，但稳定性较强，又可提高抗炸能力。

木桩破坏后通常采用嵌补法、截接法及补桩法连接。

七、钢管桩基础

钢管桩基础是深水基础的一种形式。在抢修正桥时，遇到水很深(超过 10m)、覆盖层很厚的河流，有时就要用钢管桩作基础。这种基础消耗的钢料多，施工期长，遭到破坏后不易抢修，所以只用于洪期正桥抢修或前进抢修。钢管桩有圆形钢管桩和用各种型钢组成不同断面形状的型钢组合桩。圆形钢管桩系利用工厂制造的焊接钢管，工地不需加工；型钢组合桩则由工地利用既有的型钢加工改制。

下面以某正桥抢建实例介绍钢管桩构造与施工(图 5-67)。

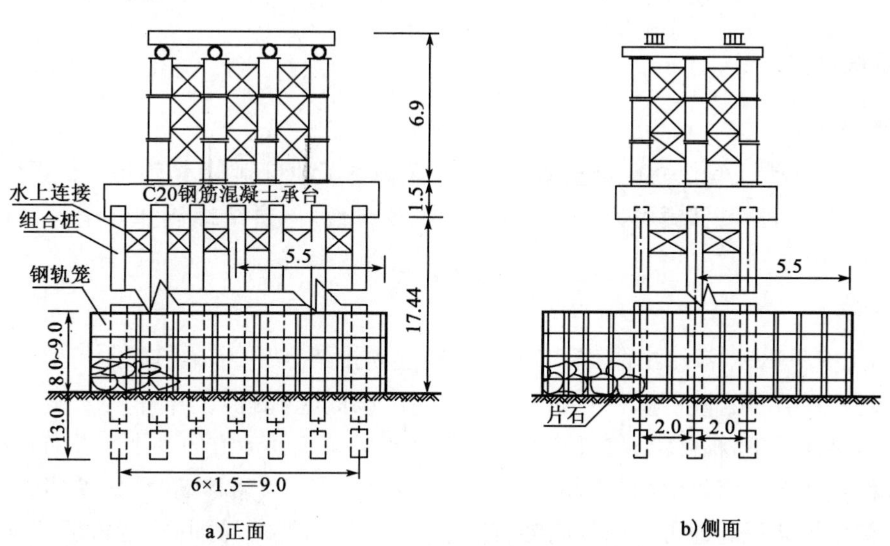

图 5-67　某大桥抢修实例(尺寸单位：m)

该桥抢修正遇洪水期，水深 18m，桩入土深 13m，每根桩总长 31m，用两根拉森 $Ⅲ_A$ 钢板桩组合，质量 3.5t。墩基按中-13 级设计，一个墩子共打了 21 根钢管桩，历时一个月，用钢板桩 550m。钢管桩之间的连接，水下部分套钢笼，水上部分用角钢作支撑。

(一)组焊钢管桩

钢管桩系利用两块拉森Ⅲ$_A$型钢板桩制成,每侧各用一块 135mm×8mm 钢板焊接(图 5-68)。钢管桩接头强度应不弱于桩身,故用了 8 块厚 14mm 的连接板。为了加强桩顶和桩尖,在该两处都加焊了 250mm×12mm 的加强板,桩尖处加强板并缩进 20mm,使桩尖钢板略成楔形,以利打入河床。

钢管桩系在平台上焊成,组焊时,为固定钢管桩位置,每隔 3～4m 上打一道夹紧器,如图 5-69所示。

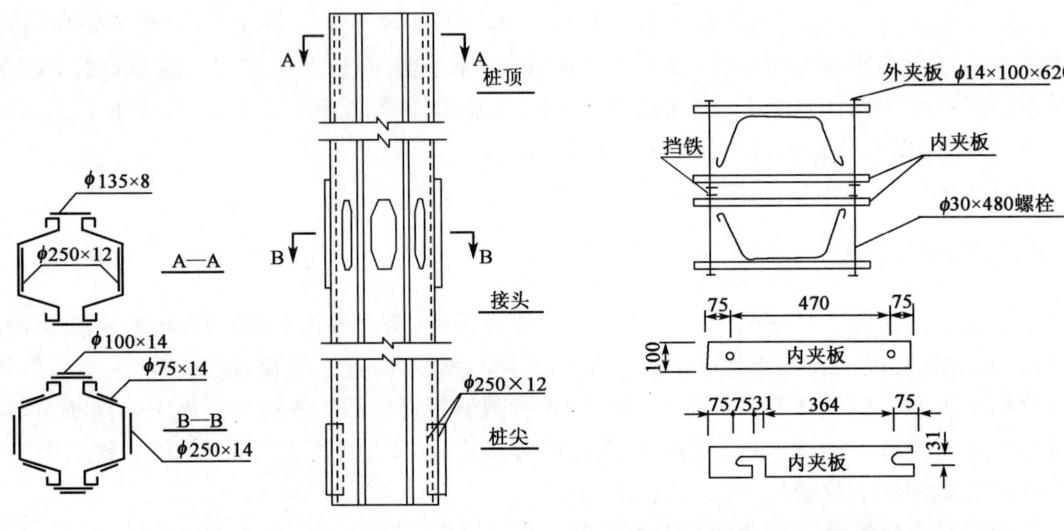

图 5-68 组焊钢管桩(尺寸单位:mm)

图 5-69 夹紧器(尺寸单位:mm)

(二)组拼打桩设备

1. 桩锤和桩帽

钢管桩是用电动绞车带动 1.5t 坠锤施打的。坠锤系工地自制,有铸铁组合桩锤(图 5-70)和焊桩锤(图 5-71)两种,铸铁锤可以分块搬运,运输较方便,但拼组螺栓和耳朵容易损坏,不如钢锤坚固。

2. 打桩船

打桩船用 8 只 K-C$_3$ 浮箱组成(图 5-72),浮箱上立排架,架工字梁组成龙门架,龙门架上安装两台轻型台车用以吊挂桩锤,进行打桩(两根桩可以同时施打)。导杆用 2 根 43kg 钢材制成,悬挂在工字钢梁下,桩锤沿导杆移动,借以保持锤的正确移动方向。水下挂有稳桩架一个,用以稳桩,稳桩架用型钢拼组(图 5-73),用螺栓悬挂在浮箱上,船移动时,如桩挡碍,只需松开支撑角钢,将稳桩架提起即可。船头尚装有一组扣轨梁,用枕木垛加高(运桩船要在扣轨梁下通过),扣轨梁上挂有一组滑车,作为吊桩时的下吊点。

3. 运桩船和溜桩船

因水比较深,第一节钢桩比较长且重(15～21m,质量 2～2.6t),故需要用特设的运桩船运桩。运桩船用 8 只铁皮船拼组(图 5-74),一次可运两根桩。运桩时船要进入打桩船的空当,为防止碰撞,在墩位上游处设一只浮箱,作溜桩船,运桩船到墩位后,利用浮箱作锚,挂上钢丝绳,就可以控制运桩船，使其平稳地进入空当。

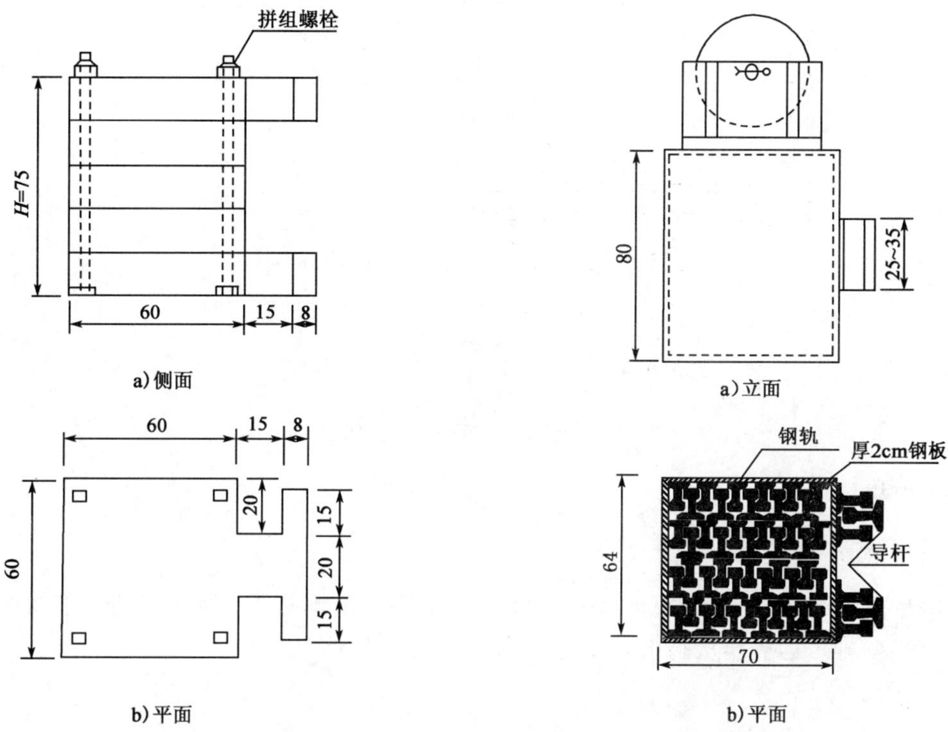

图 5-70　铸铁组合桩锤(尺寸单位:cm)　　图 5-71　焊桩锤(尺寸单位:cm)

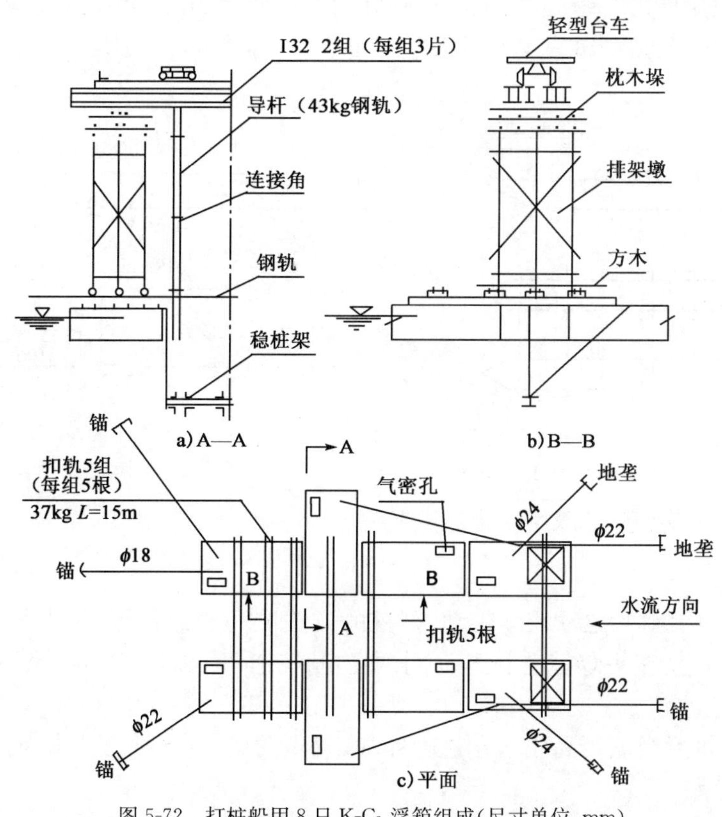

图 5-72　打桩船用 8 只 K-C_3 浮箱组成(尺寸单位:mm)

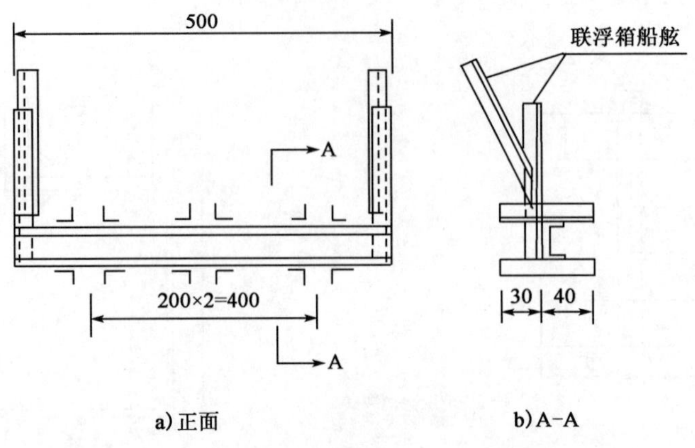

图 5-73　稳桩架用型钢拼组(尺寸单位:cm)

(三)打桩

1. 打桩顺序

打桩从下游开始,每排三根桩,先打中间一根,再打两侧,以保证平行作业。打完一排后再移船打上游一排。运桩船从打桩船上游空当中进入互不干扰。

2. 吊插桩

第一节钢管桩较长,要用两个吊点起吊,钢管桩上焊有吊点两处,如图 5-75 所示。下吊点用打桩船前端扣轨梁的滑车组起吊,上吊点则利用龙门架上的滑车组起吊。钢桩吊起后,要用溜绳溜梢,使其慢慢竖直,当桩靠上稳桩架对好位置后,即可插入河床。

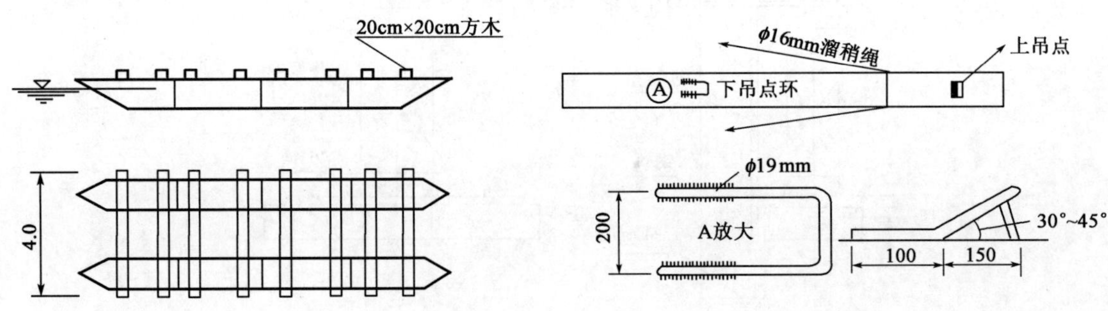

图 5-74　运桩船用八只铁皮船拼组(尺寸单位:m)

图 5-75　吊插桩(尺寸单位:cm)

其余各节钢管桩较短,可以用一个吊点起吊。

3. 打桩

坠锤用 DJ11.4 型(1t)电动绞车带动,打桩的方法同一般的打桩,不再赘述。打桩速度控制在接头电焊上,一个接头焊缝总长 6m,用两把电焊钳同时施焊,约需 2h。平均速度为每天打一根桩。

打完 1～2 排桩后尚需用高压水在桩内冲洗,清除淤泥,直到排出清水为止,然后再灌水下混凝土,将桩身填满。

八、水下混凝土基础

水下混凝土基础是一种清基和灌注混凝土都在水下进行的基础，它适宜用于中等水深、流速较缓且不易冲刷的河流。当河床地质较好，可采用扩大基础；当河床地质不好时，应采用灌注桩基础。

（一）水下混凝土扩大基础施工

水下混凝土扩大基础施工的施工步骤分为清基挖槽、水中下模板及灌注水下混凝土三部分。

1. 清基挖槽

清基是将基础部位的软弱层清除，通常用空气吸泥机来进行。吸泥机由泥浆混合器、排泥管及高压风管三部分组成（图 5-76）。空气吸泥机依靠管内泥浆混合体与管外水的压力差来吸泥的，故水愈深，吸泥效率愈高。

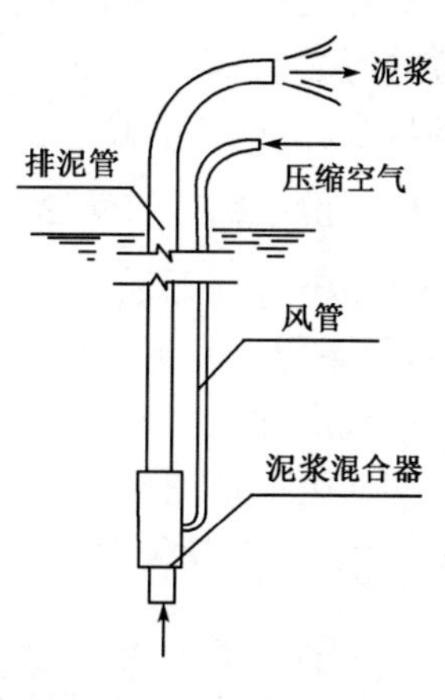

图 5-76　吸泥机

泥浆基本清除后，须沿基础四周开挖基槽。挖槽的目的是防止基础沿河床面滑动。基槽宽 0.8～1m，深 0.2～0.4m，由潜水员用风镐、风钻和水下爆破开挖。

2. 水中下模板

水下混凝土基础的模板易采用钢模板、素混凝土或钢筋混凝土制成的永久式模板。受条件限制采用木模板时，要增加横向铁拉杆加强模板连接，并整体吊装下沉，在木质模板底部压重（亦可用挂片石铁丝笼的方法），防止模板在下沉过程中翻倒。模板要求构造简单、装拆方便、接缝严密，尽量制成装配式或整体式，永久模板的接缝形式宜采用凹槽插入式，减少水下作业。

在模板下水安装前，在桩周围边位置打入钢管桩，用以固定模板。如果基底无大块石等坚硬物，在整体大块钢模下口焊接刀口类或类桩性质的装置，以增强模板支撑能力。模板可以在墩位上利用脚手船来拼组，亦可在岸边拼组后用导向船夹住浮运到墩位。模板的下沉则利用脚手船或导向船上的吊架来进行，模板高度还要满足防水浪的要求。

模板与河床面接触不会严密，所以放下模板后，尚需潜水员在模板下口及模板四周填码编织袋，堵好缝隙。模板顶部四角采用钢丝绳拉住，防止被水流冲动。

3. 灌注水下混凝土

一个基础需要几根导管，导管应高出水面多少，都要经过计算来决定。导管数量不够，高度不足，都会影响混凝土的扩散，甚至会卡住管口，不能继续灌注，通常一个 4m×7m 的基础，需要两根导管同时灌注，才能满足需要。水下混凝土的坍落度宜在 160～220mm，混凝土在运输和浇筑过程中要无显著离析、泌水现象。在灌注过程中，要使导管内始终充满混凝土，随灌注面升高而垂直提升导管，导管埋深一般在 2～6m。

（二）旋挖钻孔灌注水下混凝土桩基础

钻孔灌注水下混凝土桩基础是现代桥梁建设中最常用的一种基础形式。水下混凝土桩基础的钻孔的方式有人工挖孔、冲击成孔、旋转钻机钻孔等。普通的成孔方法施工时间相对较长，在桥梁的应急抢通抢建中宜优先采用旋挖机钻进施工工艺。

旋挖钻机成孔（图 5-77）是通过底部带有活门的桶式钻头回转破碎岩土，直接将其装入钻斗内，然后再由钻机提升装置和伸缩钻杆将钻斗提出孔外卸土，这样循环往复，不断地取土卸土,直至钻至设计深度。旋挖桩机施工时依靠自身动力电源,具有施工速度快,施工效率高(在适合的地层同比钻、冲孔桩机相比成孔速度可提高 5~6 倍),可自行行走,适用地层广泛等优点。缺点是机器自重大,对场地要求比较严格,须要机械配合作业。对黏结性好的岩土层,可采用干式或清水钻进工艺,无须泥浆护壁。对于松散易坍塌及地下水分丰富的地层,旋挖桩成孔的孔壁不稳定,必须采用静态泥浆护壁钻进工艺,向孔内投入护壁泥浆或稳定液进行护壁,成孔后要及时灌注水下混凝土。

九、钢板桩管柱基础

利用钢板桩作为外壁,水下混凝土作为填心的管柱叫作钢板桩管柱,用这种管柱作基础即钢板桩管柱基础。钢板桩管柱直径大(可以做到 3~4m),稳定性好,所以在水很深,而覆盖层又薄的河段上,为了保证基础的稳定性,有时要用这种基础。与钢管桩基础相似,它亦具有消耗钢料多、工期长的缺点。基于实践,其抢修某墩的施工过程介绍如下:

(一)拼组钢板桩管柱

钢板桩管柱直径为 3.57m,长 22m,由 28 块拉森Ⅲ$_A$ 型钢板桩围成。管桩内有 6 道支撑骨圈,骨圈用∠100×100 角钢弯制,用电焊连接,骨圈外形须按照管柱内径尺寸做成一个 28 等边多边形(图 5-78),尺寸要求准确,否则钢板桩与骨圈不易密贴,不好连接。骨圈与钢板桩的连接在第一道用螺栓,其余五道因在水下,不易拆卸,故用点焊连接,当打桩时,由于桩锤的锤击,可以将焊缝震脱。

图 5-77　旋挖钻机钻桩孔示意图

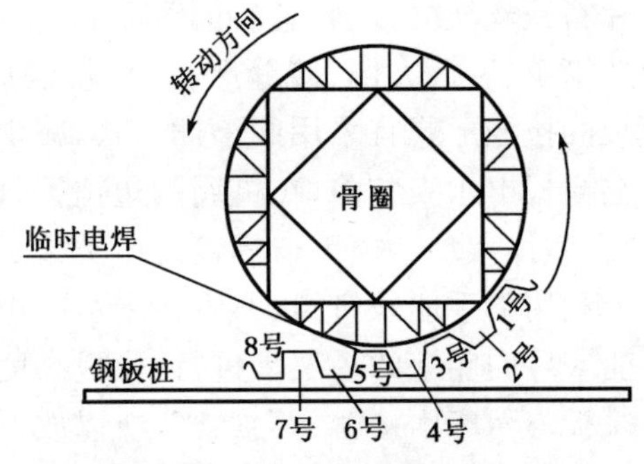

图 5-78　钢板桩管柱

管柱须在预拼场拼组,场地应选在进料、上船方便,地势平坦,不受洪水影响的岸边。场地布置如图 5-79 所示。

钢板桩锁口应先调直、涂油并堆置在备桩平台上;利用 1 号、2 号绞车在组桩平台上穿插好 1~5 号钢板桩;用木三脚架吊立 6 道骨圈,并用电焊将骨圈与插穿好的钢板桩连上;利用 1 号、2 号绞车的牵引,继续穿插 6 号以后的钢板桩,边穿插边滚动骨圈(用 3 号、4 号绞车)直到合龙。合龙尺寸与板桩尺寸不合时,可将钢板桩纵向割并,分别插入两侧的钢板桩中,再用钢板条将断缝焊住。

(二)管柱上船

一根管柱质量 40t,故需要用导向船来运输(图 5-80)。导向船用两只 120t 铁驳组成,船上立有龙门吊架两座,承托管柱的垫梁两根,各种绞车 8 台。

管柱系利用绞车横向拖拉、滚动上船。导向船上绞车作牵引,岸上绞车作溜梢(图 5-81),钢丝绳一端拴在牵引绞车上,绕管柱数圈后,再将另一端拴在溜梢绞车上。上船时,紧牵引绞车，松溜梢绞车，即可带动管柱，慢慢上船(靠岸侧龙门架须待管柱上船后，才能拼组)。

上船的下滑道系用工字钢纵向铺成，跳板梁则由 55 号工字钢组成。

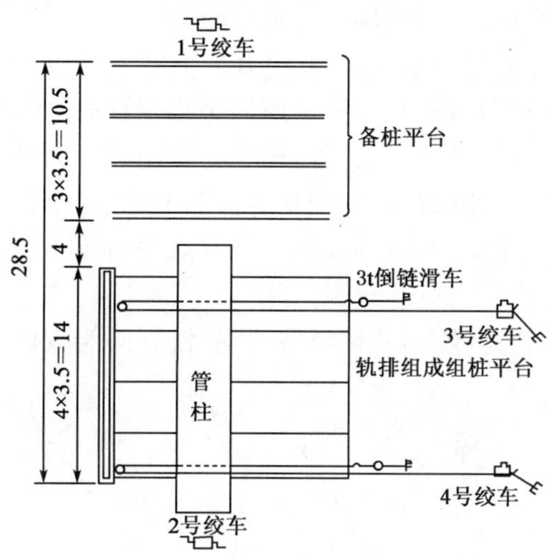

图 5-79 场地布置图(尺寸单位:m)

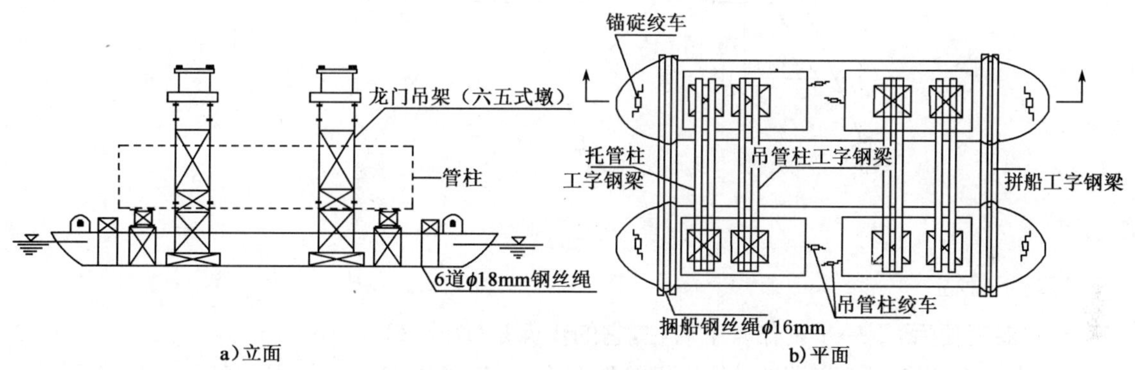

图 5-80 管柱上船

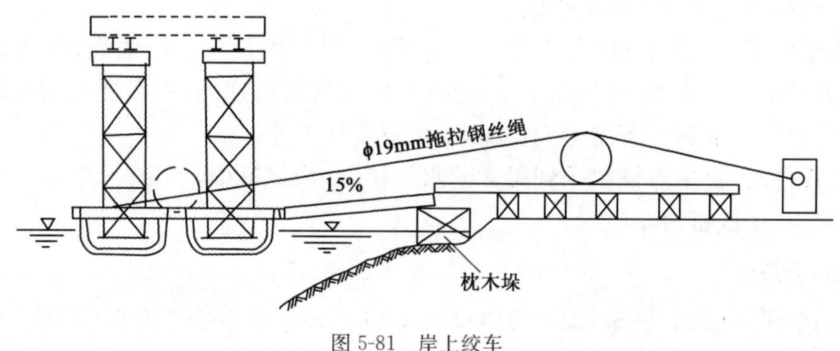

图 5-81 岸上绞车

(三)导向船就位

导向船系利用定位船锚定。定位船由 5 只 K-C_3 浮箱组成，船上安有绞车用以控制导向船位置。锚碇布置如图 5-82 所示。导向船就位的施工步骤为：

(1)用抛锚船抛好1号、2号(下面的1号实为2号)主锚,绳头留在工作船上。

(2)用拖轮送定位船到设计位置,从工作船上逐根倒换两根主锚绳,并拴在定位船绞车上。撤出工作船,用以抛定位船边锚。调整锚绳,使定位船与墩位在同一直线上。

(3)在定位船上备好拉导向船的钢丝绳,并抛好导向船上游边锚,绳头暂时放在定位船上。

(4)用两只110kW(150马力)拖轮,一拉一顶运送装有管桩导向船。导向船上备有两根粗棕绳,一端固定在导向船上,另一端放在前面拖轮上。当拖轮靠近定位船后,迅速将棕绳送上定位船临时拴住,同时将拖导向船的拖缆亦挂在定位船上,撤走拖轮。

(5)用汽艇沿棕绳将定位船上的拉导向船的钢丝绳、边锚绳头送到导向船绞车上,摇紧后解去棕绳和拖缆。

(6)抛导向船下游边锚,引上绞车,并调整各锚绳,使导向船就位,完成导向船定位工作。

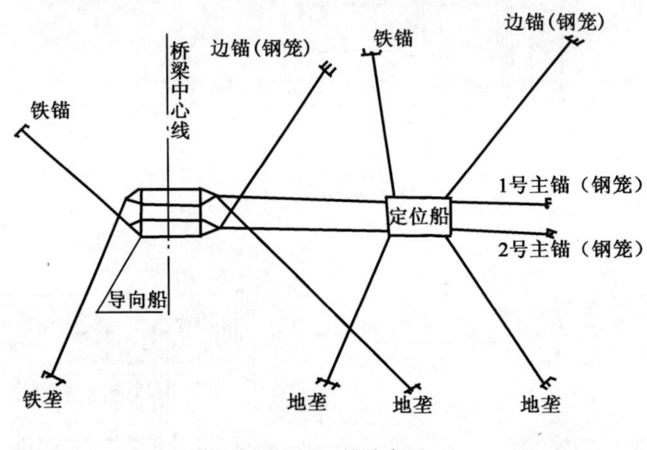

图5-82 锚碇布置

(四)下管柱

导向船就位后,下一步工作是下管柱,它的步骤是(图5-83):

(1)事先在距离管柱底端3m处用钢筋焊两个环,钢丝绳兜柱身半周,穿环而过,将两绳头固定在定位船绞车上。

(2)先起吊下吊点,将柱脚吊起,移开垫梁,慢松钢丝绳,放下柱脚。上吊点(吊管柱头)可视情况适当下放,使柱顶不碰横梁为限。

(3)继续慢松下吊点钢丝绳,使管身在水中垂直,然后松紧导向船锚绳,移动导向船,当管柱中心正对测量中心的垂球时,快松上吊点钢丝绳,放管柱沉底,靠自重插入河床,直到不再下沉为止。由潜水员下水解开下吊点钢丝绳,结束下管柱工作。

(4)下沉管柱时,上吊点横梁受到很大的水平拉力,为保证横梁不在水平方向弯曲,应在向反方向拉缆风绳,用倒链滑车收紧。

(五)打钢板桩

利用导向船做平台,立桩架,配一台电动绞车和500kg的坠锤打钢板桩(图5-84)。

(1)先切除管柱顶端第一层骨圈,以便单片板桩戴帽打桩。

(2)在管柱周围先对称的打几块板桩作定位桩以固定管桩。此时吊架滑车组尚处于受力状态,可用来调整管桩,保持管柱的正直。

(3)定位桩打好后,就可以解开吊管柱的千斤绳,继续打桩,直至打完。如板桩一次打不到设计高程，可待吸泥清基后补打，这比一次打到要求深度要快。

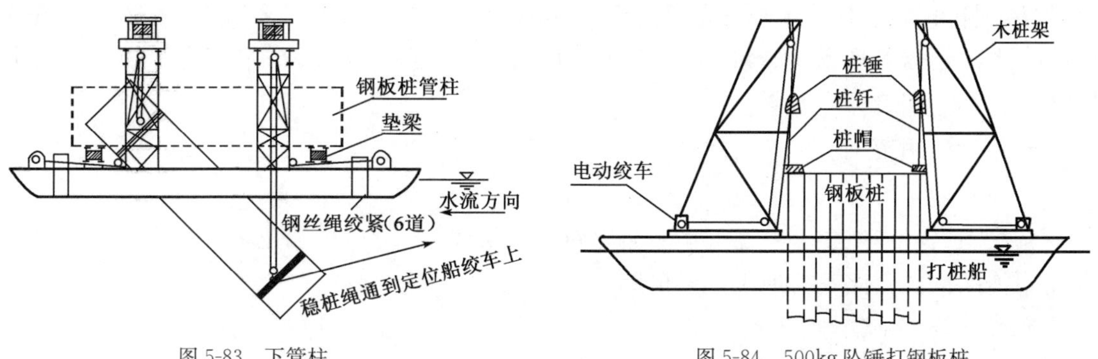

图 5-83　下管柱　　　　图 5-84　500kg 坠锤打钢板桩

第五节　桥墩、桥台的抢建

桥梁的基础完成之后，应在基础上部快速抢建桥墩、桥台。在交通应急工程中，常用的主要有装配式公路钢桥桥墩、八三式铁路轻型军用墩及码砌木排架墩台。装配式公路钢桥桥墩作为最新研制的一种新型设备，具有自带扒杆、单个构件轻、适应范围广等优点；八三式铁路轻型军用墩是曾在铁路系统和桥梁建设中广泛应用的一种重型桥墩，技术成熟，并在全国范围内具有一定的储备量。在应急抢建桥梁周边树木资源丰富的地区，也可以现场伐木码砌木排架墩台，这种码砌木排架具有架设方便、取材容易，无须大型机械设备等优点。

一、装配式公路钢桥桥墩

当河流、沟壑的宽度超过装配式公路钢桥最大跨径时，可采用装配式公路钢桥桥墩(图 5-85、图 5-86)跨越。装配式公路钢桥桥墩是一种按平战结合原则研制的拆装式成套制式器材。器材为装配式，拆装方便、互换性强，既可用于公路桥梁的应急、快速抢修，也可在新建桥梁工程中用作便桥桥墩、临时支墩等，还可用于拼组简易起重设备以及用于铁路桥梁抢修等。

图 5-85　装配式公路钢桥桥墩结构侧面

图 5-86　装配式公路钢桥桥墩结构正面

全套基本器材有杆件、配件7种，紧固件2种，支座过渡墩1种，垫梁与立柱杆件通用，杆件种类少。杆件质量轻，最大单元质量约236kg，最大长度3.0m，可以采用普通公路或铁路车辆运输。器材运送到现场开始，40名工人辅以两台30t汽车吊作业，拼组一座20m高单车道桥墩所用时间不超过6h。

(一)设计使用范围

1.适应梁型及跨径

适应"321"钢桥和ZB-200型装配式公路钢桥等梁型，既可适应简支梁，又可适应连续梁。可适应既有装配式公路钢桥所能达到的跨径。

2.设计墩高

设计墩高为5～30m，墩身高度以1.0m模数变化，通过调整垫梁层数可实现按0.25m模数调整墩高。

3.适应车道数

可用于单车道或双车道。根据便桥或抢修桥梁的车道数，墩身结构采用相应拼组，以适应多车道梁的要求。

(二)设计荷载

按公路-Ⅱ级荷载设计。

(三)适应环境

设计风压：800Pa，当使用地点的基本风压超过800Pa时应对结构的强度、稳定予以检算。

设计水深：不超过3m，当超过3m时应对结构的强度、稳定予以检算。

适应流速：3m/s。

对基础的适应能力：可适应各种临时性基础，还可用于残墩接高。

环境温度：－40～50℃。

(四)各种杆件及紧固件容许承载力(主力)

(1)N1、N2杆件接头容许承载力。

①单层梁混合接头容许承载力：最大弯矩80kN·m；最大剪力356kN。

②单层立柱法兰接头(无拼接板时)的容许拉力为200kN。

(2)N1、N2杆件容许承载力见表5-11。

N1、N2杆件容许承载力 表5-11

用途	荷载类型		容许承载力		备注
			单层梁	双层梁	
作柱(基本断面和接头)	最大压力(kN)		1 440	2 880	自由长度按2m计
作梁(基本断面)	最大弯矩(kN·m)		135	344	
	最大剪力(kN)		381	728	
	最大支点反力(kN)	有加劲板处	1 359	1 359	
		无加劲板处	789	789	

(3)N3～N5连接系撑杆的容许承载力。

拉杆和压杆轴向容许承载力均为±67.3kN。

(4)M22螺栓(机械等级10.9级)单剪容许承载力为89kN，配套M22螺母(机械等级8

级)抗拉容许承载力 50kN。

(五)基本器材

基本器材包括杆件、配件共 7 种(主要杆件 2 种,各类联结系撑杆 3 种,节点板、拼接板各 1 种),支座过渡墩 1 种,紧固件两种(M22 螺栓两种,螺母 1 种)。同一编号杆件、配件可以互换使用,部分不同编号的杆件还可以顶替使用。

1. 杆件与配件

编号为 N1～N7,其规格、尺寸示意图如后。除注明者外,尺寸单位均为 mm。连接用螺栓孔直径:N1、N2 端部四个孔为 ϕ22.5mm,其余均为 ϕ23.5mm。如图 5-87～图 5-93 所示。

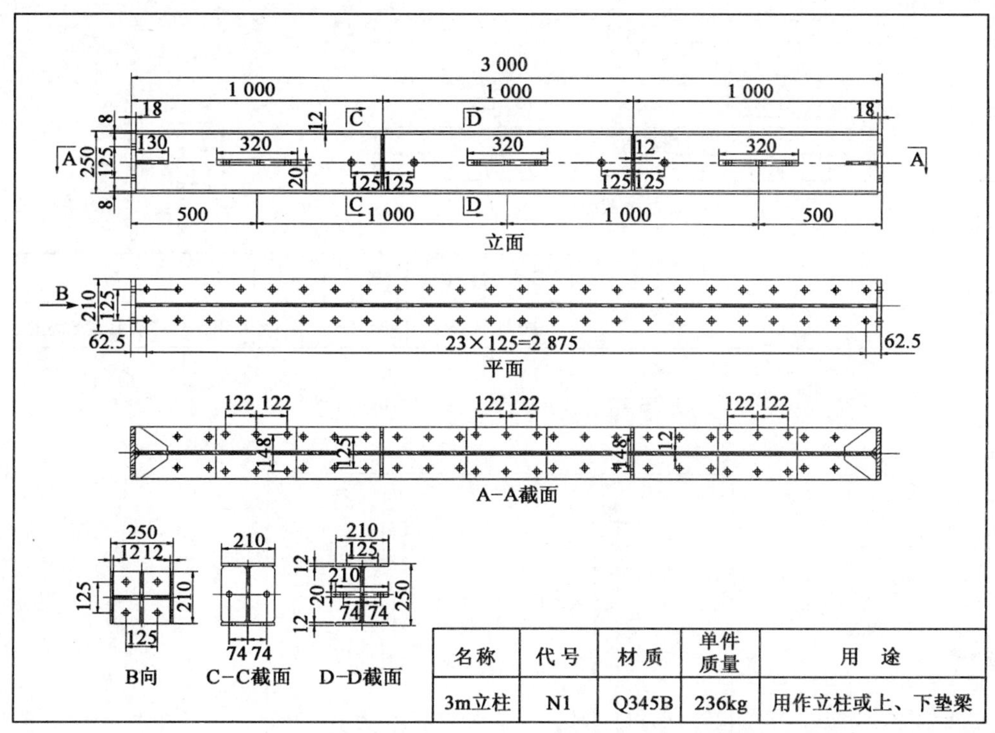

图 5-87 3m 立柱(尺寸单位:mm)

2. 紧固件

紧固件共三种,其规格和用途见表 5-12。

紧固件的规格和用途 表 5-12

名 称	规 格	机械等级	质量(kg)	使 用 说 明
六角头螺栓	M22×65 (GB 5782—1986)	10.9	0.26	夹持厚度大于 30mm。用于立柱与立柱、立柱与垫梁、两根斜撑与立柱加劲板、两块节点板与立柱腹板等的联结
六角头螺栓	M22×50 (GB 5782—1986)	10.9	0.22	夹持厚度 22～30mm。用于一根斜撑与立柱加劲板或节点板、一块节点板与立柱腹板、垫梁与垫梁、垫梁与一块拼接板等的联结
六角螺母	M22 (GB 6170—1986)	8	0.08	配合 M22 螺栓使用,每个螺栓配一个螺母

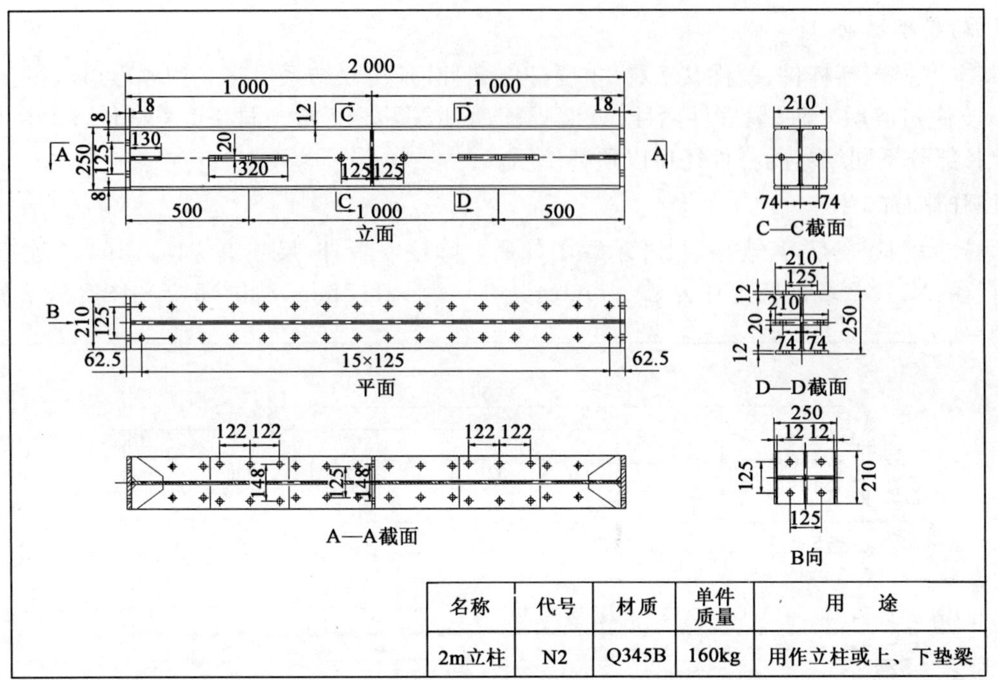

名称	代号	材质	单件质量	用　途
2m立柱	N2	Q345B	160kg	用作立柱或上、下垫梁

图 5-88　2m 立柱(尺寸单位:mm)

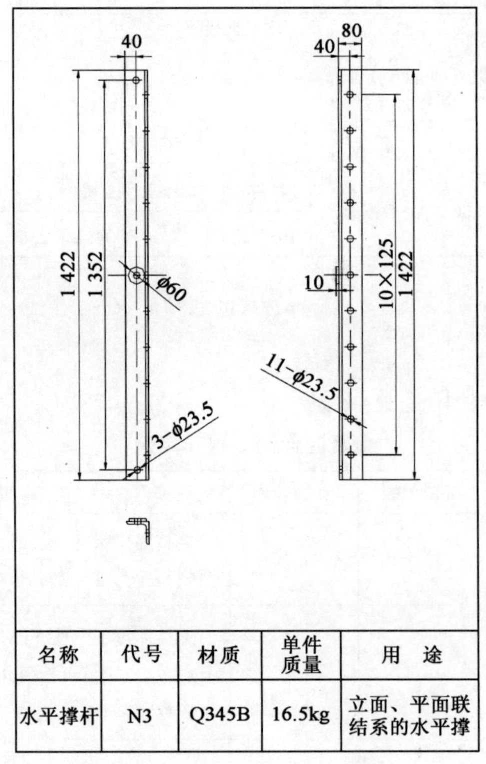

名称	代号	材质	单件质量	用　途
水平撑杆	N3	Q345B	16.5kg	立面、平面联结系的水平撑

图 5-89　水平撑杆(尺寸单位:mm)

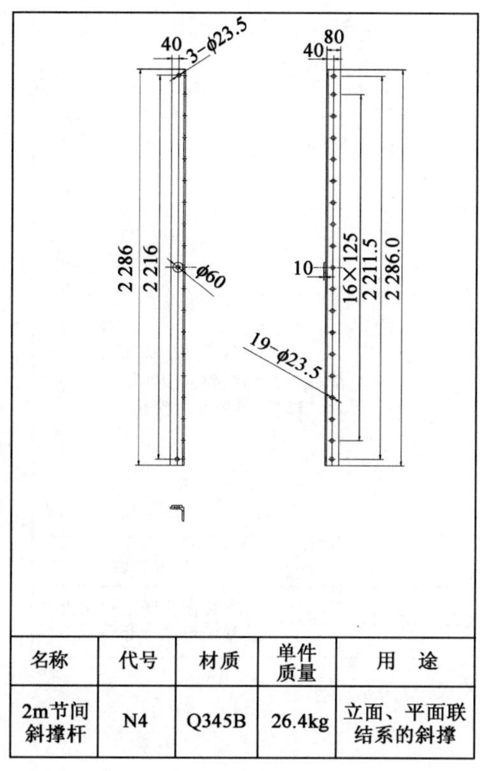

名称	代号	材质	单件质量	用　途
2m节间斜撑杆	N4	Q345B	26.4kg	立面、平面联结系的斜撑

图 5-90　2m 节间斜撑杆(尺寸单位:mm)

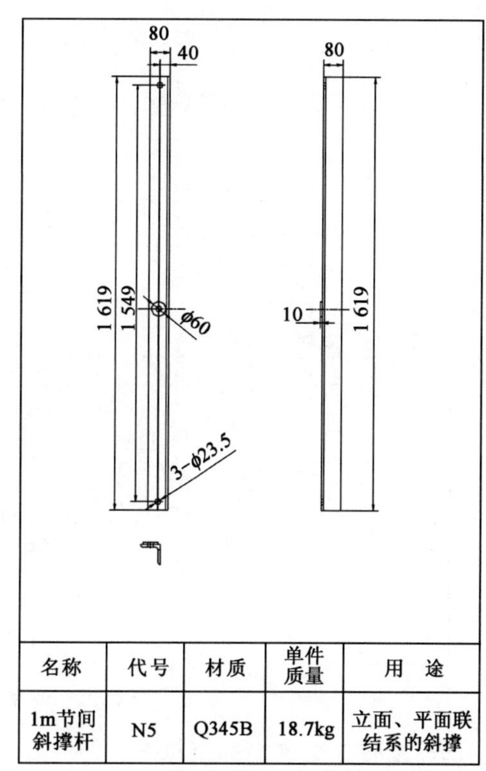

名称	代号	材质	单件质量	用　途
1m节间斜撑杆	N5	Q345B	18.7kg	立面、平面联结系的斜撑

图 5-91　1m 节间斜撑杆(尺寸单位:mm)

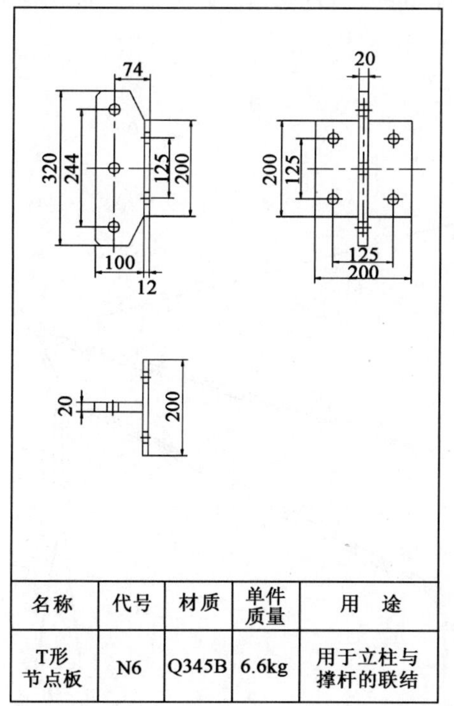

名称	代号	材质	单件质量	用　途
T形节点板	N6	Q345B	6.6kg	用于立柱与撑杆的联结

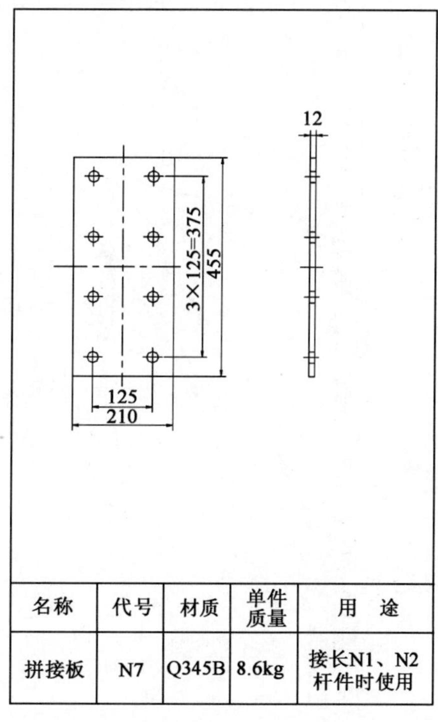

名称	代号	材质	单件质量	用　途
拼接板	N7	Q345B	8.6kg	接长N1、N2杆件时使用

图 5-92　T 形节点板与拼接板(尺寸单位:mm)

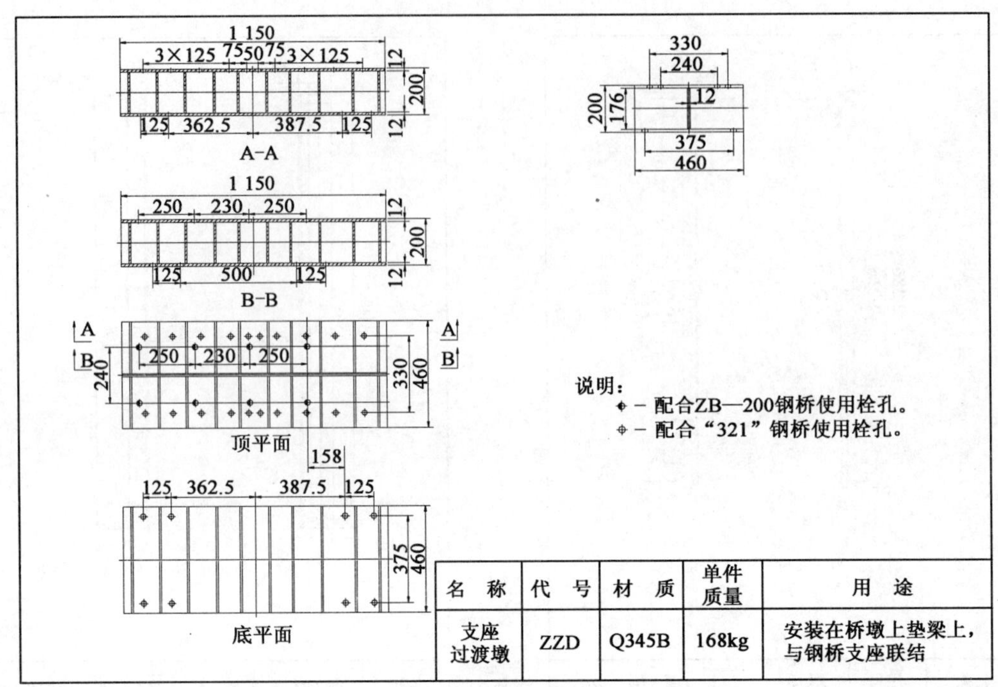

名 称	代 号	材 质	单件质量	用 途
支座过渡墩	ZZD	Q345B	168kg	安装在桥墩上垫梁上，与钢桥支座联结

图 5-93 支座过渡墩(尺寸单位:mm)

(六)配套吊装设备和机具

1. 吊装设备

吊装设备由专用设备和通用设备组成，包括扒杆组件、扒杆叉座、变幅装置、栓吊千斤绳、滑车等部分，组成起吊扒杆，可自行爬升，如图 5-94 所示。

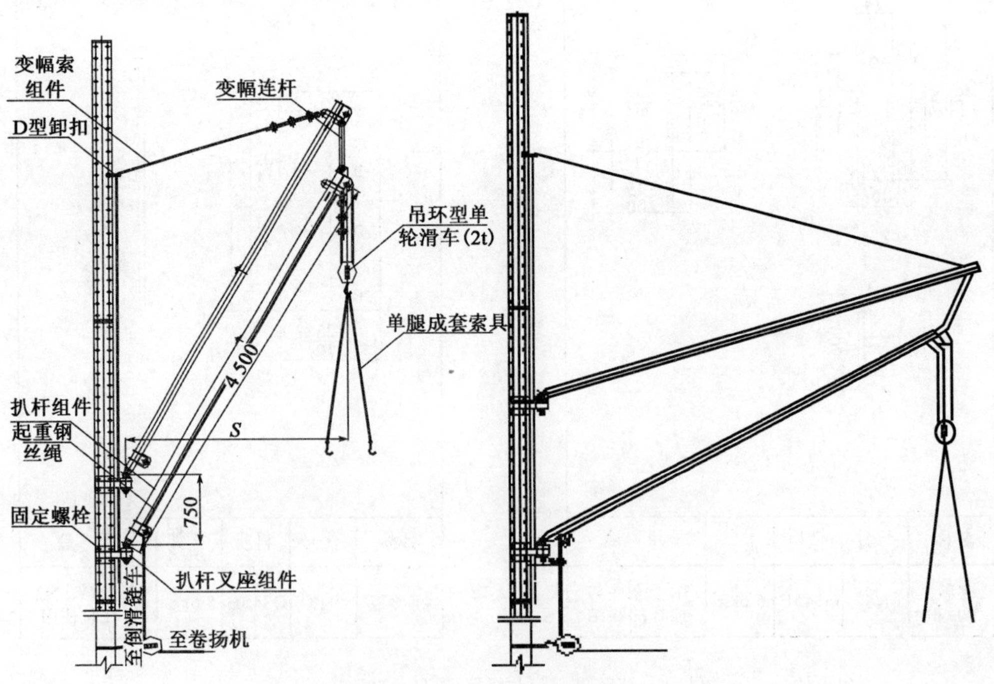

图 5-94 扒杆总装图与扒杆向上爬升图(尺寸单位:mm)

扒杆组件是两端装好滑轮的扒杆，长 4.608m，质量 276kg(图 5-95)。

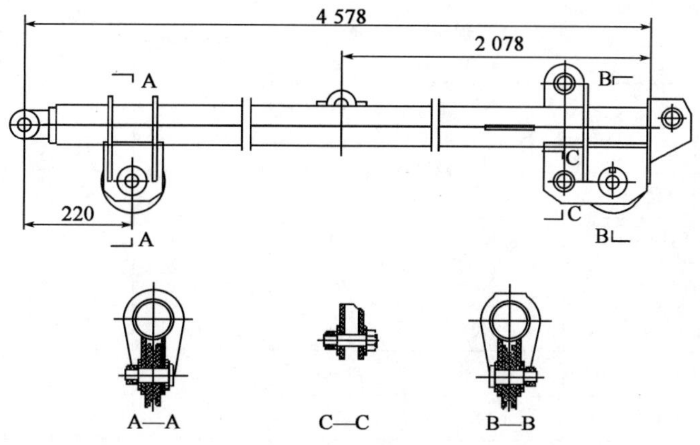

图 5-95　扒杆组件

扒杆最大起吊幅度 S=3 300mm，起吊质量 700kg，回转角度 270°。

扒杆叉座(图 5-96)安装时，其中心位置与变幅索卸扣的距离 D 可采用 1 562.5mm、1 687.5mm、1 812.5mm 三种尺寸。

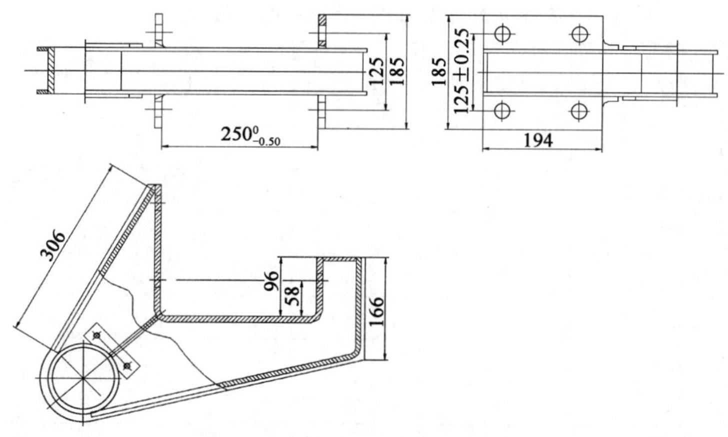

图 5-96　扒杆叉座(尺寸单位：cm)

扒杆可用 0.5t 手摇或电动(JD-3 型)卷扬机起重，用 3t 导链滑车变幅。

2. 专用安装工具

专用安装工具配有滑行板柄和套筒，小撬棍、曲撬棍以及存放紧固件和吊装零件用的小铁箱等。

(七)器材配套

装配式公路钢桥桥墩是按套定制的，每套器材含基本器材和配套吊装设备机具两大类。

基本器材由杆件和紧固件组成，一套基本器材 114.7t(暂按桥墩净高 30m 计)，能够拼组桥墩净高 20m 和 10m 单车道桥墩各一座，以及 3 座 10m 单车道桥墩。桥墩拼组可以利用起重机械配合安装作业，也可采用器材本身配套的扒杆进行。

利用配套的吊装设备、机具并配备一定数量的通用吊装机具，可以组成两组扒杆同时进行拼装作业。施工中的通用安装机具可由施工单位根据实际情况自行制备，如表 5-13～表 5-16 所示。

墩身净高为 **10m** 的桥墩基本器材配套　　表 5-13

类别	名　　称	编号或规格	单位	一套数量	单件质量(kg)	总质量(kg)	备注
杆件	3m 立柱	N1	根	44	236.4	10 402	
	2m 立柱	N2	根	62	160.4	9 945	
	水平撑杆	N3	根	105	16.5	1 733	
	2m 节间斜撑杆	N4	根	128	26.4	3 379	
	1m 节间斜撑杆	N5	根	56	18.7	1 047	
	T 形节点板	N6	块	90	6.6	594	
	拼接板	N7	块	50	8.6	430	
	支座过渡墩	N8	个	4	167.9	672	
紧固件	螺栓	M22×50	个	1682	0.224	377	装箱
	螺栓	M22×65	个	328	0.265	87	装箱
	螺母	M22	个	2 010	0.08	161	装箱
合计			—	—	—	28 825	

墩身净高为 **20m** 的桥墩基本器材配套　　表 5-14

类别	名　　称	编号或规格	单位	一套数量	单件质量(kg)	总质量(kg)	备注
杆件	3m 立柱	N1	根	86	236.4	20 330	
	2m 立柱	N2	根	118	160.4	18 927	
	水平撑杆	N3	根	270	16.5	4 455	
	2m 节间斜撑杆	N4	根	376	26.4	9 926	
	1m 节间斜撑杆	N5	根	140	18.7	2 618	
	T 形节点板	N6	块	220	6.6	1 452	
	拼接板	N7	块	70	8.6	602	
	支座过渡墩	N8	个	4	167.9	672	
紧固件	螺栓	M22×50	个	3 436	0.224	770	装箱
	螺栓	M22×65	个	696	0.265	184	装箱
	螺母	M22	个	4 132	0.08	331	装箱
合计			—	—	—	60 267	

墩身净高为 **30m** 的桥墩基本器材配套　　表 5-15

类别	名　　称	编号或规格	单位	一套数量	单件质量(kg)	总质量(kg)	备注
杆件	3m 立柱	N1	根	170	236.4	40 188	
	2m 立柱	N2	根	190	160.4	30 476	
	水平撑杆	N3	根	573	16.5	9 455	
	2m 节间斜撑杆	N4	根	856	26.4	22 598	
	1m 节间斜撑杆	N5	根	248	18.7	4 638	

续上表

类别	名　　称	编号或规格	单位	一套数量	单件质量(kg)	总质量(kg)	备注
杆件	T形节点板	N6	块	512	6.6	3 379	
	拼接板	N7	块	90	8.6	774	
	支座过渡墩	N8	个	4	167.9	672	
紧固件	螺栓	M22×50	个	6 562	0.224	1 470	装箱
	螺栓	M22×65	个	1 484	0.265	393	装箱
	螺母	M22	个	8 046	0.08	644	装箱
合计			—	—	—	114 686	

专用吊装设备机具配套数量　　表 5-16

名称或规格		单位	一套数量	单件质量(kg)	一套质量(kg)	备　注
扒杆两套	扒杆组件	根	2	68	136	
	扒杆叉座	套	2	29	58	
	变幅索用卸扣	套	1	0.2	0.2	
	螺栓 M22×55	套	12	0.33	3.96	含螺母
	起重钢丝绳	米	85	40	40	含绳卡 3 个
	变幅索组件	套	1	17	17	
	变幅连杆	根	1	2.7	2.7	
	吊环型单轮滑车	个	2	6	12	
	单腿成套索具	根	2	3.2	6.4	
安装工具	小撬棍	根	6	1.6	9.6	
	曲撬棍	根	6	0.8	4.8	
	滑行扳柄 400mm×120mm	个	5	0.93	4.65	
	棘轮柄 225mm	个	5	—	—	
	梅花扳手	个	20	0.314	6.28	

(八)结构形式、基础类型和拼组

1. 结构形式

装配式公路钢桥桥墩结构形式如图 5-85、图 5-86 所示。当公路钢桥为单车道,根据墩身高度 H,桥墩的结构形式有三种:

(1)当 $H\leqslant 10$m 时,墩身结构形式为纵向三排横向四排,横向中间立柱之间在墩顶处有一水平向联结系,采用的截面为等截面形式(图 5-97)。

(2)当 $10\text{m}<H\leqslant 20$m 时,墩身结构形式为纵向五排、横向四排,横向中间立柱之间在墩身中间和墩顶处各有一水平向联结系,横向采用的截面形式为等截面形式,纵向采用的截面为变截面形式(图 5-98)。

(3)当 $20\text{m}<H\leqslant 30$m 时,墩身结构形式为纵向五排、横向六排,横向中间立柱之间在墩身 1/3 处、2/3 处和墩顶处各有一水平向联结系,横向和纵向分别采用变截面形式(图 5-99)。

当墩身高度大于 30m 时,需进行计算确定。

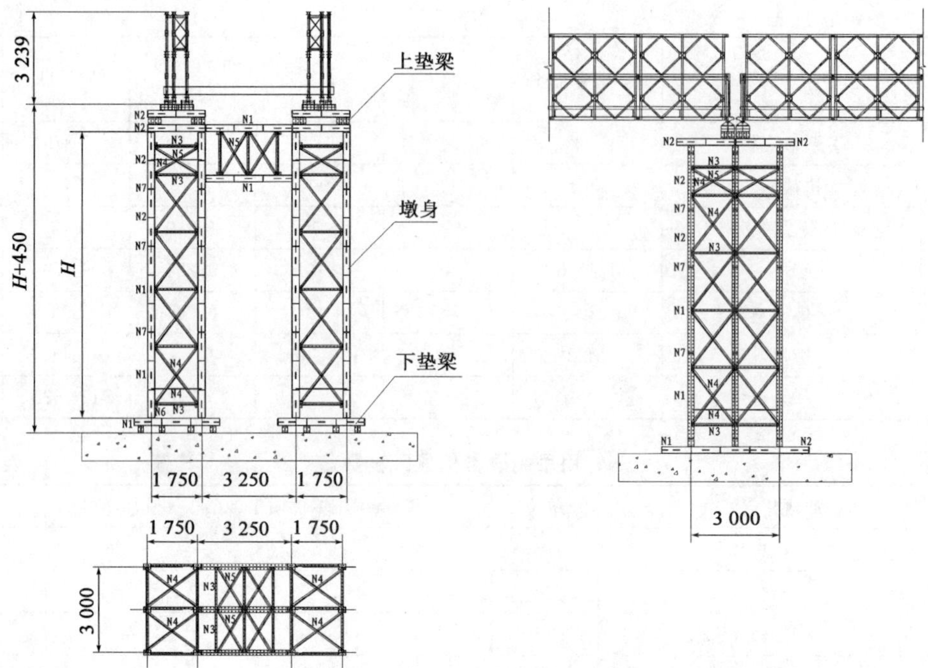

图 5-97　$H \leqslant 10$m 桥墩结构图示(尺寸单位:mm)

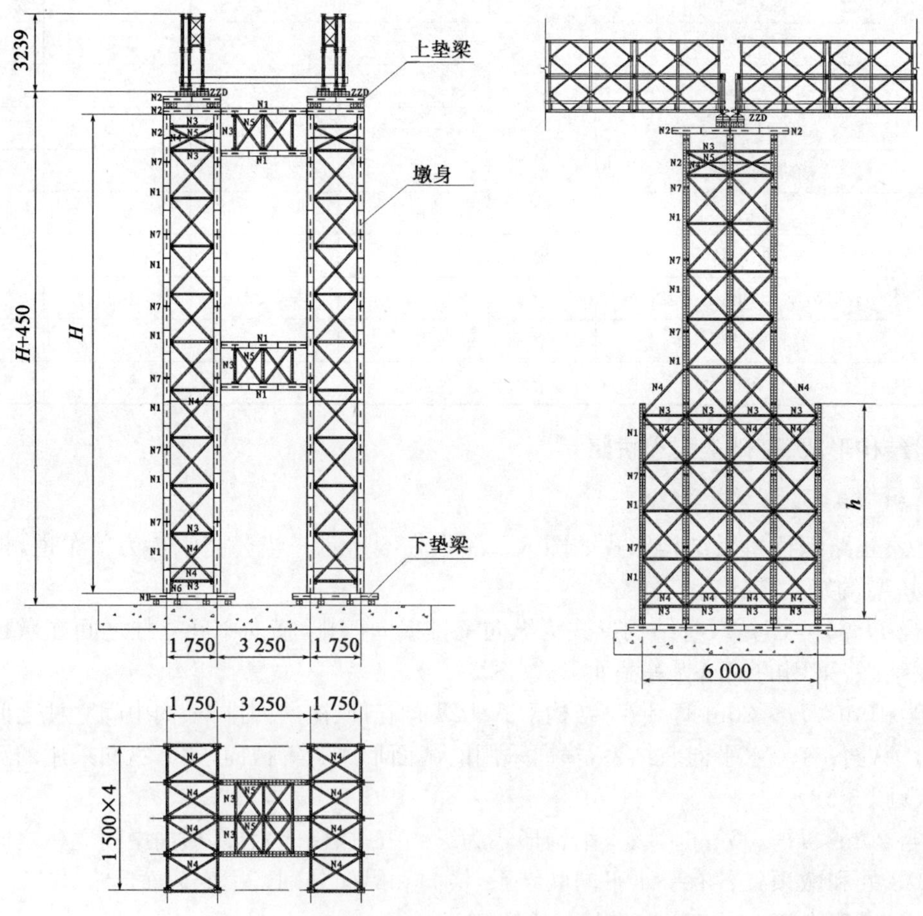

图 5-98　10m$<H \leqslant 20$m 桥墩结构图示(尺寸单位:mm)

2. 拼组

装配式公路钢桥桥墩由下垫梁、墩身及上垫梁三部分组成，既适合于人工拼组，也适合于机械拼组。

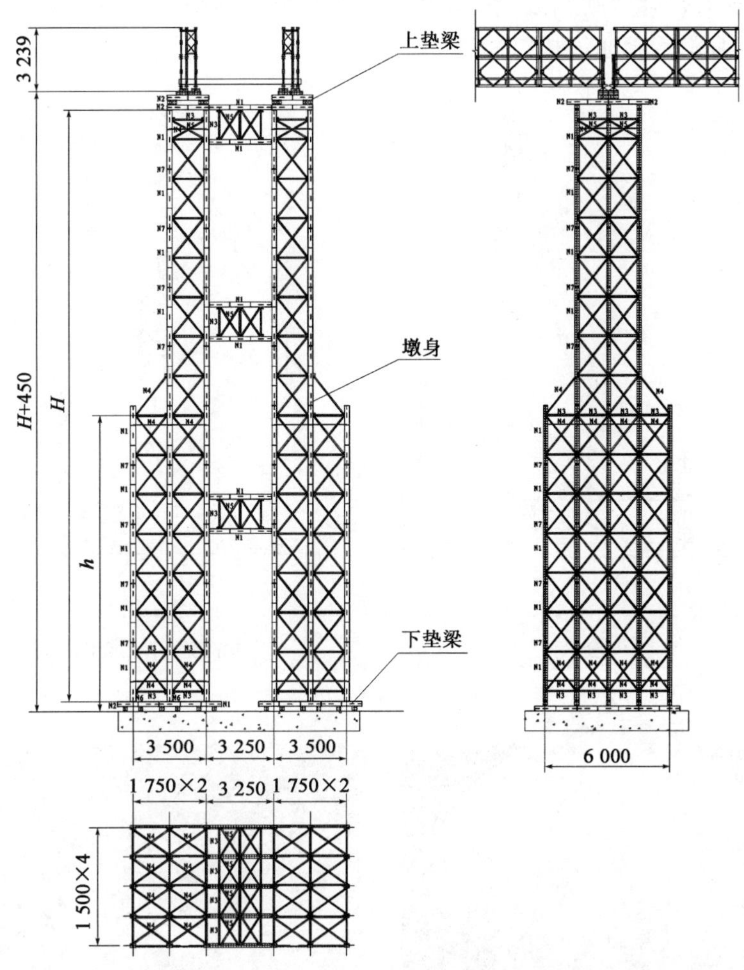

图 5-99　20m＜H≤30m 桥墩结构示意图(尺寸单位:mm)

当作业场地狭窄无法使用起重机械或是水上作业，而没有水上起重设备时，可采用人工拼组。由于本器材的最大单件质量为 236kg，用人工搬运拼是可行的。同时配备起重扒杆作业，以便将单件由地面吊到墩上(图 5-100)。

为提高工作效率，尽可能采用起重机械吊装拼组。用起重机械吊装拼组时，可以根据所用起重机械起吊能力的大小，预拼成拼组单元，以减少高空作业量，而且单元预拼与单元组装可以同时进行，加快拼组速度(图 5-101)。

杆件 N1、N2 长度分别为 3m、2m，其截面为焊接宽翼缘 H 形断面，两种杆件梁柱通用，既可以做立柱，又可以做垫梁。杆件翼缘板上钻有两排纵横孔距均为 125mm 的 ϕ23.5mm 栓孔，杆件两端焊有法兰板，法兰板上有纵横孔距为 125mm 的 4 个 ϕ23.5mm 栓孔，用于立柱接长，在接头处再拼装上拼接板 N7，既可加强立柱刚度，又可接长做上下垫梁用。

(1)下垫梁

下垫梁一般设两层，由 N1、N2 杆件通过杆端法兰和拼接板 N7 接长，纵横垂直叠置，两层梁的叠合面用螺栓联结。下层下垫梁一般每750mm设置一根，边立柱外侧各增设一根。与墩身联结的顶层下垫梁的布置应予墩身立柱位置相适应，每排立柱下安装一片垫梁，与立柱法兰板间用螺栓联结。当遇到特殊情况时，如水流速度大于3m/s时，应当采取措施，确保下层下垫梁与基础间具有足够的联结以承受拉力。如在混凝土预埋U形螺栓，利用U形螺栓与下层下垫梁连接；与卧木基础通过扒钉相连等。

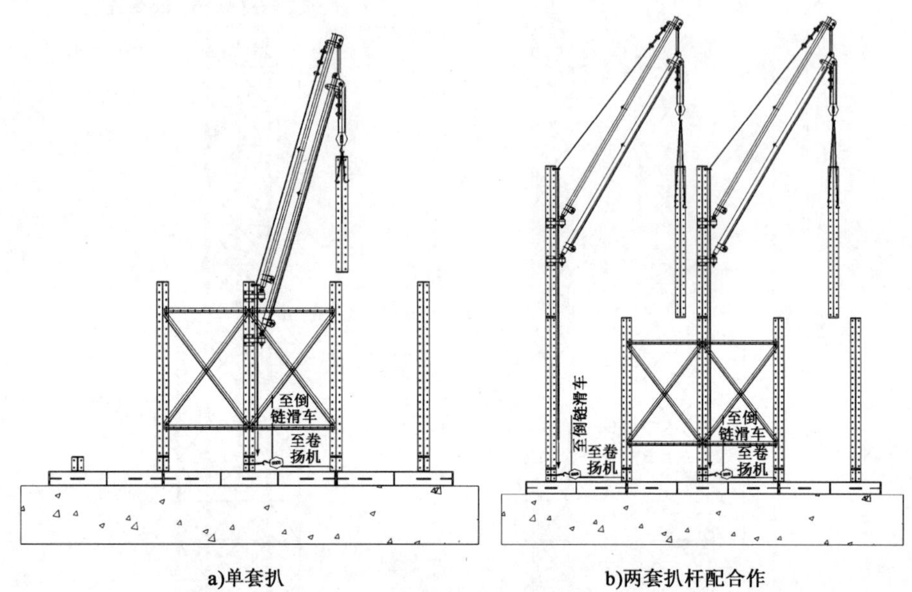

图5-100　人工拼组作业

a)

b)

图5-101　单元吊装

(2)墩身

墩身是由立柱、节点板、撑杆通过联结组成的空间结构。立柱中心距离在顺线路方向1.5m，垂直线路方向1.75m。

立柱有两种。N1为基本杆件，长3m；当拼装墩身高度不是3m的倍数时，可用N2进行调节，墩身可以拼组成从上到下的等截面形式，也可拼组成立柱排数上少下多的变截面形式。

墩身联结系由撑杆N3～N5以及节点板N6与立柱联结。墩身立柱联结系的层数及每层高度根据墩高和器材数量情况确定。水平撑杆N3可以按2m、1m两种层高装设，2m为主要层高，其余用以调节墩身高度。立柱斜撑杆根据水平撑杆所布置的节点间距(2m、

1m),安装相应的 N4、N5 斜撑。纵向、横向斜撑都布置成单根交叉形式,但在变截面处向两侧扩伸的斜撑则用双根,一般用 N4,当斜撑杆件受力较大时,可将斜撑杆件交叉处用螺栓联结。

平面联结系只在墩身顶部、底部以及变截面部位和每隔 9m 高度左右设置一道,利用 N4 斜撑交叉布置,用单根联结在立柱加劲板的 ϕ23.5 栓孔上。

(3)上垫梁

上垫梁的层数根据计算和构造决定,一般为 3 层,纵横叠置,螺栓联结。与柱身联结的底层上垫梁与最上层横联水平杆 N1 之间相连。上两层上垫梁采用单层两根杆件并置组装,上垫梁纵横叠合处采用螺栓联结。当上垫梁杆件改变位置时,应另行检算。

(九)配套吊装设备的使用

配套吊装设备主要由扒杆及其附件组成,用以进行墩身和上垫梁的吊装。

扒杆长 4.6m,当其回转半径为 3.3m 时,起重能力 700kg,回转角度为 270°。安装时,事先应根据桥墩的结构形式及尺寸,布置使用扒杆的位置和数量、吊装的顺序和范围、扒杆的提升以及缆风绳的布置等,尽可能减少扒杆移动次数和高空作业的工作量,使吊装工作得以逐节循序地快速进行。在安装立柱或垫梁时,应把节点板或斜撑杆件按所需数量和安装位置预先进行安装,以便加快拼装速度。

利用扒杆辅助作业时,首先在基础上铺好下垫梁,并在下垫梁安装最底层核心部分立柱,安装部分斜撑,使其成为稳定框架,安装扒杆,一般可以采用安装在两根立柱上的两套扒杆互相提升,从下到上完成全部安装工作(图 5-100)。

为加快拼装速度,在条件允许的情况下,对于墩身不大于 10m 的桥墩结构,也可以将墩身中的一根立柱在地面上拼接到设计高度,顶部安装扒杆,利用卷扬机和有本器材杆件所组成的起重架,使其一次转立到位,然后利用第一副扒杆吊立第二副扒杆,由两副扒杆完成拼装作业。

(十)桥墩拼装注意事项

在桥墩拼装过程中,有可能出现错孔现象,导致水平撑杆、斜撑杆或上垫梁安装困难,出现这种现象的原因主要为安装误差引起,如下垫梁高低不平、位置不正等原因,导致误差积累,发生错孔。为避免出现此种现象,应注意以下事项:

(1)拼装前,基础顶面平整,高低误差不超过 5mm,放置垫梁时,应利用铁片、干性砂浆或细沙垫平。

(2)下垫梁上下层为互相垂直关系,矩形对角线长度差不应大于 5mm。

(3)应采取措施确保立柱底部下垫梁顶面高程相近;否则,桥墩立柱可能倾斜。

(4)拼装过程中应随时检查立柱垂直度,立柱间的方正性与水平差。

(5)横桥向垫梁之间尺寸应准确无误,否则两组立柱间横联安装困难。

(6)拼装过程中,如果遇到杆件孔位错孔,可以利用曲撬棍配合作业,必要时,可以利用导链配合。

(7)桥墩在拼装过程中,所有螺栓带上螺帽后,只需用手带满丝扣,不必拧紧螺栓,以保证杆件安装过程中杆件一定的活动余量,待桥墩上垫梁全部拼装完毕后,再统一拧紧螺栓。

(十一)5～30m 墩高器材数量表及其桥墩结构图

5～30m 墩高器材数量见表 5-17,桥墩结构如图 5-102～图 5-104 所示。

5～30m 墩高器材数量 表 5-17

序号	墩身高度 H (m)	下部加宽高度 h (m)	3m 立柱 (N1)	2m 立柱 (N2)	水平撑杆 (N3)	2m 节间斜撑(N4)	1m 节间斜撑(N5)	T 形节点板(N6)	拼接板 (N7)	支座过渡墩(ZZD)	M22×50 螺栓	M22×65 螺栓	总质量 (t)
1	5	—	32	50	63	72	28	54	30	4	1 230	256	20.8
2	6	—	44	38	77	72	56	66	32	4	1 378	256	22.6
3	7	—	32	62	77	100	28	66	40	4	1 442	304	23.9
4	8	—	44	50	91	100	56	78	42	4	1 498	304	25.7
5	9	—	32	74	91	128	28	78	48	4	1 576	312	27.0
6	10	—	44	62	105	128	56	90	50	4	1 682	328	28.8
7	11	5	68	66	141	228	28	114	52	4	1 704	340	38.0
8	12	6	64	82	167	228	80	134	54	4	2 232	398	41.4
9	13	6	76	70	181	228	100	146	56	4	2 438	421	43.1
10	14	7	62	110	202	280	84	164	58	4	2 651	460	47.8
11	15	7	62	116	202	308	56	164	60	4	2 803	487	49.1
12	16	7	86	86	216	308	84	176	62	4	2 978	498	50.8
13	17	8	82	102	242	308	136	196	64	4	3 098	520	54.1
14	18	8	76	117	242	336	108	196	66	4	3 256	547	55.3
15	19	8	82	114	256	336	136	208	68	4	3 304	602	57.2
16	20	9	86	118	270	376	140	220	70	4	3 436	696	60.3
17	21	9	98	106	284	360	168	232	72	4	3 612	734	61.7
18	22	9	86	130	284	388	140	232	74	4	3 846	809	63.0
19	23	12	136	148	473	632	224	424	76	4	5 135	856	90.6
20	24	12	124	172	473	660	196	424	78	4	5 377	911	91.9
21	25	13	154	142	473	748	108	424	80	4	5 495	963	94.9
22	26	13	142	166	487	748	136	436	82	4	5 634	1022	96.8
23	27	14	172	136	531	748	224	476	84	4	5 846	1 188	101.9
24	28	14	184	124	531	776	196	476	86	4	6 077	1 223	103.1
25	29	15	154	184	559	808	220	500	88	4	6 378	1 376	107.7
26	30	15	170	190	573	856	248	512	90	4	6 562	1 484	114.7

注：由于 3m 立柱(N1)和 2m 立柱(N2)及 2m 节间斜撑(N4)和 1m 节间斜撑(N5)可根据高度对等原则互换使用，故表中杆件数量仅供参考，具体应用时可以根据器材具体情况进行调节。

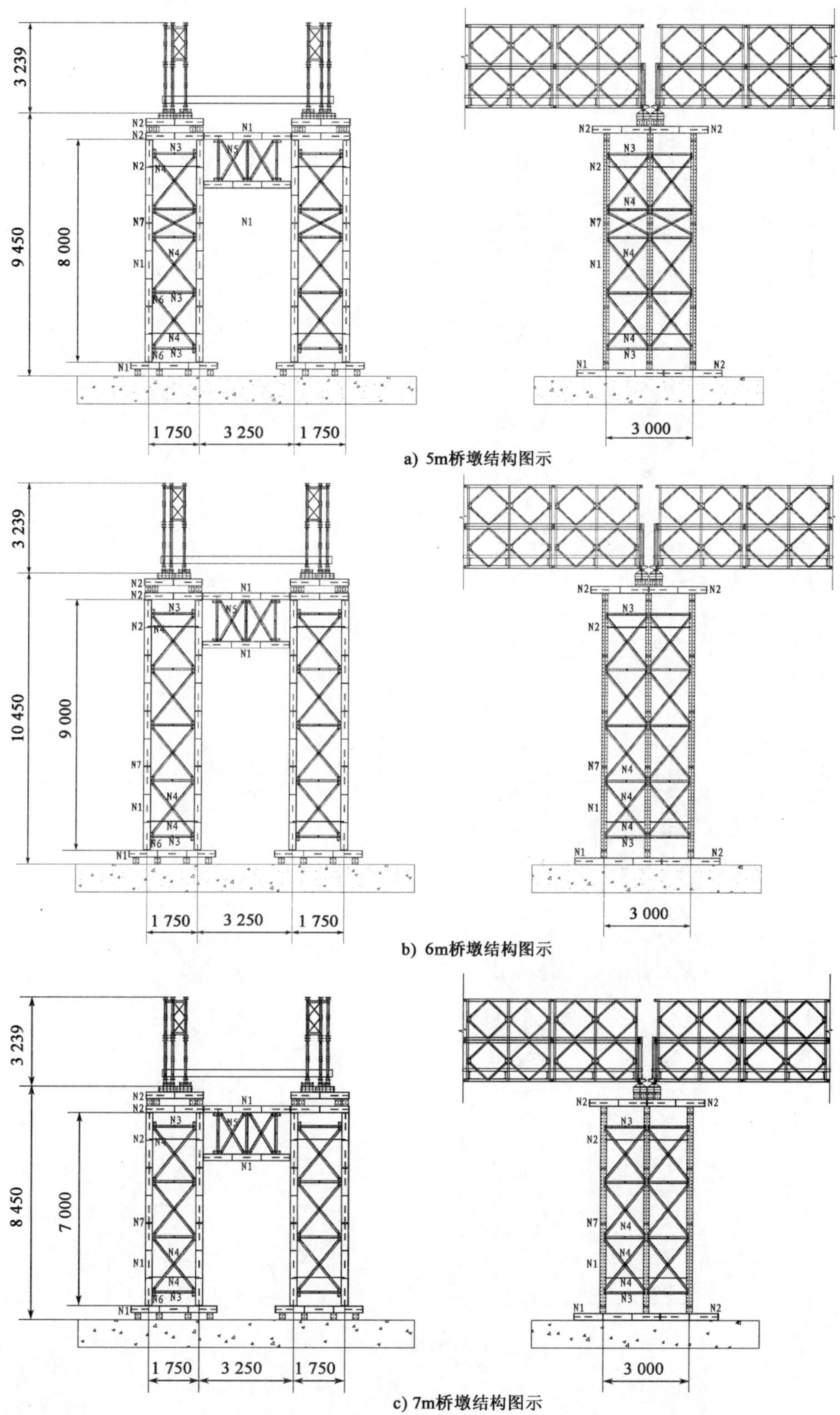

a) 5m桥墩结构图示

b) 6m桥墩结构图示

c) 7m桥墩结构图示

图 5-102　5～7m 桥墩结构图(尺寸单位:mm)

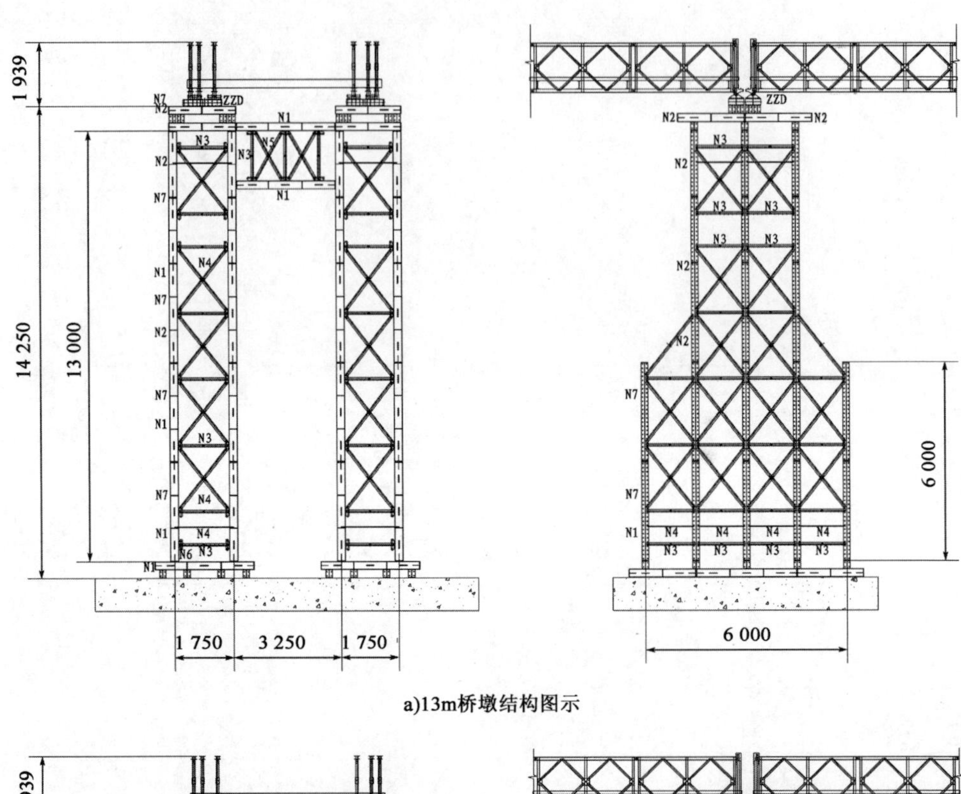

a)13m桥墩结构图示

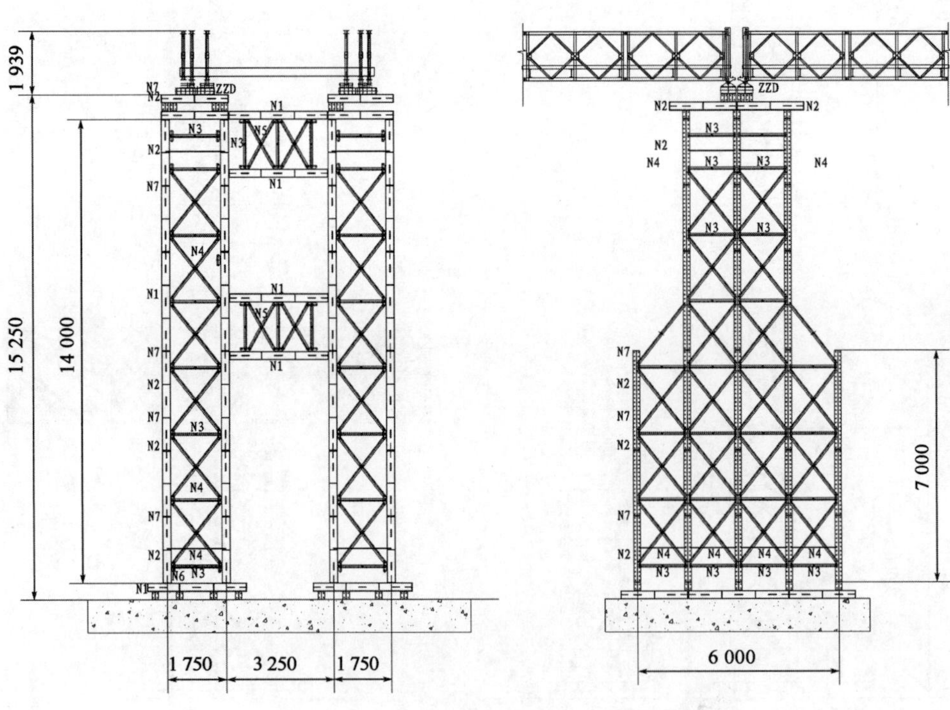

b)14m桥墩结构图示

图 5-103　13～14m 桥墩结构图(尺寸单位:mm)

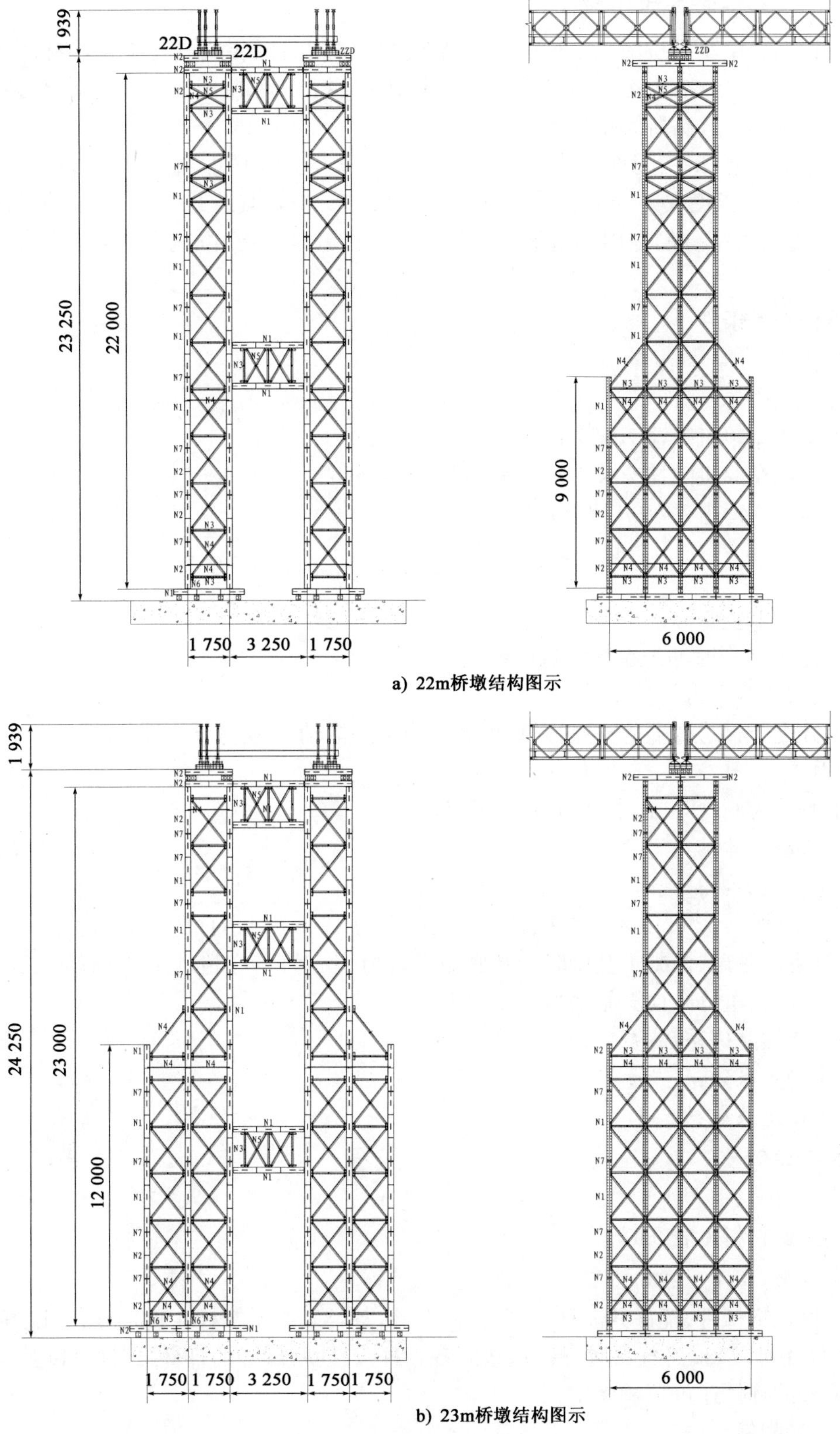

a) 22m桥墩结构图示

b) 23m桥墩结构图示

图 5-104　22～23m 桥墩结构图(尺寸单位:mm)

二、八三式铁路轻型军用墩

八三式铁路轻型军用桥墩是一种按平战结合原则研制的拆装式成套制式器材，既可用于中小跨径、中低高度桥梁，也可在新建铁路工程中用作便桥桥墩、临时支墩和膺架等，还可组成简易起重设备和用于公路桥梁抢修等。

全套基本器材有杆件、配件 9 种，紧固件 2 种。垫梁与立柱杆件通用，杆件最大单元质量约 250kg，杆件最大长度仅 3.5m，全部可用普通载货汽车装运，其装载系数较大。器材运到现场开始，使用随器材配备的专用小型吊装设备，人力拼装，可以在 6h 内完成一座 10m 高桥墩的安装任务。

(一)设计技术条件

1. 设计荷载

(1)竖向活载

①前进型机车单机随挂 70kN/m 匀载，限速 40km/h。

②前进型机车双机随挂 70kN/m 匀载，限速 10km/h。

③限速运行的冲击系数 m 按下式计算：

$$m=1+\mu\times\frac{28}{40+L}$$

式中：L——桥跨长度(m)；

μ——限速运行时冲击系数的折减系数。

(2)制动力或牵引力

按平均分配于梁跨两端的支座计算(拆装式桁梁的活动支座应予以固定)。

(3)风力

按桥上有车为 600N/m^2，桥上无车为 800N/m^2 计算。

2. 基础底面检算参数

(1)地基承载力：$[\sigma]=150\text{kN/m}^2$。

(2)单桩承载力：ϕ26mm 木桩单桩设计竖向压力为 160kN，竖向拉力为 20kN。

(3)计算卧木基础、混凝土基础时的基底截面合力偏心值不应超过 1.2ρ(ρ 为基底截面核心半径)，并按应力重分布检算基底最大压应力。

(4)地基土壤摩擦系数：$f=0.25$。

(5)倾覆稳定系数：$k_1\geqslant1.3$。

(6)滑走稳定系数：$k_2>1.3$。

(二)基本器材

1. 基本器材

采用的主要材料见表 5-18。

2. 基本器材

基本器材包括杆件、配件共 9 种(主要杆件 3 种，各类联结系撑杆 4 种，节点板和拼接板各 1 种)，紧固件 4 种(M22 螺栓 2 种，螺母、垫圈各 1 种)。同一编号的杆件、配件可以互换使用，部分不同编号的杆件还可顶替使用。

(1)杆件和配件

编号为①～⑨，其规格、尺寸如图 5-105～图 5-110 所示。除注明者外，尺寸单位均为毫米，螺栓孔直径均为 23.5mm。

基本器材采用的主要材料　　表 5-18

材料类别	使用部位	品　种	材　质
钢材	①～③，⑧，⑨	□12	16Mn
	⑧	□20	16Mn
	①～③	□24	16Mn
	④～⑦	∟80×80×10	16Mn
焊接材料	自动焊丝	$\phi4$	H08A 或 H08
	焊剂	—	焊 431
	手工焊条	$\phi4$～$\phi5$	T507
紧固件	六角头螺栓（粗制）	$\phi22$	10.9 级
	六角螺母（粗制）	B32	8 级
	垫圈	—	A3

名称	基本杆件
编号	①
材质	16Mn
每件质量	253kg
用途	用作立柱或上、下垫梁

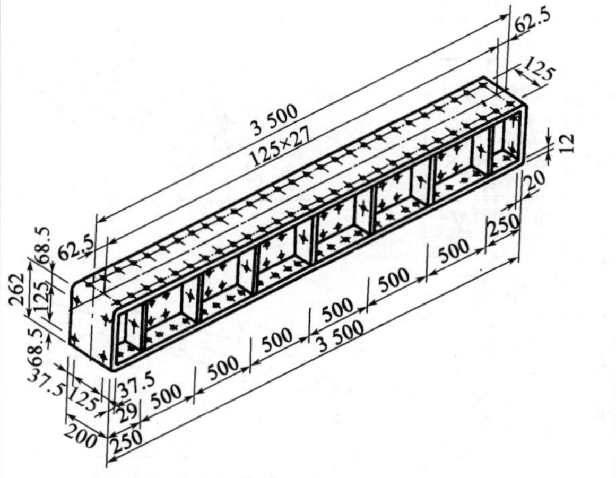

图 5-105　①基本杆件（尺寸单位：mm）

名称	辅助杆件
编号	②
材质	16Mn
每件质量	150kg
用途	用作立柱或上、下垫梁

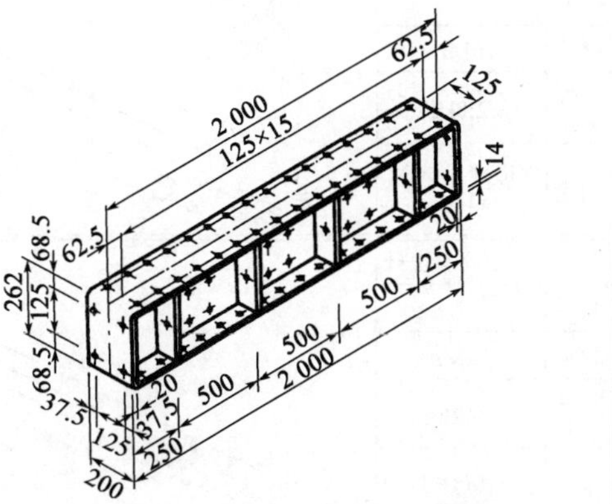

图 5-106　②辅助杆件（尺寸单位：mm）

名称	辅助杆件 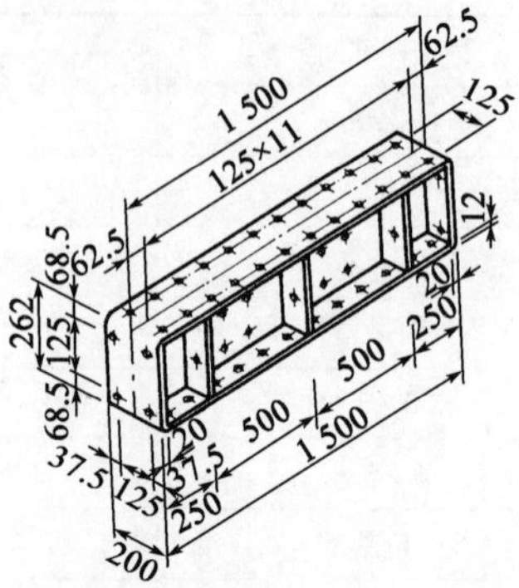
编号	③
材质	16Mn
每件质量	116kg
用途	用作立柱或上、下垫梁

图 5-107 ③辅助杆件(尺寸单位:mm)

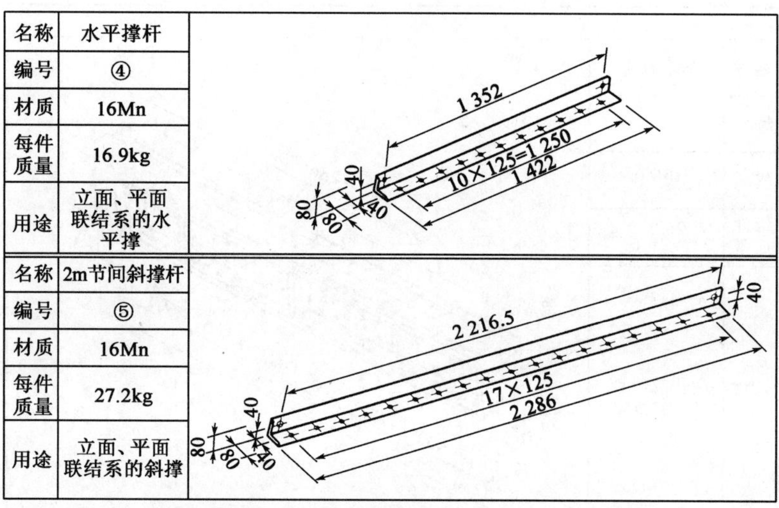

名称	水平撑杆
编号	④
材质	16Mn
每件质量	16.9kg
用途	立面、平面联结系的水平撑

名称	2m节间斜撑杆
编号	⑤
材质	16Mn
每件质量	27.2kg
用途	立面、平面联结系的斜撑

图 5-108 ④、⑤水平撑杆(尺寸单位:mm)

名称	1.5m节间斜撑杆 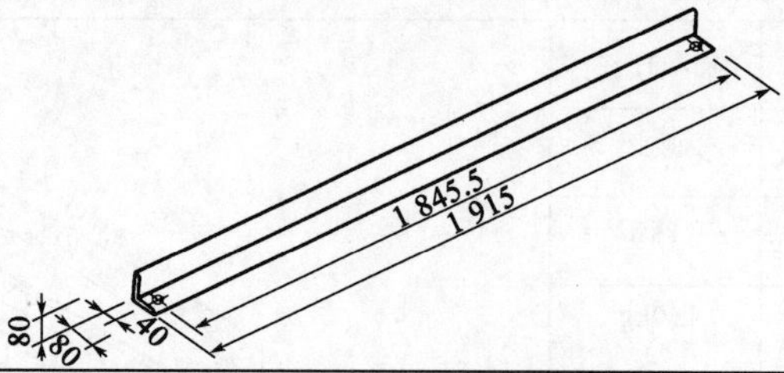
编号	⑥
材质	16Mn
每件质量	22.8kg
用途	立面联结系的斜撑

名称	1m节间斜撑杆 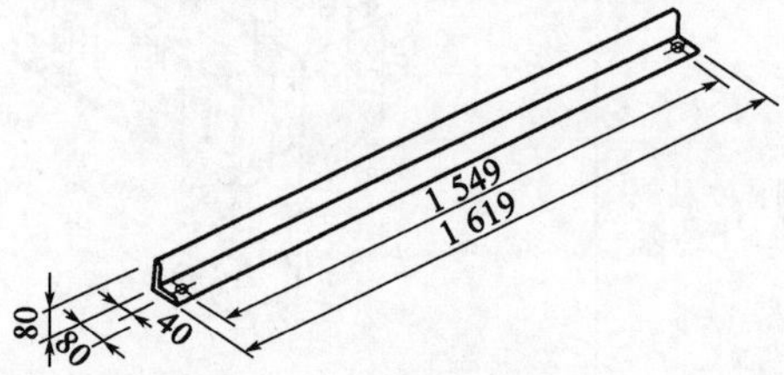
编号	⑦
材质	16Mn
每件质量	19.2kg
用途	立面联结系的斜撑

图 5-109 ⑥、⑦节间斜撑杆(尺寸单位:mm)

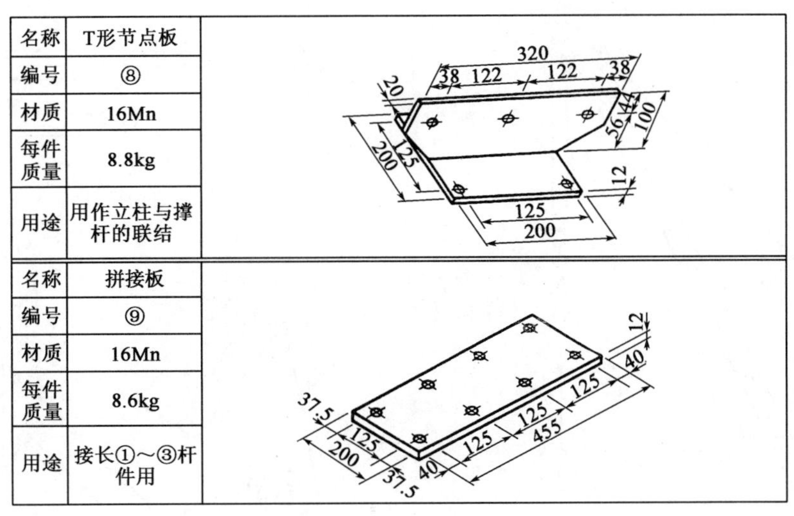

图 5-110　⑧T 形节点板及⑨拼接板(尺寸单位:mm)

(2)紧固件

紧固件共四种,其规格和用途见表 5-19。

紧固件的规格和用途　　表 5-19

名　称	规　格	机 械 等 级	质量(kg)	使 用 说 明
六角头螺栓(粗制)	M22×65	10.9	0.264 9	夹持厚度>30mm。用于立柱与立柱、立柱与垫梁、两根斜撑与立柱加劲板、两块节点板与立柱腹板等的联结
六角头螺栓(粗制)	M22×50	10.9	0.224 4	夹持厚度 22～30mm。用于一根撑杆与立柱加劲板或节点板、一块儿节点板与立柱腹板、垫梁与垫梁、垫梁与一块拼接板等的联结
六角螺母	M22	8	0.075 9	配合 M22 螺栓使用,每个螺栓配一个螺母
普通垫圈	M22	A3	0.017 5	视需要使用

(三)配套吊装设备和机具

1. 吊装设备

吊装设备由专用设备和通用设备组成。包括扒杆组件、扒杆叉座、变幅装置、栓吊千斤绳、滑车等部分,组成起吊扒杆(图 5-111)。

扒杆组件是两端装好滑轮的扒杆,长 4.608m,质量 60.73kg(图 5-112)。

扒杆最大起吊幅度 S=3 300mm,起吊质量 700kg,回转角度 270°。

扒杆叉座(图 5-113)安装时,其中心位置与变幅索卸扣的距离 D 可采用 1 562.5mm、1 687.5mm、1 812.5mm 三种尺寸。

扒杆可用 0.5t 手摇或电动(JD-3 型)卷扬机起重,用 3t 倒链滑车变幅。

2. 专用安装工具

专用安装工具配有滑行板柄和套筒(图 5-114)、调距棒(图 5-115)、棘轮柄、小撬棍、曲撬棍以及存放紧固件和吊装零件用的小铁箱等。

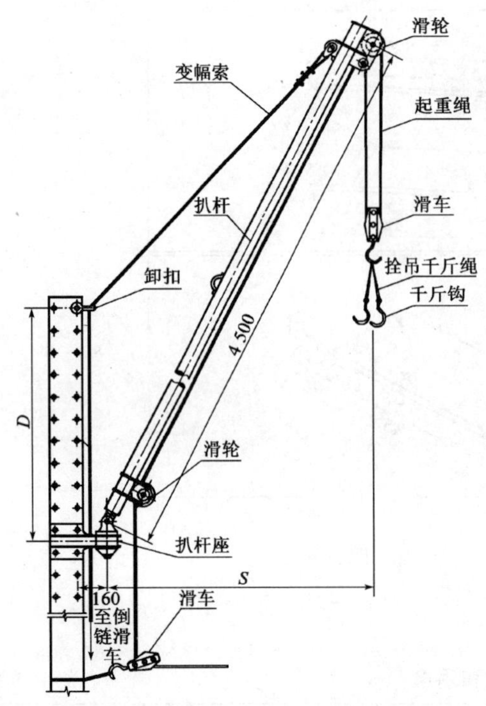

图 5-111　扒杆总图(尺寸单位:mm)

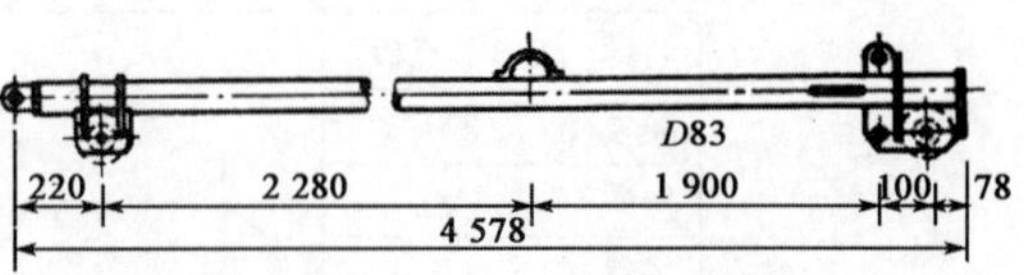

图 5-112　扒杆组件(尺寸单位:mm)

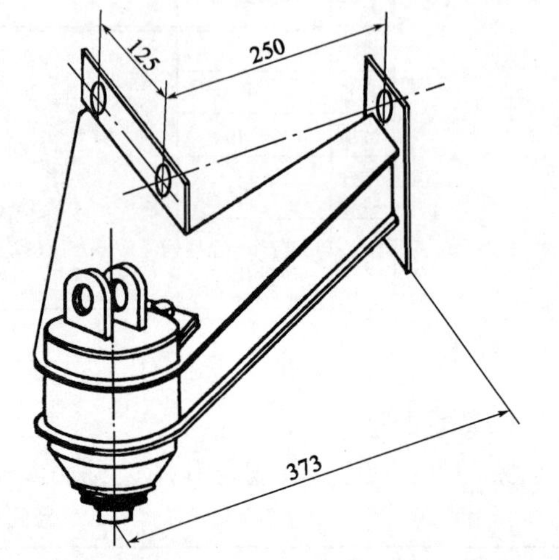

图 5-113　扒杆叉座(尺寸单位:mm)

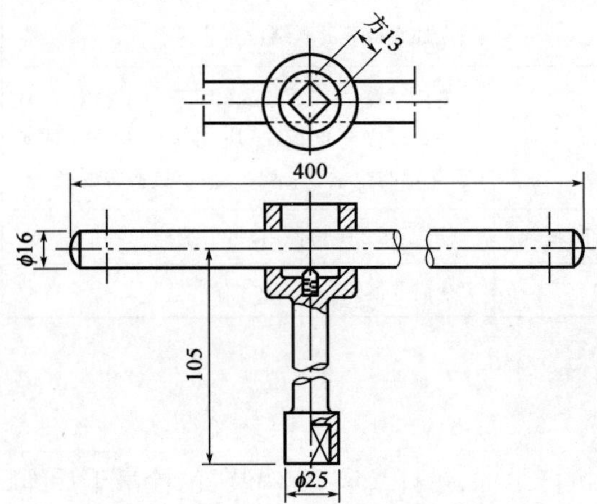

图 5-114　滑行板柄和套筒(尺寸单位:mm)

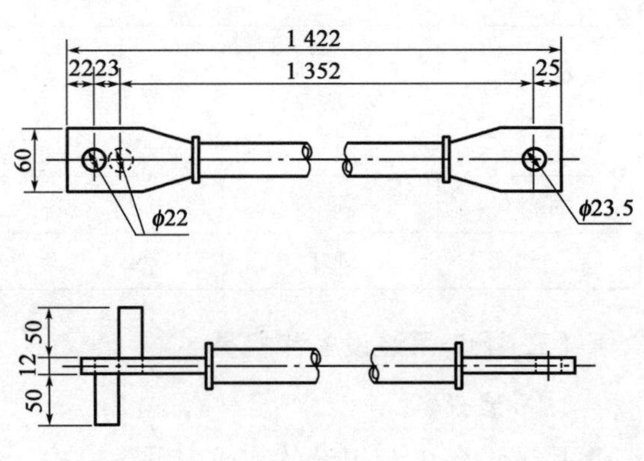

图 5-115　调距棒(尺寸单位:mm)

(四)器材配套

八三式铁路轻型军用桥墩是按套定制的。每套器材包含基本器材和配套吊装设备机具两大类。

基本器材由杆件和紧固件组成,一套基本器材总质量 46.2t(表 5-20),能拼组纵向三排立柱、横向四排立柱(3×4)断面形式,上、下垫梁各两层,全高 11.31m 桥墩和 3×3 断面形式,上、下垫梁各两层,全高 7.31m 的桥墩各一座;也可拼组 3×3 断面形式,上、下垫梁各两层,全高 10.81m 的桥墩两座;或 2×4 断面形式,上、下垫梁各两层,全高 6.81m 的桥墩三座。全套器材可用一节 50t 铁路货车装运。两套器材的①～③杆件可拼组 4×4 断面形式，全高15.31m的桥墩一座，但④、⑤撑杆和⑧节点板不足，需作特殊处理。

基本器材配套数量 表 5-20

类别	名　　称	编号或规格	单位	一套数量	每件质量(kg)	一套质量(kg)	备注
杆件	基本杆件	①	根	70	253	17 710	
	辅助杆件	②	根	50	150	7 500	
	辅助杆件	③	根	50	116	5 800	
	水平撑杆	④	根	150	16.9	2 535	
	2m 节间斜撑杆	⑤	根	200	27.2	5 440	
	1.5m 节间斜撑杆	⑥	根	60	22.8	1 368	
	1m 节间斜撑杆	⑦	根	60	19.2	1 152	
	T 形节点板	⑧	块	320	8.8	2 816	
	拼接板	⑨	块	70	8.6	602	
紧固件	螺栓	M22×65	个	1350	0.264 9	358	装箱
	螺栓	M22×50	个	2 700	0.224 4	606	装箱
	螺母	M22	个	4 050	0.075 9	307	装箱
	垫圈	M22	个	2 700	0.017 5	47	装箱
合计						46.2t	

利用配套的吊装设备、机具并配备一定数量的通用吊装机具，可以组成两组起吊扒杆同时进行安装作业。

基本器材中的紧固件和配套内的小件吊装配件均分装在配备的小铁箱内。每套共装 26 箱，每箱毛质量 35～67kg。

基本器材和吊装设备机具的配套数量，紧固件和部分吊装设备机具的装箱数量分别见表 5-21、表 5-22。施工中的通用吊装机具可由施工单位根据实际需要自行制备，表 5-23 列出的品种、规格和数量供编制计划时参考。

专用吊装设备机具配套数量 表 5-21

名称和规格		单　位	一套数量	每件质量(kg)	一套质量(kg)	备　注
扒杆两套	扒杆组件（滑轮、销轴、紧固件等安装上）	根	2	60.73	122	
	扒杆叉座	套	2	20.32	41	
	变幅索用卸扣 GD2.1	套	2	1.1	2	装箱
	卸扣（含螺栓 M22×85，螺母 M22）	套	2	1.25	3	上好紧固件后装箱

续上表

名称和规格		单　位	一套数量	每件质量(kg)	一套质量(kg)	备　注
扒杆两套	拴吊千斤绳(含千金钩子)	个	4	3.2	13	上好千斤钩后装箱
	滑车 H1×1×KBG(JB 1204-71)	个	4	8	32	
安装工具	滑行板柄 400mm×120mm	个	5	0.93	5	装箱
	棘轮柄 225mm	个	5			装箱
	32mm 套筒头	个	10	0.314	3	装箱
	调距棒 $L=1422$mm	根	4	3.5	14	
	小撬棍 $L=600$mm	根	5	1.6	8	
	曲撬棍 $L=500$mm	根	5	0.8	4	
	小铁箱(455mm×200mm×215mm,厚2mm)	个	26	≈7	182	

装 箱 数 量　　表 5-22

类　别	箱　号	箱内零件名称	每箱装零件数	零件质量(kg)		每套产品零件总数	箱数
				每件质量	每箱净质量		
紧固件	01-06	螺栓 M22×65	225	0.264 9	60	1 350	6
	07-18	螺栓 M22×50	225	0.224 4	51	2 700	12
	19-24	螺母 M22	675	0.075 9	52	4 050	6
	25	垫圈 22	2 700	0.017 5	48	2 700	1
吊装零件	26	卸扣、千斤绳、滑行板柄、棘轮柄、套筒头			28		1

一套器材所需通用吊装设备机具数量参考　　表 5-23

名　　称	规　　格	单　位	数　量
卷扬机	0.5t 电动	台	2
倒链滑车	SBL3	台	2
钢丝绳	6×37+1−11−170	m	170
钢丝绳	6×37+1−15−170	m	40
梅花扳手	M22 六角螺母用	把	5
活口扳手	M22 六角螺母用,长 300mm	把	5
绳夹	Y5—15	个	6
绳夹	Y3—10	个	6
两轮滑车	起重量 1t	个	4

(五)结构形式和拼组

1. 结构形式

八三式铁路轻型军用桥墩的结构形式如图5-105所示。当梁部结构跨径在12～32m范围内,常用高度的墩身结构有7种,如图5-116～图5-122所示。其最大适应高度见表5-24～表5-26。

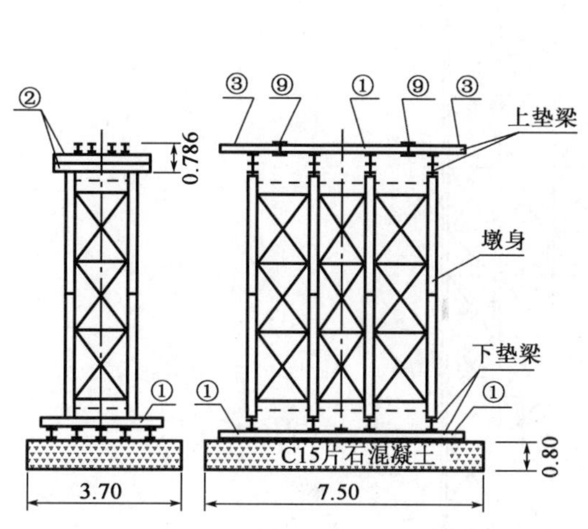

图5-116　2×4等截面墩身结构示意图(尺寸单位:m)

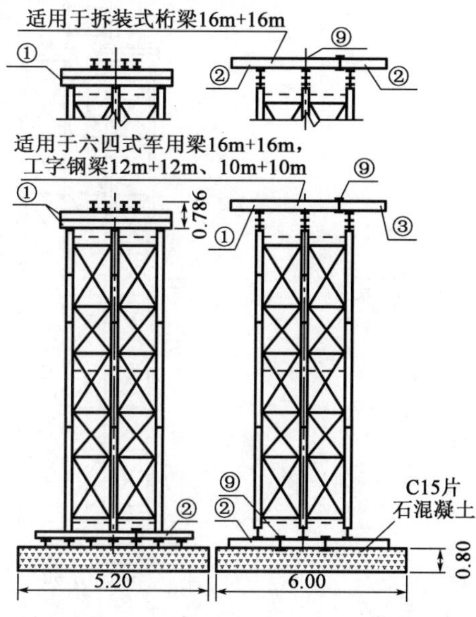

图5-117　3×3等截面墩身结构示意图(尺寸单位:m)

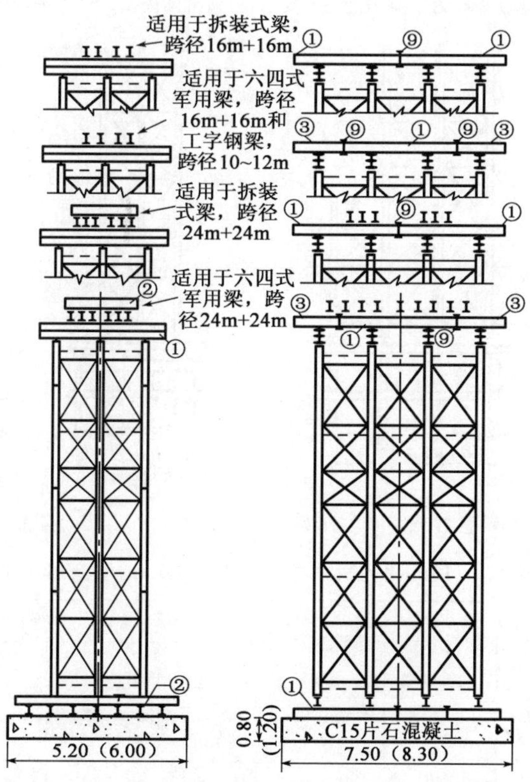

图5-118　3×4等截面墩身结构示意图(尺寸单位:m)

注:如地基承载力不能满足设计要求,可按括弧内基础尺寸进行检算。

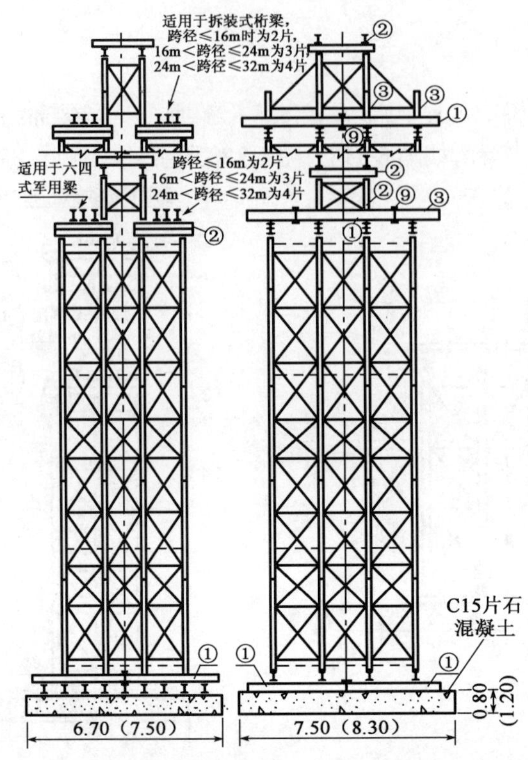

图 5-119　4×4 等截面墩身示意图(尺寸单位:m)

注:如地基承载力不能满足设计要求,可按括弧内基础尺寸进行检算。

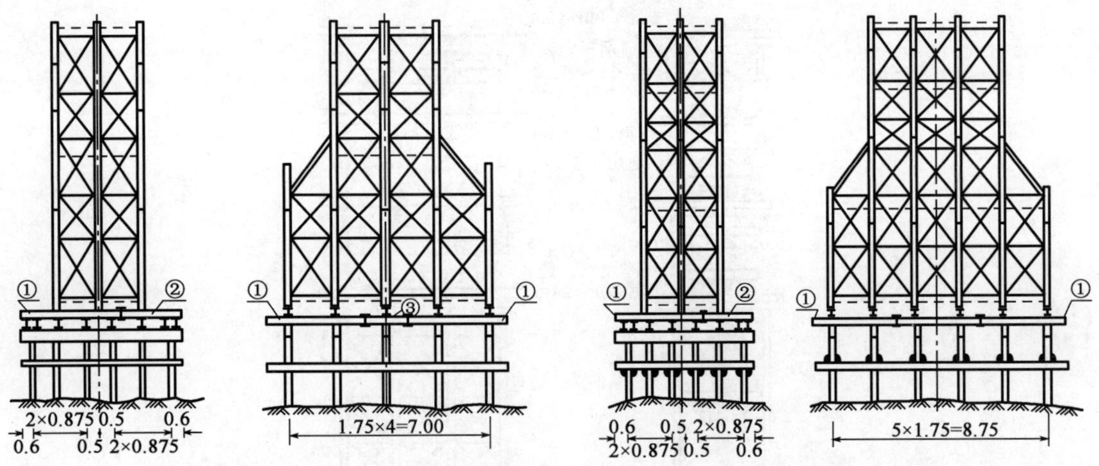

图 5-120　3×5 变截面墩身结构示意图(尺寸单位:m)　　　图 5-121　3×6 变截面墩身结构示意图(尺寸单位:m)

24m、16m、12m、10m 跨径直线桥(含 $R \geqslant 1\,000$m)**墩身最大适应高度**　　　表 5-24

墩顶形式	墩身形式	基础类型	设计水深(m)	流速(m/s)	跨径配合(m)				
					24+24	16+16	12+12 10+10	24+16 24+10	16+12 16+10
4×4	4×4	混凝土	3	3	14.0	15.5		13.0	
4×4	4×4	混凝土	5	3	14.0	15.5		13.0	
4×4	4×4	混凝土	7.5	3	11.5	14.0		11.0	

续上表

墩顶形式	墩身形式	基础类型	设计水深（m）	流速（m/s）	跨径配合(m)				
					24＋24	16＋16	12＋12 10＋10	24＋16 24＋10	16＋12 16＋10
4×4	4×4	卧木	0	0	12.5	14.0		11.0	
4×4	4×6	木桩	3	3	11.5	13.0		10.0	
4×4	4×6	木桩	5	3	11.0	13.0		10.0	
4×4	4×6	木桩	7.5	3	11.0	11.5		10.0	
3×4	3×4	混凝土	3	3	9.0	10.5	11.5	9.5	9.5
3×4	3×4	混凝土	5	3	10.0	10.5	11.5	9.5	9.5
3×4	3×4	混凝土	7.5	3	10.0	10.5	11.5	9.5	9.5
3×4	3×4	卧木	0	0	9.0	9.5	10.0	8.5	8.5
3×4	3×6	木桩	3	3	8.0	8.0		7.0	7.0
3×4	3×6	木桩	5	3	8.0	8.0		7.0	7.0
3×4	3×6	木桩	7.5	3	8.0	8.0		7.0	7.0
3×4	3×4	木桩	3	3			8.0		
3×3	3×3	混凝土	3	3		8.0	10.0		8.0
3×3	3×3	混凝土	5	3		8.0	10.0		8.0
3×3	3×3	卧木	0	0		8.0	10.0		8.0
3×3	3×5	木桩	3	3		7.5			6.5
3×3	3×5	木桩	5	3		7.5			6.5
3×3	3×3	木桩	3	3			7.0		6.5
2×4	2×4	混凝土	3	3			6.5		5.0
2×4	2×4	混凝土	5	3			6.0		
2×4	2×4	卧木	0	0			5.0		

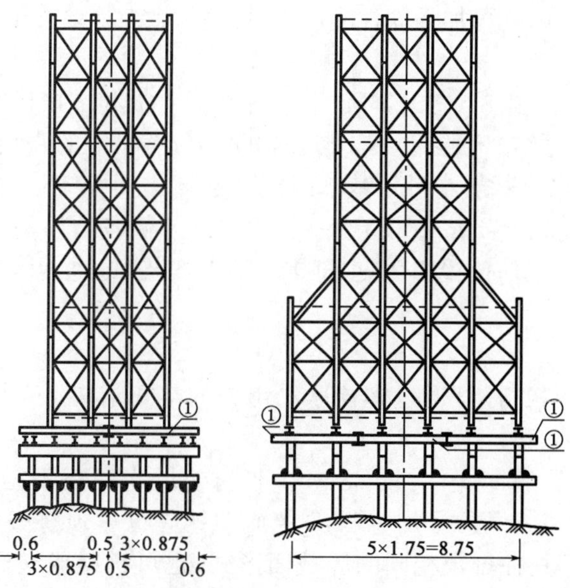

图 5-122　4×6 变截面墩身结构示意图(尺寸单位:m)

24m、16m、12m、10m 跨径曲线桥(500m≤R<1 000m)**墩身最大适用高度**　　表 5-25

墩顶形式	墩身形式	基础类型	设计水深(m)	流速(m/s)	跨径配合(m)				
					24+24	16+16	12+12 10+10	24+16 24+10	16+12 16+10
4×4	4×4	混凝土	3	3	14.0	15.5		13.0	
4×4	4×4	卧木	0	0	12.5	14.0		11.0	
4×4	4×6	木桩	3	3	11.5	13.0		10.0	
3×4	3×4	混凝土	3	3	9.0	10.5	11.5	9.0	9.5
3×4	3×4	卧木	0	0	9.0	9.0	10.0	8.0	8.0
3×4	3×6	木桩	3	3	8.0	8.0		7.0	7.0
3×4	3×4	木桩	3	3			8.0		
3×3	3×3	混凝土	3	3	·	8.0	10.0		8.0
3×3	3×3	卧木	0	0		8.0	9.5		7.5
3×3	3×5	木桩	3	3		7.5			6.5
3×3	3×3	木桩	3	3			5.0		5.0
2×4	2×4	混凝土	3	3			6.5		5.0
2×4	2×4	卧木	0	0			5.0		

2. 拼组

八三式桥墩由下垫梁、墩身和上垫梁三部分组成。

杆件①、②、③长度分别为 3.5m、2m 及 1.5m,其截面为焊接宽翼缘 H 形断面。既可作立柱,又可作垫梁,梁柱通用。杆件翼缘板上钻有两排纵横孔距均为 125mm 的 ϕ23.5mm 栓孔,杆件两端焊有法兰板,各有纵横孔距均为 125mm 的 4 个 ϕ23.5mm 栓孔,用于立柱接长,如在接头处再拼装上拼接板⑨,既可加强立柱刚度,又可接长做上下垫梁用。

(1)下垫梁

下垫梁一般设置两层,由①、②、③杆件通过杆端法兰板和拼接板⑨接长,纵横垂直叠置,两层梁的叠合面用螺栓联结。下层下垫梁与基础间亦应有足够的联结以承受拉力:例如与混凝土基础用预埋 U 形螺栓联结;与卧木基础用扒钉固牢;与桩基础通过螺栓联结等,详见技术设计图。下层下垫梁一般每 750mm 设置一根,边立柱外侧各增设一根。与墩身联结的顶层下垫梁的布置,应与墩身立柱位置相适应,每排立柱下安装一片垫梁,与立柱法兰板间用螺栓联结。

(2)墩身

墩身是由立柱、节点板、撑杆通过螺栓联结组成的空间结构。立柱中心距离顺线路方向 1.5m,垂直线路方向 1.75m。

立柱有三种,①号是基本杆件,长 3.5m。当拼装墩身高度不是 3.5m 的倍数时,可用②、③号辅助杆件调整。一根②号加一根③号辅助杆件也可顶替一根①号基本杆件使用。墩身可拼组成从上到下立柱排数相同的等截面形式;也可拼组成立柱排数上少下多的变截面形式。

32m 跨径直线(含 $R \geqslant 1\,000$m)、曲线桥墩身最大适用高度 表 5-26

墩顶形式	墩身形式	基础类型	设计水深(m)	流速(m/s)	跨径配合(m)					备注
					32+32		32+24 32+16			
					$R \geqslant 1\,000$	$500 \leqslant R < 1\,000$	$R \geqslant 1\,000$	$500 \leqslant R < 1\,000$		
4×4	4×4	混凝土	3	3	14.0	15.5		13.0		基础尺寸 7.5m×8.3m ×1.2m
4×4	4×4	混凝土	5	3	14.0	15.5		13.0		
4×4	4×4	混凝土	7.5	3	11.5	14.0		11.0		
4×4	4×4	卧木	0	0	12.5	14.0		11.0		
4×4	4×6	木桩	3	3	11.5	13.0		10.0		
4×4	4×6	木桩	5	3	11.0	13.0		10.0		
4×4	4×6	木桩	7.5	3	11.0	11.5		10.0		
3×4	3×4	混凝土	3	3	9.0	10.5	11.5	9.5	9.5	
3×4	3×4	混凝土	5	3	10.0	10.5	11.5	9.5	9.5	
3×4	3×4	混凝土	7.5	3	10.0	10.5	11.5	9.5	9.5	
3×4	3×4	卧木	0	0	9.0	9.5	10.0	8.5	8.5	
3×4	3×6	木桩	3	3	8.0	8.0		7.0	7.0	
3×4	3×6	木桩	5	3	8.0	8.0		7.0	7.0	
3×4	3×6	木桩	7.5	3	8.0	8.0		7.0	7.0	

墩身联结系由撑杆④～⑦通过节点板⑧与立柱联结。墩身立面联结系的层数及每层高度根据墩高和器材数量情况确定。水平撑杆④可以按2m、1.5m、1m三种层高装设，2m为主要层高，其余用以调节墩身高度。④杆件除在顶面设两根外，其余部位均设一根。立面斜撑杆件根据水平撑杆所布置的节点间距(2m、1.5m、1.0m)，安装相应的⑤、⑥、⑦号斜撑。纵向、横向斜撑都布置成单根交叉形式。但在变截面处向两侧扩伸的斜撑则用双根，一般用⑤号斜撑。

平面联结系只在墩身顶部、底部以及变截面部位和每隔6m高度左右设置一道，利用⑤号斜撑交叉布置，用单根联结在立柱加劲板的ϕ23.5mm孔眼上。

(3)上垫梁

上垫梁的层数根据计算和构造决定，一般为2～3层，纵横叠置，螺栓连接。与柱身连接的底层上垫梁应用①或②号杆件两层叠合，层间满装螺栓组成叠合梁。其余各层只用单层杆件。垫梁接头位置应按设计图纸布置，改变位置应另行检算。上垫梁的细节布置应与梁部结构相适应。

当墩顶为4×4时，上垫梁上设置了间梁，以使梁部结构易于布置。间梁也是使用八三式铁路轻型军用桥墩杆件拼组而成。对于这种结构形式，检算基础底面(纵向)在单孔荷载作用下，基础底面的合力偏心值不应超出2ρ(ρ为基底截面核心半径)，并按应力重分布检算基底最大压应力。

3.坡道、弯道布置原则

(1)坡道布置

为了使位于坡道上的梁部结构与轨底坡道线平行，可将梁端支座垫木刻成与线路坡度相吻合的木槽，但所选垫木应比平坡的支座垫木要大，刻槽后的垫木应能满足设计强度的要求。

(2)弯道布置

①梁的布置：按照有关梁的设计图纸和资料进行布置。

②最小梁缝：在$R\geqslant500$m曲线半径，跨径为10～32m的情况下，最小梁缝全部采用12cm。采用垫枕支座的六四式铁路军用梁，其最小梁缝是指曲线内侧梁下垫枕支座之间的最小缝隙。

采用工字钢束梁时，最小梁缝是指曲线内侧梁与梁之间的最小缝隙。

③桥墩中心位置的确定：在跨径10～32m、曲线$R\geqslant500$m范围内的等跨和不等跨梁的桥墩中心，应位于两相邻梁跨中心线的交点上，桥墩横向中心线为相邻两跨中心线交角的平分线。

(六)配套吊装设备的使用

一般采用安装在两根立柱上的两套扒杆互相提升，从下到上完成吊装墩身和上垫梁的全部安装工作。

为了加快拼装速度，在地形条件允许的情况下，对于墩身高度不大于10m的桥墩结构，也可以将墩身中的一根立柱在地面上拼接到设计高度，顶部安装扒杆，利用卷扬机和由本器材杆件所组成的起重架，使其一次转立就位。然后，利用它吊立第二副扒杆，再由这两副扒杆完成全部安装工作。这种安装方法称作扒杆一次到顶法。

三、木排架墩台

在林木较多,其他资源缺乏的地区进行应急抢建桥梁,可以采用圆木、方木、半圆木等用铁件连接木排架墩台临时结构,如图 5-123 所示。用木排架作墩台,制作简便,组立容易,沉落量小。但木排架抗炸性能较差,不防火、不防撞,且使用的高度亦不能太大,通常超过 15m 就不宜用木排架。

图 5-123　在木排架上架设装配式公路钢桥

实践中,木排架墩台的施工方式可分为木桩排架及码砌木排架两类。木桩排架是直接利用木桩组成排架,一般适用于高 5m 以下的墩台。码砌木排架采用木材纵横分层码砌,逐层、逐根、逐节点绑扎。码砌的墩台要与地基锚接,桥台处的排架格栅中可填入混凝土、砂砾或水泥稳定砂砾,并有效捣实,提高整体稳定性。施工中利用吊车、吊船吊立架设。

木排架墩台遭受破坏后,除严重破坏或倒塌等需重建外,一般应根据排架的损伤、断裂、倾斜等情况,尽量采用补强、校正和抽换部分杆件等办法,加固后继续使用。

四、钢排架墩台

钢排架墩台采用一组钢管(多采用 ϕ500mm 以上规格钢管组成)焊接而成,在墩台上架设装配式桁架钢梁。钢排架墩台桥梁多作为跨河大桥的施工便桥使用,在跨越运营公路及较大沟渠的桥梁施工中也有较多应用,如图 5-124 所示。具用安装、拆卸方便,结构稳定,承载能力高等优点,是目前桥梁施工中应用最广泛的一种施工便桥墩台。墩柱高度一般小于 20m,墩柱横向连接的高度不大于 10m。

图 5-124　利用钢排架墩台架设装配式公路钢桥跨越河流

实践中，根据钢排架墩台上的桥梁需要通行施工机械及载重运输车辆的情况，进行相应的荷载组合计算。常采用单排 ϕ630mm 厚 9mm 无缝钢管（表 5-27）作排架墩柱，钢管采用法兰连接，法兰盘钢板厚不小于 2.5cm，法兰盘钢板中心圆直径 730mm。配置 16 颗 8.8 级 M27 高强螺栓，法兰加劲肋两个边都要与钢管焊接。墩柱横联间距在4.6m以下的可采用 2[28a 槽钢作为横联；横联间距在 4.6m 以上 12m 以下时，选用大于 ϕ426mm 的钢管作为横联。

进行钢管排架墩台承载能力计算时，如果实际使用的是旧钢管，应考虑钢管锈蚀后承载力的相对降低，可按原钢管厚度减 2mm 后的厚度进行计算。进行法兰盘计算时应考虑法兰盘一半的螺栓受拉，一半的螺栓受压。在计算桥梁荷载时，单根钢管的最大竖直承载力一般不超过 935kN。

常用的无缝钢管理论质量 表 5-27

外径(mm)	壁厚(mm)									
	16	17	18	19	20	22	(24)	25	(26)	28
	理论质量(kg/m)									
299	111.67	118.23	124.74	131.20	137.61	150.29	162.77	168.93	175.05	187.13
325	121.93	129.12	136.28	143.38	150.44	164.39	178.15	184.96	191.72	205.09
351	132.19	140.03	147.82	155.56	163.26	178.50	193.54	200.99	208.39	223.04
377	142.44	150.93	159.36	167.75	176.08	192.61	208.93	217.02	225.06	240.99
402	152.30	161.40	170.45	179.45	188.40	206.16	223.72	232.42	241.08	258.24
426	161.78	171.47	181.11	190.71	200.25	219.19	237.93	247.23	256.48	274.83
450	171.24	181.52	191.76	201.94	212.08	232.20	252.12	262.01	271.85	291.38
(465)	177.16	187.81	198.41	208.97	219.47	240.34	261.00	271.26	281.47	301.74
480	183.08	194.10	205.07	216.00	226.87	248.47	269.88	280.51	291.09	312.10
500	190.97	202.48	213.95	225.37	236.74	259.32	281.72	292.84	303.91	325.91
530	202.80	215.06	227.27	239.42	251.53	275.60	299.47	317.50	323.14	346.62
(550)	210.70	223.44	236.14	248.80	261.40	286.45	311.31	323.66	335.97	360.43
560	214.64	227.64	240.58	253.48	266.33	291.88	317.23	—	—	—
600	230.42	244.40	258.34	272.22	286.06	313.58	340.90	—	—	—
630	242.26	256.98	271.66	286.28	300.85	329.85	358.66	—	—	—
外径(mm)	壁厚(mm)									
	8	8.5	9	9.5	10	11	12	13	14	15
	理论质量(kg/m)									
299	57.41	60.89	64.37	67.83	71.27	78.13	84.93	91.69	98.40	105.06
325	62.54	66.35	70.14	73.92	77.68	85.18	92.63	100.03	107.38	114.68
351	67.67	71.80	75.91	80.01	84.10	92.23	100.32	108.36	116.35	124.29

续上表

外径(mm)	壁厚(mm)									
	8	8.5	9	9.5	10	11	12	13	14	15
	理论质量(kg/m)									
377	—	—	81.68	86.10	90.51	99.29	108.02	117.00	125.33	133.91
402	—	—	87.21	91.95	96.67	106.06	115.41	124.71	133.94	143.15
426	—	—	92.55	97.57	102.59	112.58	122.52	132.41	142.25	152.04
450	—	—	97.87	103.20	108.50	119.08	130.61	140.09	150.52	160.90
(465)	—	—	101.10	116.48	112.20	123.15	134.05	144.90	155.70	166.46
480	—	—	104.52	110.22	115.90	127.22	139.49	149.71	160.88	172.00
500	—	—	108.96	114.91	120.83	132.65	145.41	156.12	167.79	179.40
530	—	—	115.62	121.94	128.83	140.78	154.29	165.74	178.14	190.50
(550)	—	—	120.07	126.62	133.10	146.21	159.20	172.15	185.05	197.90
560	—	—	122.28	128.97	135.63	148.92	163.16	175.36	188.50	201.60
600	—	—	131.17	138.34	145.50	159.78	175.00	188.18	202.31	216.39
630	—	—	137.81	145.36	152.89	167.91	183.88	197.80	212.67	227.49

第六节　梁的搭设

道路交通抢建的过程中，一般按照梁式桥方案进行考虑，在完成桥梁基础和墩台的抢建之后，在墩台上搭设临时梁，完成桥梁抢建的主体工程，本节分别对工字钢梁、321型装配式公路钢桥(梁)、ZB200型装配式公路钢桥(梁)进行简要介绍。

一、工字钢梁

工字钢的截面形状像个“工”字，用工字钢组成的梁叫工字钢梁。工字钢梁根据其构造分为单层、双层、空腹式、鱼腹式等类型。单层工字钢梁加工简便、重量轻、易架设，战时抢修用得最多，但跨径不能太大，一般不超过12m。双层工字钢梁虽然跨径可用到20m，但重量大、费钢料，两层梁之间的连接常需工厂加工。鱼腹式、空腹式工字钢梁是在一定条件下使用的一种工字钢梁。以下介绍抢修用的工字钢梁。

1.单层工字钢梁

单层工字钢梁分左右两组，每组需要的工字钢片数根据梁的跨径、车辆轮距和所用工字钢的规格等来确定。抢修中常用的工字钢为[55C型(即高55cm)，它的容许最大跨径见表5-28。

单层工字钢梁组合很简便，先将几片工字钢用钢材连接组成工字钢组，再将两组工字钢组合成梁。间隔钢筋间距一般不应大于2m。两组工字钢之间一般采用钢筋、钢板焊接或采用螺栓连接，连接用的钢筋直径不得小于12mm。

曲线桥应适当增加工字钢横向连接钢筋的直径，以增强每组工字钢抵抗横向水平力的能力。在半径小于400mm的桥上，为防止工字钢梁发生向曲线内侧的水平变形，两主梁之间应增设钢筋连接。

55型工字钢梁容许最大跨径(m) 表5-28

组成形式	型号	活载			
		JF_1		JF_6	
		不限速	限速15km/h	不限速	限速15km/h
I¦I	a	4.7	6.1	5.1	6.6
	b	4.8	6.2	5.3	6.8
	c	5.0	6.4	5.4	7.0
II¦II	a	7.0	9.1	7.7	9.7
	b	7.2	9.4	7.9	10.0
	c	7.4	9.6	8.1	10.2
III¦III	a	9.2	11.0	9.8	11.5
	b	9.4	11.2	10.0	11.7
	c	9.6	11.3	10.2	11.9
IIII¦IIII	a	10.9	12.3	12.9	12.9
	b	11.2	12.5	13.1	13.1
	c	11.4	12.7	13.3	13.3

注：2片及3片的工字钢梁的最大容许跨径，由挠度决定$\left(\frac{f}{l_p}\leqslant\frac{1}{400}\right)$，其余均由强度决定。

.2. 双层工字钢梁(图5-125)

双层工字钢梁通常由两层工字钢重叠，采用焊接、铆接或螺栓连接组成。焊接时，在两层工字钢之间，应垫上钢垫板。每组工字钢各片之间的连接与单层工字钢梁相同。两组梁之间须设上、下平联和断面联结杆件，通常是用角钢焊接、铆接或螺栓连接。上平联只设横向联结杆件，下平联须设横向和斜向联结杆件，平联的纵向间隔距离不应超过2.0m。

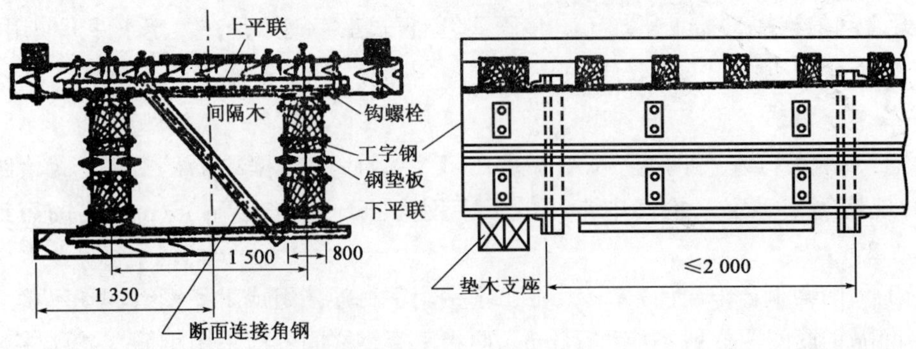

图5-125 双层工字钢梁的组成(尺寸单位：mm)

3. 空腹式工字钢梁

空腹式工字钢梁是把工字钢腹板中部按锯齿形切割成两半片，然后把两半片的锯齿对齐，焊接起来成为中间有菱形孔洞的工字钢。切、焊的目的是增加工字钢的高度，扩大它的使用范围，同时也可减轻一些梁重。

实践使用过的空腹式工字钢梁跨径为 14.5m（图 5-126），设计荷载，6 片时为中-16 级，7 片时为中-18 级，均需限速 15km/h。空腹式工字钢系用[55 宽翼缘工字钢改制。

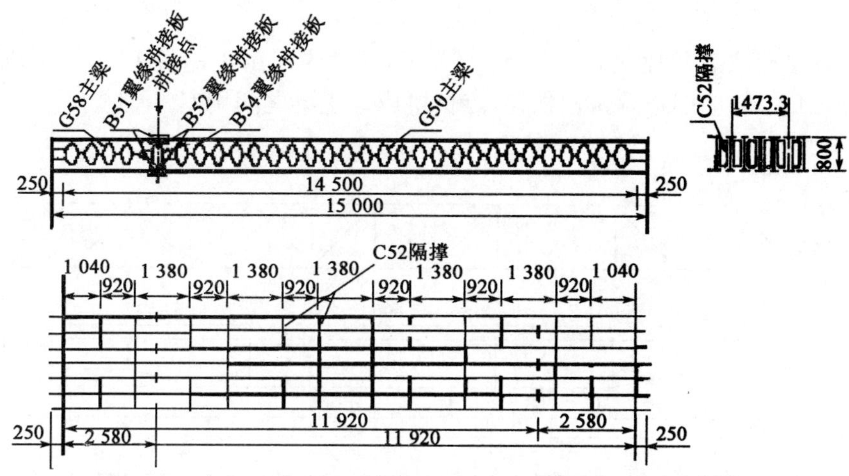

图 5-126 空腹式工字钢梁（尺寸单位：mm）

为了便于运输，工字钢分为长 12.17m 及 2.83m 两节，拼装时，用拼接板接长成一片。工字钢之间用间隔撑连接，隔撑是用一块钢板、两根角钢焊成的槽形构件（图 5-127）。工地连接都用螺栓，螺栓直径为 22mm，长度有 65mm 和 50mm 两种。

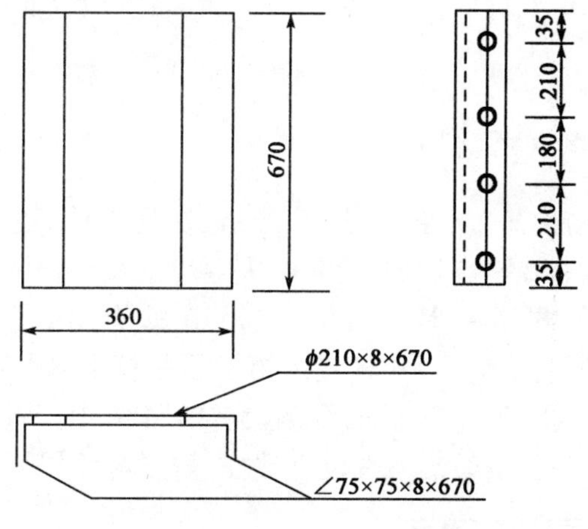

图 5-127 隔撑（尺寸单位：mm）

4. 鱼腹式工字钢梁

鱼腹式工字钢梁是将双层工字钢梁靠近支座处的下层工字钢切去一段，使它成为两头高度小、中间高度大的鱼腹形。它的优点是可以降低支座处梁高，用来抽换下承式梁。

实践中使用过的鱼腹式工字钢梁跨径为 21m，设计荷载用 6 片时为中-16 级，用 7 片时为中-18 级，均需限速 30km/h。

工字钢用两层[55C 重叠起来，用铆钉铆合。为了减轻单件重量，便于运输，每片工字钢分为 12.4m、5.25m、3.85m 三节，工地拼组时用拼接板连成一片，但邻近两片梁的接头要互相错开。片与片之间的连接用隔撑，工地连接都用 ϕ22mm 的螺栓。

5. 鱼腹式焊接板梁

在实际铁路抢修中，为适应更换下承式桁梁的需要，降低建筑高度，节约钢料，设计和制造了鱼腹式焊接板梁。设计跨径为 21m，荷载中-16 级，限速为 30km/h。它具有工地拼组方便、质量轻（总质量 13.8t，但同跨径的鱼腹式工字钢梁质量 29.2t）的优点，但整孔架设，需要有较大的架桥设备。

鱼腹式焊接板梁有两片主梁（钢材为 16Mn），每片主梁由 1 片 G_1（长 7.6m）及 2 片 G_2（长 6.95m）用 B_1、B_2、B_3……B_{16} 等拼接板、节点板拼成。主梁之间用 C、J_1、J_2、J_3、J_4 等连接杆件连成整体（图 5-128）。

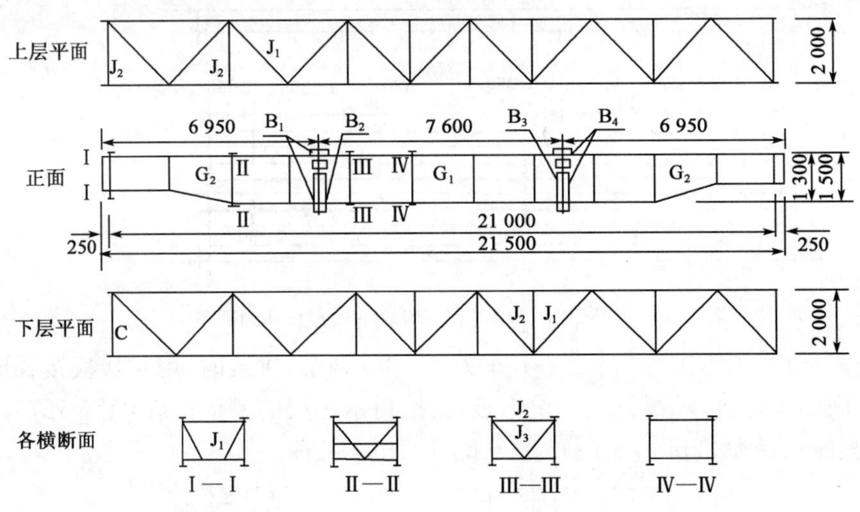

图 5-128　鱼腹式焊接板梁（尺寸单位：mm）

二、321 型装配式公路钢桥（梁）

装配式公路钢桥具有结构简单、轻巧、快速、经济、用途广泛、适应性强、组合结构系统好、互换性强和容易组装等特点，在军事运输、抢险救灾等应急交通保障中，发挥了突出的作用。

“321”钢桥为半穿下承式米字形桁架桥，主桁由每节 3m 长的桁架用销子连接而成（图 5-129），横梁连于桁架竖杆旁，抗风拉杆连于桁架下弦杆上（图 5-130），中间两组为无扣纵梁，桥面板两端安置护轮木（图 5-131），桥面两侧设有钢路缘（图 5-132），桥面板与横梁的连接采用 U 形螺栓（图 5-133）实现，桥梁的两端设有端柱，桥梁与路堤用引桥相连。

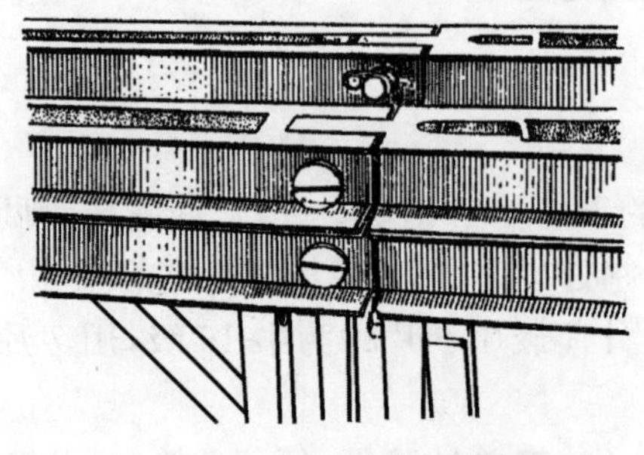

图 5-129　用于连接桁架的销子

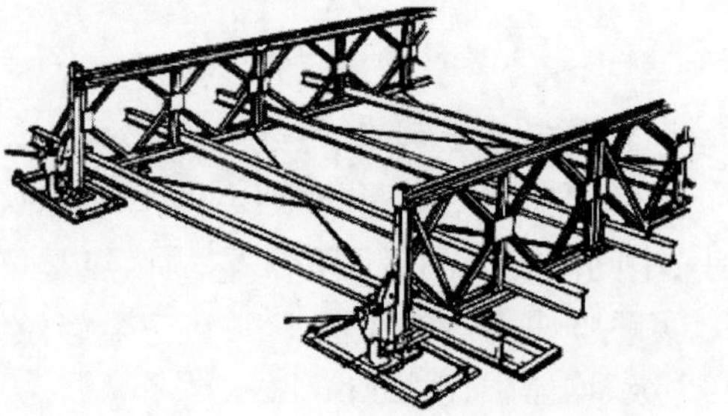

图 5-130　抗风拉杆

图 5-131　护轮木

图 5-132　钢路缘

"321"钢桥的桥面净宽为 3.7m，单车道，主桁可两排或三排并列，除单排外均可双层重叠。桥梁桁架各种组合形式如图 5-134～图 5-138 所示，其中，各种组合形式的构件数量见表 5-29。

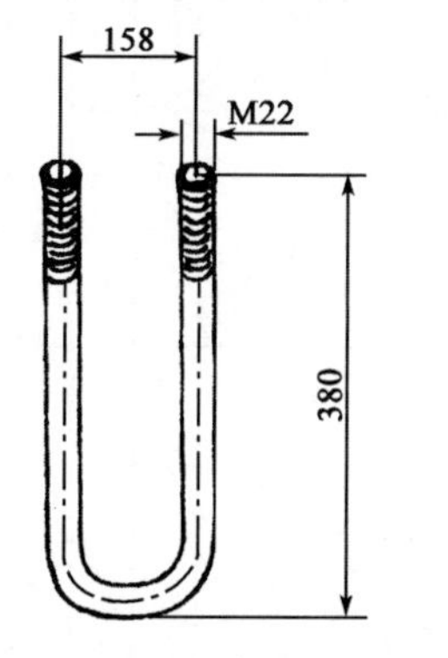

图 5-133　U 形螺栓(尺寸单位：mm)

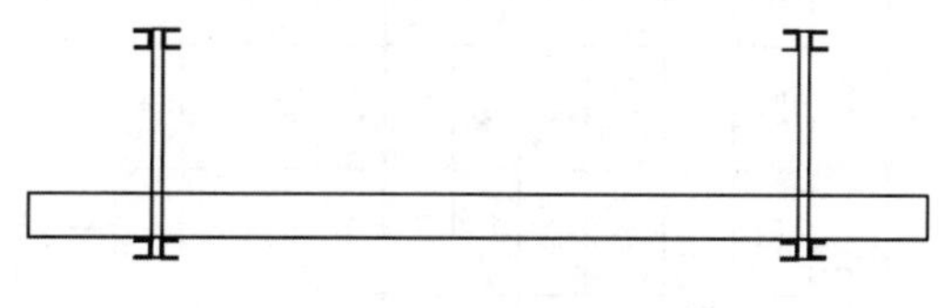

图 5-134　单排单层

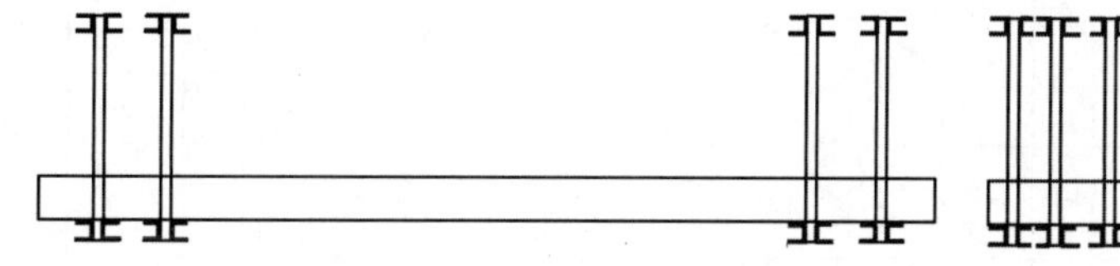

图 5-135　双排单层

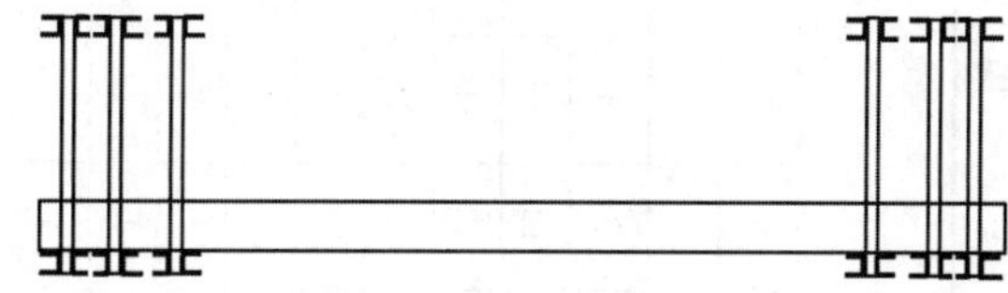

图 5-136　三排单层

图 5-137　双排双层

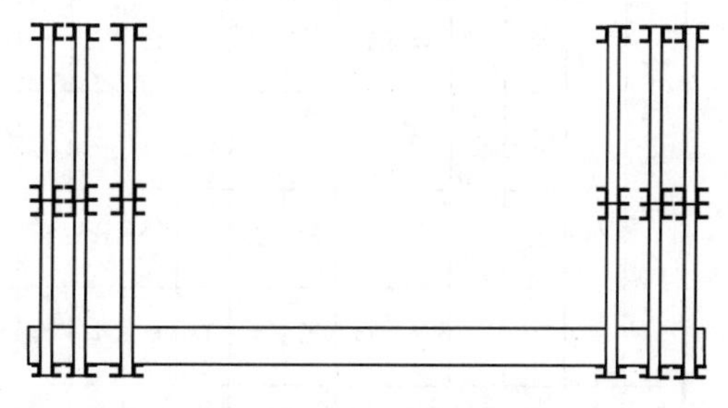

图 5-138　三排双层

"321"钢桥适用于汽车－10 级、汽车－15 级、汽车－20 级的列车，公路Ⅰ级、公路Ⅱ级、500kN 履带车(履带－50)和 800kN 平板挂车(挂车 80)七种荷载，通过计算还适用于其他特种单车荷载。为了在紧急情况下抢修桥梁时，能迅速选择跨径大小，将上述荷载与桥梁跨径的组合关系列于表 5-30。各种组合跨径可由 9m 至 63m，见表 5-31。各级列车通过本桥的行车速度限制：汽车－10 级、汽车－15 级、汽车 20 级，公路—Ⅰ级、公路—Ⅱ级限制在 30km/h 以内；履带－50 和挂车 80，每跨内只准许一辆车以不超过5km/h的慢速通过。

构 件 数 量

表 5-29

部件	单位	单排单层					双排单层								三排单层						
		跨径(m)																			
		9	12	15	18	21	9	12	15	18	21	24	27	30	18	21	24	27	30	33	36
		节数																			
		3	4	5	6	7	3	4	5	6	7	8	9	10	6	7	8	9	10	11	12
桁架	节	6	8	10	12	14	12	16	20	24	28	32	36	40	36	42	48	54	60	66	72
销子	个	16	20	24	28	32	32	40	48	56	64	72	80	88	84	96	108	120	132	144	156
横梁	根	9	11	13	15	17	9	11	13	15	17	19	21	23	15	17	19	21	23	25	27
横梁夹具	个	12	16	20	24	28	24	32	40	48	56	64	72	80	72	84	96	108	120	132	144
有扣纵梁	组	6	8	10	12	14	6	8	10	12	14	16	18	20	12	14	16	18	20	22	24
无扣纵梁	组	6	8	10	12	14	6	8	10	12	14	16	18	20	12	14	16	18	20	22	24
阳头端柱	根	2	2	2	2	2	4	4	4	4	4	4	4	4	6	6	6	6	6	6	6
阴头端柱	根	2	2	2	2	2	4	4	4	4	4	4	4	4	6	6	6	6	6	6	6
斜撑	根	8	10	12	14	16	8	10	12	14	16	18	20	22	14	16	18	20	22	24	26
支撑架	个	—	—	—	—	—	6	8	10	12	14	16	18	20	12	14	16	18	20	22	24
联板	块	—	—	—	—	—	—	—	—	—	—	—	—	—	14	16	18	20	22	24	26
抗风拉杆	根	6	8	10	12	14	6	8	10	12	14	16	18	20	12	14	16	18	20	22	24
桥面板	块	105	120	135	150	165	105	120	135	150	165	180	195	210	150	165	180	195	210	225	240
护轮木	根	14	16	18	20	22	14	16	18	20	22	24	26	28	20	22	24	26	28	30	32
桥座	个	4	4	4	4	4	8	8	8	8	8	8	8	8	8	8	8	8	8	8	8
座板	块	4	4	4	4	4	4	4	4	4	4	4	4	4	4	4	4	4	4	4	4
搭板支座	个	8	8	8	8	8	8	8	8	8	8	8	8	8	8	8	8	8	8	8	8
有扣搭板	组	8	8	8	8	8	8	8	8	8	8	8	8	8	8	8	8	8	8	8	8
无扣搭板	组	8	8	8	8	8	8	8	8	8	8	8	8	8	8	8	8	8	8	8	8
桁架螺栓	个	—	—	—	—	—	—	—	—	—	—	—	—	—	—	—	—	—	—	—	—
斜撑螺栓	个	16	20	24	28	32	16	20	24	28	32	36	40	44	28	32	36	40	44	48	52
撑架螺栓	个	—	—	—	—	—	24	32	40	48	56	64	72	80	48	56	64	72	80	88	96
护木螺栓	个	56	64	72	80	88	56	64	72	80	88	96	104	112	80	88	96	104	112	80	

续上表

部件	单位	双排双层							三排双层					
		跨径(m)												
		24	27	30	33	36	39	42	33	36	39	42	45	48
		节数												
		8	9	10	11	12	13	14	11	12	13	14	15	16
桁架	节	64	72	80	88	96	104	112	132	144	156	168	180	192
销子	个	136	152	168	184	200	216	232	276	300	324	348	372	396
横梁	根	19	21	23	25	27	29	31	25	27	29	31	33	35
横梁夹具	个	64	72	80	88	96	104	112	132	144	156	168	180	192
有扣纵梁	组	16	18	20	22	24	26	28	22	24	26	28	30	32
无扣纵梁	组	16	18	20	22	24	26	28	22	24	26	28	30	32
阳头端柱	根	4	4	4	4	4	4	4	6	6	6	6	6	6
阴头端柱	根	4	4	4	4	4	4	4	6	6	6	6	6	6
斜撑	根	18	20	22	24	26	28	22	24	26	28	30	32	34
支撑架	个	34	38	42	46	50	54	58	46	50	54	58	62	66
联板	块	—	—	—	—	—	—	—	24	26	28	30	32	34
抗风拉杆	根	16	18	20	22	24	26	28	22	24	26	28	30	32
桥面板	块	180	195	210	225	240	255	270	225	240	255	270	285	300
护轮木	根	24	26	28	30	32	34	36	30	32	34	36	38	40
桥座	个	8	8	8	8	8	8	8	8	8	8	8	8	8
座板	块	4	4	4	4	4	4	4	4	4	4	4	4	4
搭板支座	个	8	8	8	8	8	8	8	8	8	8	8	8	8
有扣搭板	组	8	8	8	8	8	8	8	8	8	8	8	8	8
无扣搭板	组	8	8	8	8	8	8	8	8	8	8	8	8	8
桁架螺栓	个	64	72	80	88	96	104	112	132	144	156	168	180	192
斜撑螺栓	个	36	40	44	48	52	56	60	48	52	56	60	64	68
撑架螺栓	个	136	152	168	184	200	216	232	184	200	216	232	248	264
护木螺栓	个	96	104	112	120	128	136	144	120	128	136	144	152	160

荷载与跨径组织合

表5-30

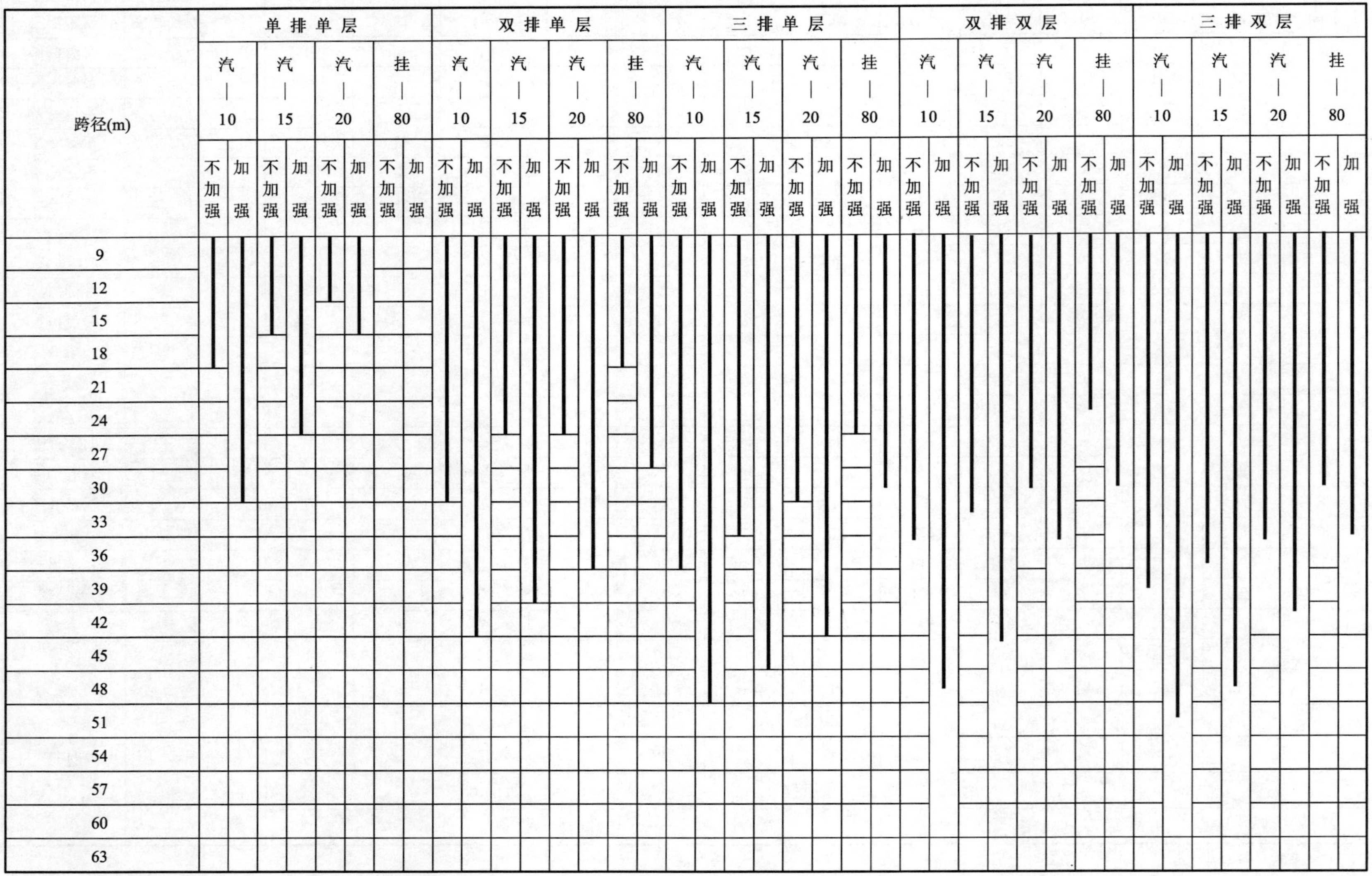

跨径(m)	单排单层								双排单层								三排单层								双排双层								三排双层							
	汽—10		汽—15		汽—20		挂—80		汽—10		汽—15		汽—20		挂—80		汽—10		汽—15		汽—20		挂—80		汽—10		汽—15		汽—20		挂—80		汽—10		汽—15		汽—20		挂—80	
	不加强	加强	不加强	加强	不加强	加强	不加强	加强	不加强	加强	不加强	加强	不加强	加强	不加强	加强	不加强	加强	不加强	加强	不加强	加强	不加强	加强	不加强	加强	不加强	加强	不加强	加强	不加强	加强	不加强	加强	不加强	加强	不加强	加强	不加强	加强
9																																								
12																																								
15																																								
18																																								
21																																								
24																																								
27																																								
30																																								
33																																								
36																																								
39																																								
42																																								
45																																								
48																																								
51																																								
54																																								
57																																								
60																																								
63																																								

荷载、跨径与桥梁组合配置　　表 5-31

跨径(m)	荷　　载						
	汽车—10 级	汽车—15 级	汽车—20 级	履带—50 级	挂车—80 级	公路—I 级	公路—Ⅱ级
9	SS	SS	SS	SS	—	—	SS
12	SS	SS	SS	SS	DS	DS	SS
15	SS	SS	SSR	SSR	DS	DS	SSR
18	SS	SSR	DS	DS	DS	DS	DS
21	SSR	SSR	DS	DS	DSR	TS	DS
24	SSR	DS	DS	DSR	DSR	TS	DS
27	SSR	DSR	DSR	DSR	DSR	DSR	TS
30	DS	DSR	DSR	DSR	TSR	DSR	TS
33	DSR	DSR	DSR	DSR	TSR	TSR	DSR
36	DSR	DSR	DSR	DSR	TSR	TSR	DSR
39	DSR	DSR	TSR	TSR	TDR	DDR	TSR
42	DSR	TSR	TSR	TSR	TDR	DDR	TSR
45	TSR	TSR	TDR	TDR	—	TDR	DDR
48	TSR	DDR	TDR	TDR	—	TDR	TDR
51	DDR	DDR	TDR	TDR	—	TDR	TDR
54	DDR	DDR	—	TDR	—	—	TDR
57	DDR	TDR	—	TDR	—	—	TDR
60	DDR	TDR	—	TDR	—	—	TDR
63	TDR		—	—	—	—	—

注：1. SS 表示单排单层；DS 表示双排单层；TS 表示三排单层；DD 表示双排双层；TD 表示三排双层。

2. 在 SS、DS、TS、DD 和 TD 之后加 R，则表示它们的加强型是有加强弦杆的。

“321”钢桥所用的材料，除木质的桥面板和护轮木为木料外，其余均为钢材。

“321”钢桥属临时性桥梁结构，钢材的容许应力按基本容许应力提高 30%（荷载组合 I），个别不是主要的受力杆件，允许采用不超过钢材屈服点的 85%。本桥设计时采用的容许应力如下：

Q345C 钢的拉应力、压应力（轴向应力）：1.3×200=260（MPa）。

Q345C 钢的弯曲应力：1.3×210=273（MPa）。

Q345C 钢的剪应力：1.3×120=156（MPa）。

30 铬锰钛的拉应力、压应力和弯应力：0.85×1 300=1 105（MPa）。

30 铬锰钛的剪应力：0.45×1 300=585（MPa）。

（一）装配式公路钢桥基本构件的名称与用途

“321”钢桥的基本构件，按它们的用途不同，可分为主体结构、桥面系、支撑连接结构和桥端结构四大部分。

其中，主体结构有桁架、销子、保险插销及加强弦杆四种构件。

桥面系结构对木桥面有横梁、有扣纵梁、无扣纵梁、桥面板和护轮木五种构件。

对钢桥面有横梁、U 形标准钢桥面板、U 形中央钢桥面板和路缘四种构件。

支撑连接结构对木桥面有斜撑、支撑架、联板、抗风拉杆、横梁夹具、桁架螺栓、弦杆螺栓、斜撑螺栓、撑架螺栓和护木螺栓十种构件。

对钢桥面板支撑结构，除上述的木桥面板中的护木螺栓以路缘螺栓代替外，其余九种构件与木桥面相同，并另增加 U 形钢桥面板、U 形螺栓共十一种构件。

1."321"桥钢主体结构与桥面系

(1)主体结构采用钢桁架组成。

(2)桥面板、护轮木和护木螺栓(图 5-139)。

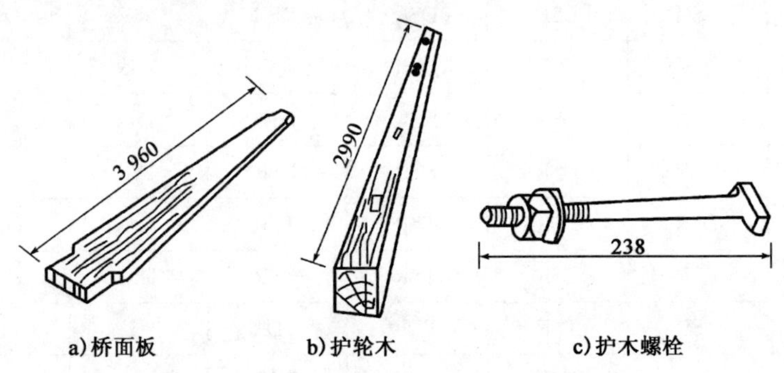

图 5-139　桥面板、护轮木和护木螺栓(尺寸单位:mm)

每节桥梁需要 15 块木桥面板和两根护轮木。

护轮木安装在行车道的两侧，用以压住木桥面板的两端，再用 T 形护木螺栓将护轮木固定在有扣纵梁上。

(3)U 形钢桥面板和路缘。

U 形钢桥面板分标准钢桥面板和中央钢桥面板两种，中央钢桥面板每节桥跨一块，安装在行车道的正中，标准钢桥面板每节桥跨 4 块，安装在行车道中央钢桥面板的两侧，每侧各 2 块。

U 形钢桥面板系由扁豆形花纹钢板、U 形肋和工形肋组拼焊接而成。

2.支撑连接结构

(1)斜撑(图 5-140)

斜撑的作用在于增加桥梁的横向稳定。

(2)联板(图 5-141)

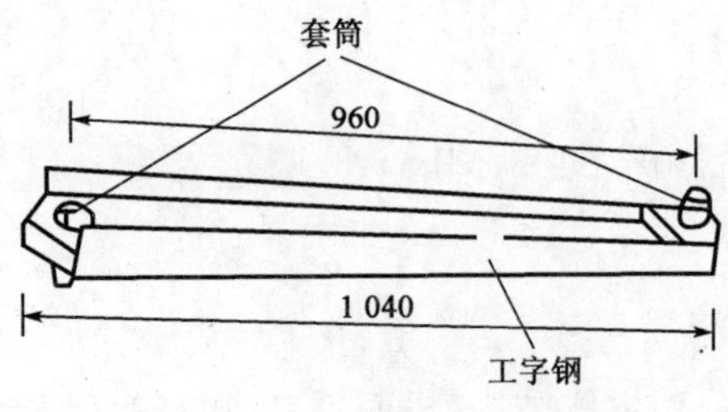

图 5-140 斜撑(尺寸单位:mm)

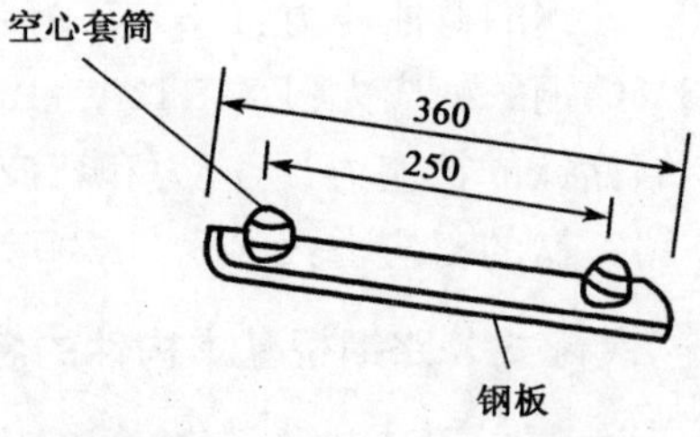

图 5-141　联板(尺寸单位:mm)

(3)支撑架(图 5-142)

支撑架是多排桁架间的连接构件,用撑架螺栓连接于第一排与第二排桁架之间,使桁架成一整体受力。

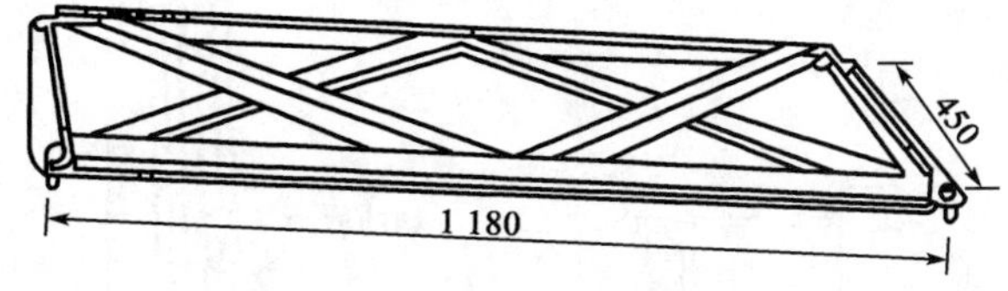

图 5-142 支撑架(尺寸单位:mm)

(4)抗风拉杆(图 5-143)。

在抗风拉杆的两端各有一个销钉孔,并设有用链条系挂的销钉,利用该销钉使抗风拉杆与桁架下弦杆相连。抗风拉杆是用圆钢制成的,每节桁架交叉设置 2 根,其作用在于承受垂直于桥梁的任何一侧的横向风力。

(5)横梁夹具(图 5-144)

横梁夹具是用来固定横梁位置的,以保持横梁的稳定。横梁夹具由拉杆、悬梁和支承杆三部分组成。

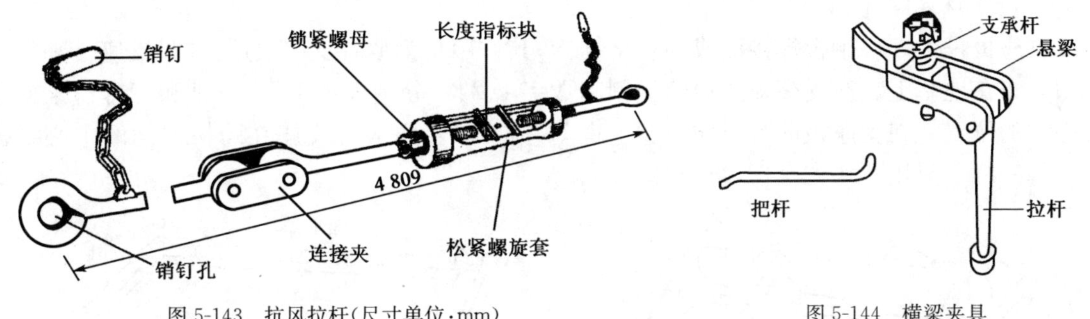

图 5-143 抗风拉杆(尺寸单位:mm)

图 5-144 横梁夹具

(6)桁架螺栓和弦杆螺栓

桁架螺栓为连接上下层桁架之用。使用时将桁架螺栓自下而上插入双层桁架的螺栓孔内,然后用扳手将螺帽拧紧。

(7)撑架螺栓和斜撑螺栓

撑架和斜撑两种螺栓的形状完全一样,不同的是斜撑螺栓比撑架螺栓略长,使用时要特别注意不要弄错。

斜撑螺栓是用来连接斜撑于横梁短柱与桁架竖杆上的;撑架螺栓则用来在桁架上连接支撑架与联板。

(8)U 形螺栓和路缘连接螺钉(图 5-145)

U 形螺栓为 U 形钢桥面板与横梁连接之用。螺栓由圆钢加工而成,其形状如“U”。螺栓的一端为两螺杆,螺杆上车有丝口,为装配螺母之用;另一端为一直梁,与两螺杆形成 U 形,将横梁套住。

3. 桥头结构

(1)端柱(图 5-146)

端柱安置在桥梁的两端，它的作用是将桥梁上的荷载传递到桥梁支座上。

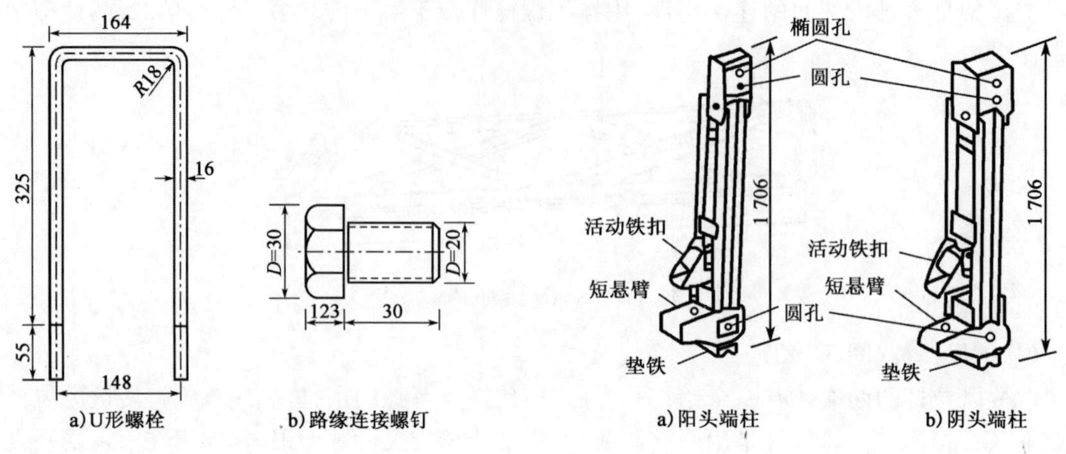

图 5-145　U 形螺栓和路缘连接螺钉(尺寸单位:mm)　　　图 5-146　端柱(尺寸单位:mm)

(2)支座(图 5-147)

支座是由底板、肋板和轴梁等构件组成。底板备有 4 个螺栓孔，需要时可将支座固定在混凝土的地脚螺栓上。

(3)支座板(图 5-148)

支座板是由多块钢板焊接而成的空格结构，其作用是为放置支座之用，并将支座传来的力均匀分布在地基上。在支座板的边肋上刻有数字 1、2、3，分别表示单排、双排和三排桥梁支座中心线的位置。在支座板的跨桥向边肋上也刻有指示线，以表示支座在跨桥方向的中心线位置。每一桥头只用两块支座板，每边各一块。

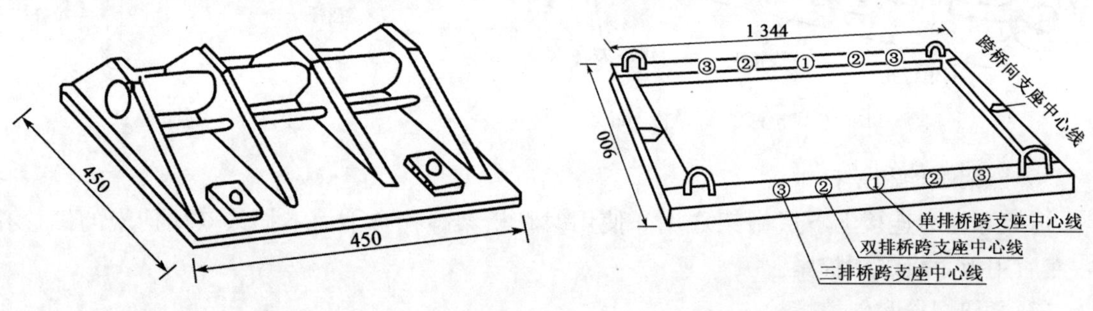

图 5-147　支座(尺寸单位:mm)　　　图 5-148　支座板(尺寸单位:mm)

(4)桥头搭板(图 5-149)

桥头搭板与桥面系纵梁相似，不同的是桥头搭桥是用 12 号工字钢组焊而成的，而且在搭板支点附近，工字钢的下翼缘弯起，以降低断面高度，保持桥面平顺。

(5)U 形钢桥头搭板

U 形钢桥头搭板与 U 形标准钢桥面板基本相同，只是组成钢桥头搭板的 U 形肋和工形肋的高度不同而已，桥面板的高度为 100mm，而搭板的高度则为 120mm，并在搭板支点附近，将 120mm 的高度降为 100mm，以保持桥面平顺。

(6)搭板支座(图 5-150)

搭板支座是用来支承和固定引桥中间横梁的，使横梁保持稳定(引桥中间横梁亦称搭板支承梁)。

4. 架设工具

装配式公路钢桥的架设，需要配制一套专门的特制工具，才能顺利地将桥梁架设起来。在这里要说明的是，桥梁架设所用的工具，是随桥梁的架设方法不同而有所不同的。本特种工具是根据一般常用的悬臂推出法而设计的，所以只适用于桥梁的悬臂推出法。

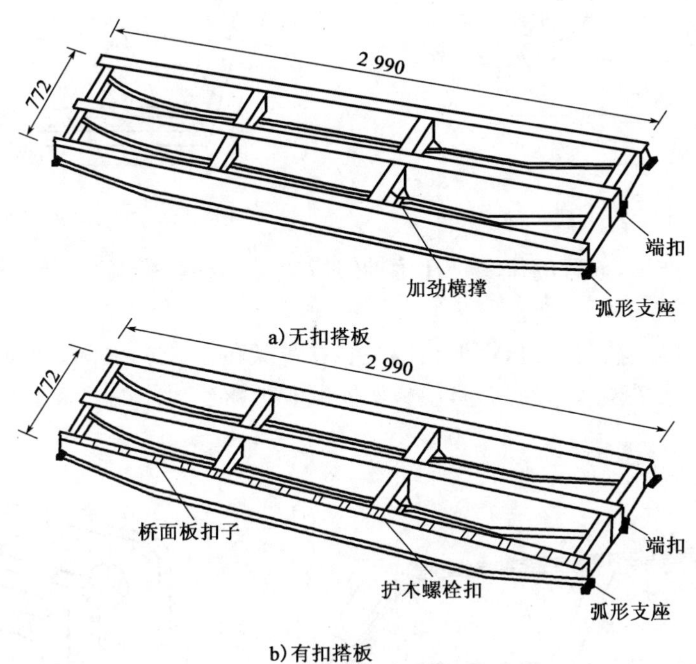

图 5-149 桥头搭板（尺寸单位：mm）

（1）推进设备

①摇滚（图 5-151）

摇滚是用 6mm 厚钢板冷弯成的两根铁架以及在铁架上安装三个钢滚而成的。在铁架的下面焊有半月牙形垫块，便于支承在支座的轴梁上。摇滚可以自由转动，在铁架顶面的两侧设有四个小平滚，使桁架的下弦杆始终控制在摇滚的中央，以保证桥梁定向推出或拉回。架桥时，在推出岸和对岸的岸边均需布置摇滚。

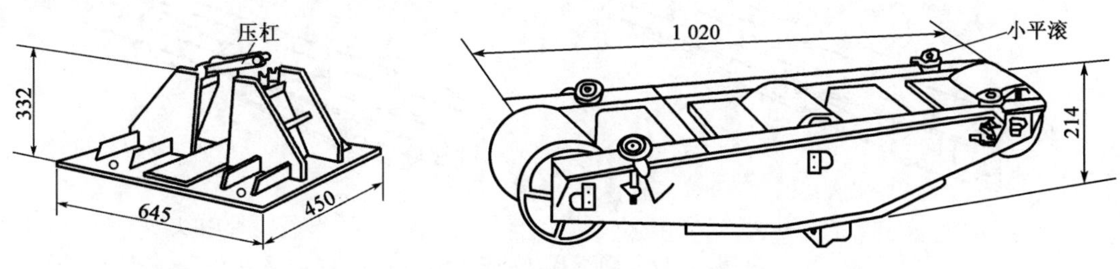

图 5-150 搭板支座（尺寸单位：mm）

图 5-151 摇滚（尺寸单位：mm）

②平滚（图 5-152）

平滚的构造为一装有两个钢滚的铁架。

平滚布置在推出岸摇滚的后面，每隔 6m 放置一组。

③摇滚样盘和平滚样盘（图 5-153、图 5-154）

摇滚样盘和平滚样盘都是用角钢和木板制成的，它们的作用是：通过样盘可以简便而准确地确定摇滚和平滚的位置，并能分散摇滚和平滚传给地基的压力。

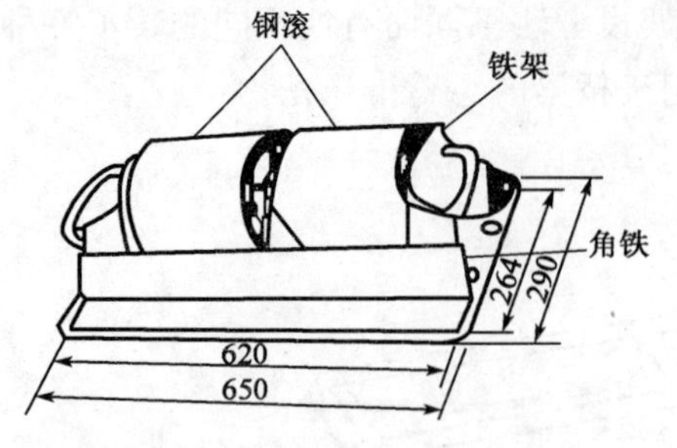

图 5-152 平滚（尺寸单位：mm）

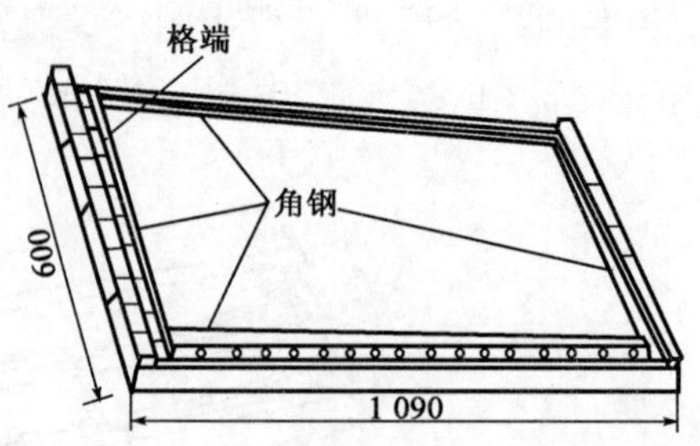

图 5-153 摇滚样盘（尺寸单位：mm）

样盘定位必须准确，放置的位置是在桥轴线两边，样盘的“格端”必须与桥轴线平行。

④下弦接头（图 5-155）

当桥梁用悬臂推出法架设时，将下弦接头装在鼻架的下弦杆之间，使鼻架前端翘起，以抵消鼻架的下垂和克服桥位两岸的高差，使鼻架能顺利地落到对岸的摇滚上，从而使桥梁达到正确设计位置就位。

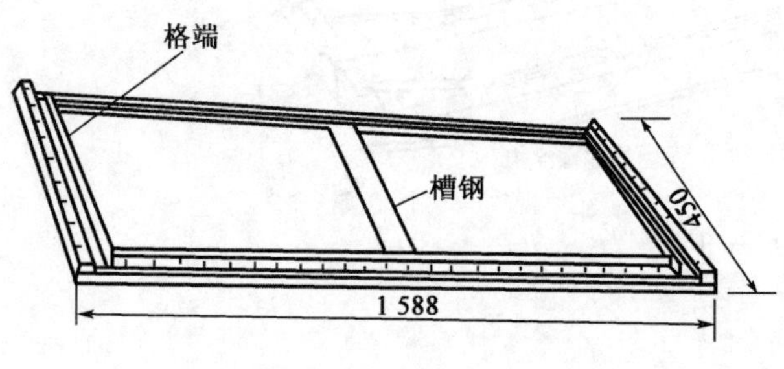

图 5-154 平滚样盘（尺寸单位：mm）

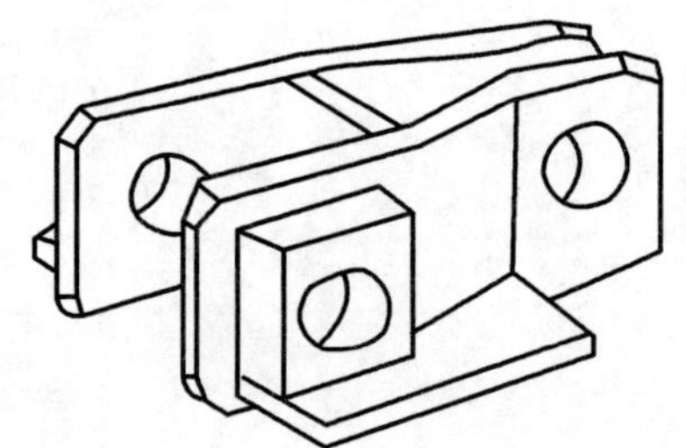
图 5-155 下弦接头

⑤斜面弦杆（图 5-156）

斜面弦杆是由削去部分腹板的 10 号槽钢拼焊而成，其形状为一斜面，分为阴头和阳头两种。

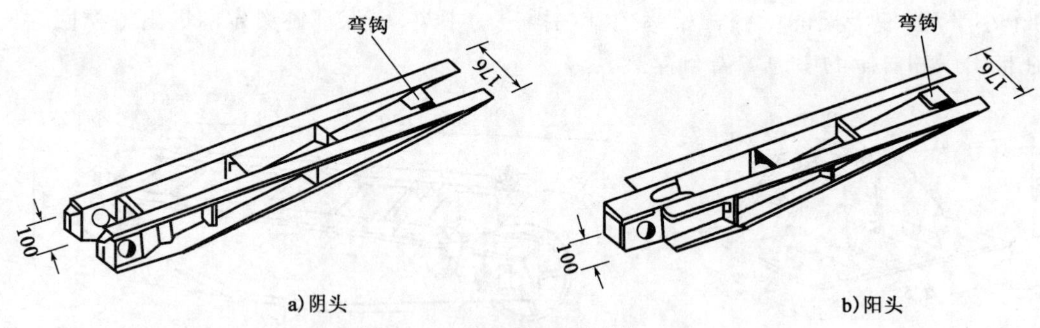

图 5-156 斜面弦杆（尺寸单位：mm）

（2）安装工具

安装工具有弦杆千斤顶、托梁、千斤顶和单头呆扳手等几种，现分别介绍如下：

①弦杆千斤顶（图 5-157）

弦杆千斤顶是由菱形千斤顶、座架和阴头垫铁三部分组成。

a. 菱形千斤顶：为一四角用钢销连接起来的菱形架，在一对角在线横穿一根千斤螺杆，随千斤螺杆转动方向的不同,可将菱形架张开或关闭。

b. 座架:是用槽钢和钢板拼焊而成的,用螺栓和座架尾部的栓钉与桁架弦杆连接。

c. 阴头垫铁(图 5-158):由一凹形铁块和 T 形钢板构成。

弦杆千斤顶仅在安装上层桁架时才使用。菱形千斤顶沿顺桥方向的伸缩长度为 8cm,因此,它仅适用于销孔错位在 8cm 以内的情况。

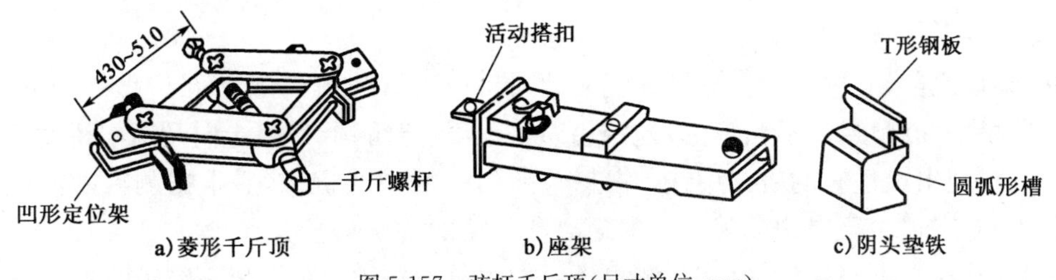

图 5-157 弦杆千斤顶(尺寸单位:mm)

②托梁(图 5-159)

托梁是由钢板弯成的槽形梁构成,其端有一挂钩,使用时,将其插入横梁腹板,尾部挂钩挂在横梁腹板的栓钉上就位。

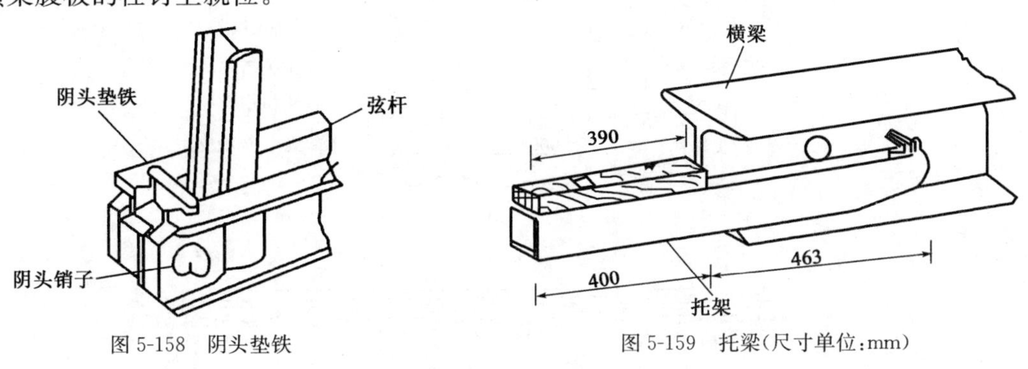

图 5-158 阴头垫铁

图 5-159 托梁(尺寸单位:mm)

③千斤顶

千斤顶与一般桥梁施工用的千斤顶完全一样,可以在市场上购买,以载重 200kN、总高 30cm、起高 50cm 为好。

④单头呆扳手

单头呆扳手分为 32mm、46mm 与 55mm 三种。32mm 的用于旋转斜撑螺栓、撑架螺栓、缘材螺栓及横梁夹具支承杆;46mm 的用于旋转抗风拉杆的锁紧螺母;55mm 的用于旋转桁架螺栓、弦杆螺栓及菱形千斤顶的千斤螺杆。

(二)桥梁架设及撤收作业

“321”钢桥的架设方法很多,如悬臂推出法、浮运架设法、整孔吊装法、就地拼装法等,但一般都采用设备简单的悬臂推出法。

所谓“悬臂推出”,就是在河流两岸,先安装好摇滚和平滚,桥梁的大部分构件,在推出岸的滚轴上预先拼装好,然后用人力或机械牵引,将桥梁平稳而缓慢地推出,直达对岸摇滚后就位。采用此法架设桥梁时,应特别注意的是:在桥梁尚未达到对岸摇滚之前,悬臂推出的整个过程中,应保持整体桥梁的平衡,始终使桥梁的重心落在推出岸摇滚的后面。为达到此目的,避免在推出过程中,因前部悬空而发生倾倒的危险,故需要在正桥的前端另拼装几节桁架,待桥梁完成推出后,再予拆除。这个另拼接长的几节桁架,通常都称它为“鼻架”。鼻架只装桁架(往往是单层桁架)、横梁与抗风拉杆等构件,不装纵梁与桥面板。

在通常情况下,桥梁是在推出岸全部装好后再推出。但在架设大跨径桥梁时,为减轻推出重量或因桁架不足时,也可不装足上层桁架,待鼻架到达对岸后,拆除鼻架,再装齐不足部分桁架;是当遇到桥头地形狭窄、桁架无法伸展时,只能采取边拼边推的办法,这时要特别注意随时核算桥梁的重心是否超出摇滚之外,否则桥梁的安全就得不到保证。

1.桥位选择及场地布置(图 5-160)

在桥梁架设之前,有关人员应先到现场实地对桥位进行勘测,勘测人员应做好如下工作:

(1)根据桥头两岸接线位置、地形、地貌、高差、地质、建筑物、道路走向及新旧桥位等情况,选择最佳桥位,定出最适宜的桥梁中线,并进行测量,打好中线桩;然后根据测得的河流宽度,确定推出岸与对岸摇滚至岸边的最小全安距离和所需的桥梁跨径。

(2)定出摇滚、平滚与座板的位置,测出桥梁中线桩及摇滚、平滚和座板标桩的高程。桥梁中线桩应测至对岸鼻架端能到达之最远处。

(3)根据接线路堤高程,定出桥梁基础高程。

(4)划出料场线,注明桥梁各构件、配件及架设工具的堆放位置。

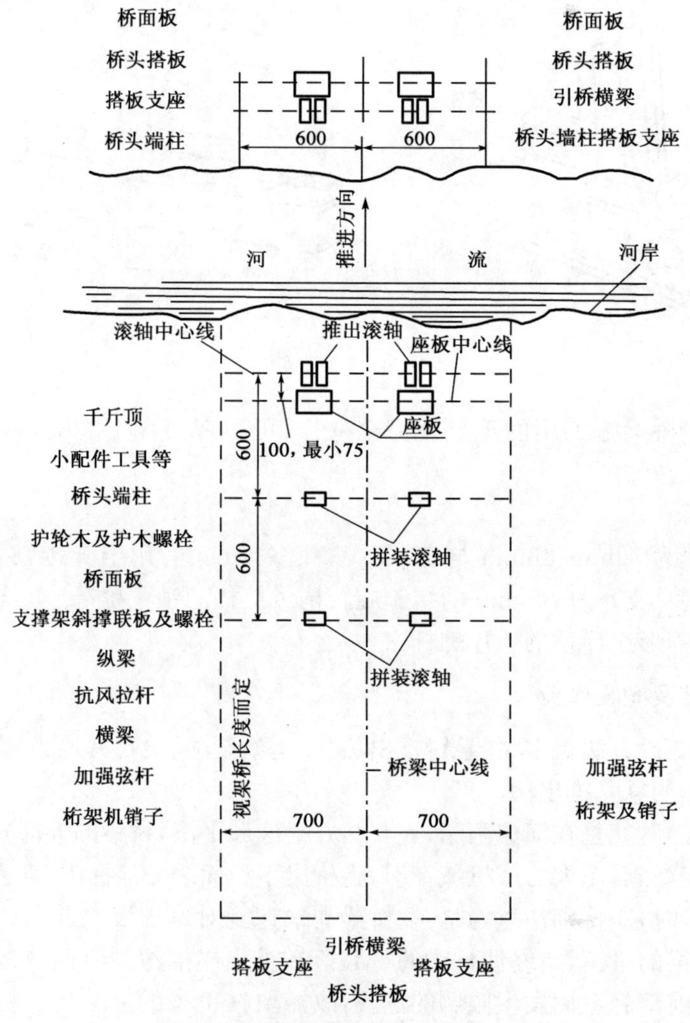

图 5-160　桥头料场布置(尺寸单位:cm)

2. 基础处理

“321”钢桥是通过座板将作用在桥上的荷载传给地基，当座板上的反应力超过地基容许承载力时，基础需要作扩大或加固处理，处理的方法可根据当地的实际情况而定。

当在已毁的桥梁墩台上架设“321”钢桥时，可直接将支座置于混凝土墩台上，此时支座将桥梁的反力传给墩台。

3. 滚轴的安装（图 5-161）

滚轴分为摇滚和平滚两种，根据勘测时的选线和定出的摇滚和平滚位置，进行滚轴的安装。摇滚安置在推出岸与对岸的岸边，推出岸的摇滚用于桥梁的推出；对岸的摇滚用于桥梁的着落。平滚安置在推出岸摇滚之后，用于桥梁的支承和减小桥梁在推出过程中的阻力。

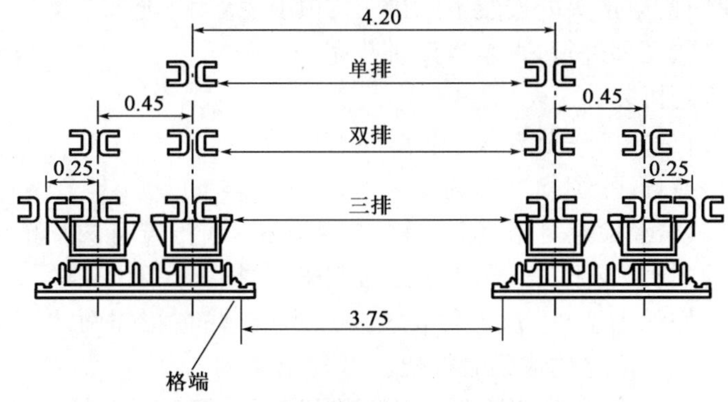

图 5-161　摇滚横向布置（尺寸单位：m）

4. 桥梁的拼装

滚轴安装完毕后，便可在推出岸进行桥梁的拼装。在桥梁拼装之前，要对摇滚、平滚的承载能力，推出时桥梁的稳定以及鼻架的强度等进行核算。

（1）拼装前桥跨结构的核算

①推出岸摇滚承载力核算。

②着落岸摇滚承载力的核算。

③平滚承载力核算。

④推出时桥梁的稳定性验算。

⑤鼻架强度验算。

（2）非加强单层桥梁的拼装。

本节仅简述双排单层桥梁的拼接架设方法，至于单排单层、双排双层、多排单层、多排双层桥梁的拼装方法，不再叙述。

①鼻架的拼装

鼻架的拼装程序如图 5-162 所示。

鼻架的拼装步骤如下：

a. 在推出岸两边的每个摇滚上各竖放一片桁架，桁架的一端放在摇滚上，另一端放在临时垫木上（因平滚的间距为 6m，而一片桁架的长度只有 3m，故须用临时垫木）。

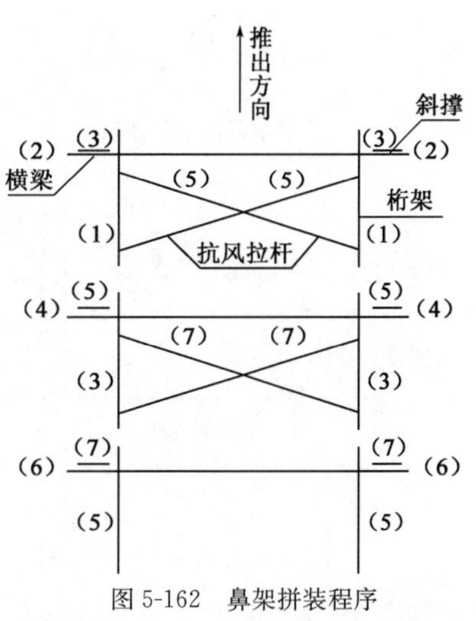

图 5-162　鼻架拼装程序

b. 将第一根横梁置于前端竖杆后面，并将横梁底面内两排孔眼，各自套入两片桁架下弦横梁垫板上的栓钉，用横梁夹具夹住，但不拧紧，待该横梁上的斜撑安装好后才能将横梁夹具拧紧。

c. 安装第二节桁架，同时在前一节桁架的横梁上安装斜撑。

d. 在第二节桁架前端竖杆的后面安装横梁，用横梁夹具轻轻夹住，待横梁上斜撑安装好后再拧紧。

e. 安装第三节桁架，并在第一节桁架上安装抗风拉杆（跨径在 30m 以下的桥梁可以不装），在第二节桁架的横梁上安装斜撑（跨径在 30m 以下的桥梁也可以不装）。

f. 根据两岸地面高差和鼻架端的挠度，确定下弦接头数目、接头位置以及鼻架端的抬高度，然后在鼻架下弦两桁架接头处安装下弦接头，并用桁架销子连接。

依照上述拼装步骤循环进行，直至鼻架拼装完毕。

②双排单层正桥的拼装

正桥桥梁的拼装程序，第一节与其余各节略有不同。

第一节桥梁的拼装程序（图 5-163）为：

a. 鼻架拼装完成后，经检查合格，即可拼装桁架。拼装时，先将两片桁架的阳头（或阴头）对准鼻架最后一节的阴头（或阳头），用销子连接起来，并插上保险插销。

b. 在与鼻架连接好的桁架外边，再各安装一片桁架，并在相邻两片桁架上弦杆的顶面安装支撑架，但不拧紧螺栓，使之构成临时框架。

c. 在桁架中竖杆前安装横梁就位，然后装上横梁夹具，但暂不夹紧。

d. 把第二根横梁装在后端竖杆的前面，用横梁夹具夹住。

e. 将第三根横梁装在前端竖杆之后，与此同时在第二根横梁上安装斜撑。

f. 再安装次一节桥梁的内排桁架，同时在第一节桁架内安装抗风拉杆。

g. 安装第二节桥梁的外排桁架，同时旋紧第一节桥梁的支撑架、横梁夹具和抗风拉杆。

至此，第一节桥梁的拼装业已完成，第二节桁架亦已装上。第一节桥梁不安装纵梁、桥面板和护轮木，待桥梁推到对岸落位后，端柱上的横梁也安装好后再铺设。

其余各节桁架的拼装程序（图 5-164）：

a. 第二节桁架安装好后，安装第三节内排桁架。

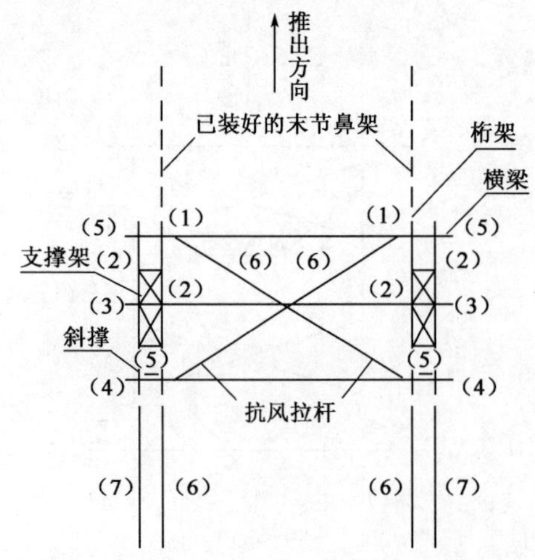

图 5-163　双排单层正桥第一节拼装程序

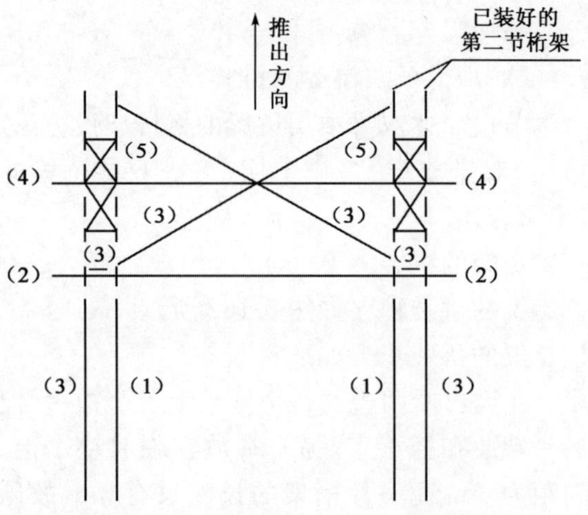

图 5-164　双排单层正桥其余各节拼装程序

b. 将横梁安装在第二节桁架后端竖杆的前面，用横梁夹具夹住，但不拧紧。

c. 在第二节横梁上安装斜撑，同时安装该节桁架的抗风拉杆和拼装第三节桥梁的外排桁架，抗风拉杆暂不拧紧。

d. 安装第二节桥梁的中横梁，扣上横梁夹具。

e. 安装支撑架和拧紧第二节桥梁的抗风拉杆及横梁夹具。

f. 安装有扣和无扣纵梁各 2 组，并在其上铺设桥面板和护轮木。

以后各节桥梁的安装，均按同样的程序进行。

③桥梁的推出

桥梁推出时用力必须均匀，速度缓慢而平稳，决不可操之过急。同时应尽可能采取有效措施，减少悬空部分的震荡。推进的方向应严格掌握，要指派专人检查，如发现偏差应立即纠正，特别是在桥梁接近平衡点容易转动时，可采用拨动尾部的办法彻底纠偏对正。

桥梁的推出可完全利用人力，也可用动力拖拉。人力推出具有准备工作简单、容易控制推出进度、速度快且不需要配置牵引设备等优点，但它只能适用于重量较轻的小跨径桥梁，由于两旁施力不易均衡，桥梁容易偏移方向，指挥人员必须时刻注意纠偏。当用人力无法推动时，可用撬棍在桥后协助撬动，但不能用力过猛，以免将桥撬翻。

动力拖拉可采用多种工具，其中最适宜的是用汽车拖拉。卷扬机、手摇绞车、推土机、拖拉机和坦克等，均可作为牵引工具。

推桥要有严密的组织、统一的指挥，指挥员要站在桥上，其位置要既能看到对岸滚轴，又能观察到桥梁在推进过程中的一切情况。推桥时，各组动作要协调一致，所有工作人员必须听从指挥员的命令。

④桥梁的落座

在桥梁落座之前，应先将全部鼻架拆除，安装好桥梁端柱，然后用普通千斤顶顶在桥梁的下弦，其位置最好在桁架弦杆与腹杆的交点处。千斤顶与弦杆之间放一块厚钢板，将力量平均传布到弦杆的两个槽钢上。切不可把千斤顶顶在一根槽钢上，更不应让槽钢翼缘单独承受千斤顶的力量。在一般情况下，千斤顶座下应垫垫木，以利于将桥梁传来的反力分布在较大的地面上。千斤顶与垫木的高度，应根据桥梁降距和千斤顶的行程而定，最好使桥梁能一次落座。

⑤钢桥面板的安装

本节讲的钢桥面板的安装，是指 U 形钢桥面板的安装。其他形式的钢桥面板安装，各地可根据本地区的实际情况，自行考虑确定安装方法。

U 形钢桥面板有两种结构形式，一为标准钢桥面板，二为中央钢桥面板。中央钢桥面板安置在横桥向桥面的正中间，标准钢桥面板安置在中央钢桥面板的两边，每边各两块。

⑥引桥的安装

桥梁落座完成后，即可开始架设引桥。引桥可用一节，亦可用多节，视当地的地形和引桥需要保持的纵坡而定。引桥安装完后，桥梁的架设工作已全部结束，此时需将全桥的螺栓、销子、横梁夹具等连接构件，认真仔细地进行全面检查，并对桥梁的跨中挠度进行测量，确认无任何问题时，方可通车。

三、ZB200 型装配式公路钢桥（梁）

ZB200 型装配式公路钢桥在战时国防交通中，用于快速架设临时性桥梁，保障重型武器装备和车辆迅速克服江河、断桥、沟谷等障碍，在平时抢险救灾（图 5-165）及国民经济建设中，除用于架设临时性桥梁外，还可用于构筑施工塔架（图 5-166）、支撑架（图 5-167）等多种装配式钢结构。它具有结构简单、运输方便、架设快速、分解容易等特点。

图 5-165　ZB200 型装配式公路钢桥在抢险救灾中的运用

图 5-166　ZB200 型装配式公路钢桥构筑的支撑架

图 5-167　ZB200 型装配式公路钢桥构筑的施工塔架

（一）主要战术技术指标

（1）可满足履带载 LD—50 级（图 5-168）、轮式载 LT—20 级（轮式轴压力 130kN，图 5-169）、汽车—20 级（图 5-170）荷载通行。

图 5-168　履带载 LD—50 级

图 5-169　轮式载 LT—20 级

(2)按设计载荷可架设单跨桥梁(TSR3),跨径大于或等于 51m。

图 5-170 汽车—20 级

(3)51m 以下桥梁能适用不同跨径要求,跨径变化以 3.048m 为一个节间,桥面净宽单车道 4.2m,双车道 7.35m(图 5-171)。

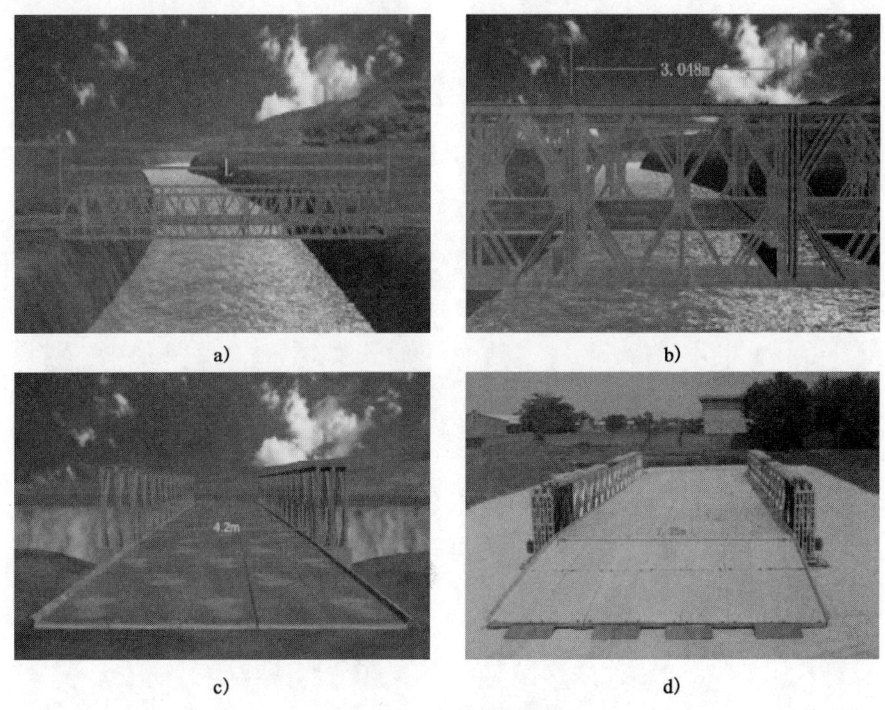

a) b) c) d)

图 5-171 相关技术指标

单个构件最重桁架质量 306kg,单车道横梁质量 417kg,双车道横梁质量 1 000kg,可用普通车辆运输,并满足集装箱装运。

桥梁寿命可保障我军 79 式坦克通行大于 10 万次。

(二)ZB-200 型装配式公路钢桥的组成及功能

ZB200 型装配式公路钢桥主要由桁架、横梁、桥板、连接销等组成。

(三)桁架组合形式

为适应不同荷载和跨径的变化,桁架组合可取四种基本形式和七种变化形式,即单排单层(SS)、单排单层加强型(SSR)、双排单层(DS)、双排单层加强 1 型(DSR1)、双排单层加强 2 型(DSR2)、三排单层(TS)、三排单层加强 2 型(TSR2)、三排单层加强 3 型(TSR3)、四排单层(QS)、四排单层加强 3 型(QSR3)、四排单层加强 4 型(QSR4),如图 5-172 所示。

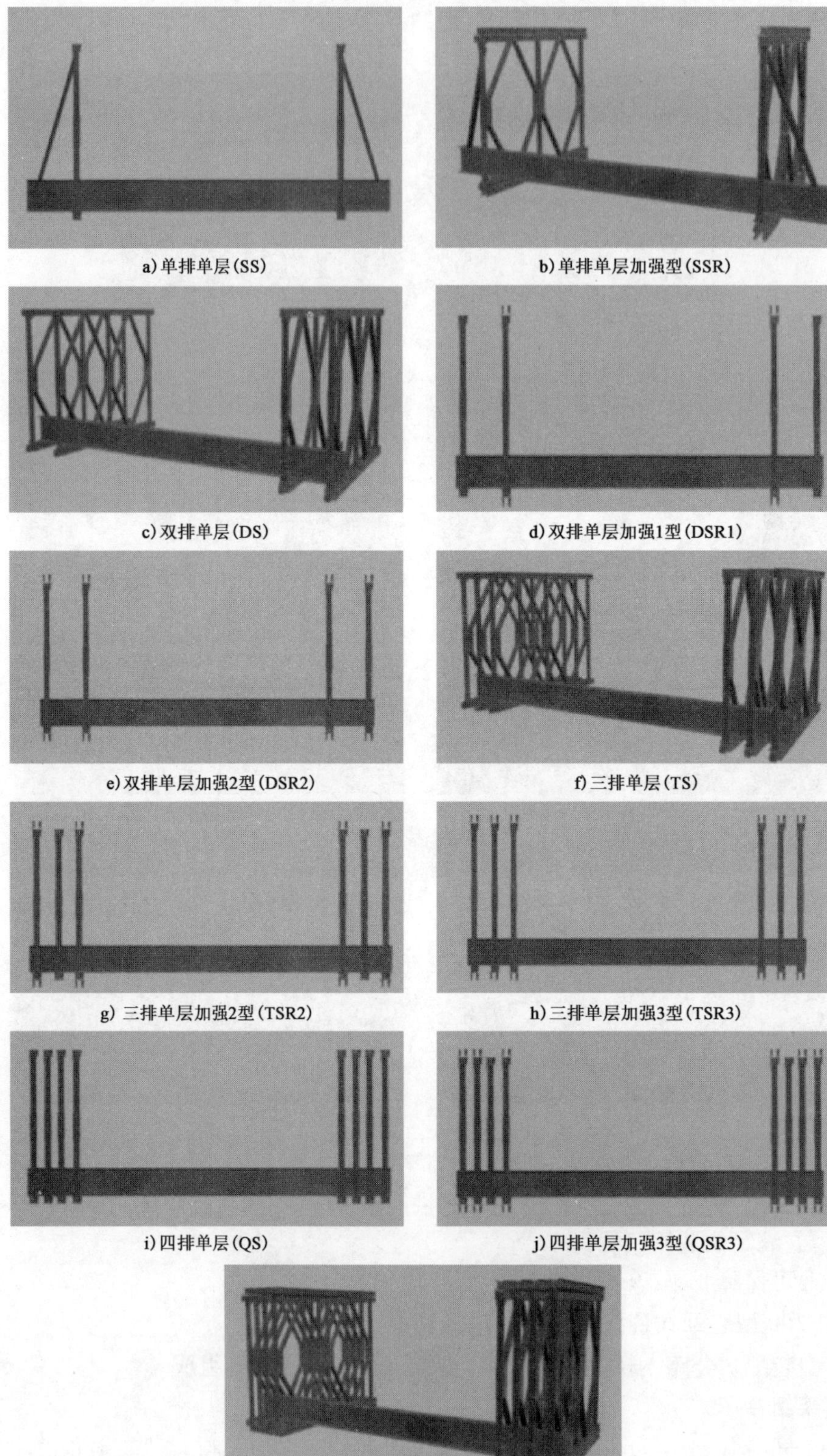

a) 单排单层(SS)
b) 单排单层加强型(SSR)
c) 双排单层(DS)
d) 双排单层加强1型(DSR1)
e) 双排单层加强2型(DSR2)
f) 三排单层(TS)
g) 三排单层加强2型(TSR2)
h) 三排单层加强3型(TSR3)
i) 四排单层(QS)
j) 四排单层加强3型(QSR3)
k) 四排单层加强4型(QSR4)

图 5-172 桁架组合形式

(四)技术及工艺创新点

与传统 321 型装配式公路钢桥相比较，ZB200 型装配式公路钢桥有以下几个方面的优点：

(1)桥梁构件简单、架设方便，标准化程度得到很大提高；组合结构形式更多样化，运用更广；荷载能力提高，可保障履带 500kN、轮式轴压力 130kN 以下各种车辆通行。

(2)桥板增加了剪力销，使多块桥板的受力更加均匀。

(3)桁架单元截面增高，主桁可拼组成 4 排，能满足更大荷载的要求。

(4)桥面净宽更大，能满足更多超宽装备的通载要求。

四、木梁

木梁是用于岸边或浅水部分的一种短跨梁，用方木或鼓形木制成。木梁分为有键梁与无键梁两种。有键梁系工厂制造；无键梁结构简单，可在现场制作。抢修时常用无键梁，其容许跨径见表 5-32。

木梁分左右两组，每组木梁应根据不同的载重和跨径，用 3～9 根梁木组成(图 5-173)。

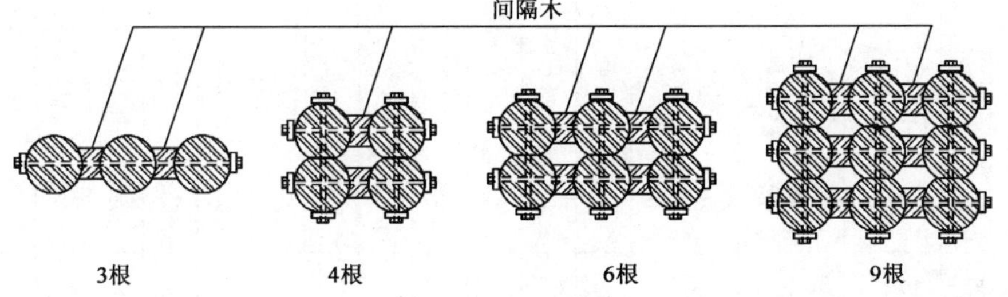

图 5-173　木梁的组成

每组木梁应上下、左右用螺栓连成一体。为保持梁木间通风良好，增强每组梁木的稳定性，在梁木的横向螺栓处还应加间隔木。两组木梁之间，还需用夹木及横向连接木连成一体，夹木设在梁端约为跨径四分之一的位置，用竖向的螺栓与梁连接；横向连接木设在上述梁的横向连接螺栓的位置上(图 5-174)。

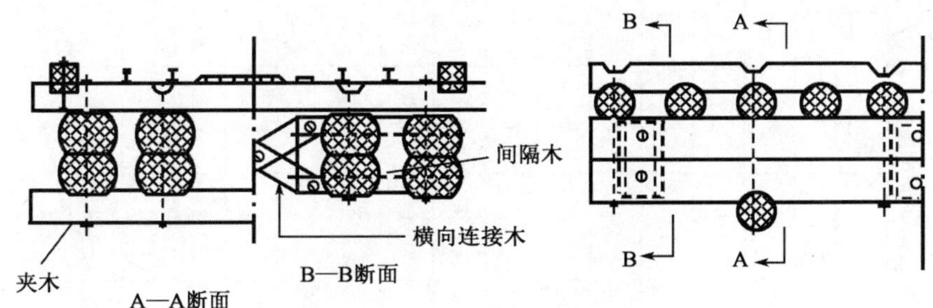

图 5-174　木梁的连接(一)

在经常遭受破坏的桥梁上，为了缩短抢修时间，可用下列方法简化两组木梁间的连接：

无键圆木梁容许跨径(m) 表 5-32

直径 d (cm)	落叶松								普通松							
	JF-1				JF-6				JF-1				JF-6			
	纵梁截面组成				纵梁截面组成				纵梁截面组成				纵梁截面组成			
			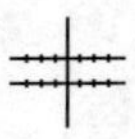	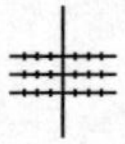		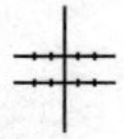	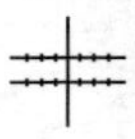	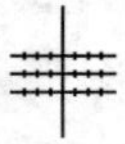		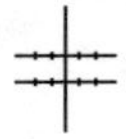	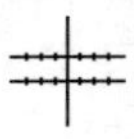	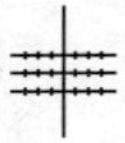		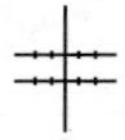	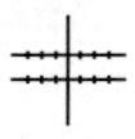	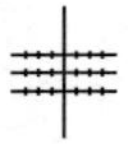
20	1.0	1.2	2.0	2.8	1.1	1.5	2.2	3.1	0.6	1.1	1.7	2.4	0.8	1.3	1.9	2.7
21	1.1	1.5	2.3	3.0	1.3	1.8	2.6	3.3	0.9	1.3	2.0	2.7	1.1	1.4	2.2	3.0
22	1.4	1.8	2.6	3.3	1.6	2.1	2.9	3.6	1.1	1.6	2.2	3.0	1.3	1.8	2.5	3.2
23	1.5	2.1	2.9	3.6	1.7	2.3	3.1	3.8	1.2	1.8	2.5	3.2	1.5	2.0	2.7	3.4
24	1.8	2.3	3.1	3.8	2.0	2.6	3.3	4.1	1.4	2.0	2.8	3.5	1.7	2.2	3.0	3.7
25	2.0	2.5	3.3	4.1	2.2	2.9	3.6	4.5	1.6	2.2	3.0	3.7	1.9	2.4	3.2	4.0
26	2.2	2.9	3.6	4.4	2.4	3.1	3.8	4.8	1.8	2.4	3.2	4.0	2.1	2.7	3.4	4.3
27	2.4	3.0	3.8	4.7	2.7	3.2	4.1	5.1	2.1	2.7	3.4	4.2	2.3	2.9	3.6	4.5
28	2.6	3.2	4.0	5.0	2.9	3.4	4.3	5.4	2.2	3.0	3.6	4.5	2.5	3.1	3.9	4.8
29	2.9	3.4	4.2	5.3	3.1	3.7	4.7	5.7	2.5	3.1	3.8	4.8	2.7	3.3	4.1	5.1
30	3.1	3.6	4.6	5.7	3.2	3.9	4.9	6.1	2.7	3.3	4.1	5.0	3.0	3.5	4.4	5.4
31	3.2	3.8	4.8	6.0	3.4	4.1	5.2	6.4	2.9	3.5	4.3	5.3	3.1	3.7	4.6	5.8
32	3.3	4.0	5.1	6.3	3.6	4.3	5.5	6.7	3.1	3.6	4.5	5.7	3.2	3.9	4.8	6.1
33	3.5	4.2	5.4	6.6	3.8	4.5	5.8	7.2	3.2	3.8	4.8	5.9	3.4	4.1	5.1	6.4
34	3.7	4.4	5.6	6.9	4.0	4.8	6.0	7.6	3.3	4.0	5.1	6.3	3.5	4.3	5.4	6.8
35	3.8	4.6	6.0	7.4	4.1	5.1	6.4	7.9	3.5	4.2	5.3	6.7	3.8	4.6	5.7	7.0
36	4.0	4.8	6.3	8.0	4.3	5.3	6.7	8.5	3.7	4.5	5.6	7.0	3.9	4.8	6.0	7.5

注:本表摘自《铁路桥涵设计手册》。

(1)夹木螺栓不穿过木梁,而设在每组木梁的两侧(图 5-175)。

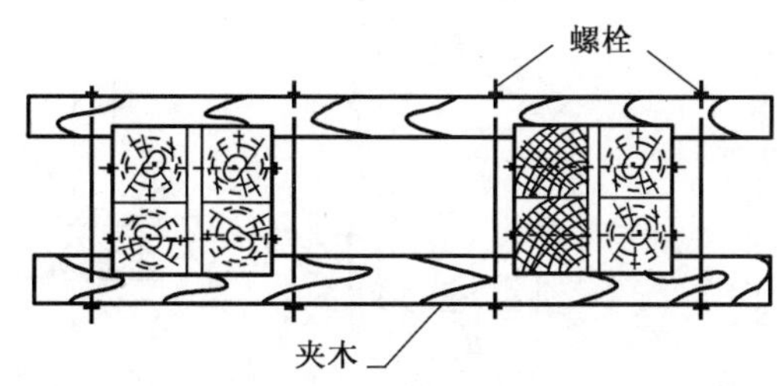

图 5-175 木梁的连接(二)

(2)横向连接木,用横撑木代替斜拉撑(图 5-176)。

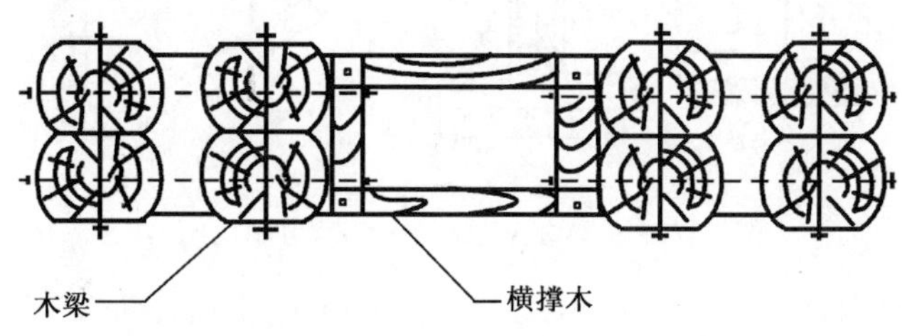

图 5-176 木梁的连接(三)

第七节 木桥的抢建

由于道路交通中断或地形地貌的限制,无法采用装配式器材和常用的钢材搭设桥梁时,可以根据交通应急抢建的需要,选择木材作为搭设应急桥梁的主要材料。

一、墩台的修筑

(一)框架墩台

框架墩台的结构简单,因此框架墩台的桥梁建筑时间通常比其他墩台的桥梁短。框架墩台的结构有各种各样的,具体根据它的高度和在桥上通过的车辆载重而定。框架的主要构件是立柱、帽木、卧木和倾斜夹木。

框架墩台的修筑,对于高度在 3m 以内的单排墩台,是整个装好以后运到工地;对于高度较大的双层和空间墩台,将各个组件运至工地,在工地装置时用纵向夹木予以加固。墩台框架下端置于卧木中。立柱的高度须与框架的规定尺寸相符,考虑到卧木的埋置深度和桥梁高度。

在透水性良好的土壤中,如果墩台没有被掏空的危险,基坑深度可以减小到 0.7～1.0m。框架墩台的卧木和帽木用圆木做成。立柱和帽木、卧木的固结,是用直径 19mm、长 200mm 的栓钉以及直径 16mm、长 250mm 的蚂蟥钉来进行的。帽木和卧木做成整体(就长度来说),但当缺乏长尺寸的木料时,允许有接头。卧木下面通常放置垫木(短木),垫木是用直径为 22cm 的圆木段做成,每根立柱下面放置 2～4 个垫木。

当墩台高度大于 3m 时,除上述以外,还用一对水平夹木借助于通拉立柱的螺栓把框架的立柱彼此固结起来。框架墩台的结点详图如图 5-177 所示。

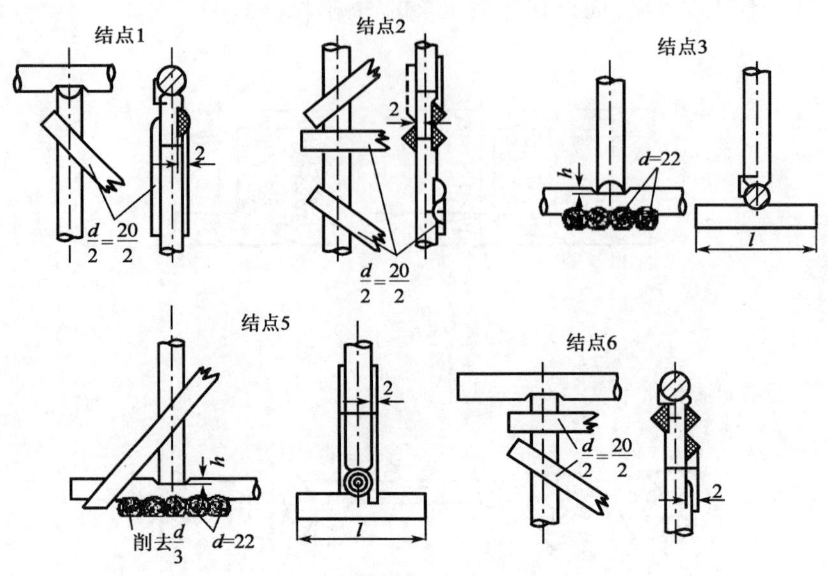

图 5-177　框架墩台的结点详图(尺寸单位:cm)

在框架墩台中,帽木是框架的一个组成部分。帽木的上缘沿整个长度削去 1cm 深度,帽木下面削出几根立柱上的台帽,削的深度(图 5-178)从小头(边立柱处)的 3cm 开始,向大头逐渐增大。所有台帽必须位于同一水平,因此按线绳削出台帽,而使它们得以在立柱上与之合契。帽木与立柱可用直径 19mm 的圆形金属栓钉来联结。为了使栓钉在立柱中心上穿过帽木,要钻出孔眼,孔眼深入立柱上端 10～12cm 深。把栓钉由上面钉入所钻出的孔眼中,栓钉上端应与帽木顶面齐平。当缺乏金属时,帽木与立柱的联结可以直接用榫接。榫接的方法比较复杂,在帽木上要画出槽口的位置,然后用凿子把它凿成 7cm 深,也就是比立柱榫头的高度大 1cm。

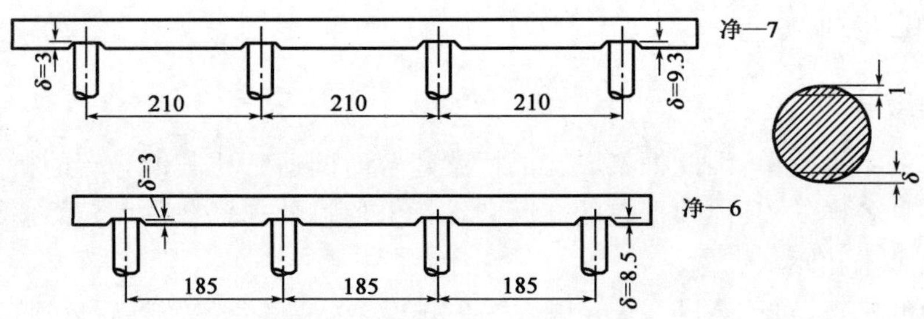

图 5-178　立柱和桩上的帽木的切削和铺设(尺寸单位:cm)

在专门的座架上按水平位置来装配框架(图 5-179),座架是用圆木和厚木板做成的。为了加速帽木、立柱和卧木的装配,在座架上预先画出帽木、立柱和卧木的位置。将立柱轴线移到框架范围以外,并用圆钉固定在座架上,在座架上面铺设帽木、立柱和卧木。卧木和帽木用栓钉和蚂蟥钉来同立柱扣紧,然后从上面装上水平夹木和对角夹木。

框架墩台施工按以下程序进行:先开挖基坑,基坑的宽度为 0.6～0.8m,长度比墩台宽度或岸墩的栅墙长度大 0.5m。将基坑底整平,上面铺设良好捣实的砂或碎石垫层,厚度为 10cm。在垫层上放置短木。把从预制工场运来的框架按照“卧木朝向基坑方向”放置,然后用汽车起重机、绞车或借助于钩杆和绳索把它放入基坑中。借助撬杆来加以校正,使框架垂直地竖立,恰位于设计位置(平面的和高度的)。调整好了的框架,用打入土中的木板斜撑来固定。如果是岸墩,就在墩台框架的旁边,也在这些短木上装置栅墙的框架。此后,基坑中填以透水性的土,并仔细夯实。为了减少框架立柱的腐朽(在砂性土中腐朽特别厉害),建议在立柱旁填以黏土,或者在从地表面起至 50～60cm 深度范围立柱上,涂以厚2～3cm的胶泥层。

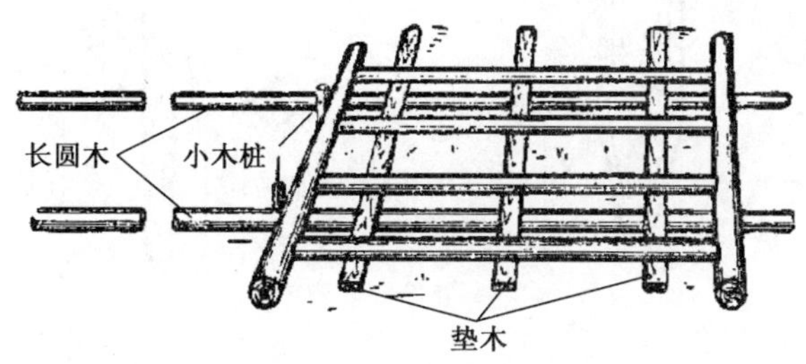

图 5-179 框架墩台的装配

(二)桩式墩台

当建造跨越经常流水的河流的梁式木桥时,以及跨越干谷和峡谷的梁式木桥、当谷底为沼泽土或地下水位很高,以致难以开挖框架墩台的基坑时,宜设置桩式墩台。

梁式桥的桩式墩台由一排桩或两排桩组成,桩用各种打桩工具打入土中。当为间隔土和石质土时,不能将桩打入。

多跨径梁式木桥的墩台高度很大时(常水位以上 5～6m),为了使墩台具有刚性,可装设水平和倾斜(对角)夹木,夹木用半圆木或圆木做成,用螺栓扣紧在桩上。当常水位以上的墩台高度在 3m 以内时,只装设水平夹木。下面的水平夹木必须位于水沫线以上 50cm 处。当墩台高度为 4～6m 时,装设水平夹木和对角夹木。在墩台高度大于它的宽度时,必须从墩台两面钉入补充的斜桩,并装置旁撑木。

当排架桥的长度相当大时,除了普通的平面墩台以外,还应设置立体墩台,提高桥梁的纵向稳定性和刚性。立体墩台间隔 25～30m,立体墩台由彼此用水平夹木和对角夹木相连的两排桩组成。立体墩台桩排之间的距离为 1.5m,而在某些情况下较大。当桥头引道的高度大于4m 时,岸墩必须做成立体墩台的形式。

制桩用的圆木的长度为 6.5～8.5m。制桩工序是:砍去节疤;将圆木的一端锯尖;锯平另一端(桩头),此平面须严格地与桩轴线成直角;修琢桩的上部分。桩的锯尖是在圆木的小头处进行,锯成 3 个或 4 个平面,锯切高度为圆木直径的 1.5～3 倍(图 5-180)。为避免沉入土中时桩被损坏,桩的尖端应削钝一些。为了使打桩时桩不致偏离设计位置,桩尖应准确地与桩轴线重合。如果桩打入密实的土中,那么,在桩尖上就要套上金属靴(图 5-181);当借助柴油桩锤将细长的桩打入松软的土中时,可以不必将桩锯尖。为了增大打入松软土中的桩的承载能力,可用圆木段做成的凸木扣紧在桩上(图 5-182)。

为了使打桩时桩头不致蓬裂,在桩头上戴以铁箍(图 5-183),铁箍是用厚 10～15mm、宽50～70mm 的扁铁焊成的环,并锻打得稍呈圆锥形(斜度为 1∶20),铁箍可以在热或冷的状态下戴在桩头上。热状态下戴桩头,是将铁箍加热到呈赭色,再用大锤将其安置在桩头上,冷却以后，铁箍就紧密地箍在桩头上。

制成的桩下垫以用管筒或几段小圆木做的滚轮，然后用绞车将它拽运到打桩架处。当利用打桩架的绞车拽运桩时，系桩的绳索必须通过安置在打桩架底座处的滑车。

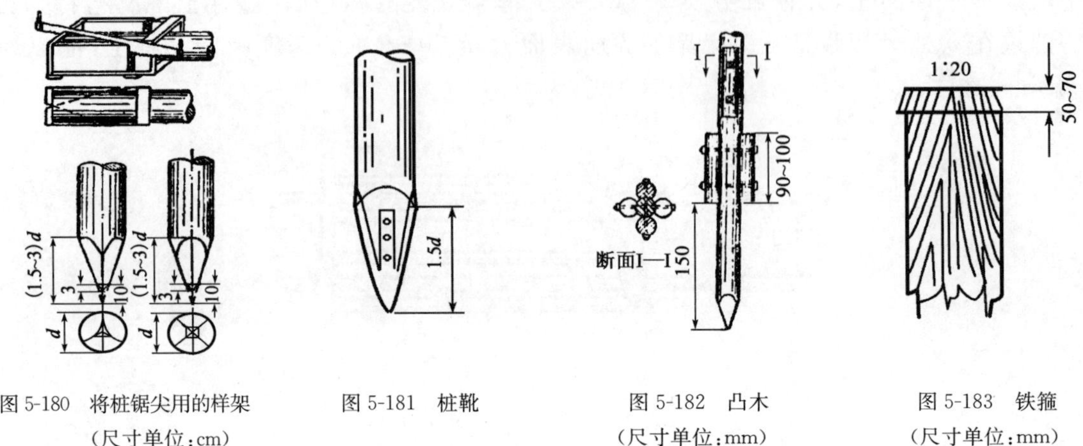

图 5-180　将桩锯尖用的样架（尺寸单位：cm）

图 5-181　桩靴

图 5-182　凸木（尺寸单位：mm）

图 5-183　铁箍（尺寸单位：mm）

制成的桩长度不足时，需将桩接长。如接头将位于地面或水面以上，采用半搭接法进行接长。具体做法是，先在桩上做出锯痕，锯痕深度为直径（垂直于桩轴线的）的一半，长度为 90cm 左右（自端头算起），在接木上也按此作出锯痕，用斧头把锯过的部分砍去。然后将立柱——接木安置在桩的锯出的台口上[图 5-184a)]。拼接处套上两个金属箍（用断面为 60mm×10mm 的扁铁做成），并用螺栓扣紧。

桩的接长也可以用对接法来实现[图 5-184b)]。如果接头位于土中或水下，那么，桩的接长就要用倒刺钉来进行对接：在接头上安置四个用扁铁做成的鱼尾板，用锻钉将它同桩扣紧[图 5-184c)]。

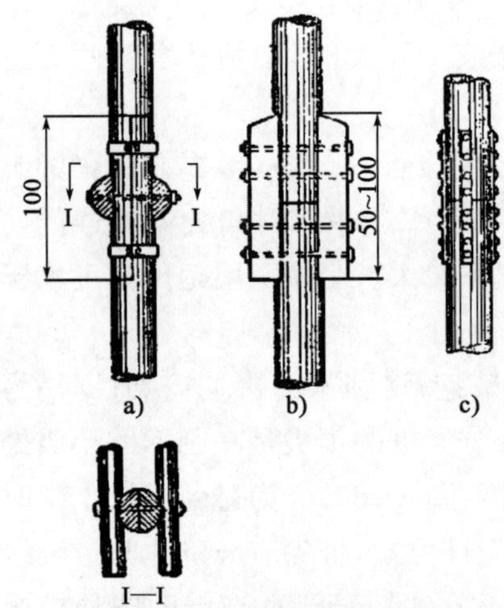

图 5-184　桩的接长（尺寸单位：mm）

为了便于打桩架的移动，在开始打桩前建造专门的脚手架，脚手架由支座、大梁和铺板组成。当建筑梁式桥时，适宜在桥下沿着桥的纵轴线架设脚手架，使得在它上面移动的打桩架能够向左和向右移动，依次打入每一个墩台中的各桩。打桩架用的脚手架，在干谷或不深的水流中打桩时，可以建造在卧木、框架支座或格子笼上，而在很深的水流中打桩时，则建造在桩上。

脚手架的宽度应该比所打墩台边桩间的距离大 1m，且不得小于 6m。自脚手架的支座到所打桥梁墩台各桩之间的距离应该不小于 0.5m，脚手架的铺板在大梁上下垂不应超过 0.25m。

墩台的各桩必须打到“最后贯入度”时为止，并且在普通土中打入深度不小于 2.5m，在翻浆土中不小于 3.5m。在单跨径桥梁中，当墩台高度在 1.0m 以上时，桩的打入深度在任何情况下都不应小于 3.5m。

在顺序的几个锤击阵中，桩的沉落度为相同数值，称为“最后贯入度”。当用机械打桩架和柴油桩锤打桩时，一个锤击阵采取 10 次锤击（在一个桩上）。

在淤泥土中打桩时，不允许中断。因为在打桩中止时，桩和土的黏结力增大，因而使打桩很困难。相反，在重的、密实的黏土中，不停地打桩时，由于剧烈地和迅速地捣实了桩周围的土，可能出现“假的最后贯入度”。当具有这种土时，打桩过程中最好有中断，中断以后续打时，桩将正常地沉落。

悬锤的落锤高度应该不大于 2m，以免损坏桩。第一个锤击阵最好以 0.5～0.7m 的落锤高度来施打。如果在打桩开始时，锤击以后，桩锤向上跳动，使打桩进行得很慢，则表明桩锤重量不足。

(三)打桩设备

1. 柴油桩锤

建造最简单的梁式桥时，可以有效地采用无打桩架的柴油桩锤来进行打桩工作。这种桩锤是由柴油桩锤本身、锤座和起重梁组成的。

柴油桩锤本身是由两个主要部分组成的：全套活塞体和冲击部分，冲击部分同时用作汽缸(图 5-185)。活塞体有孔，用以插入导杆的杆套，并与桩锤各部分连接。活塞体上固结油泵及储油箱，其上设有调节供油量和传动油泵的机构。油泵传动机构系由偏心轴的摇臂、油门操纵杆和推杆组成的。

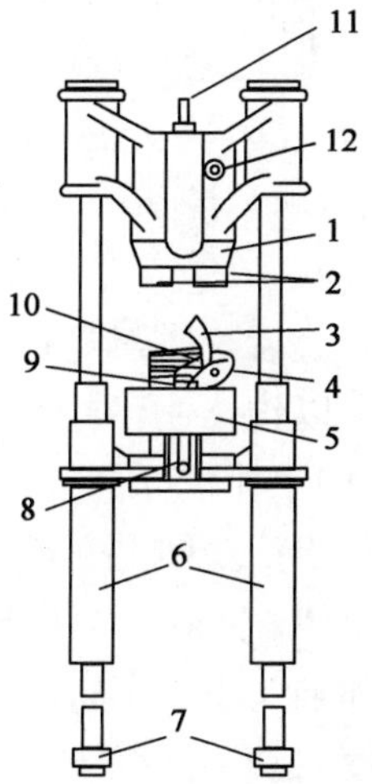

活塞体下部的套筒中，设有弹簧，用以限制冲击部分的向上运动，并借助导杆头上所设止升套对弹簧的压力来增大冲击部分在下落时的冲击能量。

柴油桩锤吊升于桩上，启动时其冲击部分的吊升和下落，均借助起重梁来进行。起重梁插在锤座的套筒内，并且在其中可自由转动。起重梁系由立柱、吊升、下落的猫头小吊车和有柄的摩擦绞盘组成。

图 5-185　无打桩架的柴油桩锤视图

1-冲击部分；2-环状扇形体；3-摇臂；4-油门操纵杆；5-油箱；6-弹簧套筒；7-导杆头的止升套；8-油管；9-推杆；10-喷油嘴；11-环首螺栓；12-压销

当启动时，用猫头小吊车钩住柴油桩锤的冲击部分，用摩擦绞盘将它提升，直到猫头小吊车的支承杆进入起重梁立柱中的楔形口为止。此时猫头小吊车的侧杆转动，将冲击部分抛下。冲击部分以及整个柴油桩锤都是借助缆索摇动摩擦绞盘棘轮的操纵杆来吊升的。下落柴油桩锤也用同样办法来进行，但棘轮须向下落方向转动。

柴油桩锤的锤座用中心销钉及两个套在枢轴上的螺栓加固于桩上，此枢轴穿在桩上已钻好的空洞中。此外，锤座也用螺栓来与桩锤的活塞体固结。安置锤座以前，应将桩头按如图 5-186所示进行加工。

植桩架(图 5-187)由支承框架、斜撑框架和前框架所组成。在前框架上有两个能自由移动的桩夹，桩夹带有开口卡环和制动螺旋，用以固定木桩。用特别的止动器将开口卡环固定在桩夹的立柱上，在前框架上还有带齿的制动杆，在木桩立直时用以固定上桩夹及桩。为了联结前框架和斜撑框架，设有带销栓的枢轴。植桩架可绕铰接于支承框架上的圆环作垂直平面的转动。植桩架设置在 3 根方木上。当将桩置于植桩架上时，应在前框架末端之下置一短桩。植桩架安装在用小艇或浮筒拼合成的船渡上或平底船上。

植桩架要设置在所打桩的方向线中。把安上锤座的桩设置在植桩架的桩夹中，并用制动螺旋固定。上部桩夹用带齿的制动杆固定，制动杆则以楔卡牢。在锤座的起重梁杆套中插入起重梁的立柱。在锤座的后吊环中系着两根拉索，以备吊桩之用。

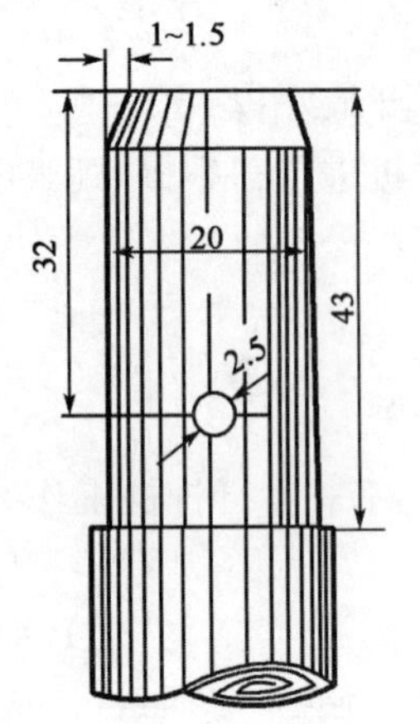

图 5-186　无打桩架的型柴油桩锤锤座下桩头进行加工的情况（尺寸单位：cm）

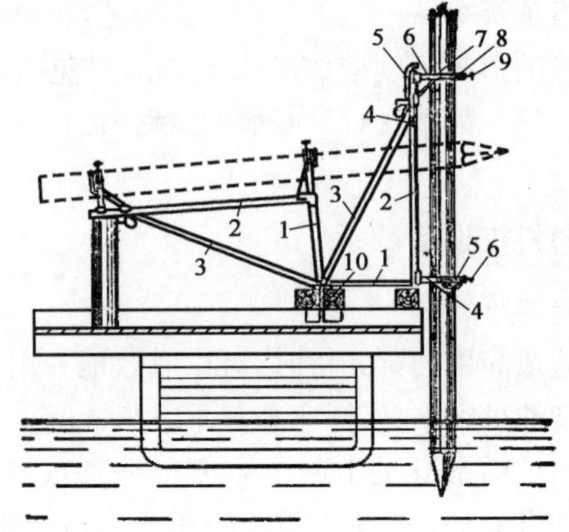

图 5-187　植桩架

1-支承框架；2-前框架；3-斜撑框架；4-销栓；5-制动杆；6-桩夹；7-止动器；8-开口卡环；9-制动螺旋；10-圆环

将桩立直后，进行柴油桩锤的安装工作，包括将柴油桩锤吊到桩上，将它固定在桩座上，并准备启动。以钩挂住环首螺栓，搬动起重梁的摩擦绞盘将柴油桩锤吊到桩上，同时使桩锤背部向着木桩，用手抓住导杆。为了方便起见，在吊升和下落桩锤时，应用细钢索或牢固的绳索做成的绊绳系于活塞体上。桩锤断落于锤座上以后，将桩锤活塞体与锤座用螺栓连接，并将螺栓拧紧。活塞体固定以后，解开桩锤环首螺栓中和活塞体上的钢索，将起重梁转到另一方向。然后用铜索和猫头小吊车将冲击部分吊起，吊起高度为 70～75cm。用手压动油泵以检查供油情况。为了使启动柴油桩锤时不致发生回击，当发现有油射出时，应停止压动油泵，不允许过剩的油落到汽缸中。

在启动柴油桩锤以前，要用上桩夹的制动螺旋将桩固定，同时松开植桩架的止动杆。为了启动桩锤，要将冲击部分吊起来，直到它自动地从吊着它的猫头小吊车支承杆上脱下为止。在启动桩锤时，应多加油，这个工作以及冲击部分的吊起高度和冲击力量，均用连接于偏心轴油门操纵杆上的绳索拉动偏心轴油门操纵杆来调节（图 5-188）。在软土中打桩时，桩锤仅在冲击部分抛落数次后才能发动起来。

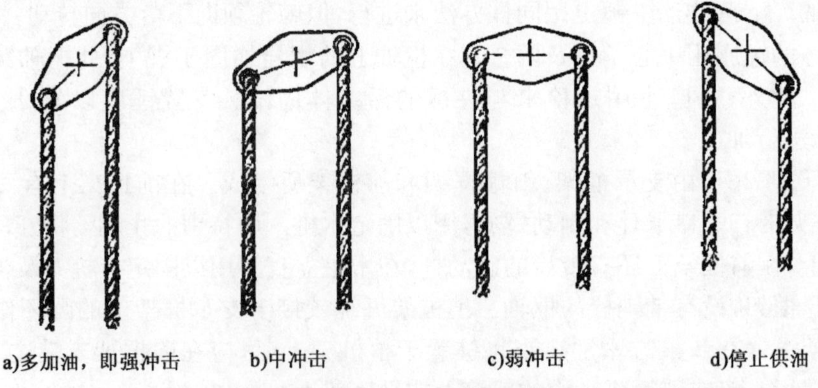

a)多加油，即强冲击　　b)中冲击　　c)弱冲击　　d)停止供油

图 5-188　调节无打桩架的柴油桩锤的供油量时偏心轴油门操纵杆的位置

在打桩时，必须注意使桩保持垂直位置。如有偏斜，则由两个工人借助系于锤座的牵索来加以矫正。

打桩结束后，依次取下柴油桩锤、起重梁和锤座，将它们装置在下一根桩上。

2. 杆式柴油桩锤

杆式柴油桩锤主要由以下部分组成：全套活塞体、冲击部分、钩架、顶座、导杆、桩帽和油泵。

桩锤的冲击部分是汽缸体，汽缸体下面安着四个突缘，用以将打击传递到装置在桩锤内的半球形承座的球面枢轴上。在冲击部分的上部设有小轴，以便用钩架的挂钩钩住它。为了使打桩架工作的稳定起见，用两根张紧的绳索来支撑。

打桩架的拼装是从装配底架开始，顺序进行下列工作：横向固定边梁，固设托架，装置支承曲拐（水平位置），并将绞车固装在底座上。

同时在底座前面的木垫上拼装龙门导杆，将安装框架与撑杆同导杆连接起来。底座负载着平衡重（圆木、桩等），质量约为1t。将龙门导杆下端移动至靠近底座上的支承曲拐，并与其固定。

将绞车右鼓筒的钢索通过安装框架和底座上的滑轮，左鼓筒的钢索则通过龙门下部的滑轮和龙门顶架的滑轮，暂时将其固定。然后用手并借助绞车将龙门顶架吊起，吊起高度为3～4m，同时用马凳支撑着龙门导杆，然后仅借助绞车继续将龙门吊起。此后将后撑杆固定在底座托架上，将右鼓筒的钢索从安装框架和底座上的滑轮抽出，并使其通过龙门顶架的滑轮和导向滑轮，最后进行柴油桩锤的安装和打桩的准备工作。

首先将柴油桩锤吊往打桩架导杆中，然后将桩锤冲击部分与钩架固结，并且在将挂钩制紧时将它吊起，在冲击部分下面放置短垫木。通过过滤器向桩锤加油。将桩锤汽缸向上吊起，用手压动油泵，直到由喷油嘴中强烈地喷油为止。然后将汽缸放下到活塞上，将钩架向上升起，并与顶座钩住。将桩锤吊升到上止点，并在它的下面植桩，须使桩的轴线精确地与桩锤轴线重合。为了节约时间起见，桩的吊起可以与桩锤的吊起同时进行。此时，要将桩与桩锤固结，如图5-189所示。植桩以后，将桩锤放下来，将桩锤支承在桩头上。将钩架与顶座脱开，并且放下来而钩住桩锤。钩着冲击部分的钩架向上升起，并重新与顶座钩连起来。

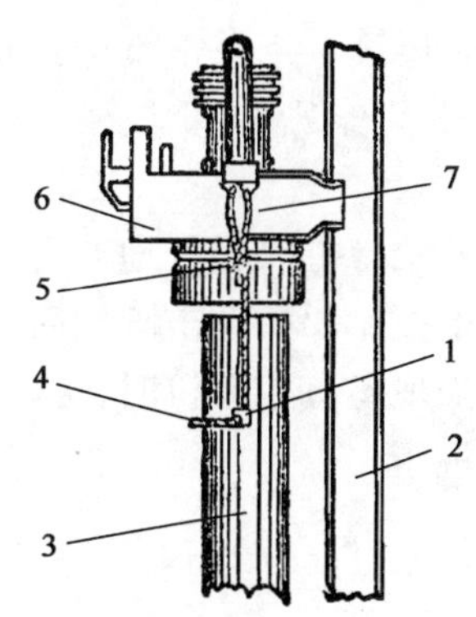

图5-189　起吊时桩与柴油桩锤的固结

1-拐钉；2-打桩架导杆；3-木桩；4-钢索；5-夹具；6-柴油桩锤的活塞体；7-钢索钩

柴油桩锤工作时，冲击部分的吊起高度用调节供油量来控制，同时须注意使冲击部分不致吊起过高，不致撞击到钩架。

抛下冲击部分后，钩架须留置于顶座上。当拉动系结在挂钩脱钩臂上的绳索不得法时，钩架可能与顶座脱开。在这种情况下，必须用手拉紧钢索急速将钩架吊起。

当缺乏柴油桩锤时，可以用带有铸铁夯锤的机械打桩架来打桩。打桩架的龙门用四个撑杆来支撑。在两个后撑杆上设置梯级。吊桩和植桩是借助固定在顶木上的滑轮来进行的。

打桩架的安装是从装配底架开始。将装配好的底架一边抬起并放置在马凳上

(图 5-190)，马凳必须用拉紧的绳索支撑住。将龙门搬到底架前梁木处，然后用手将它抬起来并放置在另一马凳上，使得底架与龙门之间的角度为直角。将龙门下端固定在前梁木的槽口内，而将两根后撑杆同底架和龙门相联结，装上顶木并固定，再装置前撑杆和梯级。钉设所有联结件以后，由打桩架的底架下面撤出马凳，并借助绞车将打桩架垂直地放置在短圆木做的滚子上，然后安装用以起吊桩和桩锤的滑轮。将滚子上的打桩架沿着脚手架移动到打桩地点。在需要打桩的地点装设打桩架以后，检查龙门是否竖直，并用蚂蟥钉将打桩架钉在滚子上，然后吊起桩锤，并借助插在龙门孔中的弯头铁棒将它固定。

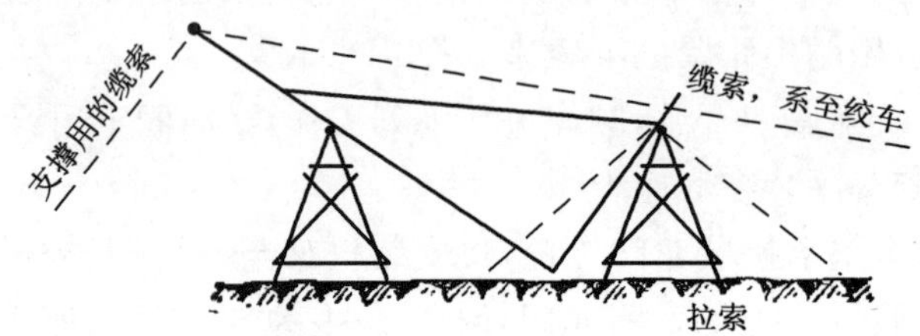

图 5-190　利用马凳安装打桩架

然后用人工或借助绞车将桩拖到打桩架跟前，用绕过滑轮的绳索绑住桩头，吊起它并使桩尖放在土上。

在某些情况下，允许采用人力夯来打桩。用人力夯打桩是从铺设在马凳上或设置在铁棒上的脚手架上进行铁棒穿过桩上部的孔。

人力夯是直径为 30～40cm、长度为 90～100cm 的硬木类的圆木，四面钉有把手，上下两端有金属箍。当在干土中打桩时，挖一深达 1m 的小坑，将桩按垂线放置在坑内。桩四面填土，并将土紧密夯实。为了使桩在打桩时不致偏离垂直位置，将桩用撑杆支撑住或用绳索拉紧。

开始打桩时轻轻地冲击，逐渐增大人力夯的吊起高度和冲击力量，而且对于桩的位置进行经常检查。每一锤击阵以后，要量出桩的沉落量。

当现场有挖掘机时，可以采用挖掘机压入桩(图 5-191)。先用人工扶正桩，采用挖掘机缓缓将桩压入土中，压入时可以调节挖掘机的角度，确保桩的竖直度符合要求。

图 5-191　采用挖掘机压桩

所有打入的桩须处于一条方向线中。未处于方向线中的桩，必须借助楔、带钢线绳的绞棍

(撬杆)或带钢索的绞车来矫正(图 5-192)。

当桩打得彼此邻近时,采用楔木矫正桩。处在一条方向线中,但彼此向不同方向倾斜的桩,用钢丝绳矫正。如果一根桩是竖直的,而相邻的桩需要矫正时,则钢丝绳的一端在竖直桩上系得较低,而另一端在被矫正的桩上系得较高。当桩顺着桥倾斜时,用绞车矫正比较合适。

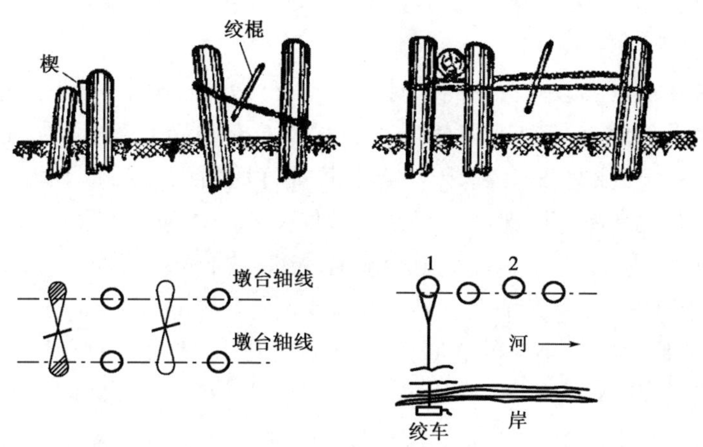

图 5-192 木桥方向矫正图

矫正桩以后,将它们接长(必要时)和锯平。桩的接长借助打桩架来进行比较方便。当墩台很高时,为便于锯平桩和铺设帽木,围绕墩台按以下方法设置脚手架:用木板铺在肋木上,将它钉于桩上和用斜撑来加强。在某些情况下采用马凳和利用脚手架,以便移动打桩架。

将各桩的截锯高程用铅笔在每根桩上标明。截锯以后,在桩上做出榫头,并砍去两边(顺着帽木方向)的斜棱。在帽木上画线并砍凿出支承于桩上的小平台,以后将帽木铺置在桩的榫头上,并画出槽口的线,用凿子或电凿凿出槽口。凿出槽口以后,将帽木铺设就位,并用蚂蟥钉将其与桩固结。

二、桥梁与路堤的联结

桥梁与路堤的联结,借助栅墙来实现。当桥台高度不大于 1.5m 时,在桥梁全部高度上都设置栅墙;当桥台高度较大时,只在桥梁上部设置栅墙,而在下部填筑锥形溜坡。如果桥梁是建造在桩式墩台上,栅墙直接设置在桩旁。栅墙的上部圆木钉在木板条上,木板条与大梁端头固结。在卧木式墩台的桥梁中,栅墙设置在专门的立柱上(图 5-193),并使它的上部与大梁端头连接。在立柱上铺设边横木。立柱与大梁用蚂蟥钉连接。

栅墙用直径为 16cm 的圆木做成,圆木的大头交替设置在不同的方向。栅墙的圆木要对顶接合,而且接头必须布置在桩木处。栅墙圆木的末端按照路堤边坡线切削,并且用圆钉来与翼墙的圆木固结,翼墙圆木是用直径为 20cm 的圆木做成。

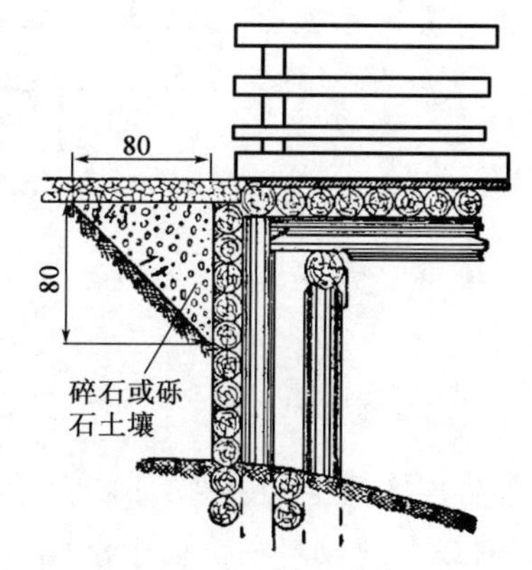

图 5-193 桥梁与路堤的联结(尺寸单位:cm)

三、梁式桥上部构造的修筑

1. 大梁的架设

大梁铺设在墩台帽木上。当桥梁浮跨径在 5.5m 以下时，大梁通常铺设一层，称为单层大梁，当桥的跨径为 6.5m 以上时，采用双层大梁。单层大梁大头均铺在同一方向，双层大梁大头铺于不同方向。

对于梁式桥的大梁，要选择没有疵病的针叶类树材做的直圆木，其小头直径为 24～32cm。大梁的制备工作为沿长度将其刨光和截削其上端。对于单跨径桥，其大梁长度较净跨径大 0.9m，在跨径为 4～7.5m 的多跨径桥中，大梁长度比净跨径大 1.0m。

用截削下端的办法来使大梁铺设于墩台上时保持水平位置。在大梁支承于帽木的地点，将大梁截削，截削长度为 40～50cm。小头的截削深度，对于净空为净－7m 和净－6m，跨径为 1m 和 2m 的桥梁来说，是 1.5cm；跨径为 3m、4m、5m 和 5.5m 的桥梁，是 1cm。大梁大头的切削深度较大，根据其长度和大小头的直径差来决定。例如，当小头直径为 26cm、大头直径为 31cm 时，大头的截削深度将为 1＋5＝6(cm)。大梁削出平台并安装就位以后，用水准器来检验水平性。大梁的上端沿整个长度截去 1cm 的厚度[图 5-194a)]。

相邻跨径中的大梁交错铺设(接近的或散开的)，但边梁和两根中间梁除外，它们是铺设在一条线上。它们的联结是用斜连接板进行的，而在简单桥梁中，可以用斜搭接来实现[图 5-194b)]。

双层大梁不仅用螺栓来彼此联结，而且还用横系木(锚栓)来联结[图 5-194c)]。这种联结是成对地或沿 3 根大梁进行。

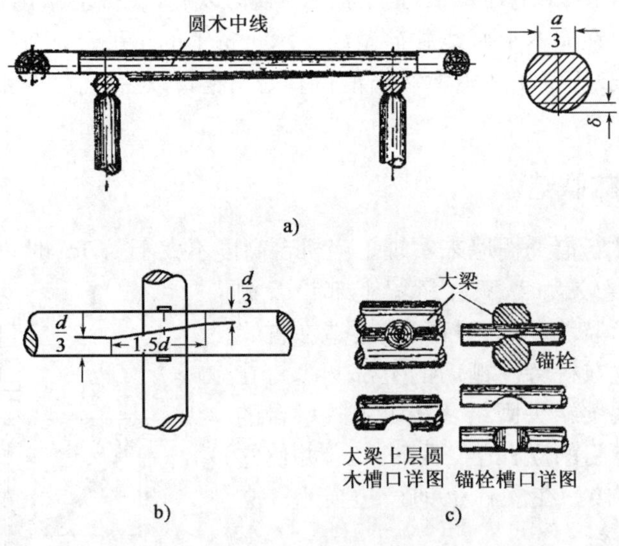

图 5-194　大梁的铺设

第一层大梁装置在跨间以后，通常安置两个锚栓，锚栓用长度为 1.1～1.2m 和直径为 18cm 的圆木做成。在锚栓中做成半圆形的槽口，其深度等于锚栓直径的一半。槽口钳制住下层大梁的圆木。在上层大梁中，在其铺设于锚栓上的地点也做成这样的槽口。在大梁与锚栓连接处的槽口必须是紧密的。在最简单的桥梁中，可以不设置作为横系木的锚栓，而设置木板做的垫木，用垫木时，大梁只需不大的切削。

制成的大梁可以用汽车起重机或借助于辅助梁、送木架、大缆或中间支架来移动的办法送往跨间。一跨间的大梁安装就绪后，立刻在其上铺设横木，并尽可能快地建成桥面系。同时进行邻跨间的大梁架设工作。

2. 桥面系的铺设

桥面系须密铺横木，横木上铺置用厚度为 50mm 的木板做成的纵向桥面板。横木用直径为 14～16cm 的圆木做成，并且其大头都铺设在桥的中部。

桥面横坡为 1.5%，横坡实现方法是：利用圆木的锥体形造成 1%的横坡，再切削其上端，额外地造成 0.5%的坡度。横木的下端沿全长削去 0.5cm（图 5-195）。由于横木不是对接铺置，而是大头交错地连接 66cm 的长度，所以它的长度是不同的。

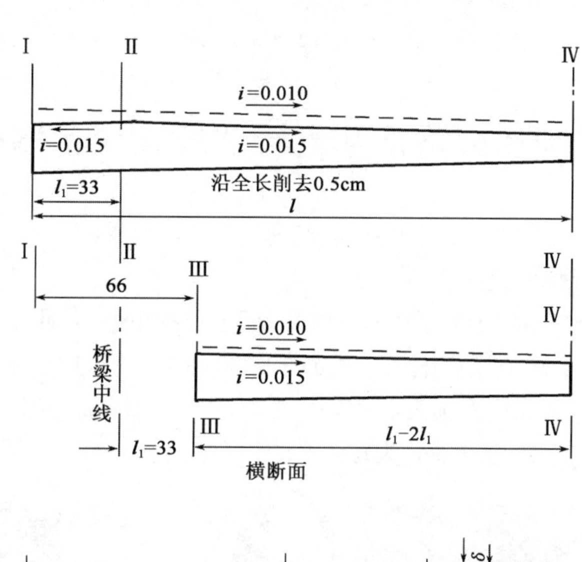

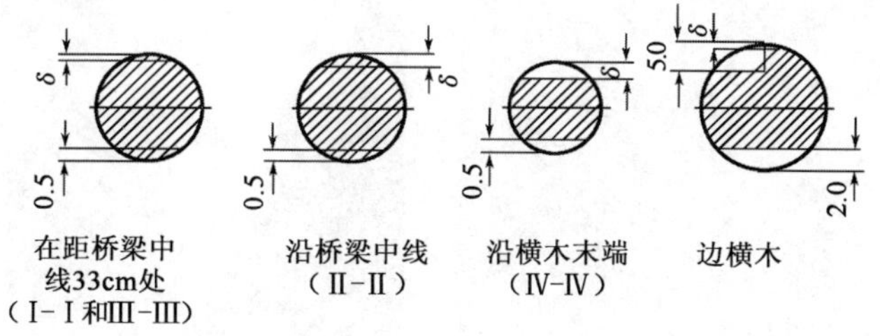

图 5-195　木桥桥面系（尺寸单位：cm）

边横木用直径为 24cm 的圆木制成，由下端沿全长削去 2cm，而由上端，除切削边部外，并在其上砍去 5cm 的深度（由中点算起），桥面板的端部搁置在其上。

桥上铺设的桥面板所用的木板，其厚度采取 50mm。木板要紧密拼合，彼此间无缝隙，并用圆钉固结在横木上，每一木板用 6 根圆钉。

在无人行道的桥梁中，立柱用螺栓与护轮木固结（图 5-196）。护轮木与栏杆立柱之间铺设垫木，垫木用长度为 40cm、断面为 5cm×20cm 的木板截削而成。立柱中线之间的距离取 1.5～2m。立柱上用圆钉牢固地附设栏杆扶手，扶手用断面为 14cm×14cm、长度与护轮木相等的方木做成。

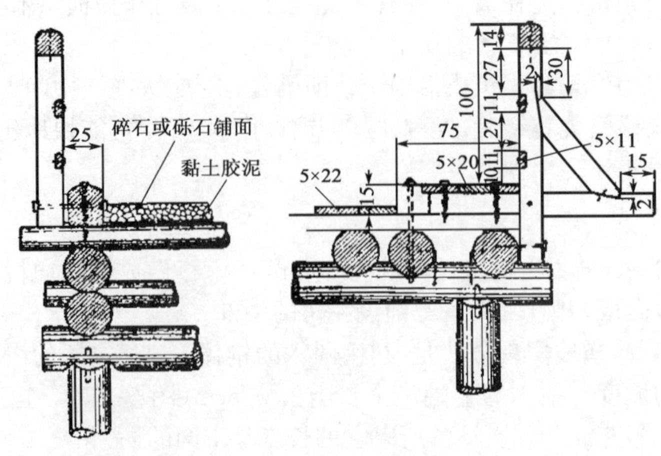

图 5-196 护轮木结构图(尺寸单位:cm)

第八节 利用公路路基进行装配式战备钢桥的抢建

在应急抢险抢通中,当发生公路、桥梁冲断时,如果场地受限,两侧公路地基相对比较好,可以利用公路路基进行装配式战备钢桥的抢建。

2016 年 5 月,由于连日强降雨影响,福建地区三明市泰宁县发生了泥石流滑坡灾害(图 5-197、图 5-198)。造成池潭水电厂一座办公楼被冲垮、一座项目工地住宿工棚被埋压,给当地人民群众生命财产造成重大损失。灾害发生后,按照上级统一部署,武警交通部队迅速组织力量开展抢险救援,全力搜救被困、失踪人员,抢通道路。

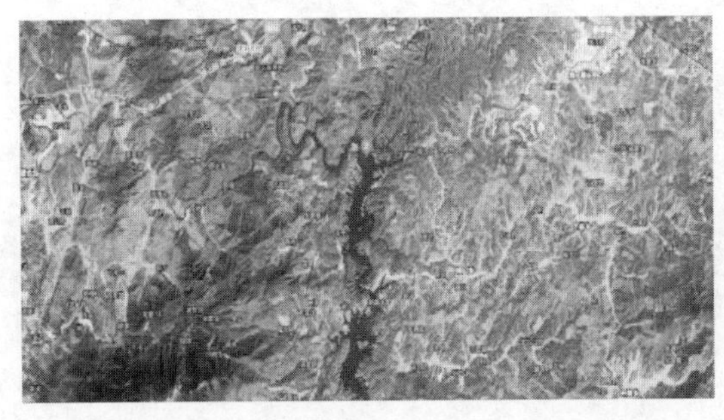

图 5-197 福建省三明市泰宁县泥石流滑坡灾害

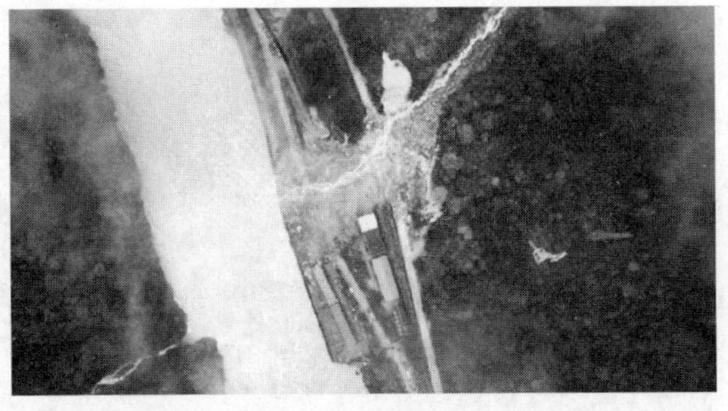

图 5-198 福建省三明市泰宁县泥石流滑坡灾害

山体滑坡形成的泥石流产生巨大的冲击力,造成下游的道路多处损毁。泰宁县开善乡池潭村通往大龙乡官江村唯一陆路通道被泥石流冲断,沿线 3 个行政村、13 个自然村、4 100 余名群众出行受阻,生活生产物资无法运送。为了抢通连接村庄的道路,武警交通部队派出官兵踏勘。发现中断道路约 8km,共有 9 处塌方点,损毁最严重的地段在王布村村口,公路路基全部被洪水掏空,形成宽 35m、落差 20m 左右断口。武警交通部队领导和专家现场研究,决定利用原有公路路基架设装配式钢桥,抢通中断的道路,并将此钢桥作为"惠民桥"送给当地群众,确保日后村民和车辆通行更安全、更长久。

一、选择架桥地点

架桥地点选在王布村村口的乡村公路路基损毁塌方口之间。该水毁点原来有一个涵洞，泥石流将涵洞及路基全部冲毁，形成宽约35m、高20m的断口(图5-199)。

钢桥架拟设在乡村公路路面上，该乡村公路路基面层为普通的水稳砂砾石表面浇筑20cm厚的混凝土结构(图5-200)。断口处路基不稳定，决定将钢梁在桥台的支点位置后移，形成跨径为61m的钢桥。

图5-199　水毁塌方路段拟架设钢桥抢通

图5-200　水毁塌方路段拟架设钢桥抢通

二、桥台处理

路基两侧进行适当清理，以方便建设桥梁。

1.清理断口

路基断口两侧为天然沟渠，淤积大量松软的泥石。采用挖掘机清理河道断口，防止泥石流及杂物堵塞河道，影响路基泄洪，对路基造成伤害。

2.断口河道底部满铺片石。

由于两侧裸露公路路基为土质结构，桥台一侧存在临空面，容易产生变形、坍塌现象。因此，将断口河道底部原有的泥石清理后满铺片石，在路基断口间形成支撑体，片石铺砌厚度不小于1.5m，片石顶表面不得高于两侧沟渠，防止积水。片石铺砌支撑体用机械压实，在两侧路基底部间形成局部支撑，铺砌片石的同时也能防止河水冲刷桥下路基下部形成深沟，造成路基坡脚塌陷，影响路基稳定。

3.对两侧临时桥台处理。

该水毁点塌方缺口跨度大，加之路面有下沉迹象，桥两端的支点维护及护坡建设对于通行安全显得尤为重要。为此，采用编丝袋装砂土堆砌的方法进行桥台防护。路基两侧完善排水设施，并在断口处铺防水布，防止坡面冲刷(图5-201～图5-204)。

图5-201　疏通桥下断口

图5-202　利用编织袋装填砂土进行桥台防护

图 5-203　利用编织袋装填砂土进行桥台防护

图 5-204　路基坡面铺防水布

三、架设钢桥

这次安装的装配式公路钢桥，全桥长 61m、宽 4.2m。钢桥属于 ZB200 系列产品，可满足履带载 LD—50 级、轮式载 LT—20 级（轮式轴压力 130kN）、汽车—20 级荷载通行。跨度变化以 3.048m 为一个节间，桥面净宽度单车道 4.2m，双车道 7.35m。单个构件最大质量为：桁架 306kg，单车道横梁 417kg，双车道横梁 1 000kg。运输车辆可用普通车辆运输，并满足集装箱装运。普通型装配式桁架钢桥跨径为 51m 左右，武警交通部队联合相关科研单位进行科研优化，桥梁跨径及各技术指标均有了较大提高。作为我国交通战备器材，它可以克服江河、断桥、沟谷等障碍。

1. 确定"悬臂推出法"架设钢桥

这次架桥面临的主要困难是现场只有单向作业面，而且宽不到 6m，路边通信光缆和电线交织，大型起重机作业半径小，架桥机更是无法展开，只能采取采用"悬臂推出法"架设钢桥。先安装好摇滚和平滚，桥梁的大部分构件，在推出岸的滚轴上预先拼装好，然后用人力或机械牵引，将桥梁平稳而缓慢地推出，直达对岸摇滚后就位。

2. 布置场地、安装滚轴

根据桥头两岸接线地形、地貌、高差、地质、建筑物等实际情况，选择最佳桥位，定出最适宜的桥梁中线，并进行测量，打好中线桩。然后根据断口宽度，确定推出岸与对岸摇滚至岸边的最小全安距离和所需的桥梁跨径。定出摇滚、平滚与座板的位置，测出桥梁中线桩及摇滚、平滚和座板标桩的高程。然后安装滚轴，摇滚安置在推出岸与对岸的岸边，推出岸的摇滚用于桥梁的推出；对岸的摇滚用于桥梁的着落。平滚安置在推出岸摇滚之后，用于桥梁的支承和减小桥梁在推出过程中的阻力。

3. 组装桁架

在推出岸进行桥梁的拼装。本次拟架设的装配式钢桥有 17 个钢结构品种，3 200 多个部件，2 400 多个螺栓螺帽。在单向作业条件下，30 名突击队官兵分组作业。钢架桥体每发生一个微小的倾斜，就会造成后端相互之间的连接相错，影响安装。因此每一个孔、一个钢销安装后，认真地检查每一个锚点，局部部位进行微调，确保安装精度符合要求后，再进入下一道工序。为了加快进度，啃下这块"硬骨头"，现场采用三班倒的方式连续作战。

4. 拼装、架设鼻架

在桥梁悬臂尚未达到对岸摇滚之前，为保持整体桥梁的平衡，在正桥的前端另拼装几节桁架，待桥梁完成推出后，再予拆除。这几节桁架，通常称为"鼻架"。鼻架只安装桁架、横梁与抗风拉杆等构件，不装纵梁与桥面板。在架设大跨径桥梁时，为减轻推出重量，可不装足上层桁架，待鼻架到达对岸后，拆除鼻架，再装其他部分桁架。

在推出岸两边的每个摇滚上各竖放一片桁架，桁架的一端放在摇滚上，另一端放在临时垫木上，开始拼装鼻架，鼻架使用钢构件按要求分节拼装。根据两岸地面高差和鼻架端的挠度，确定下弦接头数目、接头位置以及鼻架端的抬高度，然后在鼻架下弦两桁架接头处安装下弦接头，并用桁架销子连接(图 5-205～图 5-207)。

图 5-205　拼装钢桁架　　图 5-206　钢桥桁架安装

本次架设桥梁的桥头地形狭窄，桁架无法伸展，只能采取边拼边推的办法。

5. 桥梁的推出

鼻架拼装完成后开始拼装桁架，按要求次序拼装，直至桁架安装完成(图 5-208)。

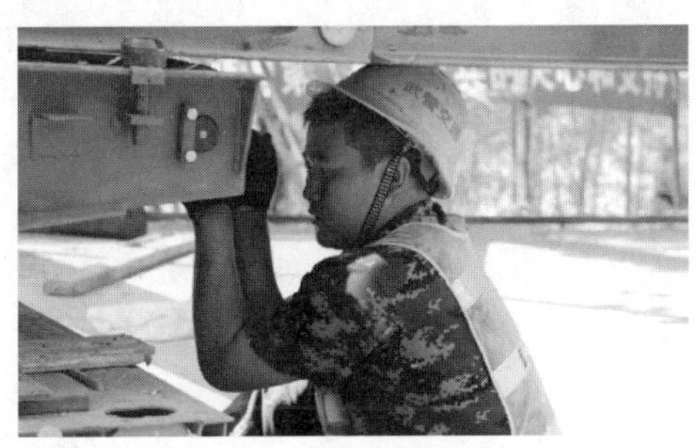

图 5-207　桁架安装精度调节

图 5-208　鼻架的推出安装

(1)桥梁的推出可完全利用人力，也可用动力拖拉。推桥要有严密的组织、统一的指挥，推桥时，各组动作要协调一致。

(2)桥梁安装一段向前推送一段，需要靠摇滚支点后端的配重，来保持前展部分的平衡。安装过程中随时核算，防止桥梁的重心超出摇滚之外。

(3)桥梁推出时用力均匀，速度缓慢，运行平稳。采取有效措施，减少悬空部分的震荡。推进的方向严格掌握，发现偏差应立即纠正。在桥梁接近平衡点容易转动时，可采用拨动尾部的办法彻底纠偏对正。

6. 桥梁的落座

先将全部鼻架拆除，安装好桥梁端柱，然后用普通千斤顶顶在桥梁下弦桁弦杆与腹杆的交点处。千斤顶与弦杆之间放一块厚钢板，将力量平均传布到弦杆的两个槽钢上。千斤顶与垫木的高度，应根据桥梁降距和千斤顶的行程而定，使桥梁能一次落座。

四、铺装桥面板及附属设置

桥梁钢桁架搭设完成后铺装钢桥面板(图 5-209、图 5-210)。本桥采用的 U 形钢桥面板，共有标准钢桥面板及中央钢桥面板两种结构形式。中央钢桥面板安置在横桥向桥面的正中间，标准钢桥面板安置在中央钢桥面板的两边，每边各两块，采用螺栓固定。本装配式钢桥两边护栏缝隙较大，为确保安全，使用铁丝网对缝隙进行加密，防止行人从缝隙处跌落。

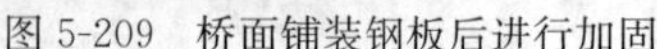

图 5-209　桥面铺装钢板后进行加固

图 5-210　桥面铺装钢板完成

五、桥头道路拓宽及后续维护

装配式钢桥搭建完成后，对全桥的螺栓、销子、横梁夹具等连接构件进行了全面检查，并对桥梁的跨中挠度进行测量，对桥头附近路基进行清理加固，确保桥梁两侧路基线形顺畅。

经过 60 多个小时的奋战，装配式钢桥架成通车了，“5·8”福建泰宁暴雨泥石流中断的道路全部恢复通行，沿线群众生产生活秩序将逐步恢复。钢桥建成通车后，经过一段时间运行，桥台两侧路基稳定，目前桥梁各构件无异常变化，正常运行。

第六章　制式装备的应用与发展

在应急交通工程领域，制式装备具有机动性强、承载力高、架设与撤收迅速可靠、对各种地形障碍、河流有较强的适应能力等优点，应用与发展前景十分广阔。

本章选取有代表性的制式桥梁和舟桥装备进行重点阐述，同时也简要介绍了工程抢修速强材料、桥梁超载性紧急加固、钢波纹管、CB450 型钢桥、大跨径斜拉装配式公路钢桥、现代索道桥以及新型路面材料等"三新"技术的发展情况。

第一节　制式桥梁装备

制式桥梁是为保障快速通过江河、峡谷、沟渠等障碍专门研制的道路应急桥梁。常见的制式桥梁装备有：山地伴随桥、冲击桥、重型机械化桥、轻型机械化桥、重型桁架桥、轻便钢桥等。本节选取有代表性的 GQL321 型山地伴随桥、GQL110 型重型机械化桥、GQL120A 型轻型机械化桥、GQL230 型重型桁架桥进行简要介绍。

一、GQL321 型山地伴随桥

GQL321 型山地伴随桥是平推式山地轻型伴随桥，每套器材由一辆桥车组成，主要适用于山区保障履带式荷载 220kN、轮式荷载轴压力 100kN 以下的轻型装备、车辆等快速通过宽度在 20.5m 以内的小江河、沟谷等障碍。

（一）器材的性能与特点

GQL321 型山地伴随桥的特点是机动性能好、作业人员少、机械化程度高、架设与撤收快速可靠、适应性能好，既可单独架设，又可与其他桥梁器材混合架设，也可用于桥梁抢修，取消发动机增压器和调整少数油料品种后，该器材亦可作为平原和水网地区的轻型伴随桥。其主要技术参数见表 6-1。

GQL321 型山地伴随桥技术参数　　表 6-1

项　目		单　位	技术参数
设计荷载	履带式荷载总重力	kN	220
	轮式荷载轴压力		100
	谨慎通过履带式荷载总重力		250
桥梁长度		m	22.5
最大跨径（硬实岸边）		m	20.5
桥梁车行道宽度		m	3.20
每条车辙宽度		m	1.16
桥节长度		m	7.50
中桥节高度		m	0.70

续上表

项　　目		单　　位	技 术 参 数
边桥节小斜端部高度		m	0.28
作业人数		人	3
架设作业时间		min	10
撤收作业时间		min	10
架设时允许最大纵坡度		%	±10
架设时允许最大横坡度		%	±5
架设时允许最大扭曲		%	5
两岸允许高差		m	±2.0
运输状态外形尺寸(长×宽×高)		m	10.96×3.20×3.64
器材质量	桥车总质量	t	21.8
	桥跨结构质量		6.5
	底盘车质量		15.3
进入角		°	34
离去角		°	31
底盘车型号			铁马 XC2200/6×6 型越野车
轴距		mm	4 750+1 450
前轴负荷		kg	6 800
中后轴负荷		kg	7 500
轮胎			14.00—20
发动机型号			BF8L413(增压)或 F8L413F
额定功率		kW	235/188

注:底盘车性能,详见汽车使用指南。

(二)器材的组成与结构

GQL321 型山地伴随桥(图 6-1)由桥跨结构、架设机构、液压和气动系统、电气系统、附属设备及汽车底盘车等组成。

图 6-1　GQL321 型山地伴随桥

1.桥跨结构

该结构由长度均为7.5m的两个边桥节和一个中桥节组成(图6-2)。运输状态时,三个桥节叠放在底盘车上,架设时通过桥节之间的上部接头和下部接头连接成长度为22.5m的桥跨。

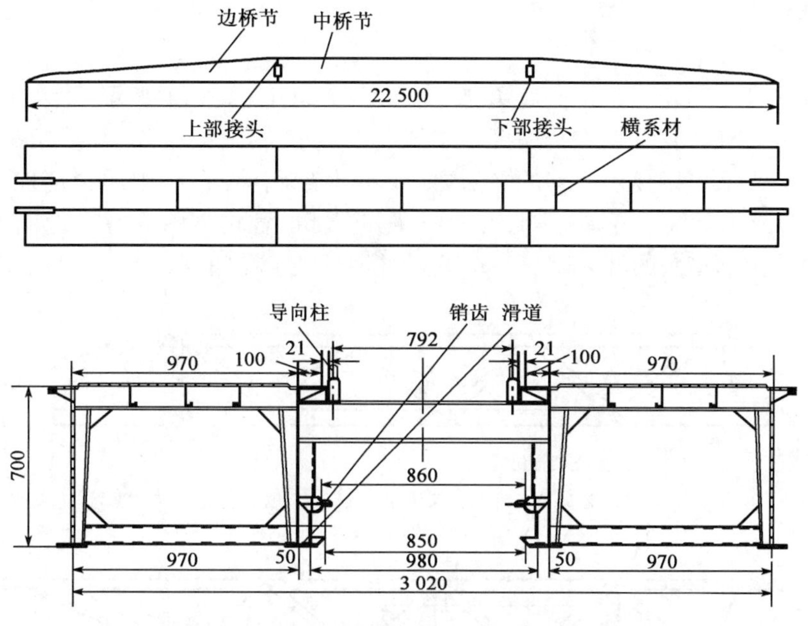

图6-2 桥跨结构(尺寸单位:mm)

桥跨为车辙式,每条车辙由主梁、横梁、纵梁、桥面板、折边板焊接而成;两车辙间由横系材(工字梁)呈刚性连接;两车辙内侧下部有折边槽钢做成的滑道,用于架设架的推出或收回;滑道上面的销齿,通过齿轮拨动使桥跨结构推出或收回;上、下部接头(图6-3)是桥节连接的关键部件,其上部接头一边为杠杆机构联动的活动钩及圆弧形内固定钩,另一边为内插头与外插板,当架桥连接时,抬起两桥节中的任何一节,上部间隙便逐渐减小,上部接头自动进入啮合位置,活动钩进入另一桥节固定钩,并由承压板传递压力;另一边的内插头伸入另一桥节的外插板,并由承压板传递压力,实现两桥节间的刚性连接。当撤收脱开桥节时,活动钩杠杆机构上的滚轮碰上移动架上的开启架自动抬起,活动钩即离开固定钩,实现桥节上部接头脱开。桥节的下部接头为丙丁接头,在各桥节上成对配置,主要承受拉力。桥节连接时,丁接头插入对应

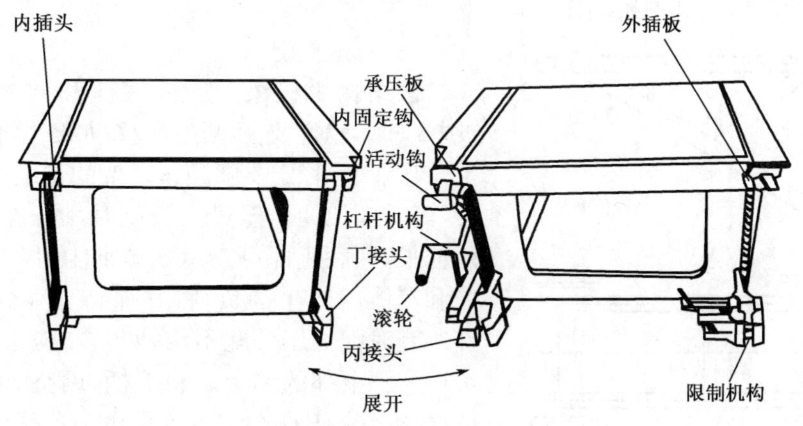

图6-3 桥节上、下部接头

连接的丙接头槽中或丙接头套入对应的丁接头上，丁接头或丙接头落下，由桥节外侧丙接头上的限位销定位，使丙丁接头平齐。当反向撤收时，须先使限位销换向，然后才能将丙丁接头分解。

2. 架设机构

(1)移动架

该结构由桁架、滚轮、油缸支座及安装在后支架上的油缸座梁和滚轮座梁等组成(图 6-4)。运输状态时，移动架完全缩回在车体上以支承桥跨；架设作业时，用于推出桥跨，其伸出最大长度为 4m，可以提供足够的平衡力矩，确保架桥作业过程中的稳定性。移动架的一端与车体有 1.4m 的搭接长度，另一端借助连在其端部的稳定支腿支撑在地面上。移动架上有用于脱开桥跨上部接头的开启架。移动架通过销子锁定在底盘车上，移动时退出销子。

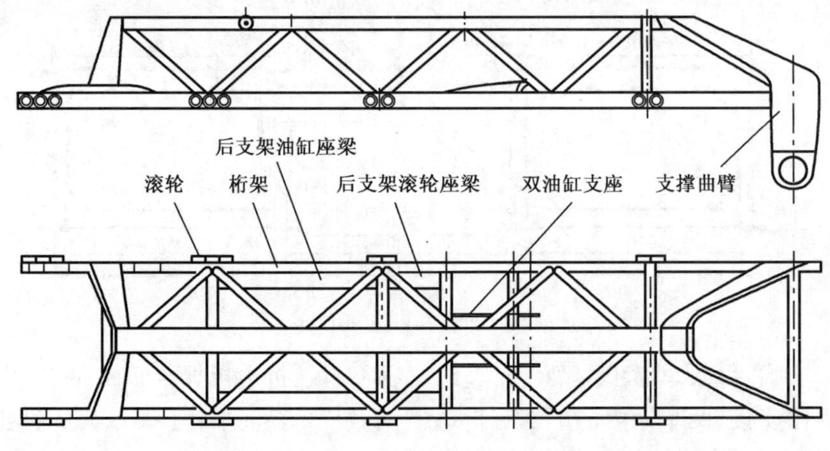

图 6-4　移动架

(2)架设架

该结构由三角架和滚轮组等组成(图 6-5)。三角架下端两肢用两个单销与安装在稳定支腿横梁上的支座相连，上端通过两个油缸和移动架上的双油缸支座相连。架设作业时，通过油缸的伸、缩，使架设架上、下摆动，从而达到放下和收起桥跨的目的。架设架两侧分别装有两个滚轮组，与桥跨上的滑道相配合，对桥跨起着支承和导向作用。架设架上装有推桥机构，液压马达带动齿轮转动，实现推桥动作。

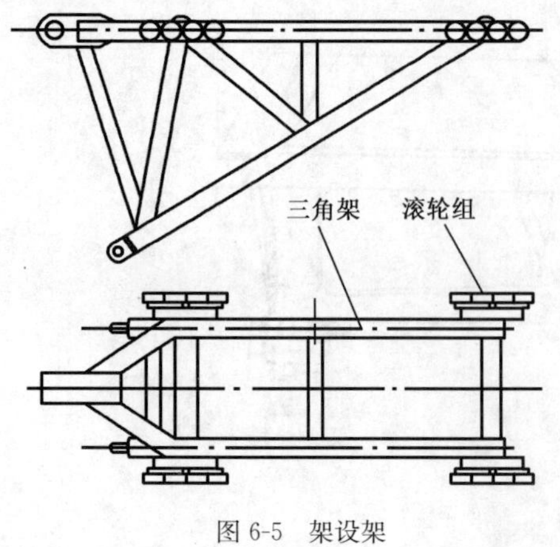

图 6-5　架设架

(3)稳定支腿

该结构由横梁、立柱、底座和伸缩油缸等组成(图 6-6)。稳定支腿焊接在移动架尾部的支承曲臂上。作业时，稳定支腿随移动架的伸缩而改变纵向位置，当移动架伸出至最大长度时，通过两立柱内油缸的伸长，两底座即可支承于地面上，以承受作业时桥跨和车体所产生的负荷，并保持作业过程中的稳定性。有时因油压分配不均，两个支腿不能同时伸长，可用支腿上部的两个调整手柄，调整支腿的伸长，尾部横梁上装有水平尺，气泡居中表示移动架调平。

(4)前支架

该结构由外门架、内门架、起升油缸、分离油缸、上托架、下托架、链轮、链条、托架导向滚轮、托架侧向滚轮等组成。前支架是完成桥跨架设与撤收的重要受力构件。前支架的升降由起升油缸带动上、下托架运动，实现桥跨一端的提起或放下；上、下托架之间由分离油缸连接为离合架，通过分离油缸的伸、缩，实现上、下托架的分离与闭合。

(5)后支架

该结构由摇臂、支承导向滚轮、滚轮座、油缸和油缸座等组成(图 6-7)。后支架通过油缸的伸缩，可以同步调节两滚轮的高度位置，实现桥跨一端的提起与放下。当后支架处于运输状态时，为使油缸卸载，滚轮应支承在滚轮座上。

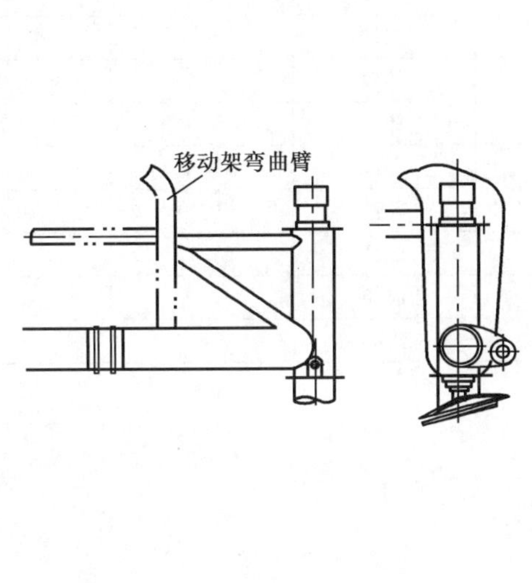

图 6-6　稳定支腿

移动架上弦　支撑导向滚轮

摇臂　油缸座　油缸　滚轮座　下弦

图 6-7　后支架

3. 液压和气动系统

液压系统共有 8 个液压回路，分别用以完成前支架升降、后支架升降、架设架上摆和下摆、稳定支腿伸缩、桥跨推出和收回、离合架合拢和脱开、移动架伸出和收回以及插销和拔销等有关动作。

汽车储气筒中的压缩空气通过 3 个回路，分别经过 1 只相同的气阀 Q23XD，将压缩空气传给两只气缸 QGX26x26 和排气制动阀，其中两只气缸的作用是控制油门的大小，使汽车发动机转速达到所需的大、小两个转速上。

4. 电气系统

电气系统包括控制系统、汽车电路改装和照明系统等。

5. 汽车底盘车的主要技术参数

汽车型号	铁马 XC2200
车轮×驱动轮	6×6
前桥允许负荷	75kN
中、后桥允许负荷	80kN
越野装载	75kN
底盘车重量	100.7kN
发动机型号	BF8L413F 或 F8L413F
轴距	4 750mm＋1 450mm
离去角	42°

接近角　　　　　　　　　34°
最大车速　　　　　　　　85km/h

6. 附属设备在每套器材上的配置情况(表 6-2)

附 属 设 备　　　　表 6-2

序号	图　　号	名称	数量	材料	单件质量(kg)	总质量(kg)
1	148P-810-000	系留固定装置	4	部件	28.6	114.5
2	148P-820-000	桥跨紧定索	1套	部件	15.8	15.8
3	148P-830-000	撬杠	1	45 号钢	4.1	4.1
4	148P-840-000	三角木	2	部件	4.7	9.4
5	148P-850-000	础板垫木	2	部件	8.8	17.6
6	148P-860-000	裂石锤	1	部件	4.0	4.0
7	148P-870-000	圆锹	1	部件	1.7	1.7
8	148P-880-000	十字镐	1	部件	3.1	3.1
9	148P-890-000	桥车篷布及固定	1	部件	10.0	10.0
10		对讲机	2	成品		
11		50m 皮尺	1	成品		
12		指挥红绿旗	2	成品		

(三)架设作业

1. 架桥点的技术要求

(1)桥头应有不小于长 16m、宽 4m 的架设场地。

(2)障碍宽度应小于 20.5m。

(3)两岸坡度为纵坡不大于+10%、横坡不大于 5%。

(4)允许两岸最大高差+2.1m。

(5)桥头应有通载车辆回转、避让的场地。

(6)两岸便于隐蔽、伪装。

2. 架设准备作业

(1)架桥点工程侦察。

(2)桥车的准备。

(3)桥梁架设作业。

(4)桥车倒于架桥位置。

(5)架设作业。

二、GQL110 型重型机械化桥

GQL110 型重型机械化桥全套器材由 5 辆载有桥跨、桥脚构件的桥车组成,主要适用于保障履带式荷载 500kN、轮式荷载轴压力 130kN 以下的各种装备、车辆等迅速通过宽 50m、深 3.5m以内的江河、沟渠等障碍。

(一)器材的性能与特点

它具有机械化程度高、机动性能好、架设速度快、通载稳定可靠、桥面调整方便、作业人员少和劳动强度低等特点;既可单独架设,也可与其他重型舟桥器材进行混合架设。其主要技术参数见表 6-3。

GQL110 型重型机械化桥技术参数　　表 6-3

项　　目		单　位	技术参数
器材总重量(含乘员 3 人)		kN	210
运输状态外形尺寸(长×宽×高)		mm	8 960×3 150×3 465
最大通载吨位	履带式荷载	kN	500
	轮式荷载轴压力		130
车行道宽度		m	3.8
架设长度	单跨	m	10.5
	全套器材		52.5
克服障碍最大深度		m	3.5
架设时间	单跨	min	6～8
	全套器材		45～60
桥面调整高度(础板至桥面)		m	2.2～3.8
最大适应流速		m/s	2.0
作业人数	单跨	人	7
	全套器材		12

注:全套器材架设时间含标定桥轴线、卸掉最后跨桥脚、桥面调整、验收通车等时间。

(二)器材的组成与结构

GQL110 型重型机械化桥由桥跨、桥脚、底盘车、架设系统(液压、绞盘、电气系统等)、附属设备与专用工具等组成(图 6-8)。

图 6-8　GQL110 型重型机械化桥

1. 桥跨

桥跨为整体式结构,由两个半桥跨、4 块加宽板、两个手摇绞盘等组成(图 6-9)。

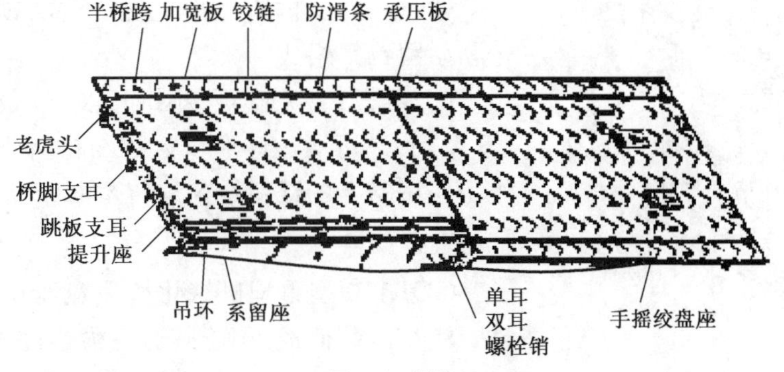

图 6-9　桥跨

两半桥跨之间通过螺栓销相连；加宽板与半桥跨之间通过铰链相连。展开后的桥跨长度10.5m、宽3.8m、高0.64m。运输时，桥跨呈折叠状态，并通过升降架固定在底盘车上。

(1)每个半桥跨上的焊接部件。

(2)桥面上开的孔：在桥面上除锁紧钩窗孔外，其余孔均对称设置(图6-10)。

(3)加宽板：由横梁、纵梁、顶块、连接耳等部件组成(图6-11)。面板开有主钢索吊索球头孔。在加宽板上安装有扭力杆、锁紧螺杆、导向器、高支座、球头孔塞子、栏杆座等部件。

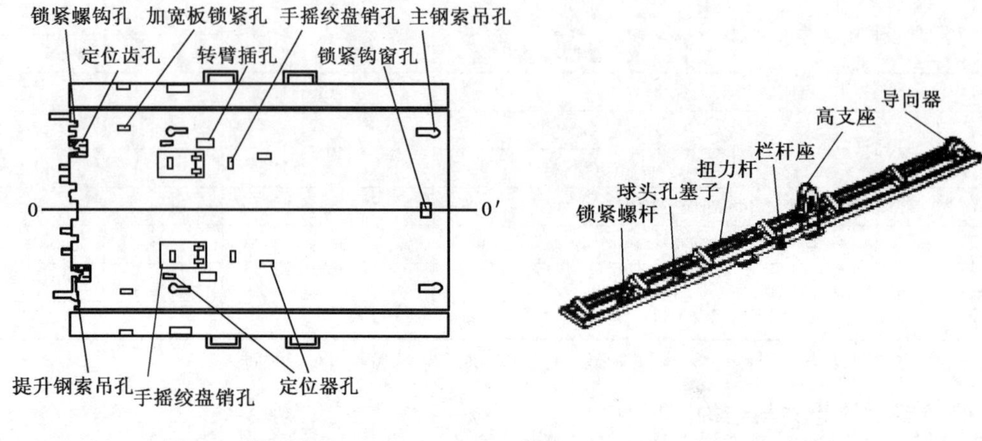

图6-10　桥面孔系

图6-11　加宽板

(4)手摇绞盘：由夹板支架、减速齿轮传动机构、制动机构、棘轮机构、转筒和钢丝绳等组成(图6-12)，用于桥脚的收起与放下。

压紧调整机构由压紧弹簧、调整螺母及螺杆组成，用于提供制动带的摩擦力。该力的大小可以通过调整螺母进行调整。

2.桥脚

桥脚为马凳式结构，由冠材、桥脚柱、础板等组成(图6-13)。冠材上有连接耳、中间支座、扭力杆机构。桥脚为液压式，装有桥脚横向油缸、桥脚柱油缸和锁紧机构。每一桥车装有1副桥脚，运输时，收起折放在桥跨之间；架设时，通过手摇绞盘、滑轮系统、液压执行元件，将桥脚放下和展开。

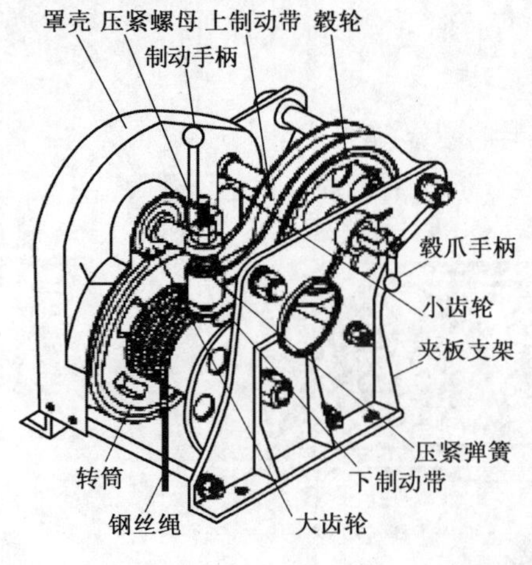

图6-12　手摇绞盘

(1)冠材：冠材用于连接桥脚柱及桥脚柱横向移动时的导向，通过与桥跨老虎头的搭接传递荷载。冠材上套装有连接耳、中间支座、多路换向阀等部件。

(2)桥脚柱：桥脚柱由上柱、下柱、锁紧装置、导向滚轮和系留钩等组成。

(3)础板：由大础板、小础板及础板滑轮等部件组成(图6-14)。可通过球形铰接头与桥脚下柱连接，用于将作用在桥跨上的载荷均匀地传至河床。

3.底盘车

GQL110型重型机械化桥底盘车由铁马SC2030型越野汽车改装而成，用于载运桥梁器材并提供动力，实现桥梁器材的机械化作业。其主要技术参数见表6-4。

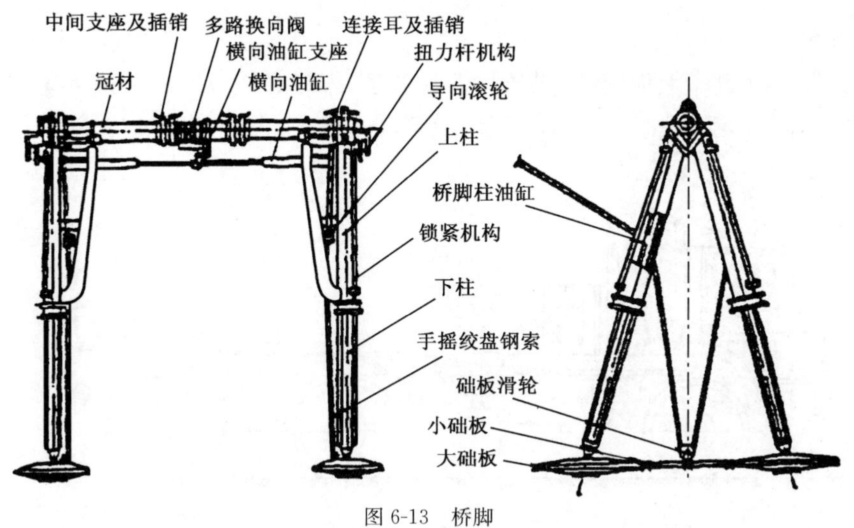

图 6-13　桥脚

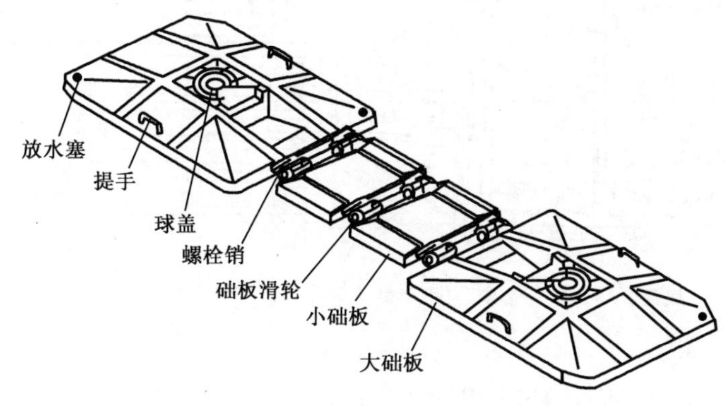

图 6-14　础板

GQL110 重型机械化桥底盘车技术参数　　表 6-4

项　　目	技 术 参 数	项　　目	技 术 参 数
底盘车型号	铁马 SC2030	限制车速(km/h)	50
驱动形式	6×6	燃油消耗量(L/100km)	35～38
空载桥车自重(kN)	153	油箱容量(L)	300
载重量(kN)	75	发动机型号	F8L413F
轴距(mm) 一桥至二桥 二桥至三桥	 4 100 1 450	最大功率(kW)(2 500r/min)	221
最小离地高度(mm)	412	最大扭矩(N·m)(1 500r/min)	813.4
接近角(°)	34	离合器形式	液压传动,弹簧机械自动调整
离去角(°)	26	变速箱	机械式,8 个前进挡,一个爬行挡,一个倒挡
最大爬坡度(%)	50	蓄电池	24V,负极搭铁
最大车速(km/h)	85	轮胎	14.00—20

4.架设系统

架设系统是在底盘车上加装的，供桥梁器材载运、架设和撤收的一系列装置，包括升降架、平衡梁、液压绞盘、稳定支腿、电气系统、液压及气动系统、平衡箱及工具箱、附属设备及专用工具等(图 6-15)。

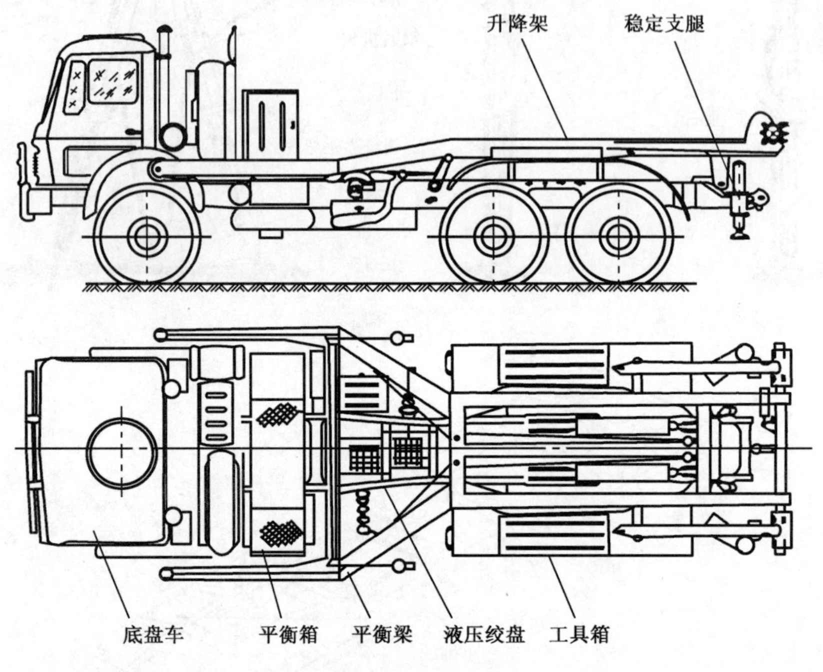

图 6-15 空载桥车

(1)升降架：由架体、尾轴、拉杆、桥面锁紧机构和滑轮系统等组成(图 6-16)，用于支承桥跨。尾部通过销轴与底盘车大梁尾部的伸出架相连，中部通过顶推油缸与装于车架上的油缸座相连，通过尾轴上的活动转臂以及桥面锁紧机构与桥跨形成一体。此外，升降架与车架之间设有两根平行、可折叠的保险拉杆。

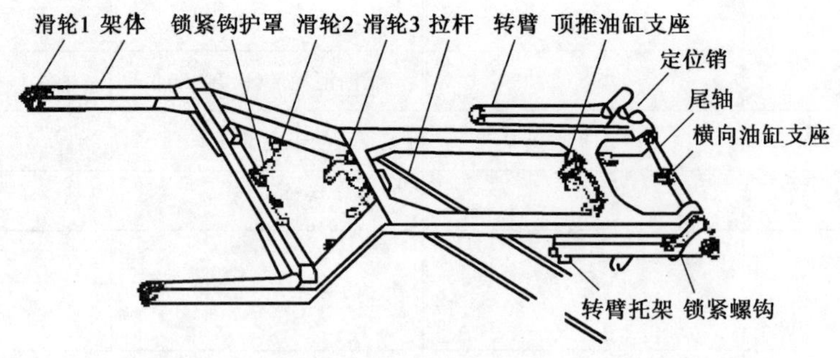

图 6-16 升降架

(2)平衡梁：由平衡杆、滑轮、吊索护罩、吊索和吊索球头等组成(图 6-17)，用于保证主钢索均匀承受轴向拉力以及自动调整液压绞盘至平衡梁端的两段主钢索的长度，保持桥跨的平衡。

(3)液压绞盘：由液压马达、制动器、减速器、控制阀、主钢索、转筒等组成(图 6-18)，安装在桥车大梁上，用于收、放主钢索，实现桥跨的折叠与展开，收起与放下，以及辅助拔桥脚等。

(4)稳定支腿:稳定支腿安装在汽车大梁尾部伸出架上,由快速升降机构、顶起机构和锁紧机构三部分组成(图 6-19、图 6-20),用于增强桥车在架设和撤收时的稳定性,调整桥车的倾斜,减轻作业时后轮的负荷。

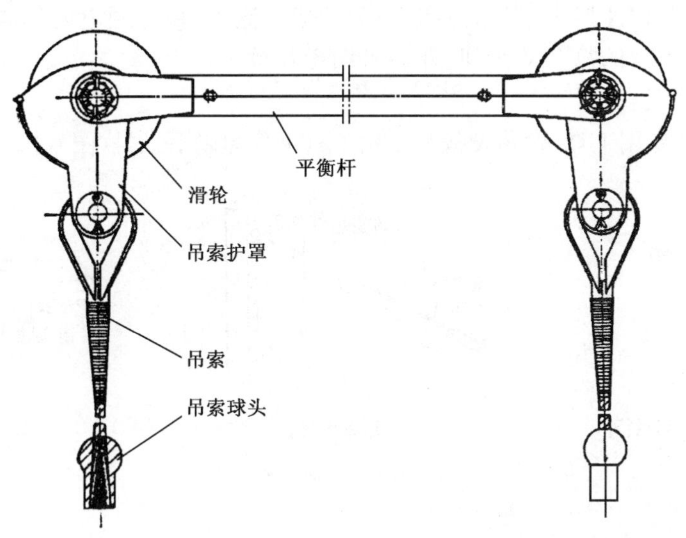

图 6-17 平衡梁

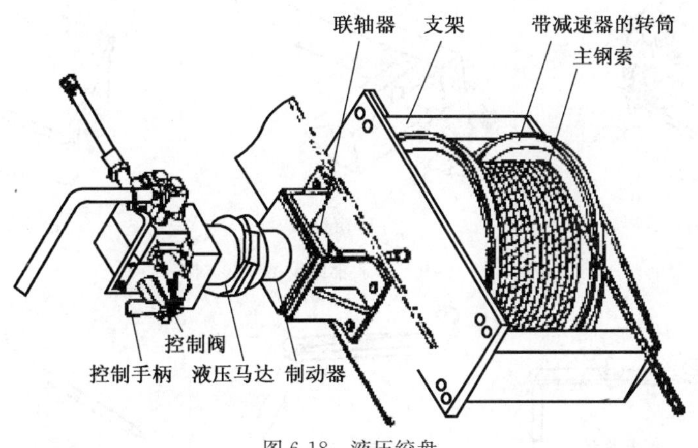

图 6-18 液压绞盘

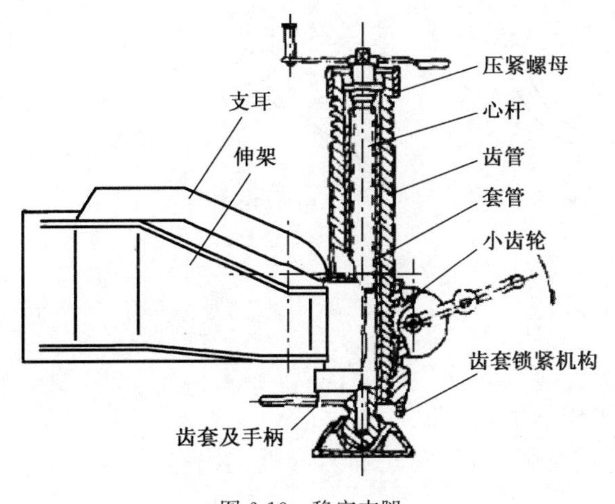

图 6-19 稳定支腿

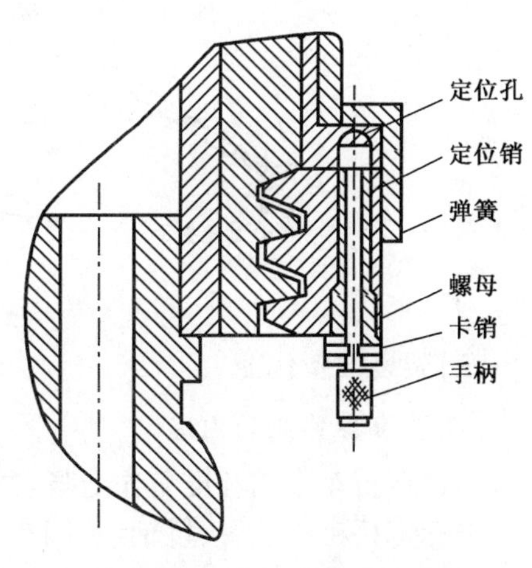

图 6-20 齿套锁紧机构

(5)电气系统:以底盘车的电气系统为基础,由驾驶室内右侧配电箱17号、26号、27号端子引出24V(负极搭铁)电源,主要由操纵系统、信号显示系统和照明系统三部分组成。

(6)液压及气动系统:由油箱、双联齿轮泵、油缸、卸荷阀、单向阻尼阀、平衡阀、双向液压锁、三位四通电磁阀、快速接头、多路换向阀、分流集流阀、二位三通电磁气阀和气缸等组成,用于完成桥梁架设与撤收的每个动作,此外还可用于互救。

(7)平衡箱及工具箱。

(8)附属设备及专用工具:附属设备和专用工具可分为以下三类(图6-21~图6-23)。

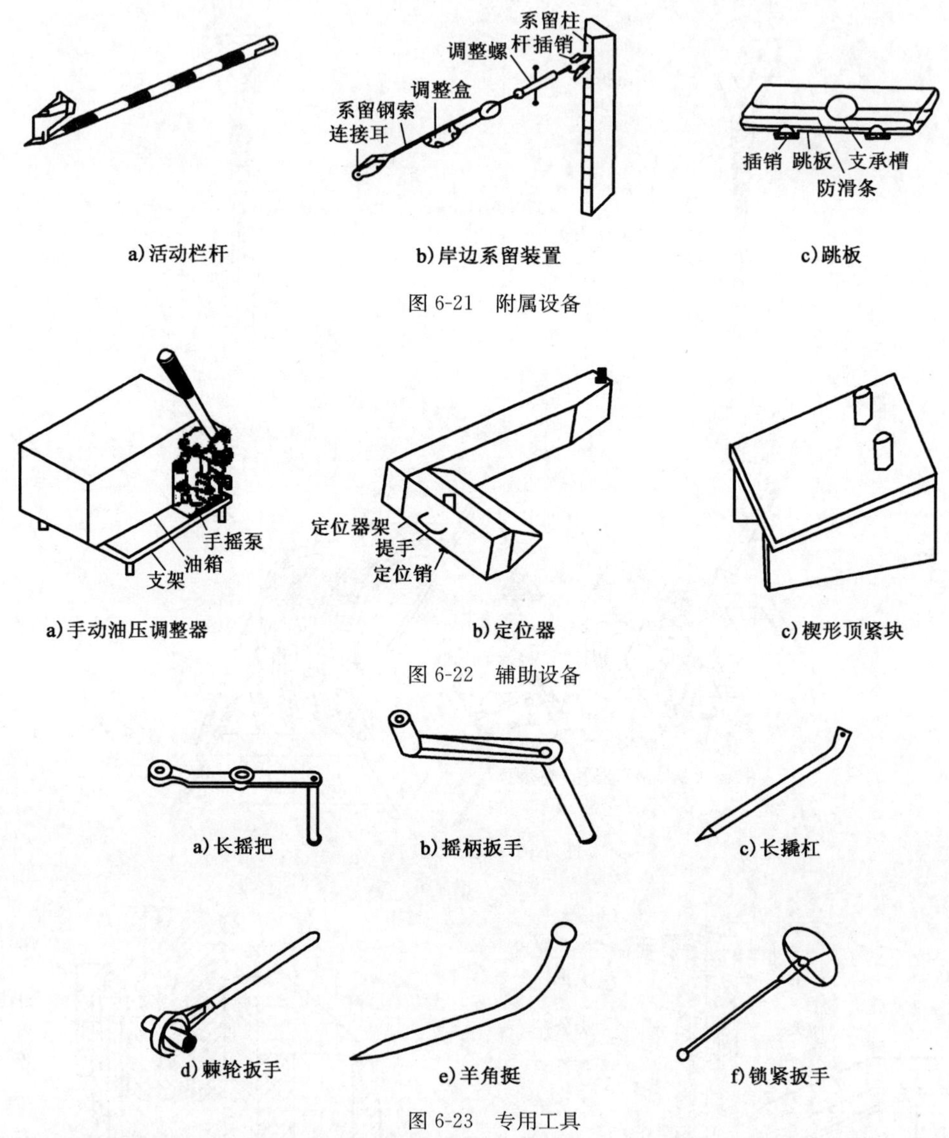

a)活动栏杆　b)岸边系留装置　c)跳板

图6-21　附属设备

a)手动油压调整器　b)定位器　c)楔形顶紧块

图6-22　辅助设备

a)长摇把　b)摇柄扳手　c)长撬杠

d)棘轮扳手　e)羊角挺　f)锁紧扳手

图6-23　专用工具

(三)架设准备作业

1.架设准备作业的内容

(1)选定桥车集结和准备作业场,并进行平整、伪装作业。

(2)标定桥础中心桩、桥轴线、倒车线和稳定支腿位置(图6-24),修整进出口。

(3)桥车准备及卸下最后一跨的桥脚。

2. 架桥点的技术要求

选择架桥点除应符合一般架桥点的要求外，还应符合以下技术要求。

(1)障碍宽度小于 50m(1 套桥梁器材)、深度小于 3.5m。

(2)流速不大于 2.0m/s。

(3)河床土质较坚硬，无厚淤泥层。

(4)河岸纵坡度＋8°～－10°("＋"表示车头高、车尾低的坡度；"－"表示车尾高、车头低的坡度)，横坡度不大于 3°，河底沿桥轴线坡度小于 20°。

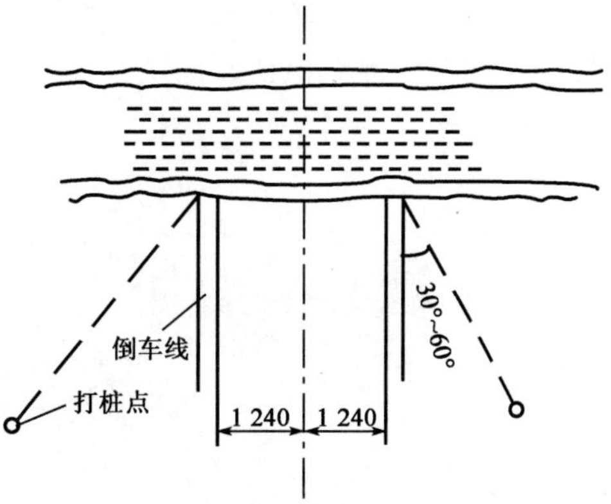

倒车线
打桩点
1 240
1 240
30°~60°

图 6-24　倒车线和稳定支腿位置(尺寸单位：mm)

3. 桥车的准备

(1)取下桥车的帆布罩，检查附属设备、专用工具数量。

(2)检查并连通液压油箱回油管路上的截止阀。

(3)检查主钢索球头孔塞子、手摇绞盘锁紧螺栓、加宽板锁紧螺栓是否固定可靠，主钢索是否脱离高支座和导向器，手摇绞盘制动手柄是否处于制动位置，桥跨锁紧钩是否处于锁紧状态。

(4)松开两升降架转臂内侧的锁紧螺钩，取下转臂上的固定链条。

(5)卸掉最后跨桥车的桥脚，按桥梁架设的方法展开桥跨，放下桥脚，取下桥跨与桥脚间的连接销，卸掉桥跨与桥脚间的快速接头，将桥跨上的油管快速接头对接起来，收起桥跨，留下桥脚。

(6)水上作业时，作业手必须穿救生背心。

(四)架设作业

架设多跨桥有三种形式，即首跨桥架设、中间跨桥架设、末跨桥架设。

1. 首跨桥架设(图 6-25)

指挥员按下述顺序作业：就位→桥车进入架桥位→取辅助器材→放稳定支腿→卸紧定具→顶起升降架→展开桥跨→松锁紧钩→放下桥跨→上桥面→放桥脚→横向调整→放桥端→设置桥脚→收平衡梁→收稳定支腿→移动桥车→收转臂→收升降架→撤离桥车→整理桥面→岸边设置。

2. 中间跨桥架设

指挥员按下列顺序指挥中间跨桥的架设作业：就位→桥车进入架桥位→放垫木→放稳定支腿→卸紧定具→顶起升降架→展开桥跨→松锁紧钩→放下桥跨→上桥面→放桥脚→横向调整→放桥端→设置桥脚→收平衡梁→收稳定支脚→移动桥车→收转臂→收升降架→撤离桥车→桥面整理。

3. 末跨桥架设

指挥员按下列顺序指挥末跨桥架设作业：就位→桥车进入架桥位→放稳定支腿→卸紧定具→顶起升降架→展开桥跨→松锁紧钩→放下桥跨→上桥面→横向调整→放桥端→纵向调整→收平衡梁→收稳定支脚→移动桥车→收转臂→收升降架→取辅助器材→撤离桥车→岸边设置→整理桥面。

全桥架设过程中，必须根据具体情况统筹考虑每跨桥的桥脚调整高度，保证桥梁架通后具有一定的上拱度，以利于提高桥梁的通载性能。

如果桥梁架设在软地基上，架通后，应逐步增大通载吨位进行预压；然后，用桥车液压系统或手动油压调整器调整桥面高度。

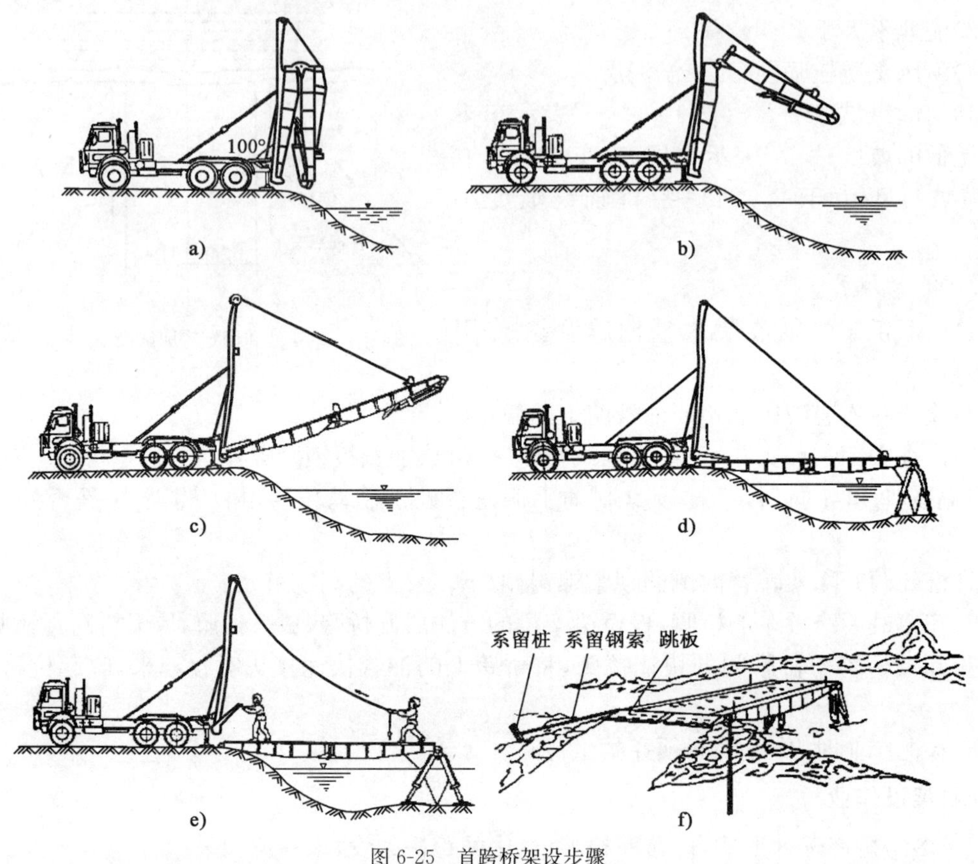

图 6-25 首跨桥架设步骤

(五)撤收作业

桥梁的撤收分正向撤收和反向撤收(图 6-26)。撤收方向与原架设方向相反时为正向撤收；撤收方向与原架设方向一致时为反向撤收。

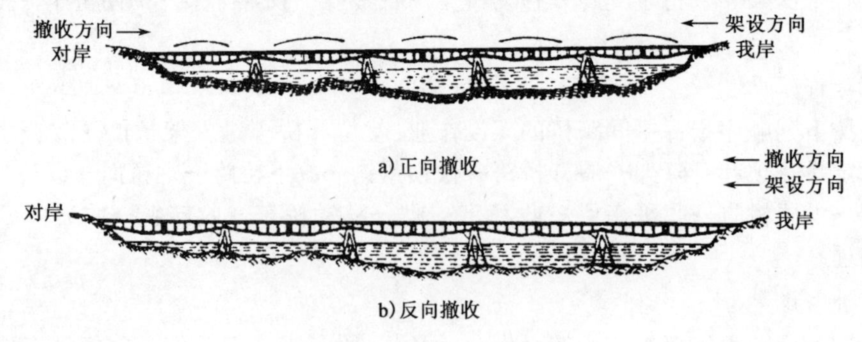

图 6-26 正向撤收与反向撤收

1. 撤收前的准备

(1)正向撤收准备

①检查空载桥车,使其处于良好的工作状态。

②安排与跨桥相同编号的空载桥车进行撤收,以便于撤收过程中辅助器材及专用工具装回原位。

③从撤收末跨桥(撤收顺序)的空载桥车上取出三角木、稳定支腿垫木、长摇把、摇柄扳手、锁紧扳手、羊角挺、长撬杠、楔形顶紧块和定位器等。

④从撤收末两跨桥的空载桥车上取出锁紧扳手和定位器。

⑤检查转臂固定是否可靠。

(2)反向撤收准备

反向撤收时,需要在正向撤收准备工作的基础上增加以下工作。

①手摇绞盘移位(图 6-27):将手摇绞盘所绕钢丝绳全部拉出,并取下钢丝绳,卸下手摇绞盘与绞盘座的固定螺栓,取下手摇绞盘,交叉换位至同一桥跨上的另一半桥跨上,并用螺栓固定在绞盘座上。将从手摇绞盘上取下的钢丝绳端头挂在所经过桥脚的另一桥脚柱的系留钩上,取下原挂在桥脚上的钢丝绳另一端,拉出并挂在相邻桥跨的手摇绞盘上(图 6-28)。

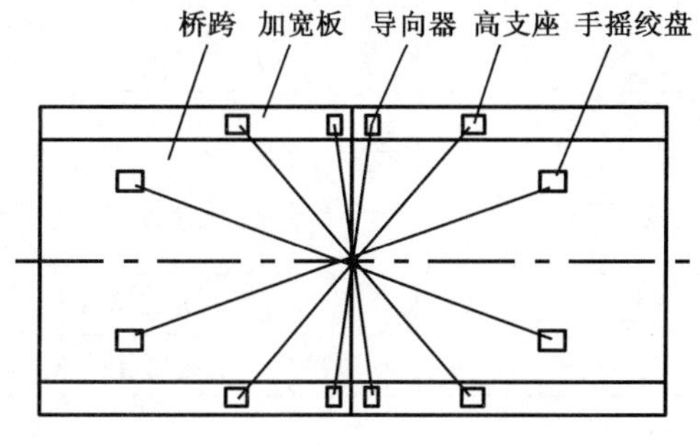

图 6-27 手摇绞盘、导向器、高支座移位

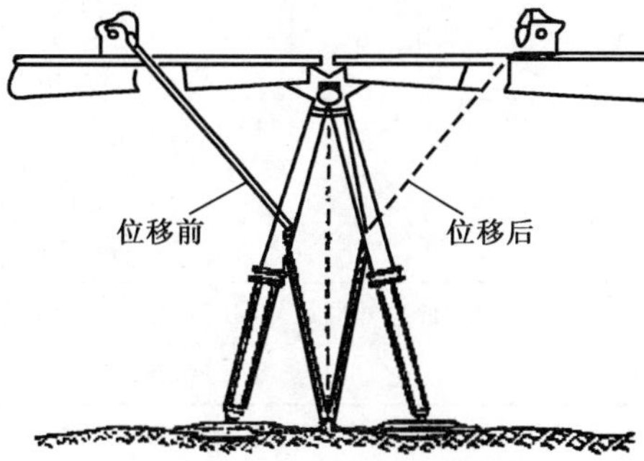

图 6-28 手摇绞盘钢丝绳移位

②导向器、高支座移位:翻转、收回加宽板,使其处于折叠状态,拆下导向器,并将其对称交叉固定在同一桥跨中另一半桥跨两侧的加宽板相应位置上。

③桥脚换位:拆除桥跨与桥脚间的连接插销以及桥跨与桥脚的快速接头(多路换向阀上);同时,与相邻桥跨的桥脚支耳,快速接头连接。

2. 撤收作业

首跨桥的撤收按下述顺序实施作业:就位→撤收开始→桥车进入撤桥位→装辅助器材→顶起升降架→下转臂→放垫木→放稳定支腿→提桥端→加楔形顶紧块→收桥跨→收回升降架→收稳定支腿→桥车撤离。

三、GQL120A 型轻型机械化桥

GQL120A 型轻型机械化桥全套器材由 7 辆载有桥跨、桥脚构件的桥车组成,主要适用于保障履带式荷载 200kN、轮式荷载轴压力 95kN 以下的各种装备、车辆快速通过小江河、沟渠等障碍。

(一)器材的性能与特点

该器材桥跨为车辙式,桥脚为框架式,结构简单、操作方便、架设和撤收迅速、机动性能良好、桥面高度调整容易。其技术参数见表 6-5。

GQL120A 型轻型机械化桥技术参数　　表 6-5

项　目		单　位	技术参数
设计荷载	履带式车辆总重力	kN	200
	轮胎式车辆轴压力		95
全套器材桥车数		辆	7
架设长度	单跨	m	7
	全套器材		49
克服障碍深度		m	1～3.5
车行道宽度		m	3.0
最大适应流速	低水桥	m/s	不大于 1.5
	水面下桥		不大于 0.5
作业人数	单跨	人	5
	全套器材		5×(2～3)
架设全桥所需平均时间	白天	min	70
	夜间		120
器材重力	桥车总重	kN	83
	两个车辙重		14
	桥脚重		5
运输形态外形尺寸(长×宽×高)		m	7.883×2.5×6.1
底盘车型号			EQ2081E 型越野载重汽车

注:全套器材架设时间含桥轴线标定、倒车线标定、桥面调整、验收通车等时间。

(二)器材的组成与结构

该器材的桥车由桥梁构件(桥跨结构、桥脚等)、空载桥车(底盘车、架设系统等)、专用工具和辅助设备等组成(图 6-29)。

图 6-29　GQL120A 轻型机械化桥的桥车

1. 桥梁构件

桥梁构件由桥跨、桥脚、纵向系材、跳板和钢板桩等组成。

(1)桥跨:桥跨为车辙式,由两个宽 1.1m、长 7m 的车辙节套及车辙间连接系材组成(图 6-30)。

(2)桥脚：由冠材、支柱、础板和桩尖等组成(图 6-31)。

(3)纵向系材：由固定螺杆、固定螺母、钢丝绳、钢丝绳调整器等组成，用于增加桥梁的纵向稳定，还可作岸边系留钢丝绳用。

(4)跳板和钢板桩：跳板用于保证车辆上、下桥梁平顺。跳板通过插销与车辙相连接。钢板桩用于固定跳板或固定岸边系留钢丝绳。固定跳板时，钢板桩穿过跳板的方形孔打入岸边土壤中，形成对车辙的相对固定。钢板桩上的孔，是供拔桩时插撬杠用。球形座孔用于安装系留钢丝绳接柄。

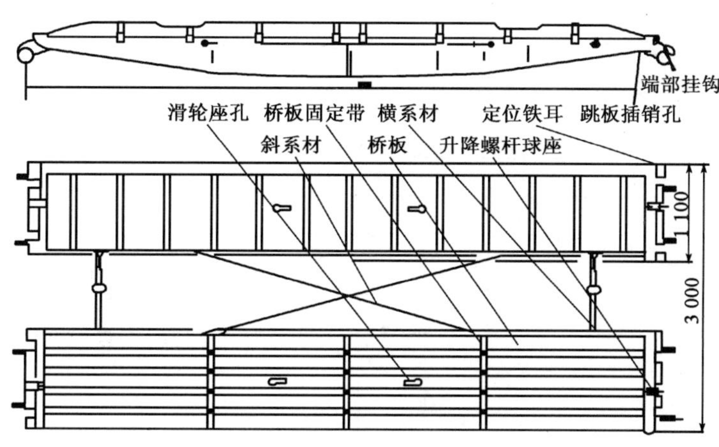

图 6-30　桥跨(尺寸单位：mm)

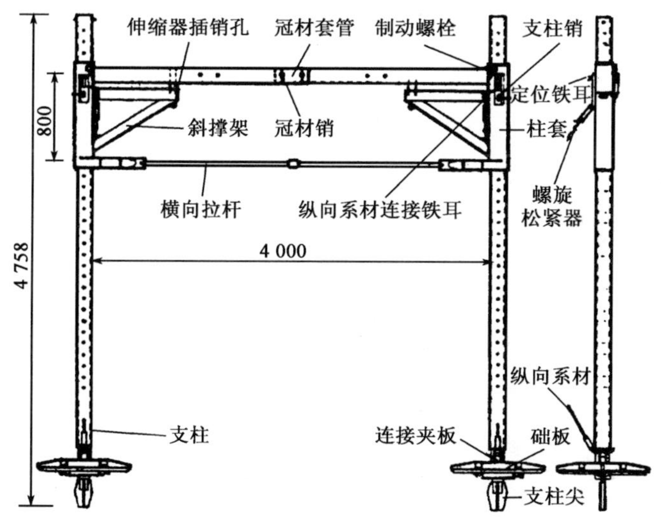

图 6-31　桥脚(尺寸单位：mm)

2. 空载桥车

空载桥车由底盘车和架设系统组成。

(1)底盘车：由东风牌 EQ2081E 型越野汽车改装而成。

(2)架设系统：系底盘车上加装的保证桥梁架设和撤收的相关设备，主要有升降架、前支架、液压系统、绞盘钢丝绳系统、辅助电气装置、稳定支腿等。

3. 专用工具与辅助设备(表 6-6)

专用工具及辅助设备 表 6-6

序号	名称	数量	安装位置
1	棘轮扳手	2	工具箱内
2	摇把	2	工具箱内
3	伸缩器	2	工具箱内
4	提升器	2	工具箱内
5	运输固定器	2	运输时挂在车辙和前支架运输固定钩上
6	支柱延长套	2	工具箱内
7	运输套管	2	运输时在升降螺杆球形头下
8	系留钢索接柄	2	工具箱内
9	大锤	1	工具箱内
10	撬杠	1	驾驶室后壁上
11	定位器	1	工具箱前翼子板上
12	油箱帆布套	1	罩在油箱上
13	桥车帆布套	1	罩在车辙和桥脚上
14	支撑轴帆布套	2	罩在支撑轴上
15	千斤顶帆布套	2	罩在千斤顶上
16	绞盘帆布套	1	罩在绞盘上
17	工具箱	2	后轮翼子板上

(三)架设准备作业

1. 架设作业准备

2. 人员编组与分工

3. 选择、标定架桥点

4. 桥车的准备

桥车准备作业由班长 1 人、作业手 4 人(2 人车上、2 人车下分列左右),按下列顺序进行:取下帆布罩→展开车辙→展开桥脚→检查准备作业质量→卸下最后一跨桥的桥脚(图 6-32)。

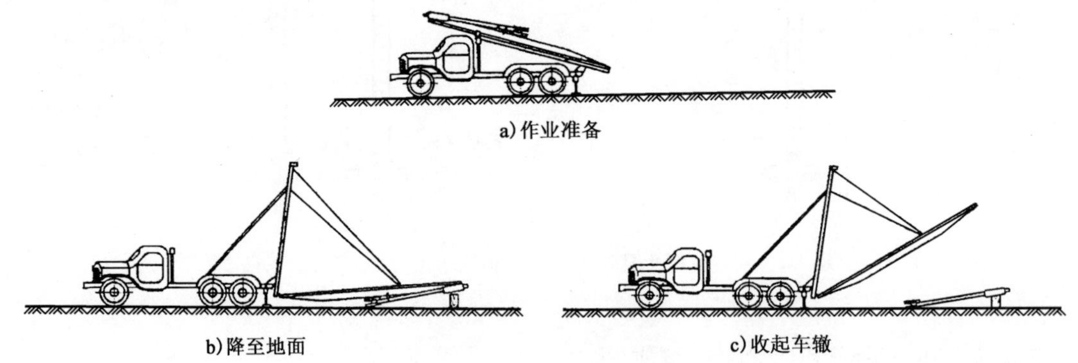

a)作业准备

b)降至地面

c)收起车辙

图 6-32 取下桥脚

(四)架设作业

桥梁架设有两种形式,即首跨桥架设和末跨桥架设(图 6-33、图 6-34)。

1. 首跨桥架设

倒车→放稳定支腿→顶升降架→放钢丝绳→放车辙后端→收钢丝绳→收升降架→收稳定支腿→开走桥车。

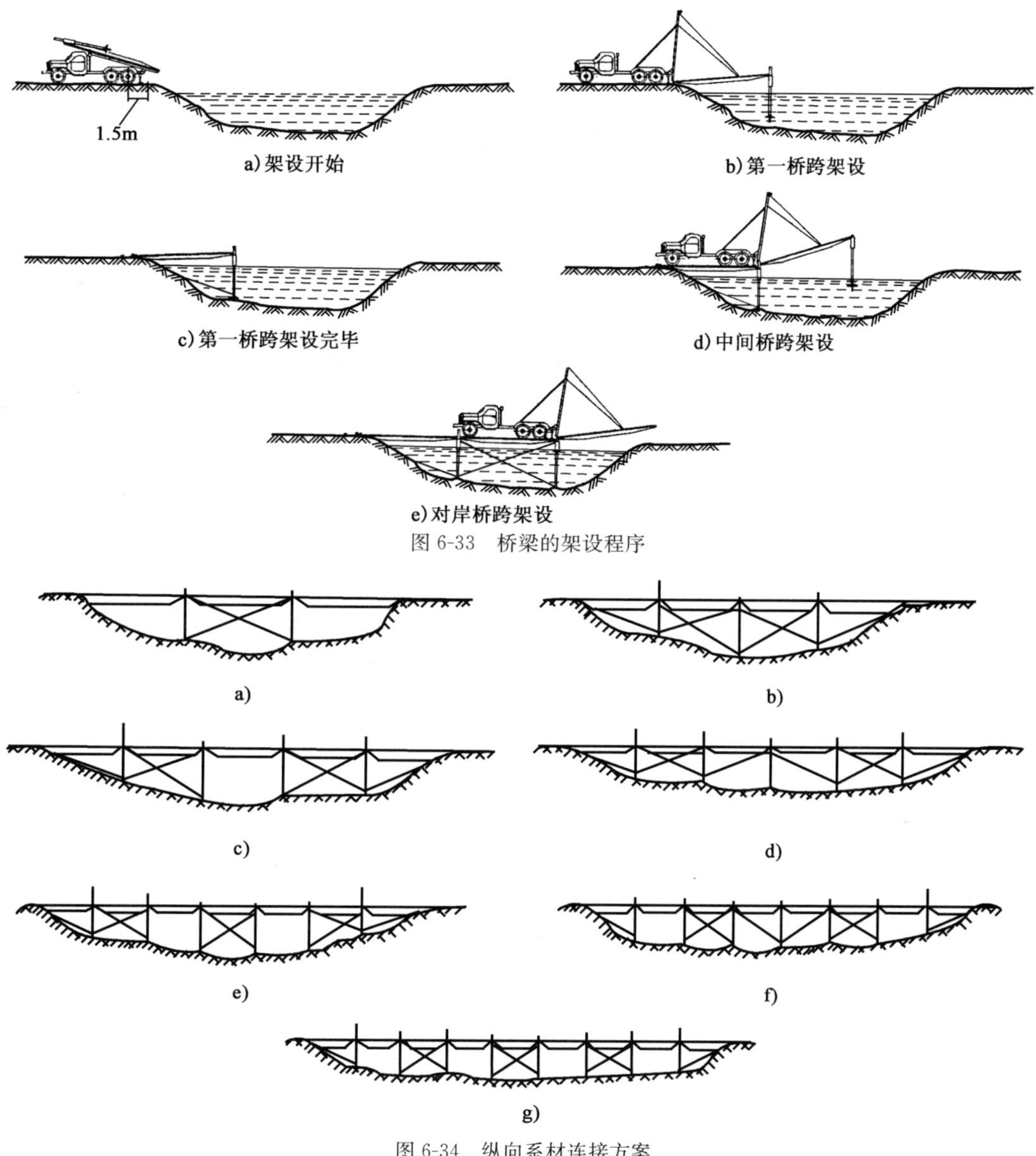

a)架设开始

b)第一桥跨架设

c)第一桥跨架设完毕

d)中间桥跨架设

e)对岸桥跨架设

图 6-33　桥梁的架设程序

a)

b)

c)

d)

e)

f)

g)

图 6-34　纵向系材连接方案

2. 末跨桥架设

其架设方法与中间桥跨的架设方法基本相同，因末跨桥车的桥脚已取下，所以没有放桥脚的动作。桥跨架设好后，设置跳板、打钢板桩、安置纵向系材，并进行全桥桥面高度调整。其方法是将提升器均安置在各桥脚柱上，由作业排长逐次下达调整口令，使全桥横向水平、纵向稍有向上预拱。

四、GQL230 型重型桁架桥

GQL230 型重型桁架桥是以桁架作为主梁的拆装式金属桥梁，其最大跨径可达 50.65m，主要适用于保障履带式荷载 500kN、轮式荷载轴压力 130kN 以下的各种重型装备、车辆等快速通过宽度小于 50m 的江河、沟谷等障碍,也可用于抢修被破坏的桥梁。

(一)器材的性能与特点

GQL230 型重型桁架桥的特点是结构简单、拆装方便、构件具有互换性、单个构件重量不大、适宜人工搬运和架设,桥梁跨径和载重量变化幅度大,适应范围广。重型桁架桥器材采用托盘装载,架设与撤收简便、迅速,全套器材用 18 辆改装的东风牌载重底盘车载运。其技术性能见表 6-7。

GQL230 型重型桁架桥主要技术参数 表 6-7

序号	项目		总体结构			
			单层桥	单层加强桥	双层桥	双层加强桥
1	设计荷载	履带式总重力(kN)	500			
		轮式轴压力(kN)	130			
2	车行道宽度(m)		4.0			
3	设计跨径(m)		10.52	20.72	30.25	50.65
4	跨径变化幅度(m)		1.7			
5	桥梁总重力(kN)		68.3	136.4	221.4	402.5
6	单位质量(t/m)		0.649	0.658	0.731	0.795
7	建筑高度(m)		0.54	2.20	1.64	3.76
8	进出口坡度(%)				20	20
9	障碍深度(m)			≥2.0		≥2.50
10	桥梁	主要构件种类	6	11	9	14
		主要构件数量(件)	62	156	204	428
		单个构件最大质量(kg)	263			
11	导梁	伸出长度(m)	7	15	22	30
		形式与节数	轻型导梁	轻导+6 节重导	轻导+10 节重导	轻导+20 节重导
12	作业人数(指挥员/作业手)(人)		1/12	1/24	1/32	1/36
13	架设所需时间(min)		20	100	120	240
14	所需桥车数(台)	全套器材	18			
		不同结构	3(1~3)	6(1~6)	10(7~16)	17(2~18)
15	底盘车型号		东风牌 EQ245 型越野车或东风牌 EQ140 型载重汽车			

注:序号 14 栏数字为全套器材所需桥车数,不含备用件装载用车;不同结构所需桥车数中括号内数字为桥车编号。

(二)器材的组成与结构

1. GQL230 型重型桁架桥的结构形式

重型桁架桥根据设计荷载及桥梁跨径等不同,可分成如下四种结构形式。

(1)单层桥:主梁由上部单元组成[图 6-35a)]。当设计荷载为履带式 500kN 时,桥梁跨径变化范围为 3.72~10.52m;当设计荷载为履带式 250kN 时,跨径可达 15.62m。

(2)单层加强桥:主梁由上部单元及其下的加强系统构成[图 6-35b)]。当设计荷载为履带式 500kN 时,桥梁跨径变化范围为 15.62~20.72m。

(3)双层桥:主梁由上部单元和下部单元拼装成上、下两层的形式[图 6-35c)]。当设计荷载为履带式 500kN 时,桥梁跨径变化范围为 21.75~30.25m;当设计荷载为履带式 400kN、

300kN 时，其跨径可达 30.25m、40.45m。

(4)双层加强桥：主梁由上部单元、下部单元及下部单元下弦加设的加强系统构成[图 6-35d)]。当设计荷载为履带式 500kN 时，桥梁跨径变化范围为 31.95～50.65m。

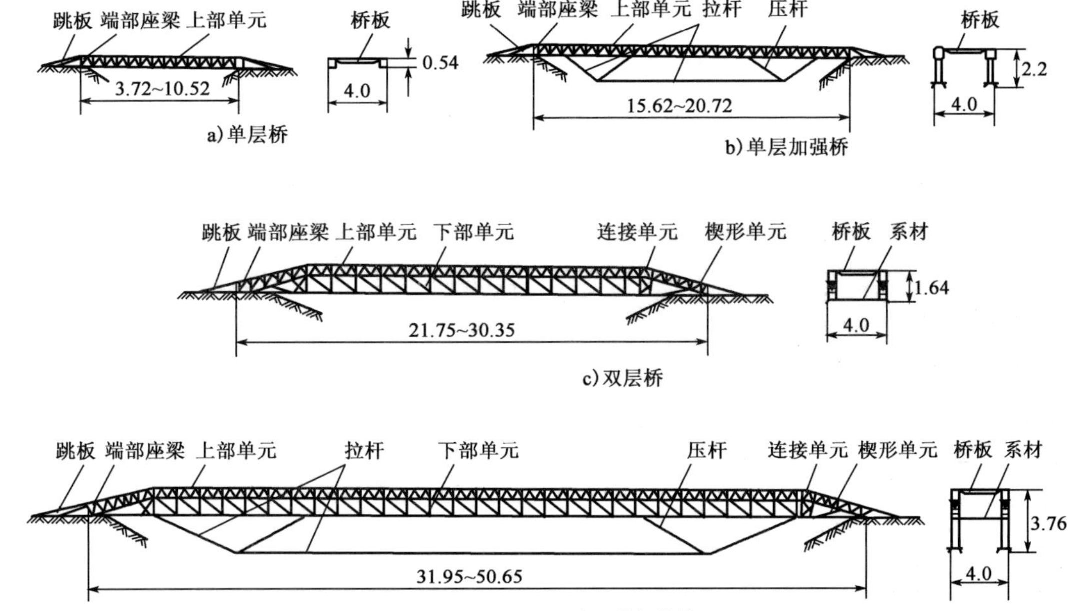

图 6-35 总体结构形式(尺寸单位:m)

2. GQL230 型重型桁架桥的组成与架设能力

重型桁架桥器材由桥梁器材、架设器材、搬运附属器材、托盘系统及空载桥车等部分组成。1 套器材的架设能力如下：

(1)跨径 50.65m 的双层加强桥 1 座。

(2)跨径 40.45m 的双层加强桥和 10.52m 的单层桥各 1 座。

(3)跨径 30.25m 的双层桥和跨径 20.72m 的单层加强桥各 1 座。

(4)跨径 10.52m 的单层桥两座。

3. 桥梁器材

桥梁器材主要包括上部单元、下部单元、连接单元、楔形单元、端部座梁、桥板、跳板、缘材、加强装置、拉杆、压杆和各种连板等。桥梁器材各基本构件，在桥梁四种总体结构形式中的位置如图 6-35 所示。

4. 架设器材

架设器材是在架设作业时用来推送、设置各种构件的专用设备，主要包括轻型导梁(前部和后部)、重型导梁、导梁支架、导梁横梁、导梁立柱、落地辊、落地辊支座、三角支座、辊梁支座、辊梁、纵梁、横梁、可调支架、可调支架底座、千斤顶柱、千斤顶底座和千斤顶等。

5. 搬运附属器材

搬运附属器材是桥梁架设、构件搬运的辅助工具，包括起重梁、搬运杆、搬运手柄、上部单元拼装架、下部单元连接器、系材连接器、工作平台、小部件筐、袋和专用工具等。

6. 托盘系统与空载桥车

(1)托盘系统：由托盘、挡铁、挡铁螺栓、器材固定器材和缓冲器等组成。

(2)空载桥车有两种类型。

(三)架设准备作业

1.准备作业的编组与分工

根据桥梁长度、桥梁结构和现有人员等进行编组，通常编为侦察、标定组，场地平整、加固及设置架设框架组，器材卸载、堆放组。

2.标定作业

(1)标定桥轴线：桥轴线一般应与障碍垂直，采用标杆标定法或张拉测绳标定法，并沿两岸作业场地标定桥轴线的延长线。

(2)标定作业场地：沿我岸桥轴线两侧 4m 标线，线外为器材堆放场地，线内为拼装架设场地。器材的堆放位置以方便架设作业为准。

(3)初步测算岸边休止角桩的位置。

(4)桥端、辊梁、落地辊位置参照表 6-8 确定。

桥端、辊梁、落地辊的相关位置 表 6-8

序号	项目		结构形式			
			10m 单层桥	20m 单层加强桥	30m 双层桥	50m 加强双层桥
1	两岸休止角桩间距(m)		≤10.27	≤19.47	≤28.45	≤48.85
2	我岸	桥端在休止角桩陆侧(m)	0.30	≥1.00	1.40	1.40
3		辊梁在休止角桩陆侧(m)	0.65	≥0.60	1.00	1.00
4	对岸	桥端在休止角桩陆侧(m)	0.30	≥0.60	1.00	1.00
5		落地辊在休止角桩陆侧(m)	0.65	1.40	1.05	1.15
6	两岸桥端间距(桥长)(m)		10.87	21.07	30.85	51.25
7	我岸辊梁至对岸落地辊间距(m)		≤11.56	≤22.00	≤31.50	≤51.00

注：我岸辊梁位置，对于单层加强桥和双层桥为架设框架靠水侧一组辊梁的位置；对于双层加强桥为悬推支架靠水侧一组辊梁的位置。

(5)根据不同的桥长(跨径)和桥型布置支承滚动系统：10m 单层桥设 1 组辊梁，其后端支承点为三角支座；20m 单层加强桥和 30m 双层桥须设置架设框架，架设框架由两组辊梁组成；50m 双层加强桥须设悬推支架和架设框架，悬推支架在前(水侧)，架设框架在后，悬推支架的结构与架设框架基本相同，只是架设框架辊梁间用大纵梁相连，悬推支架辊梁间用小纵梁相连。悬推支架靠水侧的辊梁到架设框架靠水侧的辊梁间距为 12m。各种桥梁支承滚动系统靠水侧的第一组辊梁至休止角桩间距参见表 6-8。

3.确定所需器材

架设履带式荷载 500kN 的桥梁，不同跨径、桥型所需桥车数量及编号为：10m 单层桥，3 台桥车(1～3 号)；40m 双层加强桥，14 台桥车(4～17 号)；20m 单层加强桥，6 台桥车(1～6 号)；30m 双层桥，10 台桥车(7～16 号)；50m 双层加强桥，17 台桥车(2～18 号)。

(四)架设与撤收作业(图 6-36)

重型桁架桥通常用悬臂推出法架设，其要点是严格控制桥跨推送过程中的结构重心，即在导梁前端未到达对岸前，整个推送结构(包括桥跨和导梁)的重心应落在我岸支承滚动系统的前、后辊梁之间。架设重心的控制过程如图 6-36 所示。当结构重心靠近后辊梁时，即应推送桥跨使重心前移；当桥跨结构重心前移后，继续拼装桥梁构件，使结构重心后移；当导梁前端到达对岸后，整个推送结构的重心控制在我岸与对岸支承滚动系统之间。

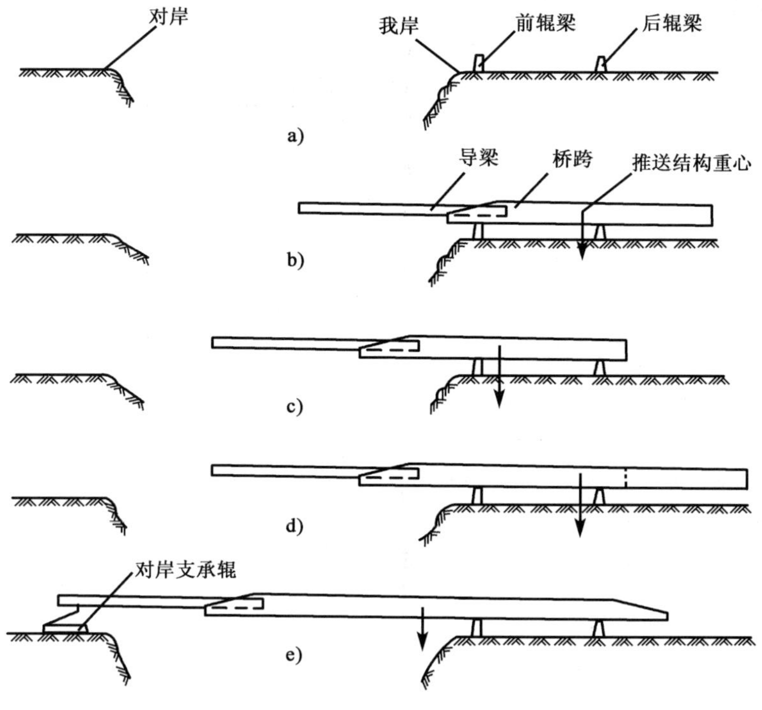

图 6-36　架设与撤收作业图

1. 单层桥的架设与撤收

(1)单层桥的架设(图 6-37)

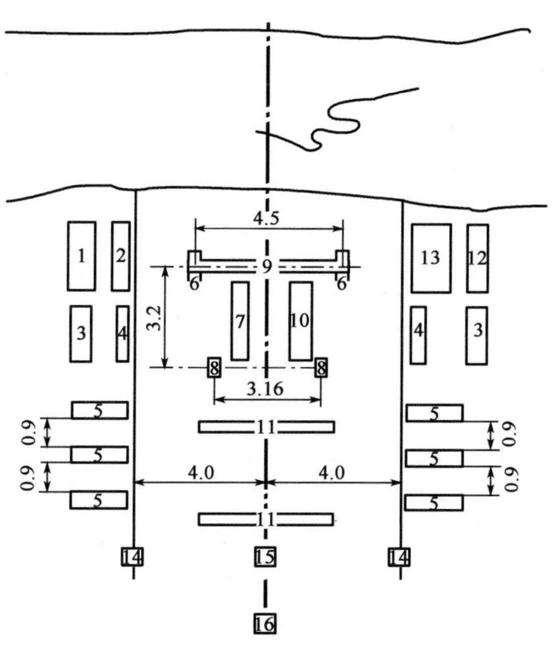

图 6-37　单层桥架设布置(尺寸单位:m)

1-缘材;2-跳板;3-小部件筐;4-千斤顶柱;5-上部单元;6-辊梁支座;7-轻型导梁后部;8-三角支座;9-辊梁;10-轻型导梁前部;11-端部座梁;12-系留装置;13-桥板;14-器材堆放线;15-桥轴线;16-推送方向

①确定桥位及滚动支承系统位置。

②准备器材、布置滚动支承系统。

单层桥所需器材，参照表 6-9。

10m 单层桥所需器材 表 6-9

器材种类	名称	单位	数量	备注
桥梁器材	端部座梁	根	2	系留装置上的销钉直径为20mm，通常与弹簧卡销一起附连在系留装置上
	上部单元	个	12	
	桥板	块	24	
	跳板	块	12	
	缘材	根	12	
	节点短销	个	32	
	弹簧卡销(1)	个	32	
	系留装置	套	4	
架设器材	轻型导梁前部	个	1	挂钩是轻型导梁后部的组成部分，只在小跨径单层桥中使用，故专门列出
	轻型导梁前部	个	1	
	落地辊	个	1	
	千斤顶柱	根	2	
	辊梁支座	个	2	
	三角支座	个	2	
	弹簧卡销(2)	个	12	
	辊梁	根	1	
	液压千斤顶	个	2	
	千斤顶底座	个	2	
	轻型导梁销	个	8	
	重型导梁销	个	6	
	挂钩	个	1	
搬运附属器材	搬运杆	根	12	
	搬运手柄	件	12	
	小部件筐	个	8	
	小部件袋	个	2	
	冲锤	个	2	
	小铁挺	根	2	
	大锤	把	2	
	冲子	个	2	
	铁挺	根	2	

③作业人员编组与分工。

④架设作业步骤：

a. 将端部座梁搁在三角支座上，并将轻型导梁前、后部连在一起，一端搁在辊梁的中部辊轮上，另一端按下图所示连接在端部座梁的中部。然后，按图 6-38 所示的方法将两个千斤顶柱连接在端部座梁的两边，形成千斤顶柱与端部座梁的连接，如图 6-39a)所示。

b. 拼装序号 1 上部单元，推送桥跨，使之形成图 6-39b)所示状态，停止推送。

c. 拼装序号 2 上部单元，推送桥跨，使之形成图 6-39c)所示状态，停止推送。

d. 按照上述方法，拼装序号 3、4、5 上部单元，推送桥跨，分别形成图 6-39d)、图 6-39e)所示状态。

e. 拼装序号 6 上部单元及端部座梁，推送桥跨，使之形成图 6-39f)所示状态。

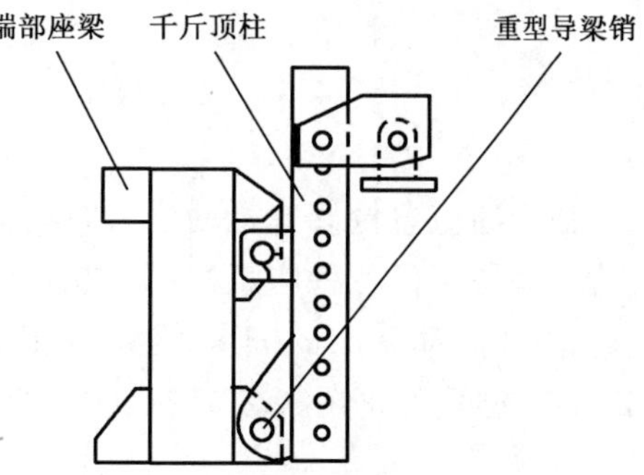

图 6-38　千斤顶柱与端部座梁的连接

f. 当导梁到达对岸时，由两名作业手携带落地辊和两个液压千斤顶通过导梁到达对岸，并将落地辊放置在轻型导梁下面，继续推送桥跨，导梁在落地辊上移动，直至桥端接近落桥位置。

g. 继续推送桥跨，使我岸桥端直接从辊梁上推落到地上。对岸利用液压千斤顶顶起桥跨，拆除落地辊和轻型导梁，再降低千斤顶高度，将桥端落到地上。千斤顶柱和千斤顶的使用状态如图 6-40所示。

h. 铺设跳板、桥板，安装缘材，按图 6-41 所示对桥梁进行系留固定。

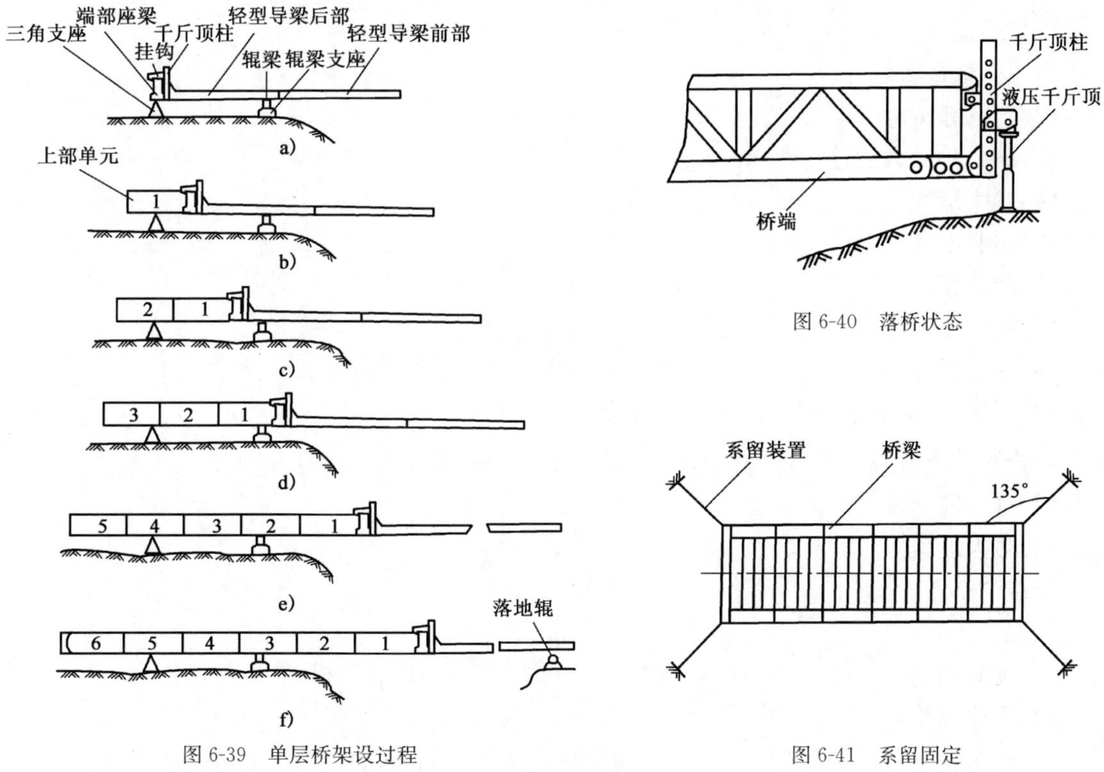

图 6-39　单层桥架设过程

图 6-40　落桥状态

图 6-41　系留固定

(2)单层桥的撤收

通常可在任意一岸，按照与桥梁架设相反的顺序进行桥梁的撤收。拉回桥跨时，应特别注意结构重心的控制和作业安全。

2. 其他

单层加强桥的架设与撤收、双层桥的架设与撤收、双层加强桥的架设与撤收方法详见《军用道路桥梁装备》教材。

第二节 制式舟桥装备

在交通应急抢修建行动中，为克服水域宽、流速急、水体深的江河、湖泊等障碍，可采用制式桥梁装备架设各种应急桥梁。在环境不利于架设制式桥梁的条件下，可采用制式舟桥装备进行渡河行动。制式舟桥装备有很多类型，本节选择有代表性的 GZQ411 型轻型门桥、GZQ230 型重型舟桥、GZQ111 型新型特种舟桥等制式舟桥装备进行简要介绍。

一、GZQ411 型轻型门桥

轻型门桥主要用于结合漕渡门桥，保障 16t 以下的轻型装备和人员克服中小江河障碍，也可架设浮桥或结构水上作业平台，桥脚舟可作为冲锋舟使用。

(一)主要技术性能

1. 门桥

(1)承载能力

履带式荷载总重力	160kN
轮式荷载最大轴压力	70kN
(2)车行部宽度	3.32m
(3)满载时最大航速	11.5km/h
(4)适应最大流速	2.0m/s
(5)作业人员	9 名
(6)结合作业时间	19min
(7)撤收作业时间	18min
(8)水上配套动力	2 台 40kW(55 马力)舷外机
(9)平均故障间隔时间	108h

2. 桥脚舟首舟作冲锋舟使用

(1)载运能力	1t
(2)最大航速	
轻载(2 人)	52.5km/h
满载	45.9km/h
(3)配套动力	1 台 40kW(55 马力)舷外机
(4)适应风浪	5 级风，2 级海况
(5)抗沉性	满载状态注满水后不沉

3. 运输作业车

(1)采用两辆改装的 EQ2102G 越野车运输

(2)装卸载作业时间(单车、整体装卸)

卸载	68s
装载	73s
(3)结构的水上作业平台面积	5.7m×10.8m

(二)主要组成部分介绍

轻型门桥器材主要由桥脚舟、上部结构、运输作业车以及水上配套动力等组成。

1. 桥脚舟

桥脚舟用作门桥和架设浮桥的浮游桥脚，还可作冲锋舟使用。1 套器材有 4 只首舟、4 只尾舟。1 只首舟和 1 只尾舟相连成为 1 只全形舟(图 6-42)。舟体采用玻璃钢材料整体成型，内外壳之间填充泡沫。

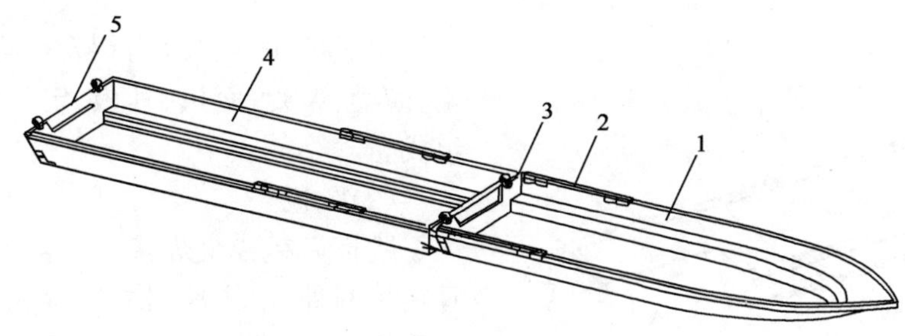

图 6-42 全形舟

1-首舟；2-护舷材；3-舟间连接螺杆；4-尾舟；5-插板

(1)舟体

舟体(图 6-43)由尾板、舷板、底板等构成。

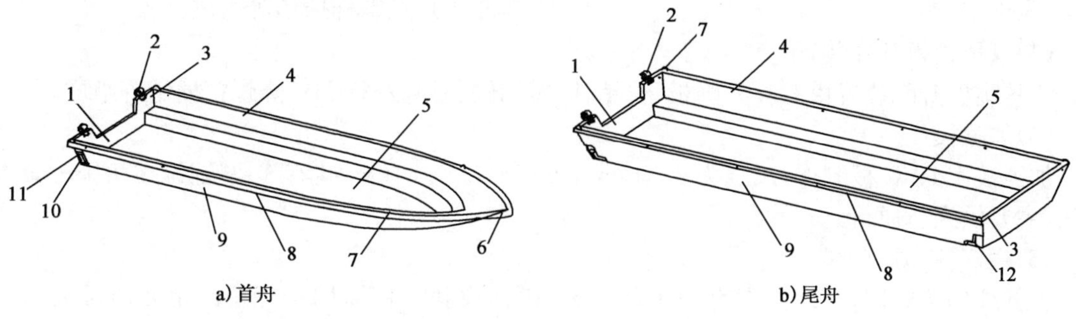

图 6-43 舟体

1-尾板；2-滚轮；3-舟间螺杆孔；4-舷孔；5-底板；6-系留环；7-吊环；8-舷缘；9-舷板；10-挂钩；11-挂钩固定器；12-圆钮

(2)护舷材(图 6-44)

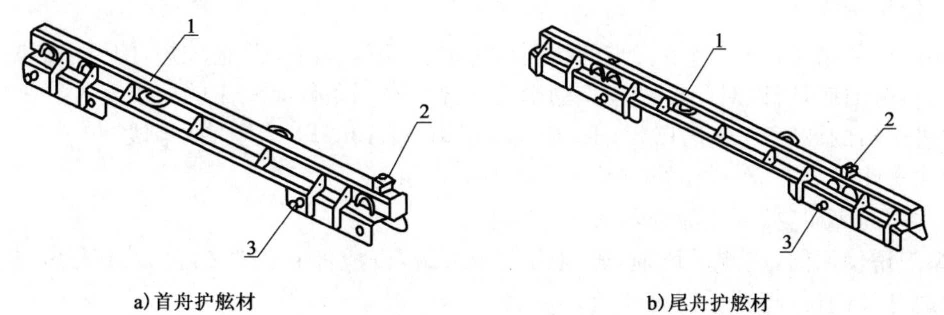

图 6-44 护舷材

1-槽形本体；2-限位块；3-固定销

(3)插板

插板用玻璃钢制作。当尾板不悬挂舷外机时，在尾板上安装插板，防止浪涌入舟内。

(4)舟间连接螺杆

舟间连接螺杆由销体、转柄、螺母、挡块和销组成,用于结合全形舟。

(5)舟舷连接螺杆

舟舷连接螺杆由销体、转柄、螺母组成,用于车辙板与桥脚舟护舷材的连接。

2. 上部结构

上部结构由车辙板、跳板、跳板升降装置、加隙板和栏杆柱等组成。

(1)车辙板

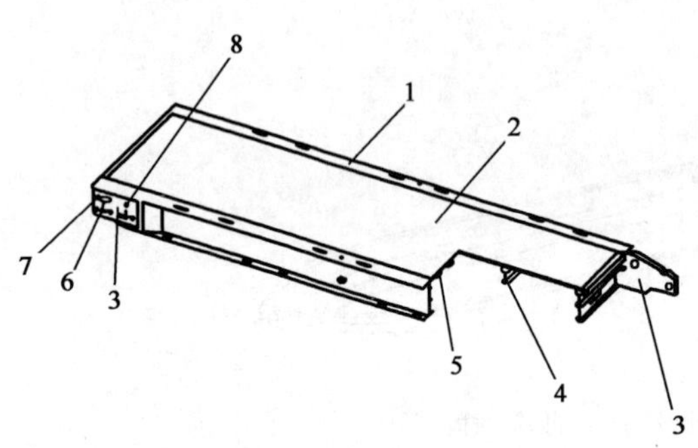

图 6-45　车辙板

1-主梁;2-面板;3-耳板;4-横梁;5-纵梁;6-限位销;7-插销;8-定位销

车辙板(图 6-45)为铝合金焊接结构,由主梁、横梁、纵梁、面板、耳板、定位销和限位销等组成。

(2)跳板

跳板为铝合金焊接结构,分单耳跳板和双耳跳板两种,由主梁、横梁、纵梁、面板、肘板和升降座等组成,用于保障荷载上、下门桥和浮桥。

(3)单耳跳板升降装置

单耳跳板升降装置由单耳升降板、插销、升降螺杆和升降螺杆插销等组成。

(4)双耳跳板升降装置

双耳跳板升降装置由双耳升降板、长销轴、短销轴、升降螺杆和升降螺杆插销等组成。

(5)加隙板

加隙板用 PVC 板制作,尺寸为 2.140m×1.175m×0.410m,共有 5 块,铺设在两排车辙板之间,主要供人员通行。

(6)栏杆柱和栏杆绳

栏杆柱用铝管制作,上部焊有两个螺旋环;栏杆柱和栏杆绳用于标示门桥和浮桥的车行道,栏杆柱上可悬挂救生圈。

3. 运输作业车

运输作业车主要由汽车底盘、自装卸系统和托架三大部分及附件组成。

(三)使用条件

轻型门桥使用时,通过门桥自带的跳板可完成上、下载,由于跳板较短,门桥承载时又不允许桥脚舟接触河底,所以对门桥靠岸点的岸边状况及水深条件有一定的要求。

(1)进出口的坡度不大于 15%,土质密实,平坦,有 10m 以上的直线地段。

(2)岸边距水沿 3.5～4m 处的水深不得小于 0.6m。

(3)水中无障碍物,河流流速不大于 2.0m/s。

轻型门桥使用前,应测量风速,若风力大于四级,则应停止门桥结合;若在使用中突遇大风,应及时分解门桥,将器材撤至岸上。

(四)舟车卸载和装载

1. 卸载

(1)整体卸载(图 6-46)

运输作业车装、卸载通常选择的场地坡度不大于10%，地面平坦。器材整体卸载的作业步骤包括准备阶段和卸载阶段。

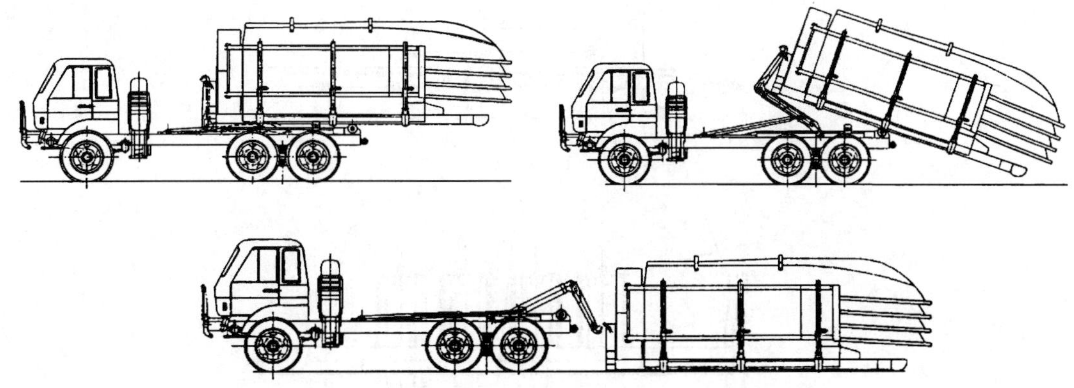

图 6-46 整体卸载示意图

由驾驶员在驾驶室操纵，带动伸缩臂及托架向车尾方向水平移动至极限位置；当伸缩油缸收缩至极限位置后，操作手松开伸缩油缸操纵杆，伸缩油缸操纵杆自动恢复中位，操作手往后拉举升油缸操纵杆。举升油缸伸出，推动中央翻转举升臂绕铰支点翻转，带动托架后翻至托架尾辊柱触地；举升油缸继续伸出，同时车辆前行，至托架首端触地，完成卸载。

(2)人工搬运

人工搬运主要作业内容包括：就位→搬运开始→放下转架→卸舟准备→卸舟→卸辅助器材和小部件→卸跳板→卸车辙板→卸舷外机→收起转架。

2. 装载

(1)装载搬运

按与器材卸载搬运相反的顺序作业，需要与托架固定的器材，应注意固定牢靠。

(2)整体装载

准备阶段：运输作业车举升油缸伸出，基本臂向上翻转呈装载状态，驾驶员在一名作业手的引导下将车辆吊钩对准托架吊环，车辆缓缓倒车至吊钩伸入吊环内，此时，变速箱挂空挡。

装载阶段：采用电操纵作业时，由驾驶员在驾驶室内通过操纵盒操纵，接通操纵盒电源，使自由控制开关指示灯呈熄灭状态，驾驶员往上拔举升油缸操纵手柄(直接操纵时，需由一名操作手直接前推位于车辆驾驶室左后侧的举升油缸操纵杆)，举升油缸缓缓收缩，基本臂绕铰点向前翻转，带动托架上车，举升油缸收缩至极限位置，此时，托架水平置于车上。驾驶员看到操纵盒上伸缩油缸指示灯亮时，松开举升油缸操纵手柄，举升油缸操纵手柄自动恢复中位，驾驶员往上拔伸缩油缸操纵手柄(采用直接操纵时，当举升油缸收缩至极限位置后，松开举升油缸操纵杆，举升油缸操纵杆自动恢复中位，操作手前推伸缩油缸操纵杆)，伸缩油缸伸出带动伸缩臂及托架向车首方向水平移动，至极限位置。

(五)门桥渡口的构筑和使用

1. 门桥的结合

一套器材可结合成一个载重16t的四舟门桥，如图6-47所示。

作业开始，连接全形舟→配车辙板→设置跳板→设置加隙板→设置栏杆→系留门桥。

2. 漕渡的作业组织

漕渡的作业组织包括：靠岸→放跳板→装载→漕行→靠岸→卸载。

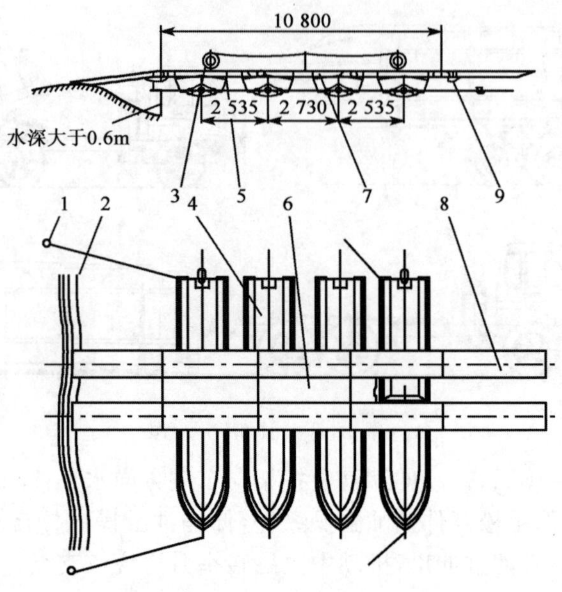

图 6-47　16t 四舟门桥（尺寸单位：mm）

1-系留桩；2-系留绳；3-救生圈；4-舟；5-舟舷螺杆；6-加隙板；7-车辙板；8-跳板；9-跳板升降装置

二、GZQ230 型重型舟桥

GZQ230 型重型舟桥器材，适用于在流速不大于 2.5m/s 的江河上，架设 60t 级、20t 级的浮桥和结合 40t、60t、110t 的漕渡门桥，保障履带式荷载 600kN、轮式荷载轴压力 130kN 以下重型装备、车辆等快速通过江河。

该型舟桥全套器材由 14 个河中全形舟、2 个岸边全形舟、16 辆舟车、5 艘汽艇、5 辆汽艇车及辅助器材组成。

主要特点：舟、桁、板合一的密封箱体，构成的浮桥或漕渡门桥是连续的带式浮体；每个河中舟（岸边舟）就是浮桥或漕渡门桥的一段，桥节门桥和漕渡门桥的结构基本相同，浮桥渡河和门桥渡河转换容易；浮桥有较宽的车行部，当重荷载通过时为单车道，轻型荷载通过时可用作双车道；门桥渡河时不需构筑码头，门桥岸侧直接搁浅，利用自带的跳板即可装卸载；器材的装卸均实现机械化，结构简单，作业速度快；但门（浮）桥阻水面增大，对浮桥固定的要求较高。

使用一套 GZQ230 型重型舟桥器材架设浮桥和结合漕渡门桥的技术性能见表 6-10 及表 6-11。

全套器材架设浮桥技术性能　　表 6-10

浮桥类型（t）	最大履带式载重量（kN）	最大轴压力（kN）	车行部宽（m）	浮桥最大长度（m）	需要作业人数（人）			架桥作业时间（min）
					舟桥员	汽车驾驶员	汽艇驾驶员	
60	600	130	6.5	109	32	21	10	18
20	200	130	3.2	170	32	21	10	26

全套器材结合漕渡门桥技术性能 表 6-11

门桥类型(t)	最大履带式载重量(kN)	车行部宽(m)	一个门桥的组成		门桥长度(m)	漕渡门桥数量(个)	需要作业人数(人)		结合所需时间(min)
			河中舟	岸边舟			舟桥员	驾驶员	
40	400	6.5	2	0	13.5	7	4	2	8
60	600	6.5	3	0	20.2	4	6	3	10
110	1 100	6.5	5	1	39.2	2	12	6	13

(一)河中舟

河中舟用于结合桥节门桥和漕渡门桥。一个河中全形舟由两个尖舟和两个方舟连接而成。展开后的河中全形舟(图 6-48)长 6.7m、宽 8.09m,车行部宽 6.5m,当吃水深度为 0.64m 时,一个河中舟的有效载重量为 200kN。

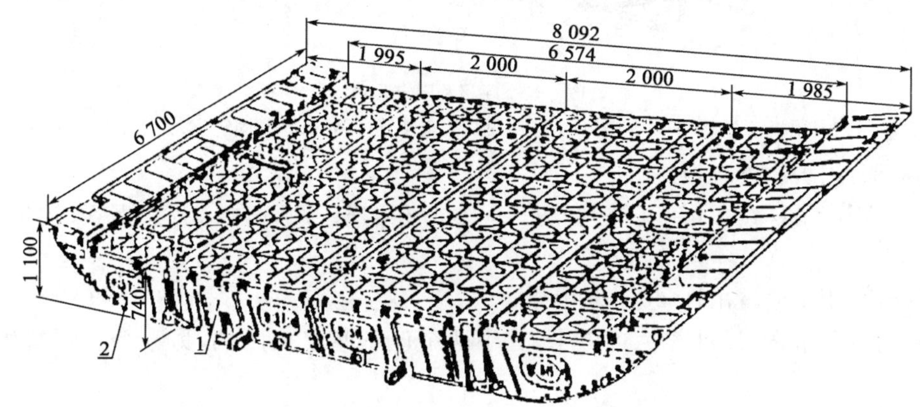

图 6-48 展开后的河中舟(尺寸单位:mm)

1-方舟;2-尖舟

1. 尖舟

尖舟(图 6-49)是一个由纵、横梁和舷缘角钢作骨架,外用钢板焊接的密封体,长 6.7m,宽 1.985m,高 0.74m(尖端高 1.10m)。上部为厚甲板和薄甲板,两端部的斜面为端板,底部为底板。厚甲板上焊有防护板条和防滑圆钢,钢板厚 3mm,宽 1.24m,可供轻型荷载通行。

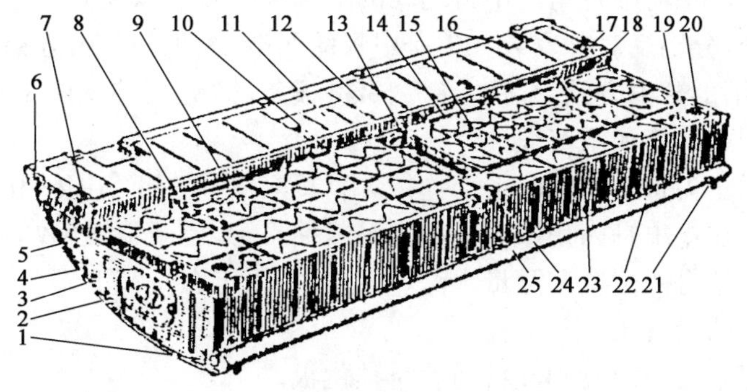

图 6-49 尖舟

1-舟间挂钮;2-舱口盖;3-端板;4-装卸圆钮;5-跳板挂座;6-折叠圆钮;7-纵向拉紧装置方销;8-锚和锚爪槽;9-厚甲板;10-并舟具;11-锚机和锚机舱;12-薄甲板;13-跳板固定装置;14-吊杆;15-跳板和跳板槽;16-羊角;17-纵向拉紧装置绞盘;18-缘材;19-抽水孔;20-吊杆孔;21-限位槽;22-滑道;23-舷板;24-甲板铰链单耳;25-扭力凸轮槽

舟首为薄甲板，厚1.5mm，宽0.75m。厚甲板和薄甲板间的垂直面为缘材，钢板厚3mm。舷板和底板之间设有5mm厚钢板制成的滑道，供河中舟滑动用。

(1)尖舟甲板上的设备

①跳板和固定装置(图6-50)：跳板用于保证车辆顺利上、下门(浮)桥。

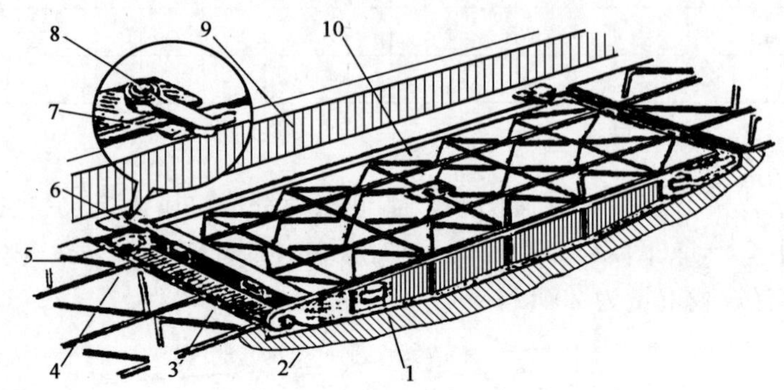

图6-50 跳板和固定装置

1-提环；2-尖舟甲板；3-跳板槽；4-卡铁；5-挂钩；6-跳板固定装置；7-楔形块；8-固定座；9-尖舟缘材；10-跳板

②跳板槽：用于放置跳板。

③吊杆：用于吊移跳板，使其挂钩与舟体上挂座相连。由杆体、绞盘、钢索、摇把、吊钩等组成。

④吊杆槽：用于放置吊杆，位于薄甲板下方。

⑤吊杆孔：用于设置吊杆，每舟三个，其中两个位于厚甲板两端，另一个位于薄甲板中间偏右。

⑥锚机：用于松、紧、固定锚钢，由操纵部分、机体部分和锚钢组成。操纵部分包括制动手柄、换挡手柄、摇把、摇把手柄榫头。机体部分包括机架、主轴、蜗轮、蜗杆、伞齿轮、楔牙离合器(换挡装置)、紧急脱索装置和卷筒。

⑦锚：用于固定门桥和浮桥。

⑧并舟具：用于操纵连接器，如纵向接头、拉紧装置、甲板扣环和舟间挂钩等，完成河中舟之间、岸边舟之间及河中舟与岸边舟之间的连接或分解。

⑨上部连接器：用于河中舟与河中舟之间的上部纵向连接以及固定岸边舟的提升器链环。分绞盘、方销两部分，分别反对称安装在尖舟甲板的两端，绞盘部分由方销导孔、绞盘、钢索、横销、挡板等组成，方销部分由方销、挂钩、导板、带槽板条、横销、定位销等组成。

⑩羊角：用于固定钢索和系留绳。

⑪甲板铰链：用于尖舟与方舟的上部连接，由单耳、双耳、垫圈、销轴和开口销组成。

⑫抽水孔：用于在排出舟内积水时插抽水泵或抽水管，位于甲板两端，平时加盖密封。

⑬钩篙：用于调整舟的位置和测量水深。运输时，固定在舟车上。

(2)尖舟端板上的设备

①跳板挂座：用于门桥漕渡和浮桥通载时挂跳板。

②舟间挂钮：连接尖舟和方舟时用于固定搭钩。

③舱口：检修舟时，供人员进出，位于端板中部，平时加盖用螺钉密封。

④装卸圆钮：用于强制舟泛水或铁路运输时固定紧固索。

⑤折叠圆钮：用于装载时挂装钢索以折叠河中舟。

(3)尖舟底板上的设备

①装卸圆钮:用于装载时,挂舟车钢索。

②挡销:用于舟装载过程中挡在限位导板前方,使舟搁置在平台后梁滚轮上。

③紧定圆钮:用于装载后固定紧定具。

④滑道:用于支承河中舟滑动。滑道一端开一个限位槽,和舟车的限位销配合,限制河中舟在舟车平台上移动。

⑤放水孔:用于放出舟内积水。平时用放水塞密封,位于舷板底部的两端。

2. 方舟

方舟(图 6-51)长 6.74m、宽 2m、高 0.74m,是浮桥和门桥的主要承重部分,是一个内有舷缘角钢和主龙骨等纵向加强构件,外用钢板焊接而成的矩形箱体。内部中央设有一道横向舱壁板,将方舟分为两个密封舱,以提高舟体强度和抗沉性。底板中央有截面为工字形的主龙骨,两端安有下部纵向接头。舟甲板上装有扭力杆、甲板扣环和缘材插座。

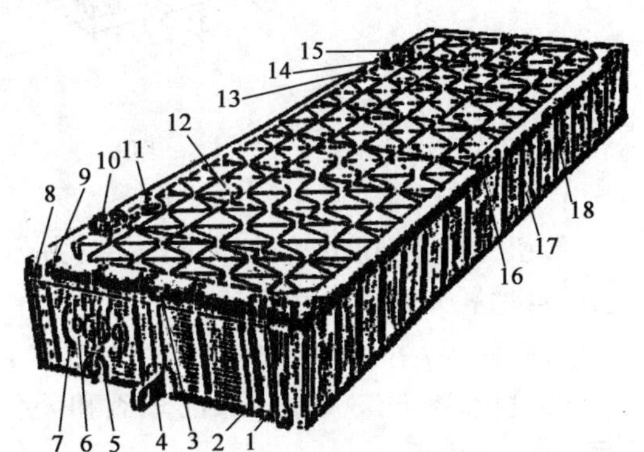

图 6-51　方舟

1-固定挂钩钮;2-舟间挂钩;3-导绳座;4-下部纵向接头单耳;5-滑道;6-舱口盖;7-端板;8-承压板;9-跳板挂座;10-扣环挂座;11-抽水孔;12-甲板;13-缘材插座;14-护铁;15-甲板扣环;16-扭力杆;17-舷板;18-甲板铰链双耳

(1)方舟甲板上的设备

①甲板扣环:用于方舟之间的上部连接,每个河中全形舟两副,成反对称安装在两个方舟上。

②扭力杆:用于河中舟泛水后自动展开成使用状态,由扭力轴、扭力凸轮、扭力凸轮槽(设置在尖舟上)、连接套筒、固定座、活动座和衬套等组成。

③缘材插座:用于架设 20t 级浮桥时设置栏杆。

(2)方舟端板上的设备

①纵向接头及其操纵装置:用于河中舟之间、河中舟与岸边舟之间的下部纵向连接,是门(浮桥)桥主要的连接件,设在方舟端板中央,舟的一端为单耳,另一端为双耳。

②舟间挂钩:用于方舟与尖舟之间的下部横向连接,位于方舟与尖舟之间的下部两端。

③导绳座、滑轮:用于河中舟折叠时穿绕舟车钢索,分别位于端板上缘和底部。

④承压板:用于传递舟间压力,每个方舟 4 块,位于端板上部两角上。

⑤折叠固定钩:用于河中舟折叠后,拉紧两方舟以防分开,位于端部底板。

(3)方舟底板上的设备

底板铰链:用于方舟与方舟之间的底部连接,位于底板两端。

(二)岸边舟

岸边舟(图 6-52)用于构成浮桥的岸边部分或漕渡门桥的靠岸部分。岸边舟由两个方舟和两个尖舟组成,构造与河中舟基本相同,但岸边全形舟不允许分解使用。其高端是舟尾,矮端是舟首,舟首端 2.5m 范围内的底板厚 4mm,以保证搁浅受载时提供较大的承压力,舟首端的垂直面为首端板,尾端斜面为尾端板,两尖舟边缘高起的箱体为缘材。

1. 甲板上的设备

(1)提升器:用于浮桥闭塞、分解或门桥漕渡时提升岸边舟,每个岸边舟上安装两个,位于尖舟液压提升器箱罩内,由链环、油缸、截止阀、单向阻尼阀、油箱、手摇柄、手摇液压泵等组成。

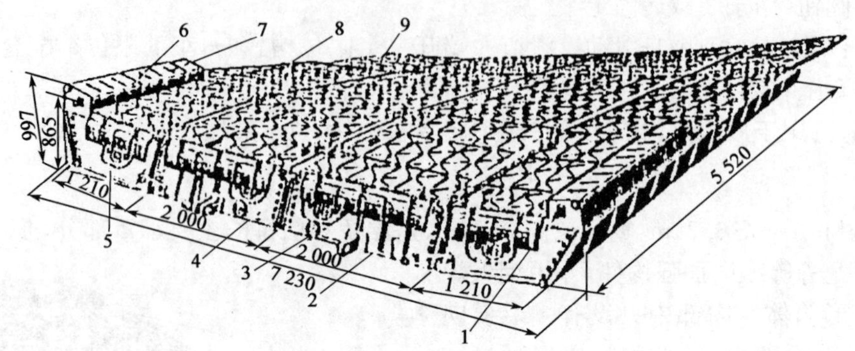

图 6-52 岸边舟(尺寸单位:mm)

1-提升器;2-承压板;3-搭板;4-方舟;5-尖舟;6-缘材;7-提升器箱;8-扭力杆;9-跳板

(2)扭力杆:由扭力轴、扭力凸轮、扭力凸轮槽、固定座、活动座和衬套等组成,用于岸边舟泛水后自动展开成使用状态。

(3)系留环:用于固定系留钢索;共 4 个,位于舟首及两侧。

(4)跳板(图 6-53):用于保证车辆和装备顺利上、下门(浮)桥;每个岸边舟有两块方舟跳板,两块尖舟跳板。

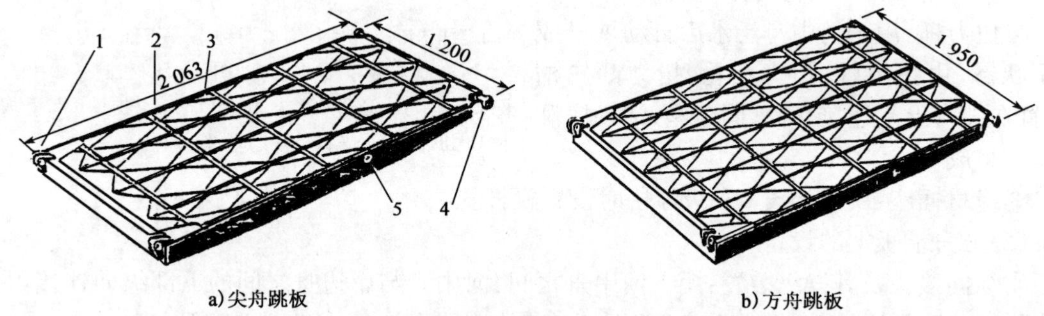

图 6-53 跳板(尺寸单位:mm)

1-双耳;2-防护板条;3-防滑圆钢;4-圆钮;5-放水塞

(5)搭板(图 6-54):用于搭盖岸边舟与河中舟连接部的间隙;每个岸边舟有方舟搭板尖舟搭板两块,固定在舟的尾端。搭板上有防滑条、防护板条和双耳板。

2. 端板上的设备

(1)承压座:用于调整岸边舟与河中舟之间的间隙,承受舟上部压力;每个舟 4 个,安装在方舟舷缘角钢端部,由螺母、螺杆帽和螺杆组成。

(2)闭锁销:用于尖舟与方舟的岸侧一端连接,位于舟首端部。

(3)牵引杆支座:用于固定牵引杆,位于首端中央。

3. 舟车

舟车(图 6-55、图 6-56)是由 TMSC2030ZQ 二类底盘车(简称 TMSC2030)改装而成,车上设有舟车平台、吊架、液压系统、绞盘系统和操纵系统。既可以装河中舟,也可以装岸边舟,完全通用。用于折叠、装载及运输河中舟和岸边舟。其重量及外形尺寸见表 6-12 和表 6-13。

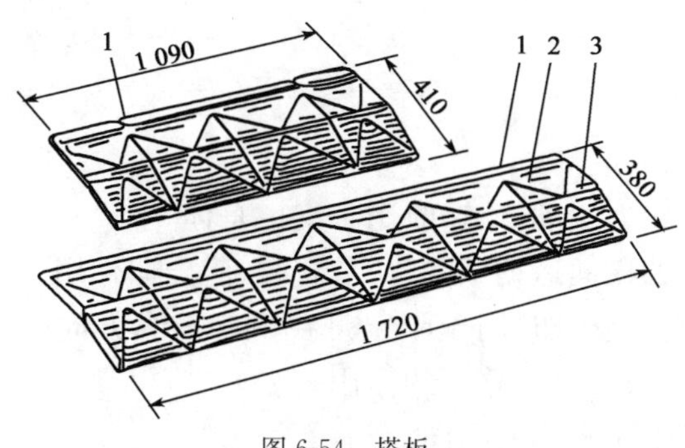

图 6-54　搭板

1-双耳；2-防滑圆钢；3-防护板条

图 6-55　舟车

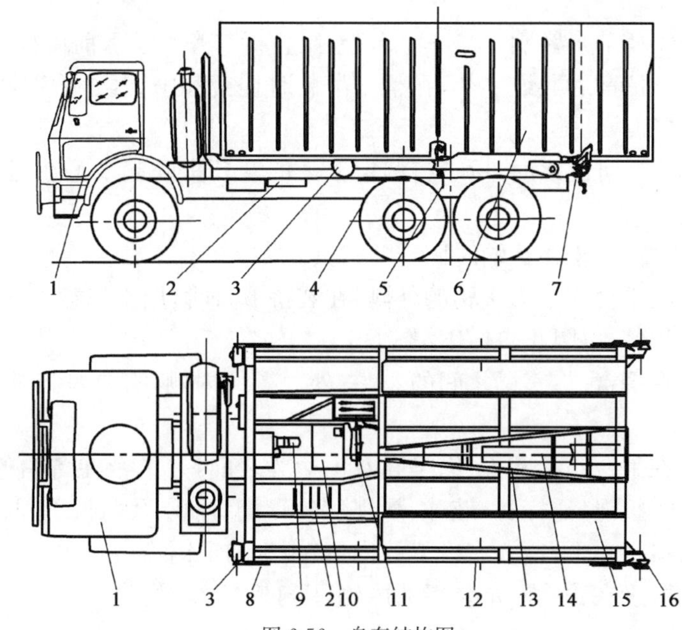

图 6-56　舟车结构图

1-TMSC2030；2-液压箱；3-平台；4-脚蹬；5-紧定具；6-舟体；7-限位导板；8-限位销；9-油泵；10-油箱；11-液压马达绞盘；12-滚轮；13-吊架；14-油缸；15-钩篙；16-大滚轮

舟车重量(kN)　　表 6-12

类　型	总　重	前桥负载	中、后桥负载
空载舟车	120	59	61.5
河中舟车	192.5	62.5	130
岸边舟车	189.5	69	120.5
TMSC2030	201	70	131

注：舟车重量未含驾驶员重量 2.1kN。

舟车外形尺寸(mm)　　表 6-13

类　型	长　度	宽　度	高　度
空载舟车	8 412	3 167	3 130
河中舟车	9 620	3 202	3 679
岸边舟车	8 585	3 263	3 668

(1)舟车平台

舟车平台由以下各部分组成：

①平台：主要用于承受舟体荷载和引导桥节舟的装卸。

②滚轮：用于装卸桥节舟时，使舟体滑道在滚轮上滚动；运输时用于支撑舟体。

③挡舟板：在平台后半部的两侧，用于限制舟的横向运动；装卸桥节舟时，起导向作用。

④限位挡铁：在平台一梁的中间位置，在装载桥节舟时用于限定舟在平台上纵方向的位置；当舟车运行在下坡的路上或制动时起到阻止桥节舟向前移动的作用。

⑤限位销：在平台一梁后方的左边梁处，用于限制舟体的纵向滑动。

⑥平台滑轮：在平台一梁上设有两个过渡滑轮和两个可摆动的滑轮，用于将钢索导向其作业的方向。

⑦紧定具：用于将桥节舟紧固在舟车平台上，阻止桥节舟跳动和前后移动。

⑧导轮：在平台外侧前后共设4个，在整车吊装时挂套起吊钢索，后部两个并用于将钢索从其上绕过进行强制卸载。

⑨卸扣：在强制桥节舟泛水时，用于将两根钢索的套环串联起来。在运输时，放在舟车工具箱内。

⑩并舟具固定装置：用于在运输时固定并舟具。

⑪限位导板：设在平台四梁大滚轮的外侧，在装桥节舟时，用于扶正舟体；当舟体落于大滚轮上以后，卡住舟体挡销，以阻止舟体下滑。

⑫可摆动脚蹬：在平台二、三梁之间的左、右外边梁的内侧，需要时将其旋转下来，用于作业手上、下平台。

⑬工具箱：一个在平台二梁前方、纵梁和右内边梁之间，另一个在备胎的右侧。用于存放卸扣、系留绳、栏杆绳、投绳、浮标、护舷球、量规、多用扳手、抽水孔盖扳手、救生衣等。

⑭钩篙固定装置：设在平台左、右纵梁的内侧，用于固定钩篙。

⑮缘材固定装置：设在钩篙固定装置的内侧，用于固定缘材。

(2)吊架

吊架由折边钢和钢管等组焊而成，用于折叠和起吊桥节舟。吊架底部设有与平台四梁内侧的吊架耳板铰接的销轴，吊架中部设有与油缸活塞杆头部铰接的油缸轴，吊架中部还设有两个对称布置的斜向滑轮，吊架顶部有一个双槽滑轮。

(3)液压系统

液压系统由油箱、油泵、卸荷阀、滤油器、油压表、三位四通液压电磁阀、液压马达绞盘、平衡阀、油缸及管系等组成。

(4)绞盘系统

绞盘系统由液压马达、行星齿轮减速器、控制阀、液压制动器等组成。绞盘用支架安装在汽车大梁中部的外侧，用于舟体的折叠、起吊和装卸作业。

(5)电操纵系统

电操纵系统由内操纵盒、外操纵盒、两位三通电磁阀、汽缸、气管及电缆索等组成，是舟车进行装卸载作业的指令系统。

4. 辅助器材

(1)系留索具

①系留绳:用于系留舟。

②系留钢索:用于浮桥的纵向固定。

③系留桩:用于挂岸边的系留钢索。

④手用筑头:用于打系留桩。

(2)排水机具

①手抬机动泵:用于抽出舟内积水和冲刷器材。

②抽水孔盖扳手:用于拧开、旋紧抽水孔盖。

③舟的量具。

④间隙规:用于测量岸边舟承压座与河中舟承压板之间的间隙。

⑤河中舟量规:用于测量河中舟扭力凸轮的高度。

⑥岸边舟量规:用于测量岸边舟扭力凸轮的高度。

⑦牵引装置:用于闭塞浮桥时纵向移动桥段,由牵引杆、系留钢索、螺旋扣、插销等组成。运输时,放在器材车上。

5. 舟车卸载和装载

舟车的装、卸载,通常选择在岸边坡度不超过18%(10°)、地面平坦、土质坚硬、流速较小、水深适宜、河底无障碍物的地方进行,并力求多点作业,以提高速度。

(1)舟车卸载

卸载(泛水)分为强制卸载、自动下滑卸载、倒车急制动卸载和陡岸卸载四种方法。卸载处距舟车平台后滚轮约3.5m,该处水深一般以不小于1.3m为宜。若河岸较陡,舟车后轮未下水时,则水深要求将增大。

①强制卸载

强制卸载通常在岸边坡度小于10%时采用。舟车倒至后轮距水沿线2~3m处,按下述顺序指挥作业:

就位→检查限位导板→拴系留绳→挂钢索→卸紧定具→倒车。

②自动下滑卸载

自动下滑卸载通常在岸边坡度大于10%时采用,其作业顺序如下:

就位→检查限位导板→拴系留绳→松钢索→倒车→卸紧定具。

③倒车急制动卸载

就位→检查限位导板→拴系留绳→松钢索→卸紧定具→倒车。

④陡岸卸载

当岸高达2m以上,在上述卸载方法都不能完成泛水作业时才采用。

a. 舟车开至泛水点停稳,只留限位销插入舟体限位槽内防止舟体下滑,其余紧固装置全部打开,并打开舟间折叠固定钩;

b. 使吊车靠近舟车并停稳;

c. 用吊车吊钩起吊。

(2)舟车装载

装载作业可以采用内操纵盒和外操纵箱两种方式,其装载作业步骤为:就位→设置限位导板→松钢索→升吊架→倒车→调整舟→挂钢索→折叠舟→撤收吊架→装载→固定。

三、GZQ111型新型特种舟桥

GZQ111型新型特种舟桥是一种用于克服特大江河障碍的专用制式渡河器材。该器材由渡驳、桥驳、岸跨和推船组成，主要用于战时保障重型武器装备和车辆的战略机动，适用于长江A、B级以及相当于长江A、B级的航区。

该器材与其他渡河器材相比，具有系统复杂、技术含量高、载重量大、架设劳动强度低、保障相对困难等特点。

(一)器材的组成

该器材由渡驳、桥驳、岸跨、推船四大部分组成。一套GZQ111型特种舟桥包括20艘渡驳、12艘桥驳、2个岸跨和20艘推轮。各部分功能如下：

(1)渡驳的主要功能是漕渡门桥的承载和装、卸载的实体；浮桥的承载结构之一，用于河中横流架桥。配备有制式的浮桥(门桥)锚定设备和机械化投、起锚设备，在特舟推船供电的条件下工作；水上机动时可载运特舟岸跨；为值班人员提供两人住宿。

(2)桥驳分为普通桥驳和岸边桥驳，普通桥驳作为浮桥的承载结构之一，用于浮桥的河中部分，可顺流架桥，也可横流架桥；条件适宜时，也可利用跳板接岸用于岸边架桥。岸边桥驳可与特舟岸跨直接相连，依其岸跨连接器的安装，分左岸驳和右岸驳，岸边桥驳只用顺流架桥。无论普通桥驳或岸边桥驳均可与特舟推船结合成短门桥，作为漕渡门桥的承载和装、卸载实体；配备有制式的浮桥(门桥)锚定设备和机械化投、起锚设备，在特舟推船供电的条件下工作；水上机动时可载运特舟岸跨；为值班人员提供两人住宿。

(3)岸跨的主要功能是作为浮桥的岸边部分，其一端与岸边桥驳的岸侧连接，另一端支承在岸上，是浮桥纵向固定的主要载体。

(4)推船的主要功能是为漕渡门桥提供水上动力；为架设浮桥提供水上动力和必要的动力锚定，并可为浮桥投下游锚；负责器材的水上供电；为特舟推船、特舟渡驳、特舟桥驳上的全体人员提供食宿条件；是特舟船队的指挥中心，为船队提供指挥和通信联络设备；必要时承担水上交通、联络和救护等任务。

(二)主要技术性能

1.漕渡门桥的主要技术性能

(1)标准型漕渡门桥，由推船旁带渡驳构成，其性能如下：

载重量	3 600kN
载重航速	14.4km/h
作业人数	20人
结构门桥时间	5～6min
适应的最大流速	3.5m/s
适应航区	B级
适应风浪风力	5～6级，浪高1.1～1.5m
适应的码头坡度	≥10％

(2)缩短型漕渡门桥，由推船旁带桥驳组成，当特舟渡驳损坏或有特殊需要时采用。其性能如下：

载重量	3 600kN
载重航速约	14km/h
作业人数	19人
结构门桥时间	5～6min

适应的最大流速　　3.5m/s
适应航区　　B级
适应风浪风力　　5～6级，浪高1.1～1.5m
适应的码头坡度　　≥10%

2.浮桥的主要技术性能

(1)普通型浮桥

载重量	1 000kN
履带式	500kN以下双行
	600kN单行
挂车式	1 000kN单行
轮式轴压力	130kN
车行部宽度	8m
全套器材的架桥长度	1 614m
全套器材的作业人数	458(356/102)人
全套器材的作业时间	1.0～4.5h(中等熟练)
适应的最大流速	2.5m/s
适应的最大水深	40m
适应航区	B级
适应风浪　架设作业风力	4级(含)以下，浪高不超过0.5m
通载风力	5～6级，浪高1.1～1.5m

(2)加强型浮桥

载重量	1 000kN
履带式	500kN以下(双行道)
	600kN(单行道)
挂车式	1 000kN(单行道)
轮式轴压力	130kN
车行部宽度	8m
全套器材的架桥长度	1 416m
全套器材的作业人数	458(356/102)人
全套器材作业时间	约4h(中等熟练)
适应的最大流速	3.5m/s
适应的最大水深	40m
适应航区	B级
适应风浪 架设作业风力	4级(含)，浪高不超过0.5m
通载风力	5～6级，浪高1.1～1.5m

(三)渡驳

1.渡驳的组成及性能

(1)渡驳的组成

渡驳为钢质结构非机动驳船，由船体结构、舾装设备、船舶系统及电气设备四部分构成。

(2)特舟渡驳的性能

①尺度

总长	55.000m
最大长(含跳板)	70.260m
连接长(连接器铰心距)	55.336m
设计水线长	54.313m
型宽	12.000m
最大宽	12.312m
型深	2.000m

②主要技术参数

空载排水量	2 950kN
空载吃水	0.505m
设计吃水	1.201m
最大吃水	1.200m
最大排水量	7 370kN
载重量	3 600kN
铺位	2个
作业手	5名

2.结构简介

(1)船体

①总布置

船体为箱形结构,为了减少水阻力舭部为圆弧形,半径为500mm。

在艏部和艉部,船底为一倾斜平面,倾角为20°,倾斜面在艏艉的最高点距基线1.20m。在艏艉部各长8.1m,宽8m范围内,甲板分别向前、后倾斜,各自形成一个跳板槽,艏艉跳板槽的端部边缘距基线高1.692m。

②船体结构

船体结构由甲板骨架、舷侧骨架、船底骨架、桁架、水密舱壁组成,如图6-57所示。甲板骨架的结构形式为纵骨式,共设甲板下纵桁5根,甲板纵桁之间及甲板纵桁与侧板之间的间距为2m,甲板纵桁间设4根甲板纵骨,其余设两根,在设主肋板的肋位设强横梁,其余肋位设横梁。

舷侧骨架采用强肋骨和肋骨并存的交替肋骨制,在设主肋板的肋位设强肋骨,其余肋位设肋骨。在离基线高为1m的位置设置一道舷侧纵桁。

船底骨架的结构形式为单层底纵骨架式,设中内龙骨一根,两侧各设旁内龙骨两根,内龙骨之间及内龙骨与侧板之间的间距为2m。内龙骨之间及内龙骨与侧板之间各设船底纵骨两根,每隔一肋位设一根主肋板。

船体内共设5片纵向桁架,上弦杆即为甲板纵桁,下弦杆即为内龙骨,在主肋板与内龙骨(强横梁与甲板纵桁)的交叉点上设置支柱,即为桁架的竖杆,支柱间设置单向斜杆,设在同侧的两道桁架的斜杆方向相反。

水密舱壁上与内龙骨(甲板纵桁)相对应的位置上设竖杆,与甲板纵骨相对应的位置设舱壁补强材,在离基线1m处设一道水平桁。

(2)电气

①电力系统

②配电板

③照明设备

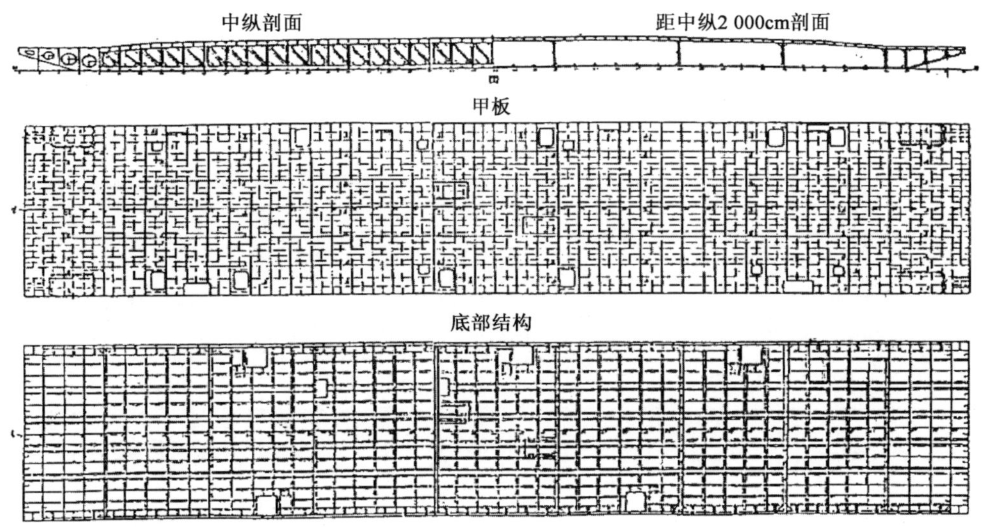

图 6-57　基本结构图

(四)桥驳

特舟桥驳主要用于与特舟推船组成旁带体系的新型特舟漕渡门桥，遂行门桥漕渡任务；与特舟渡驳一起组成新型特舟浮桥，在浮桥中特舟桥驳横流或顺流设置；由它参与组成的漕渡门桥平时能开设车辆渡口，进行正常营运；必要时与特舟渡驳连接组成加长型漕渡门桥；条件适宜时，可展开跳桥作为浮桥的接岸部分形成简易的岸边桥跨；桥驳用浮桥的端部顺流架设，与特舟岸跨直接相连接，构成浮桥的岸边部分。

1. 桥驳技术性能

总长	45.000m
纵向连接长	45.336m
横向连接长	12.336m
设计水线长	45.000m
型宽	12.000m
最大宽	12.312m
型深	2.000m
空载排水量	2 450kN
空载吃水	0.525m
设计吃水	1.220m
载重量	3 600kN
辅位	2 名
作业手	4 名

2. 结构简介

(1)船体总布置

船体为箱形结构。

(2)船体结构

船体结构由甲板骨架、舷侧骨架、船底骨架、桁架、水密舱壁组成,如图 6-58 所示。各骨架结构形式同渡驳。

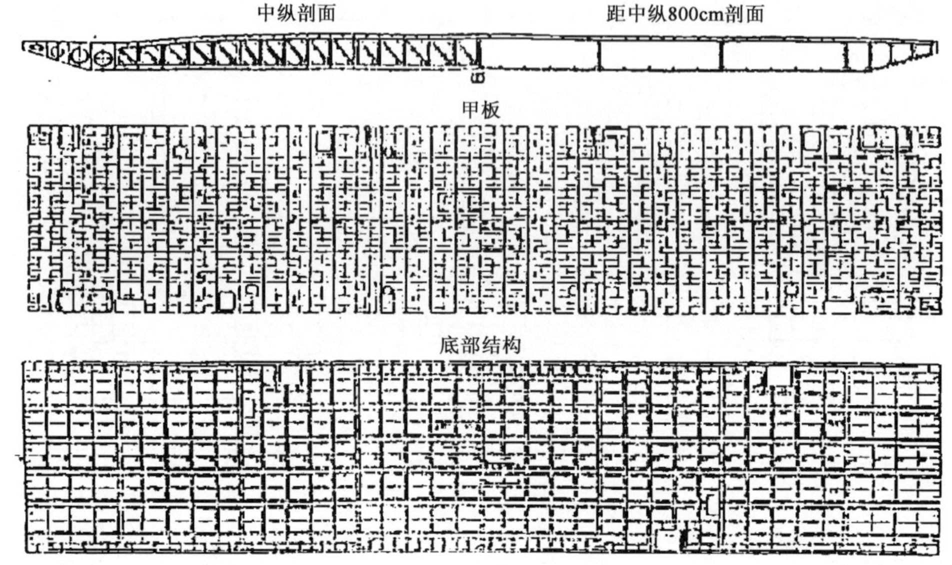

图 6-58 基本结构图

(3)舾装设备

渡驳在甲板上和舷侧布置有锚泊设备、系泊设备、跳板翻转设备、防碰及照明设备等。在舱内布置有调平设备、压载设备等。

其甲板上及舱内各种设备性能同渡驳。

(4)电气

电气系统同渡驳。

(五)岸跨

特舟岸跨的用途:

(1)与特舟桥驳(岸边桥驳)相连,构成新型特舟浮桥连岸部分。

(2)当岸边水深过浅、过缓时,可与特舟桥驳(岸边桥驳)相连构成临时浮游码头。

为了保证特舟岸跨的架设和作用,配置有专门设计的特舟岸跨起吊设备和系留固定装置。

1. 主要技术性能

长	14.80m
宽	3.92m
中部高	0.81m
两端高	0.31m
自重	92.0kN
有效浮力	228.0kN
简支状态下允许荷载	500kN
作业手	4 名

2. 结构简介

(1)岸跨

(2)总布置和艇装布置(如图 6-59)

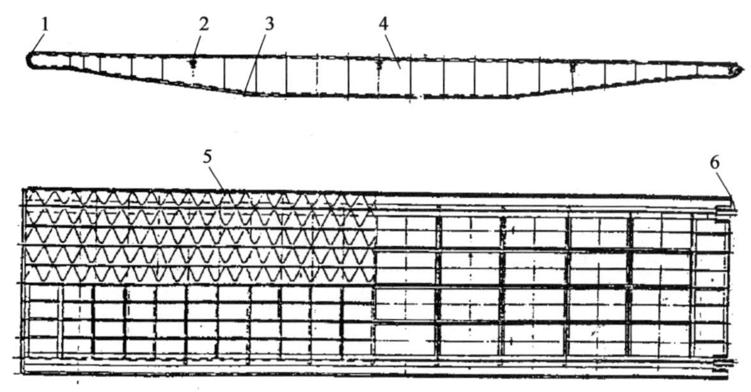

图 6-59 岸跨总图

1-小跳板撑槽;2-吊环;3-放水塞;4-岸跨本体;5-双耳;6-双耳接头

岸跨为密闭式箱体结构,长为 3.9m,斜段坡度约 7°。

岸跨的一端有双耳接头两个,用以同岸边桥驳舷侧的单耳接头相连,形成铰接。

岸跨另一端有支撑槽,用以搁置小跳板,形成进出口。

岸跨侧面安装有吊环 8 个,左右各 4 个,供吊装岸跨时使用。

岸跨底部斜坡面下端,靠近侧面处安装有放水塞 4 个,左右各两个,供排放岸跨中的积水。

(3)岸跨结构

岸跨为全焊接结构,由左主梁、右主梁、顶纵梁、底纵梁、顶横梁、底横梁、斜角钢、竖角钢以及甲板、底板、侧板等组装焊接而成。

岸跨的端部焊有高 30cm 的槽形端横梁,以加强横向刚度和焊装双耳、支撑槽等舾装件。端底板上的纵、横底板上的纵、横梁间距加密,以保证端部力的传递和直接搁地承压。

岸跨结构的壳板和骨架材料均用低合金结构钢 16Mn。壳板中的甲板直接承载板厚为 5mm,底板与侧板厚度均为 4mm。骨架的断面形式有倒 T 形和折边 L 形,板厚均为 5mm。甲板下和底板上的骨架均采用纵骨架式,即纵梁在长度方向连续,横梁呈断开形式。在横向桁架上的斜角钢和竖角钢均采用∠40×40×4 等肢型,纵向边角钢采用∠50×50×4 等肢型。

甲板上焊有防滑用的板条和圆钢。

(4)起吊设备

①起吊设备技术性能

额定荷载 50kN,自重(每套)1.22kN,吊杆长 2.43m,直径 15.9cm,起吊高度 3m,手拉力小于或等于 420N,自重 0.36kN。

②起吊设备布置

起吊设备由吊杆、吊杆插筒、盖、钢索、拉索调整螺杆等组成,还利用了岸边桥驳上的十字带缆桩,如图 6-60 所示。

起吊设备是按照使用的需要来安装的,平时吊杆、钢索、拉索调整螺杆等是放在岸边桥驳的储藏室中,吊杆插筒及盖的位置如图 6-60 所示。

③起吊设备结构

吊杆、吊杆插筒、盖、钢索、拉索调整螺杆。

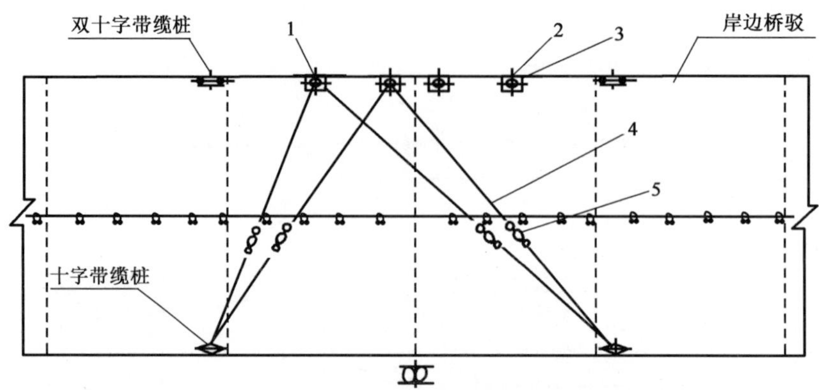

图 6-60 岸跨起吊设备布置图

1-吊杆；2-吊杆插筒；3-盖；4-钢索；5-拉索调整螺杆

(5)小跳板

①小跳板技术性能

长 1.80m，宽 0.79m，高 0.18m，自重 1.4kN。

②总布置和艇装布置(图 6-61)

小跳板是薄板焊接结构，平段和两上斜段的长度大约各占总长度的 1/3，斜段的坡度约 9°。

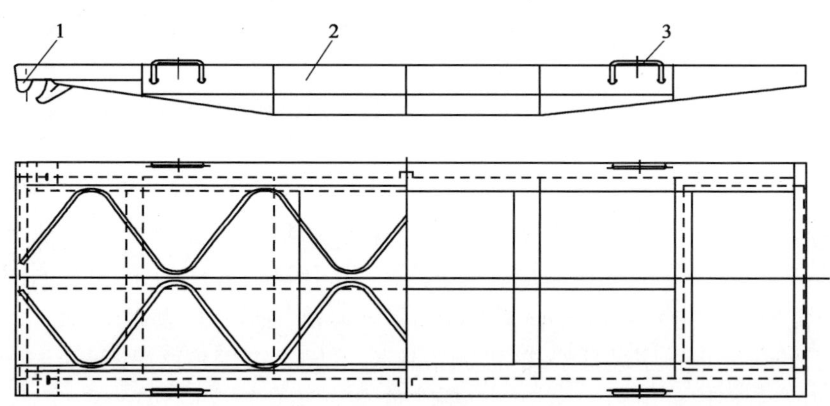

图 6-61 小跳板

1-撑钩；2-小跳板本体；3-吊环

小跳板的一端有突出在外的牙形撑钩，用以插入岸跨端部的支撑槽中，形成嵌入式铰接。

小跳板的另一端下部焊有整体承压底板，作用时搁置在岸边承受土壤压力。

小跳板甲板的侧边上安装有吊环 4 个，左右各两个，供作业手搬提时使用。

小跳板为底部敞开的带板骨架结构，由主梁、纵梁、横梁以及盖板、底封板等组装焊接而成。

(6)系留固定装置

系留固定装置是两端带钩子的可调长度的钢丝绳，由调整盒、钢丝绳、滑轮、调节螺杆、把手、环链、钩子等组成。

第三节　新技术、新材料、新装备

应急交通领域的技术进步，对快速、高效地实施道路交通抢修建具有决定性意义。本节将简要介绍工程抢修速强材料、桥梁超载性紧急加固、钢波纹管、CB450 型钢桥、大跨径斜拉装配式公路钢桥、现代索道桥以及新型路面材料等。

一、道路桥梁工程抢修速强材料简介

(一)超早强水泥基材料

针对机场水泥混凝土道面、桥梁与隧道水泥混凝土结构物，以及公路网水泥混凝土路面在自然灾害或其他突发事件(战争)的破坏作用下形成的结构性损伤急需快速修复的问题，长安大学研发的快速修复用超早强水泥基材料，其中包括超早强砂浆、超早强混凝土，可根据具体情况选用。路基抢修时速强水泥混凝土主要用于防护工程抢修与加固。

1. 主要技术特点

(1)适应性强：适合于各地区不同地理环境和气候条件的桥梁、隧道、机场道面等交通基础设施修补抢通。

(2)早强快硬：具有高早强抗压和抗折强度，2h 即可恢复交通。

(3)抗冻性和抗渗性能好：结构致密，具有很好的抗冻性和抗渗性，为其他种类水泥混凝土的 2～3 倍，可提高道面的耐久性。

(4)耐腐蚀性高：对于航空油脂、除冰剂、海水、含氯化物的盐类等具有良好的耐腐蚀性，同等条件下优于其他水泥产品。

(5)体积稳定性优良：具有优良的体积稳定性，收缩量小、抗裂性能良好。

(6)性价比高：与传统采用的道面和混凝土结构修补材料相比，可为用户节约修复维护工程总成本 25%～35%，并可大大降低往后的日常维护次数和费用。

(7)环境相容性好：水化产物稳定、结构密实且无毒无害，对周围环境与地下水无污染。

2. 主要技术指标

该材料的主要技术指标详见表 6-14。

主要技术指标表　　　　表 6-14

产品类型		抢修砂浆	抢修混凝土/机场专用胶结料
抗压强度(MPa)	3h	≥30	≥32、≥25*
	1d	≥35	≥45
	3d	≥40	≥50
抗折强度(MPa)	3h	≥5.0	≥4.0、≥3.5*
	1d	≥7.5	≥5.5
	3d	≥8.5	≥6.0
初凝时间(min)		40～55	
终凝时间(min)		<120	

续上表

产品类型	抢修砂浆	抢修混凝土/机场专用胶结料
3d 黏结强度(MPa)	—	≥5.0
弯曲韧性指数	—	≥3**
28d 干缩率	—	$<1.0\times10^{-4}$
疲劳寿命(万次)	—	≥200

注:*对应机场胶结料 2h 测试结果;**比同强度等级普通混凝土提高 3 倍以上。

(二)无机聚合物胶凝材料

针对国防和国家应急救援以及一般民用设施对快速修复和建设的迫切需求,深圳航天科技创新研究院开发了用于抢修抢建的无机聚合物胶凝材料。该材料能同时满足快速修复和经久耐用的要求,可广泛应用于机场道面、公路和海港码头等设施的快速抢修抢建。

1. 主要特点

该材料具有早期强度高、凝结时间可调的特点;并且耐久性、抗腐蚀性能、抗疲劳特性和与原混凝土的黏结性优异;利用现有机械和工艺即可进行施工,无需特殊养护;骨料可就地取用戈壁料、天然砂砾石、海砂等非标骨料;保存期达 3 年以上。

2. 性能参数

该材料的性能详见表 6-15。

性能参数表 表 6-15

项目	QX-1 型胶凝材料(抢修用)	QJ-1 型胶凝材料(抢建用)
凝结时间	初凝 20~25min,终凝 35~40min	初凝 50min,终凝 90min
胶砂性能	4h 抗折强度 5.0MPa,抗压强度 30MPa	1d 抗折强度 6.5MPa,抗压强度 40MPa
水泥混凝土性能	4h 抗折强度 3.2MPa,抗压强度 30MPa	1d 抗折强度 4.0MPa,抗压强度 35MPa 7d 抗折强度 5.0MPa,抗压强度 45MPa 耐久性:抗渗等级大于 P30 抗冻等级大于 F300 抗腐系数 0.99
储存期	3 年	3 年

(三)水泥混凝土速凝剂

针对隧道衬砌、公路边坡等在自然灾害或其他突发事件(战争)的破坏作用下形成的大面积破坏,影响通车时,可在普通水泥混凝土中加入速凝剂,缩短水泥混凝土凝结时间,对破损的构造物进行快速修复,保障道路在短时间内恢复通车条件。

1. 主要特点

速凝剂是专门为喷射水泥混凝土作业特制的一种超快硬早强的水泥混凝土外加剂,掺配后水泥混凝土的初凝时间不超过 3 min,初凝后就具备了抵抗水泥混凝土自重脱落的能力。速凝剂的这些优异特性,使其广泛应用于抢险救援时破损隧道衬砌支护、损坏边坡防护、地下喷射或喷锚水泥混凝土结构,也可用于需要速凝堵漏的水泥混凝土或砂浆中。

2. 主要技术参数

主要技术参数见表 6-16 和表 6-17。

掺速凝剂净浆及硬化砂浆的性能要求 表 6-16

净浆		砂浆	
初凝时间(min)	终凝时间(min)	1d 抗压强度(MPa)	28d 抗压强度(%)
≤3	≤8	≥7.0	≥75

速凝剂匀质性指标 表 6-17

试验项目	指标	
	液剂	粉剂
密度	应在生产厂控制值的±0.02g/cm^3 之内	
氯离子含量	应小于生产厂最大控制值	应小于生产厂最大控制值
总碱量	应小于生产厂最大控制值	应小于生产厂最大控制值
pH 值	应在生产厂控制值±1 之内	
细度		80μm 筛余应小于 15%
含水量		≤2.0%
含固量	应大于生产厂最大控制值	

二、桥梁超载性紧急加固技术

随着我国现代化建设的发展，由于公路运输特大、特重型工业设备已趋频繁，出现了重型和大型设备的运输（简称大件运输）和大件运输车辆（简称为重车）。受原有道路桥梁设计荷载等级所限，或既有旧桥的承载能力明显下降，不能适应大件运输中超重车辆过桥的需要时，可采取超载性紧急加固技术保障通行。

采用超载性应急加固法保障超重车辆过桥时，应进行加固技术措施决策分析。分析内容包括：既有桥梁承载能力评定，重车过桥的可行性判别，确定超重车辆过桥的加固方法。

目前，超重车辆过桥的临时加固一般采取架设分载梁的方法，既利用减载技术，在既有道路桥梁上铺设临时性结构（简称分载梁），通过分载梁部分或全部承受过桥车辆荷载，减轻既有桥梁负担进而提高原桥的通过能力，以满足超重车辆过桥要求。利用临时分载梁对桥梁上部结构进行减载加固，有跨越和分载两种方式。

（一）跨越方式

对于原桥墩、台和基础的实际承载能力能满足车辆过桥要求，但由于上部结构实际承载能力不足而需加固的桥梁，可采用跨越减载方式保障超重车辆安全过桥。

此时，超重车辆荷载不要求原桥上部结构承受，而是由铺设在原桥上的跨越梁全部承担。对于单跨桥梁可采用全桥跨越方式（图 6-62），对于多跨桥梁需在中间桥墩处设置临时支座（图 6-63）。

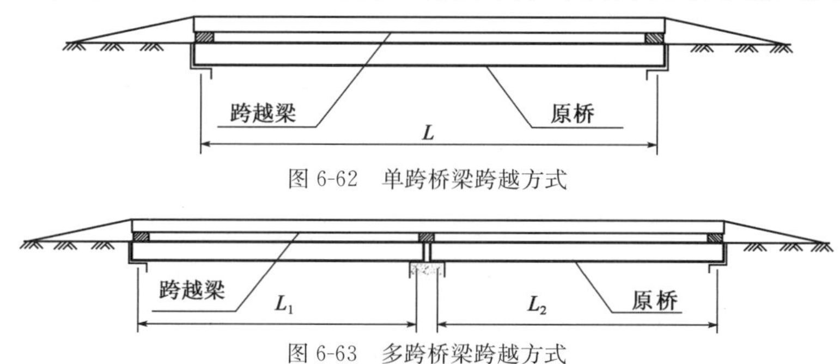

图 6-62　单跨桥梁跨越方式

图 6-63　多跨桥梁跨越方式

跨越梁作为大件运输过程中的临时加固结构,其结构构件内力按弹性受力阶段确定,竖向挠度容许值能适应超重车辆通行即可,可不验算疲劳强度。除跨越梁的设计计算外,还应对墩台及基础进行验算。

采用跨越减载方式,从理论上来讲,可设计出满足任何超重车辆过桥时所需的分载梁。其优点是:技术简单,操作简便。但是,当欲加固桥梁的跨径较大或车辆荷载较大时,势必加大分载梁的断面和重量,甚至由于分载梁的运输、架设不便及经济性差等因素,使得跨越减载方式的使用受到制约。

(二)分载方式

所谓“分载”就是将车辆荷载合理地分配给原桥上部结构和分载梁,使分载梁与原桥共同承担车辆荷载。这样做可以发挥原桥承载潜力,使分载梁的断面和重量大大减少,便于运输和架设。

如图 6-64 所示,分载方式的实现是在分载梁与原桥之间合理布置分载支座,并通过调整分载梁下翼缘与分载支座间的间隙 Δ,使得超重车辆过桥时,达到对原桥上部结构按一定比例进行减载的效果。其减载原理为:当分载梁承受车辆荷载时将产生挠度,随着荷载的增大挠度也相应增大,当挠度达到 Δ 时,将有一部分荷载通过分载支座传至原桥面,达到分载梁与原桥共同承担车辆荷载的目的。预留间隙 Δ 的大小决定了分载梁与原桥间的荷载分配比例。

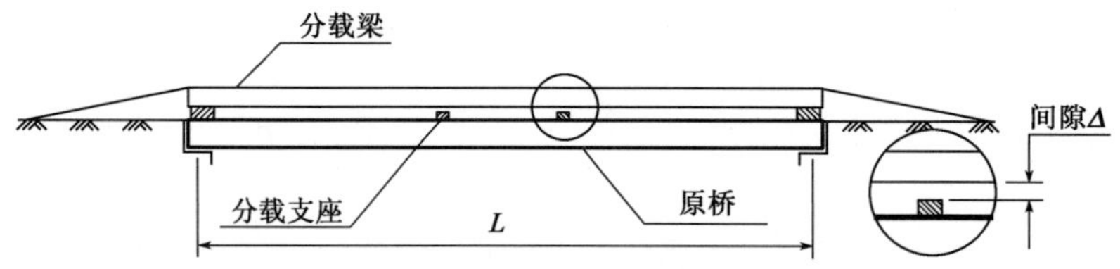

图 6-64　分载支座布置示意

无疑,能充分利用既有桥梁的承载能力,以最轻便的分载梁达到对原桥减载加固的目的,满足超重车辆过桥的技术要求,是确定最佳分载方式的原则,而实施这一分载方式的关键是合理选取分载点位及预留间隙 Δ 的大小。

分载梁与原桥共同承担过桥车辆荷载时,双点分载计算模型如图 6-65 所示。当 $a=0$ 时为单点分载方式;$a=L/2$ 时为跨越方式。

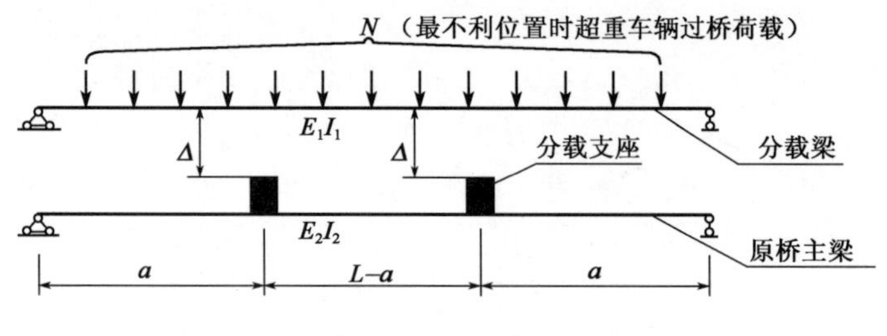

图 6-65　计算模型

在超重车辆过桥荷载作用下,分载梁与原桥共同承力的挠度曲线示意如图 6-66 所示。

根据分载点位处的变形相容协调方程 $\Delta=f_y-\delta$ 确定预留间隙 Δ 的大小。式中,δ 为原桥在最大安全承载力[P]作用下分载点位处的挠度值,f_y 为分载梁在分载点位处的最大挠度值,可采用杆系结构静力有限元计算程序直接求解。

此外,由于铺设分载梁大大减少荷载偏心力矩,还可达到改善墩台与基础受力状态的效果。

可利用既有公路战备制式器材拼组过桥临时跨越梁，也可定制一套专用的过桥分载梁。利用桥上分载梁对公路桥梁进行临时减载加固，保障超重车辆过桥的安全。

在桥梁灾后抢通时，当上部梁体已落梁，或发生严重纵向移位但未落梁，而桥墩基本完好，偏移小，有足够承载能力时，也可用跨越方式通行；当上部梁体发生损伤，承载能力不足但未落梁，而桥墩基本完好，偏移小，有足够承载能力，有限载要求的，为保障能通行时，也可采用分载方式通行。

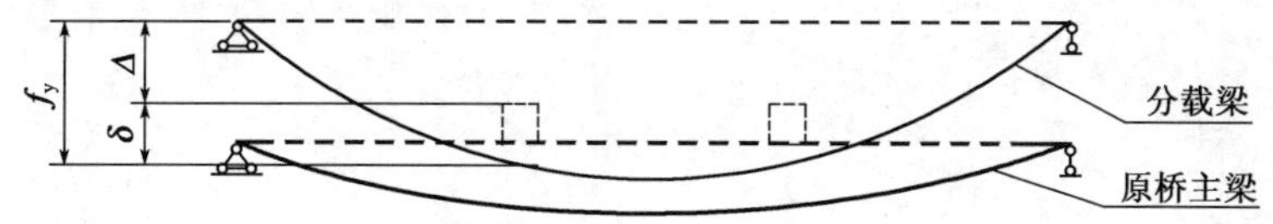

图 6-66　分载梁与原桥共同承力的挠度曲线示意图

三、钢波纹管

钢波纹管是将薄壁钢板板面压成波纹状后制成的波纹状管构件(6-67)，由于波纹状的存在，增加了结构的刚度和管轴压力的抵抗强度，在桥涵抢修建中有多种用途。主要优点是：构件为厂家定型生产，现场拼装施工不需要大型设备，安装方便快捷，非常适合快速抢修；构件重量轻，便于运输存放等。

(一)修建钢波纹管涵或通道

在道路抢修时，坍塌的流水路段可利用钢波纹管涵洞(图 6-68)跨越，为节省填筑时间或满足抢修道路两侧通行的需要，也可利用钢波纹管修建通道(图 6-69)，并且涵洞(通道)可以是单孔或多孔，每一孔都由钢波纹管构成。钢波纹管涵管径范围为 0.5～8m，管壁厚度 3～7mm，能够满足 0.5～40m 厚的填土需要，并且涵管可以做成圆形、椭圆形、半圆形，进出口也可按照边坡比例做成斜口。

图 6-67　钢波纹管

图 6-68　钢波纹管涵洞

(二)桥梁墩柱加固或新建

钢波纹管在桥梁抢修中的用途：

(1)墩柱严重开裂、压溃、剪坏，而基础基本完好，可利用钢波纹对墩柱进行加固处理，在柱外用钢波纹管包裹，形成钢套，然后里面再填充混凝土，保证整体受力。增加钢套后，增加了墩柱的延性(防止脆性破坏)和强度。如有落石飞石砸坏危险时，可在钢波纹管和柱间用聚氨酯泡沫作为缓冲材料，吸收撞击能量，提高桥墩抗冲击能力。

(2)对于抢通时架设的临时桥梁，可利用钢波纹管修建桥墩，将钢波纹管拼装成一定直径的筒状，在筒内浇注速强混凝土。浇注完成后不拆除钢波纹管，利用钢波纹管的侧限作用增强桥墩的抗压能力。钢波纹管桥墩如图 6-70 所示。

图 6-69　钢波纹管通道

图 6-70　钢波纹管桥墩

四、CB450 型钢桥

CB450 型钢桥是一种新型的大跨度装配式钢桥，为半穿式桥梁，跨径可从 35m 至 81m，行车道可采用 4.2m 宽单车道或 7.35m 宽双车道；桥面可采用钢筋混凝土桥面或钢桥面两种形式。

CB450 型钢桥主桁上下弦杆均为截面为 H 形的模块化单元，腹杆系为外形为 K 形的模块化单元，上、下弦杆和中间腹杆均采用承压抗剪型高强螺栓连接。由于减少了销孔间隙，其挠度较贝雷桥要小。可利用装配式公路钢桥构件作为导梁采用悬臂平推法进行架设。

(一)用途

鉴于 CB450 型钢桥的结构特点及连接方式，其使用年限、承载能力和桥梁的整体外观比装配式公路钢桥好，适用于对架设速度没有特殊要求、架设机具有保障、架设后不拆卸的公路干线上的永久性桥梁，不适宜要求架设速度快、架设机具和架设场地不能得到保障、需反复拆卸重复使用的抢修抢建的临时性桥梁。

(二)技术及工艺创新点

CB450 型钢桥的出现弥补了装配式公路钢桥在单跨克服大跨径(54m 以上)障碍时能力不足的问题，采用新的结构形式及连接方式使该桥既满足应急架设使用也可用作永久性桥梁，使用范围得到很大提高。技术及工艺创新点，主要体现在以下几个方面：

(1)桁架采用新型的 K 形轻桁结构，结构简单且载荷能力强，在跨径为 81m 时桥梁的荷载等级能达到履带式 LD—60、公路—Ⅰ级。

(2)桥梁组成构件少(桥跨主要构件种类仅为 8 种)，具有较高的互换性。构件外形设计合理便于仓储及运输(可满足集装箱装运要求)，保养及维护成本极低。

(3)适用范围广，允许通行速度高。根据需要，该桥能满足单车道(4.2m)或双车道(7.35m)的通行要求，车辆的通行速度能达 30km/h。

(4)CB450 型钢桥采用更高性能的材料(Q420qc、Q345)，构件的焊接均采用 CO_2 气体保护焊，焊材为新型药芯丝并采用专用夹具及胎架，安全性及可靠性得到保证。

CB540 型钢桥拼装过程如图 6-71 和图 6-72 所示，整桥如图 6-73 所示，桥梁器材分解如图 6-74所示。

图 6-71　桥梁拼装过程演示Ⅰ

图 6-72　桥梁拼装过程演示Ⅱ

图 6-73　整桥示意图

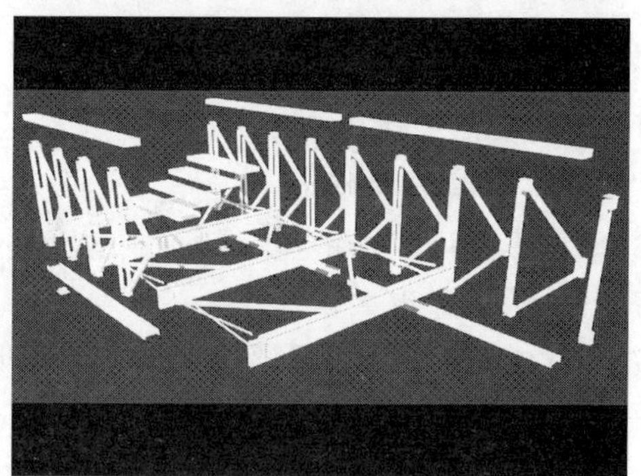

图 6-74　桥梁器材分解图

五、大跨径斜拉装配式公路钢桥

大跨径斜拉装配式公路钢桥是由浙江省交通战备办公室等单位联合研制的，它充分利用我国现有国防交通储备器材，采用斜拉索技术，为克服江河障碍的应急交通保障提供了新的手段。

该桥根据斜拉桥结构受力原理，通过增设单边钢塔和斜拉索(稀索)，采用梁上桁架锚固节段、端柱等特殊构件以及塔顶钢锚箱，实现了装配式公路钢桥的斜拉桥体系。

该桥技术方案运用大型有限元程序对结构进行模拟和加载，通过对总体受力分析、梁端锚固区构造受力分析、塔端斜拉索局部锚固区受力分析、桁架部分杆件受力及稳定性分析、塔底及梁端等局部区域的特殊构造分析等，对主梁是否局部加强、斜拉索局部锚固构造、塔高与梁跨比等进行研究，形成了荷载标准为公路Ⅱ级的大跨径斜拉式装配式公路钢桥设计体系。

该桥已完成 70.104m、91.44m 两种跨径的施工图设计、特制构件的研制，并对跨径 91.44m的实桥进行架设通载试验(图 6-75)。目前，该桥正在进一步完善，并积极推动产品向实用化转变。

大跨径斜拉装配式公路钢桥如图 6-76 和 6-77 所示。

图 6-75　大跨径斜拉装配式公路钢桥通载试验

图 6-76 大跨径斜拉装配式公路钢桥(仰视图)

图 6-77 大跨径斜拉装配式公路钢桥(全貌图)

六、现代索道桥

现代索道桥区别于老式索道桥,是指用现代的技术和材料设计及架设的、主要通行载重车辆的桥梁。

(一)现代索道桥的特点

(1)承重索采用高强钢丝编制而成的钢丝绳、钢绞线、平等钢丝束制作,因而现代索道桥架设的跨度大,载重量也大。

(2)现代索道桥的承重索除桥面索外,还布设有间距比桥面宽 2~3 倍的稳定索,并用倒八字(或一字)形横梁相连,桥梁的稳定性大大增强。

(3)现代索道桥主要供轮式和履带式车辆使用,又称重型索道桥。

(二)现代索道桥的基本结构和主要构件

现代索道桥主要由锚碇、承重索系统、桥面、稳定结构四大部分组成(图 6-78)。

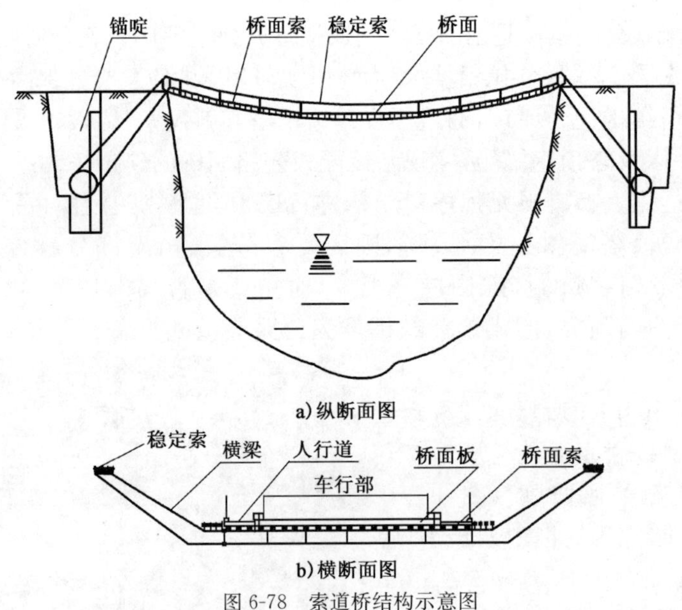

图 6-78 索道桥结构示意图

1. 锚碇

锚碇对称布置于江河、沟谷的两岸,用来锚固整座桥梁的承重索,是现代索道桥的重要基础。

锚碇有多种形式，随两岸地质土壤性质和承重索使用的材料不同而有所不同。一般在土质地基中多采用地垄式锚碇，靠土体的被动土压力平衡承重索的拉力；在岩石地基上，多用锚杆锚碇。

2.承重索系统

承重索(即主索)是索道桥主要承重构件，多索并列，锚固在两岸锚碇中。现代索道桥的承重索主要用钢丝绳、钢绞线和平行钢丝束制作，承重索分桥面索和稳定索进行布置。

(1)桥面索

桥面索布置在车行部桥面板下，直接承受桥面板传来的荷载。钢丝绳桥面索系统的组成如图6-79所示。

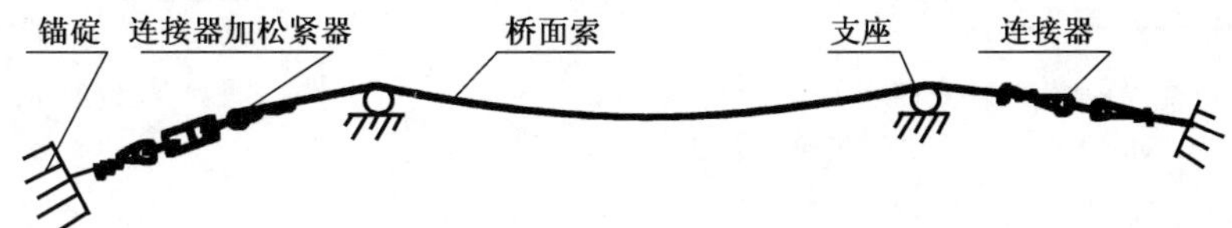

图6-79 钢丝绳桥面索系统组成

(2)连接调节构件

在桥面索和锚碇之间，需要设连接器和长度调节器(亦称松紧器)用以连接和调整索的矢度和长度。其构造随承重索的类型而异，如是钢丝绳则用滑轮连接器和带正反螺丝杆的松紧器，如索是钢绞线，则只设连接器(混凝土预应力筋常用的一种构件)，不另设松紧器，其调节的任务由连接器中锚固夹片承担。

①钢丝绳连接器

索道桥的桥面索与锚碇中的锚索如果都是使用钢丝绳，则需用连接器与之相连，连接方式如图6-80所示，连接器如图6-81所示。

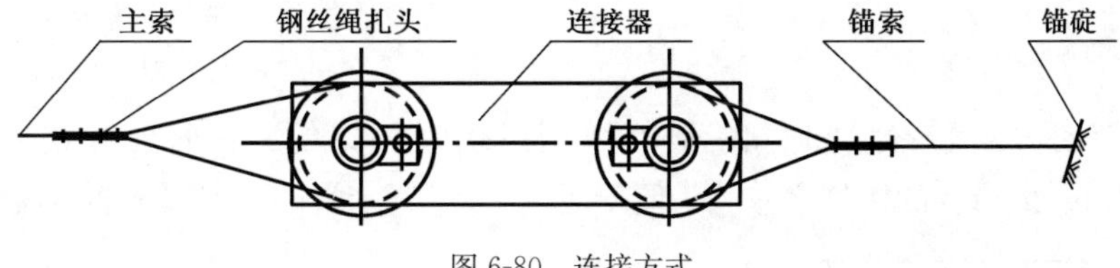

图6-80 连接方式

②松紧器

松紧器(图6-82)由一对正反螺纹的螺杆、3根圆钢和两个正反螺母焊接而成。松紧器用于微调桥面索长度或矢度。

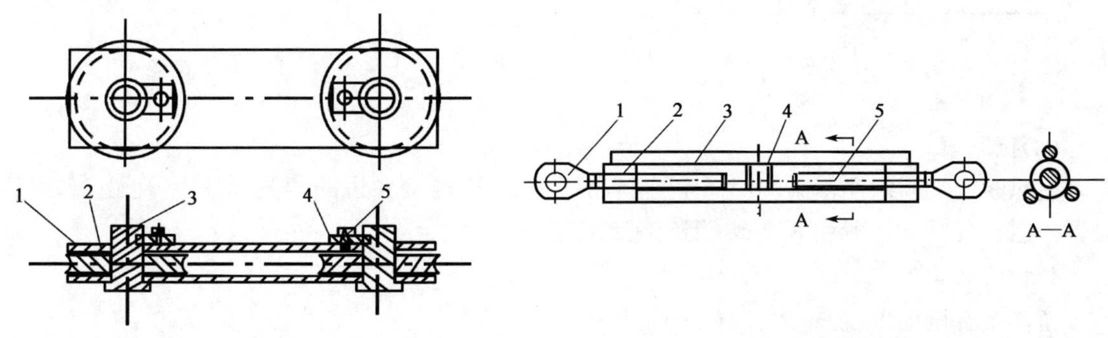

图6-81 连接器

1-连接板；2-油轮；3-销子；4-固定卡；5-螺钉

图6-82 松紧器

1-左旋螺杆头部；2-螺母；3-连杆；4-肋板；5-右旋螺杆

③钢丝绳组合式连接调节器

组合式连接调节器是为了便于使用千斤顶调索而设计的。其构造分两个部分:一是连接滑轮;二是螺丝调节杆,如图 6-83 所示。

④钢绞线连接器

当钢绞线长度不能满足要求时,可用连接器将其接长使用(图 6-84)。

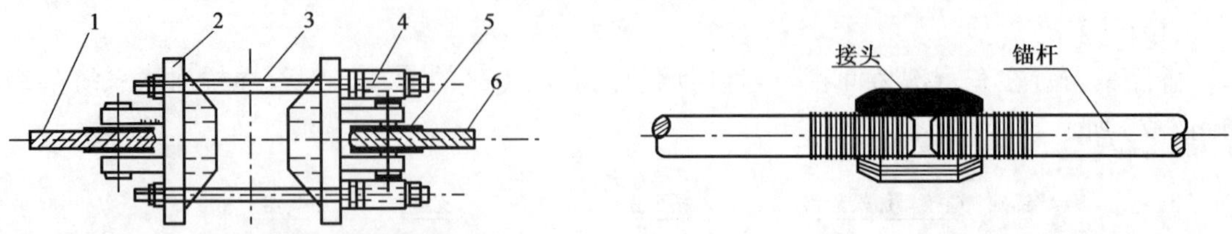

图 6-83　钢丝绳组合式连接调节器

1-锚索;2-组合焊件;3-螺栓;4-千斤顶;5-滑轮;6-主索

图 6-84　螺纹钢的连接

(3)支座与础材

在承重索的转折处,均设有支座。支座一般设置在桥础材上,条件许可时也可设置在钢筋混凝土础板上,如图 6-85 所示。支座的作用是保证钢索转折圆滑。支座有单轮的,也有双轮的。当几根承重索布置间距较小时,也可为多轮的。

3. 稳定结构

现代索道桥与老式索道桥最主要的不同点是设有稳定结构,其主要功能是增强桥梁的稳定性。稳定结构主要有以下构件:

(1)稳定索

稳定索布置在桥梁的两侧,既起稳定作用又起承重作用,其数量随桥的跨径和载重量而异,一般为桥面索的 0.3～1.1 倍,其间距不小于 $L/30$(L 为桥的跨径)。稳定索的构造和材料与桥面索相同。

(2)横梁

横梁是桥面索与稳定索之间的联系构件,用以增强桥梁的横向稳定性,多采用倒八字形(图 6-86),是索道桥最重要的构件之一。为便于运输,常将其分为一个中部和两个端部三段制作。

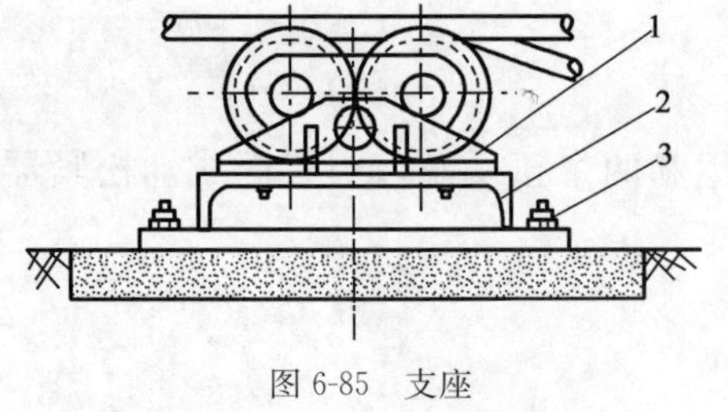

图 6-85　支座

1-支座;2-础材;3-地脚螺栓

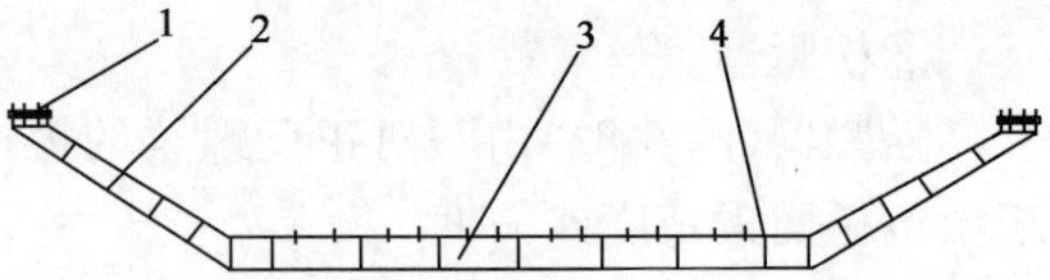

图 6-86　横梁

1-稳定索座;2-横梁端部;3-横梁中部;4-连接构件

(3)抗风索

抗风索上端固定在横梁端部固定桩上,下端与地锚连接在桥的两侧,每隔一定距离,对称设置一组。抗风索一般用 ϕ20mm 钢丝绳制作。

4. 桥面系构件

桥面系有桥面板、护轮木、护栏等构件。

(1)桥面板(图 6-87)

桥面板直接铺在桥面索上，构成车行部(有的在其上方还增设纵桥面板)，用得较多的是木质桥板，其长×宽×厚一般为 400cm×40cm×8cm，质量约 100kg，用护轮木和螺杆与桥面边索固定(图 6-88)。

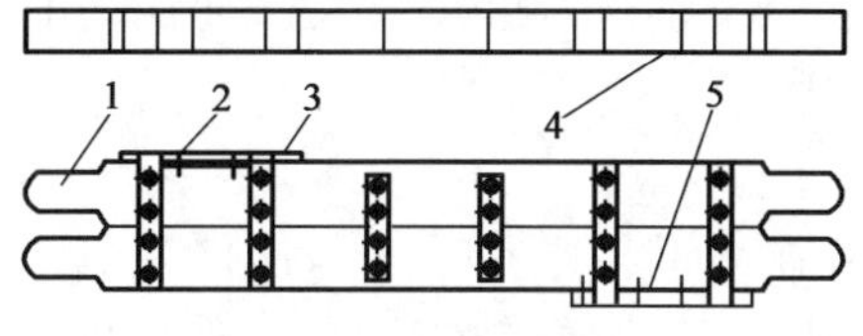

图 6-87 木桥板

1-木板；2-钢板；3-螺栓；4-定位角钢；5-缝隙木头

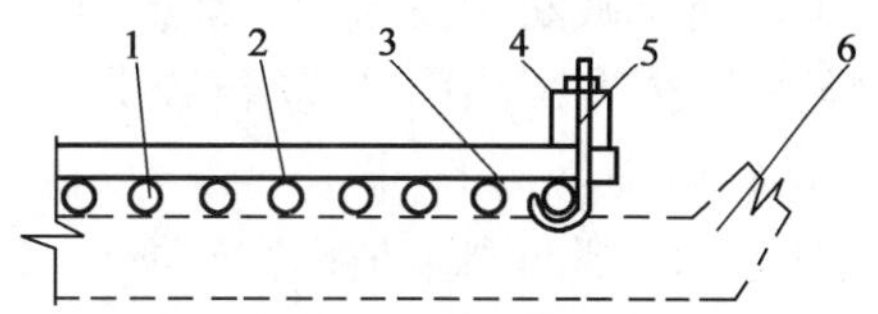

图 6-88 桥板的固定

1-桥面索；2-桥板；3-限位角铁；4-椽材；5 椽材螺杆；6-横梁

在木材缺乏地区也可采用钢桥板，钢桥板用 3mm 厚钢板焊成，其规格、尺寸和重量与木桥板相近。

(2)横梁桥板

横梁桥板是设在横梁上表面的专用桥板，其宽度与横梁上翼缘相同。横梁桥板上表面设有防滑护铁，下表面刻有与桥面索间距相等的凹槽(6-89)。桥面索位于凹槽内以控制桥面索的间距。横梁桥板的两侧设有斜对称的缝隙木，以控制与桥板的间隔。缝隙木用废铁和螺栓与横梁固定。

(3)栏杆柱

栏杆柱可用圆钢或薄壁钢管制作，杆上焊有 3 个绳圈，供穿栏杆绳用。栏杆绳作为行人扶手。栏杆柱尾端为锥形，焊有限位垫，用以栏杆柱插入椽材孔内时限位，有的在尾端设有一销孔，插开口销防止装好的栏杆柱脱出(图 6-90)。

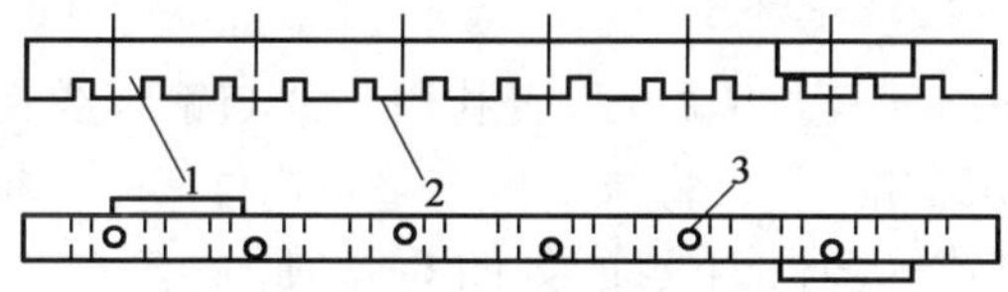

图 6-89 横梁桥板

1-桥板；2-索槽；3-桥板与横梁固定螺栓孔

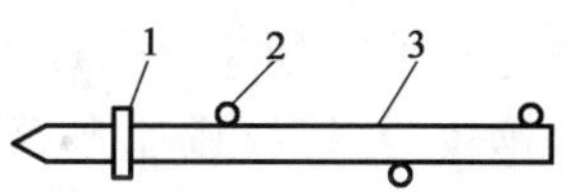

图 6-90 栏杆

1-限位垫；2-绳圈；3-钢管

(三)承重索的类型

1. 钢丝绳

钢丝绳是由若干股细钢丝在一个单根芯子外，螺旋式缠绕成绳型，如图 6-91 所示。

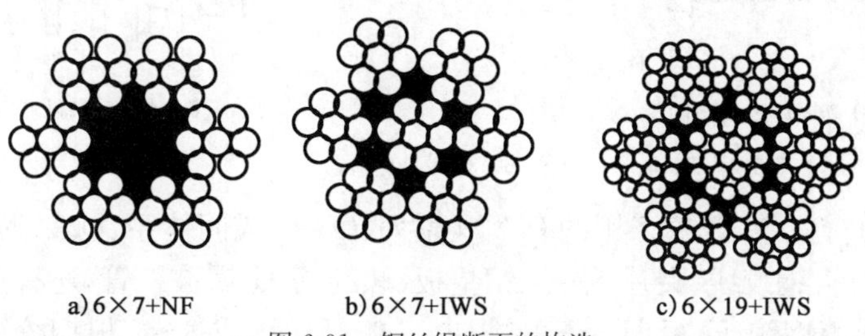

图 6-91 钢丝绳断面的构造

缠绕式普通钢丝绳是现代索道桥用得最多的一种承重构件，其主要优点是：柔软、容易卷盘、施工操作方便，便于用索夹(又名钢绳扎头)固结，便于与土木结构的地垄式锚碇相连接。

(1)钢丝绳的构造和种类

用于索道桥的钢丝绳，一般不用有机芯，多用钢芯钢丝绳，一般直径在25mm以上。

(2)钢丝绳的技术性能

钢丝绳的破断拉力与钢丝绳的直径、结构(几股几丝)及钢丝的强度有关。如钢丝绳直径和钢丝极限强度都相同，钢丝根数少的破断拉力就高一些。

(3)钢丝绳端部的固结

钢丝绳端部的固结是指钢丝绳与其他构件的连接，在索道桥中是主索与连接调节系统构件和锚碇的连接。一般的方法是将钢丝绳的端头做成一个套环(或称蛇口)与其他构件进行连接。钢丝绳套环主要用插股编结法和卡结法。

(4)钢丝绳的弹性模量

根据资料介绍，未经过预拉的钢丝绳的弹性模量，一般取(0.8～1.2)×10^5MPa，经过预拉的钢丝绳弹性模量可取(1.0～1.2)×10^5MPa 。

2.镀锌钢绞线

镀锌钢绞线一般由镀锌高强钢丝扭制而成，常用于预应力混凝土的预应力筋，也可用于悬索桥的承重索，如图6-92所示。

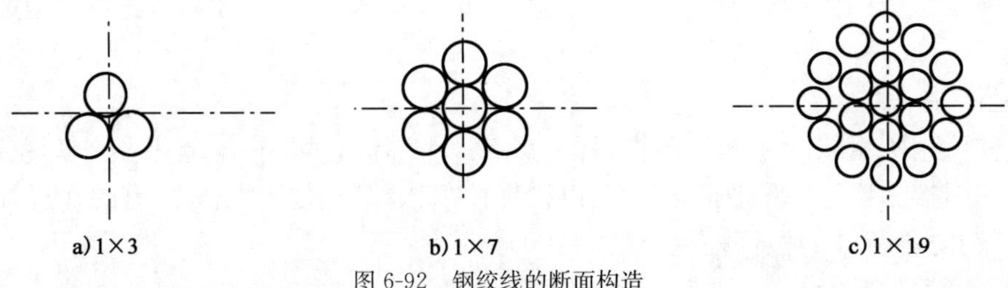

图6-92 钢绞线的断面构造

钢绞线通常采用预应力卡片锚具固结。其基本原理是：利用夹片与钢绞线在锚环锥孔内啮合夹持住钢绞线，钢绞线加力后被锁定在锚具上、将拉力传给整个构件。一个锚环可设多个孔，每个孔锚固一根钢绞线，一个锚环可锚固多根钢绞线，如图6-93所示。

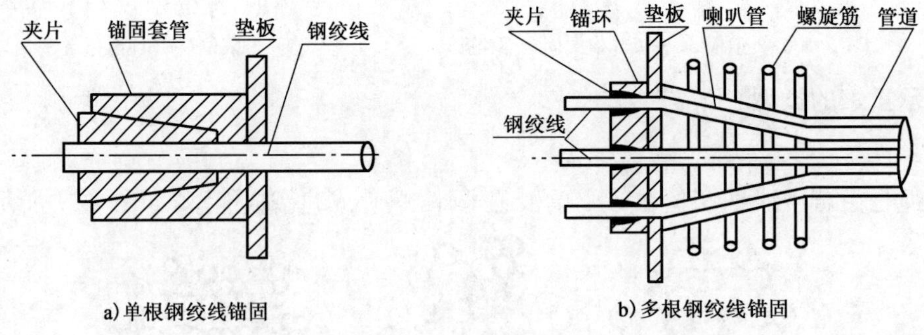

图6-93 钢绞线锚固

在我国预应力行业中，普遍采用的有YM系列、OVM锚固体系、DM型钢丝束镦头锚具等。一套张拉锚固体系有：钢绞线、夹片、锚环、钢垫板、螺旋筋、金属波纹管，还有张拉机具千斤顶。

索道桥主索如用钢绞线，根据主索的排列，一般可设计成3～7根钢绞线为一束排列。

锚具是钢绞线固结传力的关键构件。而夹片又是锚具的核心，它的材质、齿形、热处理工艺是非常关键的，而这种产品在我国有专门生产厂家可订货选购，但索道桥承重索钢绞线锚具是属低应力的，在使用过程中，由于振动等原因，夹片可能退出，造成事故。因此，索道桥承重索使用预应力夹片锚具时，应在锚环下部专设一个定位板，用螺钉固定(图 6-94)，以保证安全。

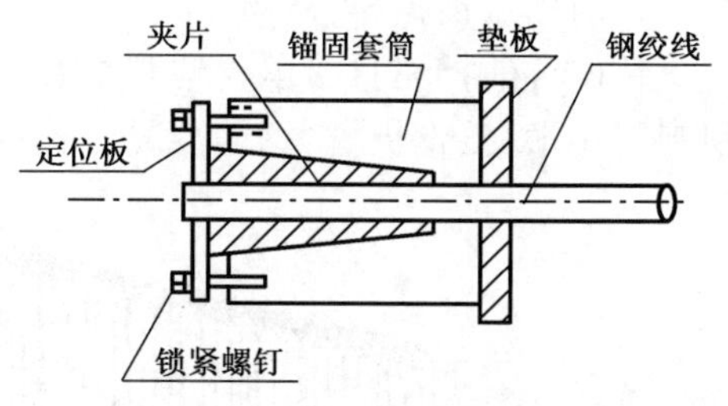

图 6-94　锚固夹片的定位板

3. 平行钢丝束

平行钢丝束用镀锌高强钢丝平行编制而成，是长大索道桥粗大承重索常用的材料。其优点是索的弹性模量大，与钢结构相近，延伸率小，索的断面应力均匀，单位有效面积的抗拉强度与其他形式相比为最大，疲劳强度也大。

根据资料介绍，为增强索的可卷性，制造时，特将索扭转 2°～4°，但其强度与弹性模量减少很小，可以忽略不计。平行钢丝束端部一般用冷铸或热铸锚头固结。

(四)锚碇

锚碇对称布设在江河两岸，用来锚固索道桥的承重索，将索的拉力传给地层。它是索道桥最重要的基础。锚碇工程涉及复杂的地质问题，是索道桥设计施工的难点和重点。

1. 地垄式锚碇

地垄式锚碇亦称卧式锚碇，是索道桥用得较多的一种锚碇形式。单个锚碇由锚碇坑、锚梁、被覆木(或叫竖木)、锚索、锚索沟等五部分组成(图 6-95)。

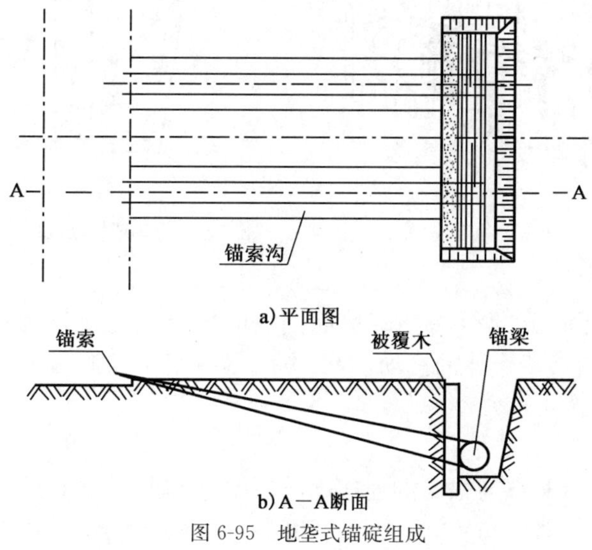

图 6-95　地垄式锚碇组成

(1)结构与组成

①锚碇坑

锚碇坑的作用是设置锚梁和被覆木，提供被动土压力。其深度根据承重索总拉力和土壤的物理力学性质而定，其长度为锚梁长度加 1m 左右，底宽为锚梁直径(或宽度)的 1.5 倍再加上被覆木的厚度。

②锚梁

锚梁的作用，直接承受锚索的拉力并均布地传给被覆木再传给前挡墙。锚梁是一个受弯构件。临时性索道桥的锚梁一般用质量优良的单根大圆木、原木束(图 6-96)、钢轨束(图 6-97)、工字钢(图 6-98)、槽钢或钢筋混凝土矩形梁作锚梁“梁—板”锚碇结构(图 6-99)等材料制作。

③前挡墙被覆材

锚碇坑前挡墙直接承受锚梁的压力，为扩大支承面，使压力均布传给土体，常设被覆材。材料可用木材、钢板桩、钢筋混凝土板等，其构造尺寸根据计算确定。

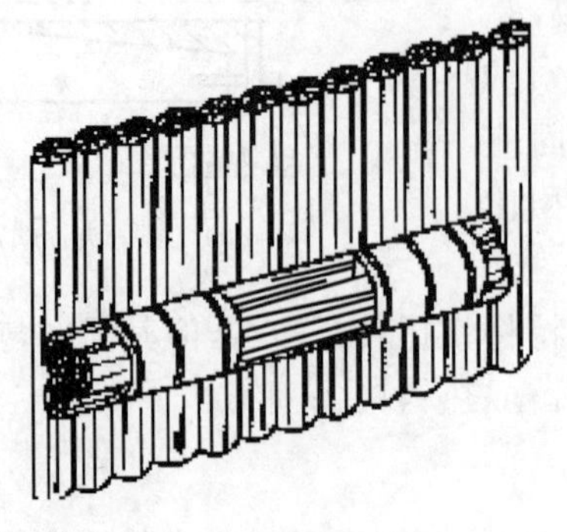
图 6-96　原木束锚梁

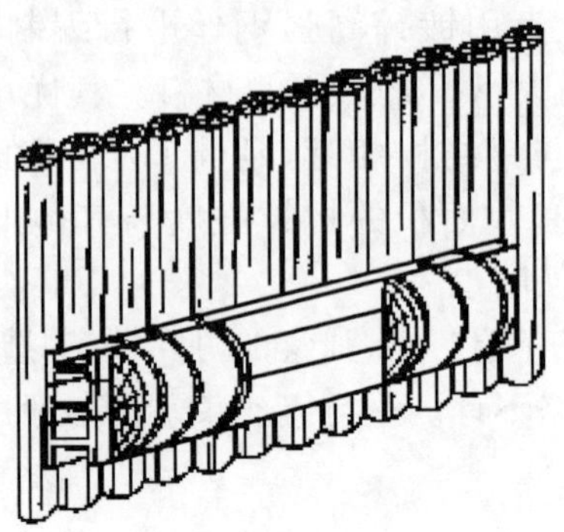
图 6-97　钢轨束锚梁

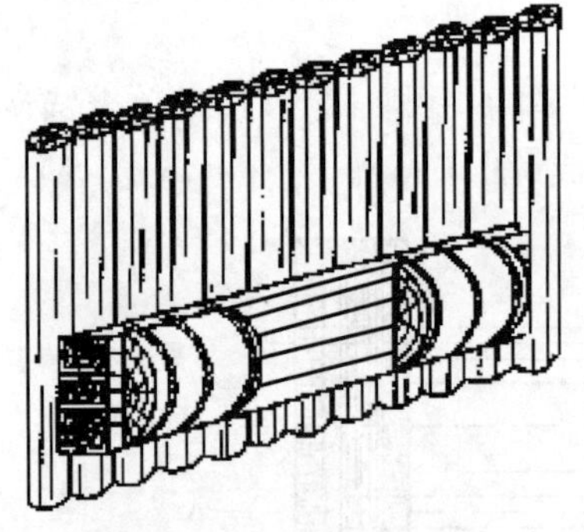
图 6-98　工字钢组合锚梁图

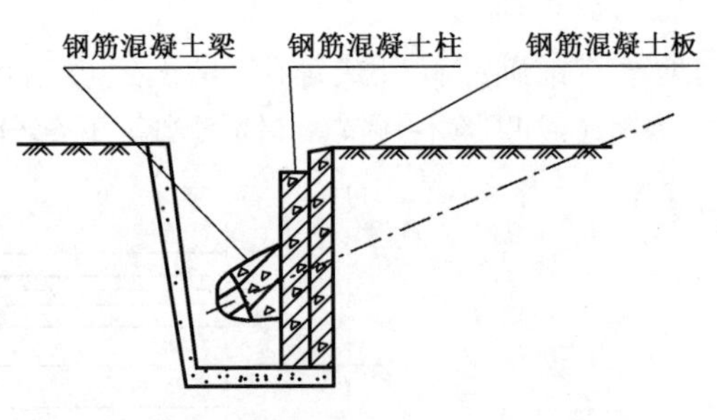

图 6-99　槽钢或钢筋混凝土的“梁—板”锚碇结构

④锚索沟

为了将锚索引出地面，通常要将锚碇坑前挡墙的部分土挖几条沟（在承重索安装好后回填）。为了尽量减少对前挡墙土体的挠动，沟的宽度尽量窄小到满足人工和机械作业为宜，一般为 70～100cm。

⑤锚索

锚索即索道桥承重索两端与锚碇的连接部分。锚索与跨中索同用一种钢丝绳，用索夹固结，其根数与跨中索相同，对应布置，具体绕法随跨中索绕法而异，有单联、双联、三联、四联等，如图 6-100 所示。

(2)平面布置

一般一个深度为 5m 的地垄式锚碇，其锚固力约为 2 500kN，而载重 250kN，跨度为 100m 的索道桥的主索总拉力约为 3 500kN。在这种情况下一岸就需要布设前后两个锚碇坑，锚坑的位置如图 6-101 所示。

(3)地垄式锚碇的构筑

主要过程为：测量标定锚碇坑和锚索沟→开挖→安装被覆木→设置锚索→安装锚梁→回填锚碇坑和锚索沟。

2. 锚杆锚碇

锚杆锚碇是在索道桥桥头两岸，桥面索、稳定索范围内构筑若干个锚杆，分别与桥面索和稳定索相连，借以将全桥主索拉力传给稳定的岩层内。锚杆锚碇施工简单，系统连接调节机构紧凑，便于机械化施工，工期短、投资小。在山地架设索道桥，两岸锚碇部位多为岩石，使用锚杆锚碇应是首选形式。

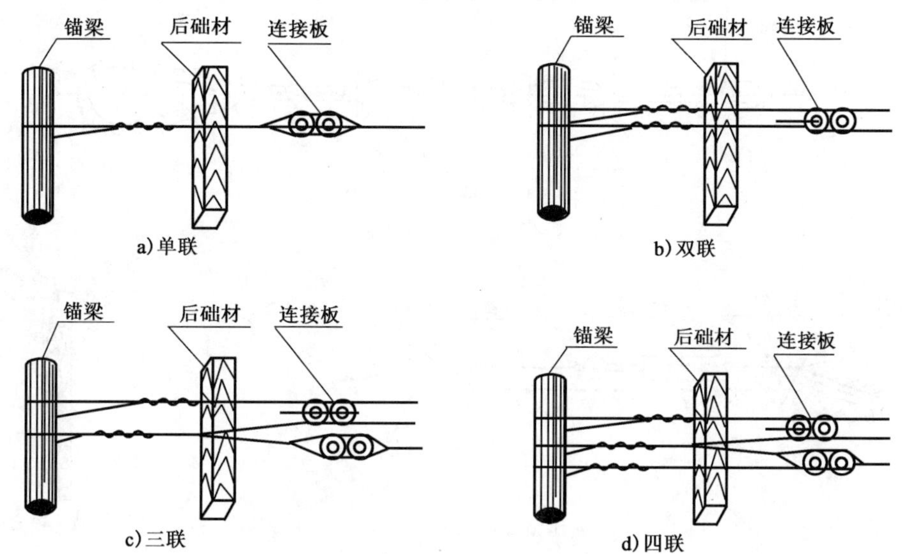

图 6-100　锚索绕法

(1)适用情况

因为锚杆可以把抗力传到地层以下较大深度，而岩层承受锚固力的能力又是由其岩体性质决定的。尚未风化的构造上破坏不大的坚硬岩层，最宜于接受锚杆传给的拉力。即使锚杆在地面以下的埋设深度不大，它的承受力也能达到数百万牛顿，而且通过增加锚杆的埋设深度，可使其承载力增加到 10 倍以上。如果在锚杆固定处岩层已经破裂，并且露出密集的节理或构造断裂层，如用注浆使其固结，也可将拉力传到坚硬岩层。如无特别需要，从安全角度出发，索道桥一般不使用土层锚杆锚碇。

(2)锚杆传力的途径

锚杆的作用是将承重索的拉力传给地层。拉力可以通过以下几种方法传给地层：由锚杆贴着孔壁拉紧；用水泥将锚杆与岩土黏固；由锚杆的扩张端与地层抵紧。由于各种方法对地层的静力效应具有明显的差别，因此，传递拉力的大小也随所用方法的不同面有很大的差别。

3. 钢丝绳锚杆锚碇

钢丝绳锚杆锚碇是钢丝绳锚杆群与索道桥主索逐根直接相连而形成的锚碇。

钢丝绳锚杆的构造、制作、与主索的连接：取一段钢丝绳(其长度为 2 倍锚杆孔深＋100cm)，将其对折成为锚杆体，分自由段、胶结段、内锚头、外锚头 4 段进行绑扎(图 6-102)，然后将前 3 段放入锚孔中，用水泥浆固结在岩层中，即成锚杆；外锚头的“蛇口”露出地表，用连接器与主索相连(图 6-103)。

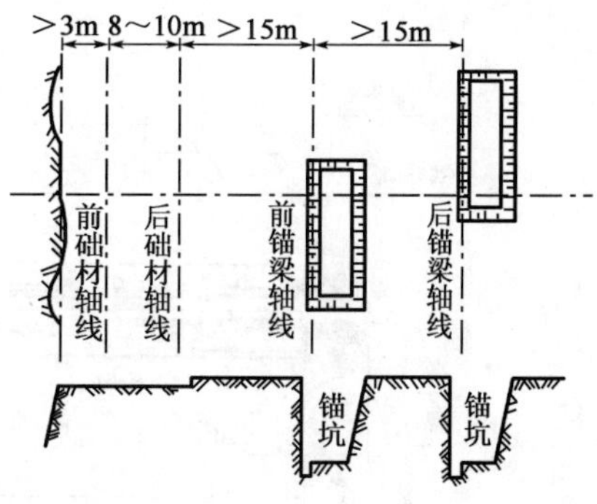

图 6-101　一岸两个锚碇坑的布置

须对索鞍滑轮的沟槽和基础进行加固，由于钢丝绳锚杆比较柔软，如岩体整体较好时，有的将自由段和外锚头偏转一个角度来适应主索的方向，此时需将钢丝绳锚杆的口部用混凝土加弧形钢板进行加强（图 6-104）。

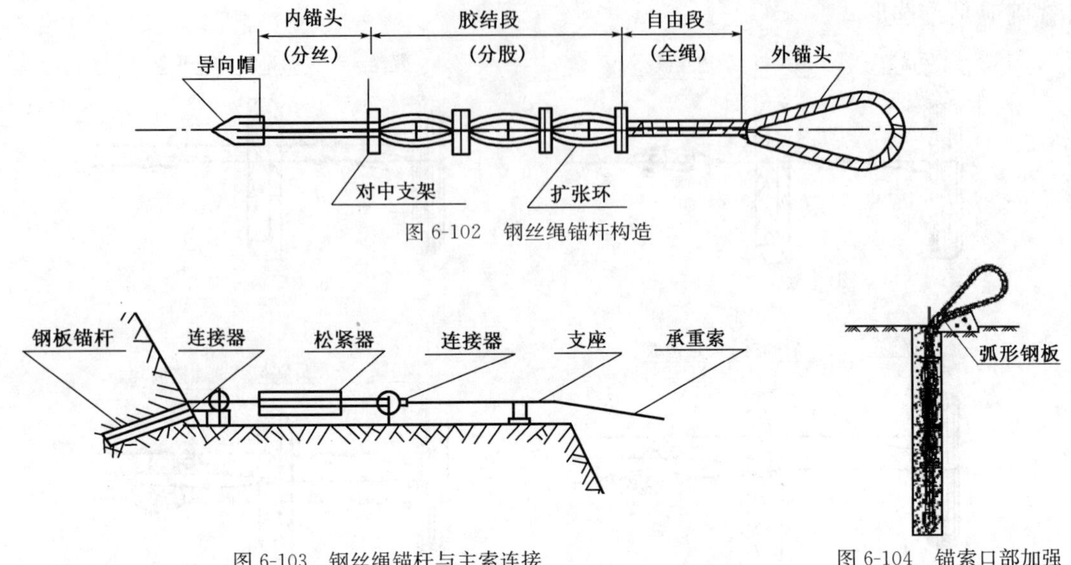

图 6-102　钢丝绳锚杆构造

图 6-103　钢丝绳锚杆与主索连接

图 6-104　锚索口部加强

4. 钢绞线锚杆锚碇

钢绞线锚杆锚碇与钢丝绳锚杆一样，均是以锚杆群与索道桥主索一一相连而构成全桥的锚碇。钢绞线锚杆与钢丝绳锚杆设计、施工工艺基本相同。

钢绞线锚杆的构造（图 6-105），根据灌浆工艺的不同可分为一次灌浆锚杆（使用无黏结钢绞线）和二次灌浆普通拉力型锚杆（使用无黏结钢绞线）。

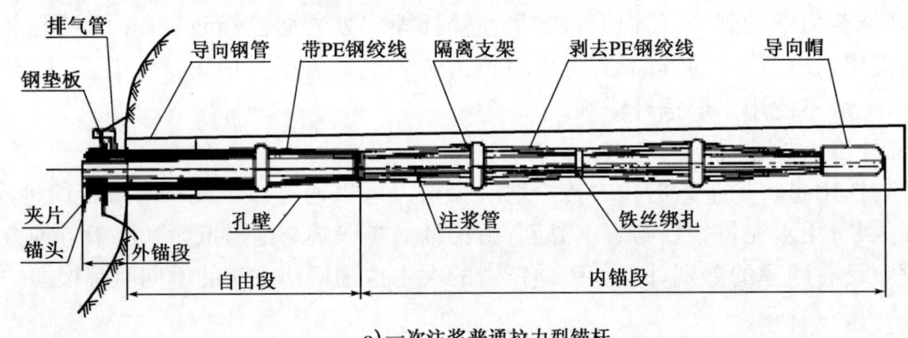

a）一次注浆普通拉力型锚杆

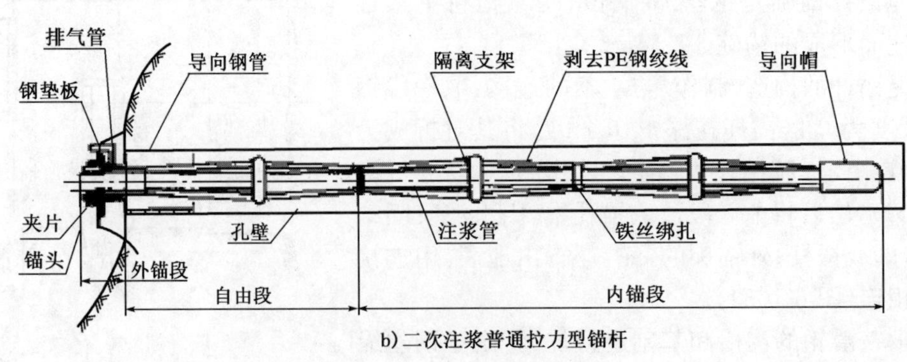

b）二次注浆普通拉力型锚杆

图 6-105　钢绞线锚杆构造图

5. 混合式锚杆锚碇

由于地质、地形和施工等原因，在实际工程中有的将锚杆的外锚头的混凝土垫墩扩大，将主索锚固在“大垫墩”中，形成混合式锚碇。混合式锚杆锚碇主要由钢绞线锚杆、钢筋混凝土锚体、承重索锚固装置三部分组成(图 6-106)。

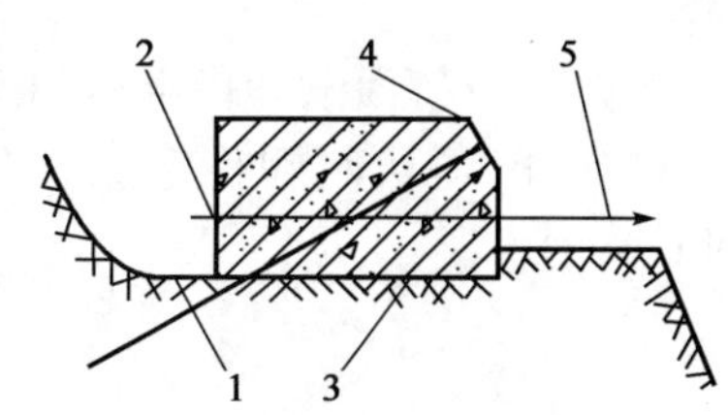

图 6-106　混合式锚杆锚碇示意图

1-钢绞线锚杆；2-承重索锚固装置；3-钢筋混凝土锚体；4-锚杆外堵头(预应力锚具)；5-承重索

(1)锚杆的作用是提供锚固力，一般用钢绞线或精轧螺纹钢作为预应力锚杆。

(2)钢筋混凝土锚体的作用是连接锚固承重索并将预应力锚杆的锚固力与承重索的拉力转为合力，达到锚固承重索的目的。

(3)承重索锚固装置的作用是连接锚固承重索，并具有长度调节功能。

6. 锚碇区地基的加固

锚碇是索道桥最重要的基础，要求地基稳固，如锚碇区地基岩体破碎，稳固性较差，位置又不可能改变时，补救措施常用注浆法，对地基进行加固。

注浆施工工艺流程：钻孔→安装注浆管→止浆岩盘的造设→设备就位→制浆连接管道→注浆→检查效果。

注浆管的安装如图 6-107 所示。钻孔后，经掏孔检查无误，便安装注浆管。先把管插入孔内，如图 6-107b)所示，当钻孔压进注浆管到要求的深度时，在注浆管口部要加一冲套。注浆管一般用 ϕ50～80mm 的无缝钢管制作，其构造如图 6-107a)所示。

造设止浆盘：为防止跑浆，须将主管口部用胶泥或混凝土封住，如图 6-107c)所示。在正常情况下，当注浆压力达到或接近设计终压时，结束注浆。如在注浆过程中出现较大的跑浆，经间歇注浆后，可以结束注浆。

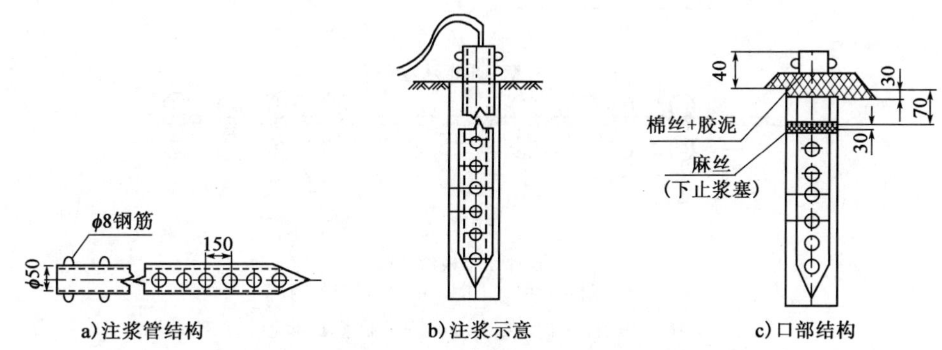

图 6-107　注浆施工结构图(尺寸单位：mm)

(五)单跨索道桥的施工架设

以钢丝绳承重索、地垄式锚碇为例进行介绍。

先进行材料、构件的加工制作和施工场地准备，实现“三通一平”。

1. 主要施工程序

主要施工工序：施工测量→构筑两岸锚碇→设置础材、鞍座和连接调节构件→架索、锚索→安装横梁→设置与固定桥板→通载检验→检校交付使用。

架设用钢丝绳制作的主索时，一般都经两道工序：一是张拉过河；二是调整线形，即将所有桥面索的矢度调整到统一的设计矢度。在此以地垄式锚碇、钢丝绳主索为例，叙述主索的架设步骤。

张拉架设桥面索和稳定索的架设顺序：

(1)一般是从两侧稳定索位置过河，横移到从桥轴线上下游一侧，逐根张拉安装就位(图 6-108)。

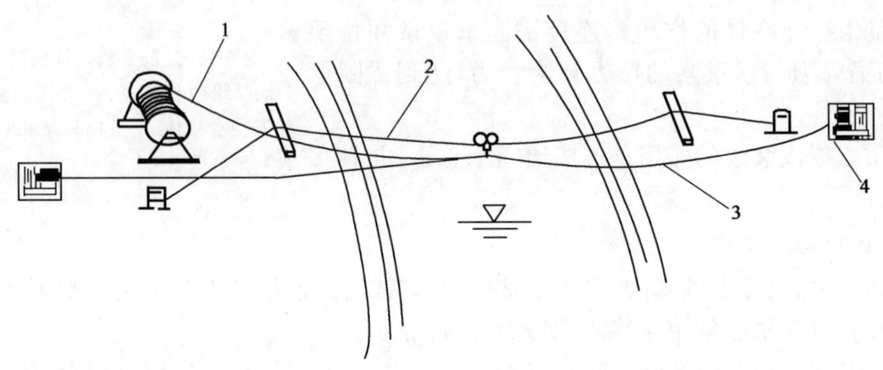

图 6-108　张拉架设桥面索和稳定索示意图

1-主索；2-临时工作索；3-牵引索；4-电绞索

(2)用船直接将索送过江河。

(3)利用工作索架设(图 6-109)。

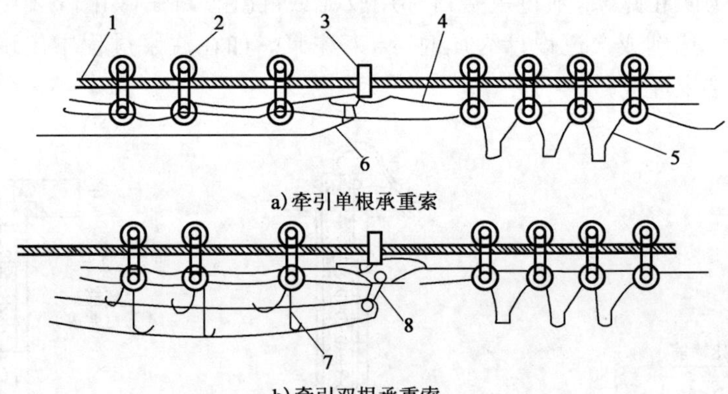

图 6-109　利用工作索架设示意图

1-工作索；2-分索器；3-卸扣；4-牵引索；5-控制索；6-承重索；7-双排钩；8-滑轮

(4)收紧与固结主索(图 6-110)。

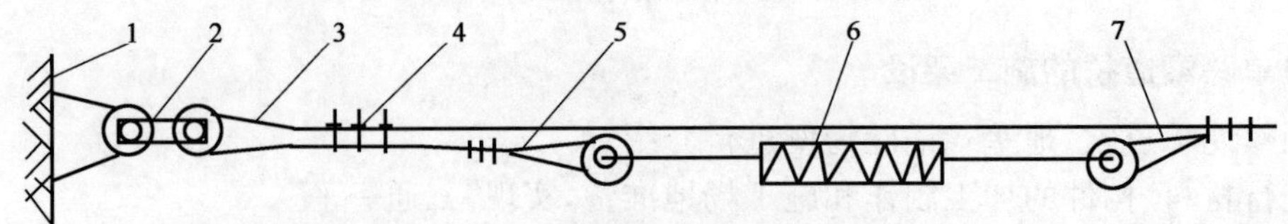

图 6-110　收紧与固结主索示意图

1-锚碇；2-连接滑轮；3-主索；4-主索固结索夹；5-索端蛇口；6-收紧链滑车；7-千斤绳

(5)主索跨中矢度量测。

(6)桥面索矢度一致性的调整。

桥面索(包括稳定索)张拉架设完后,用串联在索中的松紧器将诸索的矢度逐根调到一致。

2. 安装横梁

桥面索、稳定索架设张拉并调好矢度后,则可安装横梁,安装步骤如下:组装横梁→展放横梁→设置桥面构件。索道桥断面示意如图 6-111 所示。

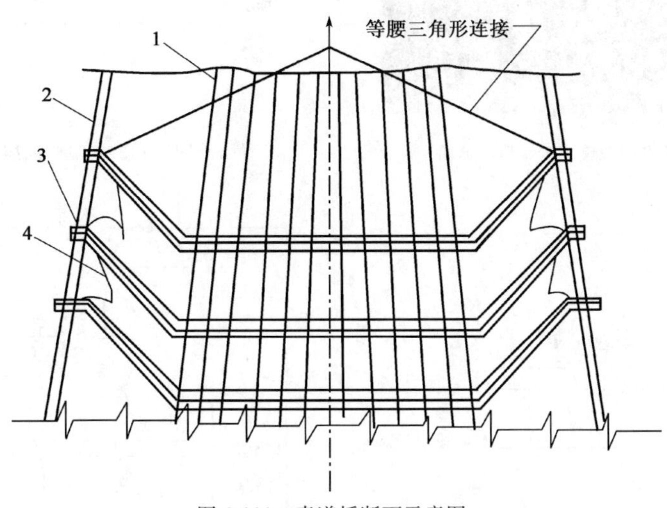

图 6-111 索道桥断面示意图

1-桥面索;2-稳定索;3-横梁;4-控制索

桥面构件主要有:桥板(包括横梁桥板)、椽材、栏杆和抗风绳等。

3. 通载检验

索道桥架设作业完后,应进行综合检查,无误后进行静载预压,然后进行通载试验,合格后便正式交付使用。跨径为 103m 的河北贺平峡索道桥如图 6-112所示。

综合检查内容包括:两岸锚碇是否有下沉滑移和倾斜变位现象;主索连接,特别是钢索的卡结的数量、位置、拧紧程度是否符合要求;各种受力构件,如松紧器、连接滑轮,安装是否正确;桥梁跨中矢度、横倾角是否符合设计要求。

七、新型路面材料

(一)透水性路面

目前,绝大多数的城市道路、广场、商业街、步行道、停车场、小区和公园道路广泛使用密级配沥青混合料、水泥混凝土和花岗岩、大理石等材料,城市地表逐渐被不透水面层覆盖,导致目前大多数城市积水问题严重。2016 年 7 月我国南部地区发生大面积强降雨,各个城市积水位不断上涨,导致内涝发生。针对这种情况,透水性路面可以有效缓解地表积水问题,有效防止内涝的发生。

1. 分类

透水性路面是指由较大空隙率混合料作为路面结构层、允许路表水进入路面(或路基)的路面结构的总称。根据其透水(排水)特点和适用场合等条件,分为三种类型,分别如图 6-113～图 6-115 所示。

图 6-112　河北贺平峡 103m 跨索道桥

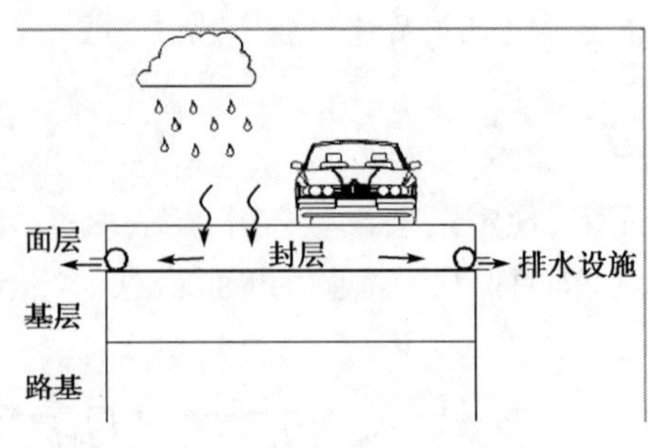

图 6-113　Ⅰ型(面层透水)

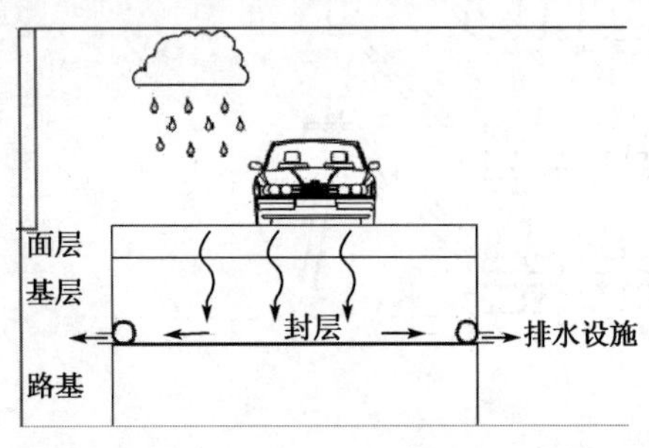

图 6-114　Ⅱ型(路面透水)

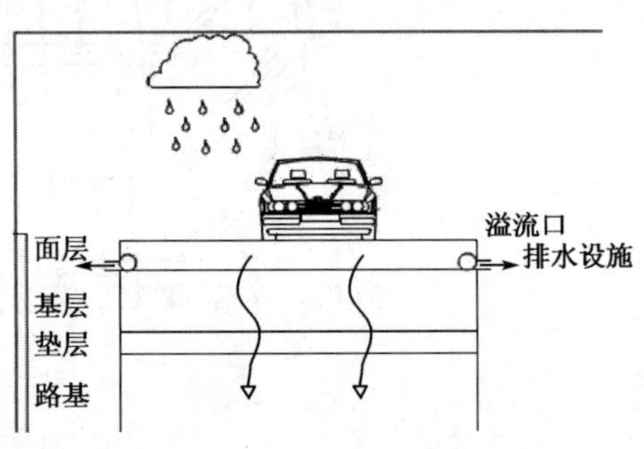

图 6-115　Ⅲ型(路基路面透水)

2. 透水性路面的优点

透水性路面的优点如图 6-116 所示。

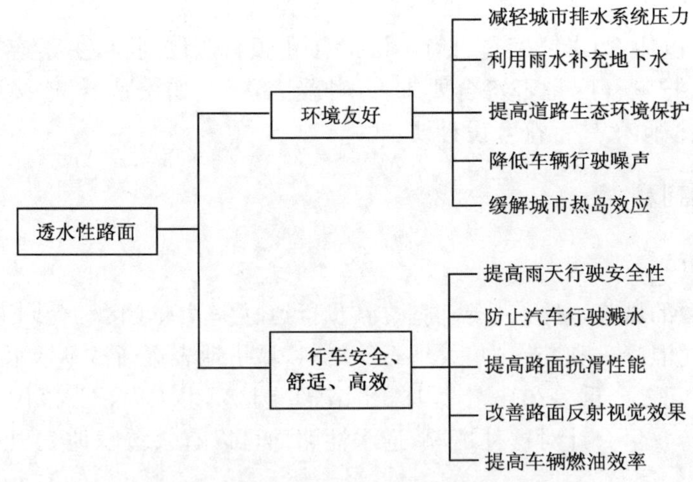

图 6-116　透水性路面的优点

3. 材料组成

透水沥青混合料中粗集料用量大,约占集料总质量的 85%,集料之间的接触面积减少了约 25%,接触点的应力高。其中沥青结合料要求以 60℃黏度大于 20 000Pa·s 的高黏度沥青和橡胶沥青等改性沥青为主，集料(粗集料)要求压碎值、抗冲击值、抗磨耗值较高，针片状颗粒含量较少，集料表面粗糙，吸水率低，黏附性小。

4. 典型结构

如图 6-117 所示，Ⅱ型透水性路面要求面层的空隙率在 20%左右，用料以大空隙沥青混合料、多孔水泥混凝土为主；基层的空隙率在 20%左右，用料以多孔水泥稳定碎石、大空隙沥青稳定碎石、多孔水泥混凝土、多孔贫水泥混凝土级配碎石等为主。

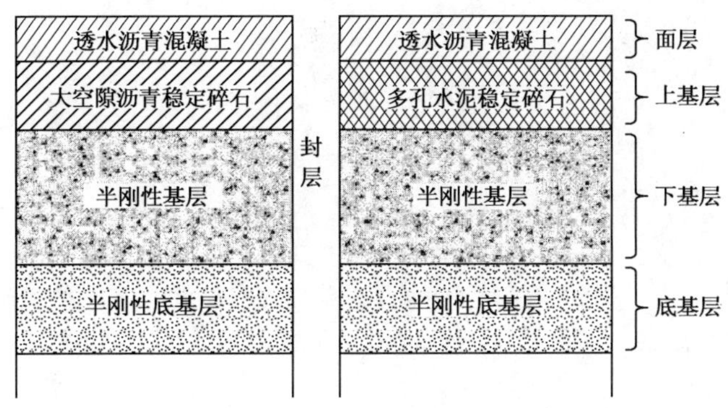

图 6-117 透水性路面结构示意图

(二)自融雪路面

主动融雪技术是通过路面的特殊功能来融冰除雪，该类技术融冰除雪效果更彻底，但需要在铺设路面时就要做相应施工，初始投资较大。主要有以下几种：

1. 自应力弹性路面铺装技术(图 6-118)

通过在路面铺装材料内添加一定量的弹性颗粒材料(如由废旧轮胎加工而成的橡胶颗粒)，利用弹性材料局部变形能力较强的特性，通过路面在负荷状态下产生的自应力，使路面冰雪破碎融化，有效抑制路面积雪和结冰。这不但可以有效提高路面的除冰雪能力，提高道路安全性能和运输效率，而且为废旧弹性材料的回收利用提供了新途径。

a) 普通路面

b) 自应力弹性路面

图 6-118 自应力弹性路面与普通路面对比示意图

2. 导电路面融冰雪技术

在路面铺装材料中掺入聚合物类、碳类或金属类导电掺合料，使高绝缘性的路面铺装材料具备对热和电的感应和转换能力，将电能转变为热能，热能通过路面材料与冰雪的接触面向上传导，冰雪吸收热量后温度逐渐升高，实现融雪化冰的目的。

3. 能量转化型融冰雪技术

通过能量转化设备，将其他形式的能量转化为热能，以融雪化冰。可以利用的能量主要有工业电能、太阳能和地热等。该技术可以提高能源利用率，而且清洁环保，适合于机场、桥面和高速公路的长大纵坡等局部路段的融冰雪。

能量转化设备系统由太阳能—土壤源热能热泵系统（热泵机组、太阳能集热器、地埋U形管换热器、循环水泵、中间板式换热器、蓄热水箱等）和道路内埋换热管系统（道路实体和在其中铺设的管材）两部分组成。

第七章　隧道抢通抢修

隧道突发事件造成的交通中断、结构破坏及人员伤亡，主要由战争、自然灾害和安全生产事故等因素引起。由于隧道大多地处山岭重丘区，地形地貌复杂且又深处地下，造成抢通抢修场地狭小、技术难度大、所需时间长。本章结合国内外隧道突发事件抢通抢修的经验和技术积累，重点阐述了隧道坍塌、涌水和火灾等突发事件的抢通、抢修技术措施，并对超前地质预报技术进行了介绍。

第一节　隧道概述

一、隧道的分类及功能特点

(一)隧道的分类

(1)按所处地理条件：土质隧道和石质隧道。

(2)按埋置深度：浅埋隧道和深埋隧道。

(3)按横断面积：极小断面隧道、小断面隧道、中等断面隧道、大断面隧道和特大断面隧道。

(4)按长度：短隧道、中长隧道、长隧道和特长隧道。

(5)按所处位置：山岭隧道、水底隧道和城市隧道。

(6)按用途：交通隧道、水工隧道、市政隧道、矿山隧道等。

(二)隧道的功能

隧道主要用于克服高程障碍、裁弯取直、避开不良地质地段、避开其他重要建筑或工程等。

(三)隧道的特点

(1)优点：缩短线路长度，减少能耗；节约土地资源；有利于环境保护；保证行车安全；不受气候影响，提高防护能力；不影响水路交通。

(2)缺点：造价较高；施工期限长；施工作业环境和条件较差；附属设备能耗大。

二、围岩等级的划分

正确的围岩分级是对隧道和其他地下工程地质状况的客观评价，为判断结构稳定性、拟定设计参数、确定施工方法、选择施工机具、估算施工费用等提供依据。

(一)隧道围岩等级划分

根据围岩分为Ⅰ～Ⅵ级(Ⅰ级为最好围岩结构)。

在公路隧道中，按土质特性和工程特性岩质围岩分为Ⅰ～Ⅴ级，土质围岩分为Ⅳ～Ⅵ级。

(二)分级的指标和因素

主要是指岩体的结构特征与完整性、岩石强度和地下水三方面的影响。

1. 岩体的结构特征与完整性

以结构面的发育程度(即组数和间距)、主要结构面的结合程度和结构面类型作为划分岩体完整性程度的依据。完整性可划分为如下几类:

(1)完整:节理裂隙不发育,节理裂隙 1～2 组,平均间距大于 1.0m,层面结合好。

(2)较完整:节理裂隙不发育,节理裂隙 1～2 组,平均间距 1.0m,层面结合较好,但完整节理裂隙较发育,节理裂隙 2～3 组,平均间距 1.0～0.4m 之间,层面结合一般。呈块状或厚层状结构。

(3)较破碎:①节理裂隙较发育,2～3 组,平均间距 1.0～0.4m,层间结合面差,裂隙块状或中厚层状结构;②节理裂隙发育,节理裂隙不小于 3 组,平均间距 0.4～0.2m,层间结合面好或者一般,多半是断层,中、薄层状结构。

(4)破碎:①节理裂隙发育,节理裂隙不小于 3 组,平均间距 0.4～0.2m,层间结合面差,裂隙为块状结构;②节理极发育,节理裂隙不小于 3 组,平均间距小于或等于 0.2m,层间结合面差,碎裂状结构。

(5)极破碎:节理裂隙极发育,组数是无序的,结合很差呈散体状结构。岩体完整程度的定量指标用岩体完整性系数 K_v 表示,其分级见表 7-1。

岩体完整性系数 K_v 分级表 表 7-1

K_v(条/m^3)	少于 3	3～10	10～20	20～35	超过 35
完整程度	完整	较完整	较破碎	破碎	极破碎
K_v 值	大于 0.75	0.75～0.55	0.55～0.35	0.35～0.15	小于 0.15

2. 岩石强度

岩石坚硬程度的定量指标—岩石的单轴饱和抗压强度 R_c,其分级指标见表 7-2。

岩石的单轴饱和抗压强度 R_c 分级指标表 表 7-2

R_c(MPa)	>60	60～30	30～15	15～5	<5
坚硬程度	坚硬岩	较坚硬岩	较软岩	软岩	极软岩

3. 地下水

地下水对隧道的施工及结构稳定性等影响很大。在隧道的围岩分级中,如果遇到地下水,通常进行围岩降级。

在Ⅵ级围岩或属于Ⅴ级的硬质岩石中,影响很小,一般不予考虑。

在Ⅵ级围岩或属于Ⅴ级的软质岩石中,应根据地下水的工程条件及其危害程度,进行降级。

在Ⅲ级、Ⅱ级围岩中,当已成松散碎石状结构,裂隙中有黏性土充填物时,根据危害程度,可降低 1～2 级。

在Ⅰ级围岩中,由于已经考虑地下水的因素,只在特殊含水地段才考虑。

(三)我国目前隧道分级指标——*BQ* 体系介绍

围岩分级按式(7-1)计算:

$$BQ = 90 + 3R_c + 250K_v \tag{7-1}$$

式中:BQ——围岩基本质量指标;

K_v——岩体完整性系数；

R_c——岩石单轴饱和抗压强度，一般采用实测值，无实测值时，可采用实测的岩石点荷载强度指数 $l_{s(50)}$ 来换算。

$$R_c = 22.82 l_{s(50)} \tag{7-2}$$

式中：$l_{s(50)}$——直径为 50mm 标准试件的点荷载强度。

计算要求：

(1) $R_c > 90K_v + 30$ 时，应以 $R_c = 90K_v + 30$ 和实际测量的 K_v 值代入公式计算（这种情况是针对强度很高的坚硬岩石但较破碎时）；

(2) 当 $K_v > 0.04R_c + 0.4$ 时，应以 $K_v = 0.04R_c + 0.4$ 和实际测量的 R_c 值代入公式计算（这种情况是针对完整性较好的软岩进行计算时）；

(3) 当隧道内存在地下水、软弱结构面、高的初始地应力等情况时，要对 BQ 值修正，修正的公式如下：

$$[BQ] = BQ - 100(K_1 + K_2 + K_3) \tag{7-3}$$

式中：$[BQ]$——围岩基本质量指标修正值；

K_1——地下水影响修正系数；

K_2——主要软弱面结构层状影响修正系数；

K_3——初始应力状态影响修正系数。

上述系数均可查表采用。当没有以上三种情况（或者任意一项）的影响时，该项的修正值取值为 0。

三、隧道常用的施工方法

目前隧道施工的方法很多，有明挖法、暗挖法、沉管法等几大类，其中暗挖法中又可分为钻爆法、掘进机、掘进机辅以钻爆法等几种。隧道等地下工程的核心问题，都归结在开挖和支护两个关键工序上，即如何开挖才能更有利于洞室稳定和便于支护；如何支护才能更有效地保证洞室稳定和便于开挖。在钻爆法中，坑道开挖后的支护方法，大致可以分为钢木构件支撑和锚杆喷射混凝土支护两类。习惯上将采用钻爆开挖加钢木构件支撑的施工方法称为“传统矿山法”；而将采用钻爆开挖加锚喷支护的施工方法称之为“新奥法”。“新奥法”与“传统矿山法”相比，在理论基础、对围岩及支护的认识等方面都有很大的不同。

传统矿山法是人们在长期的施工实践中发展起来的，它是以木或钢构件作为临时支撑，待隧道开挖成型后，逐步将临时支撑换下来，而代之以整体式厚衬砌作为永久性支护的施工方法。传统矿山法的理论基础为 20 世纪 20 年代提出的“松弛荷载理论”，其核心内容是：稳定的围岩有自稳能力，不产生荷载；不稳定的岩体则可能坍塌，需要用支护结构予以支撑。作用在支护结构上的荷载就是围岩在一定范围内由于松弛并可能塌落的岩体重力，类似于地面工程考虑问题的思路。

新奥法即奥地利隧道施工新方法（New Austrian Tunnelling method—NATM），是奥地利学者腊布希维兹首先提出的。它是以喷射混凝土和锚杆作为主要的支护手段，通过监测控制围岩的变形，便于充分发挥围岩的自承能力的施工方法。

新奥法的理论基础为 20 世纪 50 年代提出的“岩承理论”，其核心内容是：围岩稳定是岩体自身有承载自稳能力；不稳定围岩丧失稳定是有一个过程的，如果在这个过程中提供必要的帮助或限制，则围岩仍然能够进入稳定状态。传统矿山法，只将围岩视为被挖去的岩体，注意结果和对结果的处理，洞室结构设计一般采用荷载—结构模式；新奥法则注意过程和对过程的控制，对围岩自承载能力充分利用，将支护结构与围岩视为统一的力学体系。传统矿山法施工各工序相互联系较密切，干扰较大，应注意统一组织和协调，处理好开挖与开挖、开挖与支撑、支撑与衬砌、开挖与衬砌之间的相互关系。若围岩较稳定或支撑条件较好，应尽量将各工序沿隧道纵向展开，以减少相互干扰，保证施工安全和施工进度。新奥法所依赖的是喷锚支护技术，与传统的钢木构件支撑技术相比，不仅是手段的不同，更重要的是工程概念的不同，是人们对隧道、地下工程问题的进一步认识和理解。

传统矿山法所采用的钢木构件支撑类似地上的"荷载—结构"力学体系。作为一种维持坑道稳定的措施，是很直观和奏效的，也易于理解和掌握。这种方法在不便于采用锚喷支护的隧道中，或处理塌方等应用较多。但衬砌的设计和实际工作状态难以一致，临时支撑也存在很多缺陷，限制了这种方法的发展和应用。新奥法概念的基本中心思想是调动和发挥围岩的自承能力。从这样一个原则出发，可以根据隧道工程具体条件灵活地选择开挖方法、爆破技术、支护形式、支护施作时机和辅助工法。至于对围岩变形的控制，根据不同情况，有时应强调释放，有时应强调限制，其目的都是为了保护围岩，调动和发挥围岩的自承能力。

新奥法的应用和发展导致隧道及地下洞室工程理论进入到现代理论的新领域，也使隧道及地下洞室工程的设计和施工更符合地下工程实际，即设计理论—施工方法—结构体系的一致。运用新奥法可以将一般用于山岭隧道的钻爆法的应用范围拓展到软弱围岩，甚至于在第四系地层中的浅埋市政隧道以取代传统的明挖法或盾构法，称之为"浅埋矿山法"。

在今后很长一段时期内，钻爆法尤其是新奥法将是修建隧道的主流方法。

四、开挖方法的选择

开挖方法有全断面法、台阶法、环形开挖预留核心土法、中隔壁法（CD 法）、交叉中隔壁法（CRD 法）、双侧壁导坑法等。

（一）全断面法

全断面开挖法是按设计断面将整个隧道开挖断面一次钻孔，一次爆破成型、一次初期支护到位的隧道开挖方法。主要适用于非浅埋Ⅰ～Ⅲ级硬岩地层。

1. 方法概述

浅埋段、偏压段和洞口段不宜采用。如确实地质条件较好，也可采取先开挖小导坑，然后再扩大的施工方法，这对保持围岩稳定是有利的。

该法有较大的作业空间，有利于采用大型配套机械化作业，钻爆施工效率较高，可采用深眼爆破，提高施工速度，且工序少、便于施工组织和管理，较分部开挖法减少了对围岩的振动次数。但由于开挖面积较大，围岩相对稳定性降低，且每循环工作量相对较大，深孔爆破用炸药量大，引起震动大，因此要求进行精心的钻爆设计和严格控制爆破作业。

采用下导洞超前大断面法，利用凿岩台车开挖，导洞尺寸应满足装渣运输要求，超前长度以不超过 10m 为宜，除找顶外不须用任何支护，后部紧跟多功能风钻台架，其优点为：①可以超前预报；②爆破减振 30%，炸药比全断面爆破减少 5%～10%；③扩大爆破，炮眼利用率为 100%，所以提高开挖速度 2～3 倍：④炮眼半孔保证率 80%，线形超挖小于 10cm；⑤爆破渣堆、渣块均匀、集中，便于快速出渣；⑥纵向爆破冲击波小，对后面工序影响小。

2. 施工要点

(1)配备钻孔台车或多功能台架及高效率装运机械设备,缩短循环作业时间,合理采用平行交叉作业工序,加快施工进度。

(2)利用深孔爆破增加循环进尺,控制周边眼间距及角度,改善光面爆破效果,减少超、欠挖。

(3)及时施作初期支护,围岩条件变化时及时调整施工方法。

(4)有条件时采用导洞超前的开挖方法,合理组织施工保证隧道施工安全。

(5)二次衬砌及时施作,公路要求掘进超过 50m,必须停止开挖进行二衬施工;洞口及洞内软岩段二次衬砌尽早施工,其他段落根据监控量测结果适时施工,一般情况下二衬距掌子面距离不超过 200m;二衬作业面距铺底作业面距离一般为 30m,距矮边墙作业面距离一般为 50m。

(二)台阶法

台阶法施工是将隧道结构断面分成两个或几个部分,即分成上下两个断面或几个断面分部进行开挖的隧道开挖方法。如图 7-1、图 7-2 所示。

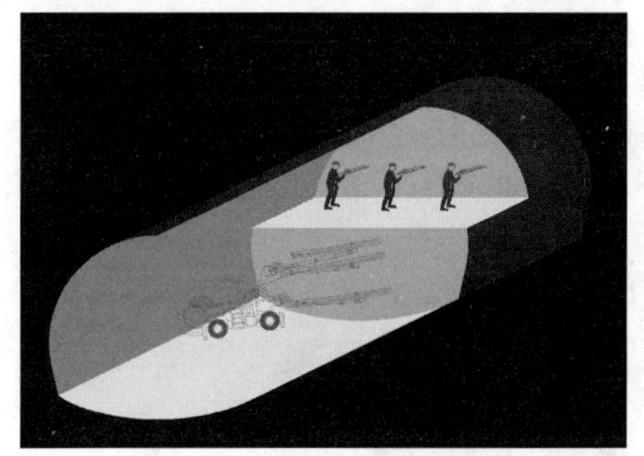

图 7-1 台阶法施工示意图

图 7-2 台阶法施工现场

1. 方法概述

该法适用于双线隧道Ⅲ、Ⅳ级围岩,单线隧道Ⅴ级围岩亦可采用,但支护条件应予以加强。该法具体可分为正台阶法、三台阶临时仰拱法、环形开挖预留核心土开挖法等。

该施工方法的优点是对地质变化的适应性较强,工序转换较容易,并能较早地使初期支护闭合,有利于控制沉降。台阶长度一般应控制在 1～1.5 倍洞径,为及早使初期支护封闭成环,也可适当缩短台阶长度,当围岩较稳定,短台阶能保持时,台阶长度亦可适当缩短至 3～5m,上下台阶同时钻眼爆破,以起到加快施工进度、减少设备配置的目的。

台阶长度的设置应有利于施工操作和机械设备效率的发挥,同时应利于支护及早封闭成环,一般控制在一倍洞径以内。台阶法施工的循环进尺,要根据开挖跨度和围岩类别、自稳时间严格控制,并与初期支护钢架设计间距相对应。每次以架立 1～2 榀钢架为宜。

台阶上部开挖视围岩自稳条件,可采用一次开挖成形和环形导坑预留核心土开挖法。当围岩自稳性很差时,必须采用小导管或锚杆(注浆)等超前支护措施;土质隧道还可采用人工预切槽,槽内嵌设钢架,喷混凝土预支护后再开挖的方法。

下部断面(中、下层台阶)是开挖作业的重要环节。近年来,在下部开挖中,因方法欠妥,作业不慎引起初期支护失稳造成的重大塌方事故已有多起,必须引起高度重视。在开挖顺序上,宜采用先挖侧槽、左右错开向前推进的做法,不宜采用拉中槽挖马口的方法。侧槽开挖时,靠近边墙范围应采用风钻、风镐手工开挖，人工清壁扒渣，严禁使用重型机械开挖和装渣，以免对围岩过大扰动、破坏围岩和初期支护系统的整体稳定性。

2. 施工要点

(1)根据围岩条件合理确定台阶长度和台阶数量，台阶长度一般为 3～5m，台阶高度根据地质情况、隧道断面大小和施工机械设备情况确定，上台阶高度宜为 2.5m。

(2)上台阶施作钢拱架时，采用扩大拱脚和锁脚锚杆等措施，控制围岩和初期支护变形，必要时施作临时仰拱。

(3)下台阶在上台阶喷射混凝土达到设计强度 70%以上时开挖，当岩体不稳定时需缩短进尺，必要时下台阶分左、右两部错开开挖，并及时施作初期支护和仰拱。

(4)施工中应解决好上下台阶的施工干扰问题，下部施工应减少对上部围岩、支护的扰动。

(5)下台阶施工时要保证初支钢架整体顺接平直，螺栓连接牢靠。

(6)仰拱及填充超前二次衬砌且分别全幅浇筑，仰拱距掌子面距离：Ⅲ级围岩小于或等于 90m，Ⅳ级围岩小于或等于 70m，二次衬砌及时施作。

(三)环形开挖预留核心土法

1. 方法概述

环形开挖预留核心土法是先开挖上部导坑弧形断面留核心土平台，再开挖下部两侧边墙、中部核心土的隧道开挖方法，如图 7-3、图 7-4 所示。一般适用于单线隧道Ⅳ～Ⅵ级围岩，也可用于双线隧道Ⅲ～Ⅳ级围岩地段。

图 7-3 环形开挖预留核心土图示

图 7-4 环形开挖预留核心土现场

2. 施工要点

(1)开挖前应在拱部进行超前支护，环形开挖每循环长度 0.5～1m，开挖后及时施作喷锚支护，安装钢架支撑。

(2)每两榀钢架之间采用钢筋连接，并设置锁脚锚杆，全断面初期支护封闭距拱部开挖面不超过 15m。

(3)预留核心土面积大小根据围岩地质情况确定，以便于施工和满足开挖面的稳定为主。

(4)上部弧形，左、右侧墙部，中部核心土开挖各错开 3～5m 进行平行作业。

(5)仰拱及填充超前二次衬砌且分别全幅浇筑，距离掌子面小于或等于 70m。全断面衬砌时间根据监控量测稳定情况及时施作。

(四)中隔壁法(CD 法)

中隔壁法是将隧道断面左右一分为二，先挖一侧，并在隧道中部设立利用钢支撑及喷混凝土的临时支撑隔墙，当先开挖一侧超前一定距离后，再开挖另一侧的隧道开挖方法，如图 7-5、图 7-6 所示。

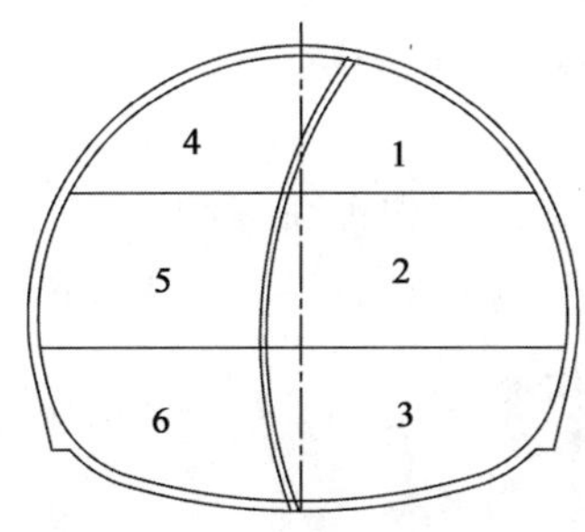

图 7-5　中隔壁法开挖示意图

图 7-6　中隔壁法开挖现场

1. *方法概述*

该法变大跨为小跨，使断面受力更合理，对减少沉降，保证隧道开挖安全、可靠具有良好效果。该法适用于较差地层，如采用人工或人工配合机械开挖的Ⅳ～Ⅴ级围岩和浅埋、偏压及洞口段。

施工过程中，为保证初支稳定，除喷锚支护外，须增加型钢或钢格栅支撑，并采用超前大管棚、超前锚杆、超前注浆小导管、超前预注浆等一种或多种辅助措施进行超前加固。

由于地层软弱，断面较小，只能采用小型机械或人工开挖及运输作业，工序多，施工进度较慢。必要爆破时，应控制药量，避免损坏中隔墙。临时中隔墙型钢支撑规格应与初期支护所采用的一致。每步台阶长度可控制在 3～5m。

2. *施工要点*

(1) 左右部的台阶开挖高度根据地质情况、隧道断面大小和施工设备而定。

(2) 台阶开挖长度 3～5m，及时施作初期支护和中隔壁临时支护，左、右两侧洞体施工纵向拉开间距不大于 15m。

(3) 后一侧开挖形成全断面时，应及时完成全断面初期支护闭合。

(4)中隔壁设置为弧形临时支护，隧道左右开挖面初期支护连接平顺，确保钢架连接状态良好。

(5)初期支护稳定后分段拆除中隔壁临时支护，一次拆除长度应根据变形监控量测信息确定，但不宜超过 15m，并加强拆除过程监控量测。

(6) 临时支护拆除后及时施作隧道仰拱和二次衬砌。

(五)交叉中隔壁法(CRD 法)

当采用中隔壁法仍然无法保持围岩稳定和隧道施工安全时，可采用交叉中隔壁法开挖，如图 7-7、图 7-8所示。

1. *方法概述*

该法的特点是各分部增设临时仰拱和两侧交叉开挖，每步封闭成环，且封闭时间短，以抑制围岩变形，达到围岩沉降可控、初期支护安全稳定的目的。该法除喷锚支护及增设足够强度和刚度的型钢或钢格栅支撑外，还应采用多种辅助措施进行超前加固。

交叉中隔壁法(CRD 法)适用于断层破碎带、碎石土、卵石土、圆砾土、湿陷性黄土、全风化的花岗岩地层的Ⅴ～Ⅵ级围岩及较差围岩中的浅埋、偏压及洞口段等。

量测统计资料显示，在控制沉降上，CRD 法比 CD 法能减少 50%，但 CD 工法优于侧壁导坑法，而侧壁导坑法又优于台阶法（当采用超前支护时二者近似）。为确保安全和经济效果，选择施工方法顺序为：洞跨小于 12m 时应优先采用正台阶法；当洞跨大于 12m 或洞跨虽小于 12m 但沉降难以控制时，应选用 CD 法或 CRD 法。在襄渝线狗磨湾隧道（266.55m三线隧道段），内昆线曾家坪一号隧道三线段及杭州万松岭双向四车道公路隧道洞口黄土段均采用双侧壁导坑法施工，并获得成功。杭州解放路延伸工程 1 标段新城隧道和正在建设的厦门市东通道（翔安海底隧道洞口段）由于地层是全风经强风化段，加上主洞跨度大，也采用了 CRD 工法施工。

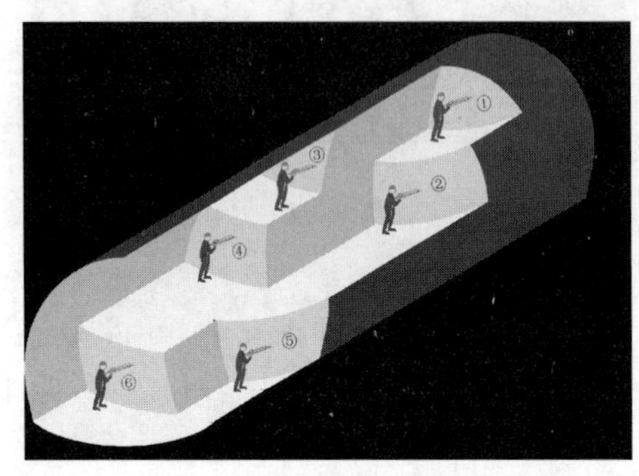

图 7-7 交叉中隔壁法图示

图 7-8 交叉中隔壁法施工现场

2. 施工要点

（1）隧道按左右部分块实施开挖，每块小断面开挖高度根据地质条件、断面大小和施工设备而定。

（2）每块小断面开挖长度 3～5m，及时设置临时仰拱封闭、步步成环，尽量缩短成环时间，必要时进行掌子面临时支护。

（3）中隔墙设置为弧形临时支护，隧道左右开挖小断面底部临时仰拱应保持在同一断面上，螺栓连接牢固，及时施作锁脚锚杆（管）。

（4）初期支护稳定后分段拆除中隔壁临时支护，一次拆除长度应根据变形监控量测信息确定，但不宜超过 15m，并加强拆除过程监控量测。

（5）临时支护拆除后及时施作隧道仰拱和二次衬砌。

（六）双侧壁导坑法

1. 方法概述

双侧壁导坑法是采用先开挖隧道两侧导坑，及时施作导坑四周初期支护及临时支护，必要时施作边墙衬砌，然后再根据地质条件、断面大小，对剩余部分采用二台阶或三台阶开挖的方法，其实质是将大跨度的隧道变为 3 个小跨度的隧道进行开挖，如图 7-9、图 7-10 所示。与台阶法开挖相比，侧壁导坑法尤其是双侧壁导坑法开挖引起的地表下沉量较小，因此特别适用于扁坦大跨度浅埋隧道开挖。施工时，需注意临时支护结构要坚固可靠、及时，必要时用“先撑后挖”方式进行开挖（如插板法等）。

该法安全可靠，坑道暴露时间短，开挖面小，施工进度较慢，成本较高，但其在施工安全尤其在控制地表下沉方面，优于其他施工方法。

此外，由于两侧导坑先行，能提前排放隧道拱部和中部土体中的部分地下水，为后续施工创造条件。因此城市浅埋、软弱、大跨隧道和山岭软弱破碎、地下水发育的大跨隧道可优先选用双侧壁导坑法。在Ⅴ～Ⅵ级围岩的浅埋、偏压及洞口段，也可采用此法施工。

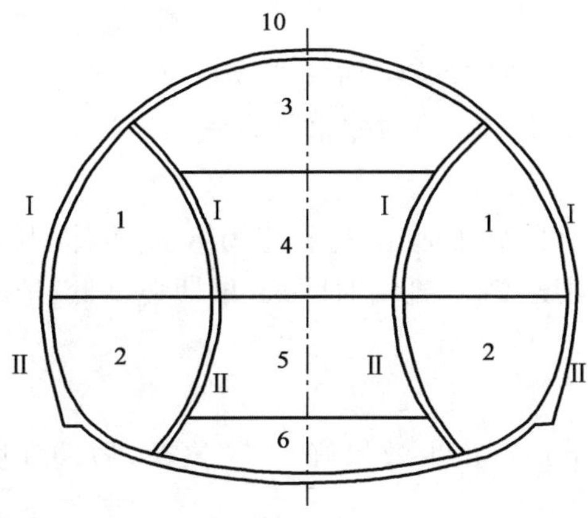

图 7-9　双侧壁导坑法开挖断面示意图

图 7-10　双侧壁导坑法开挖现场

2. 施工要点

(1)侧壁导坑形状应近似椭圆形，导坑断面宽度一般为整个断面的 1/3。

(2)两侧侧壁导坑超前中部 10～20m，可独立同步开挖支护，中部采用台阶法开挖，保持平行作业。

(3)导坑开挖后应及时进行初期支护及临时支护，设置锁脚锚杆，并尽早封闭成环。

(4)根据监控量测信息，初期支护稳定后拆除临时支护，一次拆除长度不超过 15m，并加强监控量测。

(5)临时支护拆除完成后，及时施作仰拱并进行二次衬砌。

五、几种常见的辅助施工措施

(一)大管棚

一般用于洞口或洞内塌方处理或特别软弱地层，ϕ108×6mm 无缝钢管，全程钻 ϕ10mm 注浆孔，长度 15～40m，间距 35～45cm，范围 120°～150°。注意外插角(2°～3°)，此外，还应注意设置混凝土套拱，以此作为管棚导向墙，所用钢管应编号。

管棚应按设计方案施工，钻机立轴方向必须准确控制，每钻完一孔便顶进一根长钢管。管棚施工顺序为自下而上。拱部管棚施工前必须架设拱部管棚施工平台。管棚施作时应先钻设钢花管，注浆凝固后再钻设无孔钢管。在无孔钢管的钻孔过程中应检查钢花管的注浆质量，当注浆质量达到要求时，再安装无孔钢管，并注浆使管周浆液饱满；当注浆质量达不到要求时，则安装钢花管并进行补充注浆。

(二)超前小导管

一般用于洞内Ⅴ级围岩或坍塌处理。ϕ42×5mm 无缝钢管，全程钻 ϕ6mm 注浆孔，长度 3～5m，间距 30～40cm，范围 120°～150°。注意外插角(3°～5°)，必要时可设双层，环间纵向搭接长度不小于 1m。

(三)围岩注浆

通过注浆改善围岩结构，聚合破碎岩块及岩砾，封堵或挤排地下水，提高围岩稳定性。主要注浆种类:水泥砂浆、水泥浆(单液浆)、水泥—水玻璃浆(双液浆)、超细水泥浆、纳米硅胶、聚氨酯、硅酸脲树脂等。

1. 水泥砂浆

用于充填注浆(大空隙堆积岩块、洞腔、结构背后空腔、管结构填芯等)。具有经济、强度高、工艺简单、渗透性差、凝结时间长、早期强度低、地下水丰富时效果差等特点。

2. 水泥浆

作为固结注浆(裂隙填充、岩块固结、空隙率较大的砂土固结、砾石土固结、坍方体固结、封堵裂隙水)。具有经济、工艺较简单、渗透性较好、强度较高、凝结时间长、早期强度低、地下水较大时效果差等特点。

3. 水泥—水玻璃浆

作为固结、堵水注浆。具有凝结时间短(3～5min)、止水效果好、工艺复杂、后期强度较低、造价高等特点。

4. 超细水泥浆

主要用于水量饱和、致密的黏土地层加固。具有渗透性好、强度较高、造价高等特点。控制要点:配合比(水灰比 0.5,水泥与水玻璃之比取 0.3～0.5)、压力(0.5～1.5MPa)、流量(20～50L/min)、顺序(自下而上、自无水区到出水点)、封口(孔口及暴露面封闭)、排气(设排气管保证浆液流畅)。

六、相关爆破技术

(一)光面爆破

光面爆破是隧道常用的一种爆破方式,在爆破前应根据地质条件、开挖断面、开挖进尺、爆破器材等编制光面爆破设计方案。合理选择周边眼间距及周边眼的最小抵抗线;严控周边眼装药量,间隔装药,使药量沿炮眼全长均匀分布,其光面爆破周边眼装药结构如图 7-11 所示。选用低密度低爆速、低猛度的炸药,微差非电毫秒雷管起爆。爆破后,炮眼利用率 90%以上,炮眼痕迹率 80%以上。光面爆破参数见表 7-3。

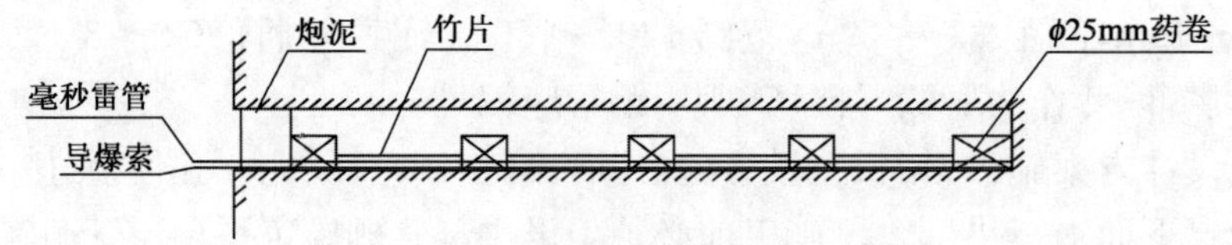

图 7-11 光面爆破周边眼装药结构

光面爆破参数表

表 7-3

岩 石 种 类	周边眼间距 E (cm)	周边眼最小抵抗线 W (cm)	相对距离 E/W	装药集中度 q (kg/m)
极硬岩	50～60	55～75	0.8～0.85	0.25～0.3
硬岩	40～50	50～60	0.8～0.85	0.15～0.25
软质岩	35～45	45～60	0.75～0.8	0.07～0.12

(二)综合爆破施工技术

综合爆破一般包括小炮和洞室两大类。小炮主要包括钢钎炮、深孔爆破等钻孔爆破;洞室炮主要包括药壶炮和猫洞炮。用药量 1t 及以上为大炮,1t 以下为中小炮。

(1)钢钎炮通常指炮眼直径和深度分别小于70mm和5m的爆破方法。

①特点:炮眼浅,用药少,并全靠人工清除,不利于爆破能量的利用,工效较低。

②优点:比较灵活,在地形艰险及爆破量较小地段(如打水沟、开挖便道、基坑等),在综合爆破中是一种改造地形,为其他炮型服务的辅助炮型,因而又是一种不可缺少的炮型。

(2)深孔爆破是孔径大于75mm、深度在5m以上、采用延长药包的爆破方法。

①特点:炮孔需用大型的潜孔凿岩机或穿孔机钻孔,是大量石方(万立方米以上)快速施工的发展方向之一。

②优点:劳动生产率高,施工进度快,爆破时比较安全。

(3)药壶炮是指在深2.5~3.0m以上的炮眼底部用小量炸药经一次或多次烘膛,使眼底成葫芦形,将炸药集中装入药壶中进行爆破的方法。

①特点:主要用于露天爆破,其使用条件是:岩石应在Ⅺ级以下,不含水分,阶梯高度(H)小于10~20m,自然地面坡度在70°左右。

②优点:是小炮中最省工、省药的一种方法。

(4)猫洞炮系指炮洞直径为0.2~0.5m,洞穴成水平或略有倾斜(台眼),深度小于5m,用集中药于炮洞中进行爆破的方法。

①特点:充分利用岩体本身的崩塌作用,能用较浅的炮眼爆破较高的岩体。

②优点:在有裂缝的软石坚石中,阶梯高度大于4m,药壶炮药壶不易形成时,采用这种爆破方法。

第二节　隧道坍塌抢通抢修

隧道坍塌,是指隧道自身结构损毁垮塌及围岩坍塌的事件。隧道坍塌除了引起道路断通、施工中断外,往往还伴随着人员伤亡、掩埋、车辆损毁及周边环境恶化等情况。

一、隧道塌方概述

总体而言,隧道坍塌可以分为运营隧道坍塌及在建隧道坍塌两类。其中,运营隧道坍塌的处理要求尽快清除障碍,保障通行;在建隧道坍塌的处理要求在黄金救援时间内打通生命通道,解救受困人员,尽快恢复施工生产。

(一)塌方分类与形式

(1)隧道塌方有溶洞塌方、煤矿采空区或老塘塌方、危岩体垮落等多种形式。按照塌方体积或塌腔高度将塌方分为三类,具体见表7-4。

塌方级别分类表　　表7-4

塌方类型	小塌方	中塌方	大塌方
塌方高度(m)	<3	3~6	>6
塌方体积(m^3)	<30	30~100	>100

小塌方一般塌方数量少,塌方后不会再扩大,而且较为稳定;中塌方的塌渣堆至起拱线附近,不及时处理就有可能扩大;大塌方的塌渣将靠掌子面的已施工段全部堵塞,塌方往往不断扩大,开挖前不先采取措施或出现塌方后未迅速采取有效措施,将会造成严重后果。

(2)按照塌方发生的区域,可以划分为以下两类:洞口段坍塌,主要指洞口边仰坡发生滑塌、崩塌,隧道洞门段垮塌;洞身段坍塌,主要指隧道洞内成段落垮塌,或者部分隧道结构及围岩坍塌。

(3)按照塌方形态分类,分为局部塌方、拱形塌方、异形塌方、膨胀岩隧道塌方、大变形隧道塌方和岩爆五种基本形态。

(4)按照塌方机理分类,可分为危岩滑动型塌方、松散介质垮落型塌方、软岩蠕变型塌方、硬岩岩爆型塌方。

(5)根据塌方部位不同,可以将塌方形式分为拱顶塌方、掌子面塌方、墙部塌方、塌穿地表的塌方及突水、突泥的塌方。

(二)塌方处理依据、原则及方案

1. 塌方处理依据

塌方的处理必须建立在对塌方的正确认识基础上,塌方处理方案制定不当,不但可能导致巨大的经济损失,而且可能造成人员伤亡,故一般的处理原则是先巩固后方,防止塌方扩大,然后以安全的后方为依托或掩护再交替向前进行处理。有关经验表明,塌方发生后在一段时间内就会趋于稳定,形成自然拱,而自然拱地高度、宽度与普氏平衡拱理论计算结果基本一致。

如图 7-12、图 7-13 所示,前苏联学者 M. M. 普洛托雅克诺夫(简称普氏)以松散理论为基础,认为在松散介质中开挖隧道后,隧道上方将形成抛物线的平衡拱,平衡拱高度 h(m)采用式(7-4)计算:

$$h = \frac{b}{f_{\mathrm{m}}} \tag{7-4}$$

式中:b——平衡拱的半跨度(m);

f_{m}——岩石坚固性系数,土层 $f_{\mathrm{m}}=\tan\varphi$,岩石 $f_{\mathrm{m}}=R/10$;

φ——土的内摩擦角;

R——岩石抗压极限强度(MPa),取值考虑岩石层理、裂隙的影响。

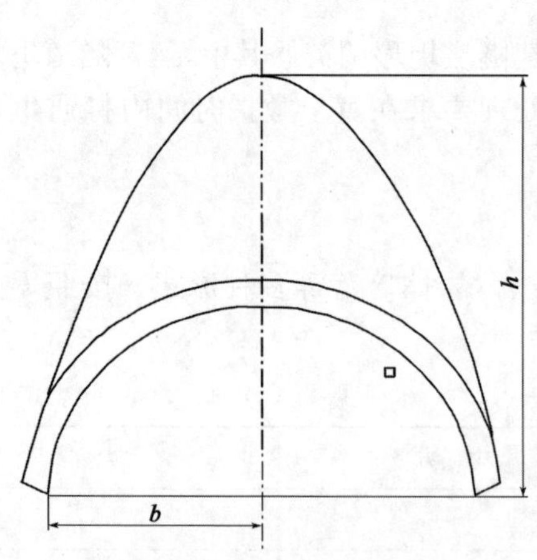

图 7-12 平衡拱宽度示意图

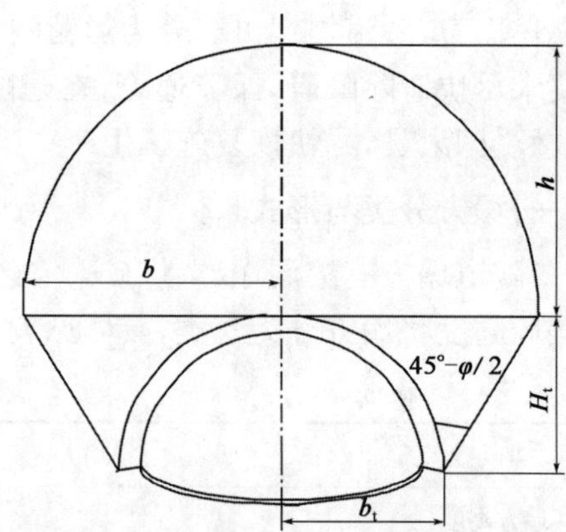

图 7-13 侧壁不稳时平衡拱宽度示意图

在隧道侧壁稳定,即拱部塌方时,平衡拱宽度就是开挖宽度,即 $b=b_{\mathrm{t}}$;当侧壁不稳定时,平衡拱宽度采用式(7-5)计算:

$$b = b_{\mathrm{t}} + H_{\mathrm{t}} \cdot \tan(45^{\circ} - \varphi/2) \tag{7-5}$$

式中：H_t——隧道净高(m)；

b_t——隧道净宽一半(m)。

对塌方后的稳定情况能否做出正确的判断，是制定处理方案的关键，否则不是冒险就是加大投入。一般情况下塌方发生后1～2d才能基本稳定，除个别掉小块外，不再有大的坍塌，这时可根据工程地质资料及试验结果，确定岩石坚固性系数，再根据开挖情况，即可按照平衡拱公式确定塌方高度，与现场对照，如果计算与实际基本相符，则说明塌方已经基本稳定，否则应慎重对待。

经过平衡拱分析，确定塌方稳定后，即可着手进行处理，第一步关键步骤即为对塌穴进行喷射混凝土处理。喷射混凝土后，即使塌穴有危石或个别坍塌也会及时发现，喷射混凝土在围岩面形成保护层，通过观察保护层形态，也可对判断塌方稳定与否形成有效、直接的参照或依据。

2. 塌方处理总的原则

塌方处理总的原则为：明晰原因、加固后方、地面处理、稳定塌体、超前支护、先护后挖。

(1)明晰原因：隧道塌方发生后，首先要组织有关人员调查了解塌方段的工程地质、水文地质情况；塌方的规模、形态、部位及其影响范围；塌体的岩性；地下水来源、水量、水压以及设计条件；施工方法、支护措施、施工控制等有关情况。然后分析原因，吸取教训，为下一步制定有针对性的、可操作的塌方处理方案提供依据。

(2)加固后方：一般大型塌方掌子面或隧道断面全部堵塞，初期支护和二衬混凝土局部破坏或变形。为防止塌方继续扩大，应立即采取对塌方影响段的支护进行加固和监测。加固措施有：复喷混凝土，加设临时支撑，加设型钢拱架、径向注浆及径向锚杆等。对于正在施工的隧道，在必要时可采取提早施作二次衬砌的方式进行加固。

(3)地面处理：洞口段塌方和浅埋段的通天塌方，应立即对地面的塌方裂缝、排水系统进行处理。可采取塌坑回填封闭、用黏土填塞地面裂缝、塌坑影响范围外施作截水沟(防止地表水继续下渗，引起隧道上覆土体软化、松散和失稳)、地面布设沉降监测点、必要时对地面进行加固处理的措施。

(4)稳定塌体：塌方发生后，不能急于清渣，要保持塌体的临时平衡，否则会加速塌方的扩大。稳定塌体，首先是要封闭掌子面，然后根据塌方的性质、水文(滴水)情况，采用小导管(6m)浅孔帷幕注浆，既而加固塌体，也能起到止水的效果。若涌水量较小，可采用网喷混凝土；若涌水量较大，则要采用砂袋+喷混凝土；若涌水量很大，则要采取引排，喷混凝土临时封闭，提前施作混凝土止浆墙等措施。

(5)超前支护：超前支护和塌体预加固，是处理塌方的两个非常重要的辅助措施。超前支护，一般来说有两种形式，即小导管和大管棚+小导管。

(6)先护后挖：就是塌方处理，必须在超前支护体的保护下才能进行开挖，并按照“短进尺、强支护、快封闭、勤量测、速反馈、紧衬砌”的原则，采用上下台阶、拱部预留核心土弧形开挖、随挖随支的办法，谨慎向前推进工作面。

3. 塌方常见处理方案

(1)迂回导坑的施工方案，即在塌方段的后方一侧，选择合适的位置，增设导坑，绕过塌方段，再进入隧道正洞施工。其优点是处理塌方时，有两个工作面同时施工，加快进度，大大缩短了处理塌方的时间。此外可以通过迂回导坑，恢复隧道正常施工。

(2)在塌腔较高、腔壁围岩又较稳定的情况下，采用混凝土护拱的处理方案，即在塌腔内利用塌渣作为底模，在混凝土护拱的保护下进行塌方处理。

(3)塌方规模较小时，可先加固塌体两端洞身，并尽快施作喷射混凝土或锚喷联合支护封闭塌穴顶部和侧部，确保拱部安全，然后清渣。在保证安全的前提下，也可以在塌渣上采取支护措施，稳定顶部，然后清渣。

(4)当塌方规模很大、塌渣体完全堵死洞身时，宜采用先护后挖的方法。在查清塌穴规模大小和穴顶位置后，可采用管棚法或注浆固结法稳固围岩体和渣体，待其基本稳定后，按先上部后下部的顺序清除渣体，也可用全断面法按短进尺、弱爆破、早封闭的原则开挖塌体，并尽快完成衬砌。

(5)在塌方处，模筑衬砌背后与塌穴洞孔周壁必须紧密支撑。当塌穴较小时，可用浆砌片石或干砌片石将其填充；当塌穴较大时，可用浆砌片石混凝土回填，厚度控制在 2m 左右，其以上空间应采取支护措施，以稳固围岩，或填筑 2m 以上的缓冲层；特大塌穴应作特殊处理。

二、隧道塌方后的生命救援

隧道塌方后，经常会发生人员被埋压的情况，塌方后采取的一切措施应以在最短时间内抢救被困人员为主。

(1)常用的救援方法有大口径水平钻孔救援法、小导坑救援法、顶管救援法、竖井救援法及疏通中心水沟救援法等，都是以在最短的时间内抢救被困人员生命为目的，在制订救援方案时可参照有关公路、铁路隧道抢险救援指南等文献。

(2)事故发生后，应通过钻设联络孔的方式迅速查明坍塌后被埋压人员数量、具体位置、身体状况及生存空间的大小等情况，并通过联络孔，输送被困人员所急需的给养及药品等。

①联络孔孔位的选择

应按照保证钻孔钻进速度和成功率的原则，根据塌体的长度、生存空间的大小、部位、埋深及与外界距离，原风水管路、救生通道的状况等因素综合确定。

a. 隧道施工使用高压风管直径一般为 200mm，高压水管直径一般为 80mm，且沿隧道侧壁设置，通向掌子面，隧道坍塌后有时可部分存留。现场应首先寻找风管、水管，判断其完整性，如完整或部分完整，应与被困人员联络，及时获取信息。除风管、水管外，还应调查是否设置了逃生通道及逃生通道的存留情况。

b. 与隧道坍塌体相比，钻机在岩层中易保持钻进方向和速度，提高成功率。建议隧道生存空间与地表、相邻其他隧道、通道距离小于或等于 70m 时，可优先布设钻孔。钻机在岩层中钻进速度较快，实际救援过程中速度为 0.57～5.7m/h。

c. 当坍塌体长度小于或等于 50m 时，建议在塌体洞门端的一侧布设钻孔，坍塌体范围越短，越应及时布孔钻进。

d. 当生存空间与地表、相邻其他隧道、通道距离大于或等于 70m、坍塌体长度大于 50m 时，虽钻孔不易成功，但也应钻进。

e. 无论优先选择的钻孔位置在何处，只要生存空间与地表、相邻其他隧道、通道还存在另一处钻机深度能达到的面，均应安排钻机钻孔，增加成孔概率。

②联络孔孔径的选择

为减少断杆现象，实现通话、供风、供给养药品、手电筒等物品的目的，开孔孔径应选择在 110～150mm 之间，达到终孔孔径不小于 100mm。

③救援通道的选择

通过救援通道，营救被困人员脱离险境，救援通道位置应按照减少对岩层和坍塌体的扰动，保证救援人员安全，提高通道挖掘速度和成功率的原则，根据坍塌体长度、稳定程度和生存空间大小与地表、其他通道的距离综合确定。

a. 当坍塌体长度不大于 50m，且坍塌体及上部围岩相对稳定时，建议优先在塌体洞口端的左侧或右侧开挖救援通道。塌体范围越短，越应及时开挖。

b. 当坍塌体长度大于 50m，生存空间与地表、相邻其他隧道、通道距离小于或等于 50m，且坍塌体距开挖掌子面较远，掌子面围岩较为稳定时，建议优先从地表、相邻其他隧道、通道开挖救援通道。

c. 当生存空间与地表、相邻其他隧道、通道距离和坍塌体长度均超过 50m 时，建议根据距离长短、围岩稳定程度、坍塌体状况等确定救援通道开挖位置。

d. 在坍塌体中开挖救援通道时，救援通道应布设在隧道侧面靠边墙处，减少二次坍塌对通道的影响。救援通道建议优先选择坍塌体最短的距离设置(一般中下部设在坍塌体与隧道边墙交接处，上部设在隧道拱腰处)，以减少开挖土石数量，缩短救援时间。

④救援通道结构

应按照结构稳定、开挖量小、便于作业的原则，根据岩层状况、坍塌体稳定状态、坍塌处初期支护完整状态等情况确定。

a. 在岩层中开挖救援通道，建议采用半框架式木支撑，高度≤2m，宽度≤1.8m。

b. 在坍塌体中开挖救援通道。当坍塌体侧面原初期支护未被破坏、基本稳定时，建议采用框架式三角形木支撑，高度和宽度≤1.7m。当坍塌体侧面原初期支护已被破坏，建议采用框架式木支撑，高度和宽度≤1.8m。

(3)救援方案实施中要注意的问题。

调查现场，掌握可现场利用的工程材料、物资设备等条件；调阅相关水文地质勘察、施工设计图纸、记录等文献资料；派出经验丰富的技术、指挥人员对事故现场和周边进行详细调查；根据已查明、掌握的资料，制定事故救援方案。

①加固

为了保证救援人员的安全，有效实施救援方案，必须对坍塌体洞口端变形的初期支护进行加固。

②监测

为及时掌握隧道稳定状况，必须在未坍塌的初期支护断面、浅埋隧道拱顶、地表及时设置监控量测点进行连续监测。同时设专人对初期支护和加固稳定情况进行不间断的观察。

③钻孔

从隧道顶部地表垂直向下钻孔，如生存空间较小，处于坍塌的延伸段时，应充分考虑钻机钻孔过程中水对围岩稳定的影响。从地表、相邻其他隧道、通道钻孔时，应注意保持钻进方向，及时纠偏。在坍塌体中钻孔，由于坍塌体中存在扭曲的格栅钢架、锚杆、钢筋网等，应使用金刚石钻孔或冲击钻头；应考虑大块的岩石、缝隙、坍塌体不稳定而改变钻头的钻进方向，针对卡钻、断杆等问题，应多备钻杆。

④开挖

从隧道的另一侧开挖时，应控制钻眼深度和装药量，钻眼深度宜小于 1.5m，并随与被困人员距离的减少而缩短。在塌体中开挖救援通道，应备足大直径手持式切割机、割据等，用以切割钢格栅、钢筋等。为保证安全，通道的木支撑应密排，顶部及两侧用填塞木封闭，外侧如裸露，可用砂袋压实。

⑤供给

由于被困人员生存空间不清洁，供给管道不卫生，为防止发生痢疾，需送水冲洗联络钢管进行消毒，选用急救药品配制成综合营养液，给被困人员消毒。

⑥撤离

从坍塌体重开挖的救援通道，虽然结构尺寸较大，但随着掘进的深入，通道断面一般会逐渐缩小，且有凸出的钢筋、石块，影响人员撤出。故被困人员撤出时，应每两人一组，互相照应。

三、运营隧道洞口段坍塌抢通

在自然灾害、战争状态下隧道洞门（含洞口路堑）遭到破坏的情况较为常见，因此，隧道洞口段抢通是隧道坍塌处置的重要内容。

1. 隧道洞口抢通应遵循的原则

(1)清土前，应准确判断岩体的稳定程度、已坍塌或可能坍塌的范围，清理顶部的松动石块、土块，对不稳定的土石必须先支撑后清除，确保作业安全。

(2)尽量缩小刷方范围，减少扰动，避免诱发新的坍塌。

(3)洞口段的路面宽度一般不宜小于原有宽度，紧急情况下可适当缩小。

(4)洞口段边仰坡开挖坡度应符合相关规范的规定，应急抢修时可视边仰坡稳定情况，以较陡的坡度临时刷坡，应急通车后视情况继续刷坡至满足规范要求坡度。必要时可采取适当边坡防护措施加固坡面，如喷射混凝土、插打锚杆、挂设钢筋网、挡土墙支挡等。

(5)路堑顶部一般不得堆放弃土。在紧急情况下临时堆放弃土时，路堑顶部弃土堆内侧坡脚至稳定边坡路堑坡顶距离不得小于 2m。当路堑土质松软时，其距离不得小于路堑边坡高度，并不得小于 5m，土质较好时可适当缩短距离。正常通车后，应按规定及时清除路堑顶部弃土，同时应加强堑顶防排水措施，防止坍塌继续发展。

2. 隧道洞口抢通措施

(1)路堑通过法(图 7-14)。土石方数量不大时，可将洞口坍塌的一段隧道刷坡，临时改成路堑通车。

根据地质条件，路堑边坡一般采用 1：0.2～1：1 的坡度，坡面要平顺，并应设置截水沟、排水沟等，及时排除地表水。为减少刷坡数量和防止土石方坍落，边坡可临时挖成台阶形，也可先刷陡一些，并尽量利用残存的边墙或采取临时挡土措施。临时挡土措施一般有埋桩挡土和三角架挡土等。埋桩挡土桩距一般为 1m，桩位应取直，桩后横钉半圆木或挡土板挡土；如土坡较陡，不能打拉桩时，可做成三角架挡土(图 7-15)。

(2)明洞或棚架通过法。此类措施适用于以下几种情况：

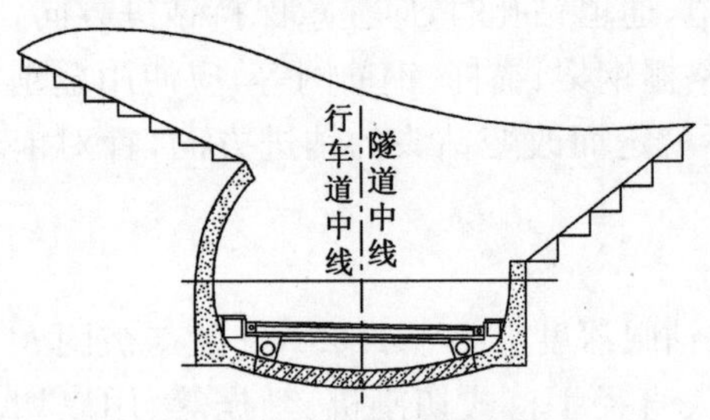

图 7-14　路堑形式通过坍塌体

①当土石方数量庞大，难以用路堑通过，又不具备以隧道通过条件时；

②路堑清方通车后，坡面崩塌碎落严重威胁行车安全时；

③洞门端墙、翼墙严重破坏，修复十分困难，而边仰坡坍塌，岩土体松动不稳定时；

④坍塌地段以隧道通过时，为保证进洞施工安

全，应在洞口加设一段明洞或棚架。

(3)隧道通过法。适用于洞口段破坏段落长、范围广、坍塌数量大而集中，围岩软弱破碎，清方会引起大范围或导致山体滑动的情况。可利用平行导坑或废弃隧道，改建成隧道。

(4)单洞通行法。双向隧道中有一条损毁的，且短期内无法修复时，可利用另一条通车。

(5)路线迂回法。洞口段破坏段落长，围岩软弱破碎，清方可能引起大范围或导致山体滑动，并且该隧道长度不长，附近地形地貌允许改线绕行，可废弃原隧道采用路线迂回法通过。

(6)隧道洞门及边仰坡加固技术措施。隧道洞门或翼墙倒塌，为防止土石继续坍落，减少刷坡土石方数量，常用草袋装土码砌洞门或翼墙临时挡土。护坡草袋一般可码单层，应随砌随夯实填土或用草袋补充，然后依坡叠砌；最下一层草袋基础须外高里低，即做成倒坡，以防止滑动；最上一层草袋口应朝下靠坡斜放，用土封闭接缝，以免雨水灌入草袋墙的内侧，影响稳定。隧道洞口边仰坡加固技术措施见表 7-5。

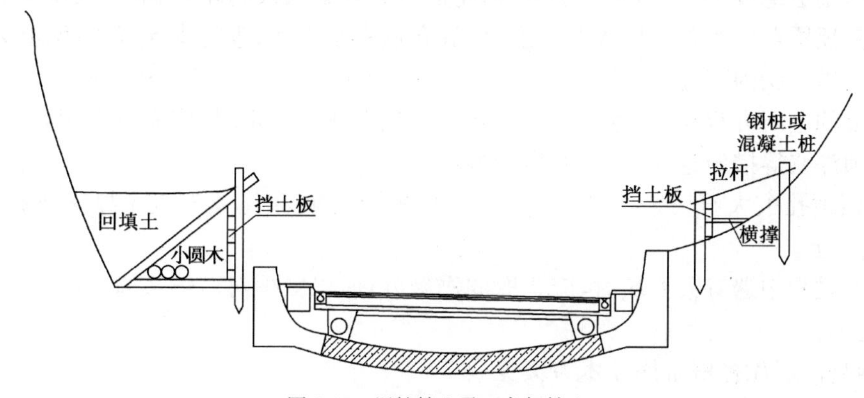

图 7-15　埋桩挡土及三角架挡土

隧道洞口边(仰)坡坡面加固技术措施　　表 7-5

编号	技术措施	适用条件	技术要求
1	砂浆抹面或浆砌护坡	土质坡面，边坡稳定、平整	砂浆抹面用 M5 水泥砂浆，厚度不小于 3cm；浆砌护坡符合有关技术规范要求
2	灌浆勾缝	砌体裂缝较宽，边坡稳定	M5 水泥砂浆灌缝，灌浆饱满，勾缝密实
3	喷射水泥砂浆支护	土质坡面或易风化的石质坡面，边坡稳定、较平整	喷 M5 水泥砂浆，厚度不小于 3cm
4	喷射混凝土支护	坡面岩体较破碎，边坡稳定性较差	喷 C20 混凝土，厚度不小于 5cm
5	锚杆喷射混凝土支护	坡面岩体破碎，节理发育，边坡稳定性差	喷 C20 混凝土，厚度不小于 8cm，直径 22mm 锚杆，长 2～3m，间距 100～150cm
6	锚杆钢筋网喷射混凝土支护	坡面岩体很破碎，边坡稳定性差	在喷锚支护的基础上加钢筋网，钢筋直径 6～8mm，网格 20cm×20cm
7	混凝土或砌体挡土墙	边仰坡较高较陡，稳定性差	符合混凝土或砌体工程施工技术规范要求
8	局部补修	坡面上局部有凸出的岩块或凹陷的坑穴	局部加锚杆固定岩块或局部加浆砌片石嵌补坑穴，以期稳定

四、运营隧道洞身段坍塌抢修

隧道坍塌抢通抢修应遵循分部开挖、短进尺、快支护、早衬砌的原则，以达到减小开挖跨度、高度，减少变形，防止坍塌的作用，初期支护做好后可应急通车，在初期支护形变稳定后，尽早模筑衬砌。

1.清除洞内土石方

因受隧道两端地形和隧道断面的限制，工作面狭窄，清除洞内坍塌的土石方往往成为控制抢通时间的关键。因此，要严密组织抢通工作，及时轮换突击人员，尽可能从隧道两端同时作业并想方设法扩大工作面，充分发挥工程机械的作用，以加快抢通进度。

当洞身穿孔坍塌时，可视具体情况制订清方措施：

(1)浅埋隧道地段，可采用明挖法清方，将洞身破坏地段改为路堑、棚架或明洞。

(2)对洞顶覆盖层遭破坏形成的坍孔，应视孔壁稳定程度，进行支撑或加固，必要时先加固地表，然后再进行洞内清方。

(3)坍落的土石方数量大，隧道严重堵塞且洞顶坍体不稳定时，应充分利用残存结构，采取超前支护、预注浆等措施稳定坍体，然后清方。

(4)洞顶坍孔被大石块堵住且较稳定时，不宜扰动，可采用钢架或木棚架支护，其上灌注1～2m厚混凝土。

(5)清方过程中遇有大石块时，应采取弱爆破处理，以减少对坍体及周边围岩的扰动，防止扩大坍塌范围。

隧道洞身段坍塌抢修常用技术方案见表7-6。

隧道坍塌抢修常用技术方案 表7-6

编号	技术方案	适用条件	作业顺序
1	喷锚构筑法	(1)隧道被炸穿，衬砌坍塌； (2)洞口地段边仰坡坍塌严重，需以隧道通过时； (3)隧道被炸穿，车辆埋在坍塌体内	固定坍体→清理工作面→立钢架→超前支护→上半断面环形开挖→立钢拱架→喷锚初期支护→挖核心土→(做临时仰拱)→下半断面分部开挖→边墙喷锚支护→(做仰拱)→铺底→模筑衬砌(可应急通车后再做)→铺渣等简易路面
2	矿山法	适用条件同上，但无喷锚构筑法施工的机具设备时	上导坑开挖→立钢木支撑→拱部扩大→立扇形支撑→模筑拱部衬砌→开挖边墙部位坍体→立木支撑→模筑边墙衬砌→铺底→铺渣等简易路面
3	明拱暗墙法	隧道浅埋地段，拱部被炸穿，边墙全部或部分破坏	清理坍体至拱脚处→支挡边坡→注浆加固边墙部位坍体→模筑拱部衬砌→开挖边墙部位坍体→模筑边墙衬砌→拱顶回填土→铺底→铺渣等简易路面

2.临时支护

抢通时的临时支护措施详见本节“隧道抢修的临时支护”的有关内容。

3.衬砌抢修加固

衬砌破损、变形，但未穿孔、坍塌时，应根据衬砌破坏程度、结构稳定状态及对行车影响的大小，结合施工条件，确定抢修加固方案。一般分以下三种情况：

(1)经检测，破损衬砌结构尚未失稳，仍具有一定的整体性，同时变形稳定后净空能满足通车限界要求时，可暂不抢修，应急通车后再作处理。

(2)衬砌严重破损，结构近于失稳，不能保证行车安全时，应采取一定的临时加固措施，譬如工字钢、钢管支撑等，保证应急通车。

(3)衬砌变形侵限，不能满足通车要求时，需采取加固技术措施(表 7-7)。

隧道衬砌加固技术措施　　表 7-7

编号	破坏程度	加固措施	技术要求
1	衬砌开裂不严重，缝宽小于 10mm，结构无变形	裂缝嵌补	缝宽小于 1mm，用环氧树脂浆液压注；缝宽 2～5mm，用环氧树脂浆液水泥砂浆嵌缝；缝宽 5mm 以上，凿楔形槽用速凝水泥砂浆、环氧树脂水泥砂浆或聚氨酯等嵌补
2	衬砌开裂较严重，缝宽 10～30mm，有局部掉块可能，结构无显著变化	锚杆加固	锚杆直径 16～22mm，长 2～3m
		锚杆喷射混凝土	喷 C20 混凝土，喷层厚度 6～10cm，锚杆设置见“锚杆加固”
		钢筋网喷射混凝土	喷 C20 混凝土，喷层厚度 8～12cm，钢筋网钢筋直径 6～8mm，网格 15cm×15cm
		钢筋喷射混凝土	喷 C20 混凝土，喷层厚度 10～20cm，加单层或双层钢筋，环向主筋直径 16～19mm，纵筋直径 10mm，网格 25cm×25cm
		锚杆钢筋网	见“锚杆加固”和“钢筋网喷射混凝土”
		钢纤维喷射混凝土	每立方米混凝土钢纤维 80kg，喷 C20 混凝土，掺喷层厚度 10～15cm，钢纤维应搅拌均匀，控制好喷射速度、压力、流量，分 2～3 层喷射，间隔 8h
3	衬砌严重开裂、错台，裂缝或错台宽大于 30mm，局部掉块，结构有显著变形，但有一定承载能力	钢筋混凝土套拱	套拱厚度 20～30cm(在净空允许的情况下)，C20 混凝土，双层钢筋，环向主筋直径 16～22mm，纵向筋直径 12mm，箍筋直径 8mm，间距均为 35cm，套拱与原衬砌用钎钉结合
		镶嵌钢架	在破损衬砌上凿槽镶嵌钢架，钢架采用旧钢轨或工字钢制作，镶嵌在衬砌凿槽内的钢架应与原有衬砌锲紧，并用喷射混凝土或细石填实。钢架外露部位喷射混凝土保护层
4	衬砌严重开裂，结构已丧失稳定	更换混凝土衬砌	混凝土强度等级、厚度不低于原衬砌
		更换钢筋混凝土衬砌	钢筋混凝土强度等级、厚度、配筋不低于原衬砌
		更换为钢筋混凝土衬砌	混凝土强度等级、厚度同原混凝土衬砌，配筋见“钢筋混凝土套拱”

五、在建隧道坍塌抢修

在建隧道坍塌的原因主要有：一是自然因素，即地质状态、受力状态、地下水变化等；二是人为因素，即不适当的设计，或不适当的施工作业方法等。

(一)在建隧道坍塌抢修的一般处置步骤及方法

1. 防止坍塌扩大

(1)在坍塌范围顶部、侧壁上的危石及大裂缝，应先行清除或锚固。

(2)对坍塌范围前后原有的支护进行加固，以防止坍塌扩大。

(3)在坍塌范围内架设支撑或喷射混凝土，必要时加设锚杆。

(4)对坍塌两端应尽快做好局部衬砌，以保证坍塌不再扩大。

2. 处理坍塌措施

(1)如坍塌体积较小，且坍塌范围内已进行了喷锚，或已架设好较为牢固的构件支撑，可由两端或一端先上后下地逐步清除坍渣，随挖随喷射混凝土，随架设临时构件支撑支顶。

(2)如坍塌体积较大，或地表已下沉，或因坍体堵塞，无法进入坍塌范围进行支护时，则可注浆加固坍体，然后用“穿”的办法在坍体内进行开挖、衬砌。

(3)处理坍塌的同时，应加强排水，即“治坍先治水”。

(二)衬砌抢修措施与回填方法

1. 衬砌抢修

(1)随着坍渣的逐渐清除，衬砌逐段推进，快速成环。条件允许时应由坍体的两端对向作业，随即回填密实。在坍穴最高处或两端衬砌接头处应预留回填及进出料孔。

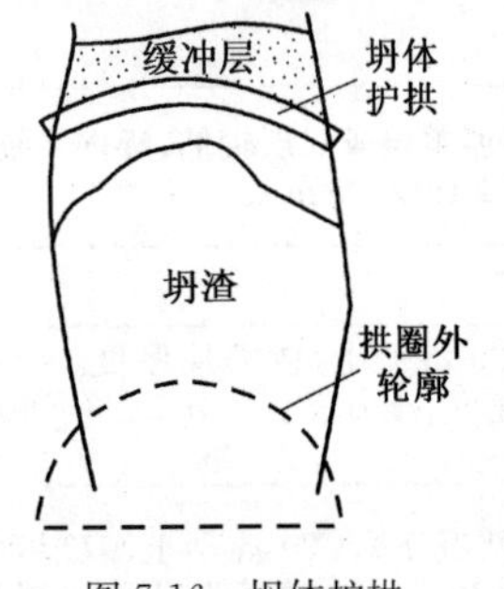

图 7-16　坍体护拱

(2)如坍塌范围的围岩不够稳定，在处理坍塌中有继续坍塌的可能时，可在坍塌范围内选择适当位置做坍体护拱，以保障抢修作业安全。护拱上应以碎渣铺填 2m 厚左右作为缓冲层(图 7-16)。

(3)如坍体未进行预先注浆加固，而采用“穿过”的抢修作业方法时，拱脚处的衬砌圬工应加宽灌抵开挖轮廓壁(开挖轮廓不过大时)，以便保证拱脚稳固。

2. 坍体回填

(1)清除坍渣后，拱背应先以浆砌片石回填 2～3m 厚，其上再用干砌片石回填，回填高度应尽量填满坍方范围，坍体内木支撑应尽量拆除。

(2)在坍体的护拱与拱圈间应全部回填密实，坍体护拱以上回填厚度可根据具体情况而定，但不应小于 2m。

(3)如坍塌范围高大，在坍塌穴内进行回填操作不便时，可选择适当位置另行开凿专供回填用的坑道。

(4)如坍塌直达地表，除按规定做好拱部回填外，另用一般土石回填夯实至距地表 1～2m，再用黏土回填至略高于地表并向四周倾斜，周围做好排水沟。

六、隧道抢通的临时支护

在隧道抢通抢修及生命救援的过程中，必须及时进行临时支护以确保安全。常用临时支护技术措施见表 7-8。

隧道坍塌抢修常用临时支护技术措施　　表 7-8

编号	技术措施	作用	技术要求
1	长孔注浆	加固坍体防止涌水	从坍体表面或工作面向隧道开挖轮廓线周围一定范围内注浆，注浆孔直径 75～110mm，孔底间距 1.0～1.5m，浆液配合比：水泥浆水灰比为 1∶1～1.5∶1，水泥水玻璃双液浆体积比为 1∶1～1∶0.6(水玻璃模数 n=2.2～2.8，波美度 30～40)。注浆压力、注浆量等现场决定

续上表

编号	技术措施	作　用	技术要求
2	小导管周边预注浆	加固洞周岩体超前支护	立钢架，喷混凝土10～15cm厚封堵开挖工作面，沿隧道开挖轮廓线打入直径32～50mm注浆导管，长2.5～4.0m，管壁每隔10～15cm交错钻孔，孔径6～8mm，导管环向间距20～50cm，外插角10°～25°，导管纵向搭接长度不小于1m，注浆压力0.2～0.6MPa
3	架设钢架	提高初期支护的强度和刚度，作为超前锚杆或小导管的支撑构件	钢架可选用钢轨、型钢、钢筋格栅制造。格栅钢架主筋不宜小于20mm，材料选用20MnSi钢筋，钢架的间距不大于1m，两榀钢架之间应设置直径18～20mm的钢拉杆，间距1.0～1.5m，钢架立柱埋入地板深度不应小于15cm，钢拱架拱脚处加设锁脚锚杆(管)、支撑垫板或注浆加固，钢架必须安设在隧道中线的竖直面上
4	架设木排架	作为支撑构件	木排架可用直径不小于20cm的圆木或截面不小于20cm×20cm的方木制作，用扒钉连接。木排架间距不宜大于1m，排架之间应设横撑和斜撑，木排架必须安设在隧道中线的竖直面上
5	施作长管棚	超前支护拱顶松散坍体	钢管水平方向架设在钢拱架上，钢管中心间距30～50cm，采用厚壁钢管，直径108～250mm，长8～20m(用4～6m长钢管用丝扣分段连接而成)。钢管内可灌注水泥砂浆、混凝土，或内置钢筋笼并灌注水泥砂浆，纵向两组管棚间应有不小于1.5m的水平搭接长度
6	施作其他棚架	超前支护拱顶松散坍体	钢拱架或木排架上插入钢轨、型钢、钢板或木板、半圆木等
7	打入超前锚杆、钢管或钢轨	超前支护拱顶松散坍体	采用直径32mm早强砂浆锚杆、直径32mm钢管或钢轨，长2.5～4.0m，环向间距30～50cm，外插角5°～20°，两排之间纵向水平搭接长度不得小于1m
8	锚杆加固	增加围岩和衬砌的稳定性	根据坍塌岩块或衬砌破坏情况，设置系统锚杆或局部锚杆
9	增加喷射混凝土厚度	增加支护的强度和刚度	采用早强喷射混凝土，喷混凝土厚度20～30cm，分层喷足设计厚度
10	钢筋网喷射混凝土	提高支护强度，抑制围岩坍塌，减少喷层开裂	钢筋直径6～10mm，间距15～30cm，必要时可设双层钢筋网，钢筋网必须与锚杆、钢架连接牢固，网喷混凝土厚度15～20cm
11	增设临时仰拱或卡口梁	与初期支护形成封闭环，控制变形	临时仰拱构造与拱部边墙钢架一致，喷混凝土或灌混凝土均可。卡口梁可用钢筋混凝土、型钢或木料制作

(一)临时支护材料与类型

1.临时支护材料

一般有木材、工字钢、锚杆、混凝土、钢筋混凝土等。

2.临时支护类型

有木支撑、钢支撑、锚杆支护、喷射混凝土支护等形式。

3.临时支护方式

先挖后支(适用于Ⅰ级、Ⅱ级围岩)、随挖随支(适用于Ⅲ级、Ⅳ级围岩)及先支后挖(适用于

Ⅴ级以上围岩)。

4. 支撑基本要求

有足够的强度、刚度和稳定性,保证行车安全;能及时架设、适用可靠、构造简单、便于拆装、运输方便;体积小,保证净空满足隧道建筑限界的要求;能防止突然失效,便于修筑永久支护,经济安全,能多次周转使用等。

(二)各种临时支护形式结构特点

1. 木支撑

木支撑具有便于加工、结构简单、便于装拆、破坏前有声音预兆等优点,缺点是受载变形较大、承载能力较小等。

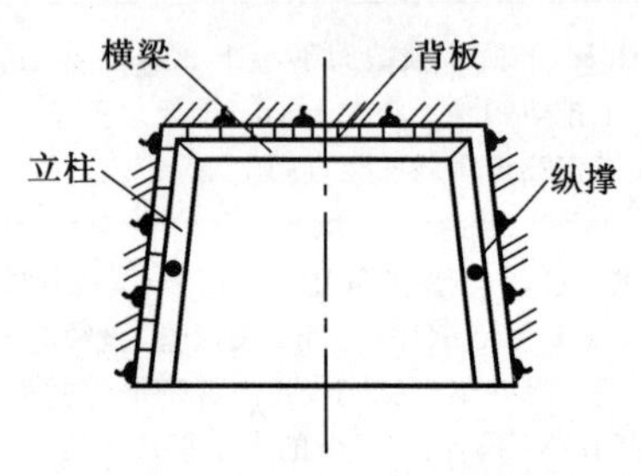

图 7-17　导坑木支撑

木支撑常用结构形式如下:

(1)导坑木支撑

如图 7-17 所示,由立柱、横梁、纵撑、背板所组成。

(2)插板法支撑

如图 7-18 所示,当围岩不稳定时,需先支后挖,可采用插板支撑。其作业顺序是:开挖前先立一排架,沿坑道顶部打入第一排插板或工字钢等护顶构件,否则会随挖随塌,故此应随挖随打入插板,插板略往上翘。当挖至第二排位置时,先架设排架,并用横梁托住第一排插板,横木下采用高木楔与框架楔紧。由于高木楔把横木架起,故可在横木与排架支撑的横梁间的空隙处继续打下一排插板。插板到位后,它与横木间用固定木楔楔紧。如此循环作业,即可在插板保护下进行开挖。当围岩极不稳定时,在正面也需用挡板支护,如图 7-18 所示,掘进时从上至下分段进行,挖一部分架好挡板,再挖下面(每次开挖时,需拆除部分挡板)逐渐推进。

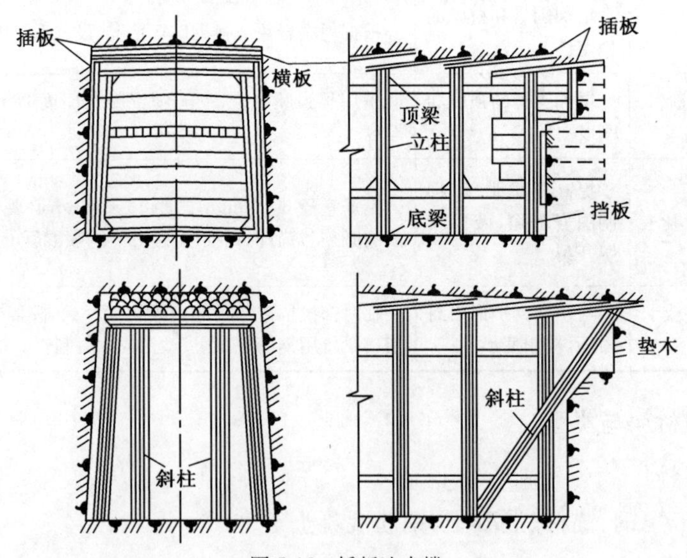

图 7-18　插板法支撑

(3)拱部扩大支撑

如图 7-19 所示,扩大支撑包括拱部扩大、挖底、马口、仰拱等开挖时的支撑。拱部扩大支撑为扇形支撑,随挖随支,当地层较软时,立柱下应设底梁,以防立柱下沉。拱部扩大支撑应预留沉落量，避免由于各种原因造成的支撑下沉而使开挖轮廓线不够设计要求，并且考虑到地质情况较差时，顶部支撑不能拆除，这些不能拆除的支撑构件应在设计轮廓线之外。

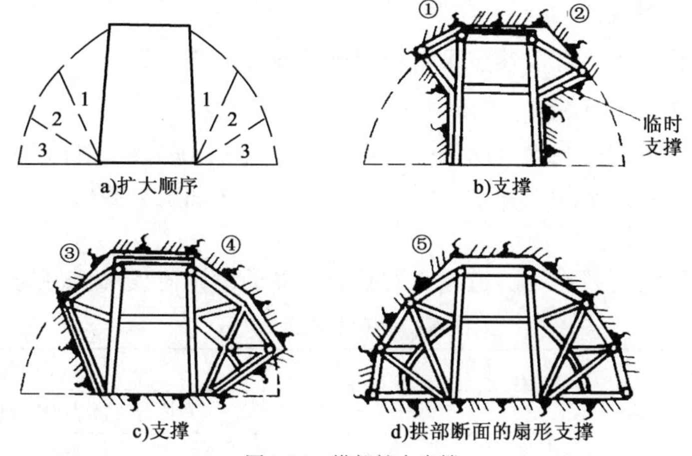

图 7-19　拱部扩大支撑

(4)先拱后墙法支撑

在采用先拱后墙法抢修作业中，当上导坑需落底时，则需用临时支柱(短柱)顶住顶部的支撑，待开挖底部后再抽出短柱，换上长柱，当侧压力较大时，为防止拱圈顶下沉及拱脚内移，在开挖起拱线以下部分前，应用横木(卡口梁)撑于拱脚之间。在不良地质处开挖马口，应注意用斜撑或立柱顶住拱脚，以防拱圈下沉，如图 7-20 所示。

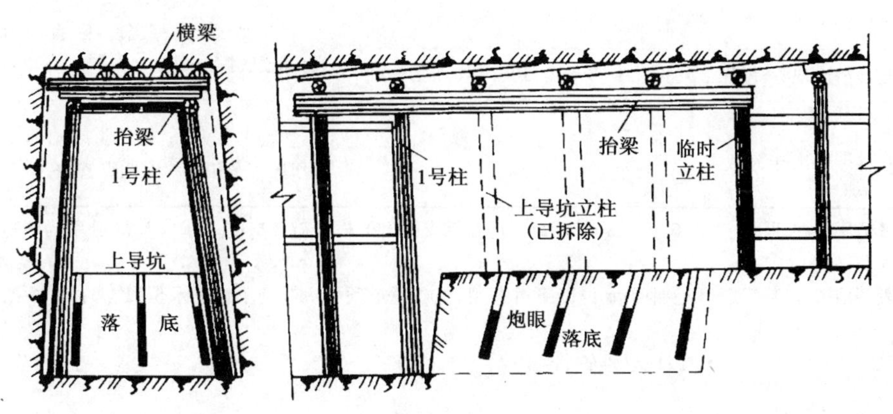

图 7-20　先拱后墙法施工支撑

2. 备品式(金属或混凝土构件)支撑

导坑、拱部扩大支撑亦可采用金属构件或钢筋混凝土预制构件作支撑，在现场拼装使用，即称为备品式支撑。金属构件支撑坚固耐用、构造简单、占坑道空间少、适用于机械化施工。有一些坑道所架设的支撑需经较长时间才能拆除或修筑永久性支护，这时采用钢筋混凝土支撑最佳，因其不易腐蚀和锈蚀而较优越。

3. 喷射混凝土及锚杆支撑

喷射混凝土支撑能及时支护坑道并能控制围岩体在开挖坑道后的初期变形。锚杆支撑能锚固地层，提高围岩稳定性，因此，锚杆支撑与木支撑不同，不是“被动”的支撑，它锚固在围岩中，并对围岩预加压力，从而防止围岩发生裂缝、变形、破坏，使围岩受力发展不到超出其强度的应力，从而使围岩始终保持稳定状态。喷射混凝土支撑及锚杆支撑，或者两者的联合支撑，是支护坑道的重要方法之一，而且它们应作为永久支护的一部分来考虑。

(三)隧道临时支撑设计

临时支撑的结构设计通常可参照永久性衬砌的设计方法进行。

1.作用在临时支撑上荷载

作用在临时支撑上的荷载为早期松弛荷载，其大小根据围岩稳定性好坏，按全部松弛荷载的一部分或全部来确定。实际工程中可采用以下两种方法确定早期松弛荷载。

(1)太沙基松弛荷载

多采用太沙基松弛荷载作为隧道施工的临时支撑的设计荷载，荷载强度见表 7-9。

太沙基松弛荷载高度 h_g(m) 表 7-9

类别	围岩的状态	h_g	建议的支撑形式
一	坚硬未受侵蚀的岩体	0	有掉石及岩爆时需要简易支撑
二	坚硬层状或片状岩体	0～0.5B	荷载随地点的不同而作不规则变化，采用简易支撑
三	大块状岩体，节理一般	0～0.25B	
四	一般块状岩体，有裂隙	0.25B～0.35($B+H$)	无侧压，简易支撑
五	碎块状岩体，裂隙较多	(0.35～1.10)($B+H$)	无侧压或侧压很小，普通支撑
六	破碎严重，但未受化学侵蚀的岩体	1.10($B+H$)	有相当侧压，建议采用圆形支撑，当漏水使隧道下部软化时，须在支撑下面设全面的基础
七	有缓慢挤出现象，中等埋深的岩体	(1.10～2.10)($B+H$)	有较大侧压及相当底压，宜采用圆形支撑，建议设底撑封闭
八	有缓慢挤出现象，埋深很大的岩体	(2.10～4.50)($B+H$)	
九	膨胀性地质条件	与($B+H$)无关。超过 80m	膨胀压力大，须采用封闭圆形支撑；膨胀显著时，宜采用可缩式圆形支撑

注：1.此表适用于在埋深大于 1.5($B+H$)时计算作用在钢支撑上的松弛荷载高度，其中，B、H 分别为隧道开挖断面的跨度和高度。

2.此表各值皆在隧道顶部处于地下水位以下时适用，但当隧道顶部永久处于地下水位以上时，表中四至六项可减少 50%。

3.荷载大小可按式 $g=\gamma \cdot h_g$ 计算，γ 为岩体重度。

(2)折算荷载

目前，我国公(铁)路隧道工程多采用折算荷载作为作用在临时支撑上的早期松弛荷载，即是将全部松弛荷载进行折减，按式(7-6)计算早期松弛荷载的量值。

$$q' = \mu \cdot q \tag{7-6}$$

式中：q'——钢拱架承受的早期松弛荷载；

q——围岩松弛荷载；

μ——钢拱架的荷载系数，一般取 0.1～0.4，即按 10%～40%考虑。

2.临时支撑结构设计

(1)支撑材料及结构形式

如前所述，临时支撑的材料，可用圆木或钢材，但以工字钢、钢管最为常用。

木支撑可以构成扇形或矩形支撑，但木支撑对隧道断面形状的适应性较差、易变形和易损坏，且耐久性较差，还需要在模筑混凝土衬砌时才予以拆除，工序复杂，安全系数低。因此，木支撑仅在无其他支撑材料时采用。

钢支撑主要是用型钢或钢筋加工成拱形支撑，能较好适应隧道断面形状的要求，且具有较大的承载能力和很好的耐久性，可以留在混凝土衬砌背后或浇筑在其中，施工简便、安全、可靠，目前已广泛应用，常与其他支护方式联合应用于不良地质或特殊地质条件的隧道工程中。

(2)钢支撑的规格及架设间距

钢支撑的规格及架设间距，应根据坑道断面尺寸、早期松弛荷载大小、支撑构件的承载能力，并结合掘进循环进尺来确定。目前隧道施工中，常用钢支撑的规格及架设间距可参考表7-10进行选用(结合实际可适当调整)。

钢支撑的规格及架设间距(m) 表7-10

断面宽度	岩质特别良好的情况(Ⅰ～Ⅱ级)		预期土压较小的情况(Ⅲ级)	
	形状、规格	间距	形状、规格	间距
3m	H—100×100(17kg/m)	1.5	H—125×125(24kg/m)	
5m	H—100×100(17kg/m)	1.5	H—125×125(24kg/m)	
10m	H—150×150(32kg/m)	1.5	H—175×175(40kg/m)	
断面宽度	岩质特别良好的情况(Ⅲ～Ⅳ级)		预期土压较大的情况(Ⅴ级以上)	
	形状、规格	间距	形状、规格	间距
3m	H—125×125(24kg/m)	1.2	H—125×125(24g/m)	1.0
5m	H—125×125(24kg/m)	1.2	H—150×150(32kg/m)	1.0
10m	H—200×200(50kg/m)	1.0	H—250×250(72kg/m)	1.0

(3)临时钢支撑的构造

接头：钢支撑每榀分为2～6节，节数应与开挖分部方法相适应；为保证接头的刚度，常用端钢板栓接或夹板栓接(图7-21)。

楔块：为阻止围岩松弛变形和承受早期松弛荷载，要求支撑及时有效地参与工作，应在支撑与围岩之间尽快尽多地打入楔块，以增加钢支撑与围岩的接触点，即传力点。

垫板：钢支撑构件下端断面积较小，应设垫板，以增加支撑面积。当围岩软弱承载力不足时，为防止支撑下沉，应在其下加设钢板、方木、石块铺垫，必要时设混凝土基座或纵向托梁。

纵向联系：为保证支撑的纵向稳定性，各榀支撑之间应设有足够的纵向联系。当有纵向荷载(包括坑道纵坡度较大及爆破冲击荷载)时，则应设置纵向斜撑，加强纵横向稳定。

背板：对于软弱、破碎围岩，为阻止各榀支撑之间围岩的掉块、坍塌，可以适当减小支撑间距或在支撑之间加设纵向背板。

背板有两种做法，一种是先开挖后安设背板，称为铺板法，常用于工作面稳定的围岩条件下。另一种是沿开挖轮廓线先向工作面前方打入背板，其尾端支承在钢拱上，形成超前支撑后，再进行开挖，称为插板法。插板法常用于松散土质围岩条件下，有水时则可满铺封闭，可防止流沙。插板宜使用硬木板或钢板、钢管。

(四)临时支撑的架设与加强

应严格按照临时支撑的设计进行架设。开挖坑道轮廓线要尽量平顺，开挖后要及时架设支撑。架设支撑前应清除周边危石，防止落石伤人。

每榀支撑应按要求的中线、高程和断面尺寸架设在隧道横断面内。支撑构件的接头应连接牢固，基脚铺垫应坚实稳固。各榀支撑之间应加设足够的联系使构成整体，支撑与围岩之间的楔块应打设紧密，并应对称打设。

对所架设的临时支撑应设专人经常检查，发现支撑变形严重、倾斜、沉降，及楔块松脱时，必须及时加强或顶替。支撑构件的顶替应先顶后拆，以免引起围岩进一步松弛甚至坍塌。

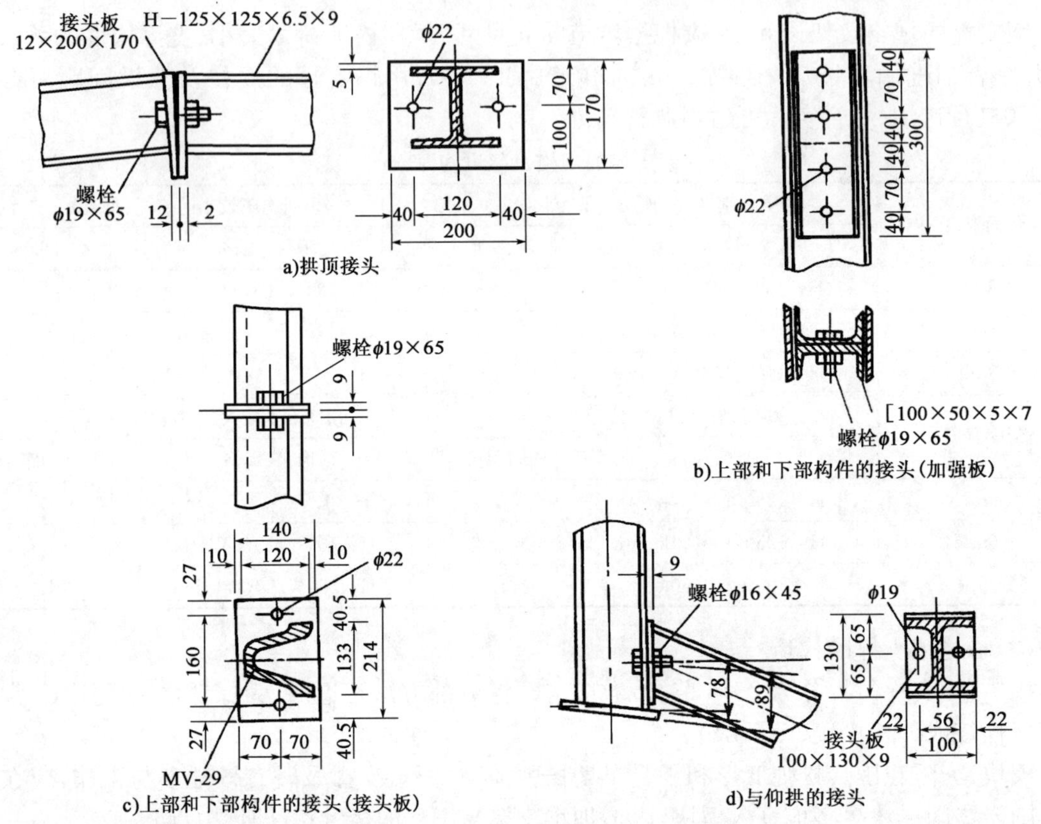

图7-21　钢支撑构造(尺寸单位:mm)

(五)应急通车应采取的临时支护措施

洞顶穿孔坍塌地段，应先从地表自上而下清理洞顶坍孔处的土石方，在清方露出隧道拱顶缺口后，为防止土石向洞内坍落，应采用下列方法临时盖顶。

1. 临时盖顶

(1)拱顶缺口宽度不大于2m，可用普通枕木密铺直接盖顶。

(2)拱顶缺口宽度大于2m，但小于隧道宽度时，可在缺口周围密铺圆木盖顶或搭设小枕木垛，上架纵(横)梁，再用枕木盖顶。

(3)缺口达到或超过隧道宽度时，可利用残存边墙完好部分，架设钢架或木排架，上面密铺工字钢或木料，作为临时支护结构。

2. 支撑选择

(1)边墙未破坏时，可在边墙上架设钢拱架或木排架。

(2)边墙破坏侧压力不大时，可用钢架或木排架，沿边墙贴立。

(3)边墙破坏侧压力较大时，采用封闭式钢架，整体受力。

“5・12”汶川地震后，为满足都汶公路多座隧道应急通车的要求，根据实际情况分别采取了钢管支撑、环向工字钢钢架支撑等方式对隧道结构进行了临时支护，如图7-22所示。

a)边墙错位处工字钢钢架支撑

b)环向工字钢钢架支撑

图7-22　临时支护

3. 支撑架设方法

(1)在坍体不太高、坍穴略呈锥形、坍壁不太松散的情况下，使用人字架支撑(图7-23)。

(2)当坍体较高，但坍体两侧壁形状较整齐，且侧向压力不大时，可按垂直于隧道中线的方向架设横向排架。先将坍体顶的石渣扒平，铺上横梁，再在其上架设排架。排架间距根据坍穴围岩情况而定，一般为1～2m。须注意在排架间用剪刀撑撑稳，下部横梁要随坍体的清除随时倒换撑稳(图7-24)。

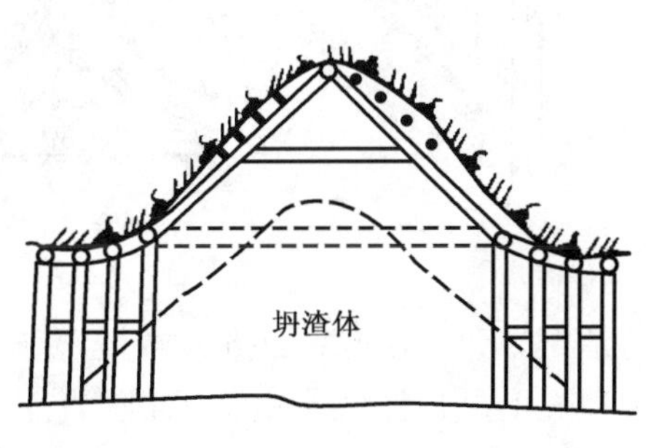

图7-23　人字架支撑

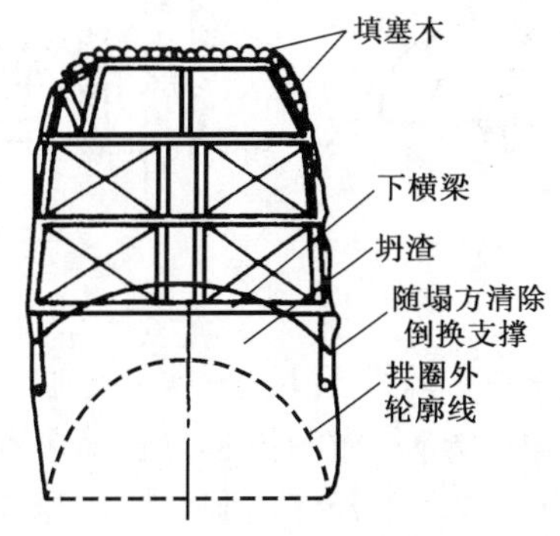

图7-24　高塌方支撑

(3)当坍塌较大，且围岩压力也较大时，宜在坍塌范围内全部用纵向棚架支撑。先将坍渣顶部适当扒平，沿隧道中线方向平行设置纵地梁数根(地梁下预铺横梁)，于纵地梁上按照导坑支撑的形式以1m左右的间距架设箱形棚架。以后逐层向上架设至坍方顶部，用填塞木塞紧。随着坍渣的清除，加设立柱，并以纵撑撑牢(图7-25)。

(4)当坍塌直至地表而深度不大时(小于10m)，可设置井箍(图7-26)。由地面向下逐步清除坍渣，随即架设箍架支撑。箍架的形式可为多边形、矩形或方形，视坍穴的形状而定，架距不大于1m。

当塌方较深时，则可先将井口至坍渣顶一段箍好，不进行清理坍渣，而在洞内采用穿过坍方的施工方法。如坍井较大，宜采用喷锚支护井壁的方法。

(5)当坍穴成斜孔时，处理方法根据斜度而定，倾角小于或等于30°时，可按斜井的施工方法进行出渣及支撑；倾角大于30°时，运用井箍支撑及由上而下地清渣。

七、辅助坑道抢建

当围岩条件相对较好，等级为Ⅰ、Ⅱ、Ⅲ级，且无不良地质现象时，可不设衬砌或支护，直接以毛洞通车；当围岩较差时，采取喷锚支护或模筑混凝土，也可以采用钢木组拼的临时支护。

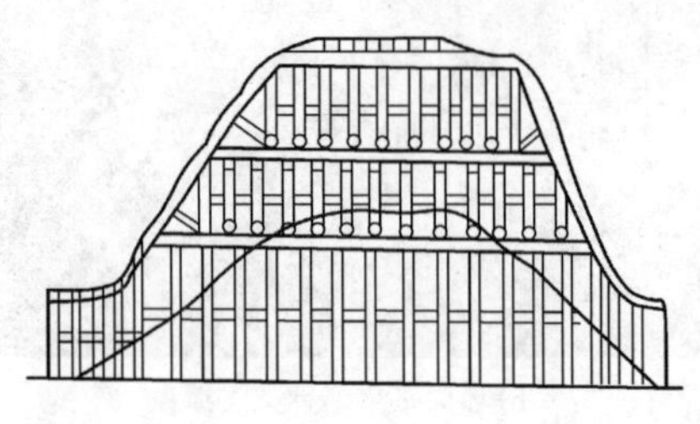

图 7-25　纵向棚架支撑

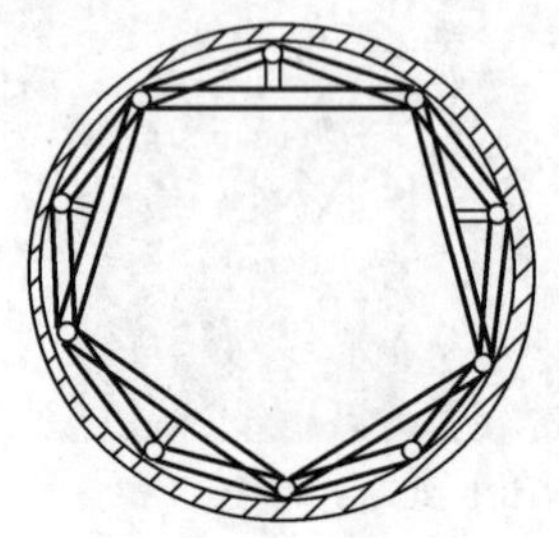

图 7-26　井箍支撑

毛洞宜设置简易洞门，洞口段应设置不小于 10m 的喷锚衬砌段或模筑混凝土衬砌段。

(一)横洞

傍山、沿河或山体侧向覆盖层较薄的隧道，设置辅助坑道时宜优先考虑采用横洞，设置的位置依地形条件和抢通救援需要而定。横洞与正洞中线交角以 40°～45°为宜，并应有向洞外不小于 0.3%的下坡，以便于出渣运输和排水。横洞的布置如图 7-27 所示。

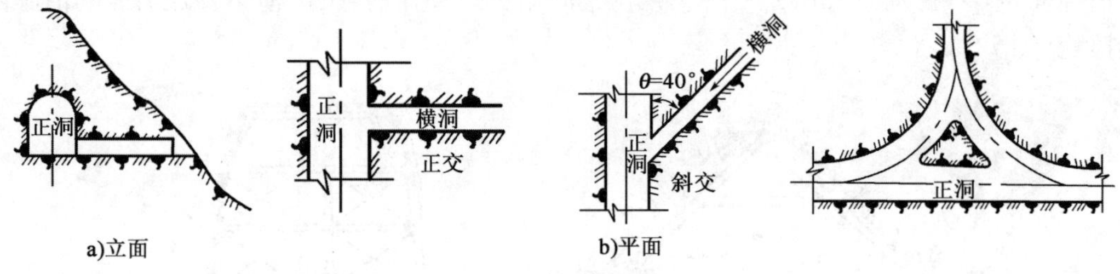

图 7-27　横洞

横洞一般不宜过长，不致使抢通救援时间延误，且横洞能增加抢通救援工作面，使出渣或进料运输更方便，横洞抢建也较简单和快速。当隧道洞口路堑土石方工程数量较大，一时不能进洞时，可考虑用开辟横洞的方法抢前进洞，使隧道洞内抢通抢修作业与洞外路堑工程同时进行，互不干扰，加快抢通救援进度。

当横洞采用锚喷混凝土作支护时，横洞开挖断面宜采用拱形，充分发挥围岩自身承载作用。

(二)斜井

斜井是在隧道侧面上方开挖的与之相连的倾斜坑道。当隧道在埋置不太深、地质条件较好的地段，或当隧道洞身一侧有较开阔的山谷低凹处可作为弃渣场地，且覆盖层不太厚时，可以考虑采用斜井作为辅助坑道。斜井的立面和平面如图 7-28a)所示。其技术要求如下：

(1)斜井斜度较大，出渣运输需要较强的牵引动力设备，如用卷扬机牵引提升机、皮带运输机或无轨运输、有轨运输等。

(2)斜井井口不得设在可能被洪水淹没处，井口位置应高出洪水频率为 1/100 的水位至少 0.5m；当设于山沟低洼处时，必须有防洪措施。井口场地最小宽度一般不应小于 20m，以利于井口场地布置及出渣卸料。井身避免穿越含水量大及不良地质区段。斜井井口场地通常设有向洞外的不小于0.3%的下坡，以防车辆溜向洞内造成不安全，且有利于排水。

(3)斜井的倾角 α 的大小，是根据提升方式、提升量、井长及进口地形而定，不同提升方式的斜井倾角规定为：箕斗提升时，不大于35°；斗车提升时，不大于25°；胶带运输机提升时，不大于15°。斜井井身纵断面不宜变坡，井口和井底变坡点应设竖曲线，竖曲线半径一般采用12～20m。

(4)提升机械一般用卷扬机牵引斗车。当斜井坡度很小时亦可采用皮带输送或无轨运输；斜井内的轨道数视出渣量而定。单线行车道的坑道底宽一般为2.6m，三轨双线行车道时，底宽为3.4m；双线行车道时，底宽为4.1m(以上均包括单侧设宽70cm的人行道)。坑道的高度通常不小于2.6m。其中，以单线或三轨双线较为常用，并在斜井中部设有20～30m的四轨双线作为错车道，这样可减少开挖断面及节约运输器材和费用。在经济技术比较确定斜井需作为永久通风道时，断面大小应满足通风要求。

(5)井口段应修衬砌，其他部分视地质条件及是否作为永久通风道等条件决定是否修筑永久衬砌。

抢建期间应做好井口防水工程，严防水淹没。卷扬机牵引斗车需防止钢丝绳破损拉断或脱钩等。为此应严格控制牵引速度，当斜井长度小于200m时，车速不大于3.5m/s；斜井长超过200m时，车速可适当提高。在井口应设置安全闸，如图7-28b)所示。在斗车出洞后及时安好安全闸以防止溜车。为防止斗车在坡道上因脱钩或钢丝断裂而下滑，可在斗车上或在坡道上设置止溜沟，或设置安全索，阻止斗车继续下滑以确保安全。可在斜井坡道终点或在坡道中间适当位置设置安全缆绳，如图7-28c)所示。安全缆绳应由专人负责看守，在斗车经过后，即在坑道的两侧间拦以钢丝绳，防止斗车脱钩后冲入井底车场而发生严重碰撞事故。此外，在井底调车场及井身每隔30～50m宜设避险洞，以保证作业人员的安全。

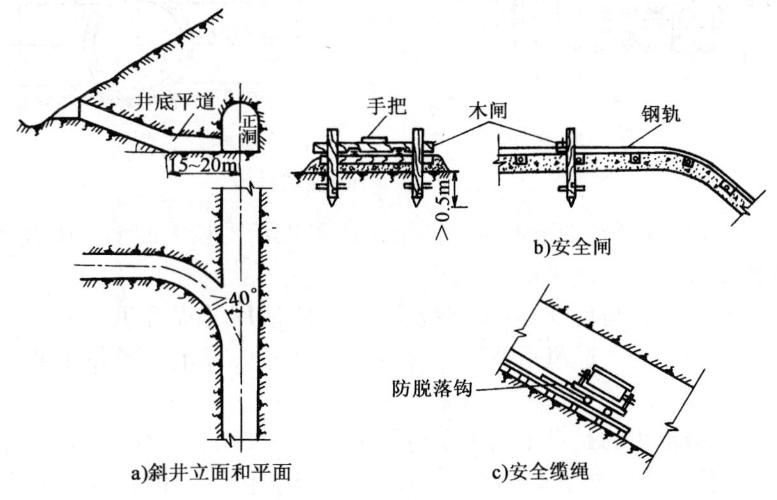

图7-28　斜井及安全措施

为保证抢建作业安全，还应注意在井底车场加设支撑或修筑衬砌。为提高运输效率，可在井底调车场加设储渣仓，并尽量不在斜井口处进行摘挂作业。井内钢轨应固定，以防轨道滑移掉车。

(6)斜井开挖。斜井开挖应符合下列要求：

①炮眼方向应与斜井倾斜角一致，底眼应较井底高程略低，避免出现台阶；

②每一循环进尺应用坡度尺控制井身坡度；

③每隔20～30m应用测量仪器复核中线桩、水平高程，以保证斜井井身位置正确；

④斜井井口地段、不良地质或渗水的井身以及井底作业室、调车场，施工时应加强支撑，并应及时衬砌以保证安全。

（三）竖井

竖井是在隧道上方开挖的与隧道相连的竖向坑道。当隧道较长，在覆盖层较薄的地段，或不宜设置斜井、具备提升设备、抢通救援过程中需要增加工作面时，可采用设置竖井增加工作面、增加出渣与进料运输线路。竖井深度一般不宜超过150m，当有两个以上的竖井时，其间距不宜小于300m。其井口也不能设在被洪水淹没处，井口位置高程应高出洪水频率1/100的水位至少0.5m，并要加强井口的防洪、排水措施。由于竖井出渣运输是利用吊罐式罐笼进行的，所需提升机具设备较多，其作业操作及技术要求均较横洞、斜井复杂，出渣运输及排水都受到很大限制。

竖井位置以设在隧道中心线一侧为宜，与隧道的距离一般在15～25m之间[图7-29a)]，其间采用通道连通，作业安全、干扰少，但通风效果差；竖井也可设在隧道正上方直接联通[图7-29b)]，此方法出渣与进料运输快速，不需另设水平通道，通风效果好，造价较低，但各工序作业干扰大，安全系数低。

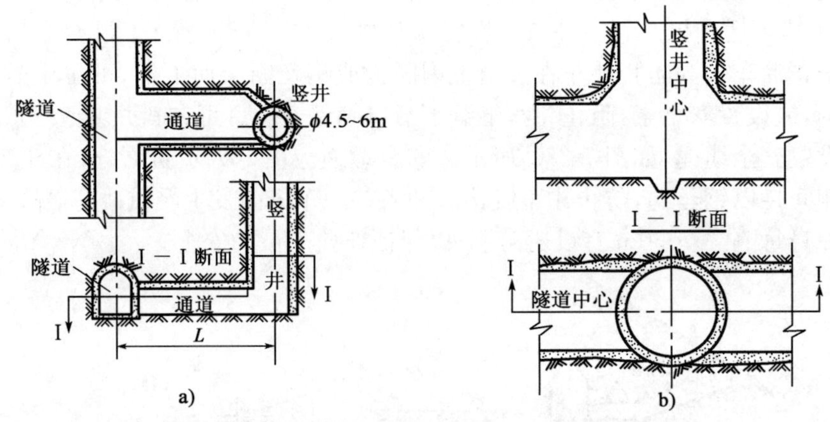

图7-29　竖井布置形式

竖井断面形状有长方形和圆形两种。圆形断面可以承受较大的地层压力，受力条件好，作业较方便，并可留作隧道永久通风道。

竖井的位置、断面形状与尺寸，应根据抢建要求、所使用的提升机具大小、通风管道、排水管道设备的尺寸、是否作永久通风道及造价等因素综合考虑确定。竖井多采用直径为4～6m圆形断面。

竖井抢建方法，最常用的是自上而下单行作业法，并采用分段作业，完成一段后再进行下段作业。而自下往上的开挖方法必须以正洞已超前竖井位置为前提才能使用。两种方法比较，前者较后者更为安全，但需要提升出渣，因而速度较慢，造价较高。后者的优点是可利用自由落体出渣，无须提升石渣，进度较快，造价较低。但后者向上钻炮眼、装药、爆破等均有一定的难度，安全措施亦应加强。

竖井构造包括井口圈、井壁、壁座、井筒与隧道间的连接段、井下集水坑等部分(图7-30)。井口段常处于松软土壤中，从地面往下1～2m(严寒地区至冻结线以下0.25m)应设置钢筋混凝土锁口圈，以承受土压力和经土壤传来的井口建筑物的重力、机具设备所产生的荷载，并承受挂钩所悬吊的荷重。当围岩较破碎时需修永久衬砌，开挖面与衬砌之间的距离不宜超过

30m,衬砌厚度由设计计算确定,并不小于20cm。壁座是为防止井壁下滑而设置的,视地质情况及衬砌结构确定壁座间距,一般为30～40m。井口与井底间应设置联系用的通信设备。

根据工程地质和水文条件,竖井可采用人工开挖或下沉沉井的方法进行抢建作业。其开挖应符合下列技术要求:

(1)为了能用多台钻机打眼和降低爆破抛掷高度,减少对井筒设备的损坏,开挖宜采用直眼掏槽。为使开挖底面平坦,炮眼深度要求一致。有地下水时,应采用立式梯台超前掏槽法开挖。立式梯台开挖是将开挖面分成两部分交替向下掘进,每次爆破成上下两台,以利排水。钻好的炮眼,为防止流沙土流入应将眼口临时堵塞。此外,爆破时由于需将水泵等提起,会暂时积水,因此为防止漏电应对联线绝缘加以保护。

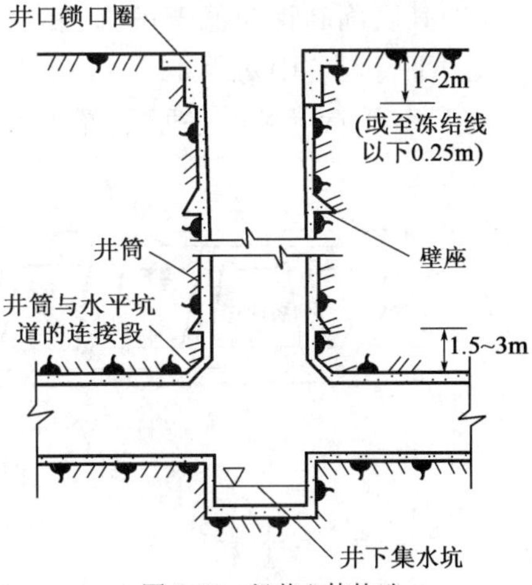

图7-30　竖井立体构造

(2)每次爆破后应检查断面,不得欠挖。每掘进5～10m应核对中线及时纠正偏斜。若采用自下往上开挖的方法,一般是先在地表面竖井中央钻一个直径为13cm的中心孔直至井底,又称主孔。该主孔可与地质钻孔相结合,主承钻的精度要求较高,主孔用来穿挂悬吊由下往上开挖所用罐的钢丝绳。主孔壁要求光滑且坚固(在钻孔过程中可采用灌注水泥、水玻璃加固其围岩,并用水泥砂浆扫孔封闭)。另距主孔1.0m范围内再钻一个直径为10cm的副孔,作为通风和设置通信电缆及喷射混凝土输料管。在地表处应平整场地,安装提升卷扬机。卷扬机和通过主孔的钢丝绳升降吊罐自下往上开挖导向。

(3)竖井开挖装渣宜采用抓岩机,其操作高度宜保持距开挖面3～6m范围内。抓岩顺序为,有水时先抓出水窝,及时排水,以便使石渣露出水面,然后抓出桶窝,放置吊桶,以降低吊桶高度,缩小抓起落高度,达到减少装渣时间加快吊柄出渣速度的目的。

(4)竖井采用锚喷支护时,每次支护高度视围岩稳定程度而定。但随着竖井井深的增加,供水管内承压亦将加大,为使供水管内水压与风压相适应,保证喷射混凝土的质量,应在供水管上设置降压阀以调节管路水压。在竖井井口段、马头门及地质较差的井身地段,当采用混凝土衬砌时,应按需要设置壁座或打设锚杆,以增强井筒的稳定。

(5)竖井内应设安全梯和提升罐道,提升罐应有防坠设备。竖井提升设施的使用能力、安全装置的种类和组装、使用、保养过程中应做到的事项,应按有关规定及结合实际施工工作中的提升方式和各种设备,制定出实施性的操作、维修细则,才能达到安全作业的目的。

(四)平行导坑

平行导坑是与隧道走向平行的坑道。越岭的特长隧道($L>3\ 000$m),或拟建双洞的隧道,或在抢通救援时不宜选用横洞、斜井、竖井等辅助坑道时,往往采用开挖平行导坑的办法来处理,并可同时解决特长隧道施工中的出渣与进料运输、通风、排水、施工测量及安全等问题。

1.平行导坑的位置选择

平行导坑位置选择应符合下列要求:

(1)平行导坑应设在有地下水来源的一侧。

(2)与正洞的最小净距应根据地质条件、施工方法等因素确定。如果将来有可能扩大为第二线或第三线隧道时，两相邻隧道最小净距视围岩类别、断面尺寸、施工方法、爆破震动影响等因素确定。

(3)其底面高程应低于正洞底面0.2～0.6m。

(4)平行导坑中每隔120～180m需要设置一个斜的横向通道与正洞连接，但应避开地质不良地段。平行导坑的平面布置如图7-31所示。

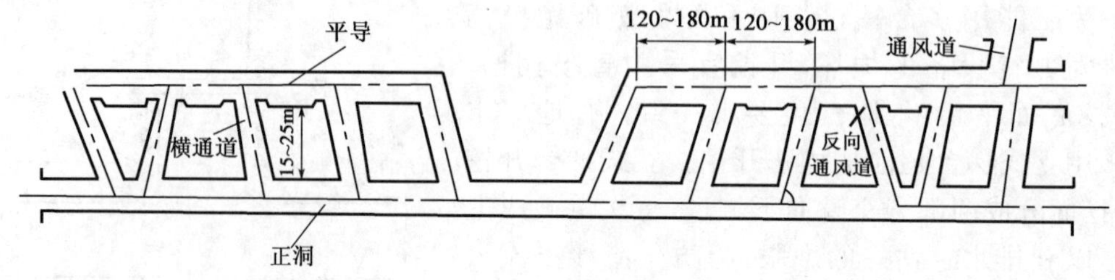

图7-31　平行导坑平面布置

2.平行导坑技术要求

(1)平行导坑宜与隧道正洞尽量平行，以利于使平行导坑工程量减少及利用其排水，使正洞施工较干燥，但同时应结合地质条件及弃渣场地等条件综合考虑确定。平行导坑基本上应与隧道正洞纵坡一致，或设0.3%的出洞下坡。

(2)距平行导坑洞口约500m以内可不设横向通道。再往里掘进，每隔120～180m设一个横通道，以便于出渣进料运输。亦可在适当位置设反向横通道，以利于洞内调车。横通道与隧道中线交角，一般以40°～45°为宜，若夹角过小则夹角为锐角处的围岩容易坍落，并增加横通道长度；若夹角过大则运输线路的运行条件较差、运输车掉转较为困难。横通道的坡度则可由正洞与平行导坑的高差而定，一般此坡度不会太大。

(3)平行导坑的断面形式，当采用木构件或金属构件支撑时，一般多为矩形或梯形；当采用锚喷支护时，为能充分发挥围岩自承作用，宜采用拱形断面。

(4)平行导坑是否衬砌，视地质条件而定，一般可以不修筑永久衬砌。当考虑作为永久通风道或泄水洞时则应修筑永久衬砌。

(5)为增辟正洞工作面，以及利用平行导坑超前预测正洞的地质情况和通风及排水的作用，平行导坑应超前于正洞，超前的距离愈长愈好，通常需超前正洞导坑两个横通道的距离一般不小于120m，但也不宜过长，以减少平行导坑施工通风等的困难。

(6)当洞内施工运输量大时，可以每隔5～6个横通道设置一个反向横通道，便于增加运输回路，利于运输车辆调度。

连接平行导坑和正洞的横通交叉口处的开挖，应在平行导坑和正洞开挖至其位置时，将该处一次挖好，以有利于通风、出渣，不影响平行导坑和正洞的掘进速度。

(7)平行导坑一般采用有轨运输，应及时铺好道岔，接通轨道。正洞的各项作业应分区分段，以减少互相干扰。分区分段的长度应根据横通道及运输组织管理来划分。

八、处置瓦斯隧道坍塌事故时还应采取的措施

(1)必须加强局部通风，降低瓦斯浓度。

(2)对救援区域进行不间断的瓦斯检测，保证瓦斯浓度在限值以下。

(3)救援作业面应安装局部风机，并采用防爆型开关。

(4)钻孔作业必须采用湿式钻孔。

(5)洞内作业时,注意防止工具、石块坠落,防止机械设备碰撞等,避免撞击出现火花。

第三节　隧道涌水抢修

围岩空隙中的地下水(孔隙水、裂隙水、岩溶水)或渗入空隙的地表水,在压力作用下涌出,称为涌水。

图7-32所示为隧道在掘进过程中发生的突发性涌水,水量大、势头猛、持续时间长,导致施工中断,工期加长,施工难度加大。

a)

b)

图7-32　隧道工作面突水

一、涌水危害及治理原则

1.涌水的危害

(1)工作面岩体崩溃,埋没隧道,作业危险。稳定性差的软弱围岩、胶结差的砂岩、泥岩等,一遇涌水就会崩溃。

(2)隧道积水,设备被水淹没。隧道开挖揭开含水层或含水的破碎带或断层、大溶洞,发生较大的集中涌水,水量大、流速快,隧道积水显著增多。

(3)隧道被泥沙淤积或被泥石流淹没。地下水通过流沙层或胶结性差的长石砂岩、断层破碎带、充填泥化黏土的大溶洞等时携带大量泥沙泄向隧道,造成淤积。

(4)隧道施工环境恶化,支承基础减弱。涌水量大,排水设备不足,长期积水,对围岩稳定性造成不利影响。

(5)地表水干枯严重影响生产生活。隧道开挖揭开了与地表溶洞相通的隐伏溶洞或地表水和地下水相通的断层,使地表水渗涌入隧道,切断了水源,降低了可利用水的水位。

(6)地面塌陷或产生地面陷穴、裂缝。大量携带泥沙的地表水、地下水泄向隧道使地表水位迅速下降,在自重应力、真空吸蚀和冲蚀作用下,造成地面塌陷或产生地面陷穴、裂缝。

2.治理原则

治理涌水的关键在于分析病害原因,对症整治,以"防、排、截、堵相结合,因地制宜,综合治理"为原则。对于地下水,应因势利导,迅速将水排到洞外;对于流向隧道的地表水,应设法截断水源,减少水量,堵住水流。

(1)实施治理方案前,须认真调查周边地质及水系情况、近期气候状况及其他外界因素,以全面分析导致事故的因素。

(2)尽可能利用超前探孔、超前地质预报及红外探测仪等手段综合判断,确定是否遇有地下暗河、存水溶洞及外部江河湖泊渗水等。

(3)抢修或新建地表沟槽导排系统及边仰坡地表局部防渗处理,防止降雨和地表水下渗。

(4)隧道附近的水库、溪流、沟渠、池沼等遭破坏后,水流有可能流入或渗入隧道内,应与有关单位联系,共同处理。

(5)隧道内既有防水、排水设施遭破坏,应根据破坏的具体情况、水文地质条件,本着不降低防排水能力,尽量不留后患、减少干扰、方便作业的原则制订抢修方案。当遇害以下情况时应注意:

①中心水沟和侧沟可暂不修复,但必须应急疏通(如采用高压清洗车),使排水通畅。

②严寒地区的防寒、保温排水沟(洞),应在冰冻前完成修复。

③衬砌背后的防水、排水设施应与衬砌抢修同步完成,不留隐患。

(6)隧道内积水过多时,应加大抽排水设备投入,尽快将水排出。有条件时可利用平行导坑或横洞将水排出。

二、涌水处理方法及相关技术要求

1. 涌水处理辅助施工方法

(1)采取超前钻孔或采用辅助坑道排水。

(2)采取超前小导管预注浆法堵水、止水。

(3)采用超前固岩预注浆堵水。

(4)采用井点降水及深井降水施工等方法。

2. 辅助坑道排水

(1)辅助坑道应和正洞平行或接近平行。

(2)辅助坑道底高程应低于正洞底高程。

(3)辅助坑道应超前正洞10~20m,至少应超前1~2个循环进尺。

3. 超前钻孔排水

(1)应使用轻型探水钻机或凿岩机钻孔。

(2)钻孔孔位(孔底)应在水流的上方,钻孔时孔口应有保护装置,以防人身及机械事故。

(3)采取排水措施保证钻孔排出的水迅速排出洞外。

(4)超前钻孔孔底应超前开挖面1~2个循环进尺。

4. 超前围岩预注浆堵水

超前围岩预注浆堵水施工,应符合下列规定:

(1)注浆段的长度应根据地质条件、涌水量、机具设备能力等因素确定,一般宜在30~50m之间;隧道埋深在50m以内可用地面预注浆。

(2)钻孔及注浆顺序,应由外圈向内圈进行,在同一圈钻孔应间隔施工。

(3)浆液宜采用水泥浆液或水泥—水玻璃浆液。隧道埋深大于50m时,应采用开挖面预注浆法堵水。

5. 井点降水

(1)井点的布置应符合设计要求。当降水宽度小于6m,深度小于5m时,可采用单排井点,井点间距宜为1~1.5m。

(2)有地下水的黄土地段,当降水深度为3~6m时,可采用井点降水;当降水深度大于6m

时，可采用深井井点降水。

(3)滤水管应深入含水层，各滤水管的高程应齐平。

(4)井点系统安装完毕后，应进行抽水试验，检查有无漏气、漏水情况。

(5)抽水作业开始后，宜连续不间断地进行抽水，并随时观测附近区域地表是否产生沉降，必要时应采取防护措施。

6.深井井点降水

(1)在隧道两侧地表面布置井点，间距为25～35m，井底应在隧道底面以下3～5m。

(2)做好深井抽水时地面排水工作。

(3)在深埋较浅的隧道中，可用深井泵降水，在洞外地面隧道两侧布点进行深井泵降水，井位一般呈梅花形设置在隧道两侧开挖线以外，深井间距25～35m，井底应在隧道底以下3～5m。

在渗透系数为0.1～80m/d的均质砂质土、亚黏土地层，可在洞内使用井点降水法降低地下水位。其动力设备为真空泵和射流泵。真空泵功率消耗小，重量轻，价格较低，宜优先采用。一般井点降水深度为3～5m。

7.承压水排放和高压水处理

(1)当预计隧道开挖工作面前方有承压水，且排水不会影响围岩稳定，或进行注浆前排水降压时，可采用超前钻孔或辅助坑道排水。超前钻孔及辅助坑道应保持10～20m的超前距离，最短应超前1～2倍掘进循环进尺长度。

(2)当隧道施工中，遇有高压涌水危及施工安全时，宜先采用排水的方法降低地下水的压力，然后用注浆法进行封堵涌水。封堵涌水注浆应先在周围注浆，特别是向水源方向注浆，切断水源，然后顶水注浆，将涌水堵住。

三、常用的涌水治理措施

涌水发生后，往往需要依据“排”和“堵”的原则制定具体治理措施。

(一)排水

1.正坡排水

正坡排水一般可采取两侧开挖排水沟方式直接将水顺坡外排至自然水系。如隧道基底石质坚硬无法挖沟排水时，采取洞内拦坝导水的方式将水外排，或设拦坝后利用抽排水设备将水直接外排。

2.反坡排水

反坡排水利用开沟方式排水较为困难，洞内积水往往很深，故在处置过程中应以抽排水设备排水的方式为主。当排水线路较长，排水效果不理想时，可加设泵站接力排水。

歌乐山隧道在掘进(反坡施工)至进口1 059.6m时，拱顶位置处发生涌水，涌水量达1.44万m^3/d，水压1.6MPa，喷射距离20m。根据上述情况，施工单位采取了三级泵站排水的方式将涌出水排出洞外，每级泵站的排水能力均为1 200m^3/h，如图7-33所示。

3.集中排水

当隧道涌水出现渗漏点及泉眼时，可根据出水量大小，采用钢管对接，混凝土封堵接口的方式将水集中后排出。

渝怀铁路白马二号隧道反坡施工中在未出现泉眼之前，洞内涌水量较小，约为500m^3/d，施工单位采取的排水措施是在边墙右侧设置集水井，每60m（利用避车洞）设一处，集水井长、宽各2m，深度1m，由一台7.5kW水泵向洞口处抽水，同时采用ϕ100mm钢管从掌子面接出洞外，钢管每根长6m，钢管两端带有法兰盘，钢管进口端焊一ϕ50mm闸阀，水泵与闸阀间用ϕ50mm软管相接。

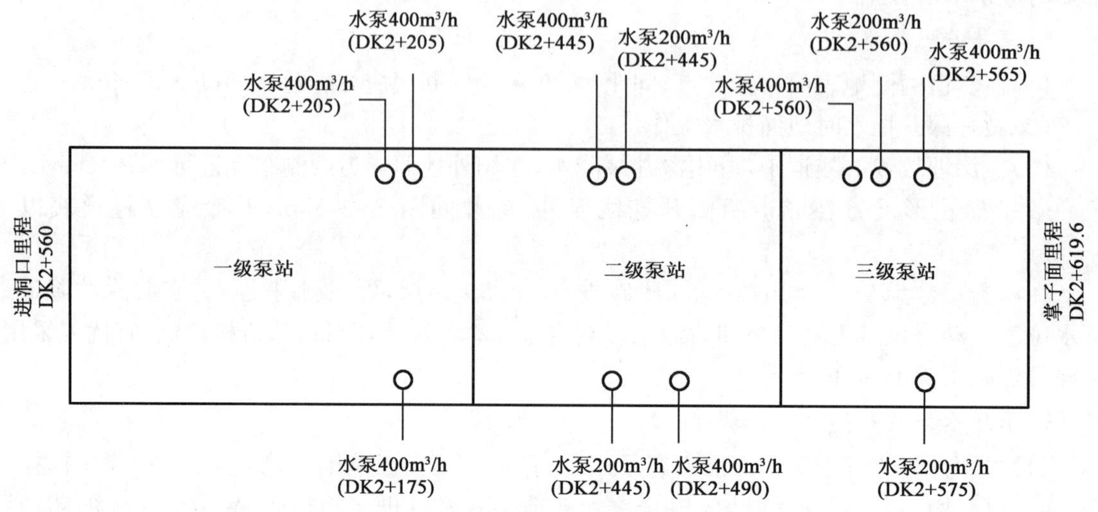

图7-33　三级泵站排水

随后在掘进过程中出现两处泉眼，一处位于拱部，一处位于左侧边墙。

拱部泉眼涌水量为1 430m^3/d，泉眼口径为50cm，在泉眼内口埋设2根100mm不锈钢钢管。为使泉眼内涌水更为集中地从钢管流出，在埋设钢管口四周实行封堵。封堵时采用混凝土掺拌速凝剂和锚固剂，由于涌水量较大，速凝剂和锚固剂掺量也相对较大一些，其比例为水泥：速凝剂：锚固剂＝1：0.1：0.12。施工时在该泉眼四周打设4根锚杆，锚杆外露端焊接一漏斗，漏斗上口为边长0.8m的正方形，下口为边长0.4m的正方形，漏斗高0.6m。在右边墙底部布设一根ϕ80mm钢管排水管，钢管上焊有一ϕ50mm闸阀，闸阀与漏斗间用ϕ50mm软管连接。为了不影响车辆通行，在距拱顶向下2m高处将软管向右折弯，如图7-34a)所示。

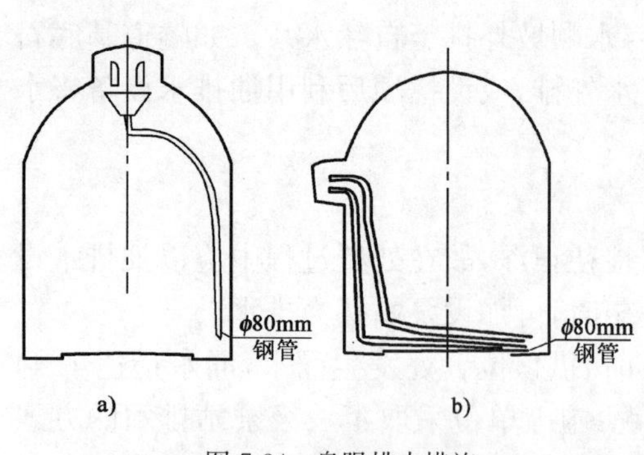

图7-34　泉眼排水措施

左侧边墙拱脚泉眼最大涌水量为2 330m^3/d，泉眼直径约为60mm，采取在泉眼内口埋设两根ϕ150mm不锈钢钢管，在钢管周围用混凝土进行封闭，混凝土配合比与处理拱部泉眼时一样。在所埋设的钢管上分别焊一ϕ50mm闸阀，用闸阀与ϕ50mm软管相接，软管顺贴边墙直下通过铺底时预留的排水渠横向接到右边，与右边的ϕ80mm钢管相接，利用喷泉水自身的压力，将水排出洞口沟内，如图7-34b)所示。

（二）注浆堵水

注浆堵水方式包括预注浆、后注浆等。其中，预注浆是指在开挖面采取超前钻孔，通过钻孔进行注浆施工，包括全断面帷幕超前注浆、全断面周边超前预注浆及局部断面超前预注浆等方式；后注浆是指在开挖完成后，隧道涌水不能满足工程质量、运营安全和环境保护的要求时，而采取的一种注浆方式，包括全断面径向注浆、局部断面注浆和补充注浆等方式。

一般注浆方式的选择应以掌子面满足进行安全开挖施工为前提，若掌子面前方地质条件能够满足安全开挖施工要求，则可首先进行掌子面的开挖施工，在开挖施工完成后进行后注浆措施，以达到注浆堵水、加固围岩的目的；若掌子面前方地质条件不能满足安全开挖施工要求，则应首先在掌子面进行预注浆措施。通常应从地质条件、流量条件及水压条件三个方面考虑注浆方式的选择标准（表 7-11）。

注浆方式的选择标准　　表 7-11

注浆方式		地质条件	流量条件	水压条件
预注浆	全断面帷幕预注浆	可溶岩与非可溶岩接触带、断层破碎带、溶蚀带等富水地段；地段厚度超过30m，且掌子面及周边围岩均表现为软塑流状体；施工中可能发生严重突水、突泥等地段	超前探孔出水总流量不小于 $10m^3/h$，且 2/3 探孔均出水	水压不小于 2MPa
	全断面周边预注浆	岩层接触分界带、物探电阻异常带；地段厚度超过 30m，掌子面围岩极其破碎；施工中可能发生严重突水、突泥等地段	超前探孔出水总流量不小于 $10\ m^3/h$，且 2/3 探孔均出水	水压不小于 2MPa
	局部断面预注浆	富水地段、物探电阻异常带；施工中局部可能发生突水、突泥地段	部分探孔出水，且总流量不小于 $10\ m^3/h$，局部单孔出水量不小于 $2m^3/h$	水压不小于 2MPa
后注浆	径向注浆	一般富水地段；岩体较完整	开挖后大面积淌水；初支后仍有较大面积淌水，且大于 $10\ m^3/h$，局部单孔出水量不小于 $2m^3/h$	水压不小于 2MPa
	局部注浆	一般富水地段；岩体完整	开挖后局部有较大流水；初支后仍有较大面积淌水，且大于 $10\ m^3/h$，局部单孔出水量不小于 $2m^3/h$；不能确保结构防排水等级需要	水压不小于 2MPa
	补注浆		上述注浆措施实施后，仍不能确保结构防排水等级需要	

第四节　隧道火灾及其他突发事件处置措施

一、火灾后的隧道结构性修复

隧道内发生火灾大致可分为车辆碰撞引发火灾、危险化学品泄漏引发火灾和燃料油罐车火灾三大类，其中以燃料油罐车火灾对隧道的结构危害最大，破坏最严重，且发生频率呈逐年上升趋势。

调查表明，隧道火灾损坏主要是烧坏支护结构拱部及边墙，拱部较边墙严重，一般损坏衬砌厚度为 10～20cm，为隧道衬砌总厚度的 1/3～1/2。隧道火灾的破坏表现为衬砌结构严重变形、开裂、衬砌混凝土爆裂剥落（剥落深度 10～20cm），强度降低，整体性受到破坏。情况严重时，引发爆炸，造成拱顶掉落，边墙倒塌，造成整个隧道坍塌。

2011 年 4 月 8 日，甘肃兰临高速公路七道梁隧道油罐车火灾爆炸造成 4 人死亡的同时，导致隧道内附属结构设施损毁严重，衬砌混凝土爆裂，拱顶崩落，兰州至临洮高速公路长时间中断。现场情况如图 7-35 所示。

a) b) c) d)

图 7-35　兰临高速公路油罐车火灾爆炸现场

火灾后，隧道的受损程度应按照损伤指标来判定。损伤指标主要有：损伤深度、酥松深度、剥落深度、温度指标（包括火灾温度和残余时间）、表面特征、混凝土烧后颜色及烧伤后混凝土表面特征、隧道现场试验指标等。

隧道现场试验指标主要有衬砌混凝土残余强度比、衬砌混凝土声速比和衬砌结构残余支承能力。衬砌混凝土残余强度，是表征火灾后隧道衬砌结构质量的一种定量指标。混凝土残余抗压强度，是其火灾后力学性能中最重要、最基本的一项，常常作为基本参量确定受损混凝土的等级和质量，同时决定其他力学性能，如抗拉强度、弹性模量和峰值应变等。在火灾高温状态下，混凝土残余抗压强度这一特征依然成立。衬砌混凝土强度的现场测定有无损检测和破损检测两类方法。无损检测可分为机械、物理以及机械与物理综合进行三种方法。机械检测方法有敲击法、撞击法、枪击法、回弹仪法等；物理检测方法有共振法、超声波探测仪法等。如果无损检测法不能满足评估分级要求，在隧道现场可考虑采用取样做加载试验来测定受损混凝土的实际强度，即破损检测。这种检测方法的优点是既能做强度试验，又能做弹性模量与密度试验，测定结果比较符合实际情况，隧道火灾现场比较适合采用这种方法。衬砌混凝土残余强度比是指火灾后隧道衬砌表面深 10cm 范围的混凝土平均强度与受损前原强度的比值。

火灾后混凝土结构的损伤情况相当复杂，如果仅靠单一的方法评定混凝土结构的火损状况有时不一定准确。为提高火灾后混凝土检测评估结果的准确性，应采用多种方法进行检测，然后综合评定火灾后混凝土的受火温度和强度损失等。

隧道火灾后衬砌损伤按照上述指标可分为轻度损伤、中度损伤、严重损伤、极度损伤及破坏五类。具体分类方法见表 7-12。

隧道衬砌结构火灾损伤评定分级建议表 表 7-12

损伤程度	损伤指标特征									
							温度指标			表面特征
	损伤深度(cm)	酥松深度(cm)	剥落深度(cm)	衬砌混凝土残余强度比	结构残余支撑能力(%)	混凝土衬砌声速比	火灾温度(℃)	燃烧时间(h)	混凝土表面颜色	烧伤区混凝土特征
轻度损伤	3～6	2～4	基本无	>0.7	>85	>0.8	400 500 600	5～14 1～8 0～3	烟熏黑色	表层混凝土有轻微损伤整体结构基本无破坏。烧伤区混凝土组织结构基本保持原状
中度损伤	6～12	4～7	0～3	0.5～0.7	70～85	0.5～0.8	600 700 800 900	3～19 0～19 0～11 0～1	混凝土烟熏黑色,略带浅红色	表层混凝土剥落和烧酥,烧损的混凝土组织结构发生变化,呈褐红色。结构表面有局部 0.5～2mm 的裂纹
严重损伤	12～20	7～12	3～7	0.36～0.5	55～70	0.3～0.5	900 1 000 1 100 1 200	1～35 0～26 0～16 0～6	灰白色略带浅红色	表层混凝土剥落和烧酥较为严重,有 2～3cm 的烧酥层。混凝土组织结构发生了显著变化。结构表面有部分 0.5～2mm 的裂纹
极度损伤	20～30	12～20	7～15	0.2～0.36	40～55	0.1～0.3	1 200 1 300 1 400 1 500	6～49 0～39 0～30 0～20	灰白色	表层混凝土剥落和烧酥极为严重,烧酥层厚大于 4cm,混凝土组织结构发生了变质,结构表面有部分>2mm 的裂纹
破坏	>30	>20	>15	<0.2	<40	<0.1	1 200 1 300 1 400 1 500	>49 >39 >30 >30	灰白色	大量破坏性贯穿裂纹,混凝土烧酥,结构局部失稳

隧道火灾后加固是通过加强(加大)隧道支护结构和对火灾重大病害进行彻底整治来提高隧道支护承载能力的措施。加固分为临时性加固和永久性加固。为了维持隧道临时通车而采用的临时加固称为临时性加固,临时性加固措施可参照本章第一节中"隧道抢修的临时支护"有关内容。能长期保留加强隧道结构支护承载能力作用的加固称为永久性加固。永久性加固技术措施可概括为四大类:

(1)喷射混凝土加固,含喷浆、素喷混凝土、钢纤维混凝土、钢筋网喷混凝土等。

(2)锚喷网加固。喷射混凝土同(1),锚杆国内普遍采用砂浆锚杆、迈式(自进式)锚杆等,钢筋网国内普遍采用 A3(即 Q235)圆钢,直径 6～8mm,间距为 150～300mm。

(3)钢架(格栅钢架)加固。国内普遍采用凿槽嵌入衬砌方式。

(4)重建(复合)衬砌加固。火灾模拟试验及工程实例调查表明,隧道火灾受损严重集中在拱部,重建加固以拱部为主,局部采用重建衬砌方法进行处理。具体的修复加固方案见表 7-13。

隧道火灾衬砌结构加固修复方案　　表 7-13

损伤程度	修复加固方案	支护参数
轻度损伤	素喷混凝土加固	清理表面或局部喷浆或喷射混凝土 5～8cm 防护
中度损伤	钢纤维(网)喷混凝土加固	钢纤维喷混凝土厚度 5～10cm;网喷混凝土厚度 5～12cm;素喷混凝土厚度 5～15cm
严重损伤	单筋(锚)喷混凝土加固	素喷或网喷或钢纤维混凝土,厚度为 15～25cm,钢筋网采用 A3 钢筋焊接,ϕ6～8 mm 圆钢,间距 100～200mm,局部加强锚杆 ϕ22mm@100cm
极度损伤	套拱(花拱)喷混凝土加固	凿出残余衬砌后,喷射混凝土厚度 15～30cm,网或钢纤维混凝土为 20～25cm;设钢架(格栅)支护,钢架间距 1～2m,局部设锚杆 ϕ22mm@100cm
破坏	局部重建方案	采用模筑混凝土厚度 30～50cm;或采用网+锚+喷+复合衬砌,衬砌背后回填注浆且敷设防水板

二、其他突发事件的一般性处置措施

隧道内其他突发事件是指车辆碰撞事故、恐怖袭击、自燃、危化品泄漏、瓦斯泄漏爆炸、生化灾害等突发性事件。对于该类突发性事件,应加大与公安、消防、防化及设计施工等专业消防救援机构的联系,密切配合,共同处置。

1. 事故灾害调查

隧道内发生突发事件后,应迅速采取现场勘察或借助物探、遥感、遥测等先进勘探技术,准确查明情况,为制订抢修方案提供可靠依据。主要内容包括:

(1)首先查明原因及特点,如瓦斯泄漏、放射性、生物、化学沾染的范围和程度,洞内火灾情况。

(2)洞口段破坏情况。

(3)洞身破坏情况。

(4)洞内车辆情况。

(5)洞内通信、信号、电力、电气化设施破坏情况。

(6)洞内通风、排水设施及各种附属构筑物破坏情况。

2. 现场清理

在确定抢通抢修方案的同时,应组织现场清理。清理工作主要包括:

(1)危爆物品应由专业人员进行侦察和处理。

(2)对抢修抢通作业场地内的放射性、生物、化学沾染,除加强人员防护外,应将遭沾染的泥、砂地面予以铲除,铲除物应集中掩埋。

(3)迅速扑灭洞内火灾,清理火灾现场。

(4)清理施工场地和施工道路,应首先清除危石或坍塌体。

(5)对未埋入或部分埋入的车辆,应根据不同情况,用体积小、轻便高效的救援设备,采取吊、拖、起复、解体等方法加以清除。清除时,应尽量避免对车辆的再破坏,以便重复利用;对埋入隧道坍塌体内的车辆,应在抢修拱部衬砌之后,采取上述方法进行清除。

(6)对洞口段遭破坏后堵塞的截水沟、排水沟,应视其对抢修抢通施工及安全的影响程度,先急后缓,加以清理或修复。

3.抢通抢修原则

在抢通抢修过程中,处置措施应遵守以下原则:

(1)应优先采用喷锚构筑法支护。

(2)洞身坍塌地段或软弱破碎围岩地段抢修应“管超前、严注浆、短开挖、弱爆破、强支护、早封闭”。

(3)抢通抢修施工组织以“高强度、短突击、多班次、勤轮换”为原则。

(4)尽量利用既有设施、残存结构和现有施工条件,以减少工作量,加快抢通抢修速度。

(5)除主作业面加快进度外,应创造多口施工的条件,增加工作面。

(6)应采用机械化施工,尽量配备先进的、利于机动的抢通抢修设备。

(7)宜采用新技术、新材料及新工艺,喷锚支护、喷锚衬砌和混凝土衬砌等应采用快硬早强材料。

第五节　超前地质预报技术

隧道塌方后的抢通抢修及生命救援过程中,经常需要使用超前地质预报技术,查明坍塌范围、塌体长度、塌体内土石构成及前方的水文、地质等情况,以便制订切实有效的抢通及救援方案。

隧道超前地质预报技术是指利用钻探和现代物探等手段,探测隧道、地下厂房等地下工程的岩土体开挖面前方的地质情况,掌握前方的岩土体结构、性质、状态,以及地下水、瓦斯等的赋存情况、地应力情况等地质信息,为进一步的施工提供指导,以避免施工及运营过程中发生涌水、瓦斯突出、岩爆、大变形等地质灾害,保证施工的安全和顺利进行。

一、隧道超前地质预报内容

隧道施工超前预报的内容一般包括:

(1)不良地质预报及灾害地质预报:预报掌子面前方一定范围内有无突水、突泥、岩爆及有害气体等,并查明其范围、规模、性质,提出施工措施或建议。

(2)水文地质预报:预报洞内突涌水量的大小及其变化规律,并评价其对环境地质、水文地质的影响。

(3)断层及其破碎带的预报:预报断层的位置、宽度、产状、性质、充填物的状态,是否为充水断层,并判断其稳定程度,提出施工对策。

(4)围岩类别及其稳定性预报:预报掌子面前方的围岩类别与设计是否吻合,并判断其稳定性,随时提供修改设计、调整支护类型、确定二次衬砌时间的建议等。

(5)预测隧道内有害气体含量、成分及动态变化。

二、隧道超前地质预报分类

1.按预报的作用划分

(1)常规预报:该预报是短距离预报的主要任务,目前已有比较成熟的经验。多以地质素描为主,配合简单的物探测试了解掌子面前方地质条件,判断围岩类别,了解掌子面前方短距离内的工程地质条件,为正确选择断面大小、衬砌类型、施工方法和支护设计或修改施工设计等提供依据。

(2)成灾预报:隧道地质灾害主要有大规模塌方、涌水、涌泥、涌石、岩爆、瓦斯等。成灾预报是对可能的灾害性地质条件进行预报,以指导隧道施工中的防灾和减灾工作。该预报是中、长距离预报的主要任务,是为隧道施工战略决策服务的。对可能成灾的地质条件,应从设计和施工方法上考虑特殊对策。成灾预报应由设计、科研、施工单位组成专家小组,采用地质、物探综合分析法进行定性和定量预报。

(3)专门预报:对特殊地质问题进行预报,如膨胀岩、侵蚀性地下水、高地温、岩溶等。这些特殊地质条件,常常使施工陷入困境或破坏隧道衬砌,如果处理不及时或处理失当,甚至可能酿成大的地质灾害。该预报应由设计、科研和施工部门组成专门小组,采用综合手段作定性和定量预报。

2. 按距掌子面的距离划分

隧道施工超前预报距离与隧道施工速度和工程实际需要密切相关。结合我国隧道开挖技术水平和快速施工要求,按掌子面前方距离可分为三类:

(1)短距离预报:0～15m。就我国目前快速施工的水平,一般采用钻爆与 TBM 相结合的方法。1 个循环进尺 2～3m,2 个循环是 4～6m,3 个循环是 6～9m。实践表明,预报 3 个循环的前方地质条件,即能满足安全施工要求。根据我国目前的探测技术,要预报掌子面前方 15m 范围内的地质条件并不困难,且测试基本可与施工同步进行。对成灾预报而言,短距离预报相当于临灾预报或防灾处理阶段。

(2)中距离预报:15～50m。对于防灾预报来说,只有 15m 范围内的临灾预报是不够的。发现有可能成灾的地质条件,马上要准备处理,显然太紧张。比较理想的状况至少应有 30m 的距离。因此,进行范围超过 15m 的中距离预报是隧道施工所必需的。另外,从目前已有的预报实践来看,用物探方法在开挖面上进行 20～40m 的超前探测已十分有效。这表明物探方法在中、长距离预报中是有潜力的。

(3)长距离预报:50m 以上为长距离预报。

3. 按采用的手段划分

(1)经验预报:根据工程经验凭感觉进行的预报。它对临灾预报有特殊意义,如凿孔过程中发现有岩粉异常喷出,可能遇到了瓦斯或有害气体;听到岩石劈裂声且随后出现岩块弹射现象可能是岩爆;凿孔异常喷水可能是大量涌水的先兆等。预报效果与从事预报人员的经验丰富程度密切相关。

(2)采用仪器预报:预报目的不同,方法各异,所用仪器也是多种多样的。如地质分析法只需罗盘、地质锤、放大镜、稀盐酸和皮尺等;水平钻孔法需用大型水平钻机;物探方法需各种物探仪器等。

(3)综合预报:地质体是复杂的综合体,企图用单一方法查明隧道的全部地质条件是不可能的,因此应采用综合预报方法。根据地质条件的差异和不同精度要求,适时选用若干种方法相互补充和印证,才能获得良好效果。

4. 按精度划分

(1)定量预报:“定量”是对前方地质体具体位置、规模、设计参数变化等给出量的概念;对灾害性地质条件,除明确灾害性质外,还应明确可能成灾的位置、规模和影响范围等。当然对量的精度要求也是相对的,如短距离预报精度要求最高;中距离预报精度要求次之;长距离预报则以定性为主,强调战略上的指导作用。

(2)定性预报:定性是相对定量而言。定性一定要准,具体位置的精度可不作严格规定。

三、隧道超前地质预报方法

(一)直接预报法

1.水平钻孔

在隧道内安放水平钻机进行水平钻进,根据钻孔资料来推断隧道前方的地质情况。钻孔数量、角度及钻孔深度可人为设计和控制。由钻进速度的变化、钻孔取芯鉴定、钻孔冲洗液颜色、气味、岩粉及遇到的其他情况来预报。此法可以反映岩体的大概情况,比较直观,施工人员可根据实际地质情况进行下步施工组织。

水平钻孔主要布置在开挖面及其附近,既可在超前导洞内布置钻孔,也可在主洞工作面上进行钻探,用以获得准确可靠的地质资料,确保施工组织。该法可获得工作面前方一定距离的岩芯,也可由钻孔出水情况判断前方有无地下水和前方何处有地下水,从而可以得到开挖面前方的地质情况。该法是施工预报最有效方法之一,但也存在不足之处:①对垂直隧道轴线的地质结构面预报效果较好,与隧道轴线平行的结构面预报较差;②需占用较长的施工作业时间,费用较高。

2.超前导坑

按导坑与正洞的相互位置分为平行导坑和正洞导坑。其中,平行导坑与正洞平行,断面小且和正洞之间有一定距离,通过对导坑开挖中遇到的构造、结构面或地下水等情况作地质记录与分析,进而对正洞地质条件进行预报。该法的优点是:预报成果比较直观、精度高、预报的距离长、便于施工人员安排施工计划和调整施工方案,还可以起到减压放水、改善通风条件和探明地质构造条件的作用,同时,还可用作排除地下水、断层注浆处理、扩建成第二条隧道之用。正洞导坑布置在正洞中,是正洞的一部分,其作用与平行导坑相比,效果更好。超前导坑的缺陷为:一是成本太高,有时需要全洞进行平导开挖;二是施工工期较长。

(二)地质分析法

1.断层参数预测法

利用断层影响带的特殊节理或集中带的分布规律,通过对断层影响带的系统编录所得经验公式,来预报隧道断层破碎带的位置和规模。由于大多数不良地质现象与断层破碎带有密切的关系,故依据断层破碎带推断其他不良地质体的位置和规模。

2.地质体投射法

在地表准确鉴别不良地质体的性质、位置、规模和岩体质量及精确测定不良地质体产状的基础上,应用地质界面和地质体透射公式进行预报。

3.正洞地质编录与预报

隧道施工中,及时对其开挖面(掌子面、边墙面和拱顶面)上的各种地质现象进行测绘和记录,利用已挖洞段地质情况来预报前方可能出现的不良地质现象。可分为:①岩层岩性和层位预测法,在开挖面揭露岩层与地表某段岩层为同层和确认标志层的前提下,用地表岩层的层序预测掌子面前方将要出现的岩层。②地质体延伸预测法,在长期预报得出不良地质体厚度的基础上,依据开挖面不良地质体的产状和单壁始见位置,经过一系列的三角函数运算,求得条带状不良地质体在隧道掌子面前方消失的距离。

该法是对开挖面地质情况如实而准确的反映。其主要内容包括地层岩性、构造和节理裂隙发育情况、地下水状态、围岩稳定性及初期支护采用方法等。其优点是占用施工时间很短，设备简单，不干扰施工，成果快速，预报效果较好，而且为整个隧道提供了完整的地质资料；缺点是对与隧道夹角较大而又向前倾的结构面容易产生漏报。

(三)物探法

1.弹性波法

(1)TSP超前预报技术

TSP(Tunnel Seismic Prediction)超前预报系统是利用地震波在不均匀地质体中产生的反射波特性来预报隧道掌子面前方及周围临近区域的地质情况。该法属多波多分量探测技术，可以检测出掌子面前方岩性的变化，如不规则体、不连续面、断层和破碎带等。它可以在钻爆法或TBM开挖的隧道中使用，而不必接近掌子面。数据采集时在隧道一边侧墙等间隔钻制20余个炮孔，而在两侧壁钻取2个检波器孔，使检波器置入套管中，依次激发各炮，从掌子面前方任一波阻抗差异界面反射的信号及直达波信号将被两个三分量检波器接收，该过程所需时间约1h。然后利用TSPwin软件处理可得P波和S波波场分布规律，其分析过程为：数据调整→带通滤波→首波拾取→拾取处理→炮能量平衡→直达波损耗系数Q估算→反射波提取→P波、S波分离→速度分析→纵向深度位置搜索→反射界面提取等，最终显示掌子面前方与隧道轴线相交的反射同相轴及其地质解译的二维或三维成果图。由相应密度值，可算出预报区内岩体物理力学参数，进而可划分该区围岩工程类别。实践表明该法有效预报距离为100～200m。

通过分析反射波速度，即可进行时深转换，由隧道轴的交角及洞面的距离来确定反射层所对应界面的空间位置和规模，再结合P波和S波的动力学特征，推断地质体的性质。

TSP超前预报技术作为一种比较先进的探测手段已在我国水利、水电、铁路、公路、煤炭等系统的各类隧道或地下洞室工程中得到应用，如正在建设中的宜万铁路野三关隧道、辽宁大伙房水库引水隧洞、云南元磨高速公路的大风垭口和布垅箐隧道等工程。该方法具有预报距离相对较长、精度较高、提交资料及时、经济等优点，尤其与隧道轴线或呈大角度相交的面状软弱带，如断层、破碎带、软弱夹层、地下洞穴(含溶洞)以及地层的分界面等效果较好。而对不规则形态的地质缺陷或与隧洞轴线平行的不良地质体，如几何形状为圆柱体或圆锥体的溶洞、暗河及含水情况的探测则有一定的局限性。

(2)地震负视速度法

它是将地震勘探中VSP法应用于近水平的隧道中，也是利用地震反射波特征来预报隧洞开挖面附近围岩的地质情况。在侧壁的一定范围内布置激震点进行激发，其振动信号在隧洞围岩内传播，当岩层波阻抗发生变化时，地震波信号将部分返回。反射界面与测线直立正交时，所接收的反射波与直达波在记录图像呈负视速度，其延长线与直达波延长线的交点即为反射界面的位置，纵、横波共同分析还可了解反射界面两侧岩性及软硬程度的变化。该法具有明显的方向特征，可有效区分掌子面前方反射信号与周围干扰信息，提高了识别物性界面的精确度，能对其进行较为准确的定位，预报距离可达100m以上。

观测时在已开挖洞段的侧壁或底部布设，距掌子面一定距离布设一激震点和一系列接收点，采用多炮共道或多道共炮。当偏重于运动学特征参数的应用时共炮与共道两种记录方式可任意选用；当要求测试设备简化与强调接收条件一致性时，宜采用多炮共道式；当强调动力学参数的对比利用时，则宜选用多道共炮方式。为获取“负视速度”，震源应在预报目的体的远端，接收点间距采用小道间距，多道接收。根据需要与设备条件，可采用单分量、三分量或组合检波器。

负视速度法的原理与TSP法基本相同，只是数据处理软件的开发尚难赶上TSP法。负视速度法是常用的预报方法之一，如在渝怀铁路圆梁山隧道正洞、平导和迂回导坑以及朔黄铁路长梁山隧道施工中，均采用了该方法，取得了较好的预报效果。

(3)TST超前预报技术

TST(Tunnel Seismic Tomography)超前预报系统是通过可视化地震反射成像技术预报隧洞掌子面前方150～200m范围内的地质情况，可准确预报断裂带、破碎带、岩溶发育带以及岩体工程类别变化等地质对象的位置、规模和性质。该法数据采集用多道高精度地震仪，处理软件为逆散射合成孔径成像系统。它充分运用地震反射波、散射波的运动学和动力学特征，具有方向滤波功能、岩体波速扫描、地质构造方向扫描、速度偏移成像、吸收系数成像、走时反演成像等多种功能，从岩体的力学性质、岩体完整性等多方面对地质情况进行综合预报。

测试时可在隧道内掌子面、两侧、上顶和下底面，也可在隧道外山顶布置。洞内观测时检波器埋入岩体1.5～2m，以避免声波和面波干扰。可采用爆炸或可控震源激发地震波。

TST软件包括地震数据预处理、方向滤波、偏移成像、速度扫描四大模块。预处理功能包括：①噪声和干扰切除；②滤波和面波清除；③小波分析与信号加强；④地震波能量吸收谱分析；⑤地震波走时拾取。偏移成像功能包括：①速度扫描分析与岩体工程类别判别；②方向扫描与构造产状分析；③地质界面速度偏移成像；④岩体完整性吸收偏移成像；⑤地震波走时地质界面反演成像；⑥断裂与破碎带智能识别。

该技术在国内外公路隧道、铁路隧道、TBM引水隧洞等广泛应用，取得了良好的效果。尤其在云南、贵州等岩溶分布区应用取得了非常好的效果，所得成果包括：①岩溶、采空区等孤立地质体的界定；②结合速度扫描和偏移成像判断地质灾害；③推进了散射合成孔径成像技术的发展。

(4)水平声波剖面法(HSP)

它是利用孔间地震剖面法(ABSP)的原理及相应软件开发的一种超前预报方法。其原理是向岩体中辐射一定频率的高频地震波，当地震波遇到波阻抗分界面时，将发生折射、反射，频谱特征也将发生变化，通过探测反射信号(接收频率为声波频段的地震波)，求得其传播特征后，便可了解工作面前方的岩体特征。震源和检波器的布置除离开开挖面对施工干扰较小外，还因反射波位于直达波、面波延续相位之外而不受干扰，因此记录清晰、信噪比高、反射波同相轴明显。

观测时在隧洞的两个侧壁分别布设震源和检波器，按其相对位置设计成两种观测方式即固定激发点(或接收点)和激发与接收点相错斜交方式。震源在预报目的体的远端，接收点间距采用小道间距，多道接收，构成“水平声波剖面”。利用时差和频差与地质相结合的方法确定反射面的空间方位并“投影”到该剖面上，从而确定反射面的空间位置及性质。其特点是各检测点所接收的反射波路径相等，反射波组合形态与反射界面形态相同，图像直观。

该法已在工程中得到应用，如渝怀铁路的圆梁山隧道、千溪沟隧道等，均取得了较好效果。该法对数据采集单元和现场实测过程进行了较大的改进，可以在开敞式TBM法施工的隧道中掘进机不停的情况下进行测试，因而具有较大的优越性，但尚处于研制和初步应用阶段(例如在辽宁大伙房引水工程 TBM2 隧道中进行试验)。

(5)TRT 真地震反射成像技术

TRT(True Reflection Tomography)真地震反射成像法是利用岩体中不均匀面的反射地震波进行超前探测,它是美国 NSA 工程公司开发的新方法,国外已实际应用。该法在观测方式和资料处理方法上与 TSP 法及负视速度法均有很大不同,它采用空间多点激发和接收的观测方式,其检波点和激发点呈空间分布,以便充分获得空间场波信息,从而使前方不良地质现象的定位精度大大提高;它的数据处理关键技术是速度扫描和偏移成像,不需要走时,因此,对岩体中反射界面位置的确定、岩体波速和工程类别的划分都有较高的精度,而且还具有较大的探测距离,较 TSP 法有较大的改进。TRT 法在结晶岩体中的探测距离可达 100~150m,在软弱的土层和破碎的岩体中尚可预报 60~100m。该法成功应用的例子很多,较典型的是在奥地利通过阿尔卑斯山的铁路双线隧道施工中进行了全程的超前预报。

(6)陆地声呐法

陆地声呐法是“陆上极小偏移距高频弹性波反射连续剖面法”的简称,可在狭小的场地和基岩裸露的条件下,探查中小溶洞、中小断层(断裂)等地质施工隐患。它是弹性波反射法中的一个新品种,于 1991 年实现并推出,经 20 年长期而艰难的发展,在隧道施工超前地质预报和地面浅层高分辨率勘察、工程质量检测等方面的使用中表现了它的优点与特长。它应用地震反射法的原理,吸收了探地雷达,水声法的一些元素,同时为解决一些关键性的问题,又采用了其他领域的技术,例如计算技术,测震领域的技术等,使它逐渐成熟。施测时采用极小偏移距地震波激发—接收系统,进行单点测量或在激震点两侧对称位置上各设一检波器,一次激发两道接收。然后将各测点的时间曲线拼成时间剖面,根据同相轴和频谱解释圈定断层、大节理、岩层分界面、岩脉、涌水层、溶洞等不良地质体。能够对隧道掌子面前方 150m 远处进行精细物探,可给出探查范围内的中小溶洞、中小断层(断裂)、交叉断层及倾角、倾向。该法具有分辨率高、可避开许多干扰波、反射波能量高、探查岩溶和洞穴效果好、图像简单易辨等优点,且速度快,工作效率高。

(7)面波法

分为稳态法和瞬态法。稳态法在掌子面上放置一个激振器,用计算机控制激振器使其产生各种不同波长的波面,用两个拾振器同时接到不同方向的振动波,由计算机算出每一种波长的面波传播速度,根据面波的勘测深度等于波长的二分之一的原理,即可得到一组不同深度的面波平均速度的分布规律,不同介质面波的传播速度不同。从不同面波速度分布图就可以反映出地质构造的不同界面,如断层、地下水等特性变化。瞬态法由于排列长度的关系未见实际应用的报道。

面波法需要的场地较小,适合在地下洞室开挖面上工作,探测深度也能满足施工预报的要求,对资料的分析判断可在现场进行。已在南岭隧洞中应用,能很清楚地发现距工作面几米处的断层破碎带。

2. 地质雷达技术

利用高频电磁波以宽频带短脉冲的形式,由掌子面通过发射天线向前发射,当遇到异常地质体或介质分界面时发生反射并返回,被接收天线接收,并由主机记录下来,形成雷达剖面图。由于电磁波在介质中传播时,其路径、电磁波场强度以及波形将随所通过介质的电磁特性及其几何形态而发生变化。因此,根据接收到的电磁波特征,即波的旅行时间、幅度、频率和波形等,通过雷达图像的处理和分析,可确定掌子面前方界面或目标体的空间位置或结构特征。在前方岩体完整的情况下，可以预报 30m 的距离；在岩石不完整或存在构造的条件下，预报距离变小，甚至小于 10m。由于该法对空洞、水体等的反映较灵敏，因而在岩溶地区用得较普遍。缺点是洞内测试时，由于受干扰因素较多，往往造成假的异常，形成误判。

应用地质雷达进行超前预报，在钻爆法施工的隧道中使用相对较多，如太平驿水电站引水隧洞、海南高速公路东线大茅隧道等工程中均有应用，且都取得了较好的应用效果。

3. 红外探水法

由于所有物体都发射出不可见的红外线能量，该能量大小与物体的发射率成正比。而发射率的大小取决于物体的物质和它的表面状况。当掌子面前方及周边介质单一时，所测得的红外场为正常场，当存在隐伏含水构造或有水时，他们所产生的场强要叠加到正常场上，从而使正常场产生畸变。据此判断掌子面前方一定范围内有无含水构造。

红外探测的特点是可以实现对隧道全空间、全方位的探测，仪器操作简单，能预测到隧道外围空间及掘进前方 30m 范围内是否存在隐伏水体或含水构造。但这种方法只能确定有无水，至于水量大小、赋水形态、具体位置没有定量解释。

4. BEAM 法

BEAM(Bore-Tunneling Electrical Ahead Monitoring)是由德国 GEOHYDRAULIC DATA 公司推出的产品。它是一种聚焦电流频率域的激发极化方法，主要通过外围的环状电极发射一个屏障电流和在内部发射一个测量电流，以便电流聚焦进入要探测的岩体中，通过得到一个与岩体中孔隙有关的电能储存能力的参数 PFE(Percentage frequency effect)的变化，预报前方岩体的完整性和含水性；它的另一个特点是所有的装置都安装在盾构挖掘机的刀头(测量电极)和外侧钢环(屏蔽电流)上，也可装在钻爆法施工钻头的前方(测量电极)及两侧钢架(屏蔽电流)上，随着隧道掘进，连续不断获得成果，并适时处理得出掌子面前方的 PFE 曲线。由此预报前方岩体的性状及含水情况。

(四)地质物探综合分析法

要提高预报准确度，就必须将地质调查方法与多种物探方法有机结合起来，对地质物探资料进行系统处理和综合分析。其工作方法和主要内容为：

(1)收集、熟悉地质资料：了解工程区内宏观的地质环境、大型构造形迹的发育分布规律以及工程围岩所处的具体构造部位、岩体的结构特征、节理裂隙发育程度、岩体完整性、岩石(体)强度、地下水状态等；掌握全隧道的地质背景，指出存在的不良地质问题和地段，还要知道各段围岩的稳定程度、可能发生地质灾害的位置、规模、性质和防治措施。

(2)施工地质编录：对已开挖洞段地质状态作详细真实的描述，包括岩性、岩石坚硬程度及完整情况、断层及破碎带、节理裂隙、地下水状态、不良地质现象等。

(3)围岩特性测试：对岩石物理力学特性进行补充测试，如岩石点荷载强度、岩石回弹值、岩体弹性模量、软弱面剪切强度等，有时还应进行初始地应力和二次应力场的测试等。上述数据是预报围岩稳定性的重要参数。

(4)地球物理探测：根据岩体不同物理性质量测一定距离以内的物理力学参数的变化，据此判断出隧道工作面前方的地质情况。采用多种物探仪器进行超前探测，常用的物探方法有地震反射、声波反射、地质雷达、TSP203 隧道超前地质预报系统等技术。

(5)地质物探综合分析：组成以地质工程师为主，相关工程技术人员参与的施工地质组，对上述地质和物理探测资料进行整理和综合分析，最后做出施工面前方不良地质问题的预测预报。

四、隧道超前地质预报技术的应用

通过隧道超前地质预报技术的应用，制定抢通救援实施方案，制定方案应确定以下内容：

(1)确定坍塌体的范围、长度、土石构成，判定稳定程度。

(2)确定坍塌体前方及周边地质情况。

(3)确定坍塌体前方及周边水文地质情况。

(4)超前地质预报所确定的地质、水文情况与现有地质、水文勘察资料的符合性，如有偏差，分析偏差原因。

(5)分析确定抢通救援过程中联络孔及救援生命通道的位置。

(6)其他事故处置过程前应确定的其他地质、水文资料。

第六节　救 援 装 备

装备引领技术，在抢通救援工作中，应根据救援现场实际情况及现有装备特点，尽量配备和使用先进的装备。

一、钻机

1. FS-120CZ620mm 大口径救援水平钻机

该钻机的单根钻杆质量为 0.8t，最快推进速度为 5.7m/h，最大掘进深度为 50m，操作简便，对工作环境要求低，能在各种复杂地质情况下开展塌方救援工作，其救援性能与以往的小导坑等其他救援方案相比，救援效率大大地提高了，救援安全风险也降低了。

该钻机已先后在兰渝铁路桃树坪隧道塌方、云贵铁路富宁隧道塌方、贵州江翁高速公路隧道塌方、宝兰客运专线阳坡庄隧道塌方等隧道塌方事故处置中发挥了关键作用，掘进速度快、成孔大、综合效益明显，能够迅速钻进救援联络孔和生命通道。

2. TMC90 的专业救援钻机

该钻机的全称为“TMC90 型全路面大口径矿山救援钻机”，最大钻孔孔径 1 200mm，最大钻孔深度 2 000m，提升能力 90t，为全液压、顶驱式高速成孔车装钻机，钻进速度可达 25m/h 左右。钻进形式多样，采用伸缩式桅杆技术，可满足泥浆、空气、泡沫钻井工艺要求，可钻直井、斜井、水平井、对接井、羽状分支等。搭载车采用十轮驱动、独立悬挂模式，具有超强的越障能力，能充分适应各种野外环境，具有全路面行驶功能。钻井孔径大，最大开孔直径可达 1.2m、最大终孔直径能达 0.8m，满足井下救援的需要。一机多用，在无救援任务时，该款钻机可作为煤层气、水井钻机使用。

该钻机主要用于矿山救援，在 2015 年山东平邑县“12・25”石膏矿坍塌事故救援过程中，救援人员先后成功打通 4 个 216mm 的小口径保命孔和 2 个 711mm 的大口径救生孔，经过不懈努力，最终 4 名被困矿工通过大口径救援方式在 36 天后幸运生还。

二、灭火装备

1. 涡喷消防车

涡喷消防车作为一种新型执勤战斗车，主要用于石油化工、机场、隧道、地铁等场所的火灾扑救。其涡喷装置是用中国歼7战斗机的发动机改装而成，喷口最大流速可达400L/s，射程可达近百米，能够实现大面积、远距离、高强度的喷射，比常规消防车的灭火能力高出8～10倍。

2. 隧道双头消防车

以齐格勒隧道消防车为例，它基于依维柯TRVZE1底盘打造，采用了4×4的驱动方式，通过电动机进行驱动，单次充电可行驶3h以上，外形小巧灵活，具备四轮同时转向功能，从而尽量减小转弯半径，便于在狭窄路段掉头，独特的双头设计也让其撤离更加方便，适合狭窄隧道的救援。

3. 大功率排烟消防车

高速公路隧道火灾的难点在于排烟，该车主要用于隧道内发生火灾事故后的排烟处理。例如，大功率银河排烟车采用多个消防排烟机组合的多核驱动增压技术，排烟量比目前普通排烟车增加了近一倍，可以达到800 000m^3/h，可以实现正压送风、负压排烟同时工作，正压送风距离可大于300m，负压排烟距离大于150m，细水雾最大喷射距离大于80m，随车可载水1.5t、泡沫0.5t，能够稳定的提供大排量、远距离和大面积的强劲风流和超强细水雾，可以迅速稀释有毒、有害气体，排除浓烟，提高事故现场的能见度，降低"轰燃"风险；在细水雾中添加洗消剂后还具备洗消功能。

第八章　交通应急侦测

交通应急侦测技术是指灾害发生后，专业技术人员综合利用遥感及现场调查等技术手段，对受灾区域的公路交通设施状况进行前期勘察，掌握灾害活动的演化过程和危害程度，确定灾害发展的阶段、预警的级别、处置的措施，从而为抢险救灾指挥部门及时掌握、准确研判灾情提供依据，同时也为后续道路交通应急抢险抢通行动提供信息支撑和安全保证。

第一节　遥感侦测技术

遥感侦测技术是指利用卫星、航空摄影测量等手段，快速获取灾区整体和局部重点区域的影像数据资料，快速制作灾区整体正射影像图和局部三维数据图，进而准确分析灾区公路交通设施损毁类型、规模、空间分布特征及影响程度，最终对灾情做出正确评估。

一、遥感概述

遥感技术是根据电磁波的理论，应用各种传感仪器对远距离目标所辐射和反射的电磁波信息，进行收集处理并最后成像，从而对地面的各种景物进行探测和识别的一种现代空间技术科学。

（一）遥感平台

遥感平台指放置遥感器的运载工具，其按高度可分为地面、航空和航天平台。在不同高度进行多平台遥感，可获得不同比例尺、分辨率和地面覆盖面积的遥感图像。图 8-1 为各种遥感平台示意图。

（1）地面遥感：传感器设置在地面平台上，如车载、船载、手提、固定或活动高架平台等。

（2）航空遥感：传感器设置于航空器上，主要是飞机、气球等。

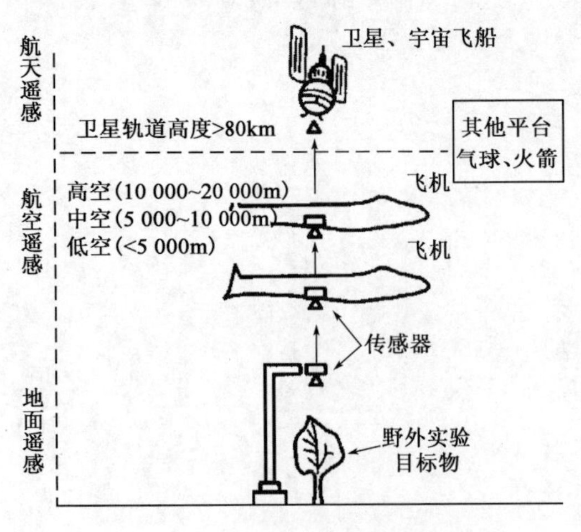

图 8-1　各种遥感平台示意图

（3）航天遥感：传感器设置于环地球的航天器上，如人造地球卫星、航天飞机、空间站、火箭等。

（二）遥感技术系统

遥感系统不是单独的一个卫星、传感器，而是一个复杂的完整的系统。根据遥感的定义，遥感系统包括：被测目标的信息特征（信息源）、信息的获取、信息的记录和传输、信息的处理、信息的应用五大部分，如图 8-2 所示。

1. 信息源

任何地物都可以发射、反射和吸收电磁波信号，都是遥感信息源。目标物与电磁波发生相互作用，会形成目标物的电磁波特性，这为遥感探测提供了获取信息的依据。

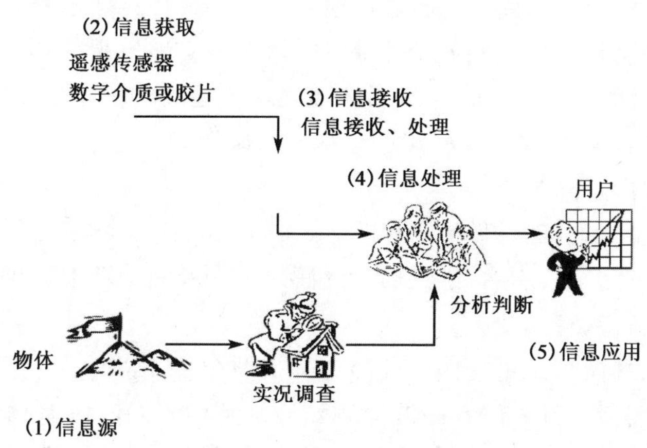

图 8-2　遥感系统的组成

2. 信息的获取

地物空间信息主要由搭载在遥感平台上的传感器来获取。

接收、记录地物电磁波特征的仪器称为传感器或遥感器，主要有：扫描仪、雷达、摄影机、光谱辐射计等。

3. 信息的接收

传感器接收到目标地物的电磁波信息，记录在数字介质或胶片上。胶片由人或回收舱送至地面回收(航空/近地面遥感数据)，而数字介质上的信息可通过卫星上的微波天线传输给地面卫星接收站(航天遥感数据)。

4. 信息的处理

遥感信息处理是指通过各种技术手段对遥感探测所获得的信息进行的各种处理，主要有校正处理、增强处理、融合处理、分类处理四大类。例如，为了消除探测中各种干扰和影响，使其信息更准确可靠而进行的各种校正(辐射校正、几何校正等)处理，为了使所获遥感图像更清晰，以便于识别和判读，提取信息而进行的各种增强处理等。为了确保遥感信息应用时的质量和精度，以及为了充分发挥遥感信息的应用潜力，遥感信息处理是必不可少的。

5. 信息的应用

信息应用是指专业人员按不同的目的将遥感信息应用于各业务领域的使用过程。信息应用的基本方法是将遥感信息作为地理信息系统的数据源，供人们对其进行查询、统计和分析利用。遥感的应用领域十分广泛，最主要的应用有：军事、自然资源调查、防灾减灾、环境监测等。

(三)遥感的技术特点

1. 可获取大范围数据资料

遥感用航摄飞机飞行高度为 10km 左右，陆地卫星的卫星轨道高度达 910km 左右，从而，可及时获取大范围的信息。例如，一张陆地卫星图像，其覆盖面积可超过 30 000km^2，这种展示宏观景象的图像，对地球资源和环境分析极为重要。

2. 获取信息的速度快，周期短

由于卫星围绕地球运转，从而能及时获取所经地区的各种自然现象的最新资料，以便更新原有资料，或根据新旧资料变化进行动态监测，这是人工实地测量和航空摄影测量无法比拟的。例如，陆地卫星 Landsat-4、5，每 16 天可覆盖地球一遍，NOAA 气象卫星每天能收到两次图像，Meteosat 气象卫星每 30min 可获得同一地区的图像。

3. 获取信息受条件限制少

在地球上有很多地方，自然条件极为恶劣，人类难以到达，如沙漠、沼泽、高山峻岭等。采用不受地面条件限制的遥感技术，特别是航天遥感可方便及时地获取各种宝贵资料。

4. 获取信息的手段多，信息量大

根据不同的任务，遥感技术可选用不同波段和遥感仪器来获取信息。例如可采用可见光探测物体，也可采用紫外线，红外线和微波探测物体。利用不同波段对物体不同的穿透性，还可获取地物内部信息。例如，地面深层、水的下层、冰层下的水体、沙漠下面的地物特性等，微波波段还可以全天候的工作。

5. 局限性

目前，遥感技术所利用的电磁波还很有限，仅是其中几个波段范围。在电磁波谱中，尚有许多波段的资源有待进一步开发。此外，已经被利用的电磁波谱段对许多地物的某些特征还不能准确反映，还需要发展高光谱分辨率遥感以及遥感以外的其他手段，特别是地面调查和验证尚不可缺少。但随着遥感技术的进一步发展，所能利用的电磁波谱段将愈来愈多，成像的空间分辨率和光谱分辨率也愈来愈高，其感测的目标更广，对灾害的调查、监测将起到更大作用。

二、遥感侦测任务

遥感是快速获取灾情信息的重要手段，其侦测任务是以遥感数据和地面控制为信息源，快速获取受灾区域的公路交通设施损毁及沿线地质灾害等要素信息，确定公路损毁类型及滑坡、崩塌、泥石流等次生地质灾害的规模及空间分布特征，分析地质灾害形成和发育环境地质背景条件，编制道路损毁及沿线地质灾害的类型、规模及灾害分布遥感解释图件，为道路抢险抢通指挥决策提供信息支撑。

三、遥感侦测工作方法

（一）资料收集、分析

（1）收集 1∶10 000～1∶50 000 地形图或相当的地理资料。

（2）尽可能搜集最新的卫星和航空遥感信息资料，对于进行动态监测的地区，还应搜集不同时相的遥感信息资料。

（3）收集灾区有关气象、区域地质、水文地质和公路地质灾害调查、勘察等成果资料。

（二）遥感信息源的选用

根据灾情侦测内容及精度要求，主要采用卫星遥感或航空遥感作为主要信息源。

1. 卫星遥感

随着卫星传感器的发展，卫星遥感对地面的分辨率已达到 1m 以内，形成了高分辨率的卫星图像，如 IKONOS 卫星、GeoEye 卫星、QuickBird 卫星和 WordView 卫星等，且图像通过控制系统采集同轨立体图像，并且通过随星携带的恒星跟踪系统及陀螺装置可以提供精确的传感器姿态参数。立体卫星图像通过构建立体模型，可以得到三维地表空间信息。高分辨率卫星甚至可以提供 1∶2 000 等高精度大比例尺地形资料。

(1)技术特点

卫星遥感感测面积大、范围广、速度快、效果好，可定期或连续监测一个地区，但因其重访周期的制约，很难及时获得灾区的影像数据。在灾情侦测领域，主要适用于大范围受灾区域或大规模地质灾害体及区域环境地质背景条件的遥感调查。此外，高分辨率卫星还可用于局部受灾区域及特定灾害体的调查。

(2)数据来源

卫星遥感常采用中低分辨率卫星(Landsat、SPOT、CBERS 等)和高分辨率卫星(IKONOS、QuickBird、高分系列等)作为主要数据来源。

①中低分辨率卫星

中低分辨率卫星图像数据主要用于大范围受灾区域或大规模地质灾害体的调查，中、小比例尺地形图的测绘等。常见的中低分辨率卫星图像主要有美国陆地卫星 Landsat、法国卫星 SPOT、中巴地球资源卫星 CBERS 等。

Landsat 卫星：1972 年 7 月 23 日，美国陆地卫星 Landsat 首次入轨运行，开始为全世界广大用户提供遥感图像数据，现以连续发射 7 颗卫星。Landsat-1、2、3 以多光谱扫描图像(MSS)为主体应用图像，Landsat-4、5 以专题制图仪(TM)图像为主体图像，Landsat-6、7 新增加了增强型专题制图仪(ETM)通道(Landsat-6 发射失败)使 Landsat 图像的分辨率从 79m×79m(MSS)、30m×30m(TM)，改进为 15m×15m(ETM)。

美国于 1999 年 4 月 15 日发射了 Landsat-7 卫星，用以代替已经工作了 15 年，性能老化的 Landsat—5 卫星。Landsat-7 卫星与以前的 Landsat 卫星在获取数据的地理范围、空间分辨率、校正精度和光谱特性等方面保持了一致，从而为需要数据连续性的全球变化研究和其他应用研究奠定了基础。Landsat-7 卫星覆盖全球的周期为 16d，成像仪的 ETM 中增加了全色波段(Pan)，图像的空间分辨率提高到了 15m；其热红外波段的探测器阵列从过去的 4 个增加到了 8 个，使得对应地面分辨率从 120m 提高到 60m；ETM 数据的绝对辐射精度为 5%；在不使用地面控制点的情况下，地理定位精度为 250m。当前，Landsat-5 卫星和 Landsat-7 卫星在轨运行，其遥感数据在地球资源、环境监测、防灾减灾等领域应用十分广泛。

SPOT 卫星：SPOT 对地观测卫星系统由法国空间研究中心发射，以稳定性、较高的分辨率、成功的商业运作模式而著称，也是全球最具影响力的遥感卫星之一。SPOT-1 于 1986 年 2 月 22 日发射成功，之后的十年，SPOT 卫星每隔几年便发射一颗，以确保服务的连续性，迄今为止已发射了五颗卫星，在轨运行的主要是 SPOT-5 卫星。

SPOT-5 卫星上搭载有三种成像装置，可以获取同轨或异轨立体影像，其数据具有高分辨率、倾斜观察能力、短周期重复观测等特点，空间分辨率最高可达 2.5m，在我国的遥感行业得到了广泛应用，如国土资源大调查、长江三峡地质灾害监测、“西部金睛行动”的本底数据采集等。

CBERS 卫星：中巴地球资源卫星(China-Brazil Earth Resources Satellite，以下简称 CBERS)是 1988 年中国和巴西两国政府联合议定书批准，在中国资源一号原方案基础上，由中国、巴西两国共同投资，联合研制的卫星，并规定 CBERS 投入运行后，由两国共同使用。

中巴地球资源卫星已经发射了01星、02星、02B星三颗卫星,中巴两国正在开展资源03、04星的研制工作。02星和01星为同一型号的两颗卫星,都是我国第一代传输型地球资源遥感卫星。02星于2003年10月21日在中国太原发射中心成功发射,每26天可覆盖全球地面一次。02星采集的数据可以满足制作1∶100 000比例尺的卫星图像图的要求,局部地区可以达到1∶50 000甚至更大的比例尺。

2007年9月19日,CBERS-2B卫星在中国太原卫星发射中心成功发射,并成功入轨,2007年9月22日首次获取了对地观测图像。02B星是具有高、中、低三种空间分辨率的对地观测卫星,搭载的2.36分辨率的HR相机改变了国外高分辨率卫星数据长期垄断国内市场的局面,在国土资源、城市规划、环境监测、防灾减灾、农业、林业、水利等众多领域发挥重要作用。

②高分辨率卫星

高分辨率卫星遥感是指具有高空间分辨率、高时间分辨率或高光谱分辨率特点的卫星遥感技术,主要用于局部受灾区域及特定灾害体的调查。应用高分辨率卫星快速获取滑坡、崩塌、泥石流等地质灾害信息已成为遥感地质灾害研究的重要发展趋势。2008年,"5·12"汶川地震发生后,高分辨率卫星遥感技术在抗震救灾与灾后重建等方面发挥了重要作用。目前,世界上已经有10余颗高分辨率商业遥感卫星,能够提供各种高分辨遥感卫星图像,常使用的高分辨率卫星数据有IKONOS、QuickBird、高分系列、资源三号卫星等。

IKONOS卫星:IKONOS是美国空间成像公司于1999年9月24日发射升空的世界第一颗高分辨率商用卫星,广泛用于基础地理信息的更新、土地详查、环境及灾害的调查与监测等。可采集1m分辨率全色和4m分辨率多光谱影像,同时全色和多光谱影像可融合成1m分辨率的彩色影像。此外,其还具有灵活的侧摆能力,卫星从星下点两边侧摆各50°,这使得它具有很短的重访周期,对目标具有很强的机动覆盖能力。以1m的分辨率,IKONOS卫星的重访周期是3d;以1.5m的分辨率,IKONOS卫星的重访周期是1.5d。

IKONOS卫星提供立体图像数据可分为以下3级:

a.标准立体图像数据。没有经过地面控制点纠正,其平面精度和高程精度分别为25m和22m。

b.精纠正立体图像数据。经过地面控制点纠正,其全色波段平面精度和高程精度分别为4m和5m,多光谱波段的平面精度和高程精度分别为6m和9m。

c.增强型精纠正立体图像数据。经过地面控制点纠正,其全色波段平面精度和高程精度分别达到2m和3m,主要用于测制相应比例尺地形图、图像地形图。

QuickBird卫星:QuickBird卫星是美国DigitGloble公司于2001年10月18日发射,其全色波段的分辨率达到了0.61m。QuickBird卫星同时还提供四个多光谱波段图像,地面分辨率为2.44m。QuickBird图像产品分基本图像、标准图像、正射图像、立体像对等不同类型,从波段组成上图像产品分全色波段图像数据、多光谱图像数据、全色波段图像数据与多光谱图像数据产品包、融合图像数据,这些全色、多光谱和彩色产品可进行大多数的图像分类和分析,从而对各种自然灾害进行侦测评估,如地震、滑坡、崩塌、火灾、水灾等灾情。QuickBird图像的几何定位精度,在无地面控制点的情况下,基本图像可以达到14m。

此外,QuickBird卫星具有很高的地面覆盖幅宽,当垂直摄影时(分辨率为0.61m),覆盖幅宽16.5km,当倾斜30°成像时(分辨率1m),地面幅宽为22km。较宽的覆盖范围提高了数据的获取效率,也减少了后续镶嵌等的工作量。QuickBird卫星具有非常好的机动编程获取能力，具有1～3d的重访周期。

高分卫星：高分卫星(GF)是我国高分辨率对地观测系统重大专项(简称“高分专项”)中的一部分，包含至少7颗卫星和其他观测平台，分别编号为“高分一号”到“高分七号”，它们都将在2020年前发射并投入使用。“高分一号”为光学成像遥感卫星，是我国“高分专项”的第一颗卫星；“高分二号”也是光学遥感卫星，但全色和多光谱分辨率都提高一倍，分别达到了1m全色和4m多光谱，引领中国卫星遥感进入亚米级时代；“高分三号”为1m分辨率；“高分四号”为中国首颗地球同步轨道高分辨率遥感卫星，全色分辨率为50m，在气象、应急抢险救灾等方面都有很高的应用价值；“高分五号”不仅装有高光谱相机，而且拥有多部大气环境和成分探测设备，如可以间接测定PM2.5的气溶胶探测仪；“高分六号”的载荷性能与“高分一号”相似；“高分七号”则属于高分辨率空间立体测绘卫星。“高分”系列卫星覆盖了从全色、多光谱到高光谱，从光学到雷达，从太阳同步轨道到地球同步轨道等多种类型，构成了一个具有高空间分辨率、高时间分辨率和高光谱分辨率能力的对地观测系统。

目前，我国已于2013年和2014年相继成功发射了“高分一号、高分二号”卫星，并且投入了使用；2015年6月和12月，“高分八号”和“高分四号”卫星也相继成功发射升空。未来几年，我国将陆续发射其余多颗高分卫星，为我国现代农业、防灾减灾、资源环境、公共安全等重大领域提供服务和决策支持。

资源三号卫星：2012年1月9日11时17分，我国第一颗民用高分辨率立体测图卫星“资源三号”在太原卫星发射中心成功发射升空。资源三号卫星主要用于1∶50 000立体测图及更大比例尺基础地理产品的生产、更新和数据库建设需要，并兼顾资源调查、环境和灾害评估、水利、交通、城市规划以及国家安全等方面的需求。

资源三号卫星在轨道高度为506km的太阳同步轨道上飞行，卫星具有侧摆功能，可对地球南北纬84°以内的地区实现无缝影像覆盖，每59d实现对我国领土和全球范围的一次影像覆盖，在特殊情况下，能够在5d之内对同一地点进行重访拍摄。与我国现有的资源类遥感卫星相比，资源三号测绘卫星图像分辨率高、图形几何精度和目标定位精度较高，其具有的1∶50 000比例尺的立体测图能力在国际上有很强的竞争力，对追赶国际卫星遥感技术具有十分重要的意义。

2.航空遥感

航空遥感是通过飞机按一定的规则摄取有重叠的地面立体像片，并采用严密相机模型恢复立体，采用专用设备进行量测而获得地面三维空间信息资料的测量手段。这是一种非常成熟的数据采集方法，早已被广泛应用。它获取的地表信息精度可达分米级，当采用机载GPS时，可精确测量摄影瞬间航空相机的空间位置，从而可以大量减少地面控制点，获取地面信息更具优势。

(1)技术特点

航空遥感是快速获取灾情的重要手段之一，具有技术成熟、成像比例尺大、地面分辨率高、机动灵活等特点。在灾情侦测领域，主要适用于对局部受灾区域及特定地质灾害体的调查。缺点是飞行高度、续航能力、姿态控制、全天候作业能力以及大范围的动态监测能力较差。在同样长的时间内，航空遥感的观察范围远远小于卫星遥感。

(2)数据来源

目前，航空遥感灾情侦测主要是利用航空飞机搭载光学相机等任务设备对灾区整体或局部进行航拍，从而获得灾区影像数据。其中低空无人机作为一种新兴遥感手段，具有飞行高度低、操作方便、机动灵活，可以实现高精度测量，获得高清晰度、大比例尺影像等优点，在抢险救灾中发挥着重要的信息支撑作用。限于篇幅原因，将在本章第二节对无人机低空遥感进行详细叙述。

(3)航空摄影测量流程

为了获得航空遥感的基础数据，首先要进行航空摄影，通常需进行以下工作：

一是摄影前的准备工作。当航空摄影区域较大和区域内地形起伏明显时，应在旧的地图上将区域划分为若干分区。然后编辑航空摄影设计书，包括确定航空摄影的比例尺，航空摄影机的选择，摄影航高的确定，航向和旁向重叠的计算，摄影基线和航线间距的确定等工作。同时计算曝光间隔和曝光时间。编辑航空摄影领航图。

二是空中摄影的实施。航空摄影必须按航空摄影设计书进行。摄影时还应考虑风向和风力，依据摄影时的风速和飞机速度，进行偏流角的修正，使摄影方向与设计时一致。通常要求采用的定向装置按航空摄影设计航线进行，保持摄影航线相互平行。摄影时间一般在上午 9 时至下午 4 时。摄影完毕后，应即时进行摄影处理。

(三)遥感影像分辨率的选择

影像分辨率是指摄影像片上再现物体细部的能力，是决定影像精度的一个重要指标，影像精度应满足相应比例尺地图对于影像识别能力和成图精度要求。目前，遥感技术提供多种空间分辨率的影像产品，有千米、百米、十米、米以及亚米等级别，对于有一定空间分辨率的遥感影像，如果将成图比例尺确定得过大，则影像图上的影响会模糊，影响成图质量；反之，将成图比例尺确定得太小，影像包含的信息又反映不出来，造成不必要的信息损失和资源浪费。经过理论计算和大量试验验证，遥感影像空间分辨率与成图比例尺的对应关系见表 8-1。

遥感影像空间分辨率与成图比例的关系 表 8-1

成图比例尺	1∶5 000	1∶10 000	1∶50 000
图像空间分辨率	不低于 1m	不低于 2.5m	不低于 10.0m

1.航空遥感影像分辨率的选择

航空摄影测量中没有直接给出对影像分辨率的要求，但可以通过对摄影仪物镜分辨率的要求和航摄比例尺来推断。航摄中航摄仪镜头分辨率表示通过航空摄影后在影像上能够分辨的线条的最小宽度(这里没有考虑软片和像纸的分辨率)。在航摄规范 GB/T 15661—1995 中规定航摄仪有效使用面积内镜头分辨率“每毫米内不少于 25 线对”。根据物镜分辨率和航摄比例尺可以估算出航摄影像上相应的地面分辨率 D，即 $D=M/R$。(其中 M 为航摄比例尺分母，R 为镜头分辨率)。根据航摄规范中“航摄比例尺的选择”的规定和以上公式，可得表 8-2。

成图比例尺与航摄比例尺及地面分辨率的关系 表 8-2

成图比例尺	航摄比例尺	影像地面分辨率(m)
1∶500	1∶2 000～1∶3 000	0.05
1∶1 000	1∶3 500～1∶4 000	0.1
1∶2 000	1∶6 000～1∶8 000	0.2
1∶5 000	1∶10 000～1∶20 000	0.4～0.8
1∶10 000	1∶20 000～1∶40 000	0.8～1.6

续上表

成图比例尺	航摄比例尺	影像地面分辨率(m)
1∶25 000	1∶25 000～1∶60 000	1.0～2.4
1∶50 000	1∶35 000～1∶80 000	1.4～3.2

注:①所谓航摄比例尺是指空中摄影计划设计时的相片比例尺,由航摄仪的焦距 f 与摄影时平均航高之比确定。航摄比例尺的选取要以成图比例尺、区域地形、摄影测量内业成图方法等因素综合确定。

②所谓地面分辨率是指表示像片上影像分辨率的线对宽度所对应的地面距离,是评价航空摄影测量的技术参数,以 m 为单位。

③由于卫星遥感与航空遥感的成图原理相似,因此,上表可以作为选择卫星影像分辨率的参考。顺便指出,从表中可以看出,虽然成图比例尺愈大,所需的影像分辨率愈高,但两者并不构成线性关系。

2.卫星遥感影像分辨率的选择

卫星遥感影像分辨率的要求,主要根据摄影比例尺和成图比例尺来确定,同时还要考虑现有可获取卫星影像的产品规格,因为卫星摄影与航空摄影不同,其摄影高度(即航摄比例尺)是固定的。卫星遥感测图时,要将影像分辨率、成图比例尺、成图精度和摄影机的技术水平综合起来分析,才能对影像分辨率提出要求。常用的几种商业卫星影像的分辨率见表 8-3。

几种常用商业卫星影像的分辨率 表 8-3

卫星	QuickBird-2	IKONOS-2	SPOT-5	SPOT-4	Landsat-7
最高分辨率(m)	0.61	1	2.5	10	15

对照表 8-2 和表 8-3,就目前较为稳定的卫星影像来讲,对于 1∶5 000～1∶50 000 的影像数据可以考虑如表 8-4 所示的分辨率选择。

不同成图比例尺卫星遥感的分辨率的选择 表 8-4

成图比例尺	卫　星	分辨率(m)
1∶5 000～1∶10 000	QuickBird-2	0.61
	IKONOS-2	1
1∶25 000	QuickBird-2	0.61
	IKONOS-2	1
	SPOT-5	2.5
1∶50 000	SPOT-5	2.5

(四)地理控制信息源的选用

遥感地理控制信息源主要包括地面控制及数字高程模型(DEM)两类。

1.地面控制

影像纠正控制点可采用国家控制点、地形图采集、GPS 现场实测等方法进行,从而对遥感图像进行畸变消除,并与地理坐标配准,对图像进行校正。采用 GPS 实测时,根据相关测量规范要求,点位精度见表 8-5。

GPS 实测点位精度要求表 表 8-5

DOM 比例尺	实测点位精度	DOM 比例尺	实测点位精度
1∶10 000	不得低于 0.5m	1∶50 000	不得低于 2.5m

2. 数字高程模型(DEM)

在遥感数据处理阶段,影像正射纠正的高程控制采用最新的数字高程模型(DEM)。在建立控制点网的基础上可选用地形图、航片立体像对、卫星图像像对或雷达数据来产生数字高程模型。DEM 的精度必须满足以下国家测绘规范要求:

(1)相邻分幅数字高程模型应有重叠区域,且接边后不出现裂隙现象。

(2)重叠区域的高程值应保持一致。

(3)DEM 应有完整的元数据,对数据的地理基础、精度、格网尺寸等信息有详细的记录。

(4)1∶10 000 DEM 格网尺寸不低于 12.5m,高程数据取位达到 0.1m;1∶50 000 DEM 格网尺寸不低于 25m,高程数据取位达到 1m。

四、遥感图像处理

遥感图像处理主要是对航摄或卫星对地观测所拍摄到的图像进行处理,提取有价值的灾情信息,从而形成具有决策依据的遥感影像图片。遥感图像的质量对于灾情的研判十分重要,对于航空像片,需要图像清晰,对比度适中,覆盖整个解译区域,且区域内无云影,比例满足灾情分析的需要;对于卫星遥感,其数据应覆盖整个工作区域,图像清晰,解译区域内不应有云影、噪声和声带缺失。

现阶段遥感影像处理主要借助 PCI、ENVI 及 ERDAS,结合 ArcMap 和 PhotoShop 等软件来完成,并根据灾情需求,做出符合灾情要求的遥感影像数据。

(一)卫星遥感图像处理

卫星遥感图像处理主要是对卫星拍摄到的图像进行处理,其一般处理流程如图 8-3 所示。

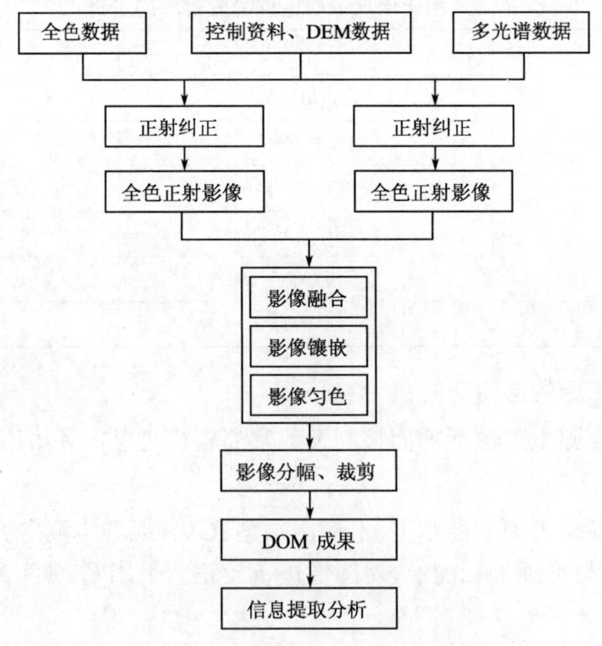

图 8-3　数据一般处理流程图

1. 影像纠正

我们拿到的遥感影像一般都由于平移、缩放、旋转、弯曲或其他原因而产生总体变形,所以在进行两幅影像拼接前需要进行几何校正处理。卫星遥感数据校正的目的就是借助地面控制资料及DEM数据，改正原始数据的几何变形，将数字图像投影到平面上，使其符合正射投影要求。通常，影像纠正可以在ArcMap和ERDAS中完成。

2.影像融合

多源遥感数据的融合是将多源遥感数据在统一的地理坐标系中，采用一定的算法生成一组新的信息或合成图像的过程。由于不同的卫星遥感数据具有不同的空间分辨率、波谱分辨率和时间分辨率，如果将各自的优势综合起来，就可以弥补单一图像上信息的不足。这样不仅扩大了各自信息的应用范围，而且大大提高了遥感影像的分析精度。

简单来说，遥感影像融合就是将一张低分辨率的多光谱影像和一张高分辨率的全色影像结合在一起，从而生成一张高分辨率的多光谱影像，融合后既保留了原始多光谱影像的颜色信息，又保留了原始全色影像的分辨率信息。影像融合一般主要在ENVI等软件环境下通过HSV变换方法进行。如像SPOT-5、IKONOS、QuickBird等高分辨率卫星数据在处理过程中，可将单波段数据分别合成10m(SPOT)、4m(IKONOS)或2.5m(QuickBird)分辨率的多光谱图像，再分别与2.5m、1m或0.6m分辨率的Pan图像融合，分别形成2.5m、1m或0.6m分辨率的多光谱图像，最后利用DEM/DTM对融合而成的多光谱图像进行校正，最终成功制作出符合要求的遥感影像图。

3.影像镶嵌

影像镶嵌是将两幅或多幅影像拼接在一起，构成一幅整体影像的技术过程。由于在影像纠正的过程中，控制点的误差、DEM的误差、计算过程中重采样的误差，造成了同一地面特征在不同影像上有不同的地面测量坐标；同时由于成像时太阳高度角、大气环境的不同以及成像时间的差异，使相邻影像呈现出不同的辐射特征。因此，影像镶嵌时除了各景图像按照上述要求进行处理外，各图像的成像季节尽可能接近，应非常细致地进行匀色处理，使其做到相邻图像无缝拼接及色彩、色调自然过渡。

4.影像匀色

影像匀色主要是在PhotoShop中进行。影像的匀色意识要贯穿于整个影像制作的全过程中。在融合部分，如有可能，则应尽量将两幅需要镶嵌的影像的颜色调的相近。在镶嵌过程之前，也可将两幅影像先匀色后在镶嵌，如效果不好，也可镶嵌后再进行匀色。

(二)航空遥感图像处理

随着航空影像数据的获取更加方便和及时，在应急抢险救援环境下影像数据的及时处理显得越来越重要。目前航空影像的快速拼接以及纠正处理大概可以分为两大类：一类是在不借助地面控制点的情形下，对获得的影像配准后进行拼接和纠正处理，这类处理方法由于没有考虑到投影差对影像拼接的影响，使得拼接误差的积累较快，拼接后的影像内符合精度较差，同时精度很低；另一类则是通过应用精度较高的地面控制点和姿态参数数据，利用传统的处理流程来对影像进行处理，这样处理得到的结果精度比较高，但是出图周期长、不利于实时应用。因此，结合应急救援需求中对精度和时间的不同要求，我们可以采用不同的处理方法。

1.传统航空影像处理流程

从目前国内外现有的摄影测量或影像处理软件来看，现有的影像处理软件大多是后处理软件，需要通过足够的地面控制点加以纠正，形成DOM和DEM产品，然后进行拼接获取测区的全景地形图，用以支持不同类型和目的的应用。

传统航空摄影在进行常规的航摄任务前，须在地面上利用基础地理数据为设计底图，按照航摄分辨率、重叠度等要求，顾及地形与摄区的覆盖范围，采用专业航摄任务规划系统来完成航摄分区、航线及曝光点位置高度的设计，起飞之前将设计文件导入到机上飞行导航与控制系统中，航摄过程中系统根据GPS提供的当前位置来判断是否和事先规划设计的点位一致，再启动相机曝光，进而实现获取影像。飞机落地之后应用相应的摄影测量专业软件，来进行获取影像区域网的空三加密，之后再利用空三加密定向成果及高精度匹配编辑获取到的数据高程模型(DEM)来进行数字纠正，经镶嵌、剪切、色调调整等一系列的处理得到以图幅为单位的数字正射影像成果数据。图8-4是传统的航空影像作业流程图，以LPS处理流程为例。

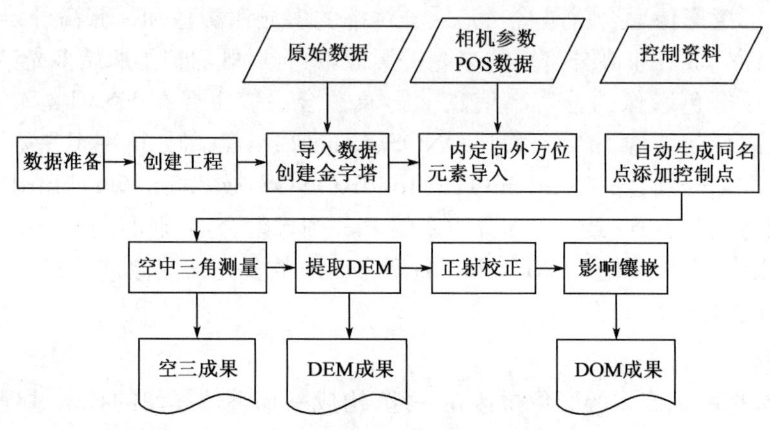

图8-4 LPS软件一般处理流程图

从上面LPS处理流程可知，传统的航空影像的处理都需要通过空三解算过程来生成DEM和DOM产品，这套流程获取的数据产品精度高，但同时要求的作业流程多、耗时，虽然现在这些产品都或多或少采取了一定的优化和加速技术，但是对于应急抢险救援来说，在精度需求相对不高的应急测绘环境下实际上是增加了一些不必要的工作量，同时也没有充分利用目前国家基础地理信息数据库中已有的摄影测量的成果即4D产品(DEM、DOM、DLG、DRG)，在整体的处理时间上也不能满足应急抢险过程中实时的需求。

2.快速航空影像处理流程

航空影像数据在应急抢险中的应用，影像图的绝对定位精度往往不是首要的，快速得到受灾区域的正射影像或准正射影像通常是抢险部门想要的。传统航空影像数据处理过程需要有严密的量测相机标定系数和高精度的控制点数据，从而得到DEM和DOM产品，整体的处理时间相对比较长，不利于对灾情的及时研判。因此，在传统航空影像数据处理流程及一定精度的基础和要求下，最大限度的简化处理流程，对于应急抢险救灾来说是十分必要的。

(1)去掉影像的预处理过程，影像的预处理过程中主要是进行影像的畸变差纠正，纠正由于非量测相机所造成的像片边缘的光学畸变，还原景物实际地面的位置从而为空三加密做准备。通过研究表明，经过预处理的影像和没有经过预处理的影像在进行正射纠正后拼接的效果相接近，故可以直接用正射纠正还原景物实际位置去掉预处理过程。

(2)省略空三加密过程，空三加密主要是应用像片控制点来生成加密控制点，进而生成高精度外方位元素和DEM数据，整个过程需要大量的人工参与，处理时间占整个处理过程绝大部分，因此，此部分是快速处理简化的重点，应用POS系统获得的外方位元素和地形数据库内已有的DEM数据代替空三加密。

(3)由于正射纠正所应用的数据不是空三加密获得的，在精度上存在误差，为了确保整体影像精度的要求，需要用控制点对整体影像进行纠正，从控制点的获得及效率方面考虑，采用控制点影像来对整体影像纠正，提高整个时间效率。

通过大量理论和实践的研究分析，并根据应急测绘灾情初步评估中对数据精度和时间的要求等分析，可得到如下航空影像数据快速处理流程图(图 8-5)。

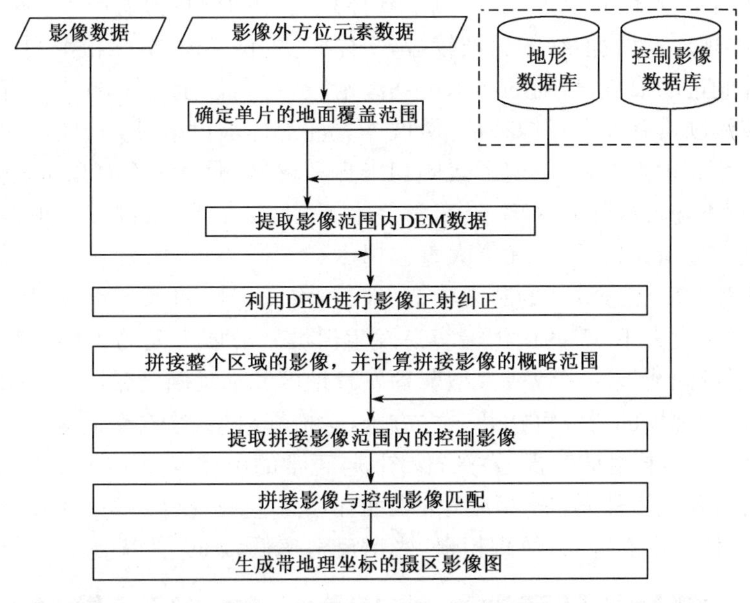

图 8-5 航空影像数据快速处理流程图

五、遥感数据分析

结合近些年国内发生的几次重大自然灾害，遥感技术的应用为应急抢险工作的决策发挥了极其重要的作用，其实际应用也日渐增多。但是应急救援指挥部门作为灾害侦测成果的吸收者，对于数据的来源和处理关心甚少，更多关心的是如何综合正确分析采集并处理后的遥感影像，以及如何识别受灾体，如何准确研判灾情等，这就要求我们对遥感数据具有一定的分析能力，从而确保救援工作科学、准确、高效地完成。如“5・12”汶川地震发生后，在无人机遥感影像上，通过人工判读滑坡、崩塌、泥石流等次生灾害的纹理和形态特征，并且与灾前高分辨率卫星和航空遥感影像进行对比，从而快速确定了灾害发生的地理位置、面积和分布，分析出了可能形成的堰塞湖及道路、桥梁等交通设施的损毁情况，最终对灾区的灾情做出了正确评估。

(一)地质及次生地质灾害的影响信息特征

自然灾害信息在遥感影像上以光谱特征、几何特征来反映，不同的灾害信息在遥感影像上的形状、大小、色调、纹理布局和地理位置等方面均有不同，滑坡、崩塌和堰塞湖这些灾害影像特征通常是以周界不同的色调显示出灾害的大致轮廓，并在附近有大量的岩体、土体及混合堆积体和散落堆积体出现。

1. 滑坡解译特征

滑坡是斜坡上的岩体或土体沿一定的软弱面或带，整体或分散顺坡向下滑动的一种物理地质现象。滑坡除了从影像本身的典型特征判别外，还应从大范围的地貌形态进行判断。在遥感图像上，其平面形态多成环状和椭圆形，上部为半圆形围椅状陡坎，下部为滑坡体，多呈舌状体，也称滑坡舌，其表面多裂隙，其前缘有时有向上翘起的斜坡，滑坡有时单个出现，也有时成群存在。如果滑坡是新近形成的，其上的树林常形成歪斜的“马刀树”、“醉汉林”，易于辨认。在大比例尺遥感影像上能见到明显的滑坡壁、滑坡台阶、封闭洼地、滑坡舌和滑坡裂隙等滑坡要素。

利用遥感影像不仅能解译滑坡及识别滑坡的形态要素，还能区分滑坡体是否稳定。已稳定的滑坡体往往后壁较高，长满了树木，找不到擦痕，且十分稳定；滑坡平台宽、大，且已夷平，土体密实，无沉陷现象；滑坡前缘的斜坡较缓，土体密实，长满树木，无松散坍塌现象，前缘迎河部分有被河水冲刷过的痕迹；目前的河水已远离滑坡舌部，甚至在舌部外已有漫滩、阶地分布等。不稳定滑坡体则具有如下影像特征：滑坡体表面总体坡度较陡，而且延伸较长，坡面高低不平；有滑坡平台，面积不大，且不向下缓倾和未夷平现象；滑坡表面有泉水、湿地，且有新生冲沟；滑坡体表面有不均匀沉降的局部平台，参差不齐；滑坡前缘土石松散，小型坍塌时有发生，并面临河水冲刷的危险；滑坡体上无巨大直立树木。

滑坡地貌解译时应注意滑区的断裂构造、地貌特征、岩性和水文条件，特别是大规模的活动断裂地带，地形坡度大于35°的山体最容易发生滑坡。滑坡规模的大小多与地质构造有关，在岩性脆弱、岩层倾向或坡向一致或大型节理发育地区和活动断裂带附近，常发生规模较大的滑坡。一般而言，大规模的滑坡可达几千立方米，常掩埋村镇，堵塞交通等。

图8-6所示为北川县滑坡航摄遥感影像图，与正常的山体表面进行对比，滑坡体原来位置表层以下新的岩石和土质外露，比周围正常表面在图像上表现得要亮一些，除此之外，滑坡造成植被破坏，滑坡体中乱石分布，纹理粗糙，光谱反射率低，灰度值较小。

图8-6　北川县滑坡航摄遥感影像图

通过遥感影像进行滑坡的解译，能快速、准确地将滑坡体动态变化信息显示出来，此外，还可以利用不同时相的图像进行对比分析，预测滑坡的发展趋势。

2. 崩塌解译特征

陡峻或极陡斜坡上，某些大石块或巨大岩块突然崩落或滑落，顺山坡猛烈地翻滚跳跃，岩块相互撞击破碎，最后堆积于坡角，这一过程称为崩塌。崩塌常发生在岩性坚硬、节理发育地区的陡坎周围，形成由岩块、岩屑堆积成的倒石堆和岩屑堆。前者坡面陡直，大比例尺遥感影像上呈深色调，后者坡面下凹，大比例尺遥感影像上呈浅色调，两者由于坡面不稳，上面没有植被生长，图像上多呈现白色亮点。

在遥感影像上，新的崩塌的陡崖色调较浅，老的陡崖色调较深。新生的崩塌体植被少，古老的崩塌体植被生长较为茂盛。崩塌的规模不一，大型崩塌体通常发生在活动构造或地震区、高山区，它的上方常有弧形裂缝或断裂构造，大型崩塌区大量的崩塌物可以堵塞河谷，迫使河流改道。

崩塌与滑坡都属于重力地貌类型，但图像特征存在显著差异。崩塌主要表现为块体的垂直运动，与以水平运动为主的滑坡不同。崩塌物常堆积在山坡脚，呈锥形体，结构凌乱，没有滑坡体那样规则的几何形状；崩塌体完全脱离母体，而滑坡堆积物常具有一定的外部形状，滑坡体整体性较好，反映出层序和结构特征，滑坡体很少是完全脱离母体的，多属部分滑体残留在滑床之上；崩塌体表面基本上不见裂缝分布，而滑坡体表面，尤其是新发生的滑坡体，其表面有很多具有一定规律的纵横裂缝。

图 8-7 所示为“5・12”汶川地震山体崩塌航摄影像图，崩塌壁颜色多呈浅色调或接近灰白色，崩塌体堆积在平缓地段，表面粗糙。

3.泥石流解译特征

泥石流在遥感影像上极易识别。泥石流的遥感解译主要依据该地区的泥石流发生条件是否具备和其在遥感影像上的图像特征。一般情况下，标准型的泥石流流域可清楚地分辨其形成区（泥石流物源区）、流通区（泥石流沟）和堆积区（泥石流扇）。

(1)泥石流形成区

流域多呈勺状、漏斗状、椭圆状等两面环山，并且地势陡峻，植被稀少，岩石强烈破碎，色调深浅不一，图像比较粗糙。常发育堆积层滑坡，或溯源侵蚀极强而产生坍塌，或密集细沟、深切沟，时有撂荒地。

(2)泥石流流通区

流动的泥石流呈条带状扇形，轮廓不固定，沟槽宽窄曲直不一，多呈分叉的河段或干沟。沟槽内有大量松散固体物质呈浅色，无植被生长。图像结构粗糙的是粗砾堆积物，细腻的是细砾堆积物沟槽顺直段，具冲刷图像特征，缺少堆积物。

(3)泥石流堆积区

堆积区主要位于沟口，遥感影像上常呈扇状、三角形或不规则形，一般位于泥石流出山口处。

图 8-8 所示为映秀至汶川几处典型泥石流遥感影像图，各个泥石流的物源区形态、大小、松散物质的松散程度、丰富程度，泥石流沟的地形地貌条件全都一目了然，堆积物直接掩埋公路，堰塞岷江。

图 8-7 “5・12”汶川地震山体崩塌航摄影像图

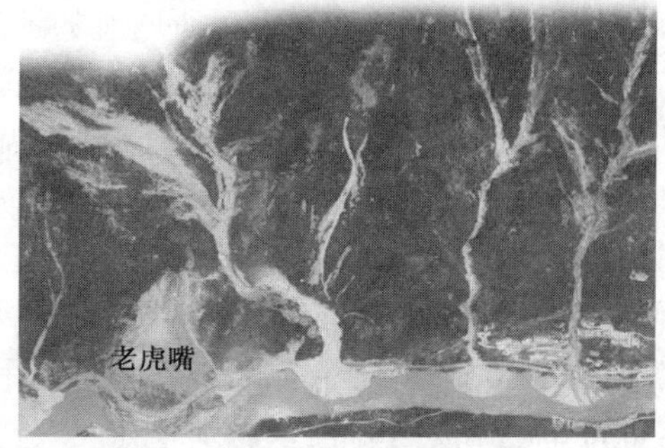

图 8-8 泥石流遥感影像图

遥感影像上对泥石流的解译直观、清晰，而且还能利用多时相遥感图像进行对比分析，研究不同时期泥石流的发生和发展趋势，综合分析区域泥石流发生的地质背景和可能发生的地段，并测算其面积和土石方量，从而减少泥石流造成的损失。

泥石流与滑坡、崩塌的关系也十分密切，易发生滑坡、崩塌的区域也易发生泥石流，只不过泥石流的发生多了一项必不可少的水源条件。崩塌和滑坡的物质还经常是泥石流发生的重要松散固体物质来源。滑坡、崩塌还常常在运动过程中直接转化成泥石流，或者滑坡、崩塌发生一段时间后，其堆积物在一定的水源条件下生成泥石流，即泥石流是滑坡和崩塌的次生灾害。泥石流和滑坡、崩塌有着许多相同的促发因素。在泥石流的遥感解译中，除了重视泥石流自身的几何形态外，泥石流与滑坡、崩塌的相互关系也不能忽视。

4.堰塞湖解译特征

堰塞湖是在一定的地质与地貌条件下，由于火山喷发物、滑坡体、泥石流和冰川堆积物等形成的自然堤坝堵塞河谷后，造成上段壅水而形成的湖泊。其中，由于自然灾害引发河道两侧山体滑坡或崩塌，滑坡体或崩塌体落入河道形成拦水堤坝、河水聚集成湖的现象称为堰塞湖。堰塞湖在遥感影像上的解译标志非常明显，一般位于由滑坡、崩塌等堆积体阻断的河道，其围堰体与周围山体有明显的色调差异。

图 8-9 是“5·12”汶川地震所造成的唐家山堰塞湖，可以清楚地看出在堵塞处水体和堵塞体在光谱和形态上表现出明显的差异和分界。

图 8-9　唐家山堰塞湖遥感影像图

(二)公路交通设施的影像信息特征

以地震灾害为例，地震发生后所诱发的地质灾害常造成多处道路遭到破坏，在灾区出现路面拱起、差异沉降、拉裂等现象非常普遍。这也是地震发生后，造成救援人员和相关的设备物资难以迅速抵达震中的原因，使救援工作推进困难甚至停滞，造成了严重的间接损失。为了对道路损毁度快速评估，使救援工作顺利开展，需要从遥感影像上提取道路信息。

完整道路在影像上通常灰度均一，在几何形态上排列有序，纹理结构规则，但破坏性地震使路面出现裂缝或者有大量崩塌、滑坡形成的堆积物引起地表粗糙度和反射率的变化，使得灰度和纹理特征遭到破坏，甚至部分目标消失，呈现出块状或面状。在这种情况下，我们可以通过整体布局和色调异常特性来识别。如图 8-6 所示，滑坡造成道路损毁，在滑坡体处道路发生中断，中断处发生明显的光谱和纹理特征的转折，道路周围出现岩体、土体堆积物，这些堆积物常形成与背景色调不协调的色调斑块，道路通常呈灰白色条带。

(三)遥感影像解译方法

目前，综合分析遥感影像的方法主要有两大类：一是计算机信息提取，二是人工判读。计算机信息提取速度快，但精度较低。人工判读的质量与解译人员的专业知识技能有关，特点是解译人员可以综合运用多种方法进行判读，提取精度高，但工作量大，效率较低。

1. 计算机信息提取

利用计算机进行遥感信息的自动提取则必须使用数字图像，由于地物在同一波段、同一地物在不同波段都具有不同的波谱特征，通过对某种地物在各波段的波谱曲线进行分析，根据其特点进行相应的增强处理后，可以在遥感影像上识别并提取同类目标物。计算机解译通常利用专业图像处理软件实现对图像的自动识别和分类，从而提取专题信息的方法，它包括计算机自动识别和计算机自动分类。

计算机自动识别（模式识别），是将经过精处理的遥感图像数据根据计算机所研究的图像特征进行的处理。计算机自动分类分为监督分类和非监督分类。监督分类是根据已知试验样本提出的特征参数建立解译函数，对各待分类点进行分类的方法；非监督分类是事先并不知道待分类点的特征，仅仅根据各待分类点特征参数的统计特征，建立决策规划并进行分类的一种方法。目前，主要通过 ERDAS、ER Mapper、PCI 等图像处理软件进行遥感图像解译。解译得到的栅格数据，可以转换成矢量数据，以备进一步的处理使用。

计算机解译能够克服肉眼分辨率的局限性，提高解译速度，而且随着技术的日趋成熟，还能从根本上提高解译精度。面对海量遥感数据，深入研究图像的自动解译，对地理信息系统和数字地球的建设具有重要的意义。

2. 人工判读

人工判读方式主要通过目视解译方式进行，是目前遥感影像数据分析的主要方法，借助以往案例和经验，结合灾区图像的影像特征（色调或色彩，即波谱特征）和空间特征（形状、大小、阴影、纹理、图形、位置和布局等），识别分类和提取灾区反映灾情的地物目标，采用定性或大致定量的方式描述灾情，同时，结合不同时相、不同来源数据的对比和交叉验证，分析灾情特征目标的空间位置、地理分布、形态变化和灾害损失情况。具体而言，①确立能反映受灾区域的各项灾情指标，如农作物、倒塌房屋、基础设施和道路桥梁等；②确定各项灾情指标地物在遥感侦测影像中的位置，按照指标的不同功能和不同的结构分区，根据资料掌握情况，通过不同的时间段、不同俯视角度、相同位置指标影像的变化程度，判读指标地物受灾程度；③结合其他多源高分辨率遥感影像，综合对比验证判读结果，提高判读准确度；④根据应急救援不同阶段中灾情指标侦测重点的不同，随时调整指标影像的分辨率，局部放大或整体缩小，有针对性进行详细判读。

（1）目视解译原则

遥感影像目视解译的原则是先“宏观”后“微观”；先“整体”后“局部”；先“已知”后“未知”；先“易”后“难”等。一般判读顺序为，在中小比例尺像片上通常首先判读水系，确定水系的位置和流向，再根据水系确定分水岭的位置，区分流域范围，然后再判读大片农田的位置、居民点的分布和交通道路。在此基础上，再进行地质、地貌等专门要素的判读。

（2）目视解译方法

①总体观察

观察图像特征，分析图像对判读目的任务的可判读性和各判读目标间的内在联系。观察各种直接判读标志在图像上的反映，从而可以把图像分成大类别以及其他易于识别的地面特征。

②对比分析

对比分析包括多波段、多时域图像、多类型图像的对比分析和各判读标志的对比分析。多波段图像对比有利于识别在某一波段图像上灰度相近但在其他波段图像上灰度差别较大的物体；多时域图像对比分析主要用于物体的变化繁衍情况监测；而多类型图像对比分析则包括不同成像方式、不同光源成像、不同比例尺图像等之间的对比。各种直接判读标志之间的对比分析，可以识别标志相同（如色调、形状），而另一些标识不同（纹理、结构）的物体。对比分析可以增加不同物体在图像上的差别，以达到识别目的。

③综合分析

综合分析主要应用间接判读标志、已有的判读资料、统计资料，对图像上表现得很不明显，或毫无表现的物体、现象进行判读。间接判读标志之间相互制约、相互依存，根据这一特点，可作更加深入细致的判读。地图资料和统计资料是前人劳动的可靠结果，在判读中起着重要的参考作用，但必须结合现有图像进行综合分析，才能取得满意的结果；实地调查资料，限于某些地区或某些类别的抽样，不一定完全代表整个判读范围的全部特征。只有在综合分析的基础上，才能恰当应用、正确判读。

第二节　无人机应急侦测技术

无人机应急侦测是通过无人驾驶飞行器搭载传感设备，快速获取作业区域地物信息，并进行数据处理、信息提取与分析应用。涉及遥感传感器技术、遥感控制技术、通信技术、差分定位技术等；与传统载人航空遥感平台相比，具有飞行高度低、灵活方便、不受云雾天气影响、获取成本低、操作方便、影像分辨率高等优点，能及时对灾害发生情况、影响范围及潜在次生灾害的调查提供技术支持，已成为灾情快速侦测与评估的重要手段之一。

一、无人机分类及特点

近年来，国内外无人机相关技术飞速发展，无人机系统种类繁多、用途广泛，致使其在尺寸、质量、航程、航时、飞行高度、飞行速度、性能以及任务等多方面都有较大差异。由于无人机的多样性，出于不同的考量会有不同的分类方法，其可按飞行平台构型、用途、尺度、活动半径、任务高度等方法进行分类。

(1)按飞行平台构型分类，无人机可分为固定翼无人机、旋翼无人机、无人飞艇、伞翼无人机、扑翼无人机等。

(2)按用途分类，无人机可分为军用无人机和民用无人机。军用无人机可分为侦察无人机、诱饵无人机、电子对抗无人机、通信中继无人机、无人战斗机以及靶机等；民用无人机可分为巡查/监视无人机、农用无人机、气象无人机、勘探无人机以及测绘无人机等。

(3)按尺度分类，无人机可分为微型无人机、轻型无人机、小型无人机以及大型无人机。微型无人机是指空机质量小于或等于 7kg 的无人机；轻型无人机是指空机质量大于 7kg，小于或等于 116kg 的无人机，且全马力平飞中，校正空速小于 100km/h，升限小于 3 000m；小型无人机是指空机质量小于或等于 5 700kg 的无人机，微型和轻型无人机除外；大型无人机是指空机质量大于 5 700kg 的无人机。

(4)按活动半径分类，无人机可分为超近程无人机、近程无人机、短程无人机、中程无人机和远程无人机。超近程无人机活动半径 5～15km，近程无人机活动半径 15～50km，短程无人机活动半径 50～200km，中程无人机活动半径 200～800km，远程无人机活动半径大于 800km。

(5)按任务高度分类,无人机可分为超低空无人机、低空无人机、中空无人机、高空无人机、超高空无人机。超低空无人机飞行高度小于100m;低空无人机飞行高度一般为100～1 000m;中空无人机飞行高度一般为1 000～7 000m;高空无人机飞行高度一般为7 000～18 000m;飞行高度在18 000m之上为超高空无人机。

二、无人机在应急救援中的应用

结合抢险救灾需求,使用无人机进行应急救援可以解决以下三方面问题:

1. 灾情侦查

当灾害发生时,使用无人机进行灾情侦查,可以完成以下四方面工作:

(1)可以无视地形和环境,做到机动灵活开展侦查,特别是一些急难险重的灾害现场,侦查小组无法开展侦查的情况下,无人机能够迅速展开侦查。

(2)利用无人机进行应急测绘。利用无人机集成航拍测绘模块,将灾害事故现场的情况全部收录并传至现场指挥部,对灾害现场的地形等进行应急测绘,为救援的开展提供有力支撑。

(3)能够有效规避人员伤亡。既能避免人进入泥石流、滑坡、有毒、易燃易爆等危险环境中,又能全面、细致掌握现场情况。

(4)集成侦检模块进行检测。比如集成可燃气体探测仪和有毒气体探测仪,对易燃易爆、化学事故灾害现场的相关气体浓度进行远程检测,从而得到危险部位的关键信息;又如集成测温、测风速等设备,可对灾害现场环境情况进行细化了解。

2. 监控追踪

无人机的作用不仅仅局限在灾情侦查,在抢险救灾过程中所面对的各类灾害事故现场往往瞬息万变,在灾害事故的处置过程中,利用无人机进行实时监控追踪,能够提供精准的灾情变化情况,便于各级指挥部门及时掌握动态灾害情况,从而做出快速、准确的对策,最大限度地减少灾害损失。

3. 辅助救援

利用无人机集成或者灵活携带关键器材装备,能够为多种情况下的救援提供帮助。

(1)集成语音、扩音模块传达指令。利用无人机实现空中呼喊或者转达指令,能够较地面喊话或者指令更有效。

(2)为救援开辟救援途径。例如水上、山区救援中,现有的抛投器使用环境和范围均有很大的局限性,并且精准度差,利用无人机辅助抛绳或是携带关键器材(如呼吸器、救援绳等),能够为救援创造新的途径,开辟救生通道,并且准确、高效率。

(3)集成通信设备,利用无人机担当通信中继。例如在地震、山区等有通信阻断的环境下,利用无人机集成转信模块,充当临时转信台,从而使得极端环境下建立起无线通信的链路。

三、无人机应急侦测系统

无人机应急侦测系统是通过无人飞行器搭载光学相机、红外传感器、视频成像传感器、机载雷达等航摄任务专用载荷,对作业区地表状况进行探测,获取区域现势性信息并进行数据处理、信息提取与分析应用。主要由飞行平台、飞行控制系统、地面监控系统、任务设备、数据处理系统、发射与回收系统、野外保障装备以及其他附属设备组成(图8-10)。

(一)飞行平台

飞行平台主要有固定翼无人机、多旋翼无人机、无人直升机、无人飞艇等。

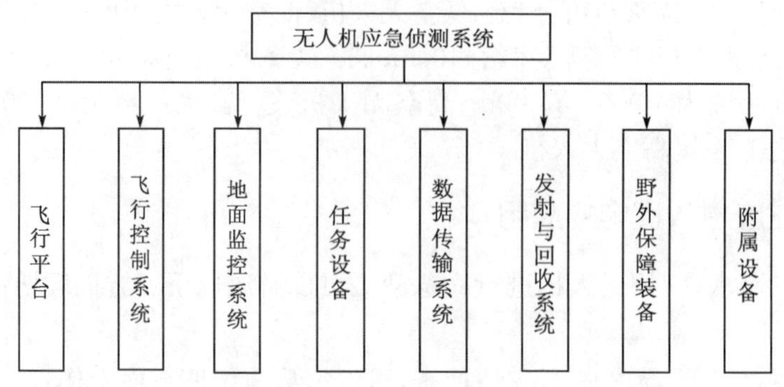

图 8-10　无人机应急侦测系统组成

固定翼无人机的起飞方式主要有弹射和跑道起飞两种方式(图 8-11)。跑道起飞要求有一定范围内的空旷场地、较为平整的滑跑场地。弹射起飞则要求在有风的条件下,选择逆风安置起飞。回收方式有伞降和滑跑降落、撞网回收等。固定翼无人机体积小巧、机动灵活,不需要专用跑道起降,受天气和空域管制的影响小,性价比高、运作方便,在越来越多的领域得到重要应用。

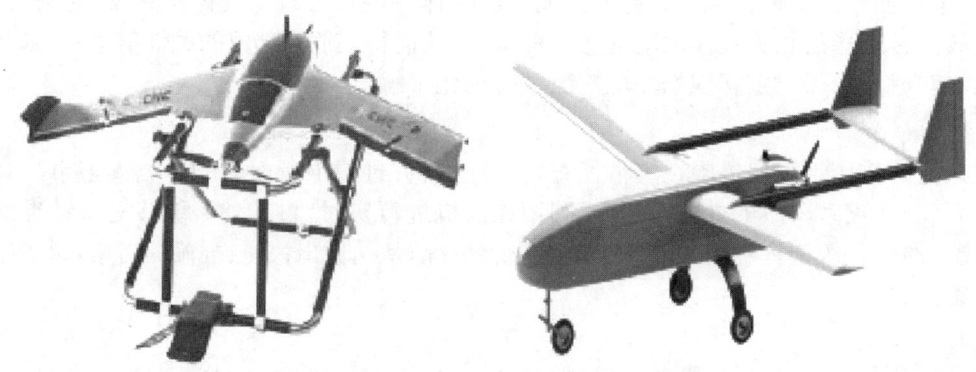

图 8-11　固定翼无人机

多旋翼无人机具有良好的飞行稳定性,如图 8-12 所示。通过旋翼在静止空气和相对气流中产生向上的力,操纵自动倾斜器可产生向前、后、左、右的水平分力;对于场地的要求较小,适

四旋翼无人机　　八旋翼无人机

图 8-12　多旋翼无人机

用于起降空间狭小、任务环境复杂的场合，具备人工遥控、定点悬停、航线飞行多种飞行模式，在城市大型活动应急保障、灾害应急救援中具有明显的技术优势。常见的无人多旋翼机有四旋翼、六旋翼、八旋翼等机型。

无人直升机，如图 8-13 所示，具备垂直起降、空中悬停和低速机动能力，能够在地形复杂的环境下进行起降和低空飞行，具有多旋翼和固定翼无人机不具备的优势，独特的飞行特点决定了它不可替代的优势。无人直升机起飞重量大，可以搭载激光雷达、红外传感器等大型传感设备。因为无人直升机是一个具有非线性、多变量、强耦合的复杂被控对象，其飞行控制技术更加复杂。

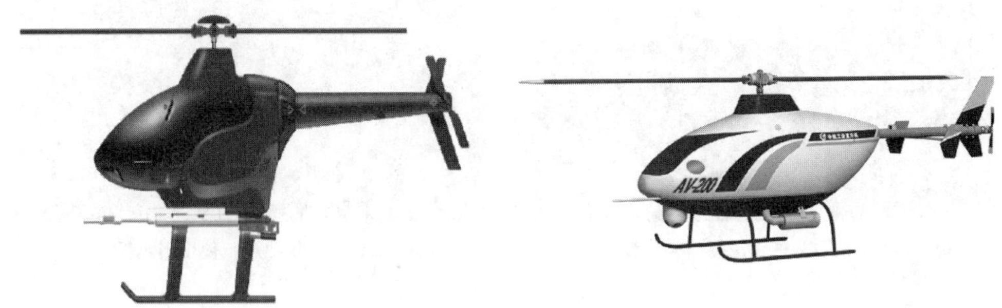

图 8-13　无人直升机

无人直升机的飞行控制方式有 3 种：遥控型、自动型和自主型。遥控型是指通过数据链由地面操作人员对无人直升机进行控制，属"人在回路"控制，要求地面操作人员具有比较专业的水平，因而无法满足工程化和实用化的需求，是实现自动型和自主型控制的过渡阶段。自动型是指根据任务不同，在起飞前规划好航线，设置好控制参数，使无人直升机按预定的航线飞行，完成相应的任务，同时具备简单的故障和应急处置模式。自主型是指无人直升机不依赖人的干涉，能够进行自主控制。飞行控制技术的突破是实现无人直升机真正工程化和实用化的关键。飞行控制技术水平决定了无人直升机的能力，技术水平越高，能力越强，所能承担的任务越多，适应复杂环境的能力越强，用途更加广泛。

无人飞艇航测系统，如图 8-14 所示，是将航测技术和无人飞艇技术紧密结合的新型低空高分辨率遥感影像数据快速获取技术，系统具有高机动性、低成本、小型化、专用化、快速、实时对地观测等特点，可作为卫星遥感和常规航空遥感的重要补充手段。无人飞艇主要由主气囊、副气囊、吊舱、推进器和燃料箱、调压系统以及控制系统组成。根据气囊结构不同，飞艇可分为软式、半硬式和硬式 3 种类型。飞艇主气囊充填氦气，比空气轻而产生浮力，飞艇停留在空中时，只需很少的动力就可以使其在空中飞行。由于无人飞艇与其他飞行器相比，具备容积大、

图 8-14　无人飞艇

有效载荷大、续航能力强、可低空慢速获取高清目标图像、可靠性安全性好等诸多优势，在农业、水利、电力、交通及应急救援等众多领域中，得到广泛运用。

针对不同的应急需求，常采用不同的飞行器。对于自然灾害灾情侦查，主要是为了快速获取灾区的应急影像图，掌握灾情的现实性信息，通常使用多旋翼无人机以及固定翼无人机，如图 8-15 所示。

a)"8·03"云南鲁甸地震，使用四旋翼无人机进行灾情侦查

b)"4·25"尼泊尔地震，使用固定翼无人机进行灾情侦查

图 8-15　无人机灾情侦查

(二)飞行控制系统

飞行控制简称飞控系统，功能主要有两个：

一是飞行控制，即无人机在空中保持飞机姿态与航迹的稳定，以及按地面无线电遥控指令或者预先设定好的高度、航线、航向、姿态角等改变飞机姿态与航迹，保证飞机的稳定飞行，这就是通常所谓的自动驾驶。

二是飞行管理，即完成飞行状态参数采集、导航计算、遥测数据传送、故障诊断处理、应急情况处理以及任务设备的控制与管理等工作。

(三)地面监控系统

无人机升空后，虽然能在自动驾驶仪控制下自动工作，但有时会发生意外情况，最常见的是发动机机械故障、无人机失速。地面监控系统用来时刻监视无人机的工作状态，包括无线电遥控器、地面供电系统、监控计算机和监控软件(图 8-16)，其主要功能有：

(1)通过数据传输系统，地面监控站可以向飞控系统发送数据和控制指令等；

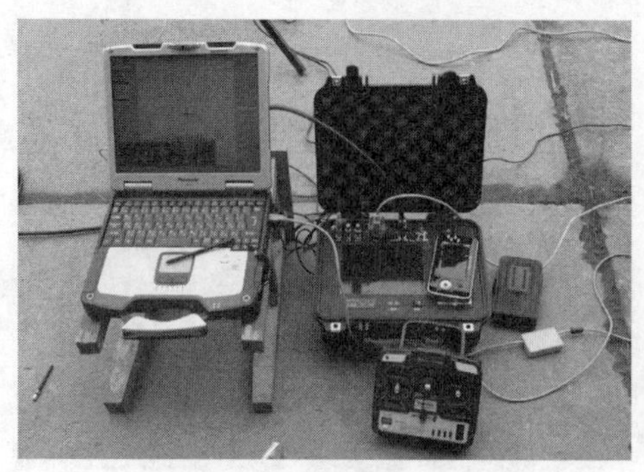

图 8-16　无人机地面监控系统

(2)可接收、存储、显示、回放无人机的高度、空速、地速、方位、航向、航迹、飞行姿态等飞行数据；

(3)能显示任务设备工作状态，显示发动机转速、机载电源电压等数值；

(4)在机载电池电压不足、GPS 卫星失锁、发动机停车、无人机失速、飞行数据误差等超限时，有报警提示功能。

(四)任务设备

无人机的任务设备主要指各种遥感传感器，包括光学相机、视频摄像机、红外传感器、机载雷达等。使用的传感器应具备数字化、体积小、重量轻、精度高、储存量大、性能优异等特点。任务设备的选择由航拍任务决定，根据任务的不同选择不同类型的设备，从而获取相应的遥感影像。同时，任务设备本身对曝光控制、分辨率、滤光、焦距等也根据航拍任务有不同设置。以地震灾害为例，地震灾害遥感影像数据采集多采用感光度和色彩深度好、存储量大的数码相机，广角镜头对焦至无穷远，以便获取高分辨率全色影像。

1. 光学相机

光学相机主要是用来获取灾区在可见光波段的影像信息，主要用于制图、变化检测等，也是现阶段灾情侦测使用最多、技术手段最为成熟的传感器(图 8-17)。其具有空间分辨率高、价格低、操作简单等特点，在数字摄影测量领域得到广泛应用。

a) Phase One iXU180

b) Nikon D800

图 8-17　光学相机

但是，光学相机也存在一些缺点：一是其像幅覆盖范围小于常规航空相机的覆盖范围，由此产生航空数码相机像对数增加、工作量增加；二是由于航片的交会角小，接近于常规长焦摄像机，因此航空数码摄影测量还存在高程精度低的问题。

2. 视频摄像机

视频摄像机主要是获取作业区域实时/近实时信息，主要用于大型活动安保、群体事件监测、城市应急救援等，是提供实时地理信息服务，实现动态测绘、实时测绘、动目标精确测绘的主要传感器(图 8-18)。

3. 红外传感器

红外传感器是以红外线为介质的测量系统，一切物体都在不停地辐射红外线，并且不同物体辐射的红外线强度不同，利用灵敏的红外线探测器接收物体发出的红外线，然后利用电子仪器对接收到的信号进行处理，就可以探测到被测物体的形状和特征(图 8-19)。

红外传感系统是用红外线为介质的测量系统，按照工程分成 5 类，按探测机理可分为光子探测器和热探测器。红外传感系统是用红外线为介质的测量系统，按照功能能够分成 5 类：辐射计，用于辐射和光谱测量；搜索和跟踪系统，用于搜索和跟踪红外目标，确定其空间位置并对它的运动进行跟踪；热成像系统，可产生整个目标红外辐射的分布图像；红外测距和通信系统；混合系统。红外传感器是红外波段的光点成像设备，可将目标入射的空外辐射转换成对应像元的电子输出，最终形成目标的热辐射图像。

a)无人机搭载Upano-T820全景摄像机

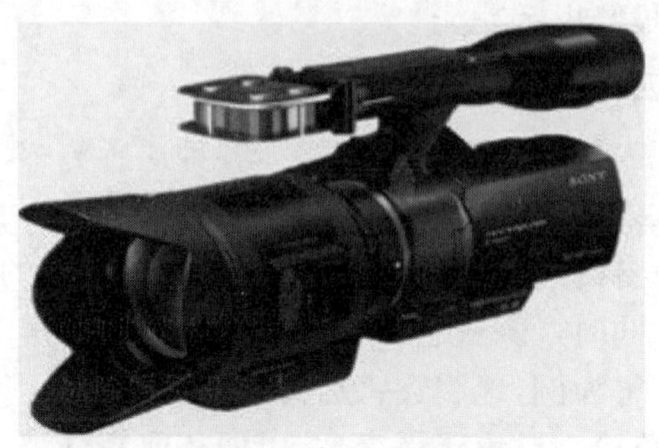

b)索尼NEX-VG30EH摄像机

图 8-18　视频摄影机

a)Onca 中红外相机

b)NEC H2 640 红外热像仪

图 8-19　红外谱段传感器

红外传感器包括近红外和中红外波段传感器，近红外波段传感器主要是获取夜间和阴天等环境中的灾情信息，而中红外波段传感器主要是获取高温信息，主要用于火源探查、火情等环境监测。

4. 机载雷达

机载雷达对地表具有一定的穿透能力，且作业条件限制小，能实现全天候、全天时观测，在洪水、内涝淹没区域水下地形探测中具有明显优势，如激光雷达、合成孔径雷达等。

(1)激光雷达

机载 LiDAR 又称机载激光雷达，是激光探测及测距系统的简称。机载激光雷达测量系统是一种主动航空遥感装置，是实现地面三维坐标和影像数据同步、快速、高精度获取，并快速、智能化实现地物三维实时、变化、真实形态特性再现的一种新型传感器(图 8-20)。

机载激光雷达系统设备主要包括三大部件：机载激光扫描仪、航空数码相机、定向定位系统 POS(包括全球定位系统 GPS 和惯性导航仪 IMU)。POS 系统部件测量设备在每一瞬间的空间位置和姿态，其中 GPS 确定空间位置，IMU 惯导测量俯仰角、侧滚角和航向角数据；机载激光扫描仪部件采集三维激光点云数据，测量地形的同时记录回波强度及波形激光扫描仪，是 LiDAR 的核心，一般由激光发射器、接收器、时间间隔测量装置、传动装置、计算机和软件组成；数码相机部件拍摄采集航空影像数据，利用高分辨率的数码相机获取地面的地物地貌真彩或红外数字影像信息，经过纠正、镶嵌可形成彩色正射数字影像，可对目标进行分类识别，或作为纹理数据源。图 8-21 所示为机载激光雷达的系统组成。

a)RIEGL VUX-1 激光雷达传感器　　b)Li-Air 无人机激光雷达扫描系统

图 8-20　激光雷达

a) 机载激光扫描仪　　b) 航空数码相机　　c) POS系统(GPS+IMU)

图 8-21　机载激光雷达系统的组成

机载激光雷达的优势：可全时全天候的发射受控激光束，扫描地面和地面上的目标，获取地面三维数据；激光脉冲信号能部分穿透植被，可同时测量地面和非地面层，有效侦察受灾区域真实地形；12h 可完成 100km^2 区域的地形数据采集，24h 内完成 DEM 数据提取，获取数据速度快，无需对 DEM 数据进行正射校正，作业周期短、时效强；可产生点阵间距为 1m 或更小的 DEM，数据绝对精度在 0.30m 以内，布点密度大，采集数据速度快、精度高，集成 GPS 技术后，可直接作为 GIS 数据源使用，在灾情侦测领域具有广泛的应用前景。

(2)合成孔径雷达

合成孔径雷达(SAR)是一种高分辨率成像雷达，可以在能见度极低的气象条件下得到类似光学照相的高分辨雷达图像(图 8-22)。

a) 德国MiSAR

b) Lynx MiniSAR

图 8-22　合成孔径雷达

合成孔径雷达具有不受光照和气候条件等限制实现远距离全天时、全天候对地观测的特点，甚至可以透过地表或植被获取其掩盖的信息，探测不含水分的土壤时，可穿透30m的地层探测到深埋在地下的物体，此外，用合成孔径雷达还能在能见度极低的气象条件下得到类似光学照相的高分辨雷达图像。这些特点使其在抢险救灾领域发挥了重要作用。

5. 多光谱传感器

多光谱传感器是将地物辐射电磁波分割成若干个较窄的光谱段，以摄影或扫描的方式，在同一时段获得同一目标的不同波段信息的遥感技术（图8-23）。如多光谱相机、多光谱摄影机、多光谱扫描仪等在抢险救灾领域发挥着重要作用。

a) Condor1 Foveon 单CCD多光谱相机

b) 多光谱扫描仪

图8-23　多光谱传感器

多光谱传感器不仅可以根据影像的形态和结构的差异判别地物，还可以根据光谱特性的差异判别地物，扩大了遥感的信息量。其原理是：不同地物有不同的光谱特性，同一地物则具有相同的光谱特性。同一地物在不同波段的辐射能量有差别，取得的不同波段图像上有差别。

6. 倾斜摄影技术

近年来，国际地理信息领域将传统航空摄影技术和数字地面采集技术结合起来，发展了一种称为机载多角度倾斜摄影的高新技术，简称倾斜摄影技术。通过在同一飞行平台上搭载多台或多种传感器同时从多个角度采集地面影像，从而克服了传统航空摄影技术只能从垂直角度进行拍摄的局限性，能够更加真实地反映地物的实际情况，弥补了正射影像的不足。现有的倾斜摄影设备以线阵相机系统为主。三线阵 AD S40/80 相机（图8-24）系统可以获取高分辨率的影像，通过连续推扫式成像，其前视和后视相机可以提供同一航带上地物的倾斜影像。相机的前视倾角约为28°，后视倾角约为14°，获取的多视影像可以较为清晰地反映出地物的侧面纹理特征。

三线阵相机系统55天宝AOS倾斜相机系统由3台大幅面数码相机组成，一台下视获取垂直影像，另外两台获取倾斜角度在30°～40°范围内的倾斜影像。通过旋转型架构结构，实现前后左右倾斜和垂直五个方向的摄影。整个镜头在曝光一次后自动旋转90°，以此获取地物四个方向上的侧视影像。五相机系统SWDC-5倾斜摄影相机（图8-25）由5台哈苏H3D相机组成，中间一台垂直摄影，其余四台分别向四个方向进行倾斜摄影，其倾斜角在40°～45°范围内，相机上方安置有IMU导航系统，同时集成GPS定位系统，可以在曝光瞬间准确获取相机倾角及外方位元素。Pictometry相机系统由5台数码相机组成，一台获取垂直影像，另外四台从前后左右四个方向同时获取地物的侧视影像。相机倾斜角度在 40°～ 60°范围内，可以较为完整地获取地物侧面的轮廓和纹理信息。

图 8-24 ADS 40/80 相机系统

图 8-25 SWDC-5 倾斜摄影相机

倾斜摄影技术的发展，将基于立体像对和点特征的静态传统摄影测量技术推向了一个新的高度，颠覆了以往正射影像只能从垂直角度拍摄的局限，通过在同一飞行平台上搭载多台传感器，同时从一个垂直、多个倾斜角度采集影像，将用户引入了符合人眼视觉的真实直观世界。

(五)数据处理系统

无人机数据处理系统是实现影像、视频数据向决策信息转化的关键。无人机航摄传感器一般采用 CCD 和 CMOS 感光元件，且航高低、获取的数据具有覆盖范围小、畸变大等特点，系统所获取的数据以光学影像数据为主，现有的 PCI、INPHO、PIXELGRID 等软件已经完全能满足处理需要。

(六)发射与回收系统

1. 无人机的主要起飞方式

(1)常规滑跑起飞：由无线电遥控设备通过机上自动飞行控制系统，操纵无人机在跑道上滑跑加速起飞。

(2)利用起飞车滑行起飞：无人机被锁定在起飞车上随车滑行，当起飞车加速到一定速度时锁定机构自动开锁，无人机脱离，转入加速爬高状态。

(3)弹射起飞：无人机在地面或运载车的发射架上用助推火箭或用气压(或液压)推动的弹射器弹射起飞。

2. 无人机主要回收方式

(1)自动着陆。其着陆过程与有人驾驶飞机相同，由地面操纵人员通过遥控装置或机内程序控制装置操纵飞机在跑道上着陆。

(2)降落伞回收。无人机上带有降落伞，着陆阶段自动打开，或根据遥控指令打开，降落伞悬挂着无人机缓慢飘落着陆。

(3)拦阻回收。利用无线电遥控控制无人机撞入用弹性材料编成的回收网中。

(七)野外保障装备

野外保障装备是指无人机系统野外工作的运输装备和机械维护装备，是无人机航摄作业的基本保障。

四、无人机航测流程

在灾情侦测领域，我们常使用无人机搭载光学相机对受灾区域进行航测，主要用来快速获取灾区整体和局部重点区域的影像数据资料，从而快速制作灾区整体正射影像图和局部三维数据图，为灾情的准确研判提供技术保障。

无人机航空摄影测量一般情况下采用GPS辅助空中三角测量的摄影测量方案，其流程可分为作业准备、航测作业、数据处理及成果提交。图8-26所示为无人机航测技术流程。

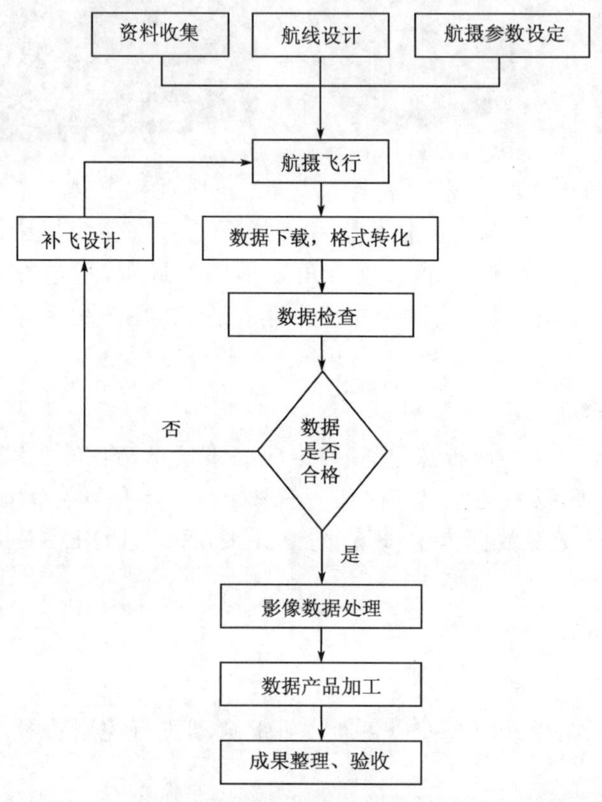

图8-26　无人机航测技术流程

(一)作业准备

在灾害发生的第一时间里立刻确定灾区的位置，并收集灾区的资料、制定航测技术方案、完成飞行路线设计及航摄参数计算与设定。

1. 资料收集

为方便任务的开展，保证成果精度的可靠性，在作业前首先收集与作业相关的数据资料，为无人机的飞行条件进行分析，如气象资料中的风力、雨雪天气、地形地貌、控制点资料等，确保飞行的安全。

2. 航摄范围的确定

根据需要勘察的灾情区域，在对应地形图上确定出测图范围和摄影范围。

3. 航摄仪和摄影比例与航高的确定

航摄相机的选用必须以航摄资料的质量为前提，根据测图方法、仪器设备、比例尺和测图精度等要求综合选择与其相匹配的航摄相机。航摄相机应由具有相应资历的法定检验单位进行检定并出具检定报告。

航摄比例根据本项目规划设计所需地形图比例和精度要求为准，应根据大比例尺航测测图的特点，结合摄区的地形条件、成图方法及所用仪器的性能诸因素综合考虑。在确保测图精度的前提下，本着有利于缩短成图周期、降低成本、提高测绘综合效益的原则选择。航摄比例尺分母与成图比例尺分母之比以4～6倍为宜。

4. 影像地面分辨率的确定

当航摄比例尺和航摄机选定后，按要求确定出航空影像的地面分辨率（*GSD*），数字正射影像图的地面分辨率应不低于表8-6的规定。影像分辨率是决定影像精度的一个重要指标，影像精度应满足相应比例尺地图对于影像识别能力和成图精度要求。数码航空摄影的地面分辨率（*GSD*）取决于无人机的飞行高度，其相互关系如式（8-1）所示：

$$\frac{a}{GSD}=\frac{f}{h} \tag{8-1}$$

式中：h——飞行高度；

f——镜头焦距；

a——像元尺寸；

GSD——地面分辨率。

影像地面分辨率 表8-6

成图比例尺	1∶500	1∶1 000	1∶2 000
地面分辨率	不低于0.05m	不低于0.1m	不低于0.2m

5. 航飞路线设计

通常选择现势性较好的地形图作为航摄设计用图。为确保航线敷设和导航的准确性，设计用图的比例尺一般应根据航摄比例尺选用。在避开航摄范围内高压电力线和军民航空器的前提下，保证航摄飞行路线的直线性，并把测区分成若干测段，每一测段再分为若干航带，这样便于航摄作业。

通常情况下航线应按东西向直线飞行，特定条件下亦可根据地形走向与专业测绘的需要，按南北向或沿线路、河流、海岸、境界等任意方向飞行。

（二）航测作业

严格按照技术设计要求进行航摄飞行。为了保证GPS数据的质量，要求在航摄飞行中尽量保持飞机姿态的平稳，转弯半径要大，飞机倾斜角不得大于15°，以防止GPS信号失锁。

1. 作业条件

任务飞行前应关注和监测摄影区域的天气，尽量避开强风强雨天气，减少任务飞行风险。查询气候变化，选择与待测区域的地形特征相适应的航测计划。

2. 起降点选择

在待航测区域周边选择路面开阔、车辆和行人较少的平坦公路作为起降场地。起降期间应加强地面现场维护，避免人员和车辆闯入。

3. 像控点测量

像控点是摄影测量解析空三加密和测图的基础，其位置的选择和坐标的测定直接影响到内业成图的数学精度。像控点的选择如果位置不当,其结果不仅影响内业成图的质量,而且给实地观测作业与内业成图工作造成一定困难。

(1)像控点的布点方案

像控点的布设方案有全野外布点和稀疏布点两种。

①全野外布点

全野外布点是指摄影测量测图过程中所需要的控制点全部由外业测定的布点方案。

以立体测图仪作业单模型测图的布点方案为例,需在测绘面积四角上各布设一个平高控制点。按此方式采用全野外测定虽然测定精度较高,但是由于外业控制的工作量较大,只有在测图精度要求很高的测区,地面联测条件良好,或是在小面积测图情况才选择使用。

②稀疏布点

稀疏布点是指在外业只测定少量控制点,其余大部分的控制点要通过内业加密手段获取的布点方案。解析空中三角测量采用的外业布点方案一般可按航线网布点或区域网布点进行。

区域网的划分应依据成图比例尺、地面分辨率、测区地形特点、摄区的实际划分、图幅分布等情况全面进行考虑,根据具体情况选择最优实施方案。区域网的大小和像控点之间的跨度以能够满足空中三角测量精度要求为原则,主要依据成图精度、航摄资料的有关参数及对系统误差的处理等多因素确定。

(2)像控点的目标选择

控制点必须选在影像清晰的明显地物点上,如细田埂的交汇点、十字路口的道路中心线交汇点或其他接近正交的线状地物交点,且尽量选在上下两条航线六片重叠范围内,使布设的控制点能用于多张像片。

(3)精度要求

基础控制点:平面、高程精度要求参照《1∶500、1∶1 000、1∶2 000 地形图航空摄影测量外业规范》(GB/T 7931)的相关规定。

像片控制点:像片控制点分为平高控制点和高程控制点。1∶500～1∶10 000 测图,高程控制点和平高控制点相对邻近基础控制点的高程中误差不应超过基本等高距的 1/10。

(三)数据处理

无人机侦测系统根据不同的任务需要,搭载不同的任务载荷,获取的数据包括影像数据、视频数据和激光雷达数据等。这些数据具有分辨率高、信息丰富、数据变形大、后期拼接处理困难及数据格式、类型多样等特点。

1. 数据的传输与接收

无人机数据传输系统是无人机侦测系统的重要组成部分,由数据链和地面控制站组成,用于完成对无人机的遥控、遥测、跟踪定位和信息传输,实现对无人机的远距离操纵和载荷测量信息的实时获取,其性能和规模在很大程度上决定了整个无人机系统的性能和规模。无人机数据传输与接收功能的实现由地面车载终端和机载终端两部分构成,机载终端由飞控系统和任务载荷等组成。终端之间的通信通过无线通信链路实现,无线通信链路负责接收地面终端发送的控制命令、数据、机载传感有关的无人机运动参数及 GPS 等信号,送给机载飞控计算机处理;飞控计算机输出控制指令到各个执行结构及有关设备,以实现对无人机的各种飞行模态的控制和任务设备的管理。同时,飞控系统也把无人机的飞行状态数据及发动机、机载电源系统，任务设备等工作状态参数，通过下行链路实时传回地面控制终端，为地面控制人员提供无人机及任务设备的有关状态信息，引导无人机完成飞行计划。无人机侦测系统数据传输的基本原理如下：

(1)任务传感器输出其捕捉到的目标图像信息。由于图像数据量巨大，需要进行图像压缩编码以实现图像信息的完整、实时传输。

(2)对压缩后的信息码流进行传输。为了避免在恶劣的电磁环境传输中产生误码和码间干扰，需对压缩后的码流进行纠错编码，对编码后的信息采用数字调制方式，以便信号发射。

(3)通过基于扩频技术的高频信号发射电缆，将处理后的图像信息实时传回地面控制站，进行图像信息处理。

(4)将处理后有用控制信息远程无线传回机载设备，实现机载设备、地面控制中心不间断地信息交流和通信。

2. 无人机数据采集的关键技术

应急救援中，无人机航摄系统要实现应急态势下的侦测数据获取，就必需高精度的 POS 数据、高性能的数据压缩编码、稳定可靠的数据传输、高效的数据处理和实时的信息发布，涉及导航定位、数据压缩编码、地理位置注册、空间信息直播等关键技术。

(1)导航定位技术

导航定位技术是获取无人机精确坐标和姿态信息的关键，而无人机精确的外方位元素，是后续航摄数据处理的基础。

导航定位系统与航摄传感器无缝连接，实时获取航摄传感器摄影瞬间的开启脉冲，在航摄传感器对地观测的同时，导航定位系统连续接收卫星信号，并精确记录曝光时刻。经过载波相位差分动态处理，获取航摄传感器在摄影时刻摄站的地心坐标，并通过成像模型转化为摄区坐标，引入航摄区域区域网平差中，采用数学模型精确确定地面目标点位和航摄数据的方位元素。

现有的常规无人机航摄系统，受成本限制，一般采用低精度的导航定位系统，多为 GPS/INS 组合导航定位系统，如果是仅仅获取灾后的应急影像信息，是能满足航摄需要的。但单卫星导航定位系统，导航定位精度与卫星信号强度密切相关，卫星信号受卫星过境时间限制，在不同的时段，信号强度差别较大，如果要进行应急目标的精确定位和执行随时的应急航摄任务，显然是不能满足需求的。应急无人机航摄系统的导航定位部分，要结合多种卫星导航定位系统，充分融合各导航系统优势，全天时提供高定位导航定位信息。受飞行器载荷、体积、功耗等多方面的条件限制，导航定位系统要具备集成化、紧耦合、轻小化的特点。

(2)数据压缩编码

高性能的数据压缩编码技术是确保航摄数据实时下传的前提，除了压缩算法的高效性和易实现外，还要求硬件处理实时性好、稳定性高。

无人机利用各种成像传感器获取数据，并通过数据链将数据实时传输给地面系统，随着无人机数量的增多以及任务数据量的增大，给通信带宽带来了很大的压力，有效的解决方法是利用压缩算法压缩数据信息的容量。无人机一般在高空、高速飞行的情况下对地面景物进行摄像，所得到的影像和一般的影像有很大的区别：影像内目标像素小且目标数量大，帧内相关性差；加上影像是满屏运动，帧间相关性差。因此，影像的压缩编码必须采用高分辨率，且具有运动补偿的算法，以满足较低比特率下高质量的影像压缩和传输。压缩工作可以选用软件或专用硬件来完成。专用编码压缩软件代码规模较大，设备要求高，且机载微处理器功能有限，使其应用受到限制，为保证系统最优功能状态，选用专用编码芯片对采集后得到的数字影像进行硬件编码压缩，生成压缩后的数据通过机载传感器平台控制板数据通道，经无人机上高速通信接口下传数据。

(3)地理位置注册

地理位置注册的目的是确定目标的精确位置，实现无人机在悬停和绕飞状态下的空间位置标注。

它是以同步测量的动态 POS 定位/定姿参数为基础，运用高效率的参数内插与瞬时赋值算法，将获取的序列影像与原有地理数据进行匹配，依照规则的元数据体系实现序列影像的地理空间实时注册，可实现特定区域目标的定点观测和动目标的精确测绘。常用的方法是通过使用主动轮廓模型及其改进模型提取影像序列特征，与原有地理数据库中的特征要素进行匹配，涉及形状的描述、相似性度量以及定向的估计等关键步骤。常用的特征有点(如建筑物角点)特征和线特征(如道路)，点特征具有旋转不变性，但是数目多，匹配的计算量大；线特征计算量相对较小，但匹配过程中存在偏移。如何对影像形状特征形成有效的描述，如何实现多尺度下形状特征与已有地理数据库特征的匹配与优化，是值得研究的方向。

(4)空间信息直播

空间信息直播是把应急无人机航摄系统获取的各种灾情数据转化为空间信息进行发布，提供应急实时服务，高效的数据传输是空间信息直播的基础。

无人机搭载的任务载荷设备对地观测，将获取的地表信息以数字形式记录存储，机载测量平台控制主板通过 I/O 设备读取数据，利用 DSP 模块进行数据压缩处理，通过数据接口将压缩后的数据传至机载无线数据传输设备。在地面移动接收系统视距内，数据通过无线方式传给地面；在视距外，采用中继方式，将数据转发给地面移动接收系统。接收系统将获取的数据实时解压，传送至计算机，就可以进行显示等后续处理工作。在数据链信道综合程度方面，已普遍采用“四合一”综合信道体制；在数据链抗干扰技术方面，已普遍采用卷积、RS 和交织等抗干扰编码，以及直接序列扩频技术；在无人机超视距中继技术方面，已实现了空中中继和卫星中继；在一站多机数据链技术方面，采用了先进的相控阵天线和扩频技术，能同时对多架无人机进行跟踪定位、遥测、遥控和信息传输。对于应急无人机航摄系统，航摄数据下传量大，在多数情况下，工作环境复杂，数据传输干扰严重，要实现稳定、可靠传输，涉及无线信道纠错编码、信号扩频调制、抗干扰传输、超视距中继传输、一站多机数据链、跨空域切换、数据包调度、拥塞控制等关键技术。只有实现上述关键技术，才能获取稳定的原始航摄数据，进行地理位置注册等后续处理，接入因特网进行空间信息直播，提供实时的应急服务。

3. 无人机数据的处理流程

无人机遥感数据处理主要是对航摄所获得的图像进行处理，提取有价值的灾情信息，从而形成决策依据的遥感影像图片来对灾情进行评估。无人机遥感数据处理主要借助 PCI、PIXELGRID 等软件来完成。对于高精度要求的遥感影像，我们通常采用传统航空影像处理方法进行，主要包括畸变差校正、空三加密、DEM(数字高程模型)制作和 DOM(数字正摄影像图)制作等，具体流程如图 8-27 所示；对于救援时间要求紧、成图精度要求不是很高的遥感影像图片，通常简化其处理流程，其具体方法可参照本章第一节航空遥感影像快速处理方法进行。

(1)畸变差校正

无人机航测在影像获取过程中未进行检校，其畸变差较大，无法直接用于后续的空三与测图处理，因此，需对原始影像进行畸变差校正，可采用专用软件改正相机畸变差，也可在空中三角测量时改正相机畸变差。在进行空三加密之前，必需先进行畸变差校正。通常根据提供的相机鉴定报告，提取像主点的坐标、焦距、径向畸变系数、偏心畸变系数和 CCD 非正方形比例系数，然后利用影像畸变差校正模块进行影像畸变差校正。

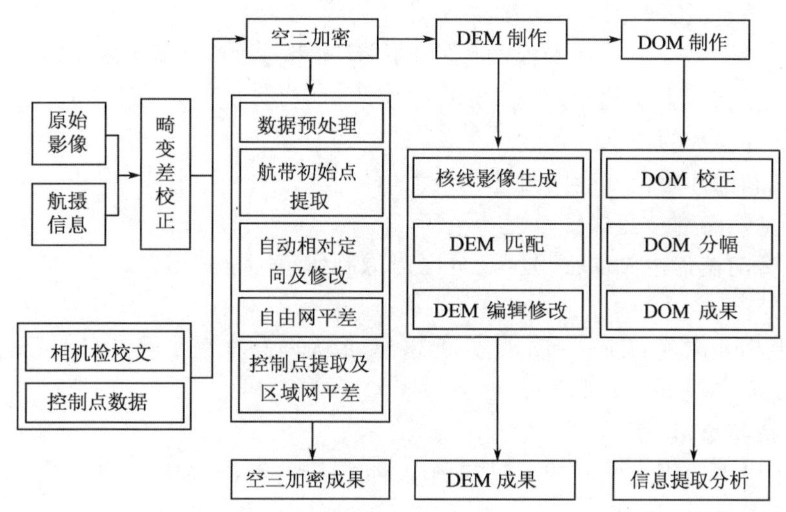

图 8-27 数据处理流程图

(2)空三加密

首先需要利用相机文件进行影像的畸变差校正，校正完成后建立影像金字塔和索引文件，后续处理模式和传统方法一致，采用自动相对定向，并辅以人工交互量测方法，按流程加入像控点成果，完成测区的空三加密。

由于无人机影像的重叠度大，为避免大量同名点的自动匹配错误及减少计算量，通常航带内隔片抽取影像参与空三加密，并需人工合理选取航线间的初始偏移量。无人机影像的像幅覆盖范围小，重叠度大，影像数量多，可以通过分网加密的方法快速处理。为了减少测区内部的加密分区接边，分网处理达到要求后再进行合网加密处理。

(3)DEM 制作

利用空三加密成果生成密度匹配点，滤除粗差点后，对特殊地形人工采集特征点线，构件三角网，获取单模型 DEM 数据，以测区为单位镶嵌模型 DEM 数据并内插网格 DEM。

(4)DOM 制作

基于空三加密和 DEM 成果进行 DOM 单片纠正，并进行匀光匀色处理、接边、影像镶嵌于分幅裁剪，生成 DOM。

(四)质量控制

无人机航测质量控制主要包括飞行质量控制、影像质量控制及控制点质量控制。

1. 飞行质量控制

在外业飞行作业完成后，结合国际规范以及飞行设计，必须对所有影像数据的重叠度、倾角、旋转角、覆盖情况以及记录资料等进行全面检查。

(1)像片重叠度

像片重叠度应满足以下要求：

①航向重叠度一般应为 60%～80%，最小不应小于 53%。

②相邻航线的像片旁向重叠度一般应为 15%～60%，个别最小不应小于 8%。

(2)像片倾角控制

像片倾斜角一般不大于5°,个别最大不大于12°,出现超过8°的片数不多于总数的10%。

(3)像片旋角控制

像片旋角应满足以下要求：

①旋偏角一般不大于15°,在确保像片航向和旁向重叠度满足要求的前提下,个别最大不超过30°,在同一条航线上旋偏角超过20°的像片数不应超过三片。超过15°旋偏角的像片数不应超过摄区像片总数的10%。

②像片倾角和像片旋角不应同时达到最大值。

(4)摄区、分区、图廓覆盖保证

航向覆盖、旁向覆盖边界保证摄区及分区影像制作范围全覆盖。

(5)航高保持

同一航线上相邻像片的航高差不应大于30m,最大航高和最小航高只差不得大于50m,实际航高与设计航高之差不应大于50m。

(6)漏洞补摄与重摄

航摄过程中出现的相对漏洞和绝对漏洞应及时补摄,漏洞补摄应按原设计要求进行。对不影响内业加密模型连接的相对漏洞,可只在漏洞处补摄,补摄航线的长度应超出漏洞之外一条基线。控制航线如其本身出现局部的相对漏洞或有其他缺陷(如:云影、脱膜、斑痕等),在不影响整条航线内业加密选点和模型连接的情况下可不补摄。凡需要补摄时,应整条航线重摄。

(7)记录资料的填写

每次飞行均应认真填写飞行报告表和摄影处理参考表等原始记录资料,并随所摄航片送交摄影处理工序存查。

2.影像质量控制

(1)影像质量应满足以下要求：

①影像应清晰、层析丰富、反差适中、色调柔和,应能辨认出与地面分辨率相适应的细小地物影像,能够建立清晰的立体模型。

②影像上不应有云、云影、烟、大面积反光、污点等缺陷。

③确保因飞机速度的影响,在曝光瞬间造成的像点位移一般不应大于1/3个像素,最大不应大于1个像素。

(2)原始影像检查

①检查曝光点数与影像数是否一致,若不一致应及时查找原因;

②检查原始影像是否都能正常打开,是否有不能打开或存储时影像损坏的情况;

③检查影像是否有发虚现象,如有,应立即查找原因,可从相机快门速度或飞行平台的减震等方面查找;

④检查原始影像的重叠度,包括航向重叠和旁向重叠;

⑤检查每条航线的记录值与实际飞行的影响数据是否一致;

⑥检查全部影像的曝光情况,查看是否有明显的曝光过度或明显的曝光不足,若有且影响影像的判读,应立即调整光圈设置,组织重飞。

(3)控制点质量控制

①控制点完整性

通过内业检查的方式对外业控制点测量的成果进行全面性检查,主要包括控制点坐标格式、有无飞点、过程资料的完整性等。

②控制点精度

通过外业控制测量的方式对已测的控制点进行抽查验证，抽查点主要包括容易出错的点位以及区域重要点位，如靠近遮挡物的区域、测区外围四角点等，检查精度是否满足设计要求。

③控制点记录资料

控制点记录资料的检查主要检查控制点记录内容格式是否符合设计要求，记录内容是否完整，其中重点检查像控点坐标值、像控点实地照片（近景、远景）、像控点位置略图、像控点位置详图以及点位描述等是否完整、准确。

五、无人机在侦测行动中存在的问题

随着无人机遥感技术不断发展和无人机市场逐渐成熟，无人机遥感将成为未来的主要航空遥感平台之一，已经成为世界各国争相研究的热点课题。然而，要使无人机成为理想的应急救援遥感平台，还有多个关键技术需要解决。

1.起降技术改善与抗风性能提高

应急抢险救援行动的环境一般在山区，平坦地少，树木、电杆、房屋多，对于需要滑跑、滑降的较大型无人机来说，往往难以找到符合起飞要求的场地。在不满足正常起降条件的情况下勉强起降会大大增加飞机损坏的可能性。如果使用小、轻型无人机则由于飞行高度低，在低空作业时受风速、风向影响大。一般提高抗风性能的方法是增加飞机重量，但起降要求提高且无人机的载荷非常有限，同时能耗增大。所以如何很好地利用弹射起飞、撞网回收技术降低无人机对起飞场地的要求，以及在不增加重量或尽量轻的条件下如何通过改进设计和提高飞行控制技术来提高抗风性能保证飞行的稳定性，这是无人机成为理想的遥感平台一个急需解决的问题。

2.传感器及其姿态控制技术

由于无人机的载荷非常有限，要完成高精度的航摄任务需要高精度的传感器，而传统传感器由于在体积、重量等方面的限制可供选择的不多，因此需要研究开发适合无人机搭载的小、轻型传感器，充分利用无人机的有限载荷；再者，如何使遥感传感器的控制系统能够根据预先设定的航摄点、摄影比例尺、重叠度等参数以及飞行控制系统实时提供的飞行高度、飞行速度等数据自动计算并自动控制遥感传感器的工作，使获取的遥感数据在精度、比例尺、重叠度等方面满足遥感的技术要求还需进一步研究。

3.遥感数据传输存储技术

无人驾驶飞行器搭载的主要遥感传感器为面阵CCD数字相机，而目前国内市场上的小型专业级数字相机还不能达到量测相机的要求。为使获取的遥感影像能够满足大比例尺测图的精度，应根据相机的几何成像模型，作相关的检校工作，得到相机的内外参数，必要时需要采用特殊的检测手段，测定每个像元的畸变量。另外，大面阵CCD数字相机获取的影像数据量较大，需开发专用的数据传输和存储系统。飞行器的测控数据和遥感数据需要实时传输时还可以通过卫星通信来实现。

4.遥感数据的后处理技术

目前的无人驾驶飞行器遥感系统多使用小型数字相机作为机载遥感设备，与传统的航片相比，存在像幅较小、影像数量多等问题，所以应针对其遥感影像的特点以及相机定标参数、拍摄时的姿态数据和有关几何模型对图像进行几何与辐射校正，开发出相应的软件进行交互式的处理。同时还应开发影像自动识别和快速拼接软件，实现影像质量、飞行质量的快速检查和数据的快速处理，以满足整套无人机遥感系统实时、快速的技术要求。

第三节　现场灾情调查

现场灾情调查是指在道路受到自然灾害侵袭后，工程技术人员通过实地调查、测量来对道路的受损情况及受灾路段的灾害类型、规模、形成原因等进行前期调查，获取基础数据，然后选用不同的方法和模型进行灾害评估，为公路应急抢险指挥部门制定抢险抢通方案提供第一手资料和处置建议。

本节主要从地质灾害、路基、桥梁、隧道四方面分别对现场灾情调查的方法、流程及调查要点进行阐述。

一、公路地质灾害调查

我国山区地质灾害类型复杂多变，公路沿线发生的地质灾害往往伴随着滑坡、崩塌、泥石流甚至堰塞湖等，这些突发性地质灾害往往会使交通受阻或中断，严重威胁到了公路交通的安全运营，对人民生活和社会经济发展的影响日渐突出，越来越成为人民群众关注的焦点。为了在灾情发生后能够更加全面了解掌握灾区公路沿线的地质灾害情况，及时制定抢险抢通方案，我们在掌握灾区各路段基本地质资料及重点路段遥感影像资料的基础上，也需辅以现场调查手段对灾情进行深入调查。表 8-7 突出显示了各种地质灾害对公路交通设施可能造成的损害。

公路地质灾害类型及破坏模式　　表 8-7

序号	灾害类别	可能造成的损害
1	滑坡	掩埋、防护和排水结构损毁
2	泥石流	坍塌、掩埋、防护和排水结构损毁
3	崩塌	阻断、掩埋
4	堰塞湖	掩埋、冲蚀、浸泡
5	沉陷与塌陷	沉陷、错台、断通

（一）公路地质灾害灾前识别

公路地质灾害灾前识别的主要目的是明确灾害可能发生的路段，预估灾害对道路的影响程度以及可能造成的损失。

公路地质灾害的识别，是通过调查了解道路潜在地质灾害路段的地形地貌、地质、水文和地震等因素对潜在地质灾害体的诱发作用，提出公路地质灾害的识别原则和方法，为潜在地质灾害的预防进而治理提供参考，同时也为公路抢险抢通行动提供安全预警与保证。

1. 滑坡类灾害识别

斜坡上岩（土）体以各种方式顺坡向下的运动，统称为滑坡。它是地表起伏不平的地形形成过程中经常发生的一种地质作用。由于人类工程活动对地表地形的改造已经超过了自然，所以 50%以上的滑坡是人为因素（如开挖坡脚、灌溉等）引起的。滑坡主要发生在坡度为 20°～45°的边坡上，上缓下陡的河流凸岸，人工开挖的路堑边坡上，其在地形、地层岩性、构造、水文、地物等方面具有特殊的标志，可以成为滑坡识别或判别的依据。

(1)地形地物标志

在山体斜坡地带，滑坡区常形成圈椅状地形和槽谷状地形，或造成斜坡上出现异常的台坎及斜坡坡脚“侵占”河床、房屋场地或道路边缘等现象。

在滑坡体上，常有鼻状凸丘或多级平台。平台的高程和特征与外围河流阶地不同。在滑坡体外两侧，常形成沟谷，常有双沟同源现象。可见到线形地物（如道路、耕地边界等）被错断移位的现象。

在滑坡体上，常有积水洼地、地面裂缝、“马刀树”、“醉汉林”和房屋开裂、倾斜、沉陷、隆起、冒水等现象。

(2)滑坡边界及滑坡床标志

滑坡后缘断壁上带有顺层擦痕。滑坡前缘土体常被挤出或呈舌状凸起，常伴有揉皱、褶曲或断裂（非构造）现象。在滑动的岩土体周边两侧，常有沟或裂面，甚至线状地物被剪断等现象。

滑坡床常具塑性变形带。带内多由黏粒物质或黏粒夹磨光角砾组成。滑动面一般很光滑，其上擦痕方向与滑动方向一致。应注意滑坡擦痕的这种单层性特征（即只有表面一层才具有），据此可与构造成因的叠成性擦痕相区别。上述的滑坡外貌及其内部结构构造标志应是滑坡作用的统一产物。其外貌常可反映实质。然而，经过长期的剥蚀破坏后，滑坡外貌特征常遭到改变乃至消失。有时还伴有其他成因的假象，给调查研究工作造成了困难。

(3)岩土体结构构造标志

滑坡体范围内的岩土体常有扰乱、松动、挤压揉皱、受水浸润、擦痕等现象。基岩的层位、产状和断层特征与外围不一致，常见有被泥土、石屑充填或未被充填的张性裂缝、张扭性裂缝（两侧边缘）及压性裂缝。土体趋向松散，其层序正常或倒置，倾向异常，普遍出现小型坍塌现象。

(4)水文地质标志

滑坡区内含水层的原有状况（含水层位、水位、泉水流量等）常被破坏，致使滑坡体特别是滑坡群成为复杂的水文地质综合体。在具有隔水作用的滑动面（带）的前缘常有成排成群的泉水溢出。在滑体后缘的断壁上，常有泉水出露或渗水现象。有时，在滑坡体两侧或前缘，会形成特殊的“泥球”现象。

2.崩塌类灾害识别

根据定义，陡坡上的岩体或土体在重力或其他外力作用下，突然向下崩落，崩落的岩（土）体顺坡向猛烈的翻滚、跳跃、相互撞击，最后堆积于坡脚的物质均可判定为崩塌体。

崩塌体主要发生在坡度大于45°的土质边坡及坡度大于60°～70°的岩质边坡，且高差一般大于30m，坡形一般呈凸形、阶梯形或凹形陡坡，其判别标志主要有以下几点：

(1)边坡岩土体内部有裂隙发育，尤其是斜交和平行边坡走向的陡倾裂隙发育，或存在顺坡裂隙或软弱面；边坡上部已有明显拉张裂隙，并且切割边坡的裂隙、软弱面即将贯通，使岩体与母体呈现出分离之势。

(2)坡面有相对新鲜岩石面出露，或坡脚有崩塌堆积物，说明曾经发生过崩塌，今后有可能再次发生。

(3)边坡前缘掉块、坠落不断是崩塌先兆。

3. 泥石流的识别

泥石流是一种自然灾害，是山区特有的一种自然地质现象，它的运动过程介于山崩、滑坡和洪水之间，是各种自然因素和人为因素的综合结果。泥石流灾害的特点是规模大、危害程度严重，活动频繁、危及面广，且重复成灾。

泥石流的形成必须同时具备三个条件：较为陡峻的地形地貌条件，便于集聚水流和松散物质、丰富的松散物质条件、短时间内大量的水源条件。因此，潜在的泥石流也主要从这三方面来识别。

(1)地形地貌条件

地形上，具备山高沟深、地形陡峻、沟床纵坡较大，流域形状便于水流汇集。地貌上，泥石流的地貌一般可分为形成区、流通区和堆积区三部分。上游形成区的地形多为三面环山、一面出口的瓢状或漏斗状，地形比较开阔、周围山高坡陡、山体破碎、植被生长不良，这样的地形有利于水和碎屑物质的集中；中游流通区的地形多为狭窄、陡深的峡谷，谷床纵坡降大，使泥石流能迅猛流通；下游堆积区的地形为开阔平坦的山前平原或河谷阶地，是堆积物的堆积场所。

(2)松散物质来源条件

泥石流常发生在地质结构复杂、断裂褶皱发育，新构造活动强烈，地震烈度较高的地区。地表岩石破碎，崩塌、错落、滑坡等不良地质现象发育，为泥石流的形成提供了丰富的固体物质来源；另外，岩层结构松散、软弱、易于风化、节理发育或软硬相间成层的地区，因易受破坏，也能为泥石流提供丰富的碎屑物来源；一些人类活动，如滥伐森林造成水土流失，开山采矿、采石弃渣等，也为泥石流提供了大量的物质来源。

(3)水源条件

水是泥石流的重要组成部分，又是其激发条件和搬运介质。泥石流的水源条件，有暴雨、冰雪融水和溃决水体等。在我国，暴雨、长时间的连续降雨是泥石流的主要水源。

对于已发生的泥石流灾害，可以从以下几个方面来识别：

(1)沟槽经常大段地被大量松散固体物质堵塞。

(2)往往凹岸发生冲刷坍塌，凸岸堆积成延伸不长的“石堤”；或凹岸被冲刷，凹岸堆积，有明显的裁弯取直现象。

(3)堆积的石块均具有尖锐的棱角，无方向性，无明显的分选层次。

(二)公路地质灾害调查

公路地质灾害险情发生以后，工程技术人员应按照要求，积极主动地调查收集滑坡、崩塌、泥石流、堰塞湖等地质灾害的相关信息，如发生的时间、地点，灾害类型、规模及主要特征，直接经济损失、人员伤亡情况，道路受阻情况及抢通期限等。将各种灾害损失的动态数据和受损道路抢修、抢通的工作情况汇总后，及时向上级主管部门汇报灾情，作为公路地质灾害应急处置及灾后治理中人力、物力和资金投入的决策依据。

1. 滑坡灾害调查

在公路工程中，滑坡主要发生在不良地质的高挖方边坡处，常会使交通中断，影响公路的正常运输。大规模的滑坡，甚至可以摧毁公路，是山区公路的主要灾害之一(图 8-28)，其对公路交通设施的破坏特征有以下几个特点：

(1)坍塌，公路上边坡变形滑动，导致交通中断，破坏路基、路面。

(2)冲毁,由于滑坡的产生,使公路的桥梁、涵洞、挡墙等构造物失去功效。

(3)阻塞,在山区公路沿溪线,由于滑坡的产生,引发河道阻塞,使河流改道,冲毁公路。

a)滑坡掩埋桥梁

b)滑坡冲毁桥梁

图 8-28　滑坡破坏特征

滑坡灾害的调查方法:滑坡调查的目的是查明已发滑坡灾害的规模、对公路的影响程度及潜在滑坡体的危险性,为公路的抢通及滑坡灾害的防治方案制定提供翔实的基础资料。调查应以充分收集分析滑坡区地质资料、地面调查为主,适当结合测绘与勘察手段,初步查明滑坡的分布范围、规范、结构特征、影响及诱发因素和勘察工作条件等,对滑坡稳定性和危险性进行初步评估。主要调查内容包括已发滑坡体的调查、潜在滑坡体的调查及滑坡危害调查。

(1)已发滑坡体的调查

对于已发生的滑坡,主要调查滑坡的发生时间、灾情规模,滑坡的形态、规模,物质组成及结构,运动形式、滑速、滑距,形成条件及诱发因素,稳定性状况及复活迹象,已有防治措施及今后防灾减灾建议。

(2)潜在滑坡体的调查

对于有发生滑坡潜在危险性的斜坡,主要是调查斜坡的地层岩性、坡体结构、不连续面的性质及组合特征、产状与斜坡倾向的关系,可能构成滑坡几何边界条件的结构面,坡体异常情况及附近人口、经济及交通设施情况,以此判定滑坡发生的危险性及可能影响范围。

(3)滑坡危害情况调查

滑坡危害情况调查主要包括两个方:一是调查滑坡灾害对公路交通设施的破坏程度,包括各公路沿线滑坡体的数量、道路损毁长度及类型等;二是分析与预测滑坡的稳定性和潜在滑坡体发生后可能成灾范围及灾情。

2. 崩塌灾害调查

崩塌是指较陡的斜坡上的岩土体在重力作用下突然脱离母体崩落、滚动堆积在坡脚的地质现象,具有突发性、运动速度快、能量大等特点。崩塌体对公路的破坏特征主要表现在:使公路被掩埋、破坏路基、掩埋车辆等,往往与滑坡、泥石流相伴而生(图 8-29)。

崩塌灾害的调查方法:崩塌体调查的目的是查明已发崩塌灾害的规模、对道路的影响程度及潜在崩塌(危岩体)的危险性,为崩塌灾害的防治及公路抢通方案的制定奠定基础。调查应重点评估崩塌灾害的形成、致灾及防灾要素等。主要调查内容包括危岩体调查、已有崩塌堆积体调查及崩塌危害调查。

(1)危岩体调查

对于还没有发生崩塌,但已具备发生崩塌条件的危岩体,其调查内容包括:

①危岩体位置、形态、分布高程、规模及周边水文地质条件、地质构造、地层岩性、地形地貌、岩土体结构类型、斜坡组构类型等。

②危岩体成因的动力因素。包括降雨、河流冲刷、地面及地下开挖、采掘等因素的强度、周期以及它们对危岩体变形破坏的作用和影响。

③分析危岩体崩塌的可能性，初步划定危岩体崩塌可能造成的灾害范围，进行灾情的分析与预测。

④危岩体崩塌可能到达并堆积的场地的形态、坡度、分布、高程、地层岩性与产状及该场地的最大堆积容量。

⑤危岩体崩塌可能对道路破坏类型（如掩埋道路、破坏路基等）和规模，并确定其成灾范围，进行灾情的分析与预测。

a) 崩塌掩埋公路

b) 岩体崩塌，落石砸断桥梁

图 8-29　崩塌破坏特征

(2)崩塌堆积体调查

崩塌堆积体的调查内容应包括以下几个方面：

①崩塌源的位置、高程、规模、地层岩性、岩（土）体工程地质特征及崩塌产生的时间。

②崩塌体运移斜坡的形态、地形坡度、粗糙度、岩性、起伏差，崩塌方式、崩塌块体的运动路线和运动距离。

③崩塌堆积体的分布范围、高程、形态、规模、物质组成及堆积体内地下水的分布和运移条件。

④评价崩塌堆积体自身的稳定性和在上方崩塌体冲击荷载作用下的稳定性，分析在暴雨等条件下向泥石流、崩塌转化的条件和可能性。

(3)崩塌危害情况调查

崩塌危害情况调查主要包括两个方面：一是由于崩塌引起的巨石或松散堆积体对公路交通设施的破坏程度及规模，包括公路沿线崩塌体的数量、道路损毁长度及类型等；二是调查分析危岩体的稳定性和危岩体发生坠落后可能成灾范围及灾情。

3. 泥石流灾害调查

泥石流主要发生在地质不良、地形陡峻的山区或山前区，具有突发性以及流速快、流量大和破坏力强等特点。泥石流常常会冲毁公路、铁路等交通设施甚至村镇等，造成巨大损失（图 8-30）。在小流域内，滑坡和泥石流通常相伴而生、互为因果，具有强烈的冲击、破坏作用。泥石流对公路的危害主要表现在：

(1)冲毁，泥石流冲刷路基、路面，掏空桥涵基础，导致桥涵局部沉陷变形，甚至损毁。

(2)堵塞,泥石流携带的大量堆积物堵塞河道和排水设施,造成排水不畅,甚至发生泥石流漫溢改道,迫使必须改建或新建桥涵工程。

(3)淤埋,淤埋线路及沿线设施,导致公路中断,功能丧失,抢通困难,严重者致使整段公路改线。

a)泥石流冲毁公路

b)泥石流冲毁村镇

图 8-30 泥石流破坏特征

泥石流灾害的调查方法:泥石流调查的目的是查明已发泥石流灾害的规模、对道路的影响程度及潜在泥石流灾害的危险性,为泥石流灾害的防治及公路抢通方案的制定奠定基础。调查应以地面调查为主,辅以访问、现场测试、沟谷断面测量等方法,搜集当地地形地貌、地质、水文气象、植被,泥石流发育、运动及堆积特征等实物资料,泥石流灾害调查的主要内容包括泥石流流域调查和泥石流危害调查。

(1)泥石流流域调查

泥石流流域调查的任务在于查明一沟小流域或多沟大流域泥石流发生的自然背景、泥石流过程的特征值、泥石流发展趋势的判断;对长期未发生过泥石流的沟谷流域,需要做出是否可定为泥石流沟的判别。

泥石流流域调查内容主要包括自然背景、地质、沟道、堆积区、植被和诱发因素等 6 个方面。

①流域自然背景的调查

流域自然背景的调查内容主要包括流域位置、形状、面积、地形地貌、气象气候(主要是温度和降水)等。

②流域地质调查

从泥石流活动的全局观察,流域地质首先是与泥石流松散固体物质的储量和提供方式有关;其次,岩石及分化产物的性质又决定泥石流流体性质。从大范围宏观分析,在降水充沛、地形高差大的地区,地质构造也控制着泥石流的分布。此外,强地震和新构造运动还控制着泥石流活动的强弱。

因此,流域地质调查的主要内容应包括流域范围的地质构造、地层、岩性特点,地下水活动、流域内可能参与泥石流活动的松散固体物质量。

③沟道调查

泥石流流域的沟道调查主要内容包括沟道平面曲直延展情况,沟床宽度变化,沟道可能阻塞情况,沟床基岩岩性分布变化,松散固体物质的分布及厚度变化等。

④堆积区调查

堆积区调查的主要内容包括堆积扇分布范围、表面形态、堆积物的物质组成及最大粒径和分布规律，堆积体的稳定状况及堆积量，泥石流目前所处发展阶段与发展趋势。

⑤植被调查

植被调查的目的是查明流域区植被的立体结构与土体含水量的关系、植被覆盖度大小与坡地的侵蚀关系、植被种群结构对坡地土体的固结程度等，结合其他项目的调查，综合分析泥石流的成因和趋势。

⑥诱发因素调查

诱发因素调查的主要内容包括发生泥石流前的降雨时间、雨量大小、冰雪崩滑、地震、崩塌滑坡、水渠渗水、冰湖和水库溃决等。

(2)危害情况调查

泥石流危害情况调查主要包括三方面内容：一是调查了解泥石流堆积区的规模及对公路交通设施的破坏类型(淤埋和漫流、冲刷和磨蚀、堵塞或挤压河道)和程度，泥石流淤堵主沟的原因、部位、断流和溃决情况，泥石流完全堵塞或部分堵塞主河的原因、现状、历史情况及溃决洪水对下游的水毁灾害；二是分析预测今后一定时期内泥石流的发展趋势和可能造成的危害；三是泥石流危害区的划定，确定泥石流危险区的范围参考表 8-8。

泥石流活动危险区域划分 表 8-8

分　区	辨别特征
极危险区	(1)泥石流、洪水能直接到达的地区，历史最高泥位或水位线及泛滥线以下区域； (2)河沟两岸已知的及预测可能发生坍塌、滑坡的地区；有变形迹象的崩塌、滑坡区域内和滑坡前缘可能到达的区域； (3)泥石流堆积扇挤压大河和大河被堵塞或诱发的大河上下游的可能受灾地区
危险区	(1)最高泥位或水位线以上加堵塞后的壅高水位以下的淹没区，溃坝后泥石流可能到达的地区； (2)河沟两岸崩塌、滑坡后缘裂缝以上 50～100m 范围内，按实地地形确定； (3)大河因泥石流堵江后在极危险区外的周边地区仍可能发生灾害的区域
影响区	高于危险区与危险区相邻的地区，不会直接与泥石流遭遇，但却有可能受到泥石流危害的牵连而发生某些级别灾害的地区
安全区	极危险区、危险区、影响区以外的地区

4. 堰塞湖调查

堰塞湖的调查工作可分初步调查与详细调查。初步调查包括对堰塞湖灾害发生现场地形、地质、水文、土地利用、交通等基础资料的收集，对地形、地表水文地质的现场勘察，对保护对象及避险路线的调查，以及空中遥测影像图片的收集等，如图 8-31 所示。详细调查是在初步调查的基础上，采用多种调查方法，对现场水文地质进行更加详细和客观的调查，如图 8-32 所示。

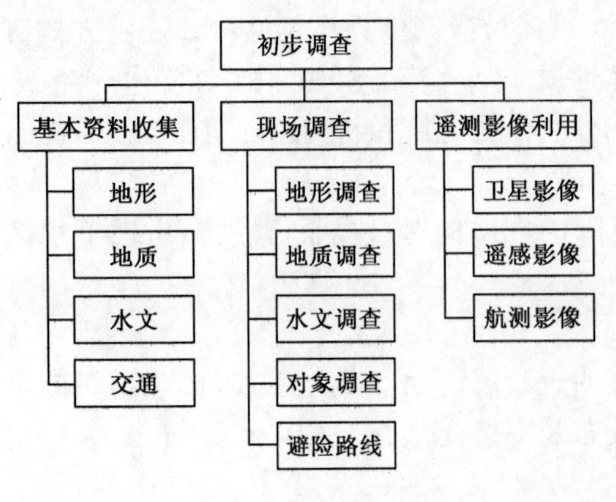

图 8-31　堰塞湖初步调查

地震堰塞湖险情勘察的主要内容包括：滑坡类型、坝体组成及结构性状；集雨面积、蓄水量、溢流和渗水情况；库区和坝区特点及岸坡稳定性；下游河道行洪能力，包括河道阻塞物、已建水工建筑物及其性状等；交通、电力、通信和场地条件。此外，还应要了解流域水情、行洪区保护对象及其分布情况。

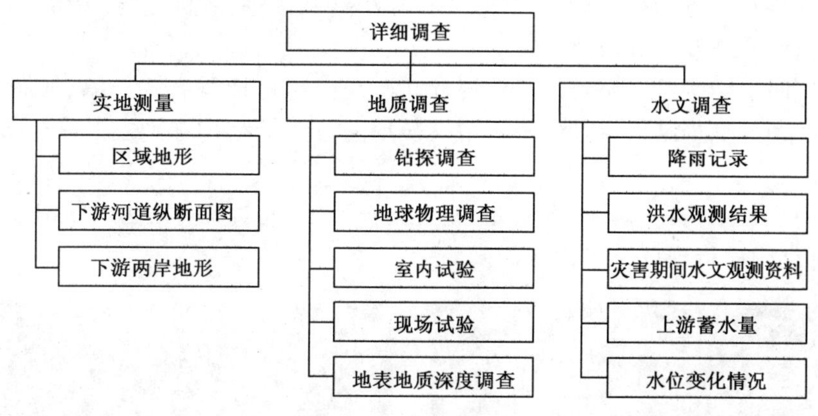

图 8-32　堰塞湖详细调查

堰塞湖险情勘察主要有巡航检查、现场勘察、方位调查等方式。

(1)巡航检查

巡航检查主要通过航摄,了解堰塞体等河道阻塞物、滑坡与泥石流等山地灾害的总体情况以及道路交通情况,为现场勘察计划的制定提供指导。

(2)现场勘察

现场勘察是灾情勘察的主要方式,需制定较为详细的勘察计划,配备相关专业的人员,配置必需的仪器设备和物品,勘察报告应对现场情况提出客观、全面、准确的描述。

(3)方位调查

方位调查时现场勘察的必要补充,特别是通过滑坡原貌及性状的了解,对险情评估具有重要的参考意义。

二、路基现场调查

根据汶川地震公路路基震害调查经验,路基现场调查方法主要是在收集已有设计资料的基础上,把现场补充调查、测量、检测等工作相结合,对路基进行较为全面的紧急调查和检测,为公路的抢通、保通和恢复重建工作提供重要的基础资料。

(一)调查内容

路基调查内容包括基本资料收集和现场灾害调查两部分。

(1)基本资料收集:收集极重、重灾区公路的建设年代、线路等级、震害工点的原设计和竣工资料等。

(2)现场调查:路基现场调查就是要对受灾区域各个线路上的灾害类型、破坏长度、严重程度及通阻情形等进行详细的调查、检测和描述记录。

(二)现场调查方法

根据汶川地震公路路基震害现场调查经验,主要是利用皮尺、钢卷尺、罗盘、照相机、摄像机、GPS 定位仪、激光测距仪、手持水准仪等仪器工具,分不同线路按路线桩号逐步推进调查,并做好详细记录。测量记录的同时,充分利用数码相机、录像机对现场进行拍照和摄影,并进行细致的标识、整理和存储;对部分已被修复的震害工点,尽可能收集曾到达过原始震害现场的人员记录、照片、录像或其他资料,图 8-33 所示为路基现场调查。具体调查重点及方法如下:

（1）对一般路基进行调查、分类、统计。调查内容包括路基路面开裂、错台、路基沉陷、路堤滑移等震害类型的模式、程度及范围。

（2）对支挡防护结构进行调查、分类、统计。调查内容包括重力式挡墙、加筋土挡墙、抗滑桩、框架锚杆（索）等支护结构，挂网喷浆、主（被）动网等防护结构在地震及次生灾害作用下的震害特点。

（3）对路基工程结构物进行现场检测，完善调查资料，如对具有震害的抗滑桩、锚头震害的预应力锚索等结构进行现场调查检测等。

a）路基垮塌　b）路基纵向开裂

c）路堑挡墙滑移破坏　d）防护网破裂、边坡崩塌

e）锚索锚头脱落、锚索失效　f）抗滑桩外倾

图 8-33　路基现场调查

三、桥梁现场调查

桥梁现场调查是指灾后第一时间派出有经验的桥梁专家带领侦查小分队，对桥梁损害情况进行实地调查。根据汶川地震公路桥梁震害调查经验，桥梁调查工作一般可分为三个阶段

(抢通、保通和补充调查阶段)进行:

第一阶段为应急抢通阶段。此阶段调查范围仅限于通往极重灾区的生命通道,基本不使用仪器设备,仅通过震害现象对桥梁震害情况及通行能力进行专家评定,以满足应急交通需求,体现"急、快"特点,要求震后第一时间进入灾区,第一时间取得桥梁震害的确切信息,特点是时效性强,所取得的震害资料最能反映震后公路桥梁的震害情况。

第二阶段为保通阶段。此阶段由交通主管部门统一组织协调,特点是调查范围广、获取信息全,调查时使用仪器设备对桥梁震害进行全面检测,形成系统的震后桥梁检测报告。

第三阶段为补充调查阶段。在核实前两个阶段的调查资料和数据基础上,对前两个阶段中震害调查深度不足及前期未能进入区域的部分桥梁进行补充调查。同时收集桥梁设计资料、测量桥梁坐标及桥轴方向等基本信息。

(一)调查内容

桥梁现场调查内容包括基本资料收集和现场灾害调查两部分。

(1)基本资料收集:桥梁设计资料、地理位置及桥轴走向、桥梁所属道路的建设等级、地震防设烈度等。

(2)现场调查:桥梁现场调查是根据桥梁破损状况和性质,依据一定的物理、化学或无破损检测手段和静动载试验对桥梁进行较为全面的外观检查和必要的测试。在最短的时间内了解桥梁灾后实际工作状态(通阻情形),对桥梁结构损伤和病害的发生部位、严重程度、分布数量等进行详细调查、检测测试和描述记录,分析其对结构造成的不利影响及其产生的原因,评价结构受损后的整体健康状况,根据检测结果通过必要的计算分析对桥梁承载能力做出评定,并提出相应的处置措施建议,为桥梁的灾后处理和加固改造设计提供依据。下面说明桥梁现场调查的重点。

①掌握桥梁受损情况

灾害发生后,桥梁严重受损或落梁的复建作业需花费较多时间,因此,应尽可能掌握此方面的受损情况,据以区分桥梁安全等级,并作为紧急抢修的决策依据。以地震灾害为例,受损桥梁的具体调查内容见表 8-9。

两类桥型震害调查主要内容 表 8-9

梁式体系桥梁震害调查	上部结构及支撑	梁体的平面移位、有无落梁、有无潜在的落梁风险
		各联桥梁在伸缩缝处的撞击损伤
		主梁梁体、横隔板、桥面板、铰缝开裂情况
		支座损伤、变形、移位、脱空,以及抗震锚栓失效情况
		桥面铺装损伤及伸缩缝的变位损伤情况
	下部结构	盖梁、垫石、挡块开裂、破损等损伤情况
		墩柱剪切、压溃、开裂、倾斜情况
		桥台的撞击损伤、台身开裂、锥坡破坏情况
		墩、台基础移位情况
	桥梁附属结构	—
拱式体系桥梁震害调查	上部结构	主、腹拱圈是否坍塌、开裂、错位等
		各拱箱纵横向连接及拱肋横向连接系是否开裂
		梁式腹孔拱桥的桥道板(梁)支座是否脱空、移位和破坏

续上表

拱式体系桥梁震害调查	上部结构	桥面是否平整，拱上填料是否存在沉降
		侧墙是否出现开裂、外倾、移位
		腹拱、横墙是否出现坍塌、开裂
	下部结构	墩、台及拱座是否出现开裂、倾覆、坍塌、沉降
		桥台前墙、侧墙开裂情况，台身是否存在受地震引起外倾变形情况
		基础是否有位移发生
	桥梁附属结构	—

注：对于除以上两类桥型以外的其他桥型，由于数量较少，则针对其震害表现形式、桥梁结构特征单独制定调查内容，这里不再一一介绍。

②桥梁是否可安全通行

依据受灾调查结果，灾后桥梁的交通措施可区分为可通行、管制通行、禁止通行三大类，见表 8-10。

桥梁受灾情况与交通措施分类表 表 8-10

桥梁受灾等级		受灾程度	评定标准	交通措施
无立即危险	A	无损害	目视调查，良好或完好状态	可通行
		轻微缺损	较好状态，出现轻微裂缝或桥梁副构件损坏，但对桥梁使用功能无影响	
危险	B	中度缺损	桥梁发生倾斜、变位、落石，或桥梁主体结构损坏，尚能维持正常使用状态，缺损会发展恶化	管制通行
立即危险	C	严重缺损	落梁或桥梁发生倾斜、变位、崩土、落石，或桥梁主体结构损坏，无法通行	禁止通行

③分析发生二次灾害或灾害持续扩大的危险性

a. 分析桥梁受损情况是否有大规模进展的可能性；

b. 分析二次灾害发生的可能性。

(二)现场调查方法

根据汶川地震公路桥梁震害调查经验，桥梁现场调查主要是依据拟定的调查路线、调查内容，采用逐桥逐构件调查的方法，具体实施由浅入深，分三个步骤进行(图 8-34)。首先对桥梁逐个进行外观检查，记录震害的基本情况和分布情况，为详细调查提供基础；第二步，依据震害基本情况，通过桥梁检测车等相关仪器设备对桥梁裂缝、支座移位、变形、主梁移位、桥墩移位等进行进一步的详细检测；第三步，形成逐桥震后检测报告，最终汇总、整理形成桥梁震害调查报告，具体调查重点及方法如下：

裂缝形态一般采用直尺、卷尺、裂缝宽度观测仪、数码相机等检测。检测的主要内容是：结构裂缝的位置、长度及分布形态等几何参数。测试的方法为：用卷尺量测裂缝的起止点及转折点位置得到裂缝的长度、走向，并可绘制裂缝展示图；采用裂缝宽度观测仪测量裂缝宽度。

支座位移通过卷尺测量支座相对于垫石边缘的距离来确定。主梁移位情况可通过测量主梁相对于支座垫石的变位情况并结合伸缩缝、护栏错位情况综合确定。桥墩位移通过全站仪测量、桥墩倾斜度通过分别测量墩顶、墩底的平面位置和墩高确定。

a)桥梁检测车检测桥梁　b)桥墩破损情况调查　c)梁体横移调查　d)主梁移位测量　e)桥面错台测量　f)梁体错位调查

图 8-34　桥梁现场调查

四、隧道现场调查

隧道发生突发事件后，应迅速采取现场调查或借助物探、遥测等先进勘探技术，系统掌握结构基本技术状况，评定结构物功能状态，为制定隧道抢通抢修方案提供可靠依据。

(一)调查内容

(1)基本资料收集：隧道设计资料(公路等级、隧道长度、各类围岩所占隧道比例、断面形状等)、隧址区域工程地质条件等。

(2)现场调查：隧道现场调查就是要对隧道各结构部位的受损状况、规模大小、通阻情形及严重程度等进行详细的调查、检测和描述记录。其中，在调查过程中应优先掌握隧道的通阻情况，确保救援及物资输送道路顺畅。

(二)现场调查方法

根据“5.12”汶川地震公路隧道震害现场调查经验，隧道现场调查的主要内容包括对洞口区域、洞身结构及附属设施等的调查(图 8-35)。具体调查重点及方法如下：

a)崩塌岩体掩埋洞口　b)洞口仰坡垮塌

c)衬砌大面积掉块，环向施工缝开裂　d)衬砌垮塌，拱顶坍塌

e)边墙混凝土剥落，钢筋外露　f)二衬开裂渗水

图 8-35　隧道现场调查

1.洞口区域调查

洞口区域调查一般采用目测、摄影及测量等手段对洞口区域进行检测。在调查过程中应详细查明如下病害情况：

(1)洞口区域已有滑坡、崩塌、落石等情况以及发生二次灾害的可能性。

(2)洞口区域边、仰坡挡防工程及防护开裂、错台、下沉、垮塌等破坏情况。

(3)洞口区域截、排水沟等开裂、错台、下沉等破坏情况。

(4)洞口墙开裂、下沉、断裂、垮塌、倾斜等破坏情况。

2. 隧道掉块、坍塌(塌方)情况调查

一般采用目测、摄影及测量等手段对隧道内掉块、坍塌情况进行调查，查明掉块、坍塌的规模及影响范围。

3. 衬砌强度检测

一般采用超声—回弹综合法对隧道二次衬砌进行强度检测。该法是应用回弹法和超声法综合检测混凝土强度的方法。回弹值只反映混凝土表层的情况，而超声波声速只反映材料的弹性性质，均不能全面反映混凝土强度等材料的多种指标。但是将两种方法综合使用，优势互补，可得到较好的检测结果。

超声波法采用超声波穿透混凝土内部，通过波速的变化来测定混凝土强度。混凝土中超声波的传播速度与混凝土的抗压强度有着良好相关性，即混凝土的强度越高，相应的超声波声速值也越高。根据这一原理，建立强度和波速的曲线关系，进而测定混凝土强度值。

回弹法采用回弹仪测定混凝土的表层硬度，并用特殊定义的回弹值来描述和表征混凝土硬度。正确操作回弹仪，可提高测试准确度。在调查过程中，都要注意保持仪器手势的正确：一手握住回弹仪中前部位，另一手握压仪器尾部的尾盖。操作基本要领是用力推压均匀缓慢，扶正垂直对准测面，不晃动。

4. 初衬、仰拱等背后缺陷检测

一般采用彩色地质雷达检测系统对隧道初衬、仰拱背后的缺陷情况进行调查检测，掌握初衬背后的空洞、不密实等缺陷的分布情况及范围。

地质雷达法是近年来新兴的一种地下探测与混凝土构筑物无损检测新技术，也是目前国内外用于检测混凝土内部缺陷最先进、最便捷的仪器之一，可实时进行数据处理、信号增强及连续透视扫描，现场实时显示二维黑白或彩色图像。

5. 隧道断面净空检测

一般采用激光断面仪法对隧道断面净空进行检测调查。

激光断面仪法测量隧道净空断面的原理为极坐标法，即以某物理方向(如水平方向)为起算方向，按一定间距(角度或距离)依次测定仪器旋转中心与实际衬砌轮廓线的交点之间的矢径及该矢径的水平方向的夹角，将这些矢径端点依次相连即可获得实际衬砌的轮廓线。测量时激光断面仪的扫描方向应与隧道中线垂直，扫描间隔约 25cm。测量完成后再将实际衬砌的轮廓线与设计衬砌轮廓线对比，从而得出断面的变形情况。

6. 衬砌、路面结构裂缝检测及渗漏水调查

一般采用目测、摄影及测量手段详细调查隧道衬砌结构裂缝及渗水情况，并结合隧道结构背部缺陷情况分析病害产生的不同原因，评价隧道整体结构的稳定性和可靠度。

裂缝一般通过钢尺、裂缝宽度检测仪、裂缝深度测试仪、记号笔等设备进行调查，主要确定裂缝的位置、走向、长宽度、深度、开裂范围和程度。渗漏水调查主要是对渗漏水较严重的区段进行检查，确定渗漏水的位置、水量及原有防排水系统的状态等；有必要时，可进行水质化学分析。

7. 隧道沟、槽、通风及照明等附属设施调查

对于运营隧道，采用目测、摄影及测量手段详细调查隧道洞内的水沟、电缆线、通风、照明等附属设施的工作状态和破损情况，为修复(重建)提供准确的依据。

第九章　道路交通应急抢修抢建实例

本章收集了部分国内典型灾害事故造成道路交通中断后的路基、桥梁、隧道抢通抢修工程实例，对将来遇到类似灾害引发的道路交通应急抢修抢建有一定的借鉴意义。

实例一　绵茂公路汉旺至清平段抢通

一、基本情况

四川省德(阳)阿(坝)公路绵竹至茂县段，全长约 56km，设计速度 40km/h。2008 年“5・12”汶川地震，对绵茂公路汉旺至清平黑洞崖段(汉旺—篾棚子段为山岭重丘区二级公路，长约 18km，篾棚子—黑洞崖段为矿山路，长约 2km)，造成致命性的破坏，给沿线居民生产、生活及生命安全带来严峻挑战，是绵茂公路抢通的重点路段。

二、灾害情况

经专家和技术人员深入现场沿线徒步踏勘，掌握了绵茂公路汉旺至清平黑洞崖段的受损情况，其主要破坏类型有：

1. 堰塞湖与水毁

本段形成的堰塞湖造成路基被淹没，泄洪冲蚀下游道路，危及临河防护构造物和路基稳定，甚至冲毁全部路基。

2. 滑坡

在地形陡峻的崩坡路段，受强烈地震影响，致使坡体失稳诱发滑坡，摧毁或掩埋公路。

3. 泥石流

本路段沟谷纵坡比降大，山体破碎，形成了丰富的松散固体物源，在强降雨作用下形成泥石流，摧毁或掩埋公路。

4. 崩塌与落石

本路段边坡陡峭，节理发育，局部形成倒坡，崩塌、碎落和飞石发育，安全威胁较大。

5. 路基路面沉陷与开裂

6. 桥梁垮塌或开裂

7. 挡防排水工程开裂、垮塌或被冲毁

三、应急抢通技术措施

根据受损情况，专家和技术人员迅速制订抢通措施，为快速抢通受灾公路奠定了基础。

(一)汉旺九更桥——把刀段

该段抢通技术措施，首先是在现有路基体上拓宽，抢修宽度不小于 3m 的应急道路；其次对道路进行加宽、加固，提高抗灾能力和通行能力，以保证雨季抗灾车辆通行。

1. 水毁

(1)工点一(K1＋460～K1＋475)

左幅路基冲毁、悬空(图 9-1),右幅具备通行条件。处置措施是直接在基岩上应急填筑,恢复双向通行,左侧设置“严禁靠边行驶”警示标志。

(2)工点二(K1＋150～K1＋590)

临河挡土墙基底淘空失稳破坏,上边坡崩塌侵占道路,致使路基宽度严重不足(图 9-2)。

图 9-1 K1＋460～K1＋475 路基破坏

图 9-2 K1＋510～K1＋590 段破坏

处置措施是在现有路基体上拓宽,打通宽度不小于 3m 的应急道路,并在两端设“单向通行”警示标志。

①K1＋510～K1＋550 段挡土墙被冲毁,右侧靠山体陡坡,左侧临河,适当调整路基高程,形成宽度不小于 3m 的应急道路,实现单向通行。

②K1＋550～K1＋590 段左幅路基被冲毁,右幅路基被边坡崩塌体侵占,清除堆积体,半幅应急通行,并在两端设“单向通行”警示标志。

(3)工点三(K2＋450～K2＋540)

部分路基、路面及临河挡墙被冲毁,露出了新老两层路面。采用砂袋护肩＋填筑路堤的方式处置,打通宽度不小于 3m 的应急道路,两端设“单向通行”警示标志。

(4)工点四(K3＋100～K3＋700)

该段是抢险保通的重点和难点地段。路基被完全冲毁,已成乱石林立的河道,巨石直径为 1.0～10.0m,右侧为陡峭山体。具体措施为:清理河道,将河中巨石爆破、分解为 1m 左右的石块,顺路基坡脚堆砌,形成能抗常年洪水冲蚀的堆石护坡;填筑高出水位 0.5m 的路堤应急通行,再逐步进行加宽、加高和加固。

2. 滑坡(工点五,K2＋800～K2＋870)

道路被滑坡堆积阻断,堆积体主要为块石土,滑坡后缘为完整稳定基岩,左侧临河挡墙完好。采取挖掘机、推土机直接予以清除。

(二)金鱼嘴水坝—小岗剑段

本段公路位于 V 形峡谷内,路基受堰塞湖冲蚀和滑坡、泥石流、崩塌堆积体的掩埋,损毁严重,抢险保通难度大。抢通技术措施是清理疏通河道,清除崩塌体,填筑修复路基,增设防冲刷构筑物,提高抗灾害能力;其支线高桥至天池跨清平河采用简易便桥通过。

1. K5＋300～K5＋900 段

(1)K5＋300～K5＋520 段

该段河谷宽 45～70m,左侧临河路基边坡和构筑物被冲毁,局部残留挡墙体,挡防工程失效。抢通技术措施分两步实施：首先利用路基左侧河谷漫滩，填筑高出河面 1～2m，宽度不小于 4m 的应急道路，满足抢险车辆通行；然后再加宽、加固右侧路基，如图 9-3 所示。

图 9-3　K5＋300～K5＋520 段破坏

(2)K5＋520～K5＋700 段

路基左侧临河浸水挡墙冲毁，路面毁坏；路基右侧为高陡山体，滑坡、崩塌、落石形成的堆积体掩埋路基，难以通行。应急措施是采用挖掘机、推土机清除堆积体，后期增设路堑墙。

(3)K5＋700～K5＋900 段

该段主要震害为崩塌、落石，堆积体掩埋路基，但厚度较小，清除后不影响正常通行。后期应加强该段浸水挡墙防冲刷处理。

2. K5＋900～K7＋300 段

(1)K5＋900～K6＋100 段

左侧临清平河，右侧山体覆盖土层较厚，顺山坡发生崩塌、溜方掩埋路基，暴雨后局部形成小规模泥石流。清方后可应急通行。

(2)K6＋100～K7＋300 段

路基全无，块石土淤塞河道与原路持平，受洪水及小岗剑堰塞湖的威胁大，抢修的路基有再次被冲毁的危险。应急措施是先清理疏通河道，分解河中巨石，改善流态，靠山填筑路堤，形成抢险通道，然后再加宽，临河侧顺路堆砌大块石，加固路基，如图 9-4 所示。

a)K6+100~K7+300段损毁情况

b)K6+100~K7+300段填筑路基

图 9-4　K6＋100～K7＋300 段处置

(3)K7＋300～K7＋700 段

该段为 V 形峡谷段，位于小岗剑堰塞湖前，公路已被滑坡形成的堰塞体和右侧大型泥石流堆积体共同掩埋，处理困难。应急措施是在堆积体上抢通临时便道。

实例二　小岗剑堰塞湖应急处置

一、基本情况

“5·12”汶川地震后，由于山体滑坡、泥石流堵塞，在绵远河汉旺镇以上的河段形成多处堰塞湖（图 9-5），坝高 62～72m，水深 55m，回淹长度 4km 以上，蓄水约 7 000 万 m^3。“一把刀”和“小岗剑”两个堰塞湖像架在绵竹市人民头上的一双利剑，一旦溃坝，将对汉旺、绵竹、德阳等重要城市和沿河镇村的人民生命财产构成严重威胁，其危害程度不可估量，后果不堪设想。

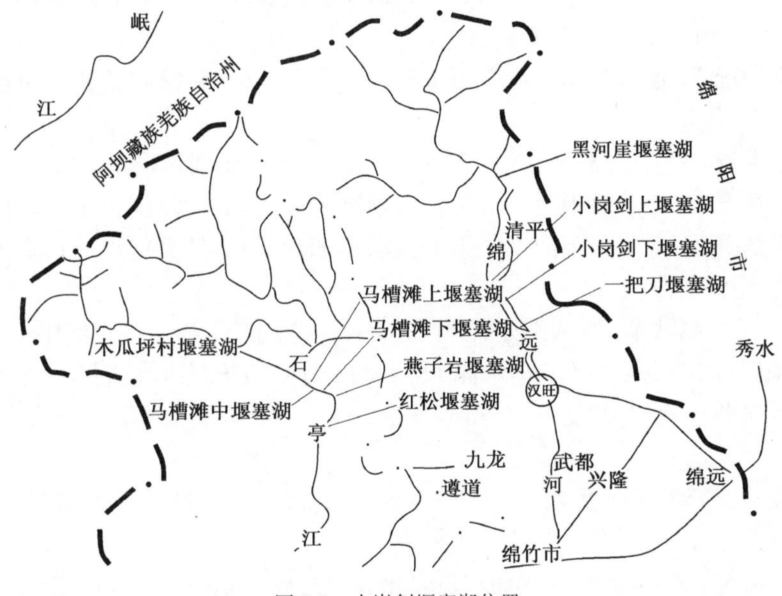

图 9-5　小岗剑堰塞湖位置

二、灾害情况

小岗剑水电站上游形成高 63m、长 105m（上下游方向）、宽 173m（左右岸方向）的堰塞体，堰塞体主坝宽 70m，且含泥量达到 70％左右，存在溃坝的可能性。

绵远河上游河床来水量 13m^3/s，小岗剑堰塞湖水位以 4m/d 的速度上涨，库容量以 50 万 m^3/d 的速度增加。截至 6 月 10 日，库水位已上涨 60m，库容量已达 1 000 万 m^3。库水位和库容量的不断上涨，加剧了溃坝的风险，同时造成上游淹没范围不断扩大，对库区内的抢险救灾及灾后重建带来严重影响。

三、抢险技术措施

在对小岗剑堰塞湖地理位置、地势构造、堰塞体组成等情况分析后，制订了爆破控制泄流方案。在确保下游汉旺镇人民群众生命财产安全的情况下，有效控制下泄流量，尽快放空湖水，为绵远河汛期安全度汛创造条件。

(一)泄流控制参数

1.理论依据

考虑到堰塞湖处理的特殊性，采用美国天气局推荐的溃坝简化计算模型(SMPDBK)进行计算。这一模型不但计算简便，而且有足够精度估算出堰塞湖溃坝最大流量和下游最大水深，同时能够进行下游河段洪水演算，是当前国际上公认的标准模型。

一般溃坝水力计算需要考虑的主要因素有：坝高、最大蓄水量、溃决的时间和溃决断面的形状与尺寸。

2.参数计算

(1)溃坝缺口宽度 b

按照本书第二章第八节“堰塞湖处置”中式(2-3)计算，其中系数 K 取 0.90，坝长 B 为 70m，计算结果如下：

①全溃坝情况，下泄水量 W=1 000 万 m^3，坝高 H=60m，计算得出溃口宽度 b=113.39m，修正为 70m。

②2/3 溃坝情况，下泄水量 W=667 万 m^3，坝高 H=40m，计算得出溃口宽度 b=83.66m，修正为 70m。

③1/2 溃坝情况，下泄水量 W=500 万 m^3，坝高 H=30m，计算得出溃口宽度 b=67.42m。

④1/3 溃坝情况，下泄水量 W=333 万 m^3，坝高 H=20m，计算得出溃口宽度 b=49.75m。

⑤1/4 溃坝情况，下泄水量 W=250 万 m^3，坝高 H=15m，计算得出溃口宽度 b=40.09m。

(2)溃坝最大泄流量 Q_{max}

根据本书第二章第八节“堰塞湖处置”中式(2-4)，坝长 b=70m，计算结果如下：

①全溃坝情况，溃口宽度 b=70m，水深 H_0=60m，计算得出最大泄流量 Q_{max}=28 095m^3/s。

②2/3 溃坝情况，溃口宽度 b=70m，水深 H_0=40m，计算得出最大泄流量 Q_{max}=15 293m^3/s。

③1/2 溃坝情况，溃口宽度 b=67.42m，水深 H_0=30m，计算得出最大泄流量 Q_{max}=9 658m^3/s。

④1/3 溃坝情况，溃口宽度 b=49.75m，水深 H_0=20m，计算得出最大泄流量 Q_{max}=4 185m^3/s。

⑤1/4 溃坝情况，溃口宽度 b=40.09m，水深 H_0=15m，计算得出最大泄流量 Q_{max}=2 312m^3/s。

(3)溃坝演进沿程最大泄流量 Q_1 计算

根据本书第二章第八节“堰塞湖处置”中式(2-5)，系数 K'取 1.40，最大流速 v_{max}=5m/s，控制距离 L=15 000m，计算结果如下：

①全溃坝情况，下泄水量 W=1 000 万 m^3，最大流量 Q_{max}=28 095m^3/s，计算得出演进沿程最大泄流量 Q_1=4 002m^3/s。

②2/3 溃坝情况，下泄水量 W=667 万 m^3，最大流量 Q_{max}=15 293m^3/s，计算得出演进沿程最大泄流量 Q_1=2 585m^3/s。

③1/2 溃坝情况，下泄水量 W=500 万 m^3，最大流量 Q_{max}=9 658m^3/s，计算得出演进沿程最大泄流量 Q_1=1 879m^3/s。

④1/3 溃坝情况，下泄水量 W=333 万 m^3，最大流量 Q_{max}=4 185m^3/s，计算得出演进沿程

最大泄流量 Q_1=1 134m^3/s。

⑤1/4 溃坝情况，下泄水量 W=250 万 m^3，最大流量 Q_{max}=2 312m^3/s，计算得出演进沿程最大泄流量 Q_1=775m^3/s。

(4)溃坝洪水传播时间 t_2

根据本书第二章第八节“堰塞湖处置”中式(2-7)，系数 k_2 取 1.20，控制距离 L=15 000m，计算结果如下：

①全溃坝情况，下泄水量 W=1 000 万 m^3，上游水深 H_0=60m，下游水深 h_m=15m，计算得出传播时间 t_2=36.68min。

②2/3 溃坝情况，下泄水量 W=667 万 m^3，上游水深 H_0=40m，下游水深 h_m=10m，计算得出传播时间 t_2=53.92min。

③1/2 溃坝情况，下泄水量 W=500 万 m^3，上游水深 H_0=30m，下游水深 h_m=8m，计算得出传播时间 t_2=69.73min。

④1/3 溃坝情况，下泄水量 W=333 万 m^3，上游水深 H_0=14.67m，下游水深 h_m=5m，计算得出传播时间 t_2=121.64min。

⑤1/4 溃坝情况，下泄水量 W=250 万 m^3，上游水深 H_0=15m，下游水深 h_m=2m，计算得出传播时间 t_2=160.20min。

3.计算结果分析

根据对绵远河及其下游工业重镇——汉旺镇历年来水文资料调查，汉旺镇抗洪能力为 50 年一遇，相应流量为 3 000m^3/s，并且在小岗剑下游观音岩还有一处小型堰塞湖尚未彻底处理完成，小岗剑出现溃坝后洪水到达观音岩将造成该处堰塞湖溃坝，造成洪峰叠加。

根据以上情况，结合计算结果，经研究分析认为，小岗剑需进行控制爆破泄流，不能出现全溃坝现象，应控制在 2/3 溃坝比较合理。若能控制在 2/3 溃坝将不会对汉旺镇、下游金鱼嘴电站及沿线主要村庄造成威胁。2/3 溃坝，溃口宽 70m(河床段主坝基本溃掉)，坝下游下泄最大流量 15 293m^3/s，到达汉旺镇最大洪峰流量为 2 585m^3/s，洪峰到达汉旺镇时间为出现溃坝后 54min。

4.堰塞湖爆破泄流控制参数验算

(1)水力参数

堰塞湖爆破泄流水力参数主要控制下泄最大流量、控制断面最大流量、洪水到达时间。以小岗剑为例，因受汉旺镇最大防洪能力影响，坝址处最大下泄流量应控制在 15 300m^3/s 以内，控制断面——汉旺镇最大通过流量应控制在 3 000m^3/s 以内，为便于下游部分受影响群众及时被疏散，洪峰到达汉旺镇时间应在 50min 以上。

(2)爆破参数

根据控制水力参数，爆破应控制爆破块石粒径、泄槽宽度和深度。

控制爆破块石粒径依据动水中抛投料稳定计算理论来进行计算，最大石块粒径应小于动水稳定石块粒径。石块粒径计算如下：

$$d=\frac{\left(\frac{v}{k}\right)^2\rho}{2g(\rho_s-\rho)} \tag{9-1}$$

式中：d——石块引化为球体的当量直径(m)；

v——流速(m/s)；

k——稳定系数，确定为 0.7；

ρ_s——块石密度,取 2.1t/m^3;

ρ——水密度,取 1.0t/m^3;

g——常数,取 9.8m/s^2。

爆破泄流控制参数计算结果如下:

当流速 v=1m/s 时,计算石块引化为球体的当量直径 d=9.47mm。

当流速 v=2m/s 时,计算石块引化为球体的当量直径 d=37.86mm。

当流速 v=3m/s 时,计算石块引化为球体的当量直径 d=85.19mm。

当流速 v=5m/s 时,计算石块引化为球体的当量直径 d=236.64mm。

根据以上计算,爆破时,槽底部块石粒径宜控制在 100cm 左右。当最大泄流时,块石粒径应为 250～300cm,将不至于把小岗剑堰塞体全部冲毁而造成全溃坝,给下游汉旺镇造成大的危害。

(二)爆破设计

1.设计思路

应以抛掷爆破为主,同时要尽可能将泄流沟渠(尤其是块石堰体沟渠)底部的岩石充分破碎,以便过流后容易被水能冲刷带走。根据水力学计算可知,沟渠底部岩石的粒径应控制在 100mm 以内。

2.设计原则

一般采取加强抛掷爆破、裸露爆破和土岩内部爆破相结合的原则。根据堰塞体表面形态,对于无沟型、表面物质相对均一的堰塞体,可以在其中间进行爆破;对于堰塞体表面物质不均一者,可以在细颗粒较多的地方爆破成槽;单一沟型者,一般顺沟爆破成槽;对于双沟或多沟者,遵守能量最小原理,一般在最低洼的沟进行爆破成槽。对已过流堰塞湖,采用表面裸露爆破加深或者侧面加宽的方式进行设计。

3.理论依据

根据爆炸理论,炸药在土岩表面至内部一定距离内任意一点爆炸后,都将使土岩破碎或抛掷。将药包设置在土岩表面而进行的爆破称为表面接触爆破,对药包不加覆盖称为裸露接触爆破。裸露接触爆破的药包爆炸后能将距药包一定距离内的土岩破碎并抛走一部分。将药包设置在土岩内部而进行的爆破称为内部爆破,药包爆炸后将形成一个漏斗坑,其大小与装药量多少和土岩性质、结构有关。

根据漏斗爆破理论(图 9-6),爆破作用指数:

$$n = \frac{r}{W} \tag{9-2}$$

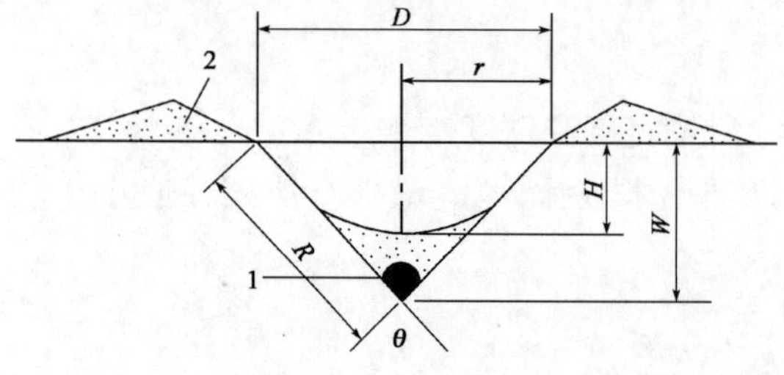

图 9-6　爆破漏斗

D-爆破漏斗直径;H-爆破漏斗可见深度;r-爆破漏斗半径;W-最小抵抗线;R-漏斗作用半径;θ-爆破漏斗张开角;1-药包;2-爆堆

式中:n——爆破作用指数;

r——漏斗半径(m);

W——最小抵抗线(m)。

即当 n=1 时为标准抛掷爆破;当 n>1 时为加强抛掷爆破。n 值是一个重要的参数,当 h 不变、n 值加大时,r 也随着加大,但 n 值加大到一定程度时,r 随 n 值的变化不明显,通常 n 的取值为 1～3。

可见深度 H 是一个随 n 值而变化的参数。当 $n=1$ 时，$H=0.5W$；当 $n=1.5$ 时，$H=W$；当 $n=2$ 时，$H=1.4W$。当相邻两个药包之间的距离 $a\leqslant r$ 时，将两个漏斗坑连接起来，形成一条沟，而且中间没有埂子。

根据上述理论，设置多排多个药包同时起爆就能开设出一条符合长宽高要求的泄流沟渠。

一般情况下，堰体为块石体时，抗冲刷能力强，槽的纵坡可以适度放大，宽度也要稍大；堰体为土体时，抗冲刷能力弱，槽的坡度可以稍缓，但是要尽量加大深度，降低水位。

4. 炸药选择

根据堰体所处的环境及当地气候情况，同时也为设置药包方便，一般选择具有防水性能的乳化炸药。

5. 起爆网路

为了保证爆破效果和起爆网路本身的安全，堰塞体爆破时，不管是大石解小爆破还是裸露接触爆破或挖坑抛掷爆破，都应同时起爆，同一网路不需分段。可采用导爆索起爆网路，即所有药包全部用导爆索引出后连通起爆；也可采用非电起爆网路，即在所有药包内装相同段位的高段位非电毫秒雷管（如 11～15 段），然后用 1 段非电毫秒雷管将所有药包连通后用电雷管引爆。

四、抢险实施

2008 年 5 月 21 日上午，抢险人员乘坐直升机到达堰体后，发现该堰体左侧相对低洼，在山体垮塌过程中形成了缺口，但表面全是大块石。抢险人员决定将缺口内最高处表面的大块石炸碎，由于只空运了 480kg 乳化炸药，根据计算，可将顺河长 40m、宽 15m 范围内的大石炸碎。

经过几个小时的爆破施工，于 2008 年 5 月 21 日下午 18:20 成功实施爆破。本次爆破对左侧缺口内大石进行了有效破碎，一旦过流，将有利于水的流动。

5 月底，湖区已进入雨季，上游来水十分丰富，根据第一次爆破后的缺口高度，在缺口过流时库容将会很大，一旦达到 1/2～2/3 或者全溃坝，流量将超过下游汉旺镇的最大允许通过流量 3 000m^3/s，将严重威胁下游 20 多万人民群众的生命和财产安全。再加上湖区水位很高，会淹没大量公路、村庄和磷矿，严重影响抢险救灾和恢复重建，因此指挥部决定，再次对堰塞体进行爆破。经过水力学计算后得出结论，必须在缺口顶部再向下炸一个深 3m、底宽 10m 的泄流沟渠。

2008 年 6 月 8 日，技术人员先期到达堰体，根据以上理论迅速拟定了如下方案：

(1)分两层进行裸露接触爆破，每层破碎深度为 1.5m。

(2)上层爆破范围为顺河长 25m，宽 15m，设置 6 排、每排 10 个炸药包，间排距均为 2.2m，每个药包 92kg，共计乳化炸药 5 520kg。药包内部装 1 段非电毫秒雷管，药包外部全部用 1 段非电毫秒雷管连接，在距爆点 1 500m 的湖面上用电雷管引爆。

(3)下层爆破范围为顺河长 40m，宽 12m，设置 5 排、每排 16 个药包，间排距均为 2.3m，每个药包 96kg，共计乳化炸药 7 680kg。由于一次爆破药量太大，决定平均分成两次爆破，先爆下游，后爆破上游，每次各 3 840kg，起爆网路与上层相同。

2008 年 6 月 12 日 10:10 时实施最后一次爆破，爆破后缺口即开始过流，最初流量约为 30m^3/s。由于沟渠表面破碎充分，在水流的冲刷作用下缺口开始加大、加深，泄流量也逐步加大，至13:00时，流量增加到约2 000m³/s，湖内水位快速下降。狂泄而下的洪流冲垮了下游两个小堰塞湖，洪峰经过下游汉旺镇时，实测流量为2 900m³/s，没有超过汉旺镇的最大允许过流量，爆破成功，险情排除（图9-7）。

图9-7　小岗剑堰塞湖洪峰安全通过汉旺镇

实例三　易贡山体滑坡堰塞湖处置

一、基本情况

2000年4月9日，西藏自治区波密县易贡乡扎木弄沟源区发生特大山体崩滑，历时约10min，滑坡体滑长约8km，高差约3 300m，超高速块石碎屑流以锐不可当之势截断了易贡藏布江，形成了长约2 500m、面积约6.25km²、平均高度约60m、最厚处达100m、体积2.8～3.0亿m³的滑坡堆积体，堵塞易贡藏布江从而形成了易贡堰塞湖，如图9-8所示。

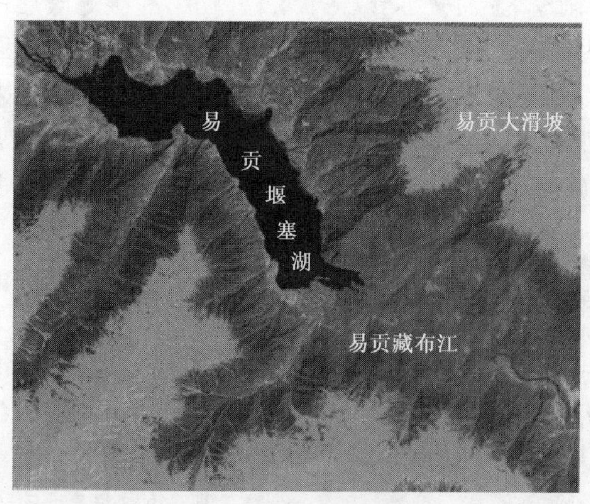

图9-8　易贡堰塞湖

易贡藏布江是雅鲁藏布江的二级支流，滑坡体下游17km即进入雅鲁藏布江的一级支流———帕隆藏布江，河流两侧多为海拔5 000m以上的山峰，植被良好。该地区年平均降水量960mm，5～9月份降雨量占全年的78%，一般6月份进入汛期。

二、灾害情况

滑坡截断易贡藏布江后，易贡湖水位迅速上涨。从4月9日开始，前期大约以每天0.6m的速度上涨，进入5月份汛期逐步来临，湖水位平均每天上涨1m左右，预计在6月底湖水将上涨至滑坡堆积体最低高程并漫过堆积体下泄，届时易贡湖水将达50亿m^3。

易贡滑坡可能造成的灾害主要是湖区淹没和湖水下泄造成下游地区被冲毁。

湖区主要因滑坡导致公路冲断、淹没，对外交通中断，湖区两乡三场将被逐渐上涨的洪水淹没，有5 000余人被困，加上湖区地处峡谷地带，人员转移安置难度较大。

对下游地区的危害，主要是滑坡堆积物过水下泄后，因过水水头高、流量大，加上堆积体土质松散、抗冲刷能力极差，势必产生巨大的瞬时下泄流量，严重威胁下游地区人民群众生命财产安全。经调查分析，下游地区将造成4 000余人受灾，G318线(川藏公路)包括通麦大桥在内的17km路段、进入墨脱县境内的公路桥梁、墨脱县境内沟通雅鲁藏布江两岸的溜索桥梁、通信、国防等重要设施严重被毁，下游两岸受洪水冲刷可能引发新的滑坡泥石流。

三、抢险措施确定

(一)抢险非工程措施

(1)建立健全抢险救灾组织机构。

(2)做好湖区受灾群众和下游地区可能受灾群众的转移安置工作。

(3)抢运生活物资。考虑到洪水下泄将冲毁公路、桥梁，对外交通可能中断较长时间，要在泄流前抓紧时间抢运数月的生活物资，确保人民群众生活在交通中断期间不受大的影响。

(4)做好交通设施应急抢修准备。考虑到下泄洪水将对G318线公路、桥梁、溜索等造成巨大破坏，应提前制订应急抢修技术措施。

(5)制订通信应急预案。

(6)加强科学观测，确保抢险作业安全。设立专门的临时观测点，派遣专业技术人员对易贡湖进水量、水位上涨、堆积体渗漏沉陷等情况进行观测并预报灾情变化，科学分析溃坝泄流可能受影响的高程、河岸冲刷程度以及可能引发新的滑坡等灾害。

(7)军事设施保护。

(8)国际问题。洪水下泄后可能影响邻国，涉及国际问题，有关部门要做好相应工作。

(二)抢险工程措施

经专家组反复论证，决定采取“开渠引流”方案，即在堆积体最凹处开掘明渠引流，冲刷溃口。其要点如下：

第一步，沿塌滑体鞍部低凹处开一条长约1 000m、宽约30m、上部开口宽约150m的明渠，作为湖水下泄的临时通道。采用大功率挖掘机、推土机等工程机械和引水、抽水冲刷相结合的方法实施开掘，工程量约1 530万m^3，要求于5月底完成，此时湖水位20～25m，与渠底高程大体持平，为湖水宣泄创造条件。为防止渠道被水流快速冲切，在渠底和渠道前段部分边坡，铺设土工布，导水泄向下游，计划按最大1 000m^3/s考虑。

第二步，在第一步工程实施的同时，为了防止进水口溃决，在迎水坡面及坡底采用钢筋笼块石护底及护坡，形成较坚固的进水口，尽量延缓和减轻进水口下泄过程中的快速冲刷和破坏。

第三步，在渠道出口处，设置钢筋笼块石，起消能作用。在滑坡体被冲刷的过程中，由于数十米落差和数十亿立方米水量，造成下游河床水流极为紊乱，并夹带大量泥沙、块石及树木进入下游河道。受下游17km处通麦大桥过流能力的限制(要求流量不能大于2 000m^3/s)，需要提前将湖内树木等漂浮物予以清除。

由于水情资料的重大变化，抢险过程中对该方案作了一定的调整简化：

(1)引流明渠中心线仍设在塌滑体鞍部。

(2)根据水情测报和实际上涨情况，将渠底高程确定为2 425m、2 430m、2 435m、2 440m、2 445m五个渠底高程，视抢险时段来水情况择机确定。明渠横断面在2 425m高程处，按照底宽30m、两侧边坡1∶2确定，工程量约1 530万m^3。

(3)由于易贡湖水位上升速度比原预测速度快，进水口钢筋石笼锁口及土工布护渠引流等措施已很难实施，但仍可适当准备部分石笼、土工布择机使用。

四、抢险实施

1. 实施工程措施的目的

在易贡湖水位上涨过程中，尽最大努力抢挖一条引流明渠，从而降低湖内水位、减少蓄水量。一方面减少上游受淹范围；另一方面降低下泄流量，减轻湖水宣泄对下游造成的冲刷破坏程度。但是，这并不能免除高水头、大下泄量对下游的冲刷；同时，由于堆积体土质疏松、抗冲刷能力差，也不能完全避免其最终溃决的可能。

2. 抢险作业方法

为满足高强度开挖要求，结合现场施工条件，经现场技术组反复研究，采用以推土机、装载机、挖掘机、自卸汽车分层推、挖、装、运土石方相结合的作业方法；试验了局部抽水冲刷方案和扎木弄沟水流冲刷引水渠道尾部方案以及爆破开挖方案；采用手风钻和油钻钻孔爆破分解大块石，使用移动空压机供风，运用火雷管、导火索、乳胶炸药和氨锑炸药爆破(图9-9)。

图9-9 易贡堰塞湖抢险作业

3. 抢险作业程序

根据湖水逐渐上涨的特点，开渠引流是遵循分层开挖、逐层下降的作业程序，最终开挖渠底高程视水位上涨情况确定，以抢在水位上涨到临界限之前尽可能挖到较低的渠底高程为原则。

4. 完成任务情况

本项施工是一场与洪水抢时间、争速度的紧急、特殊的抢险任务，工程量巨大、作业强度极高、安全风险很大。经广大参战官兵的不懈努力，从5月3日至6月4日，完成开挖工程量135.5万m^3，渠道总长850m，平均开挖深度24.1m，平均开挖强度4.1万m^3/d，高峰强度10.2万m^3/d，基本达到国家防总专家组所提预案的要求，实现了减少库容、降低水头的预期效果和开渠引流的目的，具备过流条件。

五、结果

6月4日，为了确保人员和设备安全，在坝体无较大渗流和沉降的情况下，泄流明渠开挖至与易贡湖面高差5.3m时停止作业，开始撤离。

6月8日6:40，拦存湖水开始经泄水渠向下游泄流，最初流速为1m/s，流量为1.2m^3/s，后逐渐加大。由于泄流初始阶段易贡湖进水量大于泄流量，水位继续上涨了5.94m，直至6月10日19:50湖水位才开始下降。随着堆积体冲刷的逐渐加剧，下泄流量急剧增大，洪峰于6月11日凌晨2:50通过下游17km处通麦大桥，最大瞬时流量12万m^3/s，水位高出通麦大桥桥面高程32m。至11日21:00，易贡湖进出流量基本达到平衡，滑坡堆积体拦存的30亿m^3湖水下泄完毕，险情得以排除。

由于下泄流量过大，仍给下游地区造成一定的灾害损失。但因抢险救灾指挥得力，方案合理，落实到位，湖水下泄未造成人员死亡，实现了确保人民群众生命安全和把损失减少到最低限度的目标。

实例四　川藏公路通麦大桥抢建

一、基本情况

2000年4月9日，西藏自治区波密县易贡乡纳雍嘎布山的扎木弄沟源区发生特大山体崩滑，近3亿m^3的滑坡堆积体在10min内阻塞了易贡藏布江。经过一个多月的抢险，开挖了一条深24.1m、长850m、宽150m的导流渠进行泄流，此时，堰塞湖湖域面积已达37km^2，滑坡堆积体拦存水量达30亿m^3。由于滑坡堆积体土质疏松，溃坝未能完全按照设计计算发生，导致泄流流量过大，洪水将易贡藏布江、帕隆藏布江和雅鲁藏布江大峡谷地区全部交通设施淹没，将川藏公路上的咽喉要道——通麦大桥冲毁，波密至林芝段的沿江道路交通全部中断瘫痪。

为了快速抢通川藏公路，打通被困的墨脱、波密、林芝三县与外界联系的通道，武警交通部队和中铁二局承担了此次川藏公路通麦大桥抢通工程任务。

二、原通麦大桥工程概况及受灾情况

1.原通麦大桥工程概况

原通麦大桥位于通麦乡易贡藏布江上，于1966年5月建成，桥梁设计荷载汽车—13，拖车—60，全长172.44m，上部结构为3—50.0m钢桁架梁，下部结构为圬工重力式墩台，如图9-10所示。

2.受灾情况

原通麦大桥被易贡堰塞湖溃坝洪水以12万m^3/s的瞬时流量、高出桥面32m的水位完全冲毁。稳流后，桥位处江面宽近 200m，主槽宽度 82m，水深 0～8.3m，江水流速达 5m/s，流量 5 630m^3/s。

图 9-10　原通麦大桥全景

三、抢通总体方案

根据西藏自治区政府抢险指挥部的指导意见，抢通总体方案分为三步：一是在江面拉一对溜索，解决临时过江问题；二是在原通麦大桥旁边架一座人行便桥，解决建桥员工过江，江右岸悬崖绝壁上新开拓 8km 路基（原川藏线已被冲毁），小型机具、材料、人员进场以及军民生活物资供给的问题；三是架设汽车便桥，解决川藏公路通车问题。

四、抢通实施

（一）临时过江

1. *方案选择*

由于江水是冰雪融化而成，冰冷刺骨，水流湍急，人员涉水过江安全风险大，不予考虑；另外由于桥位附近山体极不稳定，滑坡、崩塌不断，江水湍急且两岸不易搭设码头，因此，靠行船摆渡的方案不可行。根据两岸的自然条件，考虑采用溜索解决临时过江问题。

2. *溜索分类*

溜索分平溜、陡溜。平溜只用一根溜索，它基本平直，没有倾斜度，来往都可以溜渡，开始靠用脚一蹬的惯性滑行，滑至江心时需手足并用攀至对岸，比较费时、耗力；陡溜一般有两根溜索，依靠两端的高差在重力作用下自然滑动，如图 9-11 所示。

图 9-11　溜索

3. 溜索架设

为使溜索能顺利滑行，每条溜索两端要有相对高差，根据选定溜索架设的位置，两端跨越的长度，拟定设计高差为 8m。在架设时，尽量利用地形地物，如果地形受限达不到要求时，用贝雷架拼装人字扒杆，但必须使高差达到设计高度。由于溜索架设时间紧，采用尼龙绳绑在炮弹尾部，通过炮弹发射到江对岸，将尼龙绳带过江去，由尼龙绳做吊索、牵引溜索过江后再实施架设。

此段临时过江溜索采用 ϕ17mm 钢索，跨径 200m，设计荷载 15kN，钢索质量 1.03kg/m，设计垂度 3m，按公式求最小张力 $T_A \approx qL \times L/(8F)$，对钢索的最大张力 T_{max} 进行验算，满足安全系数要求。

(二)人行便桥抢建

人行便桥的作用是进一步提高两岸的通行能力，它的紧迫性和重要性显而易见。抢通的主要任务体现在安全、快捷两个方面。经现场勘察，在充分利用地形地物的情况下，确定在原通麦大桥下游 50m 的地方，架设人行吊桥。由武警交通部队自行制订方案实施抢建。

1. 人行吊桥方案考虑

在拉萨岸方向，有两个超过 100m^3 的大孤石，一个在水边，一个在离水边 30m 处，索塔和地锚均可利用地物，如图 9-12 所示；在成都岸困难较大，经选择在江中 30m 处挖索塔基础，该处水深约 3m，水流速度为 3m/s，主索地锚设计在水边 0m 处。因岸边水流较缓，有浅滩，可采用围堰抽水挖基，基本能达到安全、快捷的要求。塔架基础设计深度在河床底面 3m 处，可抵抗一般冲刷。

图 9-12　拉萨岸利用巨石构筑索塔和地锚

人行吊桥主跨为 150m，两岸引桥部分各 30m，全长 210m，如图 9-13 所示。主索为 2 根 ϕ37mm 钢索，质量 4.88kg/m，设计恒载 280kN，人行荷载 10kN，主索跨中最大拉力 $H=580$kN，安全系数 $K=2$(桥面 4 根与主悬索相同直径的承重绳未参与受力计算，联合受力时，承重绳会承担部分荷载)。

图 9-13　主悬索

2. 索塔与地锚抢建

(1)成都岸

①水中索塔基础。围堰底面宽 3m,顶面宽 1.5m,围堰中部采用黏土、内外侧采用砂粒填筑,一是防渗漏,二是保证有一定强度,将来可作为索塔的基础防护。施工时用编织袋装黏土和砂粒,从岸边向江中推进。索塔完成后即可将部分围堰拆除,以减少阻水面积。

基础采用钢筋混凝土结构,共分两层:第一层尺寸为 4.5m×3.5m×1.0m;第二层四边各留 50cm 襟边,高 2m。

②索塔。索塔高出水面以后采用贝雷架拼装,主要是为了加快施工进度,缩短工期。贝雷架采用两片拼装,高度 15m,顶部用工字钢连接,工字钢上面放索鞍(用直径 50cm 的圆木一剖为二,与钢索接触面钉厚铁皮),如图 9-14 所示。

图 9-14 成都岸水中索塔及基础

(2)拉萨岸

选用天然的大石块作为基础,对石块表面进行修整,然后用风钻打眼埋置预留杆件,再用同样的方法架设贝雷架、索鞍等,如图 9-15 所示。

图 9-15 拉萨岸索塔及基础

3. 拉主索

拉主索之前,先在索塔的基础上面拉一根 ϕ18mm 钢索,主索在过江时便以这根钢索为依托。两岸安装转向滑车,以推土机牵引主索,减少了人工操作,加快了施工速度。

4. 桥面抢建

采用 4 根 ϕ31mm 钢索(为方便施工,均按 ϕ37mm 钢丝绳采购)作为桥面承重钢索(此 4 根钢索未参加主索受力计算)。钢索下每隔 2m 摆放一根 170cm×12cm×10cm 方木,将承重绳托起,两端联结吊杆,与主索形成了受力骨架。承重钢索上面横向每隔 1m 摆放 160cm×10cm×10cm 方木,与承重索接触处锯成楔口,下部用 U 形卡和螺丝固定。方木上沿顺桥向铺设 4 排 10cm×10cm 方木，间距 50cm，然后在顺桥向方木上面横向铺 4cm 厚板材，作为人行和小推车道板。吊杆每 2m 一根，对称设置。吊杆采用 ϕ22mm 圆钢，其长度按二次抛物线计算，在下部设微调松紧螺栓(设计为 15kN 松紧器)。

经过 30d 奋战(基础施工 15d，拉钢索 6d，索塔及桥面 7d，拉缆风及调试 2d)，人行吊桥顺利架通，质量合格，设计使用期一年。但十余年过去了，该桥依然屹立在易贡藏布江上，如图 9-16 所示。

图 9-16　通麦人行吊桥全貌

(三)汽车便桥抢建

汽车便桥抢建必须与被冲毁的 8km 路基恢复同步进行，不能路通桥不通，或者桥通路不通。其设计方案由中交第一公路勘察设计研究院提供，抢建由中铁二局实施。经综合考虑地形地质、水文条件、机具设备和时间要求，决定抢建通麦大桥采用悬索桥结构体系。

1. 跨径组成

悬索桥采用不对称单跨双铰结构，由 33m(成都岸)＋210m(主桥)＋15m(拉萨岸)组成，桥梁全长 258m。

2. 主梁部分

除成都岸边孔梁采用加强的双排单层贝雷架 22 节，其他均采用不加强的双排单层贝雷架，共 150 节(图 9-17)，主缆索采用悬链线，主缆索垂跨比为 1/10，每索采用 7 根 ϕ36mm 钢丝绳绑扎成束，钢丝标准强度为 1 670MPa，安全系数为 3。

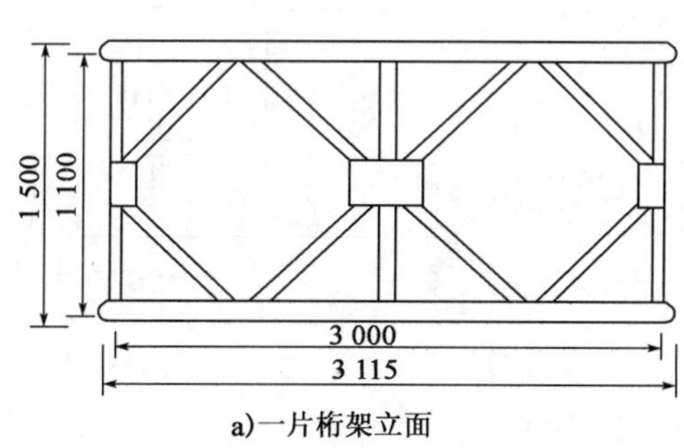

a)一片桁架立面

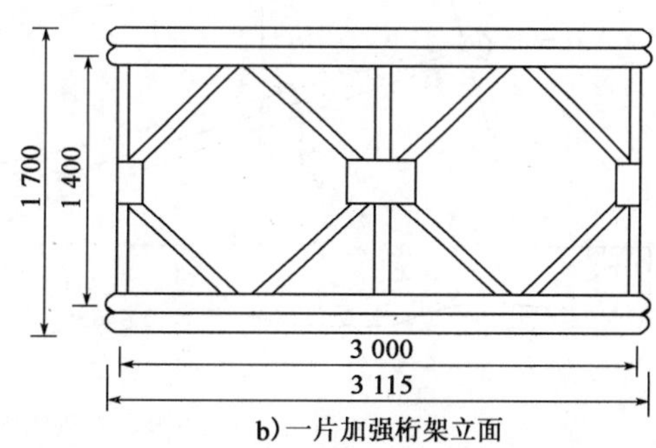

b)一片加强桁架立面

图 9-17　贝雷架(尺寸单位：mm)

3. 主塔部分

两主塔为钢筋混凝土塔，塔为门式塔，塔高 31.5m，顺桥向宽 1.2～1.8m。承台尺寸 11m×6.2m×2.0m，基础采用 5 根 ϕ1.5m 钻孔灌注桩，桩长 18m。

4. 吊杆体系

成都岸与拉萨岸两引桥部分无吊杆，主梁中跨为 210m，设 3m 间距的吊杆，共 68 对，吊杆采用 ϕ32 级精轧螺纹粗钢筋，抗拉强度 R=735MPa，外套 PE 塑料管，内注黄油（图 9-18）。

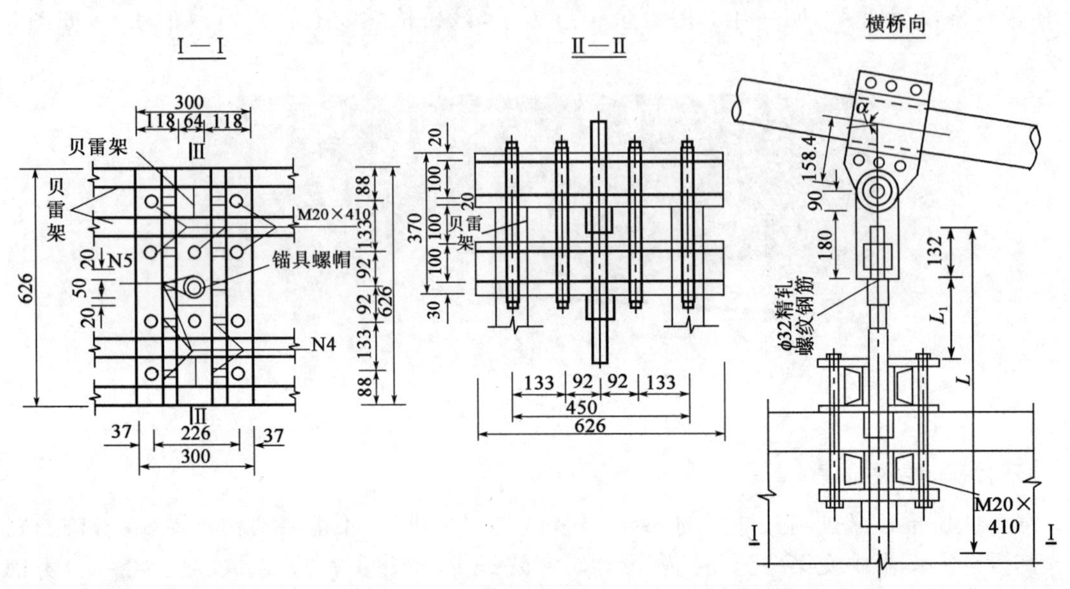

图 9-18　吊杆与贝雷架连接处构造（尺寸单位：mm）

5. 风锚体系

风缆采用 ϕ32mm 钢丝绳，风锚尺寸为 4m×4m×3m。两岸锚碇块采用钢筋混凝土浇筑，锚碇底面尺寸为 9m×9m，高 7.5m，锚碇安全系数为 3.5。锚碇锚固处构造如图 9-19 所示。

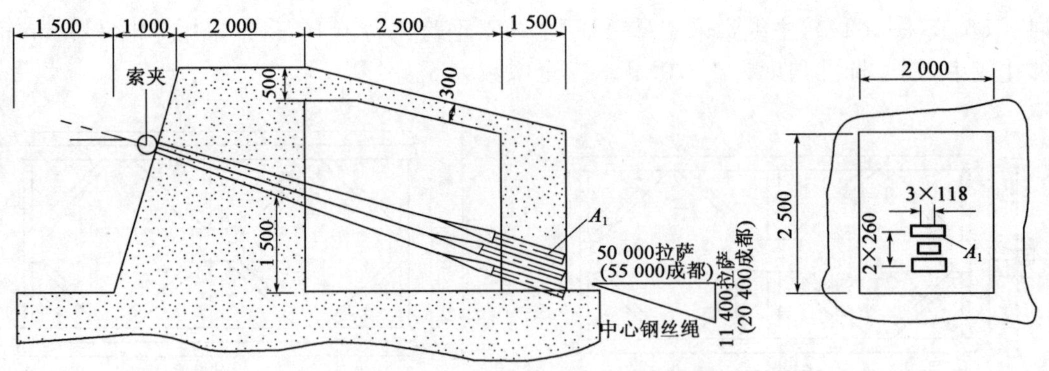

图 9-19　锚碇锚固处构造（尺寸单位：mm）

6. 索鞍

索鞍采用铸钢浇铸，索鞍与塔采用辊轴，索鞍允许在塔上有 8cm 的水平位移，以减小活载对塔根部产生的弯矩。索鞍构造如图 9-20 所示。

经过 76d 的艰苦奋战，通麦大桥于 2000 年 12 月 21 日建成通车。该桥经历十余年的使用仍然在川藏公路上发挥着重要作用，如图 9-21 所示。

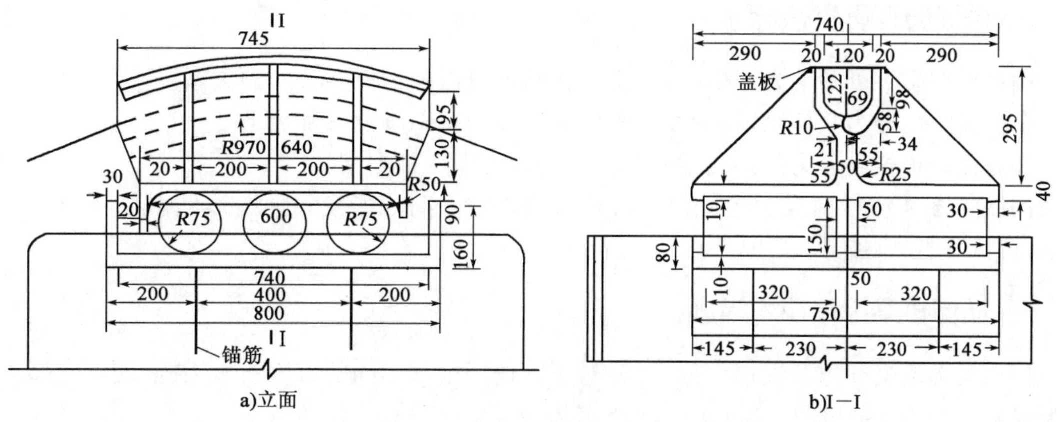

图 9-20　索鞍构造(尺寸单位:mm)

图 9-21　通麦大桥(汽车便桥)全景图

(四)新通麦大桥建设

新通麦大桥设计速度为 40km/h,设计荷载采用公路—Ⅱ级标准,其中桥面宽度为 12m,其细部尺寸为 0.5m(防撞护栏)+1.5m(非机动车道)+8m(行车道)+1.5m(非机动车道)+0.5m(防撞护栏),桥面横坡为 2.0%。

大桥主跨采用 296m 的单跨悬索桥结构,两岩锚碇均采用重力式地锚,成都岸锚碇处于山体斜坡地带;拉萨岸锚碇设置在崩塌体前缘,靠近河心侧。索塔顶设置主索鞍,边跨主缆经塔顶主索鞍后通过散索套进入成都岸锚碇前锚室,主跨主缆经散索鞍后进入拉萨岸锚碇前锚室,全桥在主跨共设置 25 对吊索。

实例五　“5·12”汶川地震中破损桥梁抢修

一、基本情况

2008 年 5 月 12 日,四川省汶川县发生里氏 8.0 级地震。汶川、北川、绵竹、什邡、青川、茂县、安县、都江堰、平武、彭州等 10 个极重灾县市以及 41 个重灾县市对外交通几乎全部中断或部分中断,数百万极重灾区群众被困于一个个“生命孤岛”。地震灾区范围分布公路总里程 62 671km,地震受损公路总里程达 31 412km,直接经济损失 612 亿元。

二、桥梁典型震害情况

桥梁典型震害可归纳为全桥损毁、部分孔跨损毁以及构件震害三种类型。

全桥损毁可分为全桥倒塌、滑坡堆积体掩埋和堰塞湖淹没三种类型。

部分孔跨损毁可分为主梁落梁和部分孔跨被砸毁两种类型。

构件震害可分为:主梁开裂、移位、撞击损伤;支座移位、脱空;挡块撞坏;墩柱开裂、压溃、剪断;桥台开裂;锥坡开裂、下沉等。

三、损伤桥梁抢修技术措施

桥梁局部遭受非致命性损伤后,可针对不同情况采取不同的修复技术措施,使其全部或部分恢复使用功能,为保障应急交通运输奠定基础。

(一)管制限行

破损桥梁抢修后,通行条件差,桥梁等构造物受损严重,承载力降低,必须实施限速、限载、限宽的交通管制。

交通应急抢险初期在极重灾区的许多路段和受损桥梁均采用这种处理方式,如图 9-22 所示。

图 9-22　交通管制

(二)桥上架桥

适用条件:当上部梁体发生严重纵向移位,但未落梁,而桥墩基本完好,偏移小,有足够承载能力时,一般可用公路战备钢桥跨越严重移位的桥跨。

注意事项:需在梁底附着桥墩设临时支撑,防止通行车辆振动导致落梁发生。

应用实例:汶川地震中寿江大桥汶川岸1—30mT形梁纵向移位严重,面临落梁危险,如图 9-23所示。

(三)墩台横、纵向防震挡块破坏

(1)对开裂不严重的挡块,可以采用注浆法封闭裂缝。对于开裂严重的挡块,应凿除混凝土,并通过植筋予以加强,重新浇筑挡块混凝土;或安装新型挡块,并设置缓冲装置。

(2)原设计未设置防落梁措施时,应增设纵、横向防落梁装置。典型的防落装置如图 9-24 所示。

a)寿江大桥汶川岸1—30mT梁纵向移位严重，面临落梁危险

b)临时处置后的寿江大桥

图 9-23　寿江大桥

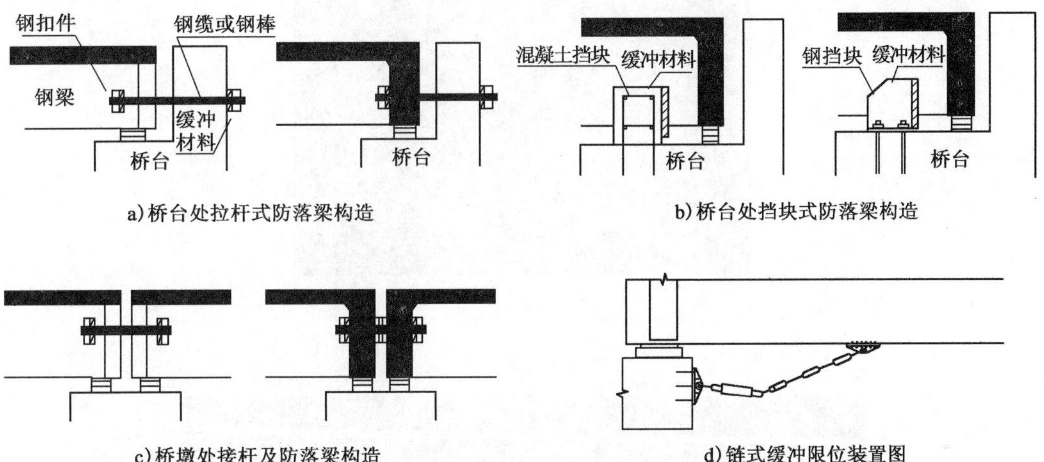

a)桥台处拉杆式防落梁构造

b)桥台处挡块式防落梁构造

c)桥墩处接杆及防落梁构造

d)链式缓冲限位装置图

图 9-24　典型的防落装置

(四)同步顶升、整联复位

适用条件:简支结构、桥面连续,或连续梁结构,上部结构发生了纵横向移位。

恢复方法:每片梁各自由两个千斤顶支撑,整联布设数十个千斤顶,采用同步控制技术,将整联均匀顶升,换上临时支座。再利用设在盖梁侧面或顶面的纵横向反力架和千斤顶提供梁体复位力,如图 9-25 所示。

都江堰—映秀高速公路的庙子坪岷江大桥引桥:一联 4 跨,200m 长,共 40 片 T 梁,质量达 8 000t,采用了 80 个扁千斤顶同步顶升,更换临时支座,纵横向顶梁,整联逐步复位后,再更换永久支座,如图 9-26 所示。

(五)桥墩置换

适用条件:震后上部梁体损伤较小,完全可以利用;而下部桥墩和基础受损较严重,无法复原或加固困难,如图 9-27 所示。

(六)钢套加固桥墩

适用条件:桥墩严重开裂、压溃或剪坏,而基础基本无损。

加固方法:圆形墩可采用外包钢管,再内灌混凝土予以加固;大尺寸、深水方形墩可采用下沉钢套箱,内灌混凝土予以加固,如图 9-28 所示。

a)

b)

c)

图 9-25　同步顶升

图 9-26　庙子坪岷江大桥引桥同步顶升、更换临时支座

a)

b)

图 9-27　都江堰新房子大桥对桥墩进行置换

a)震后墩身发生剪切破坏

b)外套钢管加固

图 9-28　钢套加固桥墩

(七)墩身外包缓冲垫层

提高桥墩抗撞击能力,用于山坡滚石可能冲击桥墩的路段,如图 9-29 所示。

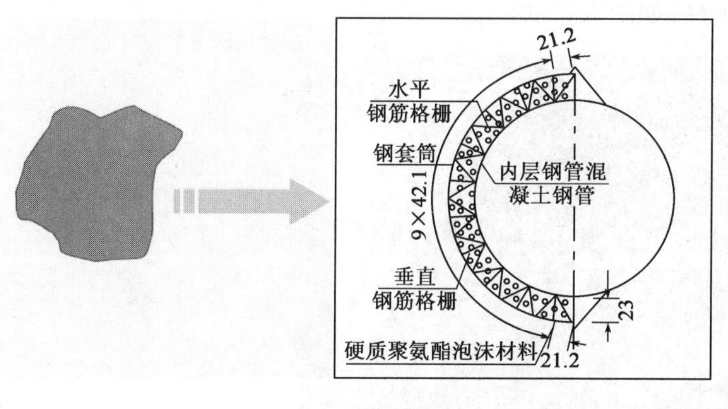

a)示意图

b)实桥

图 9-29　墩身外包缓冲垫层(尺寸单位:cm)

(八)钢套箱加固(图 9-30)

图 9-30　庙子坪岷江大桥深水主墩钢套箱加固

(九)隔震技术

矮墩桥梁应采用隔震技术,减弱地震对桥梁的作用,保护桥梁主体结构,在恢复重建中部分桥梁采用了铅芯隔震支座,如图 9-31、图 9-32 所示。

图 9-31　铅芯隔震支座

图 9-32　设置阻尼器

高墩长桥应重视防落梁和限位技术，如设置阻尼器，增设防落梁措施等。

(十)增加桥墩塑性铰区域的延性

为防止桥墩在地震作用下发生压溃、剪切等脆性破坏，在墩身外侧和塑性铰区域，增加钢套或外缠纤维，能有效改善桥墩的延性，如图 9-33 所示。

图 9-33　桥墩底部包裹钢管，上部包裹碳纤维

实例六　都汶公路彻底关“321”钢桥抢建

一、基本情况

都江堰至汶川公路是阿坝藏族羌族自治州与成都市联系的主要通道，彻底关大桥跨越岷江，共 13 跨，全长 370m，是都汶公路的关键性节点。

二、彻底关大桥震害受损情况

(1)跨岷江的 1～3 跨和连接彻底关隧道的第 13 跨，受山体滑坡影响致使梁体被滚落的巨石砸断，造成桥梁倒塌，如图 9-34、图 9-35 所示。

(2)9 号和 10 号桥墩被飞石击打，正面受撞击，表面破碎，背面严重开裂如图 9-36、图 9-37 所示。

(3)第 2、3 联梁体向都江堰岸纵移，11 号墩顶伸缩缝宽度达 20～30cm，如图 9-38 所示。

(4)第 2、3 联梁体左移,第 4 联梁体右移。

(5)全桥左侧挡块均破损断裂。

除了上述 5 种严重震害外,还有盖梁受损开裂、支座变形或震落、防撞栏杆被砸坏、桥面板被砸坏、伸缩缝受挤压或拉伸作用变形移位等震害。

a)

b)

图 9-34 跨岷江的 1～3 跨倒塌

图 9-35 连接彻底关隧道的第 13 跨梁体被砸断并掩埋

图 9-36 9 号桥墩被飞石撞击后墩柱严重受损

图 9-37 10 号桥墩被飞石撞击后墩柱严重受损

图 9-38 11 号墩顶伸缩缝张裂

三、彻底关大桥抢通抢建方案

为打通生命通道,必须恢复原桥或新建临时便桥跨越岷江。为此,结合桥区地形地貌、震害情况、地形地质条件、水文条件,提出了三套抢通抢建方案。

(一)利用太平驿电站坝体作过河通道

在彻底关隧道出口侧抢建应急道路,沿老 G213 线到达太平驿电站,在电站坝体上架设

1—15m 加强型单排单层“321”钢桥到达都江堰岸。

该方案难度较大，需要在两岸规模较大的滑坡体上抢修应急通道，且不稳定边坡存在继续垮塌的危险，对抢通后行车安全不利。

(二)恢复倒塌桥墩后再架设“321”钢桥

主要工程包括：采用临时钢管墩恢复倒塌的两个桥墩；架设跨径 33m＋30m＋33m 加强型双排单层“321”钢桥。

该方案的优点是桥面设计高程较高，不受洪水影响，且两岸接线顺畅；缺点是桥墩恢复需要较长时间，大型专用打桩设备难以运抵现场，且洪期水中施工难度极大。

(三)在原桥下游合适位置抢建“321”钢桥

抢建桥梁上部结构采用加强型三排双层“321”钢桥，跨径 1—60m。考虑水面比降、漂浮物高度、浪高等因素，控制“321”钢桥梁底高程不低于 1 065.06m，满足 10 年一遇泄洪需要。汶川岸桥台采用钢管柱型钢笼装级配块石，沿河岸设置钢笼装级配块石防冲刷导流坝，待钢管桩钻孔完成后，浇筑表面钢筋混凝土防冲板。由于道路中断都江堰岸没有大型施工机具设备，该岸桥台直接采用万能杆件拼装型钢笼装级配块石，并布置两排小直径钻孔钢管桩，钢管内灌注小石子混凝土以防止冲刷。桥头引道填筑砂砾路基。

主要工程包括：钢管柱型钢笼装级配块石，万能杆件组装桥台；防冲刷导流坝；防冲刷钢管桩；表面钢筋混凝土防冲板；1—60m 加强型三排双层“321”钢桥；引道砂砾石路基。

该方案需压缩岷江河床，修建水中基础，其主要优点有：①可避开两岸不稳定的崩塌体；②两岸接线比较方便；③修建速度较快，工期容易控制。其缺点和难点是：①桥台基础直接搁置在河床上，自身稳定性较差；②岷江洪期流量大，河床压缩后，流速急剧增大，导致冲刷严重，需要采取可靠的防冲刷措施。

(四)方案比选

对于上述三种方案，经过技术人员反复研究和多次讨论，形成以下主要意见：

(1)要确保施工期和使用阶段安全可靠。

(2)要对拟实施方案进行渡洪安全性论证，确保洪期桥梁安全。

(3)在保证结构安全的情况下，力争缩短时间，工期要短。

(4)在统筹考虑、综合比较后，对方案三进一步细化，作为拟实施方案。

(5)为方便两岸接线，且由于“321”钢桥推出法施工场地的需要，将桥位移到彻底关大桥下游约 200m 处。

(6)要充分考虑都江堰岸无机械设备，完全依靠人工操作实施的可能性。

经综合比选论证后，决定采用方案三在原桥位下游抢建 1—60m 战备钢桥。

四、抢建实施

(一)汶川岸型钢桥台抢建

1. 型钢桥台加工

汶川岸型钢桥台采用 ϕ325mm×10mm 螺旋焊管作立柱，[16 型槽钢作平撑、斜撑，形成一个横桥向长 8m，顺桥向下半部为梯形，下部宽为 9m，上部宽为 3.55m，高 8.5m，上半部为矩形，顶宽 3.55m，高 3.5m 的钢笼，整个钢笼体积近 526m^3。型钢桥台加工时注意平撑、斜撑与钢管立柱的焊接,确保焊缝饱满,保证加工质量,加工时考虑工地上起吊能力,将上部矩形部分改为现场单块焊接。

2.桥台型钢钢笼下放

在钢笼加工的同时,对桥位处河床进行压缩。在压缩河床时,注意需在桥位的上游处形成一挑坝,使桥台处江水基本处于相对静止状态,便于桥台型钢钢笼的安放与调整。由于一个桥台型钢钢笼全部加工完成质量达 23t,从填筑的河道上到需落位的桥台位置有 15m 左右,从现场试吊情况来看,一台 50t 吊车无法将如此重的钢笼准确、安全地安放于河床上。现场决定部分斜撑和上部矩形部分不再组拼焊接,以减小钢笼的质量。同时为确保安全,桥台型钢钢笼采用两辆 50t 吊车下放。在下放过程中,先将钢笼安放在桥台位置处,由于河床不平,河心侧低、河岸侧高,桥台钢笼下放后处于倾斜状态。根据钢笼现场入水情况,仔细测量、认真计算后,重新将钢笼提起,根据测量数据将钢笼立柱进行切割。由于方法得当,再次将钢笼放入江中后,钢笼放置平稳、竖直(图 9-39)。为了确保桥台型钢钢笼安放质量,保证钢笼 6 个支脚全部支承于河床的砾石上,需要下水进行检查,支垫。同时从钢管上口内投入混凝土麻袋,如部分钢管下口没有与河床接触,填入的混凝土麻袋在形成强度后能对型钢桥台立柱进行可靠支撑。

a) b) c) d)

图 9-39 钢笼加工、下放及钢笼回填

待钢笼初步稳定,立即采用挖掘机向钢笼内抛填级配较好的大块石,进一步对钢笼进行稳固,形成良好的抗冲刷基础。待钢笼基本稳固并有一定的抗倾覆能力后,可以边回填桥台后空区边回填钢笼,两者交错同步进行。填筑时注意钢笼不移位、不变形。待桥台后路基成形后,测量型钢桥台高程,如高程达不到设计要求,可用型钢将桥台立柱接高,重新形成钢桥支座顶面。

需特别注意的是，为便于支座下应力的扩散，从钢桥支座顶面以下1.0m范围内，需人工夯填小粒径级配良好的砾石，顶面浇筑30cm厚C30混凝土。

（二）都江堰岸桥台抢建

从汶川岸到都江堰岸，只能通过华能太平驿电站的大坝上过江，大约要绕行3km，其中还要翻越4个大型滑坡体，徒步轻装行走需要2h才能到达作业地点。为加快都江堰岸桥台抢建进度，在原垮塌的彻底关大桥上架起一座临时过江溜索，安上过江吊笼，以人工方式将二十几吨万能杆件、几十吨原材料运送至桥台位置。

都江堰岸桥台利用万能杆件组拼，该杆件单件最大质量73kg，便于人工抬运及组拼。由于材料及时运输到位，桥台仅用7d时间就基本拼装完成。

（三）防冲刷措施

由于本钢桥将面临严峻的洪水考验，湍急的江水尽管不能撼动近千吨的钢笼，但可能将钢笼下河床掏空，使型钢桥台沉陷，最终导致整个桥梁丧失行车能力。本桥采用了以下措施：在桥台上、下游设置型钢笼导流坝、桥台前面设置主动防护型钢笼，防止江水直接冲击汶川岸型钢桥台，如果桥台下河床被冲刷，型钢笼内的砾石会借重力主动填补，避免继续冲刷，可以防止桥台沉降和保证桥台后路基安全。

1. 导流坝钢笼加工

根据彻底关临时钢桥处的实际情况，充分考虑压缩河床后江水的冲刷以及起重机械行走、运行所需尺寸，导流坝沿岷江方向长度初步确定为135m。根据施工图纸提供的资料及现场实测，综合考虑钢桥运行期间最高水位，按高出最高水位1m确定导流坝高程，确保导流坝围堰体安全。导流坝钢笼由单层组成，钢笼高度为8.5m，顶宽为3m，底宽为5m。钢笼立柱采用∠100×100×8，平、斜撑及横联采用∠75×75×5，在加工好后的钢笼上每15cm采用ϕ10mm钢筋加密。钢笼按一种型号加工，每节长度为3m，共需45节，可视具体情况适当增减。

导流坝钢笼施工前，应做好材料、场地、设备及人员等各方面的准备工作，原材料应按规定的场地堆码，并应根据设计图纸的技术要求进行尺度、材质及力学性能检验，对于所用的各种机械设备开工前都应进行检查调试，以确保抢建工作正常进行保证工程质量及安全。

导流坝所需钢笼安排在汶川岸的河滩地上进行加工，加工好后用装载机吊运至岸边施工现场。

2. 导流坝钢笼安放

先下放汶川岸桥台钢笼，然后在桥台钢笼的上下游分别安导流坝钢围笼（也采用吊车直接安放的方式进行安装），钢笼下放时上游侧、下游侧交替进行，直至完成。导流坝钢笼之间、与桥台型钢钢笼之间应及时柔性连接，依次逐步形成一个整体，下放完成后即可在钢笼内抛放大块砾石直至钢笼顶面。随后可用挖掘机回填砾石，在钢笼内侧形成一个较为稳固的导流坝，逐步压缩河床断面，完成导流坝施工。

（四）“321”钢桥上部结构的拼装及架设

1. 场地准备

（1）根据两岸接线位置、地形、高差和地质情况，决定推出岸和对岸的摇滚至岸边最小安全距离。

(2)定出平滚、摇滚与座板的位置，测得桥中线桩与平滚，摇滚、座板标示桩的高程，中线桩应测至对岸鼻架端能达到的最远处。

(3)根据架桥现场的地形、道路状况，在推出岸的桥头规划出堆放桥梁部件、工具的位置和建桥器材车辆掉头的位置，使人工搬运距离最短，使用最方便，在对岸无法先期到达时，可将对岸座板和摇滚放在鼻架上，随桥架推出运送至对岸。

2. 滚轴安置

滚轴分摇滚和平滚两种。摇滚设在推出岸和对岸的岸边，推出岸的摇滚用于桥架的推出，对岸的摇滚用于桥架的座落，平滚安置在推出岸摇滚之后。

(1)摇滚置于两岸河边，纵向(垂直于河流方向)位置设在桥座座板靠河边一侧，使桥梁最后就位时，桥头端柱落在座板的中心线上，摇滚与座板的距离为 1.0m，不得小于 0.74m。

(2)平滚用来拼装桥梁，在推出岸摇滚之后每隔 5.7m 安置一组平滚，对于本桥三排双层加强型桥梁，内排桁架占用里面平滚外面的一个，中外桁架分别占用外面平滚的两个滚子。

(3)安置平滚之前要布置好滚轮样盘。

3. 钢桥架设

钢桥采用悬臂推出法，鼻架为单排 8 节，双排 4 节，三排 2 节，总长 14 节，对岸用卷扬机牵引，架设时注意横梁安装在桁架的阴头端。

第一步：单排鼻架的拼装

(1)在推出岸两边的每个摇滚各竖放一片桁架，桁架的一端放在摇滚上，另一端放在临时垫木上，各片桁架的阴头朝前。

(2)将第一根横梁置于前端竖杆后面(注意：放在阴头端)并将横梁底面内两排孔眼，各自套入两片桁架上弦横梁垫板上的栓钉，用横梁夹具夹住，但不拧紧，待该横梁上的斜撑安装好之后才能将横梁夹具拧紧。

(3)安装第二节桁架，同时在前一节桁架的横梁上安装斜撑。

(4)在第二节桁架前端竖杆的后面安装横梁，用横梁夹具轻轻夹住，待横梁上斜撑安装好后再拧紧。

(5)安装第三节桁架，并在第一节桁架上安装抗风拉杆。

(6)根据两岸地面高差确定下弦接头数目，然后在鼻架下弦两桁架接头处安装下弦接头，并用桁架销子连接。

(7)依照上述拼装步骤循环进行，直至鼻架第 9 节单排桁架拼装完毕。

第二步：双排单层鼻架的拼装

(1)在第 9 节接好的桁架外边，再各安装一片桁架，并在相邻两片桁架上弦杆的顶面安装支撑架，但不拧紧螺栓，使之构成临时框架。

(2)在桁架中竖杆前安装横梁就位，然后装上横梁夹具，但暂不夹紧。

(3)把第二根横梁装在后端竖杆的前面，用横梁夹具夹住。

(4)将第三根横梁装在前端竖杆之后，与此同时在第二根横梁上安装斜撑。

(5)再安装次一节桥梁的内排桁架，同时在第一节桁架内安装抗风拉杆。

(6)安装第二节桥梁的外排桁架，应先旋紧第一节桥梁的支撑架、横梁夹具和抗风拉杆。

(7)按上述步骤安装到第 13 节。

第三步：三排单层鼻架的拼装

(1)将第 14 节内排桁架连接在已装好的鼻架上。

(2)将第二排桁架抬起置于平板或垫木上，并与安装好的鼻架对齐，用人扶着，使第一、二排桁架上弦杆的顶面在同一高程上，然后在两桁架之间安装支撑架，待第一节桁架的横梁就位后，拧紧支撑架螺栓。

(3)安装第二节桥梁的第二排桁架。

(4)抬上第一节桥梁的第三排桁架，用人扶住，不让其倾倒。

(5)在第一节桁架中竖杆前安装横梁，用横梁夹具夹住，但不拧紧。

(6)在第一节桁架后端竖杆前，安装第二根横梁，用横梁夹具夹住，仍不夹紧。

(7)在第一节桁架前端竖杆后，安装第三根横梁，并在第二根横梁上安装斜撑。

(8)安装第一节桥梁的抗风拉杆，并在第二与第三排桁架前端竖杆上安装联板，然后拧紧所有横梁夹具。

第四步：三排双层桥梁正桥拼装

三排双层桥梁的拼装与三排单层桥梁的拼装方法一样，当完成四节三排单层的底层桥梁后，即开始安装第三节桥梁的上层桁架。每安装一节正桥桁架前必须先安装下一节中间那片桁架，让中间这片桁架先装一节。

为了装拆方便，只装双层桥梁上层桁架的销子，均由里往外插，故次一节的外排桁架必须在前一节的中排桁架安装之前装上，否则外排桁架的销子就无法装上。

第五步：钢桥面板的铺设

钢桥桥面架设与桥体架设顺序相反：

(1)架设每节桥面板。桥面板的架设顺序由中央桥面板开始，然后往两边分别架设标准的桥面及路缘板。

(2)整节桥面板架设好后，U形螺栓只需带紧。

(3)按顺序逐节安装桥面板。

(4)检查调整整桥桥面板，使之整齐、平整、然后紧固所有U形螺栓和L形螺栓。

第六步：桥梁拉出、落位(图9-40)

(1)所有“321”钢桥装配齐全后，检查连接钢销及螺栓，做好牵引准备。

(2)在汶川岸设置转线地锚。地锚采用挖掘机开挖，人工回填砾石，做成重力式地锚。此地锚需考虑两个转线：一是牵引转线；另一是制动尾绳转线。根据桥梁质量及平滚数量，经计算钢桥推出的摩擦力为130kN左右，故牵引力按5t卷扬机走4线滑车组的方式进行牵引。

制动尾绳采用5t卷扬机走单线，起保险作用。

(3)牵引时注意应及时调整对岸平滚的位置及角度，如桥位调正后可将对岸平滚方向与桥轴线垂直，不再对桥轴线进行调整。

(4)当鼻架过江后支承于桥台上后，可根据牵引进度适时拆除多余的鼻架。

(5)桥梁落位采用4个50t千斤顶，或根据实际情况进行调整。汶川岸场地较好，桥梁落位采用50t吊车，直接落位，映秀岸采用4个50t千斤顶进行落位，上好桥座板。落位时注意需单边落位，待一方完成后再落另一岸。

(五)钢桥保通措施

(1)根据设计要求准确定位桥台的平面位置，在下放时随时控制好其垂直度避免倾斜。

(2)钢笼回填级配较好的砾石，确保回填质量。

(3)在全部钢桥完全贯通后，对全桥各部位进行全面检查。对连接梁及横梁的U形螺栓进一步紧固，及时发现问题和排除隐患，确保钢桥质量。

(4)各构件焊接要焊透，长度满足要求。螺栓连接应将螺栓拧紧，使用一段时间后安排专人检查加固。

(5)实行交通管制，车辆行驶严格按限速要求，禁止急停、加速，单车限速 5km/h，限重 20t 通过。

(6)洪汛期间，专人观察水位，检查冲刷深度，当水位超出设计水位时，应采取顶升措施；与水文部门及时联系，掌握水文变化情况。

(7)在钢桥端头设置限速牌、安全行驶标志、夜间警示标志、钢桥上设置照明灯及荧光标志，平台处设置大功率的照明灯，供夜间照明。

图 9-40　彻底关钢桥架设过程

实例七　平武县南坝镇涪江低水桥抢建

一、基本情况

平武县南坝镇原本有一条二级公路穿镇而过，2008 年 5 月 12 日的汶川地震造成山体崩塌，桥梁垮塌，数百名重伤员和 2 万多名群众被困在涪江对岸。受涪江段堰塞湖溃堤威胁，北面是山，南面是涪江，外运伤员内运物资，只能靠一条小船摆渡（图 9-41），致使平武县重灾区南坝镇一度成为“孤岛”，渡河问题成为当地抗震救灾最大的障碍。

二、抢通技术方案

在对涪江流速、水深、江幅及接近路等进行了认真的勘察和计算后，确立了充分利用就便器材，架设低水桥的处置方案及基本施工方案，如图 9-42 所示。

图 9-41　南坝镇唯一的渡船

图 9-42　渡船与桥位

三、低水桥抢建实施

（一）堆砌桥脚

（1）对于靠近岸边、水浅、流缓的位置，直接从河床底部搬运块石堆砌成桥脚基础，而后在块石基础上堆砌砂袋形成桥脚（图 9-43、图 9-44）。

图 9-43　搬运河床中块石堆砌桥脚基础

图 9-44　在桥脚基础上堆砌砂袋

（2）对靠近合龙段、水深、流急的桥脚，首先在河床中打入用于固定钢丝笼的钢钎，而后分层铺设钢丝笼，在钢丝笼内填充砂袋直到预定高度（图 9-45～图 9-48）。

图 9-45　在桥脚位置铺设钢丝笼

图 9-46　接力输送砂袋

图 9-47　向钢丝笼内填充砂袋

图 9-48　成形的桥脚

(3)对水深、流急、人员难以立脚的合龙段桥脚,事先在岸上制作由钢管、万能连接件以及钢丝网组成的钢骨架(图 9-49),而后使用吊车将骨架吊运至桥脚位置(图 9-50、图 9-51),最后向骨架内抛填砂袋形成堆砌桥脚。

图 9-49　制作钢骨架

图 9-50　吊装骨架至预定位置

(二)铺制桥面

在桥脚施工完成后,利用倒塌民房上的木材与竹材制作桥面系(图 9-52、图 9-53)。

四、任务完成情况

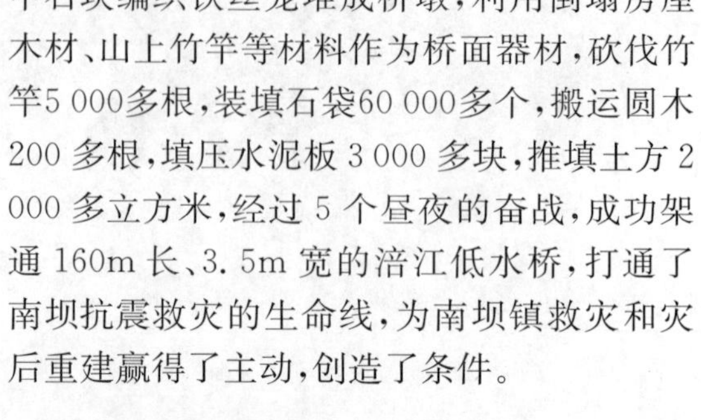

在江水湍急、建材短缺的情况下，800 多名解放军应急抢险官兵就地取材，用水泥板和江中石块编织铁丝笼堆成桥墩，利用倒塌房屋木材、山上竹竿等材料作为桥面器材，砍伐竹竿5 000多根，装填石袋60 000多个，搬运圆木200 多根，填压水泥板 3 000 多块，推填土方 2 000 多立方米，经过 5 个昼夜的奋战，成功架通 160m 长、3. 5m 宽的涪江低水桥，打通了南坝抗震救灾的生命线，为南坝镇救灾和灾后重建赢得了主动，创造了条件。

图 9-51　为抛掷砂袋人员安装临时通道

图 9-52　采用竹材与木板等制作桥面

图 9-53　成形的桥脚

实例八　川藏公路索通桥垮塌抢建

一、基本情况

G318 线（川藏公路）是连接西藏与祖国内地的重要通道，沿线平均海拔 3 000 多米，山高谷深、地势险峻，素有“天险奇路”之称。尤其是波密段，每年 6～8 月份，泥石流、塌方、洪水等灾情不断，经常发生不同程度的公路、桥梁垮塌事故。

2010 年 7 月 25～29 日，受持续降雨和冰川消融双重影响，川藏公路 K4062 处爆发大规模泥石流，灾害发生地点如图 9-54 所示。

二、灾害情况

7 月 25 日，因持续降雨导致帕隆藏布江江水暴涨，K4062＋700 段 150 多米路基基底被江水掏空，2/3 道路沉陷坍塌，如图 9-55a）所示。

7 月 26 日 5:30 左右，K4064＋600 处近 200m 路基突然坍塌，形成长约 50m、宽约 15m、高约 30m 的缺口，次日扩展至 100m 左右，如图 9-55b）所示。

7 月 28 日 17:30 左右，K4062 处江对岸因冰川融化，近 3 万 m^3 泥石流倾泻而下，迅速侵占河道，导致河道过水断面骤减，水位迅速上涨约 9m，水流速度急速加快，冲刷能力增强，主河槽水流方向发生明显偏移。当天夜间，该处再次爆发近 2 万 m^3 泥石流，形成短暂堰塞湖后，江水改道，直冲路基。

图 9-54　灾害发生地点

a)

b)

图 9-55　路基坍塌

7 月 29 日 16:10 左右，K4062＋850 处一座长 76m，桥面高度约 50m 的比通 2 号拱桥瞬间被冲毁，波密通往 K4064＋600 东侧抢通现场的道路完全中断，如图 9-56 所示。

图 9-56　桥梁垮塌

三、抢通抢建技术方案

灾害发生后，担负这一路段保通任务的武警交通第四支队官兵克服受灾范围广，灾害类型多，抢通任务重，抢通现场地质结构复杂，次生灾害频发，危险性高，抢通难度大等诸多困难，夜以继日抢修道路和桥梁。

由于本次灾害致使川藏公路多处断通，经全面灾害调查后，拟采取爆破山体回填坍塌路基的办法恢复道路通行；采用抢修应急通道、架设钢桥的办法解决比通2号拱桥冲毁处的车辆通行问题，如图9-57所示。

图9-57　抢修便道

抢建桥梁桥台拟采用木笼结构，上部结构调用储备的“321”钢桥，采用悬臂推出法架设。由于受索通村桥头地形限制，钢桥无法在桥头全部拼装，只能边装边推进，在钢桥推进的过程中随时核算桥架的重心，确保在任何情况下桥架重心不超出摇滚之外。

四、钢桥抢建实施

钢桥抢建共分以下10个步骤：桥位选择及布置、基础处理、桥头料场布置、滚轴安装、鼻架格数确定、桥梁拼装、桥架推出、桥梁座落、铺设引桥、通车。

（一）桥位选择及布置

技术人员根据现场地形地貌，实地勘测桥位，测量河沟宽度，确定桥梁跨径，选择最适宜的桥梁中线，然后再定出平滚、摇滚位置，确定桥梁基础高程，如图9-58所示。

图9-58　桥位选择

(二)基础、桥台抢建

该桥利用原桥台基础,不作处理。根据灾害现场树木较多的资源特点,现场伐木,按照桥台纵坡坡降和桥台宽度将木材裁成所需要的纵横向长度,沿桥台纵向和横向分层码砌并逐层逐根逐节点用钢丝绑扎,各木料之间间距 40cm,木料与桥台岸采取必要的措施与原地基锚接,码砌和绑扎两层之后在木笼格台内填筑砂砾石或水泥稳定砂砾,并人工捣实,以增强桥台的稳定性和整体性,木笼桥台顶部铺设方木平台,如图 9-59 所示。

图 9-59　搭设木笼桥台

(三)桥头料场布置

桥位选定后,推出岸桥头应规划堆放桥梁部件、零配件及工具的场地,同时要考虑运料车掉头卸料的空间。当桥头受场地限制时需对架设钢桥所用材料有序堆放,或者随用随取,不能在现场堆放过多,以免影响“321”钢桥拼装操作,如图 9-60 所示。

图 9-60　桥头料场布置

（四）滚轴的安装

滚轴分摇滚与平滚两种。摇滚安置在推出岸与对岸的岸边，推出岸的摇滚用于桥架的推出；对岸的摇滚用于桥架的着落。平滚安置在推出岸摇滚之后，具体方法如下：

每座摇滚只容一排桁架通过，单排桥梁架设，两岸需各放两座摇滚，中距 4.2m。若架设双排桥梁时，两岸需各放两座摇滚，内排摇滚间距 4.2m，外排摇滚间距 5.1m。摇滚与河沿的距离由地基承载力与土壤的静止角而定，摇滚的纵向位置，设在桥座座板靠河边一侧，使桥梁最后就位时，桥头端柱落在座板中心线上，摇滚与座板的距离为 1m，至少不得小于 0.75m。

平滚用来拼装桥梁，在推出岸摇滚后每隔 6m 安置一组平滚。单排桥梁架设，左右各用一副平滚，桥架占用靠外边的滚子；双排桥梁时，左右各用两副平滚，桥架占用的滚子，内排占用里面平滚靠外的一个，外排占用外面平滚靠里面的一个。

（五）鼻架格数确定

按照桥梁格数除以 2 加 1 确定鼻架格数。本桥 21m 的鼻架格数为 7 除以 2 后取整数再加 1，为 5 格。

为防止桥架推出后因鼻架下垂导致无法搭上对岸摇滚，应在鼻架的桁架下弦之间安装下弦接头，将鼻架端翘起获得一定的抬高度，保证鼻架顺利通过对岸摇滚，如图 9-61 所示。

（六）桥梁拼装

1. 拼装鼻架

（1）在推出岸两侧滚轴上，各竖放一片桁架，桁架的一端放在摇滚上，另一端放在临时垫木上，阳头朝前，阴头朝后，如图 9-62 所示。

图 9-61' 鼻架端拼装后翘起示意图

图 9-62　拼装鼻架

（2）将第一根横梁置于前端竖杆后面，用横梁夹具夹住，待该横梁上的斜撑装好后才能拧紧。

（3）安装第二格桁架（加装下弦接头），同时在第一格桁架的横梁上装斜撑，拧紧横梁夹具。

（4）在第二格桁架前端竖杆后安装横梁，用横梁夹具轻轻扣住，待横梁上斜撑套上后才能夹紧。

（5）安装第三格桁架，同时在第一格装抗风拉杆，在第二格上装斜撑，夹紧第二格横梁夹具。

（6）在第三格桁架前端竖杆后安装横梁，用横梁夹具轻轻扣住，等横梁上斜撑套上后才能拧紧。

(7)安装第四格桁架,同时在第二格装抗风拉杆,在第三格上装斜撑,拧紧第三格横梁夹具。

依次类推,拼装完鼻架。

2.拼装正桥

(1)第一格安装,它与其他各格略有不同。

①安装第一格内排桁架与鼻架连接,同时在鼻架第四格装抗风拉杆,在第五格上装斜撑,拧紧第五格横梁夹具。

②在第一格桁架外侧各放一片桁架,并安上支撑架(不拧紧螺栓),以构成临时框架。

③在桁架的中端竖杆前插入横梁就位,然后安上横梁夹具,但不拧紧。

④将第二根横梁装于后端竖杆之前面,用夹具轻轻扣牢。

⑤将第三根横梁装于前端竖杆之后,同时在第二根横梁上安装斜撑,另在鼻架第六格装抗风拉杆。

⑥在第一格桁架下弦加装阳头斜面弦杆,中间每格桁架下弦均先安装加强弦杆后再进行安装,最后一格桁架装阴头斜面弦杆。

⑦再装第二格内排桁架,同时在第一格装抗风拉杆。装上第二格外排桁架,同时旋紧第一格支撑架、横梁夹具及抗风拉杆,如图 9-63 所示。

(2)其余各格安装。

①第二格桁架装好后,安装第三格内排桁架。

②将横梁装于第二格后端竖杆之前,用横梁夹具扣上,但不拧紧。

③在第二格的横梁上装斜撑,同时安装抗风拉杆及拼第三格的外排桁架。抗风拉杆暂不拉紧。

④装第二格之中横梁,扣上横梁夹具。

⑤安装支撑架,然后旋紧第二格抗风拉杆及横梁夹具。

⑥铺装钢桥面,如图 9-64 所示。

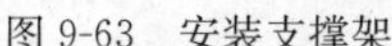

图 9-63　安装支撑架

图 9-64　铺装桥面板

(3)以后各格按同样程序安装

加强弦杆的拼装:通常先把加强弦杆装到桁架下弦杆上,然后两端一起装配上去。在此情况下,安装人员势必增加,行动较为不便,如果有起吊设备,可把桁架的上下弦杆加强后一起吊装。此法虽然可减少人员,但速度较慢,在紧急抢险工程中一般不采用。

下弦加强弦杆装好后，紧接着把上弦加强弦杆也装上，但必须先将撑架螺栓装上，以便随后安装支撑架，如图 9-65 所示。

图 9-65　装配式公路钢桥拼装过程简图

(七)桥架的推出

为减少悬空部分的振荡，在桥架推出时均匀用力，推进方向如发现偏差需纠正，特别是在桥架接近平衡点容易转动时，通过拨动尾部的办法彻底纠正。

人力推出具有准备工作简单、推出容易控制、速度快且不需要配置牵引设备等优点。随着桥架的向前推出，容纳推桥人员的地方愈来愈小，至最后快要就位时，桥架几无施力之处。因此，利用人力推出时，最好采用推拉结合，将一部分人员调至对岸，通过绳索协同本岸人员拉桥前进，如图 9-66 所示。

图 9-66　钢桥推进

推桥时由专业技术人员站在桥上统一指挥，保证指挥时能看到对岸滚轴，也能观察桥架推进的一切情况，所有工作人员动作一致。推出岸每组滚轴旁边各站一人，手持磅锤，随时检查滚轴是否有毛病或桥梁是否有被阻的现象，发现问题应随即报告指挥人员，必要时用锤适当地调整滚轴的位置或要求暂时停止推出，用千斤顶局部顶起桥架，挪动滚轴，对岸摇滚旁也各站一人，协助鼻架准确着落于其上。

(八)桥梁座落

桥梁座落用普通千斤顶顶在桥梁下弦，其位置最好在桁架弦杆与腹杆交点，千斤顶与弦杆之间放一块厚钢桥，将力量平均传布到弦杆的两个槽钢上，不可把千斤顶顶在一根槽钢上，更不应让槽钢翼缘单独受力。在一般情况下，千斤顶应置于垫木上，将桥梁传来的反力分布于较大的地面，千斤顶与垫木的高度，根据桥梁下降距离及千斤顶的行程来定，最好使桥梁能一次座落，如图 9-67 所示。

(九)引桥铺装

桥梁座落工作完成后，即开始铺设引桥，与桥梁相接的一端支承于端横梁上，其与河岸相接的那一端支于枕木上，枕木长度等于引桥宽度。

引桥铺设完毕后，桥梁的架设工作全部结束，对全桥的螺栓、销子、横梁夹具等连接部位加以检查，采用架设的工程机械进行必要试车后即可通车，如图 9-68所示。

图 9-67 安装支座

图 9-68 荷载检测

(十)通车

索通桥桥台为临时木笼结构，经初步计算，桥台承载能力有限，在进行交通管制的前提下仅限于小型车辆通行，如图 9-69 所示。

在“321”钢桥搭设完毕之后，对桥头两岸引道进行修整，使之符合纵坡要求，同时清理上下游河道，确保桥台稳固可靠。

在“7·25”川藏公路通麦镇索通村的交通抢险过程中，武警交通部队在湍急的帕隆藏布江水和悬崖绝壁之间，采用悬空打炮眼的方式，开凿出一条近 8.3km 的应急道路。整个遇险路段经过 16d 全部打通，累计完成抢修便道 8 246m，开挖土石方 31 630m^3，回填路基 2 380m^3，围堰截水 120m，开炸岩石 25 930m^3，架设木笼桥台约 310m^3。仅用 3d 时间就完成了东侧高 7.1m的木笼桥台、西岸 2.5m 高的混凝土桥台、4.6m 高的木笼桥台和长 21m 的钢桥架设任务，如图 9-70 所示。

图 9-69　车辆通行

图 9-70　钢桥抢通全貌

实例九　宝成铁路 109 隧道震灾抢险整治

一、基本情况

宝成铁路是连接我国西北和西南的交通大动脉，是进出四川的最快捷运输大通道。“5·12”汶川地震导致宝成铁路 109 隧道多处山体崩塌、行进机车被毁、油罐列车洞内起火燃烧，工程严重受损，交通运输中断。能否在最短时间内抢通 109 隧道，恢复宝成铁路运营，成为当时全国抗震抢险中广泛关注的焦点。面对突发的特大自然灾害，参与宝成铁路 109 隧道抢险的专业技术人员反应迅速、准确应对，仅用 2d 时间就提交了隧道加固方案、2d 时间完成了隧道加固实现通车、3d 时间完成了改线勘测、6d 时间完成了改线站前施工图，为抗震抢险工作提供了强有力的技术支持。

二、宝成铁路 109 隧道工程概况及灾害情况

(一)隧道工程概况

109 隧道位于宝成铁路徽县车站南端，始建于 1954 年，原为窄夹子 1 号(192.23m)及窄夹子 2 号(333.02m)两座隧道，由于两隧道间边坡高陡，常有落石危及行车安全。窄夹子 1 号隧道北口 1968 年 3 月 28 日发生塌方 100 余立方米，将 1 台机车和 2 节车皮推下嘉陵江，1972 年接棚洞 67.1m；窄夹子 2 号隧道出口因落石 1971 年接长明洞 18.06m，1982 年再次接长棚洞 89.57m；该隧道前后 4 次共计接长明洞 200.82m，现全长 726.07m。

(二)隧道区地质环境

109 隧道位于嘉陵江上游秦岭岭南低中山峡谷区，该段河谷宽 50～100m，两岸山坡高陡，自然坡度 40°～85°，相对高差 200～400m。出露岩性为石炭系下统巨厚层灰岩，受构造及风化作用影响，垂直长大节理和缓倾角(20°～30°)结构面发育，危岩落石及崩塌等不良地质现象多发，地质环境条件恶劣。

(三)隧道区震灾情况

“5・12”汶川地震对宝成铁路 109 隧道区造成的危害总体上表现为两大方面：一是地震引发山体崩塌造成的直接工程损毁及诱发的次生地质病害，主要表现为 3 处大崩塌和 1 处堰塞湖(表 9-1)；二是地震作用和诱发的洞内油罐大火，二者叠加对隧道主体结构的损坏。其主要病害类型为隧道主体开裂、掉块、衬砌表层剥落、拱脚或拱腰错台、棚洞 T 梁损毁等。

宝成铁路 109 隧道区地震崩塌灾害情况 表 9-1

名　称	崩塌特征	工程危害
隧道对岸公路崩塌	边坡高 160m，宽 80m，崩塌后壁坡度约 75°，岩性为石炭系下统巨厚层灰岩。崩塌堆积体呈扇形，坡度约 35°，宽 70m，长 45m，体积约 2 万 m^3，为“5・12”汶川地震形成的中型崩塌	崩塌掩埋公路长约 80m，阻断了隧道救援抢险通道
隧道进口端崩塌	边坡高 120m，宽 160m，崩塌后壁近直立，岩性为石炭系下统巨厚层灰岩。崩塌堆积体呈三角形，坡度约 40°，宽 200m，长 120m，体积 12 万 m^3，为“5・12”汶川地震形成的大型崩塌	崩塌损坏进口端隧道 180m，堵塞嘉陵江，形成长达 3.5km 的堰塞湖，危及上下游居民及铁路、公路安全
隧道出口端崩塌	边坡高 120m，宽 150m，崩塌后壁陡立，岩性为石炭系下统巨厚层灰岩。崩塌堆积体呈扇形，坡度约 45°，宽 150m，长 35m，体积 2 万 m^3，为“5・12”汶川地震形成的中型崩塌	崩塌砸毁出口端棚洞 80m，拦石墙及路堑墙 36m，并造成列车出轨，引发洞内油罐起火燃烧

三、109 隧道抢险加固整治

(一)109 隧道抢险工作面临的主要困难及工作重点

1. 面临的主要困难

(1)地震造成载有航空油罐的列车在隧道内脱轨燃烧，燃烧产生的大火、高温和有害气体阻止了救援人员的靠近，对及时查明灾害受损情况带来了巨大困难。

(2)三处大崩塌体及诱发的堰塞湖等次生地质灾害给抢险工作带来了极大挑战。

2. 工作重点

(1)第一时间对隧道的受损情况、修复的可行性作出预判，为抢险决策提供依据。

(2)及时对隧道损坏情况进行分析，提出修复加固设计方案，为抢险人员、物资、设备调集及实施提供依据。

(3)及时对隧道区地震崩塌体、堰塞湖等次生地质灾害进行调查，对其稳定性及发展趋势加以准确评判，提出切实可行的清除、加固设计措施，指导抢险施工。

(4)对隧道区总体震害情况及长期运营安全进行分析评判，同步开展改线方案研究、勘测设计工作，为根治病害提供依据。

(二)109 隧道抢险应遵循的原则

(1)隧道抢险方案应有利于 109 隧道的快速抢通，隧道恢复加固措施应具备能够快速施工和安全的特点。

(2)鉴于洞内大火扑灭前难以进入并查明具体受损情况，前期恢复方案的制订应具有系统性和前瞻性，充分考虑到地震与火灾共同组合的各种不利影响，制订预案和对策。

(3)地震与火灾对既有工程安全影响严重，在抢通的同时，应着眼长远，研究制订新线改建方案，以根治病害。

(4)新线改建应坚持地质选线的原则，以避免次生地质灾害的威胁，确保工程的长期运营安全。

(三)109 隧道洞外病害抢险加固整治措施

1. 隧道对岸公路崩塌病害整治

对掩埋公路的崩塌堆积体迅速清除，疏通道路，同时设立观察哨指挥交通，确保抢险通道的安全顺畅。

2. 隧道进口端崩塌病害整治

对新形成的地震崩塌高陡崖壁，为防止其进一步风化剥落、坍塌危及隧道洞身及河道安全，进行挂网喷护。对崩塌堆积体堵塞河道形成的堰塞湖危害，根据危害的时效性加以分步治理。第一步，及时疏通，确保湖水上涨不淹没抢险公路通道；第二步，根据预测的当年汛期可能出现的最大洪峰流量进行计算设计，实施顶面宽度 40m，深度不小于 5m 的河道疏浚工程，以保证修复后的宝成铁路及上下游居民安全度汛；第三步，根据推算的本段嘉陵江百年一遇洪峰流量和工程需要，对堰塞坝进行清理，以彻底根除隐患。

3. 隧道出口端崩塌病害整治

清除崩塌堆积体，拆除被毁坏的棚洞，边坡挂网喷护，局部开裂块体锚索加固，先行恢复通车；其后恢复钢棚洞，加固受损挡墙，确保运营安全。

4. 隧道洞内病害抢险加固措施

根据地震及火灾对隧道洞内工程的实际损坏情况，分别采取有针对性的加固措施(表 9-2)。

隧道洞内加固措施一览表 表 9-2

损伤程度	损伤表现特征	加固措施
轻度损伤	混凝土表面基本完好，构件无空鼓、无明显裂缝	基本不处理，局部喷锚修补
中度损伤	抹灰层基本剥落和大面积内鼓，表面有裂缝或局部损伤	采用 R32N 自进式锚杆加固，并挂 ϕ8mm 钢筋网喷 C20 混凝土嵌补，局部设钢架加强
严重损伤	裂缝较多，掉块现象严重，局部坍塌，混凝土表层出现酥碎，强度明显降低	设钢架、喷混凝土并挂网，同时采用 R32N 自进式锚杆注浆加固
极严重损伤	衬砌坍塌，混凝土失效	衬砌拆换

四、经验教训

109 隧道抢险抢通及改线工程，于 2008 年 11 月 12 日全部完成并开通运营。结合实战抢险，总结以下经验教训：

(1)健全和完善的应急机制是保证抢险工作顺利进行的基础。当灾难发生时，迅速启动应急抢险预案，短时间内完成抢险队伍、物资的集结和运输，为救援工作赢得宝贵时间。

(2)坚持科学抢险的工作思路，才能针对灾害特点制订出科学合理的工作程序和工程抢险措施，使抢险工作各环节间有序衔接、忙而不乱。

(3)抢险工作必须坚持快速行动、灵活务实的作风。抢险专业人员只有深入一线，及时根据现场情况调整和完善抢险加固措施，才能指导施工，快速完成抢险工作。

(4)山区交通工程建设过程中，只有高度重视地质工作，才能有效避免和减轻包括地震在内的各种自然灾害及其次生灾害的影响。

实例十　太焦线石会段一、三号隧道坍方及治理

一、基本情况

太原至焦作铁路石会段一、三号隧道位于太岳山南坡，沿浊漳河两岸展线。其中一号隧道长 1 268m，三号隧道长 471m(图 9-71)。隧道穿过岩层主要为三叠系砂页岩互层。砂岩为中粒结构，黄绿色或灰色，石质较坚硬，以中厚层为主；页岩为紫红色及灰绿色，以薄层为主，局部含钙质结核。部分山坡黄土覆盖，厚 2～5m。

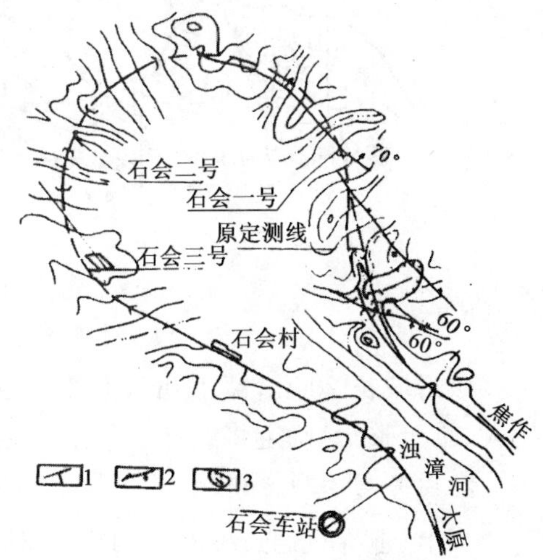

图 9-71　隧道位置及构造示意图
1-岩层产状；2-断层；3-滑坡

一号隧道原进口位于山坡上，层理向沟倾斜，构成软弱夹层的顺向坡，由于勘测期间没有查清，误将隧道洞口置于古滑坡的前缘。洞身段 K364＋440～K364＋515 段为浅埋地段，最浅埋深仅 11.0m。而且两组断层在此交汇，一组为走向北东 60°～70°，另一组为走向 30°～45°的正断层(与线路近于平行)。

两断层间基岩以页岩为主，由于受断层挤压破碎，局部已泥化。洞顶自然沟常年流水，水量大，基岩裂隙水渗透系数为 K＝2m/d。这些因素最终造成施工期间洞身塌方、洞口滑坡事故，拖延工期达一年之久(图 9-72)。

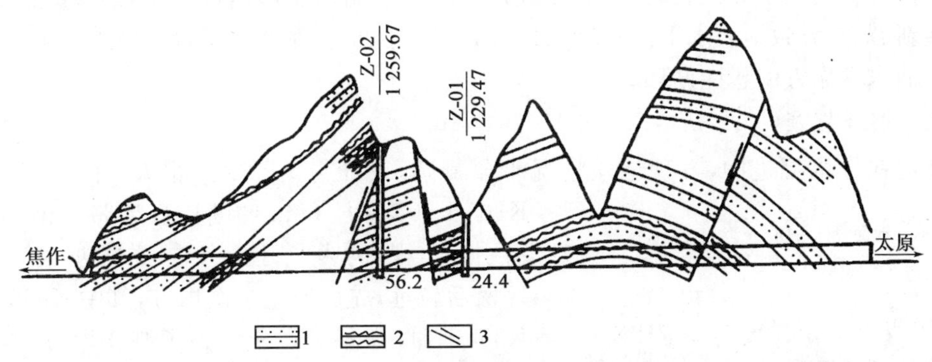

图 9-72　一号隧道工程地质纵断面图
1-砂岩；2-页岩；3-断层

三号隧道洞身主要为中厚层砂岩夹页岩，局部为较厚页岩夹砂岩，岩质破碎。施工期间发生冒顶事故。

二、事故灾害情况

1. 一号隧道进口段滑坡

该隧道采用上下导坑、先墙后拱的施工方法，下导坑先掘进 70 余米。1972 年 5 月开挖上导坑和拱圈部分时，遇到页岩软夹层，随着导坑掘进，页岩以上岩体开始向左侧移动，下导坑底部页岩亦向左侧移动 7～9m。不久，古滑坡体整体复活，顺线路 100m 范围内，整个山体向左侧移动，并于线路左侧 25m 的沟心处隆起（图 9-73）。洞内衬砌开裂，支撑排架歪斜，洞门破坏。

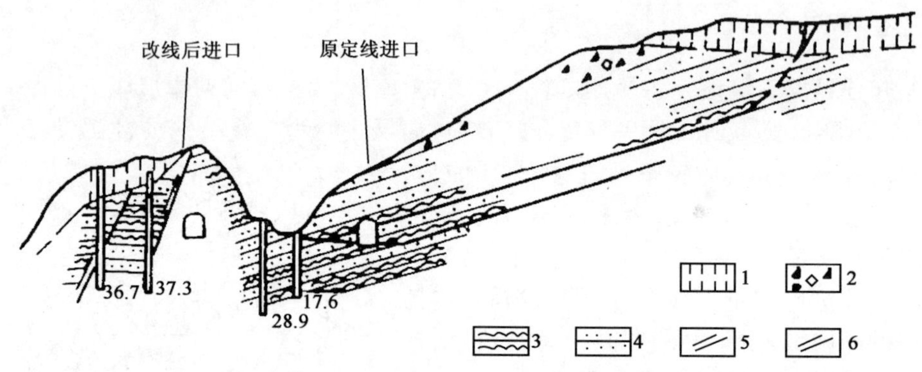

图 9-73　进口滑坡轴向断面图（高程单位：m）

1-黄土；2-碎块石；3-页岩；4-砂岩；5-断层；6-滑动面

该滑坡长 200m，宽 100m，滑体厚 20～30m，体积 40 多万立方米。研究认为：由于滑坡规模大，难于整治，确定将线路改移至左侧 61m 山梁处进洞（图 9-71），彻底绕避滑坡范围。

2. 一号隧道中段坍塌

当上、下导坑通过 K364＋480 处时，上导坑突然大量涌水，接着巨石、碎石和流泥倾泻而下，形成大塌方，4h 内就坍至拱顶以上 7m 多高，流坍稀泥达 2 000m^3，上导坑被堵死，下导坑积水 1.0m 深。在长达 50 多米范围内，基底沉陷，使排架下沉 0.8～1.0m，几处横梁被压断。

经分析，由于上、下导坑同时开挖，使破碎岩体产生蠕动变形，岩体中裂隙和孔隙增大，或产生一些新裂隙，导致地表水下渗，又使岩体动水压力增大，强度降低，而造成洞内大塌方，形成塌方—涌水—塌方的恶性循环。

3. 三号隧道冒顶

该隧道在导坑掘进中，发现地质情况十分复杂，设计与实际出入很大，在 K365＋727～K365＋795 有长 68m 的断层破碎带。但施工中没有引起重视，仍然采用上、下导坑掘进，由于后部工序落后较远，先后发生多次坍方，其中 K365＋731～K365＋741 段最为严重。为了制止塌方，曾采用支撑护顶法和喷射混凝土等支护措施，均未能奏效，塌方继续向高处发展，最后塌通至山顶，在地表形成直径约 3.5m 的大陷坑（图 9-74）。同时发现塌方区两端的混凝土拱圈出现数条裂缝，宽者达 10mm；拱脚下沉内挤约 100mm。

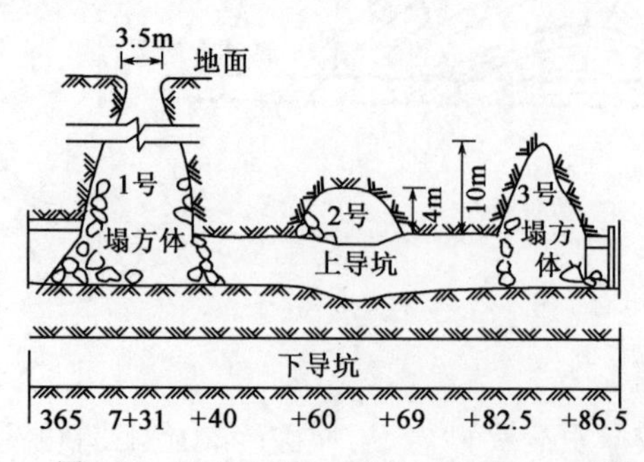

图 9-74　K365＋727～K365＋795 塌方示意图

三、抢险加固技术措施

1. 一号隧道中段塌方治理

(1)排除地表水和洞内积水。为防止地表水下渗,首先对地表进行综合整治:

①自然沟上游筑坝截水,用胶管将沟水引至隧道下游(图 9-75)。

②洞顶上方自然沟槽及支沟均用浆砌片石铺砌,防止地表水下渗。

③洞内下导坑积水及时疏通,将水引入排水沟;同时将洞内几处集中涌水点,以胶管插入,将水引至下导坑排水沟内,不使漫流成害。

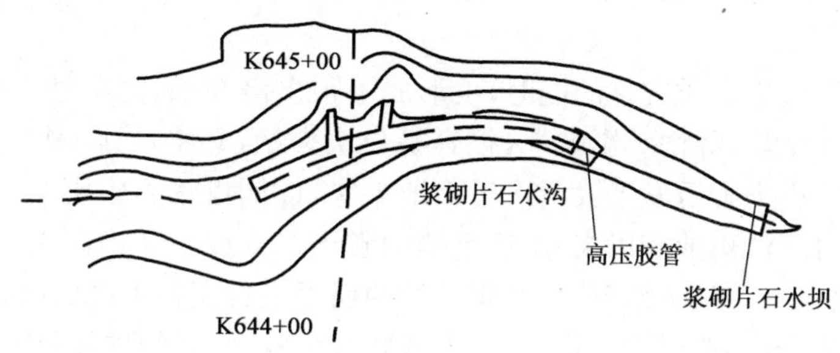

图 9-75 地表排水设施示意图

(2)加固上、下导坑。下导坑采用设套架的方法进行加固;上导坑采用钢轨横梁更换支撑;导坑两侧设临时支撑,或用片石将空洞充填。

(3)采用钢钎封闭法通过塌方体。即逐段斜插钢钎封闭,清理坍渣、架立排架,再扩大,立扇形支撑(参照三号隧道塌方处理方法)。

(4)加强衬砌结构。塌方地段拱圈及边墙均设置单层钢筋网;两侧拱脚设置钢筋托梁;加设仰拱,防止衬砌下沉和内挤。

(5)改进马口和边墙的施工方法。如采用边墙分两次施工;小马口,随挖随衬等措施。

2. 三号隧道冒顶治理

(1)首先加固坍塌体两端的混凝土拱圈。具体做法是:恢复拱架,拱脚设卡口梁;设套架以加强拱架;对拱背及坍体进行注浆。

(2)采用钢钎封闭法通过塌方体(图 9-76)。钢钎采用 ϕ30mm 圆钢,长度 3.0m,仰角 3°~10°,间距 0.1~0.25m。对个别坍塌极严重地段进行注浆,先将坍塌体固结后再开挖。

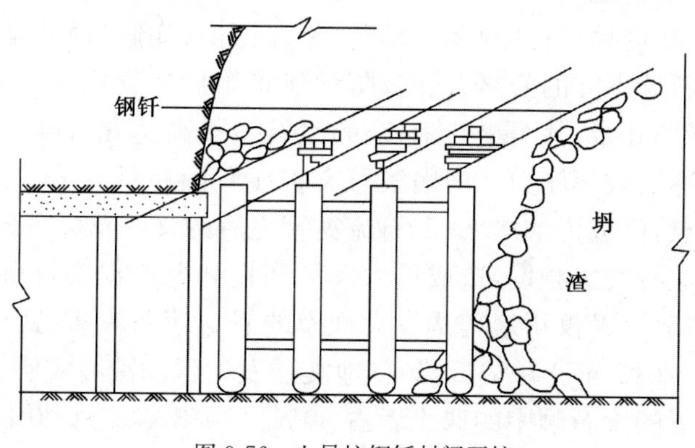

图 9-76 上导坑钢钎封闭开挖

实例十一　钢棚洞防治崩塌滚石在“4·20”芦山地震抢险中的应用

一、工程背景

2013年4月20日8:02四川省雅安市芦山县(北纬30.3,东经103.0)发生7.0级地震,其震源深度13km,震中距成都约100km,成都、重庆及周边陕西的宝鸡、汉中、安康等地均有较强震感。截至2013年4月24日10:00,共发生余震4 045次,3级以上余震103次,最大余震5.7级。

芦山地震在诱发次生地质灾害的同时,也形成了很多潜在的、隐蔽性强的地质灾害,如松散的崩滑专堆积体在余震、降雨等影响下,很容易再次失稳,必将加速崩塌—滑坡—泥石流灾害链的发展。芦山地震灾害诱发了大量次生山地灾害,以崩塌滚石灾害为主要灾害类型。据不完全统计,自“5·12”汶川地震以来,震后重建的省道210线一年内因山体崩塌滚石造成交通中断超过了10次以上。“4·20”芦山地震诱发的崩塌滚石灾害将进出地震灾区的重要生命线省道210线多处堵断,并造成多人伤亡,严重威胁行车安全,制约抗震救灾和灾后恢复重建。

省道210线依山傍河而建,是自雅安进入宝兴县城的唯一公路通道。公路沿线河谷两侧岸坡高陡,地震诱发高陡边坡崩塌落石灾害对公路构成严重危害。通过现场调查,该段公路全长42km,地震诱发高陡边坡崩塌灾害点(群)58处,主要分布在铜头至朱砂溪砾岩峡谷段(K311～K319)和上坝至宝兴段(K288～K301)灰岩、岩浆岩峡谷段,灾害点连续、密集分布。大量崩塌灾害掩埋公路、砸毁路面,给公路造成严重损害。地震诱发上边坡崩塌灾害的同时,还在陡坡段残留大量震裂松动岩体,并在冲沟及坡面堆积大量松散堆积物,成为震后崩塌灾害危险源,严重威胁震后公路运营安全。

针对震后省道210线高陡边坡崩塌滚石灾害异常严重的特征及其危害,为确保抢险救灾阶段生命通道的畅通与灾后重建过程中的行车安全,避免崩塌滚石灾害造成二次伤害,在省道210线抢通保通阶段对滚石灾害进行有效防护就显得极其重要。

二、崩塌灾害防治现状

崩塌滚石灾害是世界范围内高山峡谷地区一种常见的地质灾害,它是在陡峻斜坡上发生的一种突然而又剧烈的动力地质现象。斜坡上的不稳定岩土体在重力、地震、降雨或其他外力作用下,突然向下崩落,在运动过程中翻滚、跳跃、相互撞击、崩解,最后堆积于斜坡坡脚,并通过冲击、掩埋等方式对斜坡下方的公路、铁路、防护建筑等构造物构成严重威胁。崩塌形成的滚石粒径大小从几厘米到几米,甚至十几米,有的滚石质量高达几百吨,冲击速度高达几十米每秒,具有非常强大的冲击破坏能力。崩塌滚石灾害在我国还具有分布范围极广、发生突然、频率高、防不胜防的特点,已成为继滑坡、泥石流灾害之后的又一重大山地地质灾害。

近年来,我国崩塌滚石灾害频发,造成重大人员伤亡和财产损失,已逐渐引起人们的高度重视。特别是2008年“5·12”汶川地震诱发大规模的崩塌滚石灾害,造成重大人员伤亡和基础设施破坏(图9-77)。2012年9月7日,彝良地震诱发大量的滚石灾害,在已公布的81名遇难者中,被山上飞落而下的滚石砸中的遇难者占80%。2013年4月20日,芦山地震中的崩塌滚石灾害也是地震诱发的主要次生山地灾害类型(图9-78)。

国内外对于崩塌滚石灾害的防治方法可分为两大类:主动防护和被动防护。主动防护可分为加固法、清除法和绕避法。其中加固法包括危岩锚固、坡面固网、锚喷、支撑、嵌补、排水等;清除法包括清除个别危岩、削坡等;绕避法线路改道、修建隧道、搬迁建筑等。被动防护可分为拦截法、疏导法、警示与监测法。拦截法包括落石平台、落石槽、拦石网、挡石墙、拦石堤、拦石栅栏、明洞或防滚石棚等;疏导法包括疏导沟、疏导槽等;警示与监测法包括巡视、警告牌、滚石运动监测、电栅栏、雷达和激光监测等。近年来,瑞士布鲁克公司研发的柔性防护网为崩塌滚石的防治提供了一种简单有效的防治方法。柔性防护网对于表面岩石破碎、坡面无茂密的树林和灌木的边坡效果较好,它可以采用被动防护的方式拦截危岩、缓冲消耗掉危岩向下运动产生的动能,也可以采用主动防护的方式,直接对危岩进行"捆绑式"的约束。最为典型的是WICCO型、ROCCO型以及GBE型三种防护网技术,这三种技术针对不同的落石灾害发挥着独有的技术优势,大大降低了各种落石灾害造成的经济财产损失。

图 9-77　巨型滚石对道路冲击

图 9-78　省道 210 线芦山—宝兴段崩塌灾害

三、芦山崩塌灾害防治对策分析

芦山地震诱发的崩塌灾害点多面广,多为高位崩塌,一般距路面高差几十米到百余米,再加上坡体上还大量残留震裂松动岩体和崩塌后堆积在坡面上的块石,主动加固的难度极大、风险极高,施工安全难以保证,且施工工期长,无法满足震后抢通保通的要求。根据震后滚石灾害沿省道 210 线线状分布特征,被动防护措施为更适合的防护方案。在被动防护措施中,落石槽、拦石墙受场地、地形的限制和自身结构的局限,防护高位崩塌滚石的效果有限;被动网在汶川地震灾区广泛应用,但效果不佳,极易损坏失效,再加上省道 210 线多处高位崩塌所处坡体为近直线性陡坡,崩塌滚石沿陡立坡面往下滚动,几乎没有缓冲带,对被动网结构冲击极大,更难以防护较大滚石的冲击危害;棚洞结构是相对较为理想的滚石防护结构,得到了广泛的应用,但普通钢筋混凝土棚洞施工周期长,并将严重影响公路正常通行,完全无法满足震后 S210 生命线的应急抢通保通的要求。

为满足抗震救灾和震后一段时间的道路保通需要,相关单位研发了一种新型轻钢结构棚洞的防护结构。该轻钢结构棚洞抗滚石冲击能力强,投资低,工厂加工,组装便利,施工周期短,不影响正常交通,是一种理想的应急保通临时防护措施。新型轻钢结构棚洞在省道 210 线老关口路段等 6 个灾害点得以实施,在震后 15d 时间里快速加工、安装了共计 288m 的轻钢结构棚洞,经过近 1 年多时间的运行,效果非常显著,对确保进出灾区生命线工程的安全发挥了至关重要的作用,如图 9-79 所示。

图 9-79　芦山地震灾区省道 210 线的轻钢结构棚洞应急防护示范工程

四、崩塌滚石灾害的形成条件

崩塌滚石灾害的形成要具备斜坡地形地貌、地层岩性与结构面三方面的条件，诱发因素包括地震、降雨与人类活动等。

(1)崩塌滚石灾害形成的地形地貌特征。崩塌滚石灾害多发生在 45°以上的急陡坡和陡崖上。据大范围的调查统计，崩塌滚石发生的最佳地形坡度是 55°～70°，70°以上的陡崖则是滚石(坠落)发生的最佳坡形。陡坡上突出的陡崖和山脊上凸出的山嘴(又称探头崖)是崩塌和滚石发生的最佳微地貌形态。

滚石则是坡面的单块近球状形态的块石沿坡面向下的滚动现象，发生的地形坡度在 40°以上。当陡坡面上的孤立近球状岩块，在地震和长期降雨作用下，岩块的自重下滑分力大于岩块与坡面岩土的摩擦力时，岩块便立即滑移启动，导致滚动。

(2)崩塌滚石灾害形成的地层岩性特征。软岩类岩、土(黏性土)是滑坡形成的主要物质，而较坚硬的脆性岩是崩塌、滚石形成的主要物质。如砂岩、石灰岩、花岗岩、玄武岩、白云岩、白云质灰岩、板岩等。这些岩体岩性较坚硬，抗风化能力较强，易形成陡崖、山嘴，但性脆，在重力和振动作用下，陡崖边、山嘴上易发生沿节理裂隙的张裂和岩体卸荷碎裂。这为崩塌滚石灾害的发生提供了条件。

(3)崩塌滚石灾害形成的结构面条件。控制滑坡形成边界(滑动面)的结构面(优势结构面)一般有 2～3 组，滑坡启动滑移后在结构面上留下擦痕；而崩塌的形成不具备这个特征，崩塌滚石灾害的形成只需两组陡倾节理，构成 X 形，再加上一组近水平的缓倾节理，即可使崩塌岩体与母岩脱离形成崩塌滚石灾害。

(4)地震对崩塌滚石灾害形成的作用。地震对崩塌滚石灾害形成的作用表现在地震上下振动时，将可能发生崩塌的岩体振松；左右剧烈晃动时，将可能崩塌的岩体折断，并向临空方向推举、抛出。

(5)水对崩塌滚石灾害形成的作用。水对崩塌滚石灾害形成的作用主要体现在地表水、河水对坡脚的冲刷作用，使坡脚悬空产生崩塌；水渗入可能崩塌体的裂缝中，产生较大的水劈和冰劈作用(冬天裂缝中的水产生冻结，体积增大，使岩体裂缝增大加深)。

(6)人类活动对崩塌滚石灾害形成的作用。人类工程活动也是崩塌滚石灾害形成的主要诱发因素，如工程施工扰动下，岩体中原有的平衡状态被打破，引起岩体内的应力重分布，促使岩体内裂隙不断累积和发展，进而产生宏观断裂，导致岩体发生破坏失稳，最终形成崩塌滚石灾害。

五、崩塌滚石灾害形成的力学机理

强烈地震、暴雨以及人类工程开挖是诱发危岩崩塌的主要诱发因素，在外界作用扰动下，裂隙岩体应力发生重分布，导致岩体裂隙扩展—贯通进而引发崩塌滚石灾害的发生，下面简述从断裂力学的角度分析不同类型扰动荷载下崩塌滚石灾害形成的机理。

1. 地震诱发岩体崩塌滚石灾害的机理

拉剪复合型破坏是地震诱发岩体裂缝扩展的主要形式，应用断裂力学理论可以确定危岩体裂隙失稳的判据。如图 9-80 所示，震区的岩体随时程的变化而不断处于拉剪和压剪破坏之中，但总体破坏门槛较低的拉剪破坏仍是各类岩体失稳的主因之一。不同位置边坡在拉剪破坏中裂缝的扩展方向不同，迎坡面的拉剪裂缝一般易向内部扩展，不易形成崩塌滚石，背坡面则向外扩展有临空面存在，很容易形成崩塌滚石灾害，这也从理论上解释了崩塌灾害发生的方向性效应。

2. 降雨诱发崩塌滚石灾害的力学机理

危岩裂缝扩张到一定深度后，降雨充填到裂隙内可能导致裂缝失稳扩张。然而，并非所有裂隙危岩在裂缝水压作用下都会扩展，只有裂缝深度达到临界深度时，裂缝充填的降水才能提供足够的动力促使裂缝扩展，并与下伏的软弱夹层贯通，最终形成崩塌滚石灾害(图 9-81)。

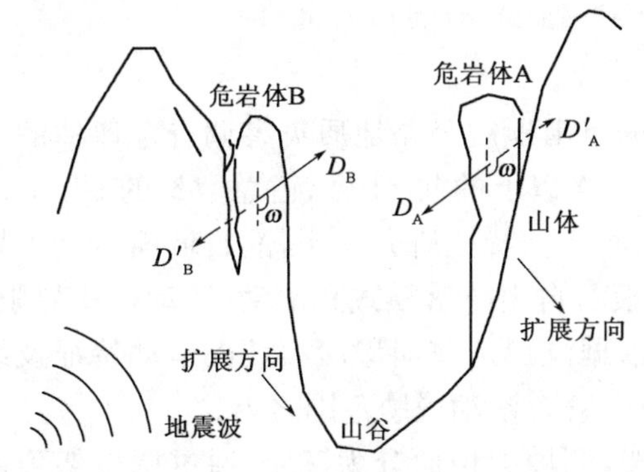

图 9-80　地震荷载下不同坡向危岩体的稳定性分析

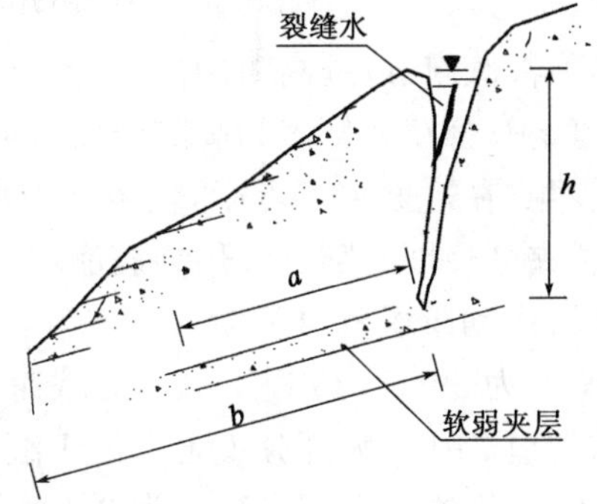

图 9-81　降雨诱发危岩崩塌滚石灾害的模型

六、新型轻钢结构棚洞构造

作为震后应急保通棚洞结构，需要具备快速安装、快速拼接施工到位、防灾能力强的特点，新型轻钢结构棚洞主要构造特点如下：

(1)采用钢管作为主骨架，钢板和槽钢作为顶棚，以焊接和螺栓连接为主形成结构骨架。

根据对沿线主要灾害点冲击能量估算并考虑轻钢结构棚洞实施可行性，最大冲击能量设计目标为 1 500kJ。轻钢结构棚洞需满足震后一段时间内的保通需要，设置为双车道，高 5～6m，宽 8m，由直径为 500mm 的钢管作为立柱，外侧采用 5mm 钢板密封；在靠近山体一面钢板下部 1.2m 处设移动钢板，便于对堆积起的碎石进行清理。轻钢结构详细构造如图 9-82 所示。

(2)采用双层钢板夹 EPS 泡沫材料作为顶部防冲击层。

棚顶设置两层防冲钢板，上层钢板厚 10mm，下层厚 5mm，钢板间填充致密的 EPS 防冲层，填筑厚度30cm，EPS材料（聚苯乙烯泡沫）弹性模量要求不小于11.5MPa，密度不小于40kg/m³。顶部2层钢板间采用连接螺栓固定，防止其滚石冲击滑落，连接螺栓间距2m×2m。靠山侧棚顶钢板需伸至现有坡面，使防冲钢板与坡面交接紧密。

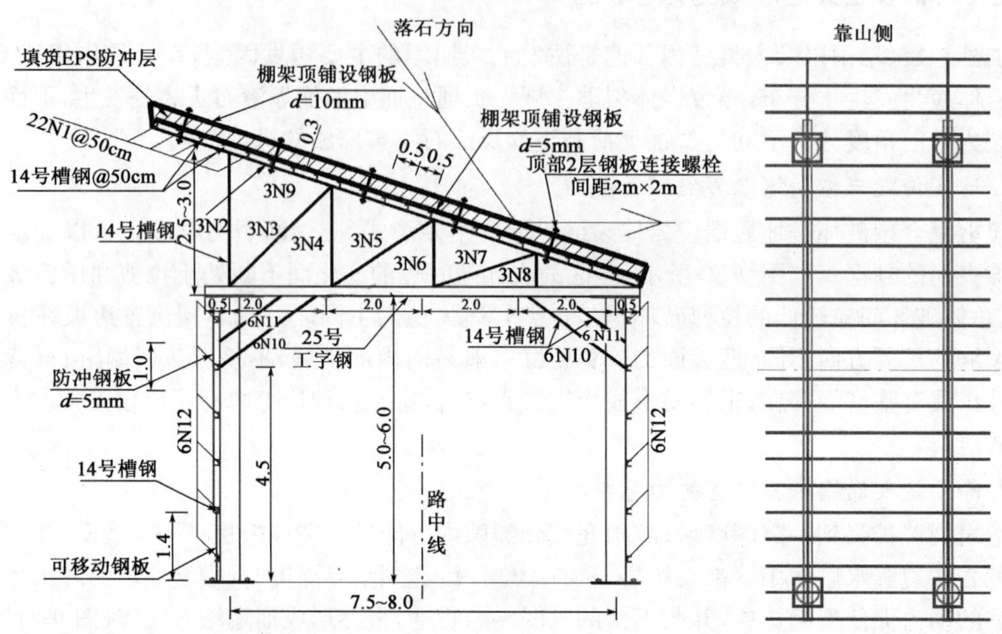

图9-82 轻钢结构棚洞剖面与平面布置图（尺寸单位：m）

（3）顶板倾斜，以提高防冲击能力。

省道210公路两侧多为高陡岩质边坡，根据芦山地震公路地质灾害调查及评估的实测剖面统计表明：在边坡灾害点中，失稳区坡度均在40°以上的共61处，占总数量的95.3%，表明芦山地震灾区边坡高陡。汶川地震崩塌滚石坡面运动特征研究表明，滚石坡面运动可划分为启动阶段、运动阶段和堆积阶段；56°为启动区滚石自由坠落模式和滑动、滚动模式界限，堆积区最大角度为39.6°，26°以下区域为减速带。依据汶川地震崩塌滚石坡面运动特征及统计公式分析，省道210线大部分灾害点位于滚石直接坠落、滚动威胁范围之内。

为此，在钢棚洞上部设高差为3m的调坡架，调坡架顶面分为三层，通过调坡架顶部倾角坡度使坠落飞石顺利滑落于公路之外。有关研究成果表明，被动防护结构顶部倾斜角在15°以下，被动防护结构自身所吸收的能量最大，也就是说对结构自身的安全最不利。随着角度的增加，结构所吸收的能量逐渐减小，至45°～50°达到结构自身所吸收的能量最小，即对结构自身的安全最为有利。但根据老关口路段的实际地形情况，临空方向路肩外侧为15m高的陡坡，外侧钢管立柱地基条件较差，襟边宽度不足，外侧立柱为受压构件，压力过大可能会造成轻钢结构棚洞在滚石的冲击力作用下整体失稳，所以调坡架顶部倾斜角度最终设计采用20°～25°，既可以让轻钢结构棚洞尽量少吸收滚石的能量，也可以保证轻钢结构棚洞整体稳定性。

（4）采用场外制作，整体现场拼装施工工艺。

钢管、顶棚的钢板和槽钢采用场外加工、焊接，再运至现场进行基座安装，钢管主骨架与顶棚的安装、拼接，可以尽量减小对应急保通阶段的公路干扰，保证生命通道的畅通。钢棚洞以4m为一个单元，每4m一个单位均需采用型钢双面焊接连成整体。

七、滚石冲击荷载下轻钢结构棚洞动力响应与优化计算

1. 轻钢结构棚洞动力有限元模型构建

为确保轻钢棚洞在滚石冲击荷载下的可靠性,采用动力有限元方法研究了滚石冲击荷载下棚洞的动力响应,依据设计文件构建了动力有限元模型,如图 9-83、图 9-84 所示。

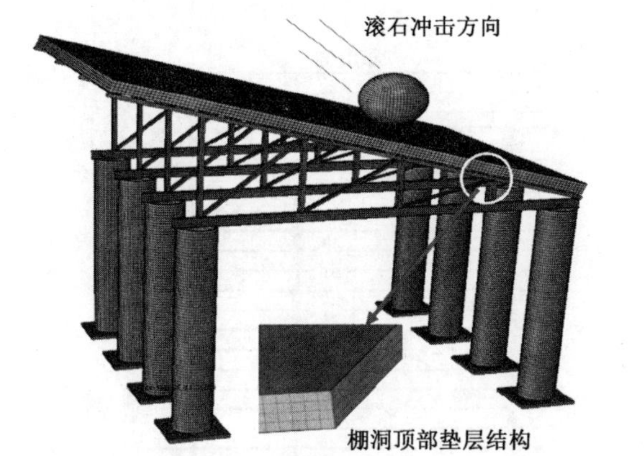

图 9-83　轻钢结构棚洞数值计算模型

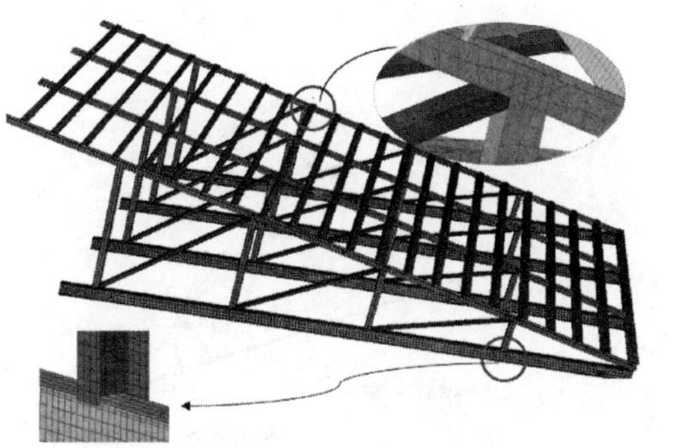

图 9-84　棚洞钢架数值计算模型

棚洞钢架结构中 H 型钢采用 S4R 壳单元进行离散,给不同厚度的壳面赋不同厚度值。支撑圆管采用 B31 梁单元进行离散,对模型中的各种梁单元进行截面类型的赋值。壳单元网格绝大部分是形状规则的 4 节点四边形单元,极少数单元可退化为 4 节点三角形过渡单元。球形滚石采用 C3D8R 单元离散,滚石与棚洞顶部相接触的局部区域网格相应细化,以提高计算精度。为提高计算效率,假定滚石以某速度冲击棚洞,分析步仅模拟冲击过程,设置整个冲击持续时间为 0.1s。

由于选用动力求解器,滚石与棚洞之间的接触采用通用接触,摩擦系数设为 0.5,采用罚函数接触算法。H 型拱形梁的底部施加全约束边界条件。滚石和 H 型钢之间施加接触边界条件,并采用罚函数接触算法计算滚石和型钢之间的相互作用。计算采用通用接触,由于图中所有钢管、槽钢、钢板连接处,除局部便于安装点采用螺栓连接外,其他部位均采用焊接,使之成为一整体,故在建模时焊接位置采用共节点使之成为整体,螺栓固定与地基基础采用位移约束条件使其固定。

2. 材料参数及计算工况

棚洞钢结构材料均选用 HPB345 号钢,其力学参数如下:密度为 7.85×10^3 kg/m^3,弹性模量为 206GPa,泊松比为 0.3,屈服极限为 345MPa,切向模量取弹性模型的 1/100。滚石假设为弹性材料,弹性模量为 25GPa,泊松比为 0.2,密度为 2 500kg/m^3。EPS 材料采用线性强化弹塑性模型,假设塑性硬化模量是弹性模量的 1/10,并遵循 Mises 应力准则。

根据现场调查,滚石冲击方向与棚洞顶板大致成 37°夹角(图 9-85)。选定滚石冲击棚洞的 2 处特征点(图 9-86),研究不同滚石冲击能量(1 200kJ、1 500kJ、2 000kJ)下轻钢结构棚洞动力响应。

3. 滚石冲击荷载下轻钢结构棚洞动力响应

施加在轻钢结构棚洞上的滚石冲击力通过棚洞钢架传递到棚洞立柱,再传递到地基。因此,钢架结构是否发生局部或整体破坏是轻钢结构棚洞是否安全的关键。图 9-87 为不同冲击

能量下滚石冲击不同位置处钢架受力最大时应力云图，其中灰色区域为钢结构发生塑性变形区域。棚洞钢架冲击应力云图表明：1 200kJ 冲击能量施加在冲击位置 1 时，棚洞钢架未发生应力屈服现象，斜向支撑杆变形较大，但钢架结构整体稳定，轻钢棚洞结构安全可靠。相同冲击能量施加在冲击位置 2 时，由于荷载直接作用在钢架上，导致钢架局部位置产生应力屈服，塑性区出现在竖向杆与工字钢连接位置，其中工字钢塑性区占截面的 1/5，整体钢架结构未出现较大变形，棚洞结构整体是安全的。

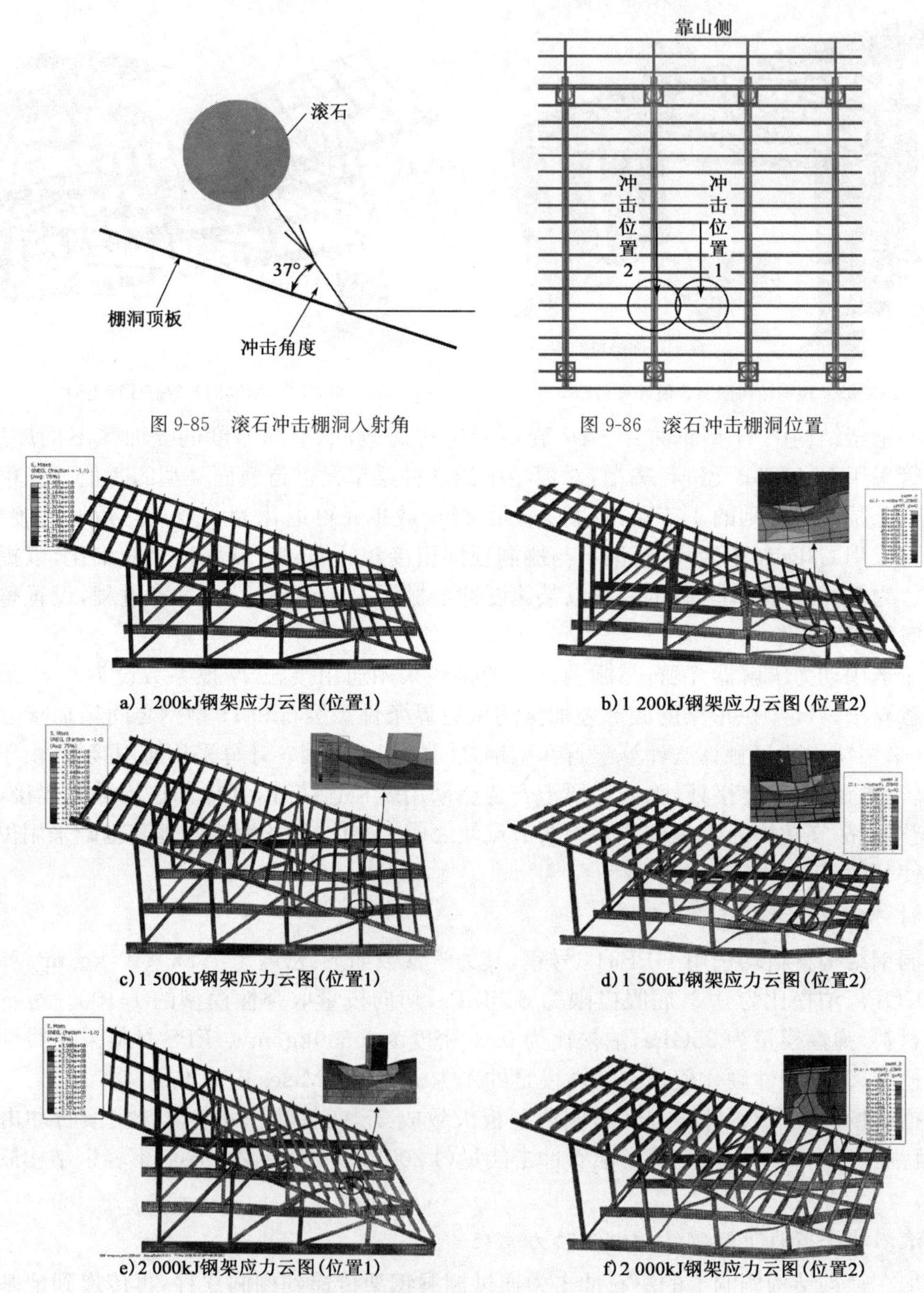

图 9-85　滚石冲击棚洞入射角

图 9-86　滚石冲击棚洞位置

a) 1 200kJ钢架应力云图（位置1）

b) 1 200kJ钢架应力云图（位置2）

c) 1 500kJ钢架应力云图（位置1）

d) 1 500kJ钢架应力云图（位置2）

e) 2 000kJ钢架应力云图（位置1）

f) 2 000kJ钢架应力云图（位置2）

图 9-87　不同滚石冲击能量下钢架应力云图

当 1 500kJ 滚石冲击能量作用在位置 1 时，在距离冲击位置较近的竖向杆与工字钢连接位置发生应力屈服，工字钢塑性区开展达到工字钢截面的 1/4，斜向支撑杆产生较大变形，但棚洞整体未出现较大变形，棚洞结构仍是安全的。当滚石荷载施加在冲击位置 2 时，在距离冲击位置较近的竖向杆与工字钢连接位置塑性区进一步扩大，其中工字钢塑性区扩大到 1/3，斜向支撑杆产生较大变形，结构有失稳风险，此外，工字钢与钢管柱连接位置由于发生较大变形同时开始产生塑形应变。

当滚石冲击能量达到 2 000kJ 冲击能量，冲击位置 1，竖向杆与工字钢连接位置发生应力屈服，工字钢塑性区扩展到工字钢截面的 1/2，斜向支撑杆产生较大变形，工字钢结构也产生较大压缩变形，棚洞结构已现整体失稳现象。因此可认为在 2 000kJ 冲击能量下，轻钢钢结构棚洞虽未发生整体坍塌，但结构已失去再次抵抗滚石冲击能力，棚洞结构失效。冲击位置 2 时，竖向杆与工字钢连接位置应力屈服现象进一步扩大，工字钢塑性区超过截面的 1/2，斜向支撑杆产生较大变形，工字钢与钢管柱连接位置产生塑形应变且塑性区贯通，结构整体失稳，因此，轻钢钢结构棚洞无法承受 2 000kJ 滚石冲击能量。

综上所述，当滚石冲击能量在 1 500kJ 以内时，轻钢结构棚洞处于稳定状态；当冲击能量超过 1 500kJ 时，轻钢棚洞结构将进入快速屈服阶段，结构存在较大整体坍塌风险，为此认定所设计轻钢结构棚洞能够承受冲击能量上限为 1 500kJ。

八、结语

轻钢结构棚洞经过实践应用证明，其具有良好的抗滚石冲击效果，施工方便、安装迅速、不影响正常交通，特别适合应急抢险，可在我国西部山区崩塌滚石多发区作为一种临时被动防护措施推广应用。

实例十二　中尼公路抢险救援

2015 年 4 月 25 日 14:11，尼泊尔首都加德满都发生里氏 8.1 级地震，震源深度 20km，我国西藏拉萨、日喀则等地震感明显，聂拉木县、定日县、吉隆县大量房屋倒塌、道路中断，人民生命财产损失严重。灾情发生后，我部先后累计投入抽调 700 余名人员、200 多台机械装备，连续奋战 30 天，抢通损毁道路 224km，保通道路 340km，架设、加固桥梁 4 座。

此后一段时间，尼泊尔因进入雨季后连降暴雨，阿尼哥公路多处发生山体滑坡，道路再次断通。8 月 1 日，我部再次抽调 100 余名人员，30 余台装备连续奋战 98h，打通这了阿尼哥公路损毁最严重的 36km 路段。下面主要介绍在抢险过程中，结合灾情侦察而制订的典型抢险保通技术方案，具有一定的代表性，希冀在今后的抢险技术服务保障中提供参考借鉴。

一、中尼公路简介

中尼公路由中国西藏自治区首府拉萨市至尼泊尔王国首都加德满都的公路，是中尼两国政府于 1961 年合建的(318 国道)，分为两条支线：东线为定日县—聂拉木公路，在中国境内长 829km，平均海拔 4 000m，经过堆龙德庆、日喀则、萨迦、拉孜、聂拉木(318 国道)等城镇，途经 1 市 9 县 1 个口岸，翻越措拉山(海拔 4 950m)、加措拉山(海拔 5 220m)、通拉山(海拔 5 324m)、亚汝雄拉山(海拔 5 627m)四座大山。因全线地处喜马拉雅山系的坡积层与高原地形地带，沿线地形、地质、水文、气候复杂。山高谷深，地形险峻，山体破碎严重，新结构运动强烈，地震频繁，降水量特别集中，局部地区年降雨量可达 2 500mm。雨水造成山体失稳，滑坡、碎落、山崩、泥石流等自然灾害时时发生，对公路危害极大。

在尼泊尔境内经过科达里、当塔里、巴拉比斯、巴斯卡尔、巴克达浦等城镇，长 114km，又名阿尼哥公路，海拔约 1 500m。路线翻越喜马拉雅山，蜿蜒在崇山峻岭之中，工程十分艰巨。尼泊尔境内路线，顺喜马拉雅山南坡，沿逊科西河和波达科西河而行，直达终点。其中，科达里到巴尔比斯段约 30km，路况很差，巴尔比斯段到加都的路况稍好。

中尼公路还有一条西线，即拉孜县—吉隆公路，它主要经过拉孜—219 国道—吉隆县城—吉隆镇的吉隆口岸—尼泊尔，其中吉隆口岸至加德满都段全线长 132km。

二、中尼公路部分路段灾情评估及处置建议

根据前期人员现场勘察情况，中尼公路 K0～K4 段存在 9 处较为严重的灾害点，分布如图 9-88所示，主要有不稳定边坡、冲沟水毁路段和泥石流、滑坡掩埋道路等，其中包括 K31 附近的朱瑞大滑坡，都具有典型的代表性，下面分别介绍具体灾害情况，并分析处置技术方案。

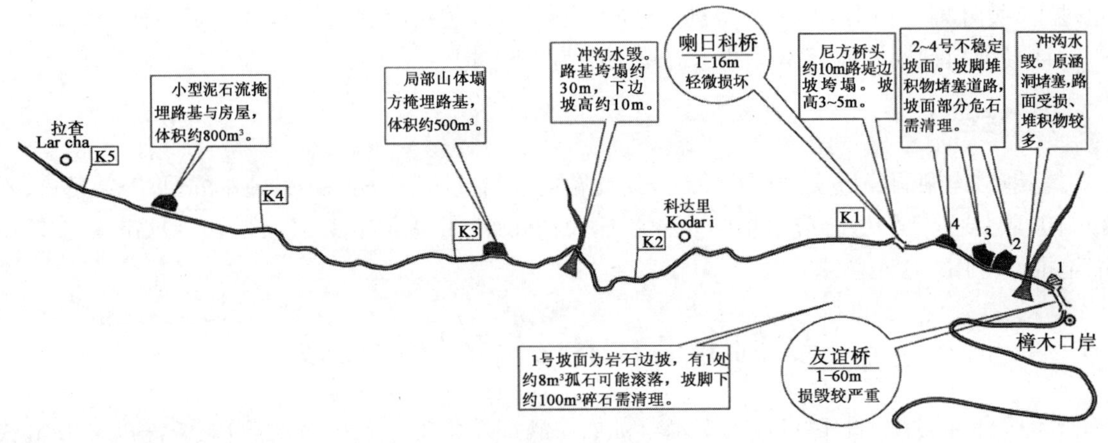

图 9-88　中尼公路 K0～K4 段灾害点分布图

(一)不稳定边坡处置技术方案

中尼公路友谊桥桥头段(K0＋000～K0＋800)，分布有 4 处不稳定坡面，编号为 1～4 号坡面(图 9-89)，均为裸露岩层或坡积物断崖。现分段详述如下：

图 9-89　1～4 号坡面位置图

1. 1 号坡面

1 号坡面位于友谊大桥尼方一侧，桩号 K0＋000～K0＋030，崖壁陡立，相对高差约 55m，

坡率约 1∶0.5。岩性为灰褐、赭红色凝灰板岩。岩层倾向 SW230°,倾角约 45°。

7 月初暴雨时,该坡面顶端有 1 块约 $12m^3$ 的岩体脱落,砸毁尼方桥头检查站。初步观察,现坡面基本稳定,但顶端有 1 块体积约 $5m^3$ 的脱落石块卡在两垂直岩面间,有滚落危险,崖壁顶端危岩现状如图 9-90 所示。

图 9-90 崖壁顶端危岩现状图

本处作业应贯彻"先排险、后抢通"的原则,需先排除坡面危岩,方可继续进行路面清理作业。

经初步判断,该坡面基本稳定,可采用人工清理崖壁顶端危岩、机械清理压埋路面岩块,可安排排险人员从 1 号坡面南侧山坡选择合理路线爬到坡顶,选择稳定岩石或粗大树木固定安全绳,从坡顶援安全绳降至危石上方,现地探查顶部脱落石块,用钢钎试探撬动,如撬不动则说明该石块是稳定的,短期内不会滚落,另需人工清理坡顶散落石块,以免坠落伤人,然后采用挖掘机、装载机配合作业,清理坡脚碎石堆积体。

当采用机械清理压埋路面岩块时,挖掘机在前,越过落石堆积体行至堆积体南侧,装载机在后行至友谊桥尼方桥头,装载机自北向南清理堆积体,挖掘机配合,清除堆积物可直接倒入波曲河中(现场作业如图 9-91 所示),清理完毕后,装载机放平铲斗整平路基(宽度≥5m)。

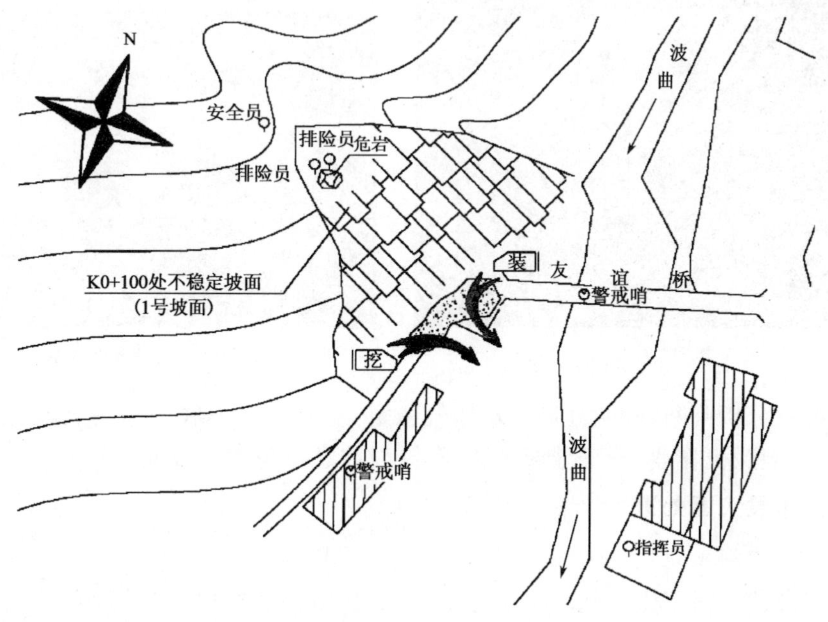

图 9-91 现场作业示意图

2.2号坡面

2号坡面位于友谊大桥尼方桥头210m处，坡面竖直高度约60m，倾向SE100°，坡面北侧为冲沟，表面为坡积土，坡脚为卵漂石堆积体，宽约30m；坡面南侧为密实胶结坡积层，夹大块卵漂石，2号坡面实景如图9-92所示。

经现场勘察并初步判断，该坡面北侧冲沟坡面不稳定，有零星土石滚落。冲沟中部裸露之基岩，底部局部悬空，支撑情况不明，其稳定性有待现地观察评估；而冲沟南侧坡面较稳定，但遇暴雨后仍可能发生石块滚落。建议采用人工清理坡面散落石块，可人工配合挖掘机、装载机作业，清理坡脚堆积体。

3.3、4号坡面

3号坡面位于友谊大桥尼方桥头270m处，坡面竖直高度约60m，倾向SE110°，坡面上缓下陡，缓坡处有脱落石块堆积，其余坡面为密实胶结坡积层，夹大块卵漂石，坡脚下有零星卵砾石堆积体，3号坡面实景如图9-93所示。

4号坡面位于友谊大桥距尼方桥头约600m处，并紧邻K0+800处喇日科小桥，坡面竖直高度20m，坡面表面为密实胶结坡积土夹卵漂石，坡脚道路界限外有松散堆积体。4号坡面实景如图9-94所示。

图9-92　2号坡面实景图

图9-93　3号坡面实景图

图9-94　4号坡面实景图

经现场勘察分析判断，此两处坡面均比较稳定，暂不会对坡底构成明显威胁，只需采用人工配合挖掘机、装载机作业，清理坡脚堆积体，同时注意避免扰动坡面。

(二)冲沟水毁灾害处置

1.K0+125冲沟水毁

该处位于友谊大桥尼方岸约125m处，暴雨引起山体滑坡堵塞原涵洞，形成过水路面，造成水流冲刷路面，并带来大量堆积物，现流水面宽1～3m，水深约0.2m，流量约0.5m^3/s，如

图 9-95所示。

经现场调查分析，该处水毁若达到抢修初通时，可采用人工铺筑块、片石过水路面通过，同时清理路面堵塞土石，初通后，应人工疏通涵洞堵塞物，恢复涵洞泄水功能，防止再次堵塞。

2. K0＋750 喇日科桥桥头路堤垮塌

该处位于 K0＋750 喇日科小桥距尼方岸左侧桥头路堤处，该桥跨径为 1—16m，受暴雨冲刷，路堤边坡发生垮塌，垮塌段长 10m，坡高约 3m，残留路基顶宽约3.5m，仅能通行小客车，如图 9-96、图 9-97 所示。

图 9-95　K0＋125 冲沟水毁实景图

图 9-96　喇日科小桥桥面

垮塌路堤底部 1.5m 高范围内采用铅丝笼填石修筑，以避免河水冲刷，铅丝笼以上可采用编织袋填筑至现路基高度，边坡坡率 1∶1，铅丝笼内需人工填土、石，挖掘机配合吊装铅丝笼，抢修方案如图 9-98 所示。

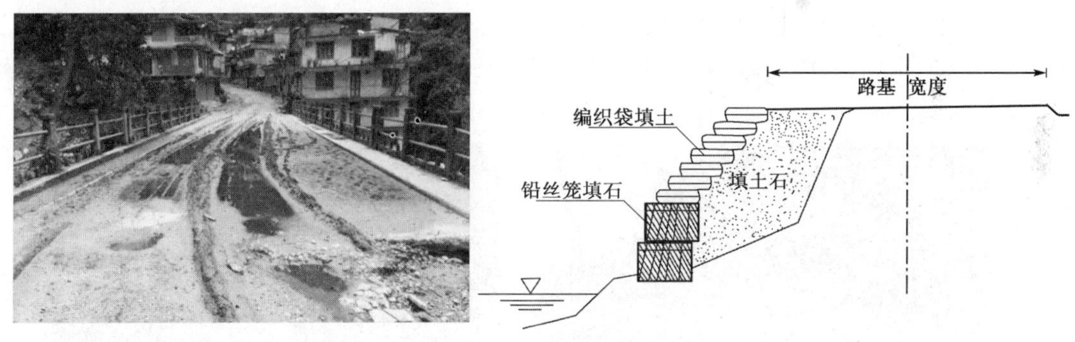

图 9-97　桥头路堤垮塌段

图 9-98　喇日科桥桥头路堤抢修方案

3. K2＋400 涵洞冲沟水毁

K2＋400 处涵洞位于公路转弯处，涵洞孔径为 1－4m×3m，现余长约 6m 洞身，洞顶填土高 2.4m、顶宽 4m，涵洞进水口处水位距盖板底不足 20cm，出水口处水位距盖板底约 120cm，涵洞接线加德满都岸 8m 处左侧路基垮塌，下有约 1.5m×1.5m×0.5m 空洞，路基宽度已不足 3.4m，该处因暴雨引发山洪完全冲毁该处涵洞、路基，形成长约 30m 的垮塌段，坡高约 10m，实景如图 9-99 所示。

该处水毁的主要原因是泥石流堵塞洞口，由洪水冲刷造成，涵洞本身结构强度稳定。洞顶填土由碎片石、砂土组成，虽压实度不高，但在一般行车荷载下也不易垮塌，因此，根治此处水毁病害必须首先防止山洪淹没涵洞进水口，冲刷洞顶填土边坡造成填土垮塌，并加固下方路基，防止涵洞接线尼方侧路基下形成空洞而致使垮塌。

在抢通过程中，应立即疏浚涵洞进水口，现水位距涵洞盖板底已不足 20cm，如遇暴雨山洪,洪水淹没盖板后必将冲刷洞顶填土,可采用挖掘机掏挖进水口处落石,降低水位,扩大过水面积。路基下塌陷区填塞砂袋,采用挖掘机在塌陷下方平整出 1m×2m 的工作平台,人工逐层垒放砂袋,洞顶填土顶部铺设木排路面,分散行车荷载,改善行车条件,洞顶填土边坡采用砂袋防护,防止可能的洪水和雨水冲刷,洞顶填土每侧刷坡 50cm,然后逐层填筑砂袋,改善路容完善设施,清理路面和路侧渣土,垫平路面,铺设木排路面、砂袋护坡,接线路基外侧、洞顶填土两侧用钢管脚手架或警戒织物带标识轮廓,并设置必要的标志标牌,其处置方案示意如图 9-100所示。

图 9-99　K2+400 处冲沟水毁实景图

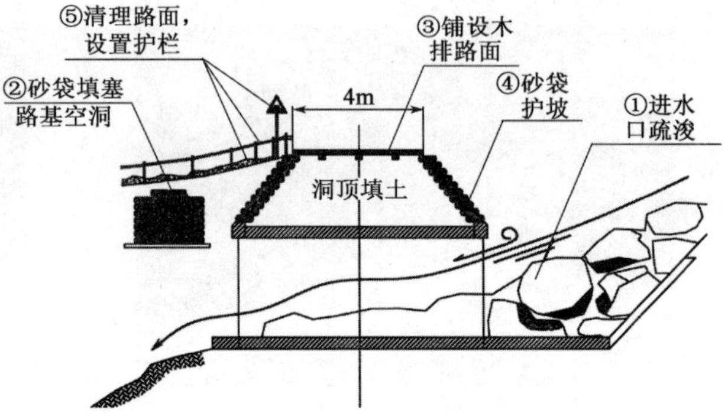

图 9-100　K2+400 处冲沟水毁处置方案

(三)滑坡掩埋段处置

1. 小型滑坡和泥石流掩埋路段

K2+630 处滑坡掩埋段为小型山体滑坡掩埋路面,体积约 500m³,现场实景如图 9-101 所示。K4+700 泥石流掩埋位于科达里村,为小型泥石流掩埋路面,体积约 800m³,现场实景如图 9-102 所示。

图 9-101　K2+630 处滑坡掩埋实景图

图 9-102　K4+700 泥石流掩埋实景图

处置建议:装载机配合自卸车清理滑坡土方。

2. 朱瑞大滑坡路段

朱瑞大滑坡桩号为 K31+100～K31+700,该段位于巴拉比希以南、逊柯希河右岸,公路经过滑坡堆积体路段长约 850m,旧路已被堰塞湖淹没,其现状实景如图 9-103 所示。现状路沿堆积物前缘蜿蜒布设,为躲避巨石,经自然形成泥土路面宽约 3m,且无成型路基,仅能单向通行,路基土质松软、泥泞,经车辆碾压形成较深车辙、陷坑,遇暴雨时则公路断通。

图 9-103　朱瑞大滑坡现状实景图

结合现场调查数据，拟定以下两个抢通技术方案：

方案 1：沿现状路抢通。从上方 100m 乱石滩取料垫路，爆破清除阻路巨石，并在冲沟处布设一到钢波纹管涵（长 10m）。它的优点是可利用现状路；缺点是土质松软，即使垫砂石料也很快会陷入泥中，难以持续保通。由于是单向通行，抢通时会阻断交通。

方案 2：改线抢通。道路在 K31＋600 爬上滑坡堆积体后，继续向上方延伸，从乱石滩通过，在 K32＋100 处接临时便道拓宽拖过，在 K32＋500 处接上旧路。它的优点是从乱石滩通过，土质较好，可在公路上方侧挖排洪沟避免汇水冲刷，用挖沟土方垫路，抢通时不影响当地群众通行，路线顺畅；缺点是抢通长度较方案 1 长 200m 左右。

最终采用方案 2 抢通，如图 9-104 所示。

在中尼公路抢险行动中，还有大量技术亮点，比如针对任务路段灾害点多，泥石流和滑坡堆积体方量大的实际，采取“降坡跨越、多点展开、同步推进”“绕线改道、清淤回填、铺设网栅”等抢通战法；针对暴雨引发已抢通路段反复阻断的实际，采取“分段负责、随断随抢、抢保结合”“挖装配合、先通后扩、逐点整治”等保通战法；针对朱瑞特大滑坡处水流急、巨石多的实际，采取“先治水、后修路,边抢边保”“引水过涵、硬化软基、降坡平整”等抢保战法;针对水路不通、路基冲垮的实际,采取“铅丝笼固基、砌墙护坡、加固防塌”“清除泥石、疏通水道、架设钢桥”等巩固保通技法,为实现全线贯通提供了技术保障。

图 9-104　朱瑞滑坡抢通方案

实例十三　GPS RTK 技术在深圳光明新区滑坡抢险中的应用

抢险救援需要工程测量技术作为保障,为之提供基础数据,它来源于工程测量技术在抢险救援行动中的应用,而且对传统测量提出了更快、更准、更便捷的要求。目前在工程勘测中虽已采用电子全站仪等先进仪器设备,但常规测量方法受横向通视和作业条件的限制,作业强度大且效率低,大大延长了设计周期。勘测技术的进步在于设备引进和技术改造,因此,引入GPS(global positioning system)技术应当是首选。当前,GPS 静态或快速静态方法建立控制测量,为勘测阶段碎部测量提供依据,RTK(real time kinematic)技术等都得到了广泛应用。下面介绍 GPS RTK 技术在深圳光明新区滑坡抢险中的应用,希冀为工程应急技术的发展和应用提供借鉴。

一、GPS 系统

(一)GPS 简介

GPS 即全球定位系统,美国从 20 世纪 70 年代开始研制,历时 20 年,耗资 200 亿美元,于 1994 年全面建成,具有在海、陆、空进行全方位实时三维导航与定位能力的新一代卫星导航与定位系统。GPS成功地应用于大地测量、工程测量、航空摄影测量、运载工具导航和管制、地壳运动监测、工程变形监测、资源勘察、地球动力学等多学科，从而给测绘领域带来一场深刻的技术革命。GPS是在子午仪卫星导航系统的基础上发展起来的，由空间部分、地面监控部分和用户接收机三大部分组成，空间部分使用24颗高度约2.02万km的卫星组成卫星星座，24颗卫星均为近圆形轨道，运行周期约为11h58min，分布在6个轨道面上(每轨道面4颗)，轨道倾角为55°。卫星的分布使得在全球的任何地方、任何时间都可观测到4颗以上的卫星，并能保持良好定位解算精度的几何图形，这就提供了在时间上连续的全球导航能力。

(二)GPS技术发展现状

GPS具有全球性、全天性、连续性、实时性导航定位和定时功能，能为各类用户提供精密的三维坐标、速度和时间。单点导航定位与相对测地定位是GPS对常规测量而言的相对测量，其原理是采用载波相位测量局域差方法：在接收机之间求一次差，在接收机和卫星历元之间求二次差，通过两次差分计算解算出待定基线的长度；求解整周模糊度是其关键技术，根据算法模型，设计了静态、快速静态以及RTK等作业模型。静态作业模式主要用于地壳变形观测、国家大地测量、大坝变形观测等高精度测量；快速静态测量以其高效的作业效率与厘米级精度广泛应用于一般的工程测量；而RTK测量以其快速实时、厘米级精度等特点广泛应用于数据采集(如碎部测量)与工程放样中。RTK技术代表着GPS相对测地定位应用的主流。

RTK系统由GPS接收机设备、无线电通信设备、电子手簿及配套设备组成，整套设备在轻重化、操作简便性、实时可靠性、厘米级精度等方面的特点，完全可以满足数据采集和工程放样的要求。

二、RTK技术

(一)RTK技术的基本原理

RTK实时动态测量技术，是以载波相位观测为根据的实时差分GPS技术，它是测量技术发展里程中的一个突破，它由基准站接收机、数据链、流动站接收机三部分组成。由测量技术与数据传输相结合而构成的测量系统，一台接收机固定在已知点上做基准站，其他接收机安置在运动载体上做流动站，同时观测卫星。基准站把接收到的所有卫星信息(如基准站的坐标、天线高等)都通过通信系统传送到流动站。流动站本身在接收卫星数据的同时，也接收基准站传送的卫星数据。在流动站完成初始化后，把接收到的基准站信息传送到控制器内，由控制器实时计算出点位坐标并显示出来。RTK系统实施的技术关键是快速准确地求解整周模糊度及数据传输技术。在静态测量中，需观测较长时间才能解算出整周模糊度，对于实时动态载波相位测量来说，利用快速解算模糊度法(OTF)在较短时间内求出整周模糊度的值，达到快速定位的目的。数据传输技术的好坏直接影响观测值的质量，这就要求它有较高的数据传输率和较高的波特率传输数据，并保持误码率及较短的历元延迟，一般利用VHF或VHF无线电设备进行数据通信。为了获得高精度的实时动态定位结果，还需一系列方法和措施来保证结果的可靠性。另一方面，RTK技术所得到的各点位置是属于WGS－84地球协议地心坐标系中的坐标值，而实用的工程项目成果属于某一国家地点的参心坐标系或者工程项目所建立的工程坐标系，如建筑物施工工作结束后，利用软件对数据进行测后处理，并成图。

(二)RTK技术的优点

利用RTK技术进行测量有如下优点：

(1)观测站之间无须通视。传统工程测量既要保持良好的通视条件，又要保障三角网的良好图形，在实践运用时存在困难。GPS 测量不要求观测站之间相互通视，因而不需要建造觇标，同时也使点位的选择变得甚为灵活。不过，也应指出，GPS 测量虽然不要求测站之间相互通视，但必须保持观测站以上空间开阔，以使接收 GPS 卫星的信号不受干扰。

(2)定位精度高。现已完成的大量实验表明，GPS RTK 的精度已经可以满足大比例尺地形图测绘的要求。以往都是通过后处理来获得厘米级的点位坐标，实时处理大大提高了作业的效率，并且保证了数据的质量，同时扩大了 GPS 应用的领域。

(3)观测时间短，效率高。目前，完成一条基线的精密相对定位所需要的观测时间，根据要求的精度不同，一般为 1～3h，为了进一步缩短观测时间，提高作业速度，对于快速定位方法的应用正受到广泛的重视。

(4)可在运动过程中连续高精度采样。采用常规的 GPS 静态测量、快速静态、伪动态方法，在外业测设过程中不能实时知道定位精度，如果测设完成后，回到内业处理后发现精度不合要求，还必须返测，而采用 RTK 来进行控制测量，能够实时知道定位精度，如果点位精度要求满足了，用户就可以停止观测，而且知道观测质量如何，这样可以大大提高作业效率。

(5)提供三维坐标。GPS 测量在精确测定观测站平面位置的同时，可以精确测定观测站的大地高程 GPS 测量的这一特点，不仅为研究大地水准面的形状和确定地面点的高程开辟了新途径，同时也为其在航空物探、航空摄影以及导航中的应用提供了重要的高程数据。

(6)操作简便，自动化程度高。GPS 测量的自动化程度很高，在观测中，测量员的主要任务只是安装并开关仪器，量取仪器高和监视仪器的工作状态。而其他观测工作(如卫星的捕获跟踪、观测等)均由仪器自动完成。另外，GPS 用户接收机一般质量较轻，体积较小，携带和搬运更方便。

(7)成本低、经济效益高。国内外大地测量实测资料表明，用 GPS 定位技术建立控制网，比常规大地测量技术节省 70%～80%的外业费用，这主要是节省了造标的费用及工作效率的提高，从而使工期大大缩短。

(8)全天候作业。GPS 观测工作可以在任何地点、任何时间连续地进行，一般不受天气状况的影响。如果把 RTK 用于抢险救援控制测量，不仅可以大大减少人员投入数量、减轻劳动强度、降低数据输入错误，而且可以大大提高工作效率，测一个控制点在几分钟甚至于几秒钟内就可完成。采用 RTK 时，仅需一人使用仪器在要测的地形地貌碎部点停留一两秒钟，并同时输入特征编码，通过手簿可以实时知道点位精度，把一个区域测完后回到室内，由专业的软件接口就可以输出所要求的地形图，得到相应的标绘要图，这样用 RTK 仅需一人操作，且不要求点间通视，大大提高了工作效率。采用 RTK 配合电子手簿可以测设各种地形图。

三、GPS RTK 技术在抢险中的应用

(一)深圳光明新区滑坡灾害概况及分析

2015 年 12 月 20 日 11:40，广东省深圳市光明新区恒泰裕工业园发生滑坡事故，灾害区域覆盖面积 38 万 m^2，致使园区内 33 栋建筑物被摧毁掩埋，74 人失踪，此次事故产生滑坡覆盖面积之广、积土深度之深、搜救难度之大，均为历次灾害事故之最。从谷歌地图显示 2002 年 8 月～2015 年 9 月事发地地形地貌变化(图 9-105)，可以分析得出灾害发生的原因。

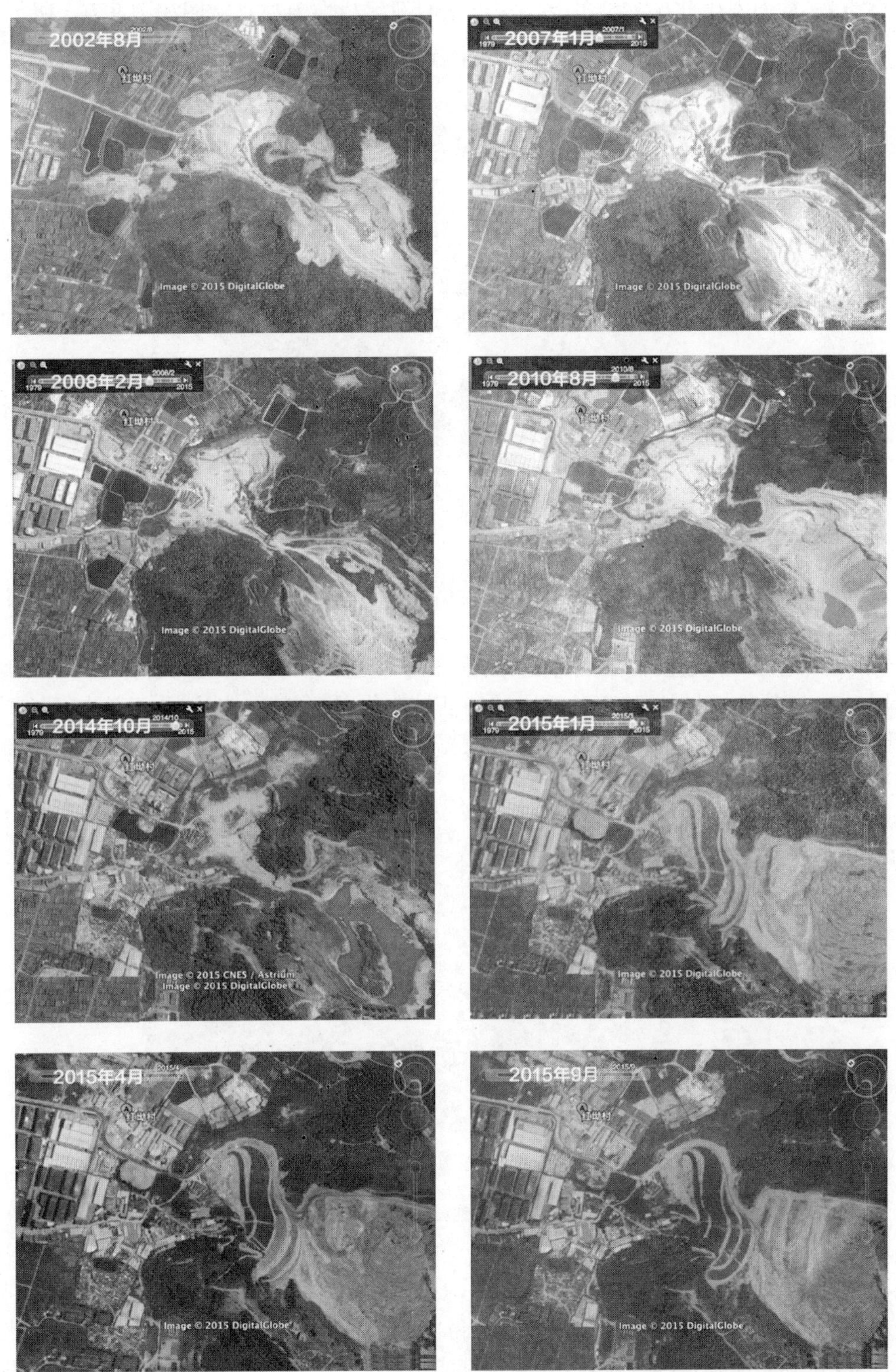

图 9-105　2002 年 8 月～2015 年 9 月事发地地形地貌变化

从图中不难看出，2010 年之前，此处还是个矿场，因深挖采掘，出现山谷和深坑，2013～2014 年深坑因积水成湖，房屋也逐渐往山脚下靠拢，附近的建筑也越来越多，2015 年，湖逐渐变小以至消失了，而山谷开口始终正冲着工业园区，随着堆土量的不断增加，堆土下滑力突破谷口抵御能力，从而发生此次灾难事故。深圳光明新区滑坡事故鸟瞰图如图 9-106 所示。

图 9-106　深圳光明新区滑坡事故鸟瞰图

（二）在抢险中的应用

本次滑坡抢险应急侦测使用装备主要有 GPS RTK 差分测量仪 1 套（含接收机 4 台、数据中继电台 1 部）、手持 GPS 定位仪 1 部、手持激光测距仪 1 部，负责滑坡体工程量测算、建筑物定位、技术方案论证、滑坡监测、要图标绘、数据分析等任务。

运用 google 软件，根据原地形地貌中的特征结构物，找到特征点位置，选定拟采点或搜索位置，计算各点三维坐标（图 9-107），并进行数据转换，并在现场结合实测数据进行分析即可进行精准定位搜救和工程规模计算。

图 9-107　利用谷歌地图选点计算三维坐标

例如，在进行人员搜救时，先在谷歌地图中找到相应建筑物的位置，在图中采集各点的三维坐标，利用相关软件将经纬度转换为平面坐标；利用已知 GPS 点或采用静态定位技术选择控制点和架设机站，根据以上通过采集和计算得出的拟搜索位置平面坐标数据，利用 RTK 动态定位技术，找到相应建筑物的位置，并测量其实际高程；实测高程与原地面高程之差即为被滑坡体覆盖掩埋土层厚度。利用 GPS RTK 技术与谷歌地球软件充分结合，能在滑坡抢险救援中进行人员搜救精准定位。

又如，在清理滑坡体时，清理前期先对拟清理区域利用 RTK 技术采集数据①，再将实测坐标转换为经纬度，利用谷歌地球软件进行平面位置定位，采集图中原始地面数据②，数据

①和②之差即为滑坡体工程量；同理，可以适时对清理后的现场再次或多次进行 RTK 动态采集数据③④⑤……，将其比较分析即可计算得出各阶段已完和剩余工作量。GPS RTK 技术与谷歌地球软件充分结合，可以为抢险救援中进行工程规模准确估算，为合理调配救援力量、选定救援方法提供决策依据。

GPS RTK 技术保障小组为深圳光明新区滑坡抢险救援拟定了 GPS 测量、压埋建筑定位、外运通道开拓等技术方案，根据任务的需要，随时对任务区滑坡体覆盖面积、覆土厚度和剩余土方量进行测量估算，对既有地物（如建筑物、道路等）原位进行准确定点定位，为灵活运用战法、调配兵力和救援决策提供了真实可靠的技术依据。如图 9-108～图 9-110 所示。

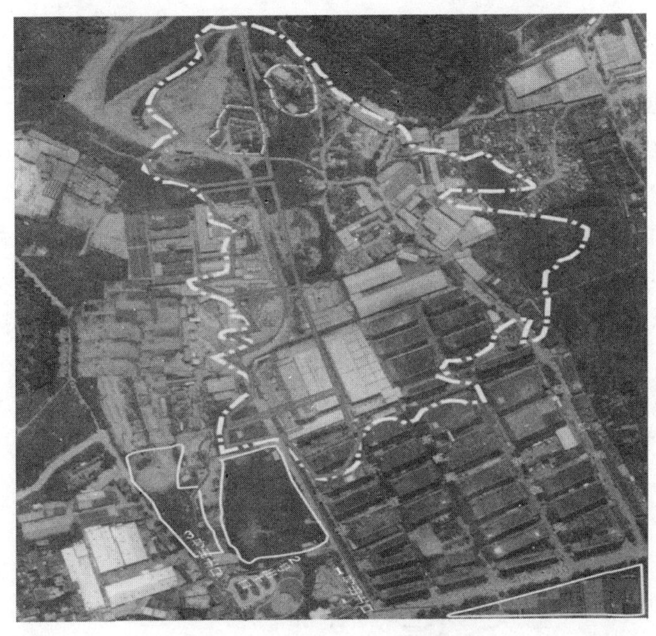

图 9-108　抢险任务分区图

图 9-109　滑塌体堆高估算图

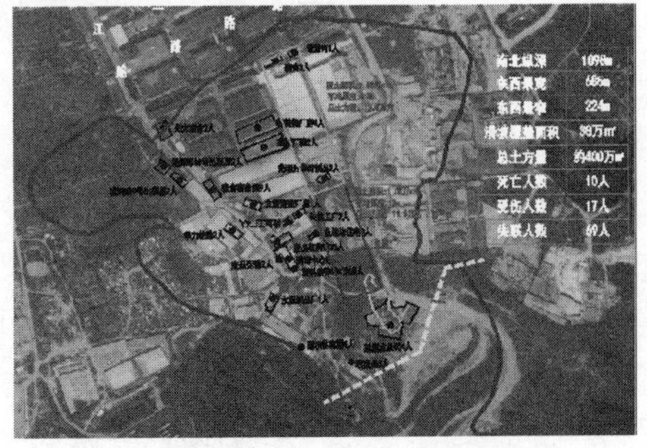

图 9-110　人员搜救位置图

四、结语

GPS RTK 技术在深圳光明新区滑坡抢险中的成功应用再次验证了其技术优点。随着交通应急抢险救援领域的不断拓展，需要不断引进、利用和开发相关技术，结合每种灾害事故的特点，采取多种方法和技术手段为抢险救援提供有效的技术保障服务。

实例十四　湖南华容新华垸堤坝溃口封堵行动

受超强厄尔尼诺现象影响，2016 年 6 月 26 日至 7 月 6 日，湖南省岳阳地区持续强降雨。7 月 10 日 10 时 57 分，岳阳市华容县新华垸红旗闸堤段发生溃决，溃口宽度 47m，造成新华垸 30 余平方公里面积被淹，危及 29.07km^2(4.36 万亩)农田和 2.7 万余名群众。灾情发生后，驻地抢险救援队伍闻灾而动，主动作为，积极请领任务，投入 150 名人员、36 台套装备，在各级领导的科学指挥下，与地方联指协同配合，经过 18h 连续奋战，于 7 月 12 日 8 时 15 分，提前 6h 完成了溃口合龙任务，创造了堤坝溃口封堵的一个奇迹，受到人民群众的高度赞誉。

一、任务背景

(一)溃口地理位置

溃口发生在新华垸华容河南堤红旗闸堤段，如图 9-111 所示。华容河(湖北境内名调弦河)源头连接湖北省石首市境内的长江，全长约 60.78km(湖北石首市境内长 12km，湖南岳阳市境内长 48.78km)，沿桃花山西麓蜿蜒南行进入华容县境内，在华容县城以下分出南北两支流，北支长 23.7km，南支长 24.9km，转而向东南流，于罐头尖汇合后，再东流进入岳阳市君山区，经六门闸汇入东洞庭湖。新华垸便是华容河南北两支合围形成的区域，为岳阳市 20 个蓄洪垸之一，有效蓄洪量 1.88 亿 m^3，一线堤长 33.91km，总面积 44km^2(6.6 万亩)，登记总人口 27 488 人，辖治河渡镇，共 6 个村 2 个居委会。红旗闸新建于 2011 年，位置桩号 K27＋277，1 孔，闸门尺寸 1.2m×1.2m。

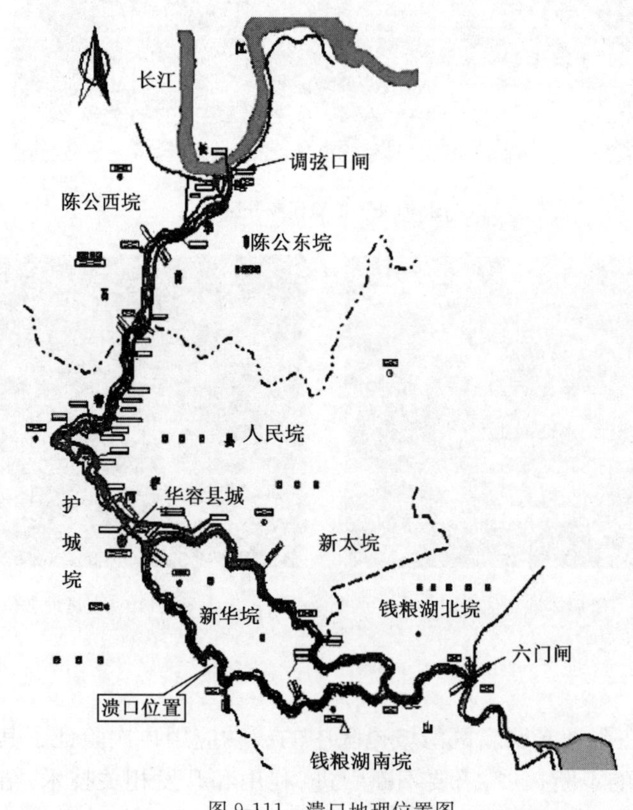

图 9-111　溃口地理位置图

(二)溃决发展过程

7 月 10 日 8 时 00 分，华容河水位达 35.15m，超保证水位 0.15m。9 时 40 分，红旗闸闸身新老堤结合部位发生管涌险情，管涌出水流量约 $1m^3/s$，30min 内迅速发展为 $101m^3/s$，紧接着堤身开裂，10 时 40 分堤身横向裂缝下沉溃口，10 时 57 分溃决(图 9-112)，溃决出水流量约 $380\ m^3/s$，流速约 2.0m/s。

图 9-112　堤坝溃决灾情图

(三)溃决成因分析

外因：受超强厄尔尼诺现象影响，2016 年 6 月 26 日至 7 月 6 日，华容县持续强降雨。截至 28 日，7 月份华容县总降雨量 889.0mm，日最大降雨量东山镇 124.5mm。7 月 3 日华容河超警戒水位，7 月 5 日超保证水位。在长时间、高水位浸泡下，堤坝坝基土体饱和度大，抗渗、抗剪强度降低。另外，管涌发生在河湾迎流顶冲位置也是溃口迅速扩大的重要原因，如图 9-113所示。

内因：堤基富含粉质土，粉细砂多，黏粒少，形成堤基内的软弱夹层，堤基表层虽有黏性土覆盖但局部有薄弱部位。汛期在高水位持续压力渗透下，河水通过软弱夹层向堤外渗透，引发红旗闸闸身新老堤结合部发生管涌，因防汛物料准备不足，处置不及时、措施不当，迅速演变为堤坝溃决。

图 9-113　溃口处河道地形图

二、行动决心

接湖南省防办灾情通报后，7 月 10 日 13 时 30 分，抢险队伍派出先遣组第一时间赶赴灾区，开展现地勘察、灾情研判工作。迅速抽调 150 名人员、36 台套装备，迅速赶赴灾区执行溃口封堵任务。该抢险救援队受命后，采取铁路和摩托化两种输送方式和“分兵把口、两头开进”的机动方案，从溃口上、下游两个方向快速机动到位。在堤顶开进途中，边开进、边作业，加固溃口上、下游堤顶两侧，开拓会车点和车辆回转场。抵达溃口后，运用“裹头戗堤、立堵截流、双向进占”的战法和“巨石垫底、毛石填充、碎石填隙”的技法，对溃口实施封堵和加固复堤作业。完成后，运用“碎石反滤、黏土防渗、彩条布包裹”的技法实施防渗闭气作业。

三、行动经过

根据湖南省、岳阳市防汛抗旱指挥部统一部署，新华垸溃口封堵复堤工作于 7 月 10 日 15

时20分正式启动。17时00分，现场指挥部决定：征用现场14辆满载10～15t的石料卡车直冲溃口。“沉车裹头”（图9-114）虽为一种迫不得已的应急抢险措施，但有效遏制了溃口继续扩大，避免更多洪水涌入坑内，为溃口封堵争取了时间。

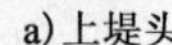

a)上堤头

b)下堤头

图9-114 沉车裹头抢险图

(一)机动到位阶段

灾情发生后，按照上级关于“最大限度抽组人员装备，全力以赴投入抗洪抢险”的指示要求，抢险队伍立即启动应急响应机制，密切关注灾情动态，接湖南省防办灾情通报后，7月10日10时30分，派出先遣组第一时间抵达灾区，随即展开现地勘察、灾情研判工作。7月10日23时30分，抽调150名人员、36台套装备，受命采取铁路和摩托化两种输送方式，长途机动612km，于7月11日9时30分抵达华容县治河渡镇。队伍机动途中，先遣组经现地侦察、研判后定下决心：分兵两路，沿乡村公路迂回开进至溃口上、下游堤顶。

(二)开拓便道阶段

堤顶现有宽度6m，中间3m相对较密实，大型车辆短时间可勉强通行；两侧经雨水长期浸泡后土质松软，大型车辆无法通行。装备在堤顶开进途中，边开进、边作业，采用推土机碾压、挖掘机铲斗夯实的方法，加固堤顶两侧，间隔50m左右开拓会车点，确保了填筑料运输车辆通行顺畅，如图9-115所示。距上堤头20m处开拓车辆回转场一处，以便运输车辆回转倒车至堤头卸载。溃口下堤头处有3栋破损民宅（图9-116），现场指挥员立即向地方联指建议予以拆除，开辟运输车辆回转场，建议被联指采纳，为填筑料运输、卸载创造了有利的条件。

a)上堤头

b)下堤头

图9-115 便道开拓作业图

图 9-116　破损民宅

(三)截流合龙阶段

溃口处水流湍急、作业面狭窄，经现场指挥员和技术专家组综合研判、科学决策，运用“裹头戗堤、立堵截流、双向进占”的战法和“巨石垫底、毛石填充、碎石填隙”的技法，在溃口上、下堤头各部署 2 台挖掘机、1 推土机，先行用推土机削坡开辟挖掘机作业面，地方联指组织自卸车将三四吨的巨石(长×宽×高＝1.5m×1.5m×1.0m)运送至堤头，采用推土机推、挖掘机勾、反铲扒等方法进行精准投放，逐步向口门推进，锁窄龙口，如图 9-117 所示。当封堵进占至最后 3m 时，龙口处水流变得异常湍急(流速达 4m/s 左右)，几次投入的巨石均被水流冲走。负责现场指挥长当机立断，命令挖掘机操作手将巨石投放在迎水面上游，形成上挑角，背水面跟进依次叠放，有效地抵御了高速水流的冲击。经过连续 18h 奋战，7 月 12 日 8 时 15 分溃口成功合龙(图 9-118)，比计划时间提前 6h。

图 9-117　巨石精准投放作业图

图 9-118　溃口合龙实景图

(四)加固防渗阶段

溃口合龙后，采用“推挖结合、分层填筑、双向对进”的方法，分层摊铺毛石填充、碎石填隙，碾压、夯实加固复堤(图 9-119),于 16 日 18 时 30 分完成加固复堤作业。复堤完成后,为防止渗漏、管涌等二次险情发生,采用“碎石反滤、黏土防渗、彩条布包裹”技法,按照先反滤层后防渗层的填筑顺序,进行堤坝迎水面防渗闭气作业。填筑料采用自卸车运输至堤顶,反滤层自堤顶向上游迎水面抛填,推土机推料,挖掘机反铲修坡整形。防渗层从反滤层上游迎水面端部分层填料,每层厚度不大于 40cm,推土机推平、碾压,挖掘机反铲修坡整形,如图 9-120 所示。作业完成后,采用彩条布包裹,砂袋压固,防止黏土干裂雨水渗透,如图 9-121 所示。

图 9-119 溃口复堤作业图

图 9-120 防渗闭气作业图

图 9-121 彩条布包裹成型图

整个行动过程,共加固堤坝 350m,开拓便道 700m,累计填筑土石方 38 000 余立方米,成功处置管涌险情 2 处,铺设彩条布 900 余平方米,装填堆放砂袋 300 余个。

四、经验总结

2016 年 7 月 10 日 10 时 57 分华容新华垸堤坝发生溃决,抢险队伍奉命执行溃口封堵任务;11 日 14 时 15 分溃口封堵正式开始,12 日 8 时 15 分溃口合龙,17 日 18 时 30 分加固复堤作业完成,18 日 18 时 30 分防渗闭气作业完成。溃口封堵按“科学、安全、快速”的抢险救援原则,克服了时间任务紧、强度高等困难,提前 6h 完成溃口合龙任务,受到了警地领导和驻地群众的一致好评。

本次溃口封堵的成功处置,其最突出的特点是六个“快”字,即:反应速度快,机动到位快;情况掌握快,方案决策快;执行落实快,封堵合龙快。主要经验有:

(1)建立联运机制、快速反应是任务完成的前提。接到湖南省防办灾情通报后,相关单位迅速启动应急响应机制,责令抽组人员 150 名、大类装备 36 台套,长途机动 612km,快速集结到位、迅捷投入战斗,为抗洪抢险赢得了主动。

(2)军地协同配合、统筹调控是任务完成的基础。此次溃口封堵任务由军地协同配合完成,填筑料组织运送主要由地方联指负责,抢险队伍主要担负溃口封堵任务。溃口发生后,根据湖南省、岳阳市防汛抗旱指挥部统一调度,就近、就便取材,组织车队运送封堵巨石、毛石、碎石、黏土等填筑料,填筑料的及时运送是任务完成的重要保证。经湖南省防汛抗旱指挥部统筹调控,及时关闭华容河上游闸门,控制内河流量,为任务完成创造了有利的条件。

(3)战法、技法科学运用是任务完成的重要保证。技术专家组经现地勘察和灾情评估,提出了溃口封堵的一系列战法、技法，并根据封堵进度科学制订处置方案，过程中实施不间断的现场技术指导。“开拓会车点和车辆回转场”确保了填筑料及时远送到位；“裹头戗堤、立堵截流、双向进占”提高了封堵作业效率；“块石垫底、毛石填充、碎石填隙”决定了封堵任务的完成时限；“碎石反滤、黏土防渗、彩条布包裹”防范了渗漏、管涌和干裂等二次灾害的发生。

(4)精准操作、密切协同是任务完成的重要因素。在溃口封堵的决战决胜阶段，作业面狭窄、水流湍急、环境恶劣，装备操作手充分发挥技术精湛、素质过硬的专业优势，挖掘机铲斗勾、反铲扒动作娴熟连贯，真正做到了水下巨石的精准投放；推土机、挖掘机、装载机密切协同，极大地提高了溃口封堵的作业效能。在环境条件如此恶劣的情况下，短期内取得溃口封堵的全面胜利，得益于长期高度重视操作手专业技能培训和演练工作，得益于平时的磨练与培养。

附录A 应急救援装备

A1 土石方工程机械类

A1.1 挖掘机

用途特点:用铲斗挖掘高于(或低于)承机面的物料(主要是土壤、煤、泥沙以及经过预松后的土壤和岩石),并装入运输车辆(或卸至堆料场)的土方机械(图A1-1)。按驱动方式可分为内燃机驱动式、电力驱动式;按行走方式可分为履带式、轮式;按传动方式可分为液压式、机械式;按用途可分为通用、矿用、船用、特种;按铲斗可分为正铲、反铲、拉铲、抓铲。

a)小松PC2000-8超大型挖掘机

b)日立超长前端工作装置

c)普通常用型挖掘机

图A1-1 挖掘机

最重要参数:工作质量、发动机功率、铲斗斗容(表A1-1、表A1-2)。

挖掘机主要技术参数 表A1-1

项目	单位	型号(小松)					
		PC2000-8	PC850-8	PC450-8	PC360-7	PC220-8	PC56-7
工作质量	kg	200 000	78 700	45 125	33 000	23 100	5 300
额定功率	kW(PS)	713(970)	363(494)	257(350)	180(245)	125(170)	34.6(47)
标准斗容	m^3	12.0	3.4	2.1	1.6	1.0	0.2

续上表

项　　目		单位	型号(小松)					
			PC2000-8	PC850-8	PC450-8	PC360-7	PC220-8	PC56-7
发动机排量		L	30.48	15.24	11.04	8.27	6.69	2.434
发动机额定转速		r/min	1 800	1 800	1 900	1 900	2 000	2 300
尺寸	全长	mm	17 030	13 995	12 040	11 140	9 885	5 935
	全宽	mm	6 240	4 110	3 580	3 190	2 980	1 960
	全高	mm	7 135	4 850	3 660	3 280	3 055	2 550
工作范围	最大挖掘高度	mm	13 410	11 955	10 925	10 210	10 000	5 850
	最大挖掘深度	mm	9 235	8 445	7 790	7 380	6 920	3 800
	最大挖掘半径	mm	15 780	13 660	12 005	11 100	10 180	6 120

超长前端工作装置主要技术参数　　表 A1-2

项　　目	单　　位	型号(日立)	
		ZX200LC-3	ZX240LC-3
最大挖掘半径	mm	15 330	18 250
地面上最大挖掘距离	mm	15 220	18 150
最大挖掘度	mm	11 980	14 350
最大切削高度	mm	13 500	15 810
最大卸载高度	mm	11 100	13 410
最小回转半径	mm	4 720	5 400
铲斗容量(PCSA 满斗)	m^3	0.45	0.4
铲斗挖掘力	kN(kgf)	83.7(8 540)	83.6(8 520)
斗杆挖掘力	kN (kgf)	47.5(4 840)	48.1(4 900)

主要生产厂家：小松、日立、徐工、三一、临工、住友、沃尔沃、卡特彼勒、中联重科、厦工、柳工、鼎盛天工、中国龙工、山河智能、斗山、凯斯、卡特重工、神钢、阿特拉斯、力士德、利勃海尔、久保田、奥泰重工、竹内、邦立重机、恒天九五、德尔重工、福田雷沃、盖尔、格瑞德、恒特重工、鸿达建工、JCB、江西南特、劲工、力士德、彭浦、山猫、石川岛、山东愚公、特雷克斯、徐挖、詹阳重工、山重建机(原众友)。

A1.2　装载机

用途特点：广泛适用于公路、铁路、建筑、水电、港口、矿山等建设工程的土石方施工，用于铲、装、运、卸散状物料(主要指土壤、砂石、石灰、煤炭等)，也可对矿石、硬土等作轻度铲挖，还可推运土壤、刮平地面和牵引其他机械等(图 A1-2)。在公路施工中主要用于路基工程的填挖，沥青和水泥混凝土料场的集料、装料等作业，具有作业速度快、机动性好、操作轻便等优点，已成为土石方施工中的主要机械。按发动机功率可分为小型(小于 74kW)、中型(74～

147kW)、大型(147～515kW)、特大型(大于 515kW)装载机。

最重要参数:工作质量、发动机功率、铲斗斗容(表 A1-3)。

图 A1-2 装载机

装载机主要技术参数

表 A1-3

项　目	单位	型号(柳工)				
		CLG888-8t	CLG862-6t	CLG842-4t	CLG835-3t	CLG816-1.6t
工作质量	kg	28 500	19 200±500	13 700	10 900	5 300±300
额定载质量	kg	8 000	6 000	4 000	3 000	1 600
额定功率	kW	231	179	125	92	47
标准斗容	m^3	3.5～6.5	3.5	1.8～3.0	1.5～3.0	0.78～1.0
最大挖掘力	kN	260	198	125	93.5±3	42±5
最大牵引力	kN	260	171.3	119	100±3	42±5

主要生产厂家:柳工、三一、日立、小松、沃尔沃、斗山、现代、神钢、卡特彼勒、徐工、玉柴、山河智能、力士德、山东临工、中联重科、住友、福田雷沃、利勃海尔、久保田、龙工、厦工、卡特重工、加藤、恒特、凯斯、山重建机、洋马、竹内、詹阳动力、愚公、徐挖、阿特拉斯、邦立、石川岛中骏、特雷克斯、中国现代、沃得、九五恒天、劲工、JAC、鼎盛天工、北方重工、成工、宜工。

A1.3 挖掘装载机

用途特点:俗称“两头忙”,由动力总成、装载端、挖掘端组成的单一装置(图 A1-3),动力总成是其核心结构。主要用于城市和农村的公路建设及养护、电缆铺设、电力和机场工程、市政建设、农村住宅建设、开山取石等各种建筑施工工程。

图 A1-3 挖掘装载机

最重要参数:发动机功率、铲斗斗容、挖斗斗容(表 A1-4)。

主要生产厂家:徐工、福田雷沃、柳工、杰西博、凯斯、山东临工、厦工、常宁、成工、宇通重工、朝工、金正神力、山河智能、愚公、烟工。

挖掘装载机主要技术参数　　表 A1-4

项　　目		单位	型号(徐工)		
			XT876	XT870	WZ30-25
整机工作质量		kg	8 400	8 400	9 500
外形尺寸(长×宽×高)		mm	5 900×2 300×3 450	7 650×2 366×3 600	8 000×2 200×3 350
最高车速(前进/后退)		km/h	40.2/48.6	23/23	—
轴距		mm	.2 180	2 290	2 600
转弯半径		mm	4 428	5 000	—
工作油泵	额定压力	MPa	21	18	—
	流量	L/min	2 200	150	—
发动机	额定功率	kW	82	60	65
	额定转速	r/min	2 200	2 400	2 400
	最低燃油消耗率	g/(kW·h)	213	224	—
装载装置	铲斗容量	m^3	0.8～1.2	0.8～1.2	1.0
	最大卸载高度	mm	2 825	2 500	2 650
	最大卸载距离	mm	745	745	930
	挖掘力	kN	42	—	—
挖掘装置	挖斗容量	m^3	0.20～0.35	0.2～0.25	0.3
	最大挖掘深度	mm	4 100	4 290	4 400
	最大挖掘半径	mm	—	5 450	5 471

A1.4　推土机

用途特点:一种工程车辆,前方装有大型的金属推土刀,使用时放下推土刀,向前铲削并推送泥、沙及石块等,推土刀位置和角度可以调整,能单独完成挖土、运土和卸土工作,具有操作灵活、转动方便、所需工作面小、行驶速度快等特点(图 A1-4)。主要适用于季节性较强、工程量集中、施工条件差的施工环境,主要用于 50～100m 短距离作业,如路基修筑、基坑开挖、平整场地、清除树、推集石渣等。一般分为通用型、湿地型、高原型三种,生产能力按发动机功率可分为小型(小于 59kW)、中型(59～103kW)、大型(118～235kW)、特大型(大约 235kW)。

图 A1-4　推土机

最重要参数:发动机功率、铲刀容量、整机质量(表 A1-5)。

推土机主要技术参数

表 A1-5

项　　目	单位	型号(山推)						
		SD52-5	SD42-3	SD32	SD22	SD16	SD11	SD08
整机质量	kg	67 500	53 000	37 200	23 400	17 000	10 500	7 650
发动机功率	kW	392	310	235	162	120	78	59
铲刀容量	m^3	18.5	16	10	6.4	4.5	2.9	2.02
铲刀宽度×高度	mm	—	—	—	—	—	—	2 553×890

注:小松履带式推土机有 13 个系列(D21－D575),最小的为 D21,柴油机飞轮功率为 29.5kW,最大的为 D575A-3SD,柴油机飞轮功率达 858kW,它是当前世界上最大的推土机。

主要生产厂家:山推、宣工、移山、小松、日立、小松、中联重科、柳工、徐工、卡特彼勒、利勃海尔、强力重工、彭浦、厦工、凯斯、鼎盛天工、三一重工、玉柴、宇通重工、翰迪尔、纽荷兰、德瑞斯塔、一拖、天津建机。

A1.5　平地机

用途特点:主要用于路基、路面、砂砾的切削、刮送、整平,以及土方工程中场地的整形、平地作业,还可用于从两侧取土填筑不高于 1m 的路堤、修整路基的横断面,修刮路堤和路堑边坡、开挖边沟和路槽等。也可用来搅拌路面混合料、摊铺材料,养护土路和碎石路、推土、松土、回填、清除杂草和积雪等工作(图 A1-5)。按铲刀大小和发动机功率可为分轻型(3m,44～66kW)、中型(3～3.7m, 66～110kW)、重型(3.7～4.2m,110～220kW)。

图 A1-5　平地机

最重要参数:发动机功率、铲刀长度、外形尺寸(表 A1-6)。

平地主要技术参数

表 A1-6

项　　目		单位	型号(鼎盛天工)			
			PY350M	PY220M	PY160M	PY120M
外形尺寸(长×宽×高)		mm	10 800×3 140×3 650	9 100×2 600×3 500	8 500×2 600×3 500	7 800×2 400×3 245
整机工作质量		kg	27 500	16 500	14 000	10 650
最小转弯半径		mm	≤9 300	7 800	7 500	6 700
最大牵引力		kN	—	88.6	73.5	47
推土板	宽×高	mm	—	2 740×920	2 450×820	2 350×775
	最大入地深度	mm	—	205	205	115
松土器	松土宽度	mm	2 860	2 000	2 000	1 750
	松土齿最大入地深度	mm	460	315	315	275
发动机	额定功率	kW	275/350	169/230	125/170	100/136
	额定转速	r/min	2 100	2 200	2 200	2 200

续上表

项　目		单位	型号(鼎盛天工)			
			PY350M	PY220M	PY160M	PY120M
铲刀	长×弦高	mm	4 920×695	4 275×650	3 660×650	3 355×570
	最大入地深度	mm	470	470	500	450
	最大倾斜角(左/右)	°	65	90	90	76/117

主要生产厂家:鼎盛天工、徐筑、常林、三一、卡特彼勒、沃尔沃、徐工、山工、柳工、万邦股份、龙工、中联重科、山东临工、成工、山推、厦工、凯莫尔、洛建、凯斯、华通动力、移山、斗山。

A1.6　铲运机

用途特点:一种能综合完成铲土、松土、运土、推土、卸土、填筑、整平于一体的机械(图 A1-6)。按行走机构的不同可分为拖式铲运机和自行式,按操作系统的不同分为液压式和索式。一般按铲斗容积分小型(小于 $5m^3$)、中型(小于 $5\sim15m^3$)、大型(小于 $15\sim30m^3$)和特大型(大于 $30m^3$)四种。小型和中型的合理运距为 100～350m,大型和特大型的合理运距为 800～1 500m。不宜在干燥的粉砂土和潮湿的黏性土中作业,更不宜在地下水位高的潮湿地区和沼泽地带以及石类地区作业。

图 A1-6　铲运机

最重要参数:铲斗容量、发动机功率(表 A1-7)。

铲运机主要技术参数　　表 A1-7

项　目	单位	型　号		
		宇通重工 CTY9A	宇通重工 CL9A	瑞龙重工
铲斗容量	m^3	平装 9,堆中 11	9	12
长×宽×高	mm	9 510×3 378×2 675	10 038×3 380×3 050	6 372×3 480×4 215
空载质量	kg	10 500	17 700	20 000
满载质量	kg	20 500	27 300	29 800
最大切土深度	mm	300	—	487
最大切削宽度	mm	2 700	—	1 920

主要生产厂家:宇通重工、瑞龙重工、北方重工、特雷克斯、厦装、抚挖、小松、柳工、戴纳派克、方圆、鼎盛天工、郴筑、日立、华通动力、朝工、中联重科、三宝、北京加隆、山河智能、卡特彼勒、阿特拉斯。

A1.7 凿岩机

用途特点：用于石质隧道和石料开采等石方工程钻凿炮眼的主要工具(图 A1-7)，也可改作破坏器，用来破碎混凝土之类的坚硬层。公路机械化施工中，气动凿岩机和空气压缩机为必备的设备，是石方工程施工的关键设备，主要用于硬岩上钻凿炮孔。

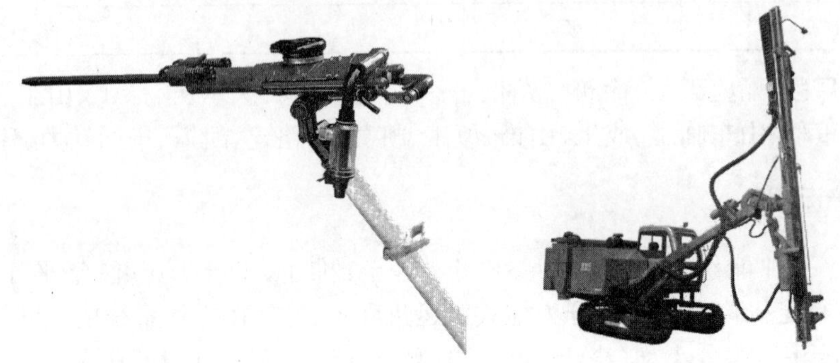

图 A1-7 凿岩机

最重要参数：钻孔直径、钻孔速度(表 A1-8)。

凿岩机主要技术参数 表 A1-8

项　目	单位	型号(山河智能)				
		SD-700II	SD-1000II	SD-1000E	SD-1300E	JD-800
总质量	kg	10 200	10 900	12 000	13 500	10 400
全长	mm	8 300	8 400	8 900	9 200	9 070
全宽	mm	2 490(2 870)	2 490(2 870)		2 490(2 870)	2 490(2 870)
全高	mm	2 860	2 860		2 940	2 860
功能						
钻孔直径	mm	ϕ65～102	ϕ65～102		ϕ75～115	ϕ65～102
挖掘深度	m	15	15	18	25	25
爬坡能力	°	30	30		30	30
行走速度	km/h	0～3.8	0～3.8		0～3.5	0 ～ 3.8
柴油机						
型号		B5.9C	B5.9C	6BTAA5.9	6CTAA8.3	B5.9C
功率	kW	116	116	123	153	116
空气压缩机						
压力	MPa (kgf/m^2)	1.05(10.5)	1.05(10.5)		1.05(10.5)	1.05(10.5)
容量	m^3/min	5	5		5	5
储箱容量	m^3	0.035	0.035		0.035	0.035
钻孔器						
型号		JET-7	JET-7		JET-9	JET-9
质量	kg	220	220		270	270
打击数	次/min	2 400～3 000	2 400～3 000		2 100～3 000	2 000～3 000

续上表

项　　目	单位	型号(山河智能)				
		SD-700II	SD-1000II	SD-1000E	SD-1300E	JD-800
钻孔器						
型号		JET-7	JET-7		JET-9	JET-9
旋转	r/min	220	220		190	0～190
打击力	kW(hp)	16(21.44)	16(21.44)		20(26.8)	20(26.8)
打击压力	MPa (kgf/m²)	13～21(130～210)	13～21(130～210)		13～22(130～220)	17(170)
旋转压力	MPa (kgf/m²)	15(150)	15(150)		18(180)	13(130)
钻杆						
杆长度	mm	3 050(3 660)	3 050(3 660)		3 660	3 660
钻头直径	mm	ϕ65～102	ϕ65～102		ϕ75～115	ϕ65～102

主要生产厂家:全进、山河智能、古河、维特根、曲阜圣都风动、枣矿集团。

A1.8　凿岩台车

用途特点:凿岩台车也称钻孔台车,隧道及地下工程采用钻爆法施工的一种凿岩设备,能移动并支持多台凿岩机同时进行钻眼作业(图 A1-8)。

图 A1-8　凿岩台车

最重要参数:钻孔深度、发动机功率、覆盖面积(表 A1-9)。

凿岩台车主要技术参数　　表 A1-9

项 目 名 称		单　　位	技术参数(徐工)
覆盖面积		m²	180
钻臂	推进梁补偿	mm	1 800
	钻臂延伸	mm	1 600
	推进梁翻转	°	360
	钻臂举升角度	°	+70/−30
	钻臂摆动角度	°	±45
	自重	kg	≤3 000
推进梁	钻孔深度	m	4～6
	推进力	kN	20
	系统压力	MPa(bar)	21(210)
	油箱容积	L	755/470

续上表

项目名称		单　位	技术参数(徐工)
电气系统	总装机功率	kW	200
	主电机	kW	3×55
	工作电压	V	400～690
	频率	Hz	50～60
	电动机	kW	7.5
	最大流量	L/min	300
	最小进口压力(300L/min)	MPa(bar)	0.2(2)
	出口压力	MPa	≥2
	电动机功率	kW	≥15
底盘	发动机	kW	180
	燃油箱容积	L	150
	冲击功率	kW	16/20/22
	冲击频率	Hz	60/73
	回转速度	r/min	0～340
	回转扭矩	N·m	640

主要生产厂家：徐工、山河智能、华泰、唐山东方。

A1.9　破碎机

用途特点：广泛运用于矿山、冶炼、建材、公路、铁路、水利和化学工业等众多部门，用于破碎石块或者矿块等(图 A1-9)。按机构特征分颚式破碎机、锥式破碎机、锤式破碎机、反击式破碎机、辊式破碎机等。

图 A1-9　破碎机

最重要参数：生产能力、功率、进出料粒径(表 A1-10)。

主要生产厂家：三宝、美卓、山河智能、山特维克、黎明、东泷、山美、日立、博洋、三秦力、克林曼、华重、新宇、上海威力特、夏洲重工、一帆机械、百力克、高达、世邦、郑州鼎盛、阿特拉斯、一鼎重工、方圆、嵩山重工、豫弘、海天路矿、上海建冶、中誉鼎力、远华机械、上海西芝、德工、凯兴、东蒙机械。

表 A1-10

破碎机主要技术参数

项目	单位	型号(三宝)															
		PE-150×250	PE-250×400	PE-400×600	PE-500×750	PE-600×900	PE-750×1 060	PE-800×1 060	PE-870×1 060	PE-900×1 200	PE-1000×1 200	PE-1200×1 500	PE-1500×1 800	PEX-150×750	PEX-250×1 000	PEX-250×1 200	PEX-300×1 300
进料口尺寸	mm	150×250	250×400	400×600	500×750	600×900	750×1 060	800×1 060	870×1 060	900×1 200	1 000×1 200	1 200×1 500	1 500×1 800	150×750	250×1 000	250×1 200	300×1 300
最大进料粒度	mm	130	210	340	425	500	630	650	670	750	850	950	1 200	120	210	210	250
出料口调整范围	mm	10～40	20～80	40～100	50～100	65～160	80～140	100～200	200～260	100～200	195～265	150～350	220～350	18～48	25～60	25～60	20～90
生产能力	t/h	0.96～4.8	5～21	16～64	45～100	48～120	115～208	136～228	290～384	144～304	315～342	300～800	450～1 000	8～25.6	16～51.2	20～60	20～104
功率	kW	5.5	15	30	55	55/75	110	110	110	132	132	220	355	15	37/30	37	75
质量	t	0.81	2.8	6.5	10.3	15.5	27.02	28.4	30.5	50	50.6	83	122	3.5	6.5	7.7	11

A1.10 自卸车

用途特点：通过液压或机械举升而自行卸载货物的车辆，又称翻斗车（图 A1-10）。由汽车底盘、液压举升机构、货厢和取力装置等部件组成。在公路工程中与挖掘机、装载机、带式输送机等工程机械联合作业，构成装、运、卸生产线，进行土方、砂石、散料的装卸运输工作。

图 A1-10　自卸车

最重要参数：发动机功率、额定载质量（表 A1-11）。

自卸车主要技术参数　　表 A1-11

项　目	单位	型号（东风）				
		DFL3120B	DFL3120B1	DFL3241A7	DFL3251A7	DFL3258AX6A
外形尺寸	mm	705×2 500×2 960	8 000×2 500×2 960	9 090×2 500×3 450	8 890×2 500×3 450	8 450×2 500×3 450
总质量	kg	11 835	11 920	24 050	25 000	25 000
额定载质量	t	4.99	4.99	11.965	12.5	12.96
最大功率	kW	118	155	215	250	276
驱动形式		4×2	4×2	6×4	6×4	6×4
最大扭矩/转速	kN·m, r/min	550/1 400～1700	700/1 500	1 200/1 100～1 600	1 460/1 100～1 600	1 480/1 400
排量	mL	6 494	5 900	9 839	9 839	8 900
最大输入扭矩	kN·m	850	1 180	1 190	1 500	1 600
轴距	mm	3 800	4 500	4 250+1 350	4 250+1 350	3 800+1 450
最高车速	km/h	90	90	85	85	75

主要生产厂家：东风、陕汽、徐工、山东临工、星马、凯斯、北方重工、沃尔沃、特雷克斯、宇通重工、山河智能、解放、欧曼、重汽斯太尔、红岩、重汽王牌、中通集团、中国重汽、重庆铁马集团。

A1.11 拆除机

用途特点：用于不同建筑物（包括高层建筑物、一般高度建筑物、基础建筑等）的拆除、破碎作业（图 A1-11）。

最重要参数：最大作业高度、最大作业半径、工作质量（表 A1-12）。

图 A1-11　拆除机

拆除机主要技术参数　　表 A1-12

项　　目	单位	型号(日立)			
		ZX250LCK-3	ZX350LCK-3	ZX450LC-3	
前端工作装置形式		3 段	3 段	3 段	
前端工作装置型号		HL250	HL350-E	HL450-D	
最大作业高度	mm	16 000	21 000	25 000	26 000
最大作业半径	mm	8 730	12 000	13 800	14 000
工作质量	kg	30 300	41 000	59 200	59 800
破碎器最大质量	kg	2 500	2 500	2 500	2 500

主要生产厂家:日立、三一、徐工、山河智能、卡特、小松、现代重工、柳工、厦工、龙工、力特达、立星。

A1.12　加长臂挖掘机

用途特点:用于长挖距、施工范围更广的作业场地。在普通挖掘机车体支架及工作臂之间,加装了一个加长臂,加长臂由原油缸支撑连接,并在加长臂上加装了一个工作臂油缸及挖掘斗油缸。在驾驶室内外,相应加装了一套油缸的操纵系统,配合操纵工作臂油缸及挖掘斗油缸的伸缩作业,可使挖掘斗的活动范围扩大一倍以上,达到的范围更高、更深、更远,特别适用于抢险救灾等特殊场合作业(图 A1-12)。

图 A1-12　加长臂挖掘机

技术特点:与一般挖掘机不同,长臂挖掘机在车体支架及工作臂之间,加装一个加长臂,加长臂由原油缸支撑连接,并在加长臂上加装了一个工作臂油缸及挖掘斗油缸,在驾驶室内外,相应地加装了一套油缸的操纵系统,配合操纵工作臂油缸及挖掘斗油缸的伸缩作业,可使挖掘斗的活动范围扩大一倍以上,达到的范围更高、更深、更远,特别适合抢险救灾等特殊场合作业,这是挖掘机械的一大突破性改造,具有极大的实用价值。

最重要参数:工作质量、发动机功率、铲斗斗容(表 A1-13、表 A1-14)。

柳工 CLG926E 主要配置 表 A1-13

名　称	厂家、型号	规格参数
发动机	康明斯 QSB7	140 @ 2050
液压主泵	川崎 K5V140DTP	
回转马达＋回转减速机	川崎 M5X180CHB	
主阀	川崎 KMX15RB	
行走马达	斗山 TM40VD	
先导阀	川崎 PV48K	
油缸	动臂油缸 恒立	缸径×杆径×行程:130mm×90mm×1 350mm
	斗杆油缸 恒立	缸径×杆径×行程:145mm×105mm×1 635mm
	铲斗油缸 恒立	缸径×杆径×行程:130mm×90mm×1 075mm
支重轮(每侧)	山推(以出厂为准)	9 只
托链轮(每侧)	山推(以出厂为准)	2 只
引导轮	三胜(以出厂为准)	2 只(1 只/侧)
驱动轮	三胜(以出厂为准)	2 只(1 只/侧)
钢履带	亚实(以出厂为准)	2 条(51 块板/条)
工作质量(t)		27.5
标配铲斗容量(m^3)		0.4
发动机功率(kW)		128.5
动臂长度(mm)		9 700
斗杆长度(mm)		7 880
最大挖掘半径(mm)		18 258
铲斗挖掘力(kN)		70.7
斗杆挖掘力(kN)		41.3

厦工 XG822EL-H15 主要技术参数 表 A1-14

名　称	单　位	技术参数
整机质量	kg	24 600
标准斗容	m^3	0.45
接地比压	kPa	37.8
最大挖掘高度	mm	13 350
最大卸载高度	mm	11 180
最大挖掘深度	mm	11 520
最大挖掘半径	mm	15 330

续上表

名称	单位	技术参数
最小回转半径	mm	4 460
运输长度	mm	12 480
运输高度	mm	3 120
总宽	mm	3 190
下车宽度	mm	3 190
尾部回转半径	mm	2 840
履带板宽度(标配)	mm	800
履带轨距	mm	2 390
动臂长度	mm	8 550
斗杆长度	mm	6 340
铲斗挖掘力(增压)	kN(SAE)	86
斗杆挖掘力(增压)	kN(SAE)	52
铲斗挖掘力	kN(SAE)	78
斗杆挖掘力	kN(SAE)	47

主要生产厂家:日立、三一、徐工、卡特、小松、柳工、厦工、龙工。

A1.13 湿地挖掘机

用途特点:湿地挖掘机是将传统挖掘机的下车部分更换成为浮箱式结构,实现水陆两栖作业,同时可配备铲斗、清淤泵、除草机、破碎锤等附属装置(图 A1-13)。湿地挖掘机主要适用于松软地带、沼泽地以及浅水区作业,可用于沟渠清淤、鱼塘清淤、湖泊分割、围堤加固、沿海滩涂开发、尾砂矿治理等水利工程及沼泽地开发。

图 A1-13 力士德 SC360SD.8 湿地挖掘机

技术特点:力士德 SC360SD.8 湿地挖掘机浮箱骨架(图 A1-14)采用高强度板焊接而成,链轨接触面采用高强度耐磨板加工而成,结构简单、强度高、浮力大。

力士德 SC360SD.8 湿地挖掘机采用浮箱式行走结构(图 A1-15),实现了水陆两栖作业。

力士德 SC360SD.8 湿地挖掘机的挖掘机臂与挖斗之间的连接装置采用标配液压快换装置(图 A1-16),附属装置的更换快捷方便,在实现水陆两栖作业的同时,也可配备铲斗、清淤泵、电磁吸盘、除草机、破碎锤、打桩机等附属装置进行多功能作业。

采用快换接头

采用螺栓涨紧装置

采用高强度板

图 A1-14　浮箱骨架结构

图 A1-15　浮箱式行走结构示意图

图 A1-16　标配液压快换装置

最重要参数：标准斗容、发动机功率(表 A1-15)。

力士德 SC360SD.8 湿地挖掘机主要技术参数　　表 A1-15

名　称	单　位	参　数
整机质量	kg	40 000
标准斗容	m^3	1.0
功率/转速	kW,r/min	198/2 000
最大挖掘高度	mm	11 350
最大卸载高度	mm	8 710
最大挖掘深度	mm	6 600
最大挖掘半径	mm	6 000
长度	mm	13 100
高度	mm	4 000
总宽	mm	6 210
配重离地间隙	mm	2 150
浮箱长度	mm	9 148
浮箱宽度	mm	1 823
浮箱高度	mm	1 810
斗杆长度	mm	3 045
动臂长度	mm	7 600

主要生产厂家：力士德。

A1.14 步履式挖掘机

用途特点:步履式挖掘机(图 A1-17)很好地解决了工程机械在复杂地形环境下的机动问题,能去西部高原山地、林地、沟壑、沼泽等其他机械无法到达的地方进行工程作业。通过安装不同的工作机具,具有挖掘、起重、伐木、破碎、钻孔、喷浆等多种作业功能。另外,该装备还可在雪崩、地震、滑坡等受灾现场进行抢险救援及恢复工作,也可用于市政工程、水利工程施工中一般设备不能适用的场合。

图 A1-17 徐工 ET111 步履式挖掘机整机外形图

技术特点:

(1)强大的地形通过能力;

(2)强大的环境适应能力;

(3)采用不受负荷影响的流量控制系统;

(4)山地行驶和作业的稳定性技术;

(5)全方位安全保护。

最重要参数:斗容、铲斗挖掘力(表 A1-16)。

徐工 ET111 步履式挖掘机主要技术参数 表 A1-16

名　称	单　位	技术参数
整机质量	kg	11 500
斗容	m^3	0.3
斗杆挖掘力	kN	47
铲斗挖掘力	kN	63
最大挖掘半径	mm	7 700
最大挖掘深度	mm	5 500
最大挖掘高度	mm	8 900
最大卸载高度	mm	7 000
最小回转半径	mm	2 800
回转速度	r/min	0～10
最高行驶速度	km/h	≥10
最小转弯直径	m	14
最大步距	mm	5 000
最大垂直越障高度	mm	2 400
最大涉水深度	mm	2 000
步行爬坡能力	°	45
最大适应作业坡度	°	30
最大适应作业横向坡度	°	25

主要生产厂家:三一重工、徐工。

A2 起重机械类

A2.1 汽车起重机

用途特点：主要用于交通运输业、建筑业、工业、矿业等各种工程建设领域，如大型建筑构件与设备的安装、大量工程材料的垂直运输与装卸等，此外也广泛用于公路应急救援（图 A2-1）。按起重量可分为轻型（起重量 5t 以下）、中型（起重量 5～15t）、重型（起重量 5～50t）、超重型（起重量 50t 以上）。

图 A2-1 汽车起重机

最重要参数：最大额定总起重量、最长主臂（表 A2-1）。

汽车起重机主要技术参数 表 A2-1

尺 寸 参 数	单位	型号（徐工）					
		QY160K	QY100K	QY60K	QY35K5	QY50B.5	QY8B.5
整机全长	mm	—	—	13 500	12 620	13 890	9 450
整机全宽	mm	—	—	2 800	2 500	2 800	2 400
整机全高	mm	—	—	3 510	3 350	344	3 180
行驶状态整机质量	kg	54 900		41 000	36 930	42 000	10 490
油耗	L/100km	—	—	—	30	40	25.5
最大额定起重量	t	160	100	60	35	50	8
最长主臂	m	61.4	48.8	42	39.6	42.58	19

主要生产厂家：徐工、中联重科、三一重工、利勃海尔、柳工、长江、北方交通、东岳、北起多田野、抚挖锦重。

A2.2 轮胎起重机

用途特点：轮胎起重机（图 A2-2）通常用于装卸重物和安装作业，起重量较小时，可不打支腿作业，甚至可带载行走。具有机动性好、转移方便的特点，适用于流动性作业，应用广泛。与汽车式起重机相比有轮距较宽、稳定性好、车身短、转弯半径小、可在 360°范围内工作的优点。

最重要参数:额定起重量、整机自重(表 A2-2)。

图 A2-2　轮式起重机

轮式起重机(DLQ 系列)主要技术参数　　表 A2-2

额定起重量(t)	起重臂长度	工作幅度及起重量			起升高度(m)		起升速度(m/min)		变幅速度(m/min)	旋转速度(m/min)	尾部旋转半径(m)	装机容量(kW)	
					支承面以上	支承面以下						吊钩	抓斗
3	基本臂长9m	起重量(t)	3	0.65	8	6	27		6.5	1.3	3	18	26
		工作幅度(m)	3.6	6.4									
5		起重量(t)	5	2	12	6	单索 30	三索 10	10.5	1.5	3.2	24.5	31.5
		工作幅度(m)	4	11.9									
8		起重量(t)	8	2	12	6	单索 36	三索 12	10.5	1.5	3.2	40.5	55.5
		工作幅度(m)	4	11.9									
16		起重量(t)	16	2	12	6	单索 46	四索	10.5	1.6	3.6	70	92
		工作幅度(m)	4	11.9									
25		起重量(t)	25	8	16	7.22	8.3		6.53	1.32	4.3	90	112
		工作幅度(m)	3.12	7.98									
40		起重量(t)	40		7.84	3.65	7.2		5.75	1.25	4.8	100	122
		工作幅度(m)	3.38										

主要生产厂家:徐工、中联重科、三一重工、利勃海尔、柳工、长江、北方交通、东岳、北起多田野、抚挖锦重。

A2.3　履带式起重机

用途特点:一种利用履带行走的动臂旋转起重机。履带接地面积大,通过性好,适应性强,可带载行走,适用于建筑工地的吊装作业。可进行挖土、夯土、打桩等多种作业(图 A2-3)。

图 A2-3　履带式起重机

最重要参数:最大起重量、最大起重力矩、工作半径、起吊高度(表 A2-3)。

履带式起重机主要技术参数 表 A2-3

项 目	单位	型 号(徐工)				
		QUY500W	QUY500W	QUY350	QUY35－Ⅰ	QUY75
最大起重量	t	1 250	500	350	35	75
最大起重力矩	t·m	15 510	—	2 370	140	280
整机质量	t	53×2	415	325	45	61
行走速度	km/h	0.8	0.95	1.0	1.3	—
最大单件运输尺寸(长×宽×高)	m	—	11.6×3.4×3.4	10.36×3.4×3.0	7.65×3.5×3.3	12.6×3.32×3
回转速度	r/min	0.9	1.0	1.0	1.5	2.4
最大单件(主机)运输质量	t	59	60	55	30	39

主要生产厂家:徐工、中联重科、三一重工、利勃海尔、柳工、长江、北方交通、东岳、北起多田野、抚挖锦重。

A2.4 随车起重机

用途特点:指安装在汽车底盘上,在一定范围内垂直提升和水平搬运重物的多动作起重机械,又称随车吊,属于物料搬运机械(图 A2-4)。随车起重机可以装在各种车辆上实现车辆的自装自卸,配上不同的取物装置能吊运不同形状物品,因而有着广泛的用途。例如:用于林业部门的集材、建筑部门的混凝土构件和材料的运输、小型集装箱的装卸等。

图 A2-4 随车起重机

最主要参数:最大起升质量、最大起升力矩、转动角度(表 A2-4)。

随车起重机主要技术参数 表 A2-4

起重机型号	单 位	型 号	
		SQ2SK1Q/SQ2SK2Q	SQ4ZK2
最大起重量	kg	2 100	4 000
最大起重力矩	t·m	4.2	8.4
推荐功率	kW	9	14
液压系统最大流量	L/min	20	25
液压系统额定压力	MPa	16	26
油箱容积	L	25	60

续上表

起重机型号	单位	型号	
		SQ2SK1Q/SQ2SK2Q	SQ4ZK2
起重机自身质量	kg	1 172/758/1 316	1 200
安装空间	mm	850	850
吊机可匹配的汽车底盘型号(整车有国家公告,可上牌照)		EQ1092FJ1 东风;EQ1092FJ 东风;NKR77PLLWCJAY 庆铃;EQ1060GJ20D3 东风;JX1060TSG23 江铃;JX1050-TGB23 江铃;HFC1065KRT 江淮	

主要生产厂家:徐工、湖南中天、石煤、韶关、长春神骏、中联重科、欧曼重卡、东风、宇通重工、三一、北起多田野、天地重工、森源、特雷克斯、古河。

A2.5 全地面起重机

用途特点:全路面起重机是一种兼有汽车起重机和越野起重机特点的高性能产品(图 A2-5)。能像汽车起重机一样快速转移、长距离行驶,又可满足在狭小和崎岖不平或泥泞场地上作业的要求,即行驶速度快,多桥驱动,全轮转向,三种转向方式,离地间隙大,爬坡能力高,可不用支腿吊重等功能。但价格较高,对使用和维护水平要求较高。

图 A2-5 全地面起重机

最主要参数:额定起重量、整机自重(表 A2-5)。

全地面起重机主要技术参数 表 A2-5

项目	单位	型号(徐工)				
		QAY1200	QAY800	QAY260	QAY220	QAY180
整机自身质量	kg	96 000	96 000	72 000	72 000	6 000
额定起重量	t	1 200	800	260	220	180
最小转弯直径	m	30	30	23	23	20
最长主臂	m	106	85	70	64	62

主要生产厂家:徐工、中联重科、三一重工、利勃海尔、柳工、长江、北方交通、东岳、北起多田野、抚挖锦重。

A2.6 高空作业车

用途特点:高空作业车(图 A2-6)广泛用于电力、路灯、市政、通信、机场、造(修)船、交通等高空作业领域。

最主要参数:工作斗额定载荷、最大作业高度、乘员人数(表 A2-6)。

图 A2-6 高空作业车

高空作业车主要技术参数 表 A2-6

型 号	单位	型号(爱知)		
		HYL5073JGKA	HYL5038JGK	HYL5078JGK
整车外形尺寸(长×宽×高)	mm	5 730×1 900×3 200	7 100×2 000×3 150	6 100×2 150×3 600
工作斗额定载荷	kg	1 000	200	200
最大作业高度	m	11.6	14	16.6
最大工作平台高度	m	9.9	12.3	14.9
最大作业半径	m	7.2	6.2	11.3
发动机功率	kW	96	85	96
乘员人数	人	2	5	2

主要生产厂家:爱知、海伦哲、北方交通、徐工、天地重工、中联重科、金进、东风。

A3 桩基和桥梁装备类

A3.1 旋挖钻机

用途特点:一种适合各种高速公路、铁路等交通设施桥梁的桥桩,大型建筑、港口码头承重结构桩,高架桥桥桩,建筑基础工程中成孔作业的施工机械(图 A3-1)。主要适于砂土、黏性土、粉质土等土层施工,在灌注桩、连续墙、基础加固等多种地基基础施工中得到广泛应用。

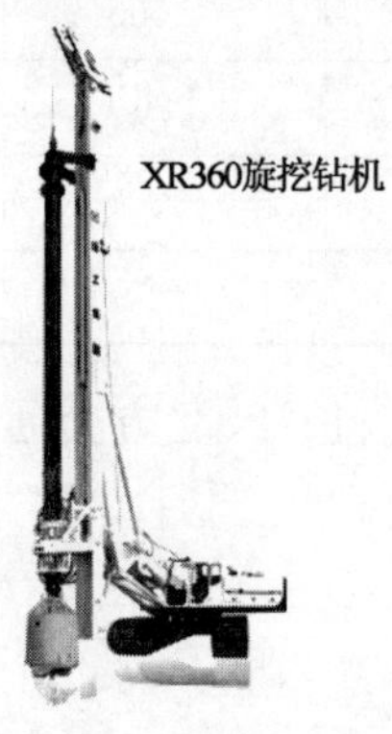

图 A3-1 旋挖钻机

最重要参数：扭矩、发动机功率、钻孔直径、钻孔深度、钻机整机质量（表 A3-1）。

旋挖钻机主要技术参数 表 A3-1

项目		单位	型号（徐工）		
			XR360	XR280	XR220
工作状态外形尺寸		mm	11 000×4 800×24 586	10 670×4 800×23 146	10 200×4 400×20 850
运输状态外形尺寸		mm	—	17 380×3 500×3 494	15 700×3 500×3 350
整机工作质量		t	92	82	70
额定功率		kW	298	298/2 050	246/2 100
最大输出扭矩		kN·m	360	280	220
转速		r/min	6～25	7～22	7～22
最大钻孔直径		mm	ϕ2 000（带套管） ϕ2 500（不带套管） ϕ3 000（不带小钻桅）	ϕ2 000（带套管） ϕ2 500（不带套管）	ϕ1 500（带套管） ϕ2 000（不带套管）
最大钻孔深度		m	特配 102（摩阻 6 节），92（摩阻 6 节），78（摩阻 5 节），62（机锁 4 节）	选配 87（摩阻 6 节），选配 58（机锁 4 节）标，配 73（摩阻 5 节）	标配 64（摩阻 5 节），选配 51（机锁 4 节）
加压缸	最大压力	kN	240	210	180
	最大提升力	kN	220	220	180
	最大行程	m	6.0	6.0	5.0
主卷扬	最大提升力	kN	320	260	200
	最大卷扬速度	m/min	72	≥60	≥60
副卷扬	最大提升力	kN	100	100	80
	最大卷扬速度	m/min	≥65	≥65	≥60
底盘	最大行走速度	km/h	1.5	1.5	1.5
	最大爬坡度	%	35	35	35
	最小离地点间隙	mm	445	445	468
	履带宽度	mm	800	800	800
	履带间距	mm	3 500～4 800	3 500～4 800	3 500～4 400
项目		单位	型号（徐工）		
			XR200	XR150	XR135
工作状态外形尺寸		mm	10 200×4 400×20 850	7 700×4 100×18 150	7 360×4 000×17 725
运输状态外形尺寸		mm	15 700×3 500×3 350	12 800×3 050×3 240	13 858×3 200×3 210
整机工作质量		t	68	43.5	42
额定功率		kW	246/2 100	138	125
最大输出扭矩		kN·m	200	150	120
转速		r/min	7～22	6～25	6～30
最大钻孔直径		mm	ϕ1 500（带套管） ϕ2 000（不带套管）	ϕ1 500	ϕ600～1 500
最大钻孔深度		m	标配 59（摩阻 5 节），选配 47（机锁 4 节）	标配 56（组合 5 节）	50

续上表

项目		单位	型号(徐工)		
			XR200	XR150	XR135
加压缸	最大压力	kN	180	114	100
	最大提升力	kN	180	148	100
	最大行程	m	5.0	3.5	3.5
主卷扬	最大提升力	kN	180	155	150
	最大卷扬速度	m/min	≥60	≥65	60
副卷扬	最大提升力	kN	80	60	50
	最大卷扬速度	m/min	≥60	≥70	50
底盘	最大行走速度	km/h	1.5	2.0	20
	最大爬坡度	%	35	40	40
	最小离地点间隙	mm	468	352	
	履带宽度	mm	800	800	
	履带间距	mm	3 500～4 400	3 050～4 100	

主要生产厂家:徐工、三一、重工、德国宝峨、天津宝峨、宇通重工、土力机械、山河智能、福田雷沃、中联重科、北方交通、建研、卡萨阁蓝地、南车、圆友重工、北方重工、特雷克斯、鼎盛天工、首钢泰晟、利勃海尔、移山、鸿达、金泰、金菱机械、奥盛特、新钻、玉柴、北京经纬巨力、山推、桩工。

A3.2 打桩锤

用途特点:利用冲击力将桩贯入地层的桩工机械(图 A3-2),用于完成预制桩的打入、沉入、压入、拔出作业的预制桩施工机械,桩锤按运动的动力来源可分为落锤、汽锤、柴油锤、液压锤等、振动锤、静力锤等。

图 A3-2 筒式柴油打桩锤

最重要参数:冲击部分重量、冲击动能、冲击频率(表 A3-2)。

筒式柴油打桩锤主要技术参数　　表 A3-2

项　目		单位	型号(金陵机械)							
			D8-22	D46	D80-23	D128	D138	D160	D180	D220
上活塞质量		kg	800	4 600	8 000	12 800	13 800	16 000	18 000	22 000
每次最大打击能量		N·m	23 940～12 790	145 305～70 850	266 830～171 085	426 500	459 800	533 000	590 000	733 000
打击次数		次/min	38～52	37～53	36～45	36～45	36～45	36～45	36～45	36～45
作用于桩上的最大爆炸力		kN	505	1 695	2 600	3 600	3 900	4 500	5 000	6 200
适宜最大打桩规格		kg	2 500	15 000	30 000	70 000	80 000	120 000	150 000	220 000
起落架导向滑轮钢丝绳最大直径		mm	ϕ20	ϕ38	ϕ30	ϕ32	ϕ32	ϕ37	ϕ37	ϕ42
油耗	柴油	L/h	4	16	55	36.6	40.5	46	54	70
	润滑油	L/h	1	2	2.9	2.9	2.9	4.5	4.5	6.5
柴油箱容积		L	6	89	155	200	200	240	240	360
润滑油箱容积		L	1	17	32	28.6	28.6	40.3	40.3	100
质量	柴油锤	kg	1 950	8 800/9 190	16 365/16 805	26 300	27 300	35 000	37 500	45 400
	起落架	kg	100	400	750	770	770	1 700	1 700	2 400
	搬运托架/支架	kg	11	315	135	950	950	—	—	—
	工具箱	kg	75	100	125	125	125	125	125	125
外形尺寸	柴油锤高	mm	4 700	5 285	6 454/7 200	7 600	7 600	8 020	8 150	7 900
	下活塞外径	mm	350	660	820	960	960	1 070	1 070	1 200
	导向板螺钉外侧间距	mm	560	880	1 110	1 260	1 260	—	—	—
	柴油锤宽	mm	410	785	890	1 040	1 040	1 160	1 160	1 335
	连接导向板的宽度	mm	320	640	800	910	910	1 020	1 020	1 100
	柴油锤中心到油泵保护装置的距离	mm	315	445	550	625	625	700	700	820
	柴油锤中心到导向板螺钉中心的距离	mm	245	275	720	420	420	465	465	500

主要生产厂家:金菱机械、永安、上海振中、中联重科、海天路矿、长江。

A3.3　压桩机

用途特点:利用静压力将桩压入地层的桩工机械(图 A3-3)。用于软土层压桩,如地下铁道、海港、桥梁、水库电站、海上采油平台和国防工程等的桩工施工,分机械式和液压式两种。作业时具有不损坏桩头、桩身不受弯、无噪声、无振动冲击、对周围环境和建筑物影响小、不破坏土地结构等优点,同时在压桩过程中可从压力表直接读得桩的承载能力,不需另做试验。工作平稳,能压能拔,但设备笨重,不能压设斜桩,使用有局限性。

最重要参数:工作质量、最大扭矩、最大推/拉力、发动机功率(表 A3-3)。

图 A3-3　压桩机

压桩机主要技术参数

表 A3-3

项　　目	单位	型号(利勃海尔)			
		LRB 125	LRB 155	LRB 255	LRB 400
工作质量	t	40	67	80	120
最大导架长度	m	12.5	24	30	42
最大扭矩	kN·m	120	220	300	400
最大推力/拉力	t	20	30	45	60
发动机输出功率	kW	450	450	670	670

主要生产厂家：利勃海尔、三一、山河智能、海天路矿、恒天九五、方圆、振中、中升、浙江建机、宇通重工、徐工、合力、玛连尼、北方交通、JCB、特雷克斯。

A3.4　潜孔钻机

用途特点：主要用于露天矿山开采，建筑基础开挖，水利、电站、建材、交通及国防建设等多种工程中的凿岩钻孔，具有钻孔深、钻孔直径大、钻孔效率高、适应范围广等特点，是当前通用的大型凿岩钻孔设备(图 A3-4)。可在中硬或中硬以上(普氏 $f \geqslant 8$)的岩石中钻孔，与凿岩机一样有冲击、转动、排碴和推进的凿岩成孔过程。

图 A3-4　潜孔钻机

最重要参数：钻孔直径、钻孔深度(表 A3-4)。

潜孔钻机技术参数

表 A3-4

项　　目	单位	型号(山河智能)				
		SWDB90	SWDB138	SWDA165/SWDB165	SWDA200/SWDB200	SWDE165
钻孔直径	mm	90～120	90～150	152/165/180	152～255	133～180
钻孔深度	m	20	24	27	30	36

续上表

项　目	单位	型号(山河智能)				
		SWDB90	SWDB138	SWDA165/SWDB165	SWDA200/SWDB200	SWDE165
钻孔方向	°	60～90	60～90	60～90	60～90	60～90
适应岩石	普氏	$f\geqslant8$	$f\geqslant8$	$f\geqslant8$	$f\geqslant8$	$f\geqslant8$
钻具转速	r/min	10～60	10～60	10～60	10～50	10～53
推进轴压	N	4 000～20 000	4 000～25 000	4 000～30 000	5 000～50 000	40 000
推进行程	m	4.38	4.38	9	10.5	6.5
回转扭矩	N·m	2 500	3 000	4 000	6 000	4 000
提升速度	m/min	25	25	25	25	25
提升能力	kN	32	40	40	75	125
钻杆直径	mm	76	89/102	110/133	133/152	110
钻杆长度	m	4×5	4×6	8.5×3	10×3	6×6 / 6×3
行走速度	km/h	～2	～2	～1.5	～2	1.5
爬坡能力	°	25	25	25	25	25
工作风压	MPa	1.05～1.4	1.05～1.4	1.38	1.05～2.4	1.38
压气总耗量	m^3/min	12	17	21.2/21	28	21.2
装机总容量	kW	170	217	299/250	317	224
工作状态尺寸	m	4.8×3.05×7.3	6.3×3.6×7.3	6.9×3.54×1.15	8.03×4.15×1.26	
运输状态尺寸	m	7.3×3.05×3.2	7.3×3.2×3.4	6.9×3.1×3.34	7.63×3.35×3.45	1.1 × 3.2 ×3.6
总质量	t	12.5	17	23	27	23

主要生产厂家：山河智能、英格索兰、阿特拉斯、日本古河、汤姆诺克、四通重工、宣化邦达、中海恒通、宣化恒泰、华大、泰安腾翔、开山、东平吉宏、徐工、海天路矿、上海振中、小松、三一、海格力斯、南阳市卧龙区钻井设备机械加工厂。

A3.5　锚杆钻机

用途特点：具有向顶板或巷道两帮钻孔并安装锚杆功能的钻机(图 A3-5)。在改善支护效果、降低支护成本、加快成巷速度、减少辅助运输量、减轻劳动强度、提高巷道断面利用率等方面有着十分突出的优越性。

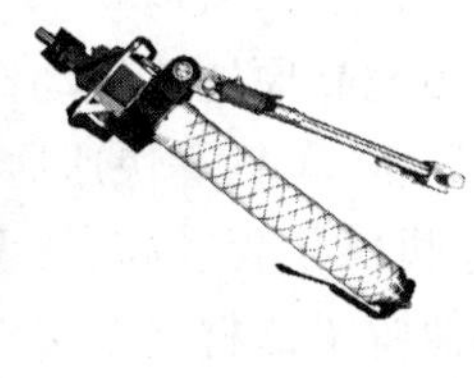

图 A3-5　锚杆钻机

最重要参数：发动机功率、最大扭矩、钻孔直径(表 A3-5、表 A3-6)。

多功能全液压钻机主要技术参数　　表 A3-5

项　目	单位	型　号	
		宝峨—克莱姆 KR909-1	宝峨—克莱姆 KR805-2
发动机功率	kW	129	129
动力头可配置		顶驱动力头、回转单动力头、回转双动力头、顶驱＋回转动力头	顶驱动力头、回转单动力头、回转双动力头、顶驱＋回转动力头

续上表

项　目	单位	型　号	
		宝峨—克莱姆 KR909-1	宝峨—克莱姆 KR805-2
推荐顶驱动力头		KD1828R	KD1828R
动力头最大扭矩	kN·m	18	18
动力头冲击功	N·m	900	900
给进/起拔力	t	4.8/9.7	10/10
整机工作质量	t	14	15
主要用途		锚杆孔、高压旋喷、注浆孔、管棚孔、隧道超前探孔、旋喷引孔等	

锚杆钻机主要技术参数　　表 A3-6

项　目	单位	参数(MQT-130/3.2 系列)		
额定压力	MPa	0.4	0.5	0.63
额定转矩	N·m	110	130	140
额定转速	r/min	220	240	260
空载转速	r/min	650	700	750
耗气量	m^3/min	4.2	4.3	4.4
动力启动转矩	N·m	170	210	260
动力失速转矩	N·m	180	230	270
冲洗水压力	MPa	0.6～1.2		
噪声	dB(A)	≤95		
型号		A	B	C
整机最小高度	mm	1 150	1 300	1 450
整机最大高度	mm	2 470	3 070	3 670
机器质量	kg	54.0	56.0	58.0
钻孔直径	mm	32		

主要生产厂家：宝峨、山西广名、宇通重工、土力机械、建研、徐工、福田雷沃、山河智能、山推桩工、阿特拉斯。

A3.6　山地伴随桥

用途特点：GQL321 型伴随桥是平推式山地轻型伴随桥，每套器材由一辆桥车组成，主要适用于山地高原地区机动作战时，保障履带式荷载 220kN、轮式荷载抽压力 100kN 以下的转型武器装备、车辆等快速通过 20.5m 以内的小江河、沟谷等障碍。其特点是机动性能好、作业人员少、机械化程度高、架设与撤收迅速可靠、便于隐蔽和伪装、适应性能好，既可单独架设，又可与其他桥梁器材混合架设，也可用于桥梁抢修，取消发动机增压器和调整少数油料品种后，读器材亦可作为平原和水网地区的轻型伴随桥(图 A3-6)。

图 A3-6　山地伴随桥

最重要参数：设计载荷、最大跨径、器材质量(表 A3-7)。

山地伴随桥主要技术参数 表 A3-7

项目		单位	技术参数
设计荷载	履带式荷载总重力	kN	220
	轮式荷载轴压力		100
	谨慎通过履带式荷载总重力		250
桥梁长度		m	22.5
最大跨径(硬实岸边)		m	20.5
桥梁车行道宽度		m	3.20
每条车辙宽度		m	1.16
桥节长度		m	7.50
中桥节高度		m	0.70
边桥节小斜端部高度		m	0.28
作业人员		名	3
架设作业时间		min	10
撤收作业时间		min	10
架设时允许最大纵坡度		%	±10
架设时允许最大横坡度		%	±5
架设时允许最大扭度		%	5
两岸允许高差		m	±2.0
行军状态外形尺度(长×宽×高)		m	10.96×3.20×3.64
器材质量	桥车总质量	t	21.8
	桥跨结构质量		6.5
	底盘车质量		15.3
进入角		°	34
离去角		°	31
底盘车型号			铁马 XC2200/6×6 型越野车
轴距		mm	4 750+1 450
前轴负荷		kg	6 800
中、后轴负荷		kg	7 500
轮胎			14.00—20
发动机型号			BF8L413(增压)或 F8L413F

主要生产厂家：华舟重工、中船重工。

A3.7 重型机械化桥

用途特点：GQL110 型重型机械化桥全套器材由 5 辆载有桥跨、桥脚构件的桥车组成(图 A3-7)。可克服宽 50m、深 3.5m 以内的江河、沟渠等障碍，保障履带式荷载 500kN、轮式荷载轴压力 130kN 以下的各种坦克、火炮、车辆和人员迅速通过。具有机械化程度高、机动性能好、架设速度快、通载稳定可靠、桥面调整方便、作业人员少和劳动强度低等特点；既可单独架设，也可与其他重型舟桥器材进行混合架设。

最重要参数：外形尺寸、架设长度、通过最大吨位(表 A3-8)。

图 A3-7　重型机械化桥

重型机械化桥主要技术参数　　表 A3-8

项　目		单位	技术参数
器材总重力(含乘员 3 人)		kN	210
运行状态外形尺寸(长×宽×高)		mm	8 960×3 150×3 465
最大通载吨位	履带式荷载	kN	500
	轮胎式荷载轴压力		130
行车道宽度		m	3.8
架设长度	单跨	m	10.5
	全套器材		52.5
克服障碍最大深度		m	3.5
架设时间	单跨	min	6～8
	全套器材		45～60
桥面调整高度(础板到桥面)		m	2.2～3.8
最大适应流速		m/s	2.0
作业人员	单跨	人	7
	全套器材		12

主要生产厂家:华舟重工。

A3.8　轻型机械化桥

用途特点:GQL120A 型轻型机械化桥全套器材由 8 辆载有桥跨、桥脚构件的桥车组成(图 A3-8)。主要用于克服小江河、沟渠等障碍,保障履带式荷载 200kN、轮胎式荷载轴压力 95kN 以下的轻型坦克、车辆及汽车牵引的各种技术兵器迅速通过。该器材桥跨为车辙式,桥脚为框架式,结构简单、操作方便、架设和撤收迅速、机动性能良好、桥面高度调整容易。

图 A3-8　轻型机械化桥

最重要参数:设计载荷、架设长度、器材质量(表 A3-9)。

轻型机械化桥主要技术参数　　表 A3-9

项　　目		单位	技术参数
设计荷载	履带式车辆总重量	kN	200
	轮胎式车辆轴压力		95
全套器材桥车数		辆	7
架设长度	单跨	m	7
	全套器材		49
克服障碍深度		m	1～3.5
车行道宽度		m	3.0
最大适应流速	低水桥	m/s	不大于 1.5
	水面下桥		不大于 0.5
作业人员	单跨	人	5
	全套器材		5×(2～3)
架设全桥所需平均时间	白天	min	70
	夜间		120
器材重量	桥车总重	kN	83
	两个车辙重		14
	桥 脚 重		5
运输状态外形尺度(长×宽×高)		m	7.883×2.5×3.3
底盘车型号			EQ2081E 型越野载重汽车

主要生产厂家:华舟重工。

A3.9　轻型门桥

用途特点:轻型门桥主要用于结合漕渡门桥,保障 16t 以下的轻型装备和人员克服中小江河障碍,也可架设浮桥或结构水上作业平台,桥脚舟可作为冲锋舟使用(图 A3-9)。

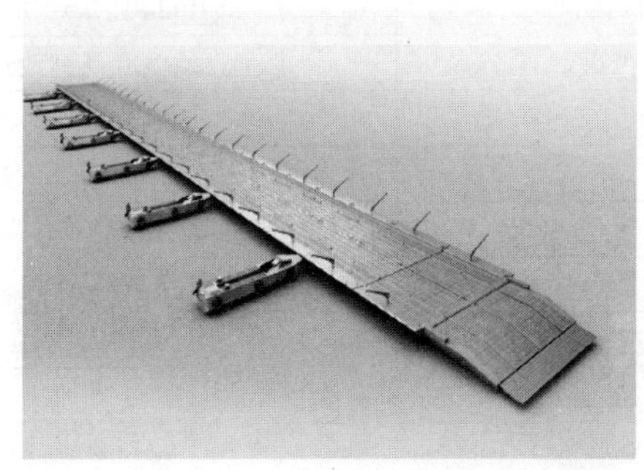

图 A3-9　轻型门桥

最重要参数:承载能力、最大航速(表 A3-10)。

轻型门桥技术参数　　表 A3-10

项　　目		单　位	参数(GZQ411)
承载能力	履带式荷载全重	kN	160
	轮式荷载最大轴压力	kN	70
车行部宽度		m	3.32
满载时最大航速		km/h	11.5
适应最大流速		m/s	2.0
作业人员		人	9
结合作业时间		min	19
撤收作业时间		min	18
平均故障间隔时间		h	108

主要生产厂家:华舟重工。

A3.10　应急快速桥

用途特点:应急快速桥是一种用汽车载运,并由单车完成架设和撤收作业的制式机械化桥梁装备(图 A3-10)。应用于各类车辆、工程机械等重型装备实施公路运输保障。

图 A3-10　应急快速桥

最主要参数:履带式荷载、桥梁质量、架设桥梁长度(表 A3-11)。

应急快速桥主要技术参数　　表 A3-11

项　　目	单　位	型　　号	
		21m 应急快速桥	24m 应急快速桥
底盘车		陕汽 SX1380A	陕汽 SX2300 系列改进型
履带式荷载	kN	600	550
轮式荷载轴压力	kN	170	130
整车装载外形尺寸	mm	13 000×3 300×3 600	13 000×3 300×3 850
整车总质量	t	32	32.5
最小转弯直径	mm	24 000	24 000
桥梁质量	t	11	12
架设桥梁长度	mm	21 000	24 000
架设桥梁宽度(展开)	mm	3 300	3 300
作业人数	人	2	2
作业时间	min	10	10

主要生产厂家:华舟重工。

A3.11 高速液压夯实机

用途特点:高速液压夯实机是一种新型的高效液压夯实机械(图 A3-11),机动性强,可调控夯击能量,特别适合狭小面积的夯实作业要求,它的夯实深度为 1～4m、影响深度为 4～10m,仅次于强夯,远大于包括冲击式压路机在内的各种压实机械。液压高速夯实机主要用于桥台背、涵侧、鸡爪沟等公路、铁路路基夯实,沟槽、台阶、斜面夯实,堤坝护坡夯实,油库、机场、港口等大型基础设施地基夯实等。适用于公路、铁路、港口、水利、市政工程等。

图 A3-11 液压高速夯实机

最主要参数:垂体行程、最大打击能量、工作流量(表 A3-12)。

液压高速夯实机性能参数 表 A3-12

项目	单位	型号				
		THC36	THC42	THC5000	THC7000	THC9000
锤体质量	kg	3 000	3 500	5 000	7 000	9 000
锤体行程(可调)	mm	0～1 200				
最大击打能量	kJ	36	42	60	84	108
击打频率(可调)		30～80		40～120		
整机质量	kg	6 200	6 700	13 000	15 000	17 000
高	mm	3 650	3 650	7 000	7 600	8 200
长	mm	1 080	1 080	1 560	1 560	1 560
宽	mm	1 520	1 520	1 765	1 765	1 765
工作压力	MPa	16	20	22	25	28
工作流量	L/min	120～280	120～280	140～360	140～400	140～400
锤脚直径	mm	1 000	1 000	1 500	1 500	1 500
配套装载机	t	5	5	7～10	7～10	≥10

主要生产厂家:青岛艾玛重工有限公司、泰安恒大机械有限公司。

A4 救援机械类

A4.1 全地形履带式抢险救援工程车

用途特点:可在野外进行车辆救援、物资吊装、野外维修等作业。特别适合于山地、雪地、草场、沙漠、河流、河滩、沼泽等各类复杂地形环境下执行抢修和保障任务。车上装主要配置了随车吊、发电机组、气动力源、绞盘、伸缩桅杆照明灯等设备(图 A4-1)。

图 A4-1 詹阳动力全地形履带式抢险救援工程车

最重要参数:满载质量、最高行驶速度、起吊能力、续航能力(表 A4-1)。

全地形履带式抢险救援工程车主要技术参数 表 A4-1

<table>
<tr><td colspan="4">主机技术参数</td></tr>
<tr><td colspan="2">项目</td><td>单位</td><td>性能指标</td></tr>
<tr><td colspan="2">满载质量</td><td>kg</td><td>13 800</td></tr>
<tr><td colspan="2">最高公路行驶速度</td><td>km/h</td><td>60</td></tr>
<tr><td colspan="2">最高越野速度</td><td>km/h</td><td>25</td></tr>
<tr><td colspan="2">水中行进速度</td><td>km/h</td><td>5</td></tr>
<tr><td colspan="2">续航能力</td><td>km</td><td>500</td></tr>
<tr><td colspan="2">克服泥沼、浅滩深度</td><td>m</td><td>1.2</td></tr>
<tr><td colspan="2">跨越沟渠宽度</td><td>m</td><td>1.5</td></tr>
<tr><td colspan="2">工作环境温度</td><td>℃</td><td>-41～+46</td></tr>
<tr><td colspan="2">适合海拔高度</td><td>m</td><td>4 500</td></tr>
<tr><td colspan="2">使用环境</td><td></td><td>全天候</td></tr>
<tr><td colspan="4">后车模块技术参数</td></tr>
<tr><td colspan="2">项目</td><td>单位</td><td>性能指标</td></tr>
<tr><td rowspan="4">随车吊</td><td>起吊能力</td><td>t·m</td><td>7.3</td></tr>
<tr><td>最大工作压力</td><td>MPa</td><td>32</td></tr>
<tr><td>吊臂最大伸长量</td><td></td><td>7.3</td></tr>
<tr><td>旋转角</td><td>°</td><td>360</td></tr>
</table>

续上表

后车模块技术参数			
项目		单位	性能指标
喉镳	管长	m	11
空气压缩机	工作压力	MPa	0.9
伸缩桅杆照明灯	照明功率	W	2×500
	伸缩杆长度	m	3
绞盘	第一层最大拉力	kg	9 000
	第一层拉动速度	m/s	3.5
	最大工作压力	MPa	16

主要生产厂家:詹阳动力。

A4.2 八达重工 BDYJ42LL 型双臂轮履复合式救援机器人

用途特点:八达重工 BDYJ42LL 型双臂轮履复合式救援机器人模仿了人体双臂的协作原理、具备双臂分别操作功能,能够在坍塌废墟中进行剪切、破碎、切割、扩张等 10 项抢险任务作业,实现了车轮、履带复合切换行驶以及油、电双动力驱动双臂,可在一定范围内实现遥控操作,还可拓展生命探测功能、图像传输功能等,适用于抢险救援中的道路清障等作业,是当今世界最大的智能化多功能重型机器人(图 A4-2)。

图 A4-2 八达重工 BDYJ42LL 型双臂轮履复合式救援机器人

技术特点:该救援机器人共设计有 26 个控制自由度(图 A4-3),在救援作业过程中,具有精细化作业程度高以及地面适应能力强等特点,设计中攻克了包括复杂工作臂协调操控,轮履复合式行走驱动,以及两轮驱动与转向、四轮驱动与转向、四轮蟹形驱动与转向等控制模式的技术难题。

其驱动控制形式采用了基于电液比例负载敏感阀后补偿技术的双泵双回路交叉功率控制系统,包括采用四组负载敏感阀后补偿多路阀来控制多达 31 个液压执行器的模式。其中轮履复合式行走驱动回路采用了数字化控制,带高度调节与负载保持的数字式液压悬架,复杂液压管路数字化设计,双臂协调的数字化操控界面以及基于主从控制的上车回转、机械臂遥操作方法等若干关键技术,解决了狭小空间下复杂液压系统设计,轮履复合式行走驱动以及双臂多自由度系统协调操控等核心难题,实现了双臂共 14 个自由度工作机构的精细平稳操控和轮履复合式行走机构的高效可靠传动。

图 A4-3 救援机器人 26 个控制自由度示意图

其主要技术性能参数、主要原件配置见表 A4-2、表 A4-3。

主要技术性能参数 表 A4-2

序 号	项 目	单 位	参 数
1	全车总质量	t	42(含司机、附属工具)
2	双手基本作业功能、参数		左手抓取 3t,右手剪切 φ28mm
3	整机高度	mm	≤3 800
4	整机宽度	mm	≤3 100
5	整机长度	mm	≤11 700
6	最大转台回转速度	r/min	5
7	单/双臂最大负荷(含属具自重)	kN	40+40/80
8	单/双臂额定起重力矩	kN·m	150/300
9	臂展作业半径	m	8
10	动力形式/功率范围	kW	内燃机/180~200
11	行驶速度范围	km/h	≥6~20(轮胎式) ≥2~3.8(履带式)
12	最大爬越坡度	%	≥15(轮式) ≥50(履带式)

主要原件配置 表 A4-3

序 号	元 件 名 称	制 造 商
1	发动机	原装进口康明斯
2	主泵、主阀	力士乐
3	回转机构(马达+减速机)	力士乐
4	行走机构(马达+减速机)	力士乐
5	扶手先导阀	力士乐
6	电脑编程及遥操作控制系统	力士乐公司集成
7	传感器及控制系统	瑞典克虏伯或意大利 Oil-Control

续上表

序　　号	元 件 名 称	制　造　商
8	先导集成阀块、电磁阀	REXROTH
9	多自由度快换手腕关节	德国"撼神"
10	轮胎行走驱动系统	法国"波克兰"或更好配套商
11	弹性联轴器	德国 CENTA/韩国 THS
12	液压胶管接头	美国伊顿
13	液压油缸	江苏恒立
14	电气及控制元件	德国西门子
15	机械手	八达自制式国际化配套

主要生产厂家:八达重工。

A4.3　智能挖掘机(无人驾驶挖掘机)

用途特点:智能挖掘机(图 A4-4)备有无线遥控装置、视频监控装置,设有单独遥控操作驾驶室,可坐在遥控操作驾驶室操作,也可用操作台操作,适用于地震、洪涝、泥石流等重大自然灾害的抢险救援,以及高温、冷冻、高海拔、强腐蚀性等危害人体健康的场所作业。

图 A4-4　智能挖掘机

最重要参数:最大遥控距离、最大挖掘半径、爬坡能力(表 A4-4)。

厦工 XG822i 智能挖掘机主要技术参数　　表 A4-4

名　　称	单　　位	参　　数
标准斗容	m^3	0.91
工作质量	t	21.5
额定功率/转速(净)	kW/(r/min)	133/2 000
工作流量	L/min	2×210
设定压力(工作装置)	MPa	34.3
加力压力(工作装置)	MPa	37.3
设定压力(回转)	MPa	27.5
设定压力(行走)	MPa	34
最大挖掘力(斗杆/铲斗)	kN	107.5/150
回转速度	r/min	11

续上表

名　称	单　位	参　数
行走速度	km/h	5.0(高速)/3.0(低速)
爬坡能力	°/%	35/70
最大牵引力	kN	198
接地比压	kPa	44
司机位置处噪声	dB(A)	76.5
运输时全长	mm	9 580
运输时全宽	mm	2 990
运输时全高	mm	2 990
驾驶室顶部高度	mm	2 990
履带全长	mm	4 460
履带轨距	mm	2 390
履带板宽度	mm	600
轮距	mm	3 675
工作装置最小回转半径	mm	3 560
后端回转半径	mm	2 790
配重离地间隙	mm	1 042
最小离地间隙	mm	470
最大挖掘高度	mm	9 600
最大卸载高度	mm	6 800
最大挖掘深度	mm	6 640
最大垂直挖掘深度	mm	6 320
最大挖掘半径	mm	9 930

在智能产品中除了挖掘机以外，用于高危场合的智能推土机、智能装载机等也均已面市，其主要工作原理以及技术优势与智能挖掘机相仿，故不再一一列出，且都是在现有的土石方机械产品上改装而成，故技术指标与本书中列出的土石方机械相同，下面主要列出智能推土机(图 A4-4)的相关数据(表 A4-5)，其他产品不一一列出，可参照本书中描述的常规土石方机械数据。

图 A4-5　智能推土机

智能推土机技术参数　　表 A4-5

序　　号	名　　称	单　　位	参　　数
1	外形尺寸	mm	5 250×4 150×3 826(长×宽×高)
2	净功率/额定转速	kW,r/min	127/2 000
3	前进速度	km/h	0～10 无级变速
4	后退速度	km/h	0～10 无级变速
5	爬坡能力	°	30
6	最大遥控距离	m	1 000

主要生产厂家:徐工、柳工、三一、厦工。

A4.4　滑移装载机

用途特点:滑移装载机也称滑移式装载机、多功能工程车、多功能工程机,是一种利用两侧车轮线速度差而实现车辆转向的轮式专用底盘设备(图 A4-6)。主要用于作业场地狭小、地面起伏不平、作业内容变换频繁的场合,适用于基础设施建设、工业应用、码头装卸、市区街道、住宅、谷仓、畜舍、机场跑道等场地环境复杂的应急救援展开,同时还可作为大型救援机械的辅助设备使用。

图 A4-6　滑移装载机

技术特点:滑移装载机的配套属具有装载斗、货叉、除雪机等多种属具,能够通过更换属具,完成快速清理灌木丛、除雪、装载等作业,适用于灾害中的抢险救援和开辟临时指挥所场地等需求,可以在 8min 清除 10～12cm 树径的树林面积 25m^2。

下面主要列出柳工 CLG365A 滑移装载机性能参数(表 A4-6),供读者在需要的时候参考,由于现在市场上滑移装载机的型号众多,且厂家不一,故针对不同厂家生产的不同型号产品不能一一列出。

柳工 CLG365A 滑移装载机性能参数　　表 A4-6

作 业 范 围			
序号	项目	单位	参数
1	铲斗铰接销最大高度	mm	2 923
2	卸载距离(最大高度处)	mm	540
3	最大卸载高度	mm	2 220
4	铲斗在地面的收斗角	°	30
5	最大卸载高度时的卸料角	°	40
6	铲斗在最高时的收斗角	°	95

续上表

整机规格			
序号	项目	单位	参数
1	全宽(铲斗边缘)	mm	1 630
2	最小离地间隙	mm	204
3	轮距	mm	1 335
4	轴距	mm	1 040
5	全高(至驾驶室顶)	mm	1 940
6	全宽(轮胎边缘)	mm	1 580
7	全长(无附件)	mm	2 521
8	全长(带铲斗)	mm	3 362
油类容量			
序号	项目	单位	参数
1	液压油箱容积	L	36
2	燃油箱容积	L	80
液压系统			
序号	项目	单位	参数
1	系统额定流量	L/min	79.2/120.2
2	系统安全压力	MPa	20.7
通过性能			
序号	项目	单位	参数
1	前转弯半径(带铲斗)	mm	1 800
2	轮胎尺寸	cm	100×165
3	最大行驶速度	km/h	12.3
4	离去角	°	26
发动机			
序号	项目	单位	参数
1	排放标准		EPA Tier III&Euro Stage III
2	排量	L	3.3
3	最大扭矩	N·m	238
4	额定功率/转速	kW,r/min	50.2/2 400
5	发动机型号		洋马 Yanmar 4TNV98-ZPLYS
基本性能			
序号	项目	单位	参数
1	动臂掘起力	N	85 021
2	铲斗掘起力	N	20 404
3	举升机构形式		径向举升
4	整机质量	kg	2 950
5	倾覆载荷	kg	1 590
6	额定装载量	kg	795

主要生产厂家:龙工、卡特彼勒、山猫、柳工、约翰迪尔、竹内。

A4.5 远程控制子母式排水抢险车

用途特点:远程控制子母式大流量排水抢险车(图 A4-7)适用于无固定泵站及无电源地区排水,城市道路、公路隧道排水,抽排清理污染水面,消防应急供水防洪抢险,淹没地区排水,江河湖泊、水库、海洋水环境治理,农业抗旱供水、临时调水,作为泵站的补充,应急抽排水等领域。特别适用于城市内涝排水作业。

图 A4-7 远程控制子母式排水抢险车

技术特点:远程控制子母式大流量排水抢险车采用全液压驱动(无用电安全隐患),由子母车组合,母车既为子车承载车辆,又为其提供动力,子车负责前往现场排水作业,子车是一台完整的排水泵站,主要由橡胶履带底盘、液压驱动水泵、泵站液压系统及液压管路、控制系统等组成。通过外接油管接口与动力集装箱对接组成一个移动泵站系统。子车通过电缆(DC24V,用于给控制系统供电,电流小于 10A)与动力集装箱连接。然后利用无线遥控器操作将子车开至排水点,连接排水软管,进行排水,除接线、接水管外整个过程均由机械装置完成,无须其他人工操作。子车安装 IP66 防护等级设计,可保证使用的安全性。是一款可远距离遥控操作、适用于地下车库、地铁站、狭小道路、涵洞隧道、水库排险等低矮环境的应急排水装备。

根据配备的吸水泵不同,其流量可分 1 000m^3/h、1 500m^3/h、3 000m^3/h(分别配备龙吸水 1 000、龙吸水 1 500、龙吸水 3 000 水泵),相对应扬程分别为 22m、17m、15m。主要参数及性能指标见表 A4-7、表 A4-8。

远程控制子母式排水抢险车整车主要参数 表 A4-7

项目		单位	型号	
			FLG5140TPS24E	FLG5160TPS27E
外形尺寸	长	mm	8 560	8 620
	宽	mm	2 500	2 500
	高	mm	3 450	3 620
轴距		mm	4 700	4 600
整车整备质量		kg	13 805	16 000/15 935
最大总质量		kg	14 000	15 805

远程控制子母式排水抢险车主要性能指标　　表 A4-8

项　目	单　位	指　标		
远程控制履带式移动泵站性能指标				
外形尺寸:长×宽×高	mm	1 850×1 650×1 250	2 050×1 800×1 500	
最高车速	km/h	2～4		
整车总质量	kg	1 500	1 800	
专用性能指标				
输水管径	mm	300	300×2	
流量	m^3/h	1 000	1 500	3 000
扬程	m	22	17	15
排水所需最低水深	m	0.1		
翻转举升角度	°	0～90		
滑轨行程	mm	600		
最大吸水深度	mm	800		
整车防护性能		IP66		
水泵转速	r/min	1 500		
水泵功率	kW	110	110	180
水泵最高压力	N	3 000		

主要生产厂家:福建侨龙。

A4.6　垂直供排水抢险车

用途特点:垂直供排水抢险车(图 A4-8)适用于无固定泵站及无电源地区排水,城市道路、公路隧道排水,抽排清理污染水面,消防应急供水防洪抢险,淹没地区排水,江河湖泊、水库、海洋水环境治理,农业抗旱供水、临时调水,作为泵站的补充,应急抽排水等领域。特别适用于城市内涝排水作业。

图 A4-8　垂直供排水抢险车

技术特点:垂直供排水抢险车采用全液压驱动,流量较大,可垂直作业,其专用装置主要有液压水泵、作业平台、控制系统。侧、后防护装置均采用整体连接的裙边结构,侧防护装置下边缘离地高度为 430mm,后防护装置下边缘离地高为度为 500mm。适合于河道治理、立交桥、隧道、水坝、城市倒灌排水。其流量为 3 000m^3/h,扬程为 15m。

其主要构成为:二类底盘(6×4)、高压油泵、轴流泵、平移、旋转、举升、滑动作业装置、伸缩管、支撑架、液压支腿、口径为 300mm 的聚氨酯水带 120m 及相应快速接头、液压绞盘收放系统、全液压控制系统(电子模块按键操作)。主要参数及主要性能指标见表 A4-9、表 A4-10。

垂直供排水抢险车整车主要参数 表 A4-9

项　　目		单　　位	指　　标	
车型			FLG5220TGP16E	FLG5230TGP14E
外形尺寸	长	mm	9 900	9 900
	宽	mm	2 500	2 500
	高	mm	3 660	3 800
轴距		mm	4 000+1 350	4 000+1 350
整车整备质量		kg	22 230	22 805
最大总质量		kg	22 425/22 360	22 935

垂直供排水抢险车主要性能指标 表 A4-10

项　　目	单　　位	性 能 指 标
输水管径	mm	300×2 根
流量	m^3/h	3 000
平移距离	mm	1 200
旋转角度	°	−90～+90
轨道最大滑动距离	mm	4 500
取水管与地面最大夹角	°	90
最大抽水深度离地面距离	m	8

主要生产厂家：福建侨龙。

A4.7 轮式高速多功能装载机

用途特点：轮式高速多功能装载机(图 A4-9)具有很强的综合工程保障能力，通过快速转换接头，可迅速配装多种液压辅助工具，实现挖掘、装载、推土、钻孔、破碎、起吊等作业，还可牵引 8t 平板车，充当运输车辆等，适用于抢险救灾、土石方挖掘作业。

图 A4-9　轮式高速多功能装载机

最重要参数：最大爬坡能力、最大涉水深度、最大挖掘高度、最大卸载高度、最大挖掘深度、最大挖掘半径(表 A4-11)。

轮式高速多功能装载机技术参数 表 A4-11

项　　目	单　　位	性 能 指 标
外形尺寸(长×宽×高)	mm	8 541×3 487×2 490
最高速度	km/h	90

续上表

项　　目	单　　位	性能指标
最大爬坡能力	°	30
最大涉水深度	mm	700
作业重量	kN	130
标准斗容	m^3	0.8
发动机功率	kW	186
斗杆斗杆挖掘力	kN	34
铲斗长度	mm	43.2
斗杆长度	mm	2 270(挖掘端)
最大挖掘高度	mm	5 764
最大卸载高度	mm	3 889
最大挖掘深度	mm	4 133
最大挖掘半径	mm	6 505

主要生产厂家:詹阳动力。

A4.8　急抢险作业车

用途特点:应急抢险作业车(图 A4-10)是一种新型救灾抢险作业装备。采用 EQ2102N 型越野二类底盘,抢险设备、工具按照功能不同,分别集中存放在车厢内部货架上,车厢尾部安装液压尾板,便于车内较重设备装卸作业。

图 A4-10　应急抢险作业车

其内部配备的救援器材主要有:

液压破碎镐:压力范围 10.4～14MPa(1 500～2 000psi);冲击频率 1 300～1 800/min;最大压力 1.7MPa(250psi)。

渣浆泵:型号 TPO3;泵送输出流量 1 688L/min。

液压圆盘切割锯:36cm(14in)直径的砂轮锯片或金刚石锯片。

手持镐:型号 CH15,580 六方椭圆领钢镐钎。

液压扩张器:型号 KZQ120/42-A;最大扩张距离≥600mm;额定扩张力 42kN。

液压多功能钳:剪刀端部开口距离≥360mm;最大间断能力(Q235 材料)15mm(钢板)、

ϕ28mm(圆钢);额定扩张力≥35kN。

液压救援顶杆:最大撑顶力≥120kN;作业覆盖范围 475～745mm。

氧气乙炔焊割机:钢板焊接厚度 0.2～1.2mm;钢板切割厚度≤2mm。

发电机:额定电压 230V;额定频率 50Hz;额定电流 21.7A;额定输出功率 5.0kVA;最大输出功率 5.5kVA。

生命探测仪:推索最大长度 30m;信号发生器频率 512Hz。

应急抢险作业车技术参数见表 A4-12。

应急抢险作业车技术参数 表 A4-12

项　目	单　位	性能指标
最高车速	km/h	90
最大爬坡度	%	≤60
最小转弯直径	m	≥18.8
百公里油耗	L	≥26.5
最小离地间隙	mm	305
车厢尺寸(长×宽×高)	mm	4 500×2 100×2 460
发动机功率	kW	118
最大涉水深度	m	1
整备质量	kg	5 480
驾驶室乘员	人	5

主要生产厂家:东风。

A4.9 轻型高机动抢险破障车

用途特点:轻型高机动抢险破障车(图 A4-11)采用机动性较高、越野性较强的猛士非承载式单排 6×4 二类底盘,集成推土、夯实、吊装、剪切、挖掘破拆功能。可快速更换工作装置,机动性强、救援功能多,在道路损毁或非道路行进时,可快速开辟通道,实现救援车队紧急通行。

图 A4-11 轻型高机动抢险破障车

最重要参数:最大挖掘半径、铲刀容量、剪切力(表 A4-13)。

轻型高机动抢险破障车技术参数 表 A4-13

项　　目	单　位	性 能 指 标
整车外形尺寸(长×宽×高)	mm	7 000×2 210×2 450
整机质量	kg	8 500
最大行驶速度	km/h	130
载员	人	2
最大挖掘半径	mm	5 200
斗容量	m^3	0.2
铲刀容量	m^3	0.8
最大挖掘力	kN	36
最大剪切宽度	mm	420
剪切力	kN	235
最大水平吊装力	kN	0.8

A4.10 蟒式全地形双节履带车

用途特点:蟒式全地形双节履带车(图 A4-12)最大的特点是在风、沙、雨、雪等极其恶劣的气候条件下,在没有任何道路的情况下,自由穿行于水上、雪地、沙漠、沼泽、丘陵、森林、海岸和湖泊等地带,完成抢险、运输、消防、医疗救护、工程作业、通信指挥等任务。

图 A4-12 蟒式全地形双节履带车

技术特点:蟒式全地形双节履带车的双节车都具有驱动能力,使其在恶劣路面具有极强的机动性与通过性。该车有较宽的四条履带,使其有较小的接地比压,针对沼泽泥地、雪地、沙漠、河流等地理环境设计的特殊结构的履带板,使其能够自由穿梭行走于上述区域。该车独特的铰接机构可使双节车实现俯仰、蛇形扭动等动作,提高其跨壕沟、越障等越野能力,使其灵活的通过车和船都无法通过的泥泞区域,可自由从水中爬到岸上。其主要技术指标见表 A4-14。

蟒式全地形双节履带车主要技术指标 表 A4-14

项　　目		单　　位	型　　号	
			蟒式全地形双节履带车 3t 车型	蟒式全地形双节履带车 5t 车型
外形尺寸	长	mm	9 300	10 900
	宽	mm	2 100	2 800
	高	mm	2 600	3 200

续上表

项目		单位	型号	
			蟒式全地形双节履带车 3t 车型	蟒式全地形双节履带车 5t 车型
车辆载重	前车	t	0.5	1
	后车	t	2.5	1
车底距地高		mm	350	350
车载人数		人	4	4
公路最大行驶速度		km/h	45	45
水中最大行驶速度		km/h	5	5
公路最大行驶里程		km	500	500
最大爬坡度		°	30	30
最大侧坡度		°	15	15
越垂直墙		m	0.6	1
越壕宽		m	1.5	2.5
涉水深			可浮渡	可浮渡
转弯半径		m	10	11
接地压力		kPa	25	30
系统电压		V	24	24
使用环境温度		℃	−43～+50	−43～+50

主要生产厂家:哈一机。

A5 路面机械类

A5.1 压路机

用途特点:压路机(图 A5-1)广泛用于高等级公路、铁路、机场跑道、大坝、体育场等大型工程项目的填方压实作业,可以碾压砂性土、半黏性及黏性土、路基稳定土及沥青混凝土路面层。常见的有单钢轮压路机、双钢轮压路机、轮胎压路机、光轮压路机、三轮压路机、冲击压路机、羊脚压路机、振动压路机等。

图 A5-1 压路机

最重要参数:工作质量、线压力、额定功率、振动频率(表 A5-1)。

压路机主要技术参数　　表 A5-1

项　目	单　位	型号(徐工)				
		XD31 手扶式	XS122	XS162	XS202	XS302
工作质量	kg	3 000	12 000	16 000	20 000	30 000
前轮分配质量	kg	—	6 700	9 900	13 500	18 000
静线载荷	N/cm	116/110	308	464	621	845
速度范围	km/h	0～10	0～10.4	0～12	0～10	0～10
理论爬坡能力	%	30	45	55	50	40
最小转弯外半径	mm	2 800/4 000	6 800	6 415	6 500	7 180
转向角	°	30	±30	±33	±33	±33
摇摆角	°	10	±10	±10	±10	±10
振动频率(低/高)	Hz	60	30/35	28/35	28/33	27/33
名义振幅(高/低)	mm	0.4	1.80/0.9	1.86/0.88	1.86/0.93	2.0/1.0
激振力(高/低)	kN	34	290/180	320/235	370/255	520/390
振动轮直径	mm	1 200	1 523	—	—	—
振动轮宽度	mm	750	2 130	2 130	2 130	2 130
额定功率	kW	22	93	125	132	179
发动机油耗	g/(kW·h)	220	—	232	232	229
液压油箱容积	L	55	—	240	240	290
燃油箱容积	L	80	—	240	240	290
洒水箱容积	L	150	—	—	—	—

主要生产厂家:鼎盛天工、徐工、一拖、三明、柳工、中联、三一、常林、洛建、中联重科、龙工、沃尔沃、卡特彼勒、宝马格、维特根、戴纳派克、酒井重工、山东临工、达宇重工、科泰重工、道辰格、山工、万邦股份、厦工、阿特拉斯、凯斯。

A5.2 稳定土拌和机

用途特点:将稳定土材料和稳定剂均匀拌和的机械设备(图 A5-2)。主要用于公路、城乡道路、机场、码头、停车场、运动场、大坝工程的基层、底基层稳定土的现场就地拌和作业。

图 A5-2　稳定土拌和机

最重要参数:拌和宽度、拌和深度、工作行进速度(表 A5-2)。

稳定土拌和机主要技术参数　　表 A5-2

项　目	单　位	型号(徐工)			
		XL210	XL230Z	XL250	XLZ250
拌和宽度	mm	2 100	2 300	2 500	2 450
最大拌和深度	mm	400	400	400	450
发动机功率	kW	298	298	313	448
转子转速	r/min	0～160	0～153	0～160	0～140
离地间隙	mm	460	350	460	400
最小转弯半径	m	7.1	7.2	7.1	7.5
爬坡度	(°)	≥20%(11.3°)	≥20%(11.3°)	≥20%(11.3°)	≥20%(11.3°)
燃油箱容积	L	400	400	400	800
行驶速度	km/h	0～24.5	0～18.5	0～24.5	0～10
作业速度	km/h	0～3	0～2.5	0～3	0～2.5
整机质量	kg	15 400	16 500	16 200	29 000
整机外形尺寸	mm	8 654×3 240×3 522	9 083×2 890×3 487	8 748×3 036×3 522	9 963×3 231×3 539

主要生产厂家：徐工、陕建、宝马格、华山、德工、三一、卡特彼勒、路星、鼎盛天工、移山、万邦股份、华通动力、洛建、戴纳派克、新筑。

A5.3　路面冷再生机

用途特点：路面冷再生机(图 A5-3)主要适用于乡村公路旧沥青路面的就地冷再生作业和各种等级公路的稳定土拌和，一机两用，是传统后置式稳定土拌和机的更新换代产品。

图 A5-3　轮式与履带式冷再生机

最重要参数：工作宽度、再生深度、工作质量(表 A5-3)。

冷再生机主要技术参数　　表 A5-3

项　目	单　位	型号						
		2 200CR	3 800CR	WR 4 200	WR 2 000	WR 2 000 XL	WR 2 400	WR 2 500 S
工作宽度	mm	2 200	3 800	3 000～4 200	2 000	2 400	2 400	2 438
工作深度	mm	0～250	0～150	0～200	0～500	0～500	0～500	0～500
发动机功率	kW(PS)	708(963)	708(963)	2×433(2×589)	315(428)	315(428)	420(571)	500(680)
工作质量	kg	46 200	59 870	约 77 000	22 900	24 750	26 500	32 000

主要生产厂家：青岛博源铸造机械有限公司、徐州锐马重工、福建铁拓、中联重科、徐工、维特根、南方路基、中远交筑。

A5.4 机械化路面

用途特点:机械化路面(图 A5-4)是一种可快速铺设、撤收并反复使用的制式路面器材,主要用于在沙滩、泥泞、雪地、沼泽、岸滩等低载能力的地段铺设临时路面,保障轮式或履带式装备顺利通过,保障车辆快速机动。

图 A5-4 机械化路面

最重要参数:路面宽度、路面载重量(表 A5-4)。

机械化路面主要技术参数 表 A5-4

项目	单位	型号	
		GLM121	GLM120A
单车铺设长度	m	16.2	80(1×33.5+2×23.1)
路面宽度	m	3.5	4.0
路面载重量	kN	总重 600(履带式 LD-60) 最大轴压力 130(轮式 LT-20)	总重 600(履带式 LD-60) 最大轴压力 130(轮式 LT-20)
单车作业速度	min	≤10	≤10
作业人员	人	3(含驾驶员)	3(含驾驶员)
适应地基条件		软土深 0.5m 以内,地基允许承载力不小于 70kPa	软土深 0.5m 以内,地基允许承载力不小于 45kPa
适应坡度		纵坡不大于 15%,横坡不大于 5%	纵坡不大于 25%,横坡不大于 6%

主要生产厂家:华舟重工。

A5.5 软地面铺路车

用途特点:软地面铺路车(图 A5-5)主要用于在沙滩、泥泞、雪地、沼泽等低承载能力的地段铺设临时路面,保障轮式或履带式装备通过,保障车辆快速机动。此外,它还可为临时物资转运站、库房、车站、航空站等设施及各类工地铺设临时通道。

图 A5-5 软地面铺路车

最重要参数:涉水深度、路面器材长度、路面器材宽度(表 A5-5)。

软地面铺路车主要技术参数 表 A5-5

项　目	单　位	技术参数
底盘车		WQ2101J. 201
总质量	kg	11 000
最高车速	km/h	75
最大爬坡度	%	60
外形尺寸(运输状态)	mm	8 250×2 500×2 850
续驶里程	km	600
路面器材宽度	m	4. 2
路面器材长度	m	100
轮式载荷轴压力	kN	130
作业时间	min	30
作业人员(含驾驶员)	人	4
地基承载能力	MPa	0. 08
涉水深度(铺设时)	m	0. 5
作业环境温度	℃	−40～+46
作业环境湿度	%(℃)	95(+25)
腐蚀气氛		盐雾腐蚀

主要生产厂家:华舟重工。

A5.6 硬质路面铺设车

用途特点:硬质路面铺设车(图 A5-6)主要用于在沙滩、泥泞、雪地等低承载能力的地段铺设临时路面,保障轮式或履带式装备通过,保障车辆快速机动。此外,它还可为临时物资转运站、库房、车站、航空站等设施及各类工地铺设临时通道。

图 A5-6 硬质路面铺设车

最重要参数:涉水深度、路面器材长度、路面器材宽度(表 A5-6)。

硬质路面铺设车主要技术参数　　表 A5-6

项目		单位	技术参数
通行荷载	履带式		LD-60
	轮式		LT-20
路面宽度		m	4
单车铺设长度		m	33.5
路面车总质量		kg	21 500
适应坡度	纵坡	%	25
	横坡	%	6
路面车外形尺寸(长×宽×高)		mm	9 543×2 690×3 146
最小离地间隙		mm	400
最小转弯半径		m	9
作业人员(含驾驶员)		人	3
单车作业时间		min	<10

主要生产厂家:华舟重工。

A6　小型机械装备类

A6.1　液压钳

用途特点:液压钳(图 A6-1)具有剪、破拆等功能,应用于各种抢险救援等工作。液压钳分为分离式、整体式电缆液压钳、机械电缆接线钳、钢芯电缆液压钳、手动液压钳、电动液压钳等几大类。

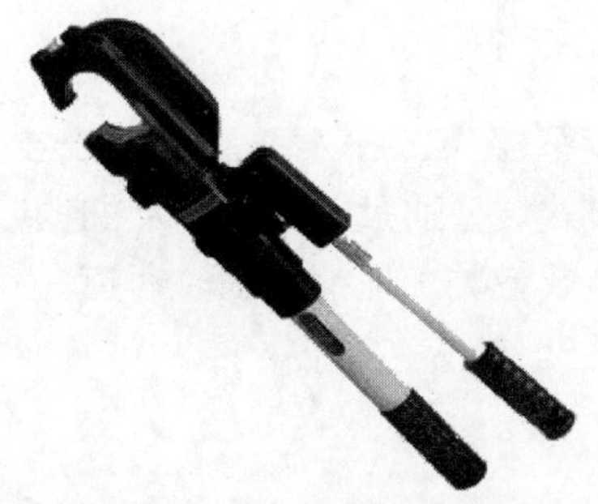
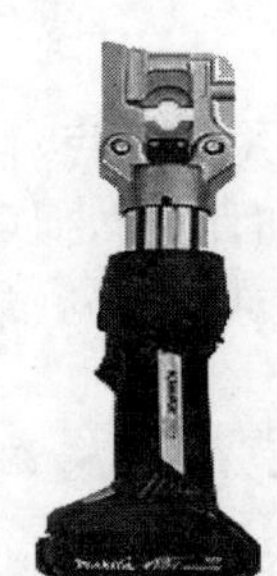

图 A6-1　充电式液压钳

最重要参数:压接范围、质量(表 A6-1)。

液压钳主要技术参数　　表 A6-1

项目	单位	型号	
		PK45C	EP-510B
压接范围	mm^2	120～1 000	16～400
质量	kg	10.3	4

主要生产厂家:北京联合兴辰机电、浙江永丰电动、济宁鑫隆、徐州彭力。

A6.2 手持镐

用途特点:手持镐(图 A6-2)主要用于破碎混凝土、岩石或采石,完成多种破碎工作。

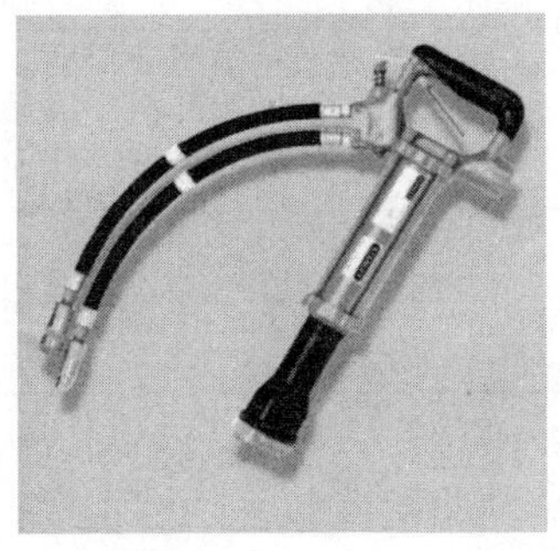

图 A6-2 手持镐

最重要参数:镐钎尺寸、质量、流量(表 A6-2)。

手持镐主要技术参数 表 A6-2

项 目	单 位	型号(史丹利)	
		CH15	CH18
镐钎		580 六方椭圆领钢镐钎	580X2-1/2 六方圆领钢镐钎
流量	L/min	15～23 或 26～34	26～34
质量	kg	7.25	11
长度	cm	43	51
宽度	cm	8	8

主要生产厂家:史丹利、丹麦海空、泰亚赛福、上海浦量元、深圳希德。

A6.3 液压破碎镐

用途特点:液压破碎镐(图 A6-3)具有工效高、噪声小、可靠性强、体积小、质量轻的优点,适用于沥青类路面、水泥类路面、钢筋混凝土的破碎作业,以及直径 1m 以下大体积石料的破碎解体。广泛应用于公路、市政、燃气、电力电信、铁道、消防建筑等行业。所有需要高效、快速、强力破碎的场合(如抢险救援现场),液压破碎镐都可大显身手。

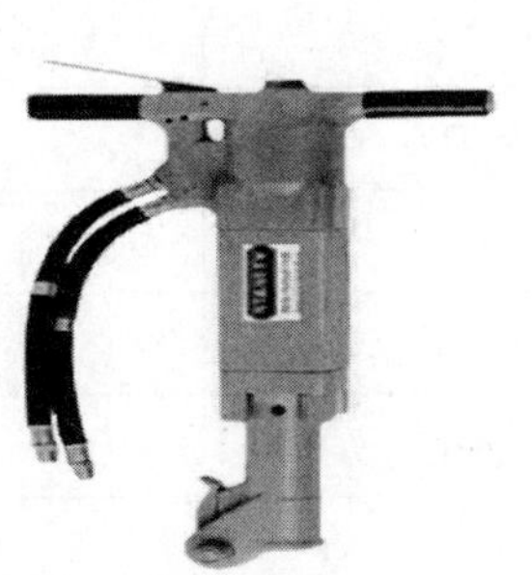
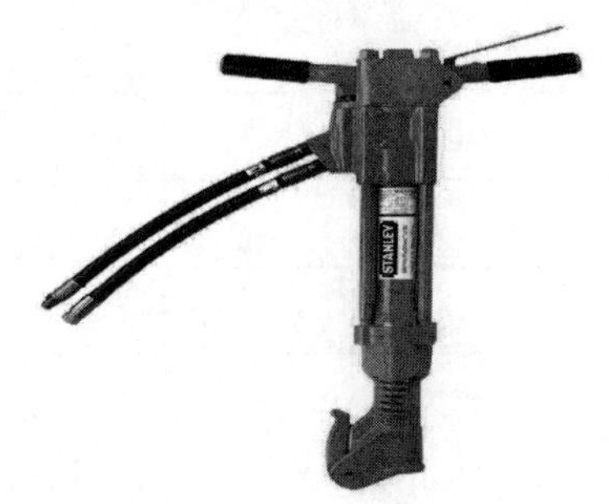

图 A6-3 液压破碎镐

最重要参数:输出流量、外形尺寸、质量(表 A6-3)。

液压破碎镐主要技术参数 表 A6-3

项目	单位	型号(麦哲伦)		
		BR37	BR72	BR87
流量	L/min	15~24	26~34	26~34
质量	kg	17	27	37.7
长度	cm	57	71	73.5
宽度	cm	36	36	41

主要生产厂家:筑邦建机、北京凌天。

A6.4 切割机

用途特点:切割机(图 A6-4)是切割钢板、混凝土、切断钢筋等的专用工具,适用于各种抢险救援等工作。可分为火焰切割机、等离子切割机、激光切割机、水切割等。激光切割机为效率最快,切割精度最高,切割厚度一般较小。等离子切割机切割速度也很快,切割面有一定的斜度。火焰切割机用于厚度较大的碳钢材质。

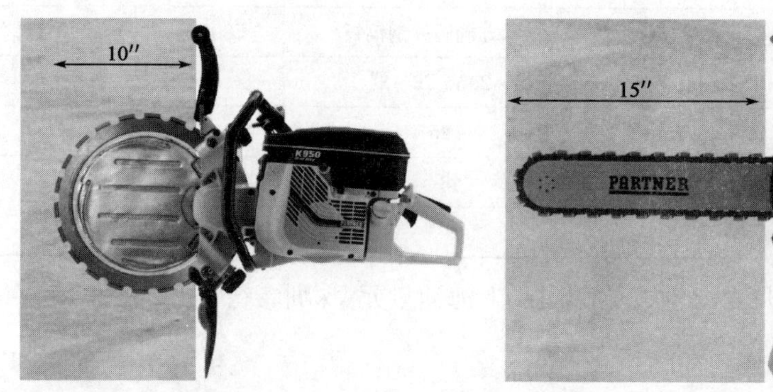

图 A6-4 切割机

最重要参数:最大切割厚度、最佳切割厚度(表 A6-4)。

切割机主要技术参数 表 A6-4

项目	单位	型号	
		EXACT170	ExactV1000
电压/频率	V,Hz	220~240/50~60	20~240/50~60
功率	W	1 010	1 010
转速	r/min	4 000	4 000
锯片中心孔	mm	62	62
锯片直径	mm	140	155
使用范围	mm	15~170	75~1 000
最大管壁	mm	钢 6	3

主要生产厂家:派腾、锐龙、奥拓福、中涛、汉唐永昌、德硕、道顿、赛宝、奔腾楚天。

A6.5 冲击扳手

用途特点:冲击扳手(图 A6-5)主要用于市政建设、冶金、建筑装配或制造、铁路、造船、汽车、化工。电动冲击扳手不能用于高热量的环境;冲击扳手用于在金属模具上拧紧或拆卸夹具;高扭矩精度的冲击扳手用于发动机和轮胎维修中。

图 A6-5 冲击扳手

最重要参数:最大扭矩(表 A6-5)。

冲击扳手主要技术参数 表 A6-5

项 目	单 位	型 号	
		W040P 3/8	气动 2130
最大扭矩	N·m(lbf·ft)	54(40)	814(600)
质量	kg(lb)	1.2(2.7)	1.9(4.2)

主要生产厂家:凯利森、途泰、译恩、沃施莱格。

A6.6 扩张器

用途特点:具有抢险救援工具中最强有力的扩张、撕裂和牵拉功能,可进行高负荷救援操作;采用高强度轻质合金制造,质量轻,扩张力大(图 A6-6)。适用于交通事故救援、地震等灾害救援、意外事故救援;移动和举升障碍物,撬开缝隙并扩充为通道;使金属结构变形,撕裂车体表面钢板;配合牵拉链清除道路上障碍物。

图 A6-6 扩张器

最重要参数:扩张力、扩张距离(表 A6-6)。

扩张器主要技术参数 表 A6-6

产品型号/名称	单 位	SP510 扩张器
扩张力	kN	62～230
扩张距离	mm	800
挤压力(用封管附件)	kN	70.4
牵拉距离	mm	665
牵拉力	kN	55
液压油量	cm^3	425
外形尺寸	mm	900×380×215
质量	kg	25
可选附件		牵拉链组套 KSV11、KSS20

主要生产厂家:泰亚赛福、乐凯、欧盾、朗仕特。

A6.7 千斤顶

用途特点:一种用钢质顶举件作为工作装置,通过顶部托座或底部托爪在行程内顶升重物的轻小起重设备(图 A6-7)。按结构特征可分为机械式和液压式两种。机械式又有齿条式与螺旋式两种,一般只用于机械维修工作,在修桥过程中不适用。液压式千斤顶结构紧凑,工作平稳,有自锁作用,故使用广泛,其缺点是起重高度有限,起升速度慢。

图 A6-7 千斤顶

最重要参数:额定工作吨位、额定工作行程、额定工作压力(表 A6-7)。

千斤顶主要技术参数 表 A6-7

承载能力(t)	行程(mm)	质量(kg)	本体高度(mm)	最大高度(mm)	内径(mm)	外径(mm)	活塞杆径(mm)	工作压力(MPa)
5～10	40	1.4	151	191	45	63	40	63
	80	2.8	181	261				
	200	7.1	311	511				
	350	12.3	461	811				
30	40	4.1	160	200	80	100	70	63
	80	8.4	200	280				
	200	19.3	320	520				
	350	32.1	482	832				

续上表

承载能力(t)	行程(mm)	质量(kg)	本体高度(mm)	最大高度(mm)	内径(mm)	外径(mm)	活塞杆径(mm)	工作压力(MPa)
80	40	9.5	176	216	140	176	100	65
	80	18.5	216	296				
	200	46	336	536				
	350	80.5	492	842				
100	40	8.5	178	218	140	176	65	100
	80	17	218	298				
	200	41	338	538				
	350	75.5	491	841				

主要生产厂家:江苏力扬、泰州力霸、山东宏力、京晟鼎力、上海力顶。

A6.8 液压动力站

用途特点:可用来运工具、设备和碎石,此外,可在任何工矿下驱动液压工具(图 A6-8)。操作简单,应用广泛。辅助液压工具驱动回路为长时间使用设计,而且具备高效冷却性能。

图 A6-8 液压动力站

最重要参数:输出流量(表 A6-8)。

液压动力站主要技术参数 表 A6-8

项目	单位	型号(史丹利)	
		MHP1	GT18
输出功率	kW(PS)	14.7(20)	13.2(18)
输出流量	L/min(gal/min)	8/30	8/20
输出压力	MPa(psi/bar)	13.8(2 000/138)	14(2 000/140)

主要生产厂家:史丹利、筑邦建机、路德维、劲元、靳仕、和讯、艾西伊。

A6.9 抽水机

用途特点:抽水机又名“水泵”,是利用大气压的作用,将水从低处提升至高处的水力机械(图 A6-9)。它由水泵、动力机械与传动装置组成。广泛应用于农田灌溉、排水以及工矿企业与城镇的给水、排水。

最重要参数:进出口直径、规定点流量、转速(表 A6-9)。

图 A6-9　抽水机

抽水机主要技术参数

表 A6-9

项　目		单　位	型号(嘉陵本田)	
			2 寸	3 寸
水泵	进/出口直径	mm	50	80
	规定点扬程	m	16.8	17.3
	自吸时间	s	≤110	≤150
	规定点流量	m^3/h	20	35
	转速	r/min	3 600	
尺寸与质量	长	mm	458	512
	宽	mm	385	385
	高	mm	409	437
	净质量	kg	24.5	27

主要生产厂家:嘉陵本田、上海凯泉、山东博山、广州广一、格兰富、凯泉、熊猫、博泵。

A6.10　潜水泵

用途特点:深井提水的重要设备(图 A6-10)。使用时整个机组潜入水中工作。把地下水提取到地表,是生活用水、矿山抢险、工业冷却、农田灌溉、海水提升、轮船调载的取水工具,可用于喷泉景观,热水潜水泵用于温泉洗浴,也可用于河流、水库、水渠等提水工程。主要用于农田灌溉及高山区人畜用水,亦可供中央空调冷却、热泵机组、冷泵机组、城市、工厂、铁路、矿山、工地排水使用。

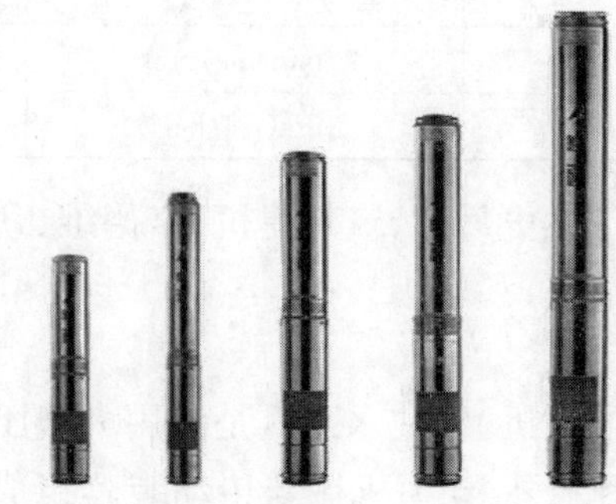

图 A6-10　潜水泵

最重要参数:扬程、流量、功率(表 A6-10)。

潜水泵主要技术参数　　表 A6-10

项　　目	单　　位	潜水泵型号			
		QDX1.5-17-0.37	QDX3-20-0.55	QDX10-12-0.55	QDX15-7-0.55
流量	m^3/h	1.5	3	10	15
扬程	m	17	20	12	7
功率	kW	0.37	0.55	0.55	0.55
电压	V	220	220	220	220
口径	寸	1	1	1.5	2

主要生产厂家:北京蓝鲸、上海汉舱、徐州立新、新星泵业、博山万国、上海宏东等。

A6.11　污水泵

用途特点:主要用于输送城市污水、粪便或液体中含有纤维、纸屑等固体颗粒的介质,通常被输送介质的温度不大于 80℃(图 A6-11)。抗堵性和可靠性是污水泵优劣的重要因素。

图 A6-11　污水泵

最重要参数:扬程、泵送能力(表 A6-11)。

污水泵主要技术参数　　表 A6-11

项　　目	单　　位	型号(史丹利)	
		sm21	sm20
流量范围	L/min	15～34	15～34
泵送能力	L/min	1 125	946
重量	kg	11.34	6.3
长度	cm	40.6	19
宽度	cm	15.9	24

主要生产厂家:史丹利、丹麦格兰富、嘉陵本田、新界水泵、上海凯泉、山东博山、广州广一、格兰富、凯泉、熊猫、博泵。

A6.12　发电机

用途特点:发电机是将其他形式的能源转换成电能的机械设备(图 A6-12)。它由水轮机、汽轮机、柴油机或其他动力机械驱动,将水流、气流、燃料燃烧或原子核裂变产生的能量转化为机械能传给发电机，再由发电机转换为电能。发电机在建筑工程、工农业生产、国防、科技及日常生活中有广泛的用途。

最重要参数：油箱容量、输出功率(表 A6-12)。

图 A6-12　发电机

发电机主要技术参数　　表 A6-12

项　目			单　位	SH3200EX
发动机型号(本田)				GX160
排量	mL		mL	163
输出功率	3 600r/min	kW(PS)		4.0(5.5)
点火				无触点晶体管
类型				空气冷却 4 冲程 OHV 发动机
交流输出(kW)	额定	50Hz	kW	2.2
		60Hz	kW	2.5
	最大	50Hz	kW	2.6
		60Hz	kW	3.2
油箱容量			L	17
外形尺寸		长	mm	623
		宽	mm	438
		高	mm	491
质量			kg	44
噪声(距 7m 远)		50Hz	dB	64
		60Hz	dB	68
连续工作时间		50Hz	h	13
		60Hz	h	12
启动方式				手拉启动

主要生产厂家：英杰尔、本田、西门子、上柴、无锡动力、济柴、东风康明斯、潍柴、玉柴、河柴、通柴、康明斯、道依茨、沃尔沃、劳斯莱斯、奔驰、大宇、博尔特。

表 A6-13

电机组主要技术参数

项目	单位	型号(潍柴)														
		GF-20	GF2-30	GF1-40	GF-55	GF-75	GF-100	GF-120	GF-150	KM280S	KM360S	KM440S	KM580S	KM800S	KM880S	KM1000S
额定功率	kW	26.5	33	42	56	84	100	132	155	260	330	400	530	720	800	900
发动机型号		495D	K4102D	K4100ZD1	R4105ZD	R6105ZD	R6105 AZLD	R6105 IZLD	R6113 ZLD1	SAA6D-125-P380	SAA6D-140-P460	SAA6D-140-P580	SAA6D-170-P800	SAA12 V140-P1030	SAA12 V140-P1150	SAA12 V140-KP21
缸数		4	4	4	4	6	6	6	6	6	6	6	6	12	12	12
缸径	mm	95	102	100	107	108	109	110	113	125	140	140	170	140	140	140
行程	mm	115	115	115	125	125	130	135	125	150	165	165	170	165	165	165
排量	L	3.26	3.76	3.62	6.49	6.49	6.75	7.01	7.518	11	15	15	23	30	30	30
燃油消耗	[g/(kw·h)]	258.4	258.4	251.6	231	224	218	218	218	81	81	105	140	180	206	230
机油容量	L	13	13	13	13	17	18	19	20	62	74	77	147	151	151	151
机组质量	kg	650	750	750	1 035	1 200	1 440	1 640	2 200	2 700	3 600	3 800	5 350	6 700	7 600	7 600
机组尺寸	mm	1 600×600×1 000	1 600×600×1 000	1 850×700×1 200	2 350×900×1 600	2 300×700×1 500	2 400×700×1 500	2 450×700×1 500	2 800×900×1 500	3 600×1 405×1 850	3 600×1 405×1 850	3 600×1 410×1 780	4 000×1 450×1 945	4 150×1 705×2 200	4 250×2 000×2 500	34 350×2 000×2 500

A6.13 发电机组

用途特点:能将机械能或其他可再生能源转变成电能的一种小型发电设备(图 A6-13)。发电机组可作为备用电源,既能起到应急电源的作用,又能通过低压系统的合理优化,将一些平时比较重要的负荷在停电时使用,在工程中广泛的使用。

图 A6-13 发电机组

最重要参数:最大输出功率(表 A6-13)。

主要生产厂家:英杰尔、康明斯、沃尔沃、上柴、道依茨、里卡多、威尔逊、奔驰、依维柯、小松、宝马、强鹿、科勒、三菱、斗山大宇、帕金斯。

A6.14 注浆机

用途特点:适用于建筑、地下、水利、环保、市政、地铁、隧道、涵洞等工程的止渗堵漏施工和裂缝补强的专业设备(图 A6-14)。

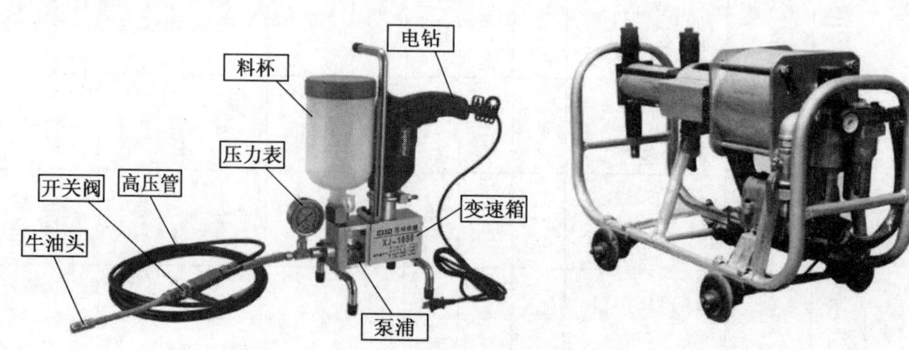

图 A6-14 注浆泵

最重要参数:传动速度、吸浆量、最大注浆压力(表 A6-14)。

注浆泵主要技术参数 表 A6-14

项目	单位	泵型号											
		2TGZ-60/210				2TGZ-90/140				2TGZ-120/105			
传动速度		1速	2速	3速	4速	1速	2速	3速	4速	1速	2速	3速	4速
吸浆量	L/min	16	19	36	60	24	29	54	90	32	38	72	120
最大注浆压力	MPa	21	18	9.5	6	14	12	6	4	10.5	9	5	3

续上表

项　目	单　位	泵 型 号		
		2TGZ-60/210	2TGZ-90/140	2TGZ-120/105
配用电机	kW	7.5	7.5	10
质量	kg	1 050	1 060	1 070
外形尺寸(mm)	长	1 750	1 750	1 750
	宽	945	980	945
	高	1 120	1 200	1 120

主要生产厂家：葫芦岛力拓机械厂、佳辉建材、郑州旭达、郑州科明、上海宝路。

A6.15　真空泵

用途特点：广泛用于塑料机械、砖瓦机械、低温设备、造纸机械、医药化工、食品机械、工业电炉、电子行业、真空设备、冶金、石油、矿山、地基处理等领域(图 A6-15)。按其工作原理可分为气体输送泵和气体捕集泵两种类型。

图 A6-15　真空泵

最重要参数：口径范围、流量范围、压力范围(表 A6-15)。

真空泵主要技术参数　　表 A6-15

项　目	单　位	型　号		
		XZ 型直联真空泵	WXZ 型无油真空泵	SK 水还真空泵
口径范围	mm	6～20	5.5～20	70～300
流量范围	L/s	0.2～2	1～12	22.5～2 000
压力范围	Pa	10～133.3	1.5×10^4	−93 000～−91 000

主要生产厂家：中成泵业、葫芦岛力拓机械厂、佳辉建材、郑州旭达、郑州科明、上海宝路。

A6.16　空压机

用途特点：将原动机(通常是电动机)的机械能转换成气体压力能的装置，是压缩空气的气压发生装置(图 A6-16)。主要用于：风洞实验、地下通道换气、金属冶炼；轮胎充气；高压空气爆破采煤。

最重要参数:工作压力(表 A6-16)。

图 A6-16 空压机

空压机主要技术参数 表 A6-16

项 目	单 位	小 型	中 型	大 型
正常有效工作压力	MPa	0.7～1.4	0.86～1.4	0.7～2.5
气流(FAD)	L/s	151～185	310～400	328～753
气流(FAD)	m^3/min	9.1～11.1	18.6～24	19.7～45.2
声功率级	dB(A)	71～99	76～100	100
质量	kg	1 705～1 883	3 400	5 580～6 150
长度	cm	394.1～435.6	507～550.8	490～565
宽度	cm	170.1	198.8	210～215
高度	cm	161.1	209.2～209.4	248～250

主要生产厂家:阿特拉斯·科普柯、博莱特、英格索兰、寿力、复盛、汉钟精机、优耐特斯、康普艾、伯格、昆西、日立、艾高、开山、美的正力、聚才、百坚。

A6.17 照明设备

A6.17.1 固定照明(图 A6-17)

用途特点:平台灯主要用于加油站、铁路、厂矿、电站、车间等室内外场所作应急泛光照明。投光灯适用于广场、码头、厂区、车间、工程施工等场所作大面积泛光照明。应急低顶灯广泛适用于加油站、铁路、厂矿、电站、车间等室内外场所作应急泛光照明。

最重要参数:额定电压、额定功率(表 A6-17)。

固定照明设备主要技术参数 表 A6-17

项目	单位	NFC9112 平台灯	NFC9131 投光灯	NFE9100 应急低顶灯
额定电压		220VAC 50Hz	250W/400W 220VAC 50Hz	220VAC50Hz
外壳防护		IP65	IP65	IP65
绝缘等级		I	MH 气体放电灯	I
防腐等级		WF2	WF2	WF2
引入电缆		ϕ8～10mm		>30min(70W)/>80min(35W)
距高比		2.5	1.8	0.8(A 型)1.3(B 型)
外形尺寸	mm	ϕ255×191	589×391× 160	300×300×205
总质量	kg	5.3	14.5	4.5

图 A6-17 固定照明设备

主要生产厂家:华荣、海洋王、奥普、奇辰照明、荣泰节能、旺奇、星太月、隆鑫。

A6.17.2 移动照明

用途特点：主要用于各种作业、事故抢修、异常情况处理等现场对大范围移动照明灯具的需要(图 A6-18)。

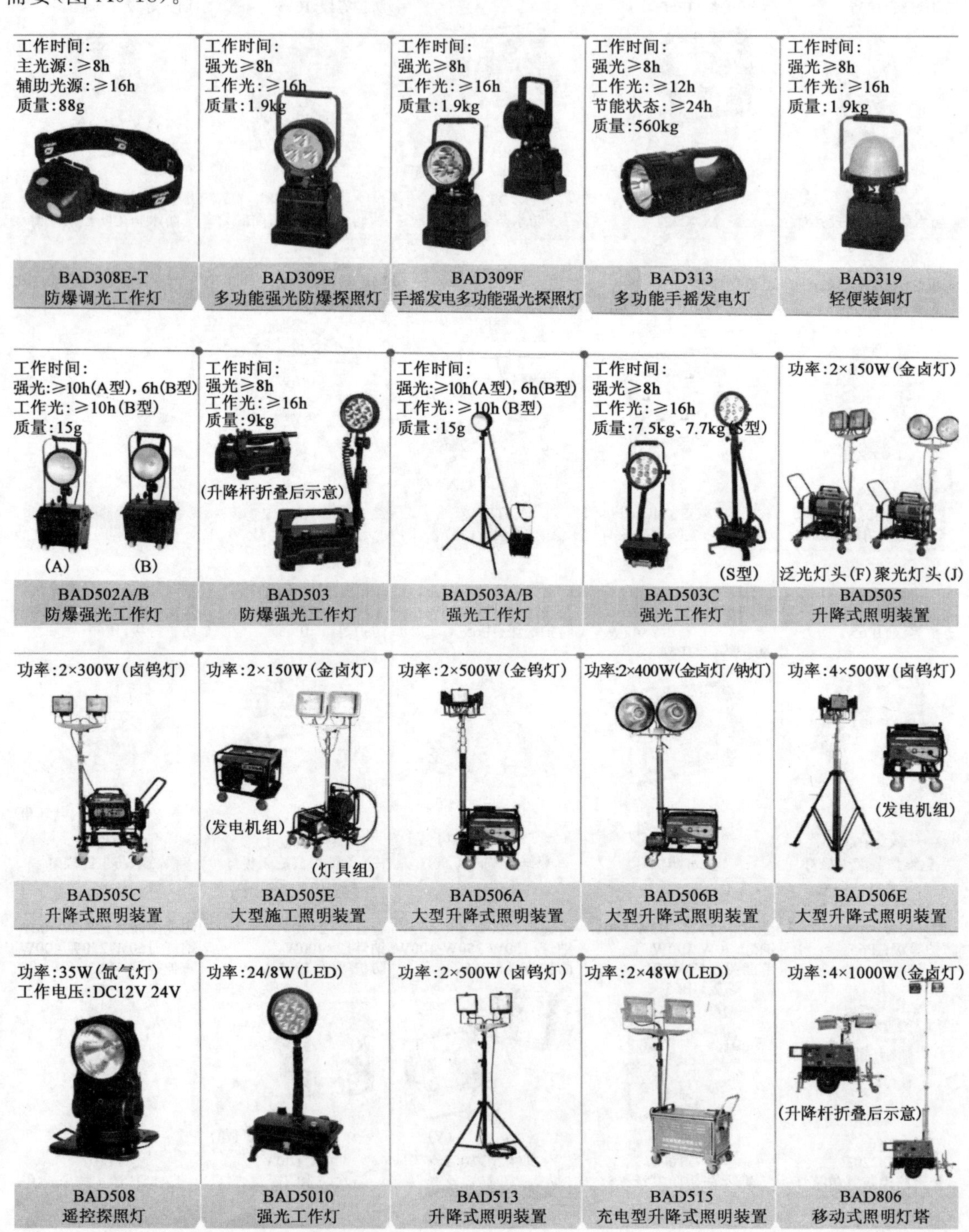

图 A6-18 移动照明

最重要参数：额定功率(表 A6-18)。

主要技术参数　　表 A6-18

全方位移动灯塔			遥控探照灯		
项目	单位	参数	项目	单位	参数
额定电压		220VAC	额定电压	V	DC12/DC24
灯塔最高升降高度	m	10m	遥控有效距离	m	30
额定功率	W	4 000	光源额定功率	W	70
连续工作时间	h	9	调节旋转角度	°	上下方向:0～180
燃油箱容量	L	23		°	水平方向:360
外形尺寸	mm	5 100×1 800×1 870	外形尺寸	mm	365×303×178
质量	kg	840	质量	kg	3.5
灯塔最大拖行速度	km/h	60			

主要生产厂家:华荣、海洋王、奥普、奇辰照明、荣泰节能、旺奇、星太月、隆鑫。

A6.17.3　防爆照明

用途特点:主要用于易燃易爆、振动强、雨水多等恶劣场所的移动照明(图 A6-19)。

图　A6-19

金卤灯:70W 100W 150W 250W
钠灯:70W 100W 150W 250W
防爆标志:ExdeⅡBT4/T3

(BAD5031) (BAD5032)

BAD5031/5032
系列防爆泛光灯

金卤灯:250W
钠灯:150W 250W
防爆标志:ExdeⅡBT4/T3

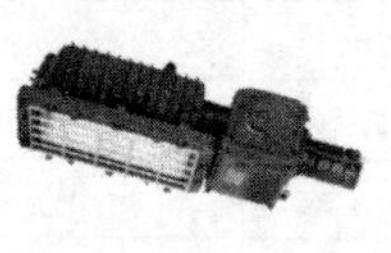

BAD5032-m
系列防爆泛光灯(路灯专用式)

金卤灯:250W 400W
钠灯:150W 250W 400W
防爆标志:ExdeⅡBT4/T3
ExdeⅡBT3/T4

BAD5050
系列防爆投光灯

T5荧光灯:2×28W
防爆标志:ExdⅡT4b/DIP A20T_A, T6

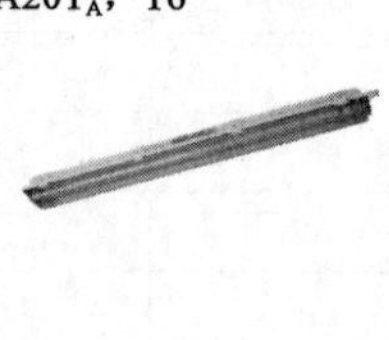

GCY6010
防爆灯

无极灯:50W
防爆标志:ExdⅡCT6/DIP A20T_A, T6

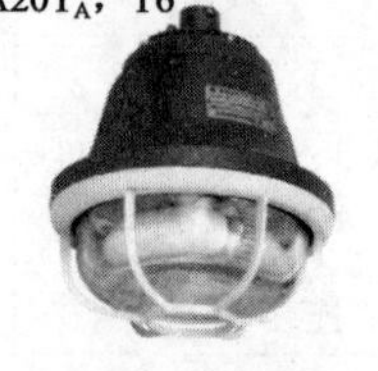

GCD801-W
防爆高效节能无极灯

图 A6-19 防爆工作灯

最重要参数:额定功率(表 A6-19)。

防爆工作灯主要技术参数 表 A6-19

项目	单位	型号	
		FW6320 防爆行灯	FW6102GF
额定电压	V	AC36	AC24
外形尺寸	mm	87×379(直径×长)	271×227×568(长×宽×高)
质量	kg	0.8	14.8

主要生产厂家:华荣、海洋王、奥普、奇辰照明、荣泰节能、旺奇、星太月、隆鑫。

A6.18 破碎器

用途特点:又称为破碎锤、液压破碎锤等,是挖掘机的一个重要属具(图 A6-20)。主要用于对土石方、路面、建(构)筑物等的拆除、破碎。

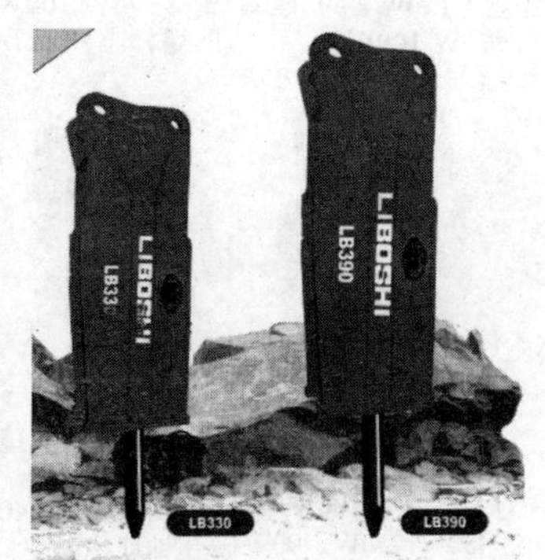

图 A6-20 破碎器

最重要参数:总质量、钎杆直径、打击数(表 A6-20)。

破碎器主要技术参数 表 A6-20

项目	单位	型号(力博士)						
		LB10	LB20	LB50	LB80	LB160	LB260	LB390
总质量	kg	134	157	268	460	1 000	1 750	2 590
驱动油压	MPa	8~11	9~12	9.5~13	13~15	15~17	16~18	16~18.5

续上表

项　　目	单　　位	型号(力博士)						
		LB10	LB20	LB50	LB80	LB160	LB260	LB390
驱动油量	L/min	20～35	24～60	34～60	45～85	100～120	120～150	190～250
打击数	次/min	650～1 100	550～1 100	450～1 100	480～850	420～700	320～660	280～370
全长	mm	1 200	1 220	1 401	1 768	2 260	2 366	2 820
钎杆直径	mm	53	60	70	85	125	140	165
配用车质量	t	0.8～3.0	1.5～4.0	2.5～7.5	6.0～11.0	13.0～20.0	20.0～32.0	32.0～48.0
配用斗容	m^3	0.06～0.12	0.08～0.15	0.15～0.25	0.25～4.5	0.5～0.7	0.8～1.1	1.1～1.7

主要生产厂家:力博士、克虏伯、史丹利、锐猛、阿特拉斯、蒙特贝、水山、D&A、广韩、韩宇、斗山、大模、工兵、猛士、工马、高力、世进、卡特彼勒、英得柯、古河、甲南、东空、亚力士、小松、艾迪精密、惊天液压。

A6.19　液压破碎剪

用途特点:挖掘机的一个重要属具,主要用于各种建筑物的拆除、破碎(图 A6-21)。

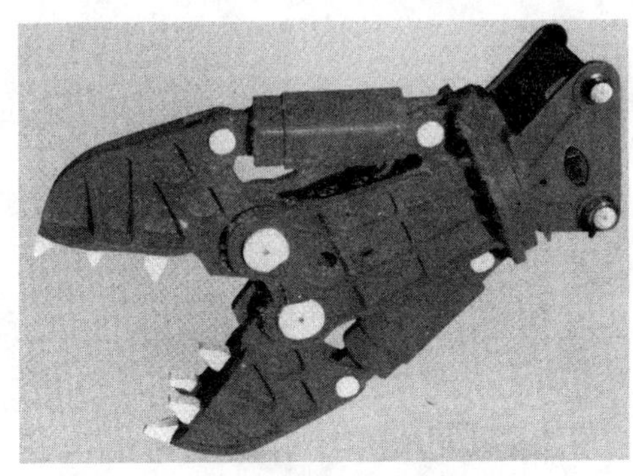

图 A6-21　液压破碎剪

最重要参数:适用挖掘机、开启度、长宽尺寸、输出动力(表 A6-21)。

液压破碎剪主要技术参数　　表 A6-21

项　　目	单　　位	型号(力博士)	
		LB850R	LB100R
适用挖掘机	t	17～25	25～23
质量	kg	1 750	2 400
长	mm	1 750	2 420
宽	mm	1 350	1 350
开启度	mm	850	950
输出动力	t	2×90	2×120
需用油压力	MPa(bar)	28(280)	30(300)
回转马达需用油压	MPa(bar)	21(210)	21(210)
需用液压油流量	L/min	80～200	120～250
回转马达需用油量	L/min	10～30	10～40

主要生产厂家：力博士、古河、史丹利、水川、永立达、柳工、曼托瓦尼、小松、艾迪精密、惊天液压、卡特彼勒。

A6.20 粉碎铲斗

用途特点：挖掘机的一个重要属具，掘起原材料就地粉碎，适用于拆除工作、建筑作业、挖掘产品处理、土木工程、道路作业、采矿、疏浚、岩石作业(图 A6-22)。

图 A6-22 粉碎铲斗

最重要参数：建议挖掘机质量、体积(表 A6-22)。

粉碎铲斗主要技术参数

表 A6-22

项 目	单 位	型号(MB)			
		BF60.1	BF70.3	BF90.3	BF120.4
建议挖掘机质量	t	≥8	≥14	≥20	≥28
体积	m^3	0.50	0.6	0.75	1.00
铲斗本身宽度和最大可容积度	mm	L.600/H.450	L.700/H.550	L.9 000/H.450	L.1 200/H.450
铲斗调整	mm	20～100	20～120	20～120	20～120
质量	t	1.5	2.25	3.5	4.9

主要生产厂家：MB。

A7 保障车辆类

A7.1 炊事车

用途特点：炊事车是为了适应在新时期战略方针指导下的新形式，能满足在城市、高原区作业的需求而提供的一项快速机动能力强、炊事设备齐全、技术性能完善的机动保障系列后勤装备新车种(图 A7-1)。主要用于运载炊事后勤作业所需要的设备和部分消耗性物质、运载炊事后勤作业人员及含驾驶员在内的个人野外作业携带的物品；在驻车状态下吊装扩展炊事舱体或不进行吊装舱体为炊事人员提供工作条件。炊事车的使用状态分为两种:地面使用及车载使用。

图 A7-1 炊事车

最重要参数:保障能力、整车尺寸、箱体外部尺寸(表 A7-1)。

炊事车主要技术参数 表 A7-1

项目	单位	型号	
		苏州航天 SJH5080XCS	神州牌 YH5070XBZ-C
保障能力		150～300 人份/h	150 人份/h 四菜一汤的主副食供应
整车外形尺寸	mm	9 040×2 500×3 360	7 100×2 300×3 120
箱体外部尺寸	mm	4 500×2 200×2 195	5 000×2 200×2 000
整车质量	kg	9 900	6 480

主要生产厂家:苏州江南航天、东风汽车、圣路、康飞、神州、迪马、陆平机器、东风。

A7.2 宿营车

用途特点:宿营车用于运载宿营后勤作业所需要的设备和部分消耗性物质;运载宿营后勤作业人员及含驾驶员在内的个人战时携行物资;在驻车状态下扩展折叠舱体为宿营提供生活条件(图 A7-2)。

图 A7-2 宿营车

最重要参数:外形尺寸、宿营人数(表 A7-2)。

宿营车主要技术参数　　表 A7-2

项　目	单　位	型　号	
		SJH5160TSY	SJH5120TSY
外形尺寸	mm	8 700×2 500×3 600	7 995×2 500×3 280
总质量	kg	16 000	12 000
整备质量	kg	15 805	11 805
轴荷	N	6 000/10 000	3 830/8 170

主要生产厂家:航天、齐星、圣路、东风。

A7.3 淋浴车

用途特点:供遭受严重放射性沾染和经消毒后的人员进行全部洗消的技术车辆,运用淋浴法对人员进行全面洗消和卫生处理的一种军用技术车辆,军用洗消车辆的一种(图 A7-3)。车厢分设脱衣间、淋浴间、穿衣间及动力间。主要设备包括:热水锅炉、水泵、发电机组、淋浴设备、暖风机及其他附属设备。

图 A7-3　淋浴车

最重要参数:外形尺寸、水箱储水量(按可供沐浴人数确定)(表 A7-3)。

淋浴车主要技术参数　　表 A7-3

项　目	单　位	型　号	
		SLT5140XLYV(圣路)	DFA5073XLY(东风)
外形尺寸	mm	9 800×2 490×3 715	5 800×2 200×3 150
总质量	kg	14 395	7 200
整备质量	kg	12 000	5 500
轴荷	N	5 395/9 000	2 600/4 600
轮胎数	个	6	6
前轮距	mm	1 880	1 750

主要生产厂家:东风、圣工、圣路、神州、航天。

A7.4 救护车

用途特点:救护车的内部比较宽敞,使救护人员有足够的空间在去往医院的途中对患者进行救护处理(图 A7-4)。现代救护车内还携带了大量的绷带和外敷用品,可以帮助止血、清洗伤口、预防感染。车上还带着夹板和支架用来固定病人折断的肢体,并避免病人颈部和脊椎的伤害加重。车上也备有氧气、便携式呼吸机和心脏起搏除颤器等。大多数救护车上还带有病人监护仪,可以在前往急诊室的路上监测患者的脉搏和呼吸,检测数据可以通过无线电发送到医院。

最重要参数:额定载客人数、外形尺寸(表 A7-4)。

图 A7-4 救护车

救护车主要技术参数 表 A7-4

项　目	单　位	型号(九州)	
		SYC5036XJH	SYC5045XJH
外形尺寸	mm	4 666×1 974×2 390	5 990×2 000×3 010,2 820,2 740,2 490
总质量	kg	2 880	4 280
整备质量	kg	1 950	3 500
额定载客	人	5～9	5～7

主要生产厂家:九州、金徽、依维柯、江淮、畅达、凯福莱、金龙、长庆、福田、东风、新凯、恒乐、金陵、中汽、金杯、凌扬、中意。

A7.5 通信车

用途特点:应急机动指挥通信系统是一个快速反应的通信系统与信息系统有机集成的平台,能综合各种应急服务资源,统一指挥,联合行动,为公民提供快速、及时的应急救助服务,为社会公共安全提供强有力的保障(图 A7-5)。已广泛应用于人防、部队、银行、气象,地震等行业。

图 A7-5 通信车

最重要参数:外形尺寸、通信能力(表 A7-5)。

通信车主要技术参数 表 A7-5

项　　目	单　　位	型号(载通)
外形尺寸	mm	6 945×1 993×3 250
总质量	kg	5 000
整备质量	kg	4 870

主要生产厂家:载通、圣路、秦岭、铜江、新桥、航天、中意、雨花、迪马、奥赛、诚志、田野、南马。

A7.6　运兵车

用途特点:主要用于处置突发事件时人员的临时输送(图 A7-6)。

图 A7-6　运兵车

最重要参数:额定载客数、外形尺寸、车厢内部尺寸(表 A7-6)。

运兵车主要技术参数 表 A7-6

项　　目		单　　位	型号(东风)	
			EQ1118GA	EQ1118GAY
驱动形式			4×2	4×2
总质量		kg	11 300	12 450
额定载质量		kg	6 000	6 000
整备质量		kg	5 100	6 250
最高车速		km/h	90	98
外形尺寸	长	mm	7 220	7 220
	宽	mm	2 470	2 470
	高	mm	3 347(篷布顶)/2 790(驾驶室顶)	3 347(篷布顶)/2 790(驾驶室顶)
车厢内部尺寸	长	mm	4 800	4 800
	宽	mm	2 294	2 294
	高	mm	550/900	550/900
轴距		mm	3 950	3 950
燃油箱		L	145+70	145+70

主要生产厂家:东风、江陵、宇通、全顺、天兴华泰。

A7.7　小型客货车

用途特点:也称为皮卡,通常兼有运载人员和货物的双重功能(图 A7-7)。

最重要参数:载客量、载质量(表 A7-7)。

图 A7-7 小型客货车

小型客货车参数表

表 A7-7

项目		型号(江铃宝典)							
		汽油 07 款规格配备表对比			柴油 07 款规格配备表对比			07 款柴油超值版	
		标准型	豪华型	豪华型	标准型	豪华型	豪华型	经济型	经济型
驱动		4×2		4×4	4×2		4×4	4×2	4×4
总体规格	座位数(个)	5	5	5	5	5	5	5	5
	全长(mm)	5 005	5 005	5 185	5 005	5 005	5 185	5 005	5 185
	全宽(mm)	1 690	1 690	1 720	1 690	1 690	1 720	1 690	1 720
	全高(mm)	1 645	1 645	1 710	1 645	1 645	1 710	1 645	1 710
	轴距(mm)	3 025	3 025	3 025	3 025	3 025	3 025	3 025	3 025
	整备质量(kg)	1 520	1 520	1 670	1 520	1 520	1 670	1 520	1 670
	排气量(L)	—	1.997	2.351	2.771	2.771	2.771	2.771	2.771
	油耗(L/100km)	—	7	7	6	6	6	6	6
	最大功率/转速(kW)/(r/min)	—	84/5 500	91/5 250	68	68	68	68	68
	最大扭矩/转速(N·m)/(r/min)	—	163/3 500	163/3 500	210	210	210	210	210
	最高车速(km/h)	120	120	120	120	120	120	120	120
	油箱容量(L)	53	53	53	53	53	53	53	53

主要生产厂家:江铃、郑州日产、沈阳雪弗兰、东风、长城、扬子、中兴、田野、哈轻、庆铃、北汽福田、吉利、牡丹集团。

A7.8 牵引车

用途特点:前面有驱动能力的车头称为牵引车,后面没有牵引驱动能力的车称为挂车,挂车是被牵引车拖着走的。牵引车和挂车的连接方式有两种:第一种是挂车的前面一半搭在牵引车后段上面的牵引鞍座上,牵引车后面的桥承受挂车的一部分质量,这就是半挂(图 A7-8);第二种是挂车的前端连在牵引车的后端,牵引车只提供向前的拉力,拖着挂车走,但不承受挂车的向下的质量,这就是全挂。

图 A7-8 半挂牵引车

最重要参数:总质量、外形尺寸(表 A7-8)。

半挂牵引车主要技术参数 表 A7-8

项 目	单 位	参 数	项 目	单 位	参 数
外形尺寸	mm	6 895×2 500×3 200	前悬/后悬	mm	1 410/1 085
总质量	kg	24 000	轮胎数	个	8
整备质量	kg	7 000	前轮距	mm	1 937/1 937
挂车质量	kg	35 005/38 805	轴距	mm	1 700+2 700
接近角/离去角	°	16/40	最高车速	km/h	110
轴荷	N	6 250/6 250/11 500	轴数	个	3

主要生产厂家:北方奔驰、长征、乘龙、楚风、川路、春兰、春威、大运、东风、东尼、福德、福田、格奥雷、豪瀚、豪泺、豪曼、豪运、红岩、华凯、华菱之星、华神、黄河、汇众、集瑞联合、江淮、解放、金卡、精功、凯马、力帆、凌河、凌野、柳特神力、南骏、欧曼、奇瑞、青年曼、轻骑、日野、陕汽、汕德卡、神野、神宇、十通。

A7.9 洒水车

用途特点:洒水车又称喷洒车、多功能洒水车、园林绿化洒水车、水罐车、运水车(图 A7-9)。洒水车适合于各种路面冲洗,树木、绿化带、草坪绿化,道路、厂矿企业施工建设,高空建筑冲洗。具有洒水,压尘,高、低位喷洒,农药喷洒,护栏冲洗等功能。

最重要参数：罐体有效容积、外形尺寸、额定载质量（表 A7-9）。

图 A7-9 洒水车

洒水车主要技术参数 表 A7-9

项 目	单 位	型号（东风）		
		DFEQSZD5070GSS 型	DFHYS5080GPSE 型	DFEQ5041GPS 型
外形尺寸	mm	6 900×2 320×2 450	7 750×2 300×2 350	5 250×1 990×2 200
总质量	kg	7 490	8 495	4 495
整备质量	kg	4 315	4 000	2 875
额定载质量	kg	2 980	4 300	1 490
发动机功率	kW	88～103	88～103	66～76
最高车速	km/h	95	90	95
罐体有效容积	m^3	3.1	4.51	1.56
罐体外形尺寸（长/长轴/短轴）	mm	3 800/1 450/8 40	5 000×1 500×900	2 700×1 200×720

主要生产厂家：东风、福龙马、福田、程力威、亚洁、炎帝、野驼、玉柴专、神狐、久龙、长安、汽尔福、棕南。

A7.10 油罐车

用途特点：又称流动加油车，主要用作石油的衍生品（如汽油、柴油、原油、润滑油及煤焦油等）的运输和储藏（图 A7-10）。根据不同的用途和使用环境有多种加油或运油功能，具有吸油、泵油，多种油分装、分放等功能。

图 A7-10 油罐车

最重要参数：罐体有效容积、外形尺寸、额定载质量（表 A7-10）。

油罐车主要技术参数　表 A7-10

项目	单位	型号(东风)		
		DFHLQ5317GJYZ 型	DFCSC5251GYYC 型	DFCSC5310GJYZ 型
外形尺寸	mm	11 995×2 495×3 650	10 750×2 490×3 250	11 990×2 500×3 650
总质量	kg	31 000	25 000	31 000
整备质量	kg	13 870	11 805	15 870
额定载质量	kg	17 000	13 000	15 000
发动机功率	kW	196/213/213	136/162/136/162	196/213/213
排量	mL	9 726/9 726/9 726	6 618/6 618/6 740/6 740	9 726/9 726/9 726
罐体有效容积	m^3	25.5	19.5	22.5
罐体外形尺寸	mm	9 200×2 470×1 640	7 850×2 400×1 450	9 100×2 350×152

主要生产厂家：东风、解放、福田、重汽、北奔、江淮、陕汽、华菱、五十铃、庆铃、江铃。

A7.11　平板运输车

用途特点：又称工程机械运输车，主要用于运输一些如挖掘机、装载机、推土机一样的不可拆卸物体，广泛用于各种大宗货物的短途运输(图 A7-11)。

图 A7-11　平板运输车

最重要参数：总质量、外形尺寸(表 A7-11)。

楚风前四后八平板运输车主要技术参数　表 A7-11

项目	单位	技术参数	项目	单位	技术参数
底盘型号		HQG1311GD3	外形尺寸	mm	11 750×2 495×3 460,3 110
总质量	kg	31 000	接近/离去角	°	32/14
额定质量	kg	19 015	前悬/后悬	mm	1 160/1 990
整备质量	kg	11 790	最高车速	km/h	90
排放标准		GB 3847—2005，GB 17691—2005 国Ⅲ			

主要生产厂家：东风、一汽、解放、楚风。

A8 除雪机械类

A8.1 除雪车

用途特点:主要用于清除道路上的冰雪,通常使用自动倾卸卡车的底盘作为基础,外加装配专门除雪设备的改装(图 A8-1)。不少政府机构也会利用较小型的车辆来清除人行道、小路与自行车径的积雪。温带或是极地区域负责道路维护的管理机构和承包人往往拥有若干除雪车,这样可以在冬季期间投入它们来确保道路上冰雪的清除以及行车的安全。

图 A8-1 除雪车

最重要参数:外形尺寸、总质量、前伸长度、后伸长度(表 A8-1)。

除雪车主要技术参数 表 A8-1

项目	单位	型号	
		EQ5251TCXT(东风)	FYS5151TCX(辽工)
外形尺寸	mm	9 230×2 500×3 380	9 930×2 500×3 155
总质量	kg	25 000	15 000
前伸	mm	1 830	1 340
后伸	mm	950	1 250

主要生产厂家:东风、解放、中联、辽工。

A8.2 ZCXS-3A 型全液压路面随形破冰除雪机

用途特点:ZCXS-3A 型全液压路面随形破冰除雪机是一款与装载机挂装,集破碎、收集、侧排三项功能于一体的清冰雪设备(图 A8-2)。特点如下:

(1)破冰系统分 8 组破冰轮独立浮动、被动切削、可随路面凸凹仿形,实现了不伤害路面和破碎冰雪覆盖率高的特点。

(2)收集铲分为 6 组也可独立浮动、仿形,收集洁净度高。

(3)破冰刀齿采用高强度合金材料经特殊热处理,实现了耐磨、耐低温、防脆裂、抗冲击的能力。

(4)经过多次优化设计和改进,使设备有很高的工作可靠性和很长的使用寿命。

(5)作业速度快、效率高。每小时可作业面积 60 000m^2 以上。

最重要参数：设备作业宽度、作业效率、破碎能力（表 A8-2）。

图 A8-2　ZCXS-3A 型全液压路面随形破冰除雪机

ZCXS-3A 型全液压路面随形破冰除雪机设备参数　　表 A8-2

项　目	单　位	性能指标
作业对象		积雪、重度压实雪、坚冰路面
整机功能		破碎、收集、侧排
配套设备		5T 型全液压轮式装载机
驱动功率	kW	≥162
液压系统工作压力	MPa	14～16
整机尺寸(长×宽×高)	mm	2 650×3 400×1 290
整机质量	t	6
仿形破冰轮数	组	8
仿形收集铲组数	组	6
侧排出方向		右侧
设备作业宽度	mm	3 000
推荐作业时速	km/h	≤25
作业效率	m^3	>60 000
破碎能力	mm	5～50
避障高度	mm	100
适应凸凹路面仿形能力	mm	100

主要生产厂家：中诚雪狮。

A8.3　抛雪机（车载抛雪机）

用途特点：抛雪机是一种抛雪设备（图 A8-3），装载机改装抛雪机，将雪转入绞龙，抛雪机再通过抛筒将雪抛到较远的地方，广泛用于中雪中的道路清扫，适配于滑移装载机和装载机。

要想将车道、人行道或其他狭窄空间的积雪清理掉，只有滑移装载机可以做到。旋转调节喷口可以将积雪吹向任何方位。高流量配置的滑移装载机可选配高流量抛雪机。

目前大多数抛雪机配备 257kW（350 马力）发动机，可安装在装载机前端，能够将雪抛出 30～55m 外，通过调整抛雪筒，将雪抛到指定位置，适合公路、城市道路、机场等场所积雪清除、装车作业。

一般抛雪机采用车载式进行作业，车载式抛雪机（图 A8-4）采用中国重汽 4×4 底盘，在车后部装载发电设备，保证抛雪机的正常运行。车载式抛雪机集推雪、扬雪功能于一体，具有压实雪块破碎功能，使用范围广，除雪能力强。

图 A8-3 抛雪机

图 A8-4 车载抛雪机

最重要参数：除雪高度、最大抛雪能力（表 A8-3、表 A8-4）。

抛雪机性能参数 表 A8-3

项　目	单　位	性能指标
整机质量	t	2.84
发动机功率	kW	220
作业宽度	mm	2 500
除雪高度	mm	1 220
最大抛雪距	m	55
最大抛雪能力	t/h	4 000

车载式抛雪机性能参数 表 A8-4

项　目	单　位	性能指标
底盘功率	kW	228
整备质量	t	16
抛雪机发动机功率	kW	220
作业宽度	mm	2 500
除雪高度	mm	1 220
最大抛雪距离	m	55
最大抛雪能力	t/h	4 000
工作行驶速度	km/h	3

主要生产厂家：山猫、凯斯、海松、威肯。

A8.4 重型系列全功能道路除雪/除冰车

用途特点：重型系列全功能道路除雪/除冰车的用途是清除道路上的冰雪（图 A8-5）。除雪车通常使用自动倾卸卡车的底盘作为基础，外加装配专门除雪设备的改装。而不少政府机构也会利用较小型的车辆来清除人行道、小路与自行车径的积雪。温带或是极地区域负责道路维护的管理机构往往拥有若干除雪车，这样可以在冬季期间投入它们来确保道路上冰雪的清除以及行车的安全。

除雪车采用中国重汽 6×4 底盘，可配备前置除雪铲、侧置除雪铲、除冰铲、融雪剂撒布机、前置滚刷等，适用于国内冬季公路、机场等快速清除积雪积冰。

技术特点：下面就休斯重型系列全功能道路除雪/除冰车各部分的技术指标，作简单说明。

(1)前置除雪铲(图 A8-6、表 A8-5)

图 A8-5 休斯重型系列全功能道路除雪/除冰车

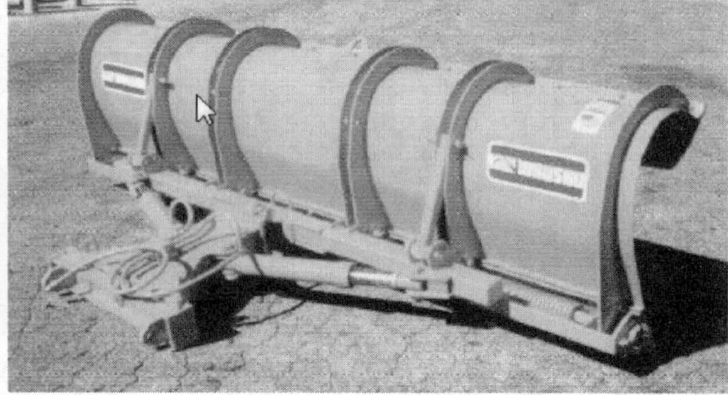

图 A8-6 前置除雪铲

前置除雪铲技术指标 表 A8-5

项 目	单 位	型 号			
		HSS4210	HSS4211	HSS4212	HSS4214
宽度	mm	3 050	3 352	3 657	4 267
330 吋宽度	mm	2 558	2 810	3 066	3 578
高度	mm	1 066	1 066	1 066	1 066
厚度	mm	4.76	4.76	4.76	4.76
自重	kg	1 073	1 110	1 146	1 198

(2)侧置除雪铲(图 A8-7、表 A8-6)

图 A8-7 侧置除雪铲

侧置除雪铲技术指标 表 A8-6

项 目	单 位	型 号		
		PW8	PW9	PW10
宽度	mm	2 438	2 743	3 050
370 吋宽度	mm	1 946	2 190	2 436
高度	mm	838	863	889
厚度	mm	4.76	4.76	4.76
自重	kg	792	812	833

(3)除冰铲(图 A8-8、表 A8-7)

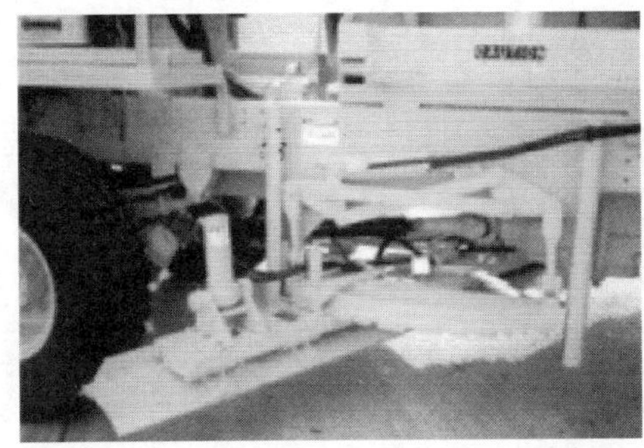

图 A8-8 除冰铲

除冰铲技术指标

表 A8-7

项目	单位	型号					
		PB8	PB9	PB10	PB11	PB12	PB13
宽度	mm	2 438	2 743	3 050	3 352	3 657	3 962
330 吋宽度	mm	2 045	2 300	2 434	2 810	3 066	3 323
高度	mm	508	508	508	508	508	508
厚度	mm	25.4	25.4	25.4	25.4	25.4	25.4
自重	kg	995	1 025	1 056	1 087	1 119	1 151

(4)融雪剂撒布机(图 A8-9、表 A8-8、表 A8-9)

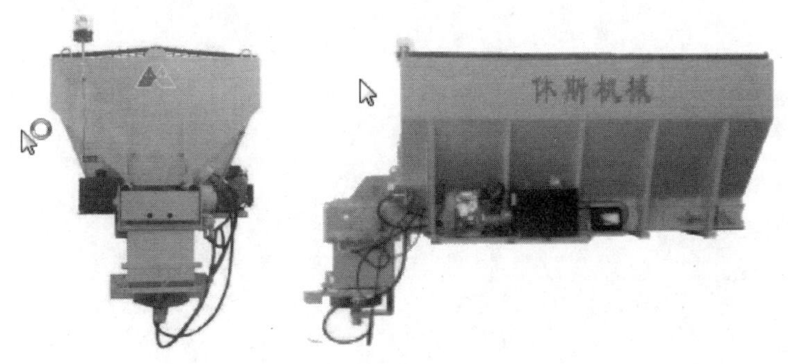

图 A8-9 融雪剂撒布机

融雪剂撒布机技术指标

表 A8-8

项目	单位	型号			
		HSB4	HSB6	HSB8	HSB10
装载容积	m^3	4	6	8	10
长度	m	2.8	3.7	4.6	5.6
宽度	m	1.9	1.9	1.9	1.9
高度	m	1.6	1.6	1.6	1.6

除雪车性能参数 表 A8-9

项　目	单　位	性能指标
工作质量	t	14.26
运输质量	t	14.3
外观尺寸(长×宽×高)	mm	7 390×2 600×3 570
离地间隙	mm	250
轴距	mm	2 800
最高行驶速度	km/h	49
最大爬坡度	%	61
最小转弯半径	mm	6 300
乘员数	人	2
除雪能力	t/h	3 200
除雪宽度	mm	2 600
抛雪距离	m	0～45
除雪摆角	°	5

主要生产厂家:休斯。

参考文献

[1] 中华人民共和国交通运输部,等.汶川地震公路震害图集[M].北京:人民交通出版社,2009.

[2] 武警水电第三总队.应急抢险救援实践与探索[M].成都:西南交通大学出版社,2011.

[3] 张冠洲,张小伟,凌亮.堰塞湖松散介质中微震爆破技术研究[J].多样化军事任务中的工程保障技术论文集(抗震救灾篇),2009.

[4] 中国科学院兰州冰川冻土研究所.雪崩及其防治[M].北京:科学出版社,1979.

[5] 杨文渊,徐犇.简明公路施工手册(3版)[M].北京:人民交通出版社,2010.

[6] 孔福利.爆破技术在地质灾害处理中的应用[J].多样化军事任务中的工程保障技术论文集(抗震救灾篇),2009.

[7] 李东涛,王书平,尉泽辉.高速公路在自然灾害下的风险防范与救援[J].公路应急和风险管理国际研讨会论文集,2010.

[8] 陈发智,沈昌礼.交通保障学[M].天津:中国人民解放军军事交通学院,1996.

[9] 朱峰.公路工程施工[M].北京:机械工业出版社,2010.

[10] 郑杰.最新交通工程施工新技术实用手册[M].北京:时代传播音像出版社,2003.

[11] 刘宝兴.路基工程新技术实用全书(第二卷)[M].北京:海潮出版社,2006.

[12] 深圳航天科技创新研究院企业标准.Q/T J0003—2011 无机聚合物混凝土施工及验收规范[S],2011.

[13] 中国人民解放军总参谋部军训和兵种部.军用道路[M].北京:解放军出版社,2005.

[14] 翟可为,刘亚文.军用道路桥梁装备[M].南京:解放军理工大学工程兵工程学院,2009.

[15] 铁路抢修专业教材.铁路桥梁抢修[M].中国人民解放军铁道兵司令部,1973.

[16] 喻忠权.装配式公路钢桥使用手册[M].中交公路规划设计院有限公司,2006.

[17] 胡业平.军用桥梁设计理论与方法[M].解放军理工大学工程兵工程学院,2008.

[18] 李志刚.舟桥装备与运用[M].解放军理工大学工程兵工程学院,2006.

[19] Г.Е格恩里采,Л.Φ楚尔西拉.简单木桥的建筑[M].徐澄清,译.北京:人民交通出版社,1956.

[20] 崔可为.军用桥梁装备[M].解放军理工大学工程兵工程学院,2009.

[21] 黄植初,柳呈祥.铁路战备业务手册[M].铁道部战备局,1989.

[22] 刘建永,赵启林,等.汶川大地震中的工程抢险[M].南京:江苏人民出版社,2010.

[23] 胡兆同.公路结构物抗震加固改造——桥梁[M].长安大学公路学院桥梁系,2008.

[24] 张劲泉,王克海,李健.震后公路桥梁快速检测评估与应急保通修复技术[R].交通基础设施抗震减灾技术研讨会交流材料.

[25] 谌润水,胡钊芳.危旧桥梁的加固方法选择与适用范围[R].江西省交通科学研究院.

[26] 吴洪朗,曹瑞,刘晓波,等.都汶路彻底关321钢桥抢险施工技术[J].西南公路,2008(4).

[27] 蒋建军,蒋劲松.321战备钢桥在彻底关大桥打通抢通工程中的应用[J].西南公路,2008(4).

[28] 周明昌.天险抢通方案浅析//武警交通部队工程技术论文集(第三辑)[G],2003.

[29] 李海鹏,宋二祥.钻孔压浆治理黄土地基采空区施工技术[J].交通标准化.2014(4).

[30] 王敏,李海鹏.CGM灌浆料在桥涵缺陷修补中的应用[J].山西建筑.2014(4).
[31] 庄卫林.汶川地震公路震害分析[M].北京:人民交通出版社,2013.
[32] 铁道部隧道工程局.铁路隧道抢修(建)技术规程(试行)[S].北京,1998.
[33] 梅志荣,韩跃.隧道结构火灾损伤评定与修复加固措施的研究[J].世界隧道,1999.
[34]《应急救援系列丛书》编委会.应急救援案例精选与点评[M].北京:中国石化出版社,2007.
[35] 黄成光.公路隧道施工[M].北京:人民交通出版社,2001.
[36] 孟祥连.宝成铁路109隧道震灾特征及抢险整治措施[J].铁道工程学报,2009.
[37] 刘宝兴.路基工程新技术实用全书[M].北京:海潮出版社,2001.
[38] 刘津.航空影像快速处理系统之关键技术研究[R].北京建筑大学,2013.
[39] 李春.地方干线公路桥梁与隧道突发断道应急抢修技术研究[R].重庆交通大学,2012.
[40] 中国地质调查局地质调查技术标准.DD 2008—02 滑坡崩塌泥石流灾害调查规范(1∶50 000)[S].中国地质调查局,2008.
[41] 庄卫林.汶川地震公路震害调查[M].北京:人民交通出版社,2012.
[42] 彭望琭.遥感概论[M].北京:高等教育出版社,2002.
[43] 国家测绘地理信息局.CH/T 3007.1—2011 数字航空摄影测量 测图规范 第一部分:1∶500 1∶1 000 1∶2 000 数字高程模型 数字正射影像图 数字线划图[S].北京:测绘出版社,2011.
[44] 国家测绘地理信息局.CH/T 3006—2011 数字航空摄影测量 控制测量规范[S].北京:测绘出版社,2011.
[45] 韩玲,李斌,等.航空与航天摄影技术[M].武汉:武汉大学出版社,2008.
[46] 郭学林.航空摄影测量外业[M].郑州:黄河水利出版社,2011.
[47] 李家春,田伟平,马保成,等.公路地质灾害防治指导手册[M].北京:人民交通出版社,2010.
[48] 吴有铭.公路交通应急管理体系构建理论与方法[M].北京:人民交通出版社,2011.
[49] 何思明,王东坡,吴永,等.崩塌滚石灾害的力学机理与防治技术[J].自然杂志.2014(05).
[50] 刘天翔,何思明,王东坡,等.S210线轻钢结构滚石防护棚洞动力响应与优化研究[J].灾害学.2015(01).